HISTOIRE DE L'ABBAYE

ET DU VILLAGE

D'HAUTVILLERS

PAR

L'ABBÉ MANCEAUX

CURÉ D'HAUTVILLERS

TOME SECOND

ÉPERNAY

L. DOUBLAT, IMPRIMEUR-ÉDITEUR, RUE DES FUSILIERS, 32

M. D. CCC. LXXX.

HISTOIRE DE L'ABBAYE

ET DU VILLAGE

D'HAUTVILLERS

Celui qui, foulant sous ses pieds, avec indifférence, les ruines d'une abbaye antique,..... Celui qui parcourt froidement les corridors et les cellules des couvents à moitié démolis,. ... Il n'existe pour lui ni phénomènes historiques, ni beauté, ni sublimité; son intelligence est dans les ténèbres, son cœur est dans la poussière.

BALMÈS,
(Protest. comp. au cathol., tome II, page 176.)

HISTOIRE DE L'ABBAYE

ET DU VILLAGE

D'HAUTVILLERS

PAR

L'ABBÉ MANCEAUX

CURÉ D'HAUTVILLERS

TOME SECOND

ÉPERNAY

L. DOUBLAT, IMPRIMEUR-ÉDITEUR, RUE DES FUSILIERS, 32

M. D. CCC. LXXX.

HISTOIRE

DE

L'ABBAYE D'HAUTVILLERS

LXVIIIe Abbé
JEAN ROYER
(DE 1507 A 1527)

Il fait rentrer au monastère des biens aliénés et le restaure.

A la mort du précédent abbé, les religieux d'Hautvillers purent jouir encore une fois du privilège d'élection libre que leur avait accordé leur saint fondateur, et leur choix tomba sur un religieux de la maison, nommé Jean Royer. Il fit, la même année, le serment ordinaire d'obéissance entre les mains de l'archevêque de Reims, Charles Dominique de Carrect, 1507. *(Gallia christiana,* tome IX, col. 257.) Jean Royer était originaire d'Aigny-sur-Marne ; il fut nommé abbé dans un moment où ce petit et humble village reprenait un peu de vie, au milieu de cette longue suite de procès qu'il eut avec l'abbaye ; c'était après cet accord, grâce aux faciles et généreuses compositions de l'abbaye, par lequel les habitants d'Aigny abandonnaient à l'abbé d'Hautvillers, pour soixante-treize ans, trente-quatre fauchées de prés pour lui tenir lieu de la rente de 50 livres 10 sols, à lui due comme seigneur d'Aigny.

Déjà longtemps avant qu'il fût élu, son aptitude et les ressources de son esprit l'avaient fait distinguer des autres religieux. Dès l'année 1498, il remplissait, dans son abbaye, les fonctions de gruyer ; tel est du moins le titre qu'on trouve accolé à son nom dans la teneur d'un jugement rendu en l'année susdite contre les religieux, abbé et couvent d'Hautvillers. Au rapport du *Catalogue manuscrit des abbés d'Hautvillers*, Jean Royer était préfet de ce monastère en 1500. Il en fut encore successivement prieur et trésorier, c'est du moins ce que nous atteste l'ancien *Gallia christiana* (tome III, page 36). — ... *Ex priore et Thesaurario 1507 laudabiliter præfuit*. Quoi qu'il en soit, une fois que les suffrages des religieux lui eussent confié les rênes de l'administration, Jean Royer sut réaliser les hautes espérances qu'il avait fait concevoir. Par ses soins vigilants et assidus, l'abbaye put rentrer dans la possession de nombreux domaines aliénés et y en ajouter de nouveaux... *Ampliavit... plurimum redditus monasterii et mensam conventualem*. (Ancien *Gallia christiana*, tome III, page 36.) Grâce aux qualités non vulgaires de cet abbé, Hautvillers put donc, à la faveur d'une sage administration, voir briller comme un reflet de sa première opulence ; quoique déjà un demi-siècle se fût écoulé depuis l'horrible catastrophe de 1450, bien des ruines encore jonchaient les abords du monastère ; c'est à peine si on avait relevé la portion la plus indispensable des édifices. Par les soins actifs et le gouvernement économe de cet abbé, les lieux réguliers furent complétement rétablis, le cloître, l'église vit disparaître les dernières traces de l'incendie et reprit un air de splendeur inespéré. Pareillement, à force d'économie sur les dépenses ordinaires, il put reconstruire le logis abbatial et y ajouter une élégante chapelle, dite de Sainte-Croix, et la pourvut de magnifiques ornements. Cette chapelle est celle qui fut démolie sous le gouvernement de Louis de Chaumejean de Fourille, en 1672, comme nous le verrons plus tard ; c'était assurément la plus belle construction du monastère. Il nous reste une des pierres qui donnaient naissance aux arceaux de ladite chapelle. Ces arceaux étaient ornés de feuillages entrelacés de la plus grande beauté. Cette pierre a été replacée comme souvenir dans un des côtés du mur du clocher actuel ; la saillie qu'elle présente laisse facilement voir ses parties sculptées et fait juger de l'élégance que pouvait avoir le monument.

Dès que furent terminés les travaux de restauration exécutés dans l'église conventuelle, l'abbé Royer en fit faire une solennelle dédicace par Pierre Lanisson, abbé de Saint-Pierre-aux-Monts de Châlons, évêque de Chalcédoine, député pour cette cérémonie par Robert de Lenoncourt, archevêque de Reims. De trois autels qu'on y avait érigés, le premier et le principal fut consacré à la gloire de Dieu tout-puissant, de la bienheureuse Vierge Marie, de tous les saints et spécialement de l'apôtre saint Pierre et de saint Laurent, martyr. Le second, en l'honneur de la Passion de Notre-Seigneur Jésus-Christ et de l'apôtre saint Barthélemi. Le troisième, en l'honneur de la Sainte Vierge et des saints martyrs Polycarpe et Sébastien. Voulant laisser au monastère un souvenir de sa pieuse sollicitude et aussi assurer à son église des jours de splendeur et d'opulence, le prélat consécrateur accorda, au nom de l'archevêque de Reims, quarante jours d'indulgence, il en ajouta autant de sa propre autorité en faveur des fidèles qui contribueraient à la décoration du lieu saint et visiteraient dévotement l'église du monastère les jours de fêtes consacrées à la Très Sainte Vierge et aux saints susnommés. Le temps fixé pour cette visite s'étendait depuis les premières vêpres de la fête jusqu'aux secondes inclusivement. Aux fêtes déjà énoncées pour gagner les indulgences, était ajouté le jour anniversaire de la dédicace de l'église, dont la célébration fut fixée au 27 février par la charte de l'évêque de Chalcédoine; c'était le jour même où l'église avait été consacrée le 27 février 1518. Toutefois, dès l'année 1636, cette solennité fut transférée au dimanche qui suit immédiatement la fête de saint Denys, par l'autorité de l'archevêque de Reims, Henri de Lorraine; ainsi l'avaient demandé les religieux. La raison alléguée pour motif de cette mutation n'était autre que l'occurrence des féries de Carême, temps impropre à des fêtes, surtout quand on les célèbre avec octave. Cette fixation nouvelle eut le sort de la première, car il est constant que, dès le milieu du XVIIIe siècle, l'on faisait la fête de la dédicace, prescrite le 10 octobre, le lendemain de la fête de saint Denys, quel que fût le jour qu'elle échût. Nous rapporterons cette requête et le décret qui a suivi après la charte de consécration.

Déjà à cette époque, et probablement depuis longtemps auparavant, un office particulier de sainte Hélène avait été composé. Pierre Coquault, en sa table, dit que la fête de sainte Hélène fut introduite en 1515 sur le calendrier particulier de la ville de Reims, elle fut ensuite omise et reprise dans certains remaniements liturgiques, ce qui n'empêchait pas de la célétrer à Hautvillers. La fête de sainte Hélène, en son office, se trouve dans le *Missel*, au 18 août, mais il est à regretter que cet office ne soit pas actuellement dans le *Bréviaire* du diocèse de Reims.

CHARTE

CONCERNANT LA CONSÉCRATION DE L'ÉGLISE CONVENTUELLE D'HAUT-VILLERS ET LA CONSÉCRATION DE TROIS AUTELS, PAR PIERRE LANISSON, ÉVÊQUE DE CHALCÉDOINE, SUFFRAGANT DE L'ARCHEVÊQUE DE REIMS (1)

(27 FÉVRIER 1518)

Universis præsentes litteras inspecturis, Petrus Dei ac sanctæ sedis apostolicæ gratia episcopus Calcedonensis, reverendissimi in Christo Patris et Domini Domini Roberti (Robert de Lenoncourt), miseratione divina archiepiscopi et ducis Remensis, Franciæ primi Paris ac sanctæ sedis apostolicæ legati nati suffraganeus et in hac parte commissarius specialis, salutem in Domino sempiternam. Notum facimus quod nos ex permissione, licentia, et authoritate dicti reverendissimi Domini archiepiscopi Remensis ecclesiam monasterii sancti Petri de Altovillari ordinis sancti Benedicti Remensis diœcesis per Dominum Johannem *Royer* ejusdem monasterii abbatem de novo reædificatam et constructam, in eadem tria altaria majus videlicet ad Dei omnipotentis et beatissimæ virginis Mariæ et omnium sanc-

A tous ceux qui ces présentes lettres verront, Pierre, par la grâce de Dieu et du Saint-Siège apostolique, évêque de Chalcédoine, suffragant et commissaire spécial du révérendissime père en Jésus-Christ. D. D. Robert (de Lenoncourt), par la miséricorde divine, archevêque et duc de Reims, premier pair de France et légat-né du Saint-Siège apostolique, salut éternel dans le Seigneur. Nous faisons savoir que par la permission et l'autorité dudit révérendissime seigneur archevêque de Reims, nous avons dédié et consacré, suivant le rit et la coutume de notre Mère la sainte Église, et avec la coopération du Saint-Esprit, l'église du monastère de Saint-Pierre-d'Hautvillers de l'ordre de Saint-Benoît, au diocèse de Reims, rebâtie par les soins de Jean Royer, abbé dudit monastère. Dans la même

---

(1) Suffragant, c'est-à-dire député par l'archevêque de Reims, Robert de Lenoncourt. Pierre Lanisson était abbé de Saint-Pierre-aux-Monts de Châlons.

torum et præcipue ad ipsius sancti Petri apostoli, necnon sancti Laurentii martyris; secundum enim ad passionis Domini nostri Jesu Christi ac beati Bartholomæi apostoli, tertium vero ad prædictæ beatissimæ Virginis Mariæ ac beatorum Policarpi et Sebastiani marthyrum honorem et laudem, juxta et secundum ritum et consuetudinem nostræ sanctæ matris ecclesiæ cooperante nobis spiritus sancti gratia dedicavimus et consecravimus ; cupientes igitur ut ecclesia prædicta congruis frequentetur honoribus et a Christi fidelibus jugiter veneretur ac in suis structuris et ædificiis debite manu teneatur et conservetur, libris quoque, calicibus et aliis ornamentis ecclesiasticis laudabiliter decoretur fulciatur et muniatur, in eaque divinus cultus augeatur, omnibus et singulis utriusque sexus Christi fidelibus vere pænitentibus et confessis qui in ecclesiam prædictam in ejusdem beatissimæ Virginis Mariæ et dictorum sanctorum Petri, Laurentii, Bartholomæi, Policarpi, Sebastiani, necnon dedicationis prædictæ ecclesiæ festivitatibus et diebus a primo vesperis usque ad secundas vesperas inclusive annuatim devote visitaverint et ad præmissa manus porrexerunt adjutrices, pro singulis festivitatibus sive diebus prædictis quibus adfuerint quadraginta dies authoritate dicti reverendissimi Domini qua fungimur in hac parte et alios quadraginta dies authoritate nostra, de omnipotentis Dei misericordia et beatorum Petri et Pauli apostolorum ejus confisi de

église, nous avons consacré trois autels, savoir : L'autel principal, en l'honneur et à la gloire de Dieu tout-puissant, de la bienheureuse Vierge Marie, de tous les saints et principalement du bienheureux Pierre, apôtre, et aussi de saint Laurent, martyr ; le second, en l'honneur de la Passion de Jésus-Christ et du bienheureux Barthélemi, apôtre ; le troisième, en l'honneur de ladite bienheureuse Vierge Marie et des bienheureux Polycarpe et Sébastien, martyrs. Désirant donc que ladite église reçoive les honneurs qui lui sont dus, qu'elle soit vénérée par les fidèles de Jésus-Christ, qu'elle soit maintenue, conservée dans ses bâtiments et ses édifices, qu'elle soit convenablement pourvue de livres, de calices et d'autres ornements ecclésiastiques, que le culte divin y reçoive de l'accroissement ; à tous et à chacun des fidèles de tout sexe qui seront vraiment repentants et auront confessé leurs péchés, qui visiteront dévotement chaque année ladite église entre les premières et les secondes vêpres des fêtes de la bienheureuse Vierge Marie et desdits saints Pierre, Laurent, Barthélemy, Polycarpe et Sébastien et aussi à la fête de la dédicace de ladite église, et qui auront aidé par leur pieux concours à sa reconstruction ; pour chacun des susdits jours de fête auxquels aura eu lieu cette visite, de par l'autorité dudit révérendissime Seigneur, dont nous remplissons les fonctions, nous remettons quarante jours de la pénitence qui leur

injunctis eis pœnitentiis misericorditer in Domino relaxamus. Volumus autem diem dedicationis prædictæ ecclesiæ de Altovillari die penultima mensis annuatim solemniter celebrari, præsentibus perpetuis futuris temporibus duraturis.

Ita quorum omnium et singulorum fidem et testimonium præmissorum præsentibus litteris sigillum vicariatus dicti reverendissimi Domini duximus apponendum.

Datum et actum ad ipsius ecclesiæ, necnon majoris Altaris prædicti consecrationem anno millesimo quingentesimo decimo octavo die vero penultima mensis februarii, quo vero ad alia duo altaria die immediate sequenti videlicet ultima mensis februarii, anno prædicto.

S. Episc. Calcedoneus suffrag.. prædict. Guhelly canonicus et secretarius Remensi et apostolicæ et imperiali authoritatibus, venerabilisque curiæ Remensis sedis metropolitanæ notarius.

aurait été imposée ; et de par notre autorité personnelle, confiant en la miséricorde de Dieu tout-puissant et de ses apôtres Pierre et Paul, nous accordons la même faveur. Nous voulons que le jour de la dédicace de ladite église d'Hautvillers soit solennellement célébré chaque année l'avant-dernier jour du mois..... et qu'il en soit ainsi maintenant et toujours et dans tous les temps à venir.

En foi et en témoignage de toutes et de chacune des choses qui précèdent, nous avons fait apposer le sceau du vicariat dudit révérendissime Seigneur.

Fait et donné au grand autel consacré de ladite église, l'an 1518, le jour pénultième du mois de février. Les deux autres autels ont été consacrés le jour suivant immédiatement, savoir : le dernier du mois de février de l'année susdite.

S. évêque de Chalcédoine, suffragant du susdit. — Guhelly, chanoine et secrétaire par l'autorité apostolique, impériale et archiépiscopale, notaire du vénérable chapitre du siège métropolitain de Reims.

On conservait encore, est-il écrit à la suite de cette pièce, une autre charte du même évêque, donnée à l'occasion de l'autel de Sainte-Croix, placé dans une chapelle construite par l'abbé Royer. Cette chapelle était près de la maison abbatiale ; de cette chapelle, on entrait dans le cloître. Elle était située dans le jardin en face de la maison du garde forestier (1) de M. Chandon de Briailles. Cette habitation du garde en est une suite, ou passage de l'abbé pour entrer dans le couvent par sa

---

(1) Aujourd'hui, M. Leclerc-Maingault.

chapelle. Cette charte était du même style que la précédente. Les termes en étaient presque les mêmes. Sa date portait 15 février 1518, c'est-à-dire que cet autel de Sainte-Croix avait été consacré quelques jours avant l'église principale. Plus tard, les religieux obtinrent la translation de la fête de la dédicace de l'église d'Hautvillers. Pour ne pas revenir sur ce sujet, nous donnons ici cette requête :

REQUÊTE

ADRESSÉE A MONSEIGNEUR L'ARCHEVÊQUE DE REIMS, HENRI DE LORRAINE, POUR OBTENIR LA TRANSLATION DE LA FÊTE DE LA DÉDICACE DE L'ÉGLISE D'HAUTVILLERS

(4 AVRIL 1636)

Illustrissimo principi Henrico a Lotharingia Archiepiscopo et Duci Remensi Primo Pari Franciæ. Supplicant devote et humiles oratores Prior et conventus monasterii sancti Petri Altovillari diœcesis Remensis, ordinis sancti Benedicti, quatenus dignetur illustrissimus archiepiscopus aut ejus vices gerentes transferre seu commutare festum dedicationis Ecclesiæ prædicti monasterii quod occurrit vigesimo sexto februarii ut plurimum et fere semper ferialibus quadragesimæ diebus præpedito in dominicam proxime sequentem festum sancti Dionisii, quia talis Dominica et dies sequentes vacant festivitatibus tum quia quadragesimæ tempus non est aptum celebrandis solemnitatibus octavam habentibus, quam gratiam sicut a vestra excellentia se obtinuisse sperant, in ampliorum a Deo optimo maximo pro illius incolumitate continuis votis deprecabuntur.

Au très illustre prince Henri de Lorraine, archevêque et duc de Reims, premier pair de France. Le prieur et le couvent du monastère d'Hautvillers, au diocèse de Reims, de l'ordre de Saint-Benoît, supplient humblement et dévotement que l'illustrissime archevêque, ou ceux qui tiennent sa place, daigne transférer ou changer la fête de la dédicace de l'église dudit monastère qui tombe le 26 de février, au dimanche qui suit immédiatement la fête de saint Denis, parce que le plus souvent, toujours à peu près, elle est empêchée par les féries de Carême tandis que le dimanche qui suit la Saint-Denis n'est point suivi de jours de fête. De plus, le temps du Carême n'est point propre à la célébration des solennités qui ont une octave. Espérant cette grâce de votre excellence, les suppliants feront auprès du Dieu très bon, très grand, des vœux perpétuels pour votre félicité.

Réponse donnée à cette supplique :

Transferatur festum dedicationis ecclesiæ monasterii de Altovillari in dominicam proxime sequentem festum sancti Dionisii. Datum Remis 4 aprilis 1636. — Henricus episc.	Soit transférée au dimanche qui suit la fête de saint Denis la solennité de la dédicace de l'église du monastère d'Hautvillers. Donné à Reims, le 4 avril 1636. — Henry, évêque.

Il ne faut pas perdre de vue que l'église brûlée en 1450, et reconstruite, la première dédicace en fut faite en 1518. Brûlée de nouveau en 1562, reconstruite aussi de nouveau, les religieux en firent une seconde dédicace en demandant alors que le jour de la première soit transféré comme on vient de le voir. Cette demande fut faite et accordée en 1636.

Plus tard, vers la deuxième partie du xviiie siècle, au lieu de faire la fête de cette dédicace le dimanche qui devait suivre la fête de saint Denys, on la faisait dès le lendemain de cette même fête, c'est-à-dire le 10 octobre. Nous ne savons pas sur quoi se sont appuyés les religieux pour ne pas se conformer au décret précité.

Le jour même où se fit la dédicace de l'église vit s'accomplir une autre cérémonie qui ne contribua pas peu à rehausser l'éclat de la solennité. C'était la translation des reliques de saint Syndulphe, faite à la prière de l'abbé Jean Royer, par l'évêque consécrateur. Le méritant abbé se montra en cette circonstance, comme toujours, d'une magnificence digne d'éloges. Par ses soins, l'ancienne châsse, faite d'un bois tout vermoulu, avait été remplacée par une autre revêtue des plus précieux métaux, artistement ornée de statuettes toutes brillantes d'or et d'argent. Ce fut dans cette même châsse que furent déposés les restes du bienheureux Syndulphe. La charte ou texte à laquelle nous empruntons tous ces détails nous a conservé les noms des principaux personnages qui honorèrent de leur présence cette cérémonie. C'étaient : Renaud Cauchon, doyen official de l'Église de Reims; Pierre Grosseanne, aussi official de l'Église de Reims et licencié ; Nicolas de Ville et Guy Flamignon, chanoines de la métropole ; Jérôme Grosseanne ; Remy Chevalier, docteur en médecine ; maître Gobert ; Ogier de Parnasse ; Sahaldis Ogier de Chenesson, seigneurs temporels ; maître Pierre Jouglet, bachelier en droit, promoteur de l'archevêché et diocèse de Reims. Sans compter une immense foule de personnes de tout sexe qui, dévotement, y assistèrent portant des flambeaux à la main. A l'occasion de cette translation et pour encourager la piété des fidèles, le prélat officiant accorda, tant au nom de l'archevêque de Reims que de sa propre autorité, une indulgence de quatre-vingts jours ; outre les conditions déjà énoncées plus haut, il fallait, pour gagner cette indulgence, visiter l'église du monastère et y prier avec dévotion le jour de la fête de saint Syndulphe. Cette indulgence s'étendait aussi au jour fixé pour solenniser la fête de la translation de ses reliques.

A ce sujet, nous remarquerons qu'une clause expresse de la charte commémorative de cette cérémonie ordonnait que la fête de cette translation fût célébrée annuellement et perpétuellement, par l'abbé et les religieux du monastère, le dernier jour du mois de février. Cette cérémonie de la consécration de l'église et de la translation des reliques de saint Syndulphe avait donc amené deux fêtes nouvelles à célébrer dans l'abbaye.

CHARTE

DONNÉE PAR PIERRE LANISSON, ÉVÊQUE DE CHALCÉDOINE, A L'OCCASION DE LA TRANSLATION DES RELIQUES DE SAINT SYNDULPHE D'UNE CHASSE DANS UNE AUTRE

(27 FÉVRIER 1518)

Universis præsentes litteras inspecturis, Petrus Dei et apostolicæ sedis gratia episcopus Calcedonensis, reverendissimi in Christo Patris et Domini Domini Roberti miseratione divina archiepiscopi et ducis Remensis Franciæ primi paris et sanctæ sedis apostolicæ legati nati suffraganeus in hac parte commissarius specialis, salutem in Domino sempiternam ; notum facimus quod nos hodie post dedicationem et consecrationem ecclesiæ monasterii sancti Petri de Altovillari juxta et secundum ritum nostræ sanctæ matris ecclesiæ per nos factam et

A tous ceux qui ces présentes lettres verront, Pierre, par la grâce de Dieu et du siège apostolique, évêque de Chalcédoine, suffragant et commissaire spécial de notre révérendissime père en Jésus-Christ, Robert, par la miséricorde divine, archevêque et duc de Reims, premier pair de France et légat-né du Saint-Siège apostolique, salut éternel dans le Seigneur.

Nous faisons savoir que nous aujourd'hui, après la dédicace et la consécration de l'église du monastère de Saint-Pierre-d'Hautvillers, faite par nous suivant le rite

completam, ad supplicationem et reverendi Patris Domini Johannis *Royer* abbatis ejusdem monasterii et totius conventus corpus seu ossa sancti Syndulphi confessoris in quadam capsa lignea vetustate collapsâ in dicta ecclesia recondita in aliam capsam novam et mira pulchritudine fulgentem auro et argento cum pluribus et diversis imaginibus etiam argenteis et deauratis mirifice fabricatam et decoratam in eadem ecclesia existentem sub Dei omnipotentis et beatissimæ Mariæ Virginis ac omnium civium supercœlestium et præsertim dicti sancti Syndulphi confessores laudem et honorem, cooperante nobis Spiritus sancti gratia transtulimus et reposuimus, volentes festum translationis ejusdem sancti et abbate et religiosis dicti monasterii præsentibus et futuris singulis annis die ultima mensis februarii perpetuo celebrari solemniter cupientes igitur ut ecclesia dicti monasterii de Altovillari congruè, frequenter honoribus et a Christi fidelibus jugiter veneratur, ac simul in suis structuris et ædificii manuteneatur libris quoque, calicibus et aliis ornamentis ecclesiasticis laudabiliter decoretur fulciatur et muniatur, in eaque divinus cultus augeatur, omnibus singulis utriusque sexus Christi fidelibus vere pœnitentibus et confessis qui in prædictam ecclesiam in dictis translationis et festi ejusdem sancti Syndulphi diebus festivitatibus a primis vesperis usque ad secundas vesperas inclusive annuatim devote visitaverint et ad præmissa manus por-

de notre mère la Sainte Église ; à la supplique du révérend père Jean Royer, abbé, et de tout son monastère, nous avons retiré les ossements ou le corps de saint Syndulphe, confesseur, d'une châsse de bois tombant de vétusté, dans ladite église et à la gloire et à l'honneur de Dieu tout-puissant, de la bienheureuse Vierge Marie, de tous les habitants de la céleste patrie, surtout de saint Syndulphe, confesseur, et aussi sous l'inspiration du Saint-Esprit, nous les avons transférés et déposés dans la même église, dans une autre châsse nouvelle, d'une admirable beauté, toute brillante d'or, ornée de diverses images dorées et argentées, nous avons voulu que la fête de la translation du même saint fut célébrée chaque année dans le monastère par l'abbé et les religieux présents et futurs, le dernier jour de février. Désirant que l'église dudit monastère d'Hautvillers reçoive les honneurs qui lui sont dus, qu'elle soit honorée par les fidèles de Jésus-Christ, qu'elle soit conservée dans ses édifices, qu'elle soit munie et richement pourvue de livres, de calices et d'autres ornements ecclésiastiques, et que le culte divin y reçoive de l'accroissement, à tous et à chacun des fidèles de tout sexe, qui seront véritablement repentants, auront confessé leurs péchés et visiteront dévotement, entre les premières et les secondes vêpres, ladite église au jour de la translation et de la fête de saint Syndulphe, et auront donné à son édification leur pieux concours, pour chacune de ces

rexerint adjutrices, per singulis festivitatibus ejusdem authoritate dicti reverendissimi Domini qua fungimur, sancti Syndulphi quibus id fecerint quadraginta dies authoritate nostra de omnipotentis Dei misericordia et beatorum Petri et Pauli apostolorum ejus authoritate confisi de injunctis pœnitentiis eis pœnitentibus misericorditer relaxamus præsentibus perpetuis futuris temporibus duraturis, in cujus rei testimonium præsentes litteras per notarium publicum infrascriptum præfati reverendissimi Domini secretarium signari, sigilloque vicariatus ejusdem reverendissimi fecimus appensione communiri.

Datum ubi supra anno Domini millesimo quingentesimo decimo octavo more gallicano computandi, die vero dominica in sexagesima penultima mensis februarii, præsentibus ibidem venerabilibus et circumspectis et egregiis discretis viris dominis et magistris Regnaldo *Cauchon* decano et officiali Remensi, Joanne *Doubleau* thesaurario ejusdem reverendissimi vicario generali, Petro *Grosseanne* etiam officiali remensi licentiato, Nicolao *De Ville*, Guidone *Flamignon*, insignis ecclesiæ Remensis canonico, Hieronimus *Grosseanne*, Remigio *Chevalier* artium et medicinæ doctore, magistro *Guibert, Ogier de Parnasse*, Sahaldis *Ogier de Chenesson* dominis temporalibus, magistro Petro *Jouglet* in decretis baccalaureis promotore curiæ Remensis, cum pluribus utriusque sexus fidelibus in magna copia ibidem devote cum cereiis et aliis lumi-

fêtes, en vertu de l'autorité dudit révérendissime seigneur dont nous remplissons les fonctions, en vertu aussi de notre autorité et confiant en la miséricorde du Dieu tout-puissant et de ses apôtres saint Pierre et saint Paul, nous remettons quarante jours de la pénitence qu'ils auraient encourue.

Pour donner aux présentes lettres force et rigueur pour les temps à venir, nous les avons fait sceller par le notaire public dont le nom suit, secrétaire du révérendissime archevêque, du sceau pendant en queue dudit révérendissime.

Donné audit lieu, l'an du Seigneur 1518, suivant la manière de compter des Francs, le dimanche de la Sexagésime, le pénultième jour du mois de février, étant présents, les vénérables, illustres et remarquables seigneurs Regnauld Cauchon, doyen et official de Reims ; Jean Doubleau, trésorier, vicaire-général dudit révérendissime ; Pierre Grosseanne aussi official, licencié de Reims ; Nicolas de Ville ; Guy Flamignon, chanoine de l'insigne Église de Reims ; Jérôme Grosseanne ; Remi Chevalier, docteur en arts et médecine ; maître Guibert ; Ogier de Parnasse ; Salhaldis Ogier de Chenesson, seigneurs temporels ; maître Pierre Jouglet, bachelier en droit, promoteur de la chancellerie de Reims. En présence aussi d'une grande foule de tout sexe, pieusement rassemblée en ce lieu, tous tenant un cierge ou tout autre luminaire et tous appelés à être témoins de ce

naribus congregatis et testibus ad præmissa vocatis et rogatis. Signatum : P. episc. Caled. suffrag. prædicti Gunelly canonicus et secretarius Rem. apostolicâ et imperiali autoritatibus venerabilisque curiæ Remensis sedis metropolitanæ notarius.

que nous avons dit plus haut. Signé : P. évêque de Chalcédoine, suffragant dudit archevêque. Gunelly, chanoine et secrétaire de Reims, pour l'autorité impériale et apostolique, et notaire du vénérable chapitre de l'Église métropolitaine de Reims.

(Extrait des *Archives d'Hautvillers*, Reims, *Inventaire du Cartulaire.)*

Acquisition d'une cense à Escris. Déclaration des revenus et héritages de l'abbaye.

(1519)

Qu'un marbre complaisant ait parfois transmis à la postérité ses épitaphes magnifiques et pompeuses, mais souvent trop peu méritées, rien en cela qui doive nous surprendre. Le vice, lui aussi, n'a-t-il pas bien des fois usurpé jusqu'à ces derniers honneurs de la terre! Sans aucun doute, plus d'un citoyen du tombeau doit être étonné, dans l'autre monde, des flatteries souvent prodiguées sur ses cendres mêmes. Tel ne fut pas Jean Royer; il eut des louanges, il en méritait davantage. Si en lui devait finir, pour Hautvillers, la série des abbés réguliers, il sut apparaître en ce monastère comme une vivante et belle récapitulation des vertus cénobitiques et administratives qu'y avaient déployées ses gouvernants légitimes. Si nous osions, dans ce modeste travail, nous servir d'une illustre comparaison, nous dirions que Jean Royer fut pour Hautvillers, ce qu'avait été pour Rome, sa patrie, F. Camillus, l'une des plus éclatantes et des plus pures illustrations de la république romaine, un second fondateur. Non content d'arrêter l'ardeur envahissante de litigieux voisins, qui, à l'envi, rançonnaient le monastère et s'appropriaient ses domaines, Jean Royer fut un intelligent restaurateur d'Hautvillers, qui bientôt, sous sa main active, se releva de ses ruines et devint une opulente abbaye. Par ses soins vigilants, elle put rentrer dans la possession de nombreux domaines aliénés, et y en ajouter de nouveaux. *Plurimum redditus monasterii et mensam conventualem.* (Ancien *Gallia christiana,* tome III, page 36; nouveau, tome IX, col. 259.)

Vue du passage de l'ancienne Chapelle de Dom Royer au Cloître.

En 1511, Jean Royer, en sa qualité de seigneur de Dizy, confirma une déclaration des biens communaux, faite par les habitants de ce village; de là, l'abbé d'Hautvillers rentra en possession de sept arpents de pré que vinrent lui disputer encore, dans la suite, les habitants dudit Dizy; ils furent définitivement condamnés aux frais, etc., par une sentence du baillage d'Hautvillers, en 1777, c'est-à-dire un siècle et demi plus tard, ce qui n'empêcha pas d'autres procès d'avoir lieu entre le monastère et les mêmes habitants, dans l'intervalle de ces époques.

Le 20 septembre 1519, Jean Royer faisait acquisition, pour le monastère, d'une cense située à Escris, aujourd'hui Asfeld, chef-lieu de canton du département des Ardennes, sur la rivière d'Aisne.

La petite ville d'Asfeld, sous les Mérovingiens, s'appelait Escry, Escris; elle possédait une maison royale. En 1210, Thibaut, comte de Champagne, réunit dans un tournoi, en son château d'Escry, un grand nombre de seigneurs qui, enflammés par la parole ardente de Foulques, curé de Neuilly, partirent pour la croisade.

En 1670, Escry est acheté par M. de Mesme, président au parlement de Paris, déjà seigneur du comté d'Avaux et du vicomté de Neufchatel. Il fait du tout une seigneurie, choisit Escry pour chef-lieu, dont il change le nom en celui d'Avaux-la-Ville.

En 1728, Avaux-la-Ville fut vendu à Claude-François Bidal, marquis d'Asfeld, qui devint plus tard maréchal de France. Par lettres-patentes de 1730, il obtint l'érection de la terre et seigneurie d'Avaux-la-Ville en marquisat-pairie, avec commutation du nom d'Avaux-la-Ville en celui d'Asfeld.

Ce nom venait de Pierre Bidal, son père, qui avait été créé baron d'Asfeld par la reine Christine de Suède, en reconnaissance des services considérables qu'il lui avait rendus en sa qualité d'agent général dans les cours de France, d'Italie et d'Espagne. Elle lui avait fait don, à lui et à ses descendants, des fiefs de Villembruch, en Poméranie, et de Harsefeld, dans le duché de Bremen. De là Asfeld pour Harsefeld. Pendant la Révolution le nom d'Asfeld fut encore changé deux ou trois fois.

La cense dont il vient d'être question était composée de 63 jours (1) un quart en terres labourables et un demi-jour un

---

(1) Le jour, à Asfeld, contenait 160 verges.

quart et demi de vignes, et fut achetée au prix des 500 livres tournois. Nous allons rapporter tout ce que nous avons pu recueillir sur cette cense, dans l'*Inventaire du cartulaire d'Hautvillers*, à Reims, 26e layette, 1re liasse. *Petit Couvent* (p. 1-8).

Titre d'acquisition de la cense d'Écris ou Avaux-la-Ville (Asfeld), par messire Jean Royer, abbé d'Hautvillers.

(20 septembre 1519)

A tous ceux qui ces présentes lettres verront ou orront, Pierre Aubelin, licentié ès lois, garde des sceaux de la prévôté d'Épernay, de par Madame mère du roy, duchesse d'Angouleme et d'Anjou, comtesse du Maine et dame d'Épernay, salut, sçavoir faisons que par devant Jean Rozier et Jean Dallier, notaires jurés de ma ditte dame, et à ce faire establis en ladite prévôté fut présent en sa personne, Guillaume Thomas, laboureur, demeurant à Écris-sur-Aisne, au nom et comme procureur de Jean Leclerc, marchand, et Marson, sa femme, demeurant à Rethel, laditte Marson, licentiée de son mary, fondée de lettres de procuration faites et passées sous le scel de la baillie de Vermandois, à Laon, établi par le roy, notre sire, desquelles la teneur s'en suit. (Nous passons le texte de cette procuration, pour arriver à l'acte de vendition.)

Lequel Thomas Guillaume, audit nom et en vertu desdittes lettres de procuration dessus transcriptes, a reconnu et confessé de son plein gré, sans force avoir vendu, ceddé, alliéné et transporté, et par ces présentes, vend, cedde, aliène et transporte, dès maintenant, à toujours, à révérend père en Dieu, Monsieur Jehan Royer, abbé de l'église et abbaye de Saint-Pierre-d'Hautvillers de l'ordre de Saint-Benoît, au diocèse de Reims, la quantité de soixante-trois jours de terres labourables ou environ, assises en plusieurs pièces au terroir d'Escry-sur-Aisne et terroirs circonvoisins, huit vingt (160) verges pour le jour, et dix-neuf pieds et demy pour verges, c'est assavoir : (Vient ici la désignation détaillée des différentes pièces de terres vendues; nous croyons inutile de nous y arrêter.)

..... Et généralement quelconques autres héritages que lesdits Jehan Leclerc et Marson, sa femme, ont et peuvent avoir et qui leur compète et appartient, situés et assis en la ville et terroir dudit Escry, francs et quittes de censives et de toutes autres charges, excepté de la taille accoutumée, prendre et lever, par chacun an, sur les héritages de la ville et terroir dudit Escry, au prouffit des seigneurs du chapitre de Reims, et francs d'arrérages jusqu'a iahuy. Ce présent vendage fait moyennant et parmy la somme de cinq cent livres tournois pour principal marché, et cent sols tournois au vin, que pour ce ledit Guillaume Thomas, au nom dessus dit, en a confessé avoir eu et reçu dudit révérend père en Dieu, en déduction et en tant moins de plus grande somme dont ledit Leclerc était tenu et est tenu et redevable envers ledit seigneur abbé. Si comme tout ce ledit vendeur audit nom disait être vray, dont il se tient pour bien content, presents lesdits jurez ès mains desquels ledit Guillaume Thomas, audit nom, et pour lesdits Jehan Leclerc et Marson, sa femme, s'est devestu et dessaisi de tous les heritages dessùs déclarés et de chacune pièce d'iceux consentant que ledit acheteur ou son procureur pour lui en soit vestu et ensaisi et mis en bonne possession et saisine, tant par la justice dudit lieu d'Escry que autrement, duement et d'abondant à ledit Guillaume Thomas, fait, consenti et constitué son procureur quant à ce le porteur de ces présentes, auquel il a donné puissance et authorité, de soy devestir et dessaisir desdits heritages et consenty, ledit acheteur, en estre vestu et saisi comme dit est.

Promettant, ledit vendeur audit nom et en vertu desdittes lettres de procuration dessùs transcriptes, à tenir, entretenir et avoir pour agréable, ferme et stable, à toujours, ledit vendage et lesdits héritages, garentir, délivrer et deffendre, a et envers contre tous de tous troubles et empêchemens quelconques, sans aller ni faire venir contre en aucune manière, sur peine de tous depens, coûst et dommages, rendre et restituer et a, ledit vendeur, audit nom, obligé les biens desdits Leclerc et Marson, sa femme, à ce faire tenir et garantir, meubles et immeubles présents et advenirs, en vertu desdittes lettres de procuration, tant et si avant que métier sera et au cas appartiendra et renonça, ledit vendeur, audit nom, par sa ditte foy, quant à ce à toutes choses généralement quelconques à ces lettres contraires, en saisinement, au droit disant générale renonciation non valloir.

En témoing de ce, nous avons scellé ces présentes lettres des sceaulx de laditte prevosté par le rapport desdits notaires avec leurs scings manuels cy-mis, saufs tous droits ; ce fut fait et passé audit Épernay, le 20ᵉ jour de septembre l'an mil cinq cent et dix-neuf.

Signé : J. ROSIER et J. DALLIER,
avec paraphe.

Les terres, rapportées en la présente acquisition, montent à la quantité de 63 jours et demi un quart et quinze verges. Les prez a trois jours et demie. Les vignes a un demy jour un quart et demy.

Dans l'acte d'un bail emphytéotique de deux jours de vignes au terroir d'Escry, on voit comparaître en leurs personnes : Domps Nivard Lamblet, prieur ; Nicolas Dessabez, thesaurier ; Philippe Brodeaux ; Jacques de Bournonville, ausmônier ; Jean Michelet ; Nicolas de Seanneville (ailleurs on lit Scamouville) ; et Hugues de Metruin ; tous prestres religieux profèz de l'église et abbaye de Saint-Pierre-d'Hautvillers, faisants et représentants la plus grande et saine partie du couvent.

Ce bail est daté du 5 juin 1565.

ARPENTAGE

Des terres, prez, vignes, bois, appartenant aux religieux d'Hautvillers, situés au terroir et village d'Escry-sur-Aisne, fait le 12 septembre 1585, par Claude Vaultrin, arpenteur juré, demeurant à Hautvillers.

A la requête des vénérables religieux, prieur et couvent de l'église et abbaye Monsieur Saint-Pierre dudit Hautvillers...... au pied et mesure accoutumée, mesure dudit Escry, qui est dix-huit pieds et demy pour verge, et huit vingt verges pour jour aussy, suivant les montrées..... faites des dittes pièces terres, bois...... par vénérables et religieuses personnes domp Jean Michelet, prestre religieux de laditte abbaye et prieur du prioré Monsieur Saint-Nicolas de Semuy, et domp Jean de Montpois, aussy prestre religieux de laditte abbaye.....

(Extrait des *Archives d'Hautvillers.*)

Dans une autre déclaration et arpentage des héritages dépendant de la cense d'Écry, des 7, 8 et 9 avril 1620, faits à la requête de veuve François Girault, pour lors fermière de laditte cense, en présence de domp Thomas Michelet et domp Nicolas

Deudré, religieux d'Hautvillers...... on lit que la mesure d'Écry est de huit vingt verges pour le jour, quarante verges pour quartier, dix-huit pieds pour verge, et onze pouces pour pied. En comparant ce document avec le précédent, on s'aperçoit d'une variation dans la mesure d'Escry.

(Extrait de l'*Inventaire du cartulaire d'Hautvillers*, page 19.)

En 1673, le 26 may, nouvelle déclaration des héritages assis au terroir d'Avaux-la-Ville, appartenant aux religieux d'Hautvillers, faite, présentée et affirmée véritable par dom Étienne Paistre, procureur de laditte abbaye. *(Ubi supra.)*

Autre déclaration faite le 10 octobre 1748 par Louis Vuiet et pardevant les officiers de justice dudit lieu d'Asfeld, qui ont signé.

(On sait qu'Escris, Escry, Écry, Avaux-la-Ville et Asfeld ne signifient qu'un seul et même village, appelé ainsi à diverses époques.)

Série des baux de la ferme ou cense d'Escry.

Nous donnons uniquement cette série afin qu'on puisse suivre graduellement les progrès de la valeur locative de la cense en question.

1540, 6 avril.

Bail pour 9 années, moyennant 27 livres tournois par chacune année, avec obligation pour le *preneur* d'acquitter les cens et droits seigneuriaux des héritages loués.

1550, 23 may.

Bail pour 9 années, moyennant 30 livres tournois par chacun an, avec obligation pour le même *preneur* Gerault, laboureur à Écry, d'acquitter, comme dessus, les cens et redevances anciennes.

1565, 25 juin.

Bail pour 12 ans à Regnault-Lavocat, marchand à Écry, moyennant la somme de 50 livres tournois, par chacun an, à charge de ne couper les bois que de quatre ans en quatre ans, par quart et portions égales, payer les cens et redevances comme dessus.

1585, 24 juillet.

Bail pour 9 années à Miller-Lavocat, laboureur à Escry,

moyennant 20 écus d'or au soleil, six jambons de *porcq* et six fromages par chacun an. Mêmes charges que dessus.

1610, 16 février.

Bail pour 9 ans à Augustin Gorju, notaire à Escry, moyennant 80 livres tournois, huit jambons de porcq par chacun an et 60 livres tournois une fois payées. Mêmes charges que dessus.

1617, 27 novembre.

Bail pour 9 ans à François Gerault, laboureur à Écry, moyennant 86 livres tournois par chacun an et 60 livres pour l'entrée une fois payée. Mêmes charges que dessus.

1625, 10 novembre.

Bail pour 9 ans à Nicole Lavocat, veuve du susdit *prenneur*, moyennant 100 livres tournois par chacun an et pareille somme payée *comptent* pour l'entrée. Mêmes charges que dessus.

1634, 16 février.

Bail pour 9 ans à Toussaint Gerault, laboureur à Écry, moyennant 150 livres par chacun an. Mêmes charges que dessus.

1642, 10 janvier.

Bail pour 9 ans au même, moyennant 180 livres par chacun an et 100 livres pour l'entrée une fois payée.

1652, 17 mars.

Bail pour 6 ans à Medard-Doriot, laboureur à Escry (dom Jacques Droynet comparant pour les autres religieux), moyennant 110 livres par chacun an et deux livres de cire. Mêmes charges que dessus.

1658, 2 janvier.

Traité entre les religieux bailleurs et le susdit Doriot, *prenneur*, par lequel, moyennant un cheval, une vache et 25 livres d'argent, ledit Doriot demeure quitte de son bail envers les religieux.

1661, 4 mars.

Bail pour 6 ans à Denys Vuiet (dom Richard Havetel, procureur de l'abbaye d'Hautvillers, comparant), moyennant

120 livres les trois premières années et 125 livres les trois dernières. Ce bail permettait au *prenneur* d'arracher les vignes dépendantes de laditte cense pour les mettre en nature de terres labourables, à l'exception d'une pièce de vigne lieudit à la Ruelle-Leprêtre et contenant 30 verges.

1667, 11 janvier.

Bail pour 6 ans à Denys Vuyet (dom Joseph Vezelise, procureur de l'abbaye d'Hautvillers, comparant), moyennant 150 livres par an. Mêmes charges que plus haut.

1682, 4 avril.

Bail pour 6 ans au même, moyennant 130 livres par an. Mêmes charges que dessus.

1712, 21 juillet.

Bail pour 18 ans à Nicole Camus, veuve de Louis Voyet, moyennant 160 livres par an.

1729, 25 juillet.

Bail pour 9 ans à la même et à ses enfants (dom Léon Merlin, procureur de l'abbaye d'Hautvillers, comparant), moyennant 300 livres par an.

1740, 9 mars.

Bail pour 9 ans à Louis Vuiet (dom Pierre Chedel, procureur de l'abbaye, comparant), moyennant 300 livres par an et trois voitures de foin *rendu* à Reims en la maison et hôtel desdits religieux.

1748, 8 août.

Autre bail de 9 ans au même *prenneur* et aux mêmes prix, clauses et conditions.

1757, 13 may.

Reconduction et continuation du même bail pour un an, au même *prenneur*, mêmes prix, mêmes clauses et conditions.

(Extrait de l'*Inventaire du Cartulaire d'Hautvillers*, 26e layette, 2e liasse. *Petit Couvent*, pages 25-33.)

INSTANCE

Entre les religieux d'Hautvillers, en 1724, et M. de Mesmes, seigneur d'Escry et premier président du parlement de Paris, au sujet de la tonture faite par ses receveurs de plusieurs saules plantées sur une pièce de prez et boix, appartenant auxdits religieux, sur les bords de la rivière d'Aisne; lesdits religieux demandeurs, en trouble, se fondaient sur la propriété du terrain et conséquemment desdittes saules; ledit sieur de Mesmes, deffendeur, prétendait lesdittes saules lui appartenir à cause d'un droit de marche-pied, dont il jouit le long de laditte rivière. On ne voit pas comment s'est terminé ce procès; on trouve seulement quelques lettres à ce sujet, quelques mémoires et une signification de committimus faite auxdits religieux, à la requête dudit seigneur, prenant fait et cause pour lesdits receveurs, en vertu duquel il évoque cette affaire aux requêtes du roy.

Dans le même *Cartulaire* on lit en note :

« Dans un registre des *Actes capitulaires d'Hautvillers* se trouvait un résultat du chapitre et communauté de l'abbaye d'Hautvillers, par lequel il conste que M. le comte et seigneur d'Avaux-la-Ville, à présent Écry, ayant enfermé dans ses grandes allées quelques pièces de terre *faisante* partie de la cense dudit Escry, *appartenants* auxdits religieux, il avait proposé auxdits religieux de leur payer ou rendre terre pour terre, et qu'ils avaient conclus à accepter ce dernier offre dudit seigneur. »

Dans la même liasse se trouve le titre qui suit; quoiqu'il n'ait pas trait au gouvernement de Jean Royer, nous le rapportons pour mémoire.

Titre des biens et revenus de la Fabrique et de l'Église d'Hautvillers.

(6 mai 1521)

Les commissaires du roy, notre sire, sur le fait des amortissements à Paris. A tous ceux qui ces présentes lettres verront salut; sçavoir faisons que vû par nous la déclaration du temporel non amorty appartenant à l'église paroissiale d'Hautvillers doyenné d'Épernay présentée et affirmée par écrit par les marguillers dudit Auvillers au bailly de Vermandois ou son lieutenant avocat procureur et receveur ordinaire pour le roy notre dit seigneur audit baillage de Vermandois ès..... duquel ledit temporel est situé et assis et ce en suivant les commendements generaults et injonctions faites par lesdits officiers aux gens d'église et de main morte dudit baillage en vertu des lettres patentes du roy notre dit seigneur a eux envoyées à cette fin de laquelle déclaration la teneur s'ensuit :

C'est la déclaration des rentes revenus heritages appartenants à l'église paroissiale d'Hautvillers doyenné d'Épernay lesquels rentes revenus et heritages baillent pardevant vous les marguillers d'icelle église, mon très honoré seigneur Monseigneur le bailly de Vermandois ou votre lieutenant en obéissants aux commendements faits naguère de par le roy notre sire.

Premier. Deux arpents de prez séants audit terroir lieudit Prez usaines tenant d'une part à Messieurs d'Auvillers à cause de l'office du trésor, d'autre à l'aumônier de laditte église d'un bout à Étienne Lefebvre d'autre à Jean Pocquel.

Item, six boisseaux de prez en cedit lieu tenant d'un côté à Colson Gambu et d'autres aux hoirs Simonet-Marlin d'un bout au pré du curé dudit Auvillers d'autre audit Pocquel.

Item, un demy arpent de prez en cedit lieu tenant d'une part à la rivière de Marne et d'autre à Messeigneurs d'Autvillers d'un bout à mesdits seigneurs d'Autvillers d'autre bout à Philippe Failler.

Item, plus un arpent de prez en cedit lieu tenant d'une part à Jehan Regnault et d'autre à Étienne Lefebvre.

Item, trois quartiers de savart audit terroir d'Auvillers en lieudit sous le Clooz d'Auvillers tenant d'une part à Gillet Poupart et d'autre à Jehan Martinet Laisné.

Item, un quartier de terres arrables audit terroir en lieudit Chaillouet, tenant d'un côté à Jules Poupart d'autre a mesdits seigneurs d'Auvillers.

Lesquels heritages peuvent valoir par an à laditte église montant et avalant environ cinquante sols tournois et à vendre pour une fois vallant quarante livres tournois.

Laquelle église est tenüe et redevable tous les ans envers Monseigneur de Reims pour la suspension icelle ensemble la visitation de la somme de quarante sols tournois sur peine d'amende et deux obits.

Tout ce certiffié vray témoin mon seing manuel cy-mis à la requête de Jehan Thomas et Jean Vannier marguillers de laditte église le 6e jour de may l'an 1521.

Ainsi signé : LAMBETZ.

Veû aussy le procès verbal, l'advis des officiers du roy notre dit seigneur au baillage de Vermandois après avoir sommairement informé sur le contenu en laditte déclaration et tout veû et considéré ce que faisait à voir et considerer en *cest* parties nous en suivant le pouvoir a nous donné et commis par le roy notre dit seigneur, avons en laditte église d'Auvillers admorty et admortissons perpetuellement et a toujours les heritages et possessions cy-dessùs spécifiés et declarés sans ce que pour raison d'ycelles laditte église ou marguillers pour elle soient tenus dorenavant payer aulcune finance au roy notre dit seigneur ou autrement contraints en vuider leurs mains et ce moyennant la somme de sept livres dix sols tournois que pour ce messire Raoul Charron prebtre pour lesdits marguillers en a payé comtent et icelles mis ès mains de Messire Jacques Ragneau notaire et secrétaire du roy notre dit seigneur et par luy commis à recepvoir les deniers provenants desdits amortissements comme nous est apparu par sa quittance cy-attachée, à laquelle somme de sept livres dix sols nous avons taxé la finance et indemnité pour ce dub audit seigneur sauf son droit et autre chose et l'autruy en tout et pourveû qu'il n'y ait autrement chose en domaine dudit seigneur sy donnons et en mandement.

Le présent titre a été par moy notaire royal héréditaire au baillage de Vermandois à Reims demeurant à Auvillers soussigné fait en son escriture icelluy etant une peaux en parchemin et remis au domaine et fabrique d'Auvillers, et ce présent pour servir aux vénérables religieux de l'église et abbaye de Saint-Pierre-d'Autvillers en la diligence du révérend Père dom Mathieu Jacquesson prieur de laditte abbaye à la maintenue et possession de la pièce de prez a eux appartenante et leur communauté mentionné en la sentence... escrite le 1ᵉʳ jour d'avril 1639 en la présence de M. Martin Grénier et Nicolas Moreau praticiens en la justice dudit Auvillers qui ont signé au deffaut d'autres notoires.

Signé : HUSSON, avec paraphe.

(Extrait de l'*Inventaire du Cartulaire d'Hautvillers*, 3ᵉ layette, 1ʳᵉ liasse.)

Nous aurons encore à consigner plus tard quelques autres propriétés de la fabrique d'Hautvillers.

Étant toujours sous le gouvernement de Jean Royer, nous avons à enregistrer dans notre histoire une donation importante faite, en faveur des religieux de son monastère, par ce digne et pieux abbé, le 24 décembre 1522.

Donation et fondation de messire Jean Royer, dernier abbé régulier de l'abbaye d'Hautvillers

(24 décembre 1522)

A tous ceux qui ces presentes lettres verront ou orront Jehan par la permission divine abbé de l'église et monastère Monsieur Saint-Pierre-d'Autvillers de l'ordre de Saint-Benoît diocèse de Reims et tout le couvent de ce même lieu salut en Notre-Seigneur. Scavoir faisons que nous abbé dessùs nommés pour le remède et salut de notre ame aussy des ames de nos predecesseurs abbez religieux fondateurs et bienfaiteurs de notre ditte église et abbaye, les présents et à venir, de la volonté et licence et permission de très reverend père en Dieu Monseigneur l'archevêque (1) et duc de Reims premier pair de France notre seigneur et du consentement et commun accord de tous nos frères religieux prieur et couvent dicelle église, avons ordonné et ordonnons être dit et célébré en notre ditte église et abbaye pour nos dits frères religieux par chacun jour de la semaine à toujours perpetuellement une messe qui se dira durant l'heure de prime, c'est à assavoir ès jour du dimanche messe jour ou de quelque solennité s'il y échet, ès jour de lundy, mardy, mercredy et jeudy messe de trépassez, ès jour de vendredy, messe haute des cinq playes de Notre-Seigneur à diacre et soudiacre; ès jour de samedy messe basse de Notre-Dame et à chacune desdittes messes faire commemoraison des trépassez.

Item, par chacun an au temps de Carême, la vigile de M. saint Benoît dire et célébrer en laditte église par lesdits frères religieux un obit solennel messe et vigiles à nottes diacre et soudiacre, et par chacun jour à la prière à la grande messe par le prestre celebrant laditte messe, dire après les collectes accoutumées la collecte générale pour tous les trépassez et pour satisfaction desdittes messes prières et oraisons et l'augmentation de l'office des pittances de notre dit couvent et pour

---

(1) Robert de Lenoncourt.

subvenir aux affaires et necessités de nosdits frères religieux, leur avons donné, delaissé et par ces presentes leur donnons et delaissons, les cens, rentes, revenus et heritages cy après nommés et spécifiés tant en argent bled que chappons.

Et premier, une maison cour jardin et aisances assise audit Auvillers en lieudit la rue de Bacchus tenant d'une part à la maison du presbytère, d'autre part à la maison de Thierion par devant à laditte rue par derrière à Étienne Lefebvre. (Aujourd'hui propriété de MM. Locret-Gillet et Pognot-Gillet.)

Item, une autre maison en laditte ville d'Auvillers en la rue du Bourg-devant-la-Croix, ensemble la cour et jardin ainsy que tout se comporte tenant d'une part à nous, d'autre part aux hoirs Pierre Compart. (Aujourd'hui propriété de M. Lourdet-Demars.)

Item, la quantité de trois arpents de vignes assises sur le terroir d'Hautvillers et Cumières en plusieurs pièces, l'une d'ycelles au terroir dudit Auvillers en lieudit Fleury, contenant demy arpent d'une part à Gerard Chaillet d'autre part à messire Nicole Ferdery.

Item, au-dessus dudit Cumières une autre pièce de vigne nommée la Chevre contenant neuf boisseaux tenant d'une part aux hoirs Simonet Marlin et d'autre part à messire Pierre Hachède.

Item, audit terroir de Cumières une autre pièce de vigne séant au lieudit Monjoy contenant six boisseaux tenant d'une part au chemin qui vient des bois d'autre part aux hoirs Colleson Remy.

Item, une autre pièce assez prèz dudit lieu ou lieudit Vrel contenant sept boisseaux tenant d'une part et d'un bout à nous et d'autre part à une sente commune.

Item, trois boisseaux en Hettes tenant d'une part a Aubry Lelarge d'autre part aux hoirs Balhau.

Item, en la Haute-Prière un quartier de vignes tenant à nous d'une part et d'autre part aux hoirs feu messire Jehan Petit.

Item, en laditte Prière deux boisseaux de vignes tenant d'une part à Thomas Peret et d'autre part aux hoirs feu Jean Poupart.

Item, plus bas trois boisseaux de vignes tenant d'une part auxdittes pittances d'autre part aux hoirs dudit feu messire Jean Petit.

Item, sept boisseaux de vignes séant aux quartiers tenant d'une part aux hoirs feu Jehan Pocquet et d'autre part à...

Item, pareillement avons donné et laissé à l'office du trésor de notre église un arpent de vignes en deux pièces séant audit terroir d'Hautvillers en lieudit Hosteran, l'une d'ycelles contenant treize boisseaux tenant audit trésor d'une part et d'autre part à Fossel Dommanges.

Plus, au même lieu vingt deux verges et demy au-dessus de la sente tenant d'une part à Jehan Gatinois et d'autre part à... et ce pour subvenir au luminaire qu'il conviendra tant audit obit que ès messes dessùs déclarées.

Item, un autre arpent de vignes en deux pièces assises audit terroir d'Hautvillers l'une d'icelles contenant trois quartiers séant en Haut-Bermont tenant d'une part à Henry Grandelet et d'autre a une sente commune. L'autre pièce contenant un quartier au-dessùs de la prochaine pièce susdite, tenant d'une part aux hoirs Georges Desprez et d'autre part aux Bigot d'Ay, lequel arpent avons donné à l'utilité et petites nécessités des enfants novices de notre église qui seront régis et gouvernés par le prieur d'icelle notre église ou par son ordre, en récompenses de leurs prières et service dessus déclarés.

Item, à Lozeray-de-Bras avons aussy donné et délaissé à nos dits frères religieux trois arpents un quartier de prez tenant d'une part au fossé et d'autre part à Jehan Regnault.

Item, cinq arpents de prez plus haut en tirant à la Formette tenant d'une part à l'église paroissiale dudit Hautvillers et d'autre part au prez Saint-Nivard.

Item, demy arpent de pré dessùs les Brouilles tenant d'une part à nos dittes pittances et d'autre Phlôt Fallier.

Item, six quartiers en la prairie de Dizy tenant d'une part à Apvril Philipponat et d'autre part à..., il y a à chacun coin un fossé.

Item, une cense au village et terroir d'Escris (Asfeld) sur Aisne qui consiste a environ quatre vingt jours de terres arrables, neuf jours de prez, deux jours de bois et cinq ou six quartiers de vignes.

Item, autres rentes en censives à prendre sur les heritages comme s'ensuit.

Et première cinquante sols tournois à prendre sur les maisons, cour, jardin, et appartenances de Gombert Beguin et Oudin Peletier assise audit Hautvillers en sa rue de Bourain tenant par devant à laditte rue par derrière à Étienne Lefebvre, d'une part à nous et d'autre part à Jehan Poupart Laisné, lesdittes maisons et appartenances prises par lesdits Beguin et Pelletier à cette charge des heritiers feu Oudart et de Jumont desquels avons acquit ce droit et à faute de payer ses surcens par trois ans continuants et ensuite pouvons reprendre lesdits maisons et héritages et en faire notre profit, à la charge aussy de deux chappons, le tout payant par chacun an le jour de Saint-Martin d'hyver.

Item, deux sous tournois et ce avec un chappon au jour comme dessus sur une pièce de terre contenant sept boisseaux séant dessous lesdittes maisons, tenant d'une part à nous et d'autre part au chemin, par lesdits Étienne Lefebvre prinse et lesdits Jumont à cette charge.

Item, cinq sous tournois à prendre sur les maisons, mazures, aisances et appartenances de Jehan Droynel par luy une partie aquesté d'Estienne Lefebvre et l'autre à nous séant en laditte rue de Bourain tenant d'une part à nous et d'autre part à Estienne Lefebvre.

Item, trois sols tournois à prendre sur une pièce de vigne contenant trois boisseaux séant en Bonnal que tient ledit Droynel et sont...

Item, cinq sols tournois à prendre sur deux jardins seant en Mandan contenant deux boisseaux appartenants a Jehan Poupart, l'un d'iceux tenant au rut qui descend de la ville, d'autre part aux hoirs feu messire Jehan Petit, l'autre jardin tenant d'une part à mes dittes pittances et d'autre part à une sente commune.

Item, quatre sols tournois à prendre sur deux jardins séant en ce même lieu l'un d'iceux contenant un boisseau appartenant à George Lefebvre, tenant d'une part à une sente commune d'autre part à Jehan Martinet Laisné.

L'autre jardin contenant deux boisseaux et les tiennent Gillet Poupart et Nicolas Aubry tenant d'une part et d'autre aux hoirs feu messire Jehan Petit.

Item, six deniers tournois avec un chappon à prendre sur les maisons, cour et jardin et appartenances des hoirs feu Jehan dit Planchier séant en Bauce tenant d'une part à Jehan Maillet et d'autre part aux chapelains de l'ancienne congrégation de Reims.

Item, deux sous six deniers tournois et un chappon à prendre sur la maison Michault Frémin séant devant l'église de la paroisse dudit Auvillers tenant par devant à la ruë et par derrière à Jehan Martinet Laisné.

Item, un chappon à prendre sur une petite maisonnette derrière la maison dudit Michault tenant d'une part audit Fremin et d'autre part audit Jehan Martinet et la tient du present George Lefebvre.

Item, trois sols quatre deniers tournois à prendre sur une mazure et jardin situés devant laditte église tenant d'une part à nous et d'autre part aux hoirs feu Allot de Grand.

Item, dix-huit sols tournois avec un chappon à prendre sur un jardin terre prez et autres héritages appartenants à Jehan du Bourg par luy prins des heritiers dudit de Jumont à cette charge desquels avons acquis le droit.

Item, deux sols tournois et deux chappons sur la maison, mazure et jardin appartenant à Jean Pierrot séant en la rue du Bourg par luy prins desdits heritiers à cette charge, tenant d'une part à Gaucher Petit et d'autre aux hoirs de Jehan Frémin.

Item, vingt deniers tournois à prendre sur une mazure et jardin séant en Bacul appartenant à Étienne Anceau tenant d'une part aux hoirs Nicolas Noël d'autre part à Jacques Lescot de Reims.

Item, cinq sols tournois à prendre sur la maison Jéhan, chef de ville, située devant la Croix (1), tenant d'une part à notre pressoir d'autre part à Person Butel.

Item, six sols huit deniers tournois a prendre sur une pièce de vigne contenant un quatier séant ès Aindiers appartenant à Jehan Vaultrain et sur un quartier de vigne que tiennent Jehan Allan et Pernet Aubry tenant d'une part à nos dittes pittances et d'autre part a Colleson Grand.

Item, vingt deniers tournois à prendre sur deux boisseaux de vignes séant ès quartiers appartenants à Loys de Mary tenant d'une part à la veuve Simon Petit d'Ay et d'autre part à Jehan Miet Hugin.

Item, deux sols six deniers tournois à prendre sur une pièce de vigne séant en Conscience contenant trois boisseaux appartenant à Jehan Vaultrain dit Grufarine.

Item, dix sols tournois à prendre sur un *sellier,* lieu et pour-

---

(1) Cette maison s'appelait : *Maison de la Croix-de-Fer.*

prins séant en Bacul appartenant à Jehan le Plat tenant d'une part... et d'autre part audit le Plat.

Item, soixante-dix sols tournois à prendre sur les maisons, grange, et cour et jardin et appartenances de Étienne Girault séant à Romery qui jadis furent à Andrillon Moreau à luy par nous baillés à cette charge...

Item, soixante-treize sols six deniers à prendre sur tous les heritages de Jehan Poupart Laisné plus amplement déclarées ès lettres sur ce faites, racheptables de 123 livres 6 sols tournois.

Item, six sols tournois à prendre sur une pièce de vigne située en Grain d'argent appartenant à Jehan Denys à cause de sa femme, tenant d'une part à Jehan Warnesson et d'autre à Jehan Martinet Laisnel.

Item, six sols tournois à prendre sur une pièce de vigne séant à Louval à Laurent Brugneau à cause de sa femme... tenant d'une part à Dudier Suguet et d'autre part à Huguennin Clertonnet.

Item, deux sols tournois sur une pièce de vigne tenant à la prochaine pièce dessus ditte contenant trois boisseaux appartenant à Didier Juguet, tenant d'une part audit Brugneau et d'autre part à Thomas de Grand.

Item, quarante sols tournois à prendre sur une maison séant à Cumières avec les appartenances d'icelles appartenant à Allart Bruyère séante en la grande ruë tenant d'une part à Gilbert Geoffroy et d'autre part à Lancelot Bertrand, et c'est assavoir que Jehan Warnesson et Michault tient six boisseaux de chenevrière séant aux Esclages qui sont des appartenances de laditte maison tenant d'une part aux hoirs Perron Fredy et d'autre part à Perrard Rivet chargé de six sols tournois.

Plus trois boisseaux de vignes séant à la Bergière appartenant à Jehan Lelarge Laisné tenant d'une part à Jehan Ferdry et d'autre part à Perrard Rivet et sont pareillement des appartenances dicelle maison chargés de quinze deniers tournois le tout en déchargeant ledit Bruyère sur laditte somme de 40 livres tournois et demeurants tous lesdits héritages chargés l'un pour l'autre des sommes de deniers dessus dits.

Item, dix sols tournois à prendre sur demy arpent de vignes séant en Coude appartenant à Jehan Warnesson tenant d'une part à Quentin Pupin et d'autre à Adnet Warnesson.

Item, vingt-quatre sols tournois à prendre sur une autre

maison séante audit Cumières appartenant aux hoirs feu Jehan Geoffroy de Bligny tenant d'une part à Lancelot Bertrand et d'autre part à Gillet Gauthier, à la marge est escrit : « La maison des hoirs feu Jehan Geoffroy chargée de 24 livres est racheptée. »

Item, vingt sols à prendre sur une autre maison audit Cumières appartenant aux hoirs feu Person Ferdery tenant d'une part à Henry Grandelet et d'autre à Jehan Warnesson Laisnel.

Item, treize sols tournois à prendre sur la maison Pernet Vinet tenant d'une part à Gerard Chaillot et d'autre part à la veuve Thibault Lelarge.

Item, douze sols tournois à prendre sur certains jardins séant à Cumieres que tient Adnet Warnesson, l'un d'iceux séant à la Sirye contenant trois quartiers tenant d'une part à Colleson Frérot et d'autre part au chemin.

Deux autres jardins en lieudit Rignault Saussay contenant deux boisseaux tenant d'une part et d'autre aux hoirs Jehan Lelarge.

Item, quarante sols tournois à prendre sur un quartier de jardin appartenant à Gillet Ferdery séant à la Fosse-aux-Bœufs tenant d'une part audit Ferdery et d'autre part à Allart Bruyère.

Item, dix-sept sols six deniers tournois à prendre sur la grange, jardin cour devant et fosse à fumier de Gillet Durand, tenant d'une part audit Durand et d'autre part à Perrard Rivet.

Item, vingt-cinq sols tournois à prendre sur les vignes jardins et autres heritages qui jadis appartinrent à Jehan Lefebvre et depuis à Raulin Étienne tenant d'une part à une sente commune d'autre part à Adnet Warnesson.

Item, deux sols neuf deniers à prendre sur trois quartiers de vignes seant en Jarc appartenant à Henry Grandelet tenant d'une part à Allard Bruyere et d'autre part à Colart Jébin.

Item, trois sols neuf deniers tournois à prendre sur deux pièces de vignes appartenant aux hoirs feu Regnault Piètremont l'une dicelle séant en Hostreau contenant un quartier tenant d'une part aux religieux d'Épernay, d'autre part à Clochet. Plus trois boisseaux en ce même lieu tenant au trésorier d'une part et d'autre part à Gilbert Geoffroy.

Item, trois sols neuf deniers tournois sur trois boisseaux de vignes appartenant audit Geoffroy tenant à la prochaine pièce dessus ditte d'une part et d'autre part au Fosset Domenget.

Item, trois sols neuf deniers tournois sur trois boisseaux de vignes en Hestes que tient Claude Molé tenant d'une part à nos dittes pittances et d'autre part aux hoirs Jehan Lelarge.

Item, dix-huit sols quatre deniers tournois à prendre sur trois arpents douze boisseaux de terres séant aux Noelles appartenant à Jacquet Pignerot tenant d'une part au bois Saint-Mard et d'autre part à Gillet Ferdray.

Item, trente-cinq sols tournois à prendre sur... arpents de pré en lieudit le Pré-au-Trésor que tient Simon Maillard.

Item, la quantité de six septiers de bled froment mesure de Chatillon à prendre sur une pièce de terre contenant vingt arpens ou environ assise au terroir de Villers-sous-Chatillon notre terre et seigneurie, ensemble la maison, lieux et pourprins tenant aux bâtis de Bailleux et d'un bout carrefour dudit Villers par nous aquestées aux heritiers de feu Jehan Quartin premier aquesteur a un nommé Étienne Saulnier auquel appartient ledit heritage à présent.

Item, une pièce de vigne seant au terroir d'Épernay dessùs Mardeuil au lieudit Vauliébert contenant trois quartiers ou environ, la pièce comme elle se comporte tenant d'une part à Messire Jehan Chaulate prestre et d'autre part au chemin.

Item, une autre pièce de vigne séant audit Mardeuil en lieudit Beaumont contenant demy arpent ou environ la pièce ainsy qu'elle se comporte tenant d'une part à Jacquet Hérelle d'autre part aux enfants feu Gillet Rivet.

Item, une autre pièce de vigne audit terroir en lieudit Valiébault contenant un quartier ou environ, la pièce ainsy qu'elle se comporte.

Pour d'iceux, cens, rentes, redevances et heritages joyr et possesser par notre dit couvent en tous profits, revenus et émolumens quelconques toujours et perpetuellement comme étant du domaine diceluy et en commune fraternité.

Et est assavoir que là où lesdits frères religieux seraient délayants, faire et accomplir lesdittes messes prières obits et oraisons en forme que dessùs est ordonnée sera loisible aux abbez successeurs après monition faite auxdits frères délayants, joindre à son domaine lesdits cens, rentes, revenus et héritages aux charges desdittes messes prières et oraisons et non autrement.

Toutes lesquelles choses et chacune dicelles nous abbé et couvent dessus nommés chacun en droit soy avons promis et promettons par la foy et serment de nos corps, faire tenir et accomplir tant par nous que nos successeurs à toujours perpetuellement comme dit est, et à ce faire de la licence et authorité que dessùs avons obligé et obligeons les biens et temporels de notre ditte abbaye presents et avenir l'un envers l'autre et renonçons à toutes choses à ce contraires et réquérons sur ce le decret de confirmation de notre dit seigneur archevêque comme notre supérieur. En temoin de ce nous abbé et religieux de notre dit couvent, avons signé ces présentes de nos seings manuels et scellées des sçaulz d'abbé et couvent de notre ditte abbaye, que furent faites passées et accordées le 24ᵉ jour de décembre vigile de la Nativité de Notre-Seigneur Jésus-Christ l'an 1522. Et au bas est signé : J. Failliez ; J. Augiez ; F. Lambetz ; T. Lefebvre ; T. Loyseau ; G. Gabriel ; J. Bertrand ; Leugny ; N. Dessabey ; J. Veillet ; F. Drouyn, tous avec paraphe.

A ce titre est attaché l'acte de confirmation du seigneur archevêque de Reims, de la même année, comme s'ensuit :

Robertus miseratione divina archiepiscopus et dux Remensis, primus par Franciæ, sanctæque sedis apostolicæ legatus natus, universis et singulis præsentes litteras inspecturis salutem in Domino. Notum facimus quod eum Reverendus in Christo pater Dominus Johannes permissione divina humilis abbas ecclesiæ seu monasterii Sancti-Petri de Altovillari, ordinis Sancti-Benedicti nostræ Remensis Diœcesis exhortationis igne successus et fomite salutifere inspiratus pro remedio et salute animæ suæ omniumque fundatorum abbatum religiosorum et benefactorum dictæ ecclesiæ seu monasterii sui de Altovillari, præteritorum præsentium et futurorum de autoritate et permissione nostris ac de communi concordia et unanimi consensu prioris et conventus dicti monasterii sui de Altovillari, accenso mentis de-

Robert, par la miséricorde divine archevêque et duc de Reims, premier pair de France, légat-né du Saint-Siège apostolique, à tous et à chacun de ceux qui ces présentes lettres verront, salut dans le Seigneur. Nous faisons savoir que le révérend père en Jésus-Christ, messire Jean, par la permission divine humble abbé de l'église ou du monastère de Saint-Pierre-d'Hautvillers, de l'ordre de Saint-Benoît, au diocèse de Reims, excité par le feu d'une exhortation et sous l'inspiration salutaire de venir en aide au salut de son âme et de l'âme de tous les fondateurs, abbés, religieux et bienfaiteurs de ladite église ou dudit monastère d'Hautvillers, présents et à venir. Suivant notre autorité et permission et le commun accord et consentement du prieur et du couvent dudit monastère d'Hautvillers, enflammé d'un saint désir,

siderio ordinaverit ut deinceps per religiosos ejusdem conventus seu monasterii de Altovillari aut eorum successores singulis diebus perpetuis futuris temporibus una missa bassa, durante pulsu primæ celebretur, hujus vero missæ celebrandæ modus erit ; diebus dominicis missa de Die, aut festo occurente ; lunæ, martis, mercurii et jovis, missa pro defunctis, veneris quinque vulneribus Domini nostri Jesu-Christi cum diacono et subdiacono alta voce decantetur ; sabbati missa bassa de beata genitrice Maria cum commemoratione pro defunctis in fine cujus libet missæ. Et insuper tempore quadragesimæ in vigilia beati Benedicti dicantur et celebrantur in eadem ecclesia per religiosos ejusdem monasterii vigiliæ et solemnis obitus seu anniversarium cum diacono et subdiacono necnon precibus magnæ missæ durantibus per sacerdotem eamdem missam celebrantem, post collectas seu orationes consuetas generalis collecta pro defunctis dicatur.

Et pro dotatione seu fundatione piorum suffragiorum prædictorum augmentationeque officii pittancianæ dicti conventus, necessitatibusque omnium religiosorum dicti sui monasterii de Altovillari sublevamen, donaverit, cesserit quittaverit et transportaverit donatione pura valida et irrevocabili inter vivos facta omnes, census, redditus et hæreditates in dictis litteris dotationis et fundationis significatas et præscriptas, tum in argento, blado quam caponibus et aliter per ipsum reverendum patrem a diversis personis a

il a ordonné que dans la suite les religieux et ledit couvent dudit monastère d'Hautvillers et leurs successeurs, dans tous les temps à venir, célébreraient chaque jour une messe basse pendant l'heure de prime. Et tel sera l'ordre de célébration de cette messe. Le dimanche, messe du jour ou de la fête occurrente ; le lundi, mardi, mercredi, jeudi, messe pour les défunts ; le vendredi, messe chantée des cinq plaies de Notre Seigneur Jésus-Christ, avec diacre et sous-diacre ; le samedi, messe basse de la bienheureuse Vierge Marie, mère de Dieu, avec commémoraison des trépassés à la fin de chaque messe.

De plus, au temps du carême et à la vigile du bienheureux Benoît, seront chantés et célébrés, dans ladite église, par les religieux du même monastère, les vigiles, un obit ou anniversaire solennel, avec diacre et sous-diacre, et durant les prières de la grande messe par le prêtre qui la célèbre, après les collectes ou oraisons accoutumées, soit dite une collecte générale pour les défunts.

Et pour dotation ou fondation des pieux suffrages susdits, à cause de l'augmentation de l'office des pitances dudit couvent, et pour subvenir aux nécessités des religieux de son dit couvent d'Hautvillers, il a donné, concédé, abandonné en pur don, valable et irrévocable, fait entre vifs, tous les cens, revenus et héritages signifiés et prescrits dans lesdites lettres de donation et de fondation en argent, blé et chapons, ou autrement acquis d'autres personnes

decennio citra acquisitos et acquisitas. Pro parte venerabilium virorum prioris et conventus præfati monasterii Sancti-Petri de Altovillari nobis humiliter supplicatum extitit quatenus hujusmodi dotationem et fundationem sic ut præmittitur per ipsum reverendum patrem Dominum abbatem de Altovillari facto nostris consensu, autoritate confirmatione et decreto benigne comprobare, nostramque gratiam desuper impertiri dignaremur, nos igitur super præmissis debite informati, supplicationibus subditorum nostrorum inclinando eorumque desideriis cum dispositione præsentis liberalitatis et benevolentiæ officium exposcit subvenire cupientes habita de super matura deliberatione et plenissime certiorati hujusmodi dotationem et fundationem ad commodum, utilitatem et augmentum dicti sui monasterii de Altovillari factum extitisse ex nostra certa scientia, autoritate et plenaria potestate ratam et gratam habemus eidemque consentimus, nostram desuper authoritatem et decretum interponimus. In cujus rei testimonium præsentibus litteris sigillum cameræ nostræ duximus apponendum.

Datum in Palatio nostro archiepiscopali Remensi vulganter nuncupato de Tahu, anno Domiminici millesimo quingentesimo vigesimo secundo feria quarta mensis aprilis ante Pascha (1).

par une prescription de dix ans. D'une part, les vénérables prieur et couvent dudit monastère d'Hautvillers nous ont humblement suppliés que de même que nous avons approuvé par notre autorité, confirmation et décret, la donation et fondation faite dans les conditions que dessus par le révérend père et seigneur abbé d'Hautvillers, nous daignions y ajouter notre faveur.

Nous donc, duement informés sur les choses susdites, écoutant la supplique de nos sujets et désirant favorablement exaucer les vœux qui nous sont adressés, après en avoir délibéré et nous être assurés que cette dotation et fondation tournerait à l'avantage, à l'utilité et au profit dudit monastère d'Hautvillers, d'après notre science, autorité et plein pouvoir, nous l'avons pour ratifiée et agréable et lui donnons notre consentement, interposant notre autorité et notre décret. En foi de quoi nous avons fait apposer aux présentes lettres le sceau de notre chancellerie.

Donné dans notre palais archiépiscopal de Reims, vulgairement dit de Tahu, l'an du Seigneur 1522, le quatrième jour du mois d'avril, avant Pâques.

(Extrait des *Archives d'Hautvillers*, à Reims, *Inventaire du*

---

(1) Il faut lire 1523. La donation étant datée du mois de décembre 1522, la ratification par l'archevêque ne peut pas être faite du mois d'avril précédent. C'est toujours le commencement de l'année fixé à Pâques qui en est cause.

Cartulaire, 1re layette, 4e liasse : *Fondations,* pages 110 et suivantes; Paris, *Archives nationales,* L. 1,002.)

Après cette magnifique donation, approuvée comme nous venons de le voir par Robert de Lenoncourt, archevêque de Reims, le vénérable abbé Jean Royer a encore ajouté un acte de bienfaisance en faveur de ses religieux. C'est une donation des dîmes de la cense de Villeneuve-les-Vertus aux religieux du monastère, faite le 5 mai 1527.

Pour avoir une complète intelligence de cette fondation, il est à propos de savoir que, de tous temps et anciennement, les abbés d'Hautvillers étaient tenus, pour aider à la nourriture du couvent, de fournir, à certains jours, des substances alimentaires, telles que chair, lard, poissons, œufs, beurre, fromage, fruits, épices et sel, et c'est afin de n'y être plus tenu à l'avenir que l'abbé Jean Royer fit cette donation à ses religieux. Voici l'acte de cette donation :

Donation des dîmes et de la cense de Villeneuve-lez-Vertus,

aux religieux d'Hautvillers.

(5 mai 1527)

A tous ceux qui ces présentes lettres verront, Jehan, par la permission divine humble abbé de l'église et abbaye de Saint-Pierre-d'Hautvillers, de l'ordre de Saint-Benoît, au diocèse de Reims, et tout le couvent du même lieu, salut.

Sçavoir faisons que comme ainsy soit que nous, abbé dessus nommé, et nos prédécesseurs de tout temps et anciennement soyons tenus pour aider à la nourriture dudit couvent à certains jours, à sçavoir, chair, lard, poissons, œufs, beurre, fromage, fruits, épices et sel, ce que nous et nos prédécesseurs avons toujours fait et fourni jusqu'à présent. Considerant que ledit couvent est celui qui porte le faix des prières, suffrages et oraisons tous les jours de notre ditte Église, pour nos bienfaiteurs et trepassez, et que, pour plusieurs empêchements qui souvent nous adviennent, l'on ne peut vacquer à la fourniture des choses dessus dittes à notre dit couvent, pour ce à quoi obvier et à ce que de raison ; qui sert de l'autel doit vivre de l'autel et aussy à ce que cy après ils puissent estre mieux traités, et par ce, soient plus enclins à faire les suffrages de notre ditte Église, nous leur avons donné et donnons à toujours perpetuellement nos dîmes, grosses, menües, du village et terroir de Villeneuve-les-Vertus, avec ce, notre maison, manoir, lieux et pourprins, terres, prez, heritages quelconques assis en ycelle ville, et le tout à nous appartenant, à cause de la crosse.

Une maison à la rue du Tonnelet, près Saint-Étienne, à Reims, par nous prinses naguères, échangée à venerable et discrette personne maître Gerard Filmyon, chanoine de Reims ; pour ses d'icelles dîmes, cense, terres, prez et maison dessus dittes, jouir et user par ledit couvent à toujours perpetuellement et par nous susdit couvent, avons quitté et quittons audit père abbé et ses successeurs, à toujours perpetuellement, la nourriture qu'il nous devait comme cy dessus est écrit, et avec celui avons delaissé et delaissons une petite maison mazure, assise audit Reims, tenant par derrière à une maison appelée l'*Hôtel d'Hautvillers*, appartenant à laditte communauté, promettons en bonne foy respectueusement tenir, entretenir, les biens échangés et permutations dessus declarées, sans en rien y contrevenir, renonçant à toutes fraudes et exceptions à ces présentes contraires. En témoing de ce, on a scellé ces présentes des sceaux de nous abbé et couvent dessùs nommés dont nous usons.

Fait et passé en nostre chapitre en congrégation, le cinquième jour de may 1527.

(Extrait des *Archives d'Hautvillers*, à Reims, *Inventaire du Cartulaire*, 23e layette, 1re liasse, n° 3.)

CONFIRMATION

DE LA DONATION PRÉCÉDENTE PAR ROBERT DE LENONCOURT, ARCHEVÊQUE DE REIMS

(7 MAI 1527)

Robertus miseratione divina archiepiscopus dux Remensis primus par Franciæ sanctæque sedis apostolicæ legatus natus, Universis et singulis præsentes litteras inspecturis et audituris salutem in Domino.

Robert, par la miséricorde divine archevêque, duc de Reims, premier pair de France, légat-né du Saint-Siège apostolique, à tous et à chacun de ceux qui ces présentes lettres verront ou entendront, salut dans le Seigneur.

Notum facimus quod eum reverendus pater Dominus Johannes permissione divina abbas ecclesiæ seu monasterii Sancti-Petri de Altovillari ordinis Sancti-Benedicti, nostræ Remensis diœcesis in quadam pittantia, certis diebus singulorum annorum conventui dicti monasterii de Altovillari, pro alimento et nutritione suorum religiosorum teneretur et in compensatione et cum mutatione dictæ pittantiæ ac animæ suæ omniumque benefactorum suorum ac fidelium defunctorum remedio et salute commutaverit, donaverit, cesserit, quittaverit et transportaverit, commutatione et donatione et pura et irrevocabili inter vivos facta omnes et singulas decimas tam grossas quam minutas villagii et territorii de Villa Nova prope Virtutum nec non quondam domum locum et dominium ejusdem terras prata, et hereditagia quæcumque in dicto villagio et territorio de Villa-Nova sita ad ipsum reverendum patrem ratione suæ dignitatis abbatialis spectantia, ac unam domum Remi sitam in vico *du Tonnelet*, parochiæ sancti Stephani per eumdem reverendum patrem super acquisitam latius in dictis litteris recompensationis et commutationis specificatam quibus nostræ præsentes litteræ sunt annexæ.

Pro parti venerabilium virorum prioris et conventus præfecti monasterii Sancti-Petri de Altovillari nobis supplicantium humiliter extitit quibus hujusmodi recompensationem et commutationem sicut præmittitur factam per ipsum reverendum patrem Domnum

Nous faisons savoir que le révérend père messire Jean, par la permission divine abbé de l'église ou du monastère de Saint-Pierre-d'Hautvillers de l'ordre de Saint-Benoît, en notre diocèse de Reims, ayant tenu les religieux dudit monastère d'Hautvillers, dans une certaine pitance, en certains jours de chaque année, pour l'aliment et la nourriture desdits religieux, en compensation de ladite pitance, et pour le remède et le salut de son âme et de l'âme de tous ses bienfaiteurs et fidèles défunts, il a donné, concédé, aliéné, par donation pure et irrévocable faite entre vifs, toutes les dîmes, tant grosses que petites, du village et du territoire de Villeneuve, près de Vertus, et une maison avec ses dépendances, terres, prés, et tous les héritages dudit village et territoire de Villeneuve, qui reviennent au révérend père, à raison de sa dignité abbatiale, plus une maison située à Reims, dans la rue du Tonnelet, paroisse Saint-Étienne, maison récemment acquise par le révérend père, et plus amplement spécifiée dans les lettres d'échange auxquelles sont adjointes les présentes lettres.

D'un côté, les vénérables prieur et convent dudit monastère de Saint-Pierre-d'Hautvillers nous ayant priés de vouloir bien confirmer, de notre autorité et consentement, ladite donation faite par le révérend père abbé d'Hautvillers, et de vouloir bien y ajouter notre faveur.

Nous, Robert, duement informé, nous avons écouté favorablement ladite supplique et voulant exau-

abbatem de Altovillari nostris consensu et authoritate, confirmatione et decreto benigne approbatur, nostramque desuper gratiam impertiri vellemus et dignaremur. Nos igitur Robertus super præmissis debite informati supplicationibus subditorum nostrorum favorabiliter inclinati, eorumque desideriis cum juris dispositione prout liberalitatis et benevolentiæ officium exposcit subvenire cupientes, habita desuper matura deliberatione et plenissimæ certiorati hujusmodi recompensationem et commutationem ad commodum, utilitatem et augmentum pittantiæ conventus prædicti monasterii de Altovillari factum extitisse ex nostra certa scientia authoritate et plenari potestate, ratam et gratam habemus, eidem consentimus, nostram insuper authoritatem et decretum interponentes, in cujus rei testimonium præsentibus litteris sigillum cameræ nostræ duximus apponendum.

Datum in archimonasterio Sancti Remigii civitatis nostræ Remensis, anno Domini millesimo quingentesimo vigesimo septimo, die septima mensis maii.

Inferius ex una parte signatum per Dominum *Pinseau* cum parapha, sigillo archiepiscopali in cera rubra pendente.

cer leurs vœux selon que le demandent les dispositions du droit, et le devoir de la libéralité et de la bienveillance, après mûre délibération et pleinement assurés que cette compensation et commutation était à l'avantage, l'utilité et le profit de la pitance du couvent dudit monastère d'Hautvillers, d'après notre science personnelle, d'après notre autorité et plein pouvoir, nous ratifions cette grâce et l'avons pour agréable, nous y donnons notre consentement, nous la confirmons par un décret de notre autorité, en foi de quoi nous avons fait apposer notre sceau aux présentes lettres.

Donné dans notre archimonastère de Saint-Remi, en notre ville de Reims, l'an du Seigneur 1527, le 7ᵉ jour du mois de mai.

Signé plus bas par messire Pinseau, avec paraphe et le sceau archiépiscopal en cire rouge pendant en queue.

(Cette pièce est attachée à la précédente, c'est-à-dire à l'acte de donation.)

C'était deux jours avant sa mort que le bon abbé Royer faisait cette donation à ses religieux, et c'était le jour même de sa mort que l'archevêque de Reims ratifiait cette même donation.

Le *Gallia christiana* (tome IX, col. 257) nous indique le 7 mai comme étant le jour de la mort de l'abbé Jean Royer. Dom Marlot (tome II, page 294) est du même avis.

Il fut inhumé au pied du maître-autel ; l'auteur du *Catalogue manuscrit des abbés d'Hautvillers* dit : « Sa tombe est en marbre noir et en bas des degrés du sanctuaire. » On lit encore aujourd'hui, sur une pierre tumulaire au bas de ces degrés, l'inscription suivante. En la rapportant, l'auteur a oublié plusieurs mots importants qui se trouvent réellement sur cette pierre, mais que rapporte fidèlement M. Alphonse Soullié, dans sa *Notice sur Hautvillers* ; étant sur les lieux, nous avons pu *de visu* en vérifier l'exactitude. Voici cette insciption :

D O M	A Dieu, très bon, très grand.
In plano majoris altaris, jacet in Domino venerabilis Joannes Royer hujus monasterii ultimus abbas regularis, meritissimus vir, maxime industrius, qui hanc domum sumptis possessionibus auxit, alienatas recuperavit, jura acerrime propugnavit et ecclesiam magnis donariis et mobilibus pretiosis locupletavit et anno 1527 feliciter obiit. Requiescat in pace. Amen.	Près du grand autel repose dans le Seigneur, Jean Royer, dernier abbé régulier de ce monastère, homme d'un mérite éminent et d'une grande sagesse, qui enrichit cette maison par de belles propriétés acquises, recouvra les biens aliénés, défendit rigoureusement les droits de l'abbaye, fit à son église de grands dons, et l'embellit d'un riche mobilier. Il mourut dans la joie du Seigneur, en 1527. Qu'il repose en paix. Ainsi soit-il.

Complétons l'éloge de ce méritant abbé en disant qu'il se rendit recommandable non-seulement par son habile administration du temporel de l'abbaye, mais encore par l'observation stricte et continue de la discipline régulière. « *Joannes Royer*, dit l'ancien *Gallia christiana* (tome III, page 36), *præfuit ..... regulari disciplina et temporalis recta administratione commendabilis*. Jean Royer fut particulièrement recommandable par l'observation de la discipline régulière et par sa sage administration du temporel. »

« Aussi, disent les *Chroniques générales de l'ordre de Saint-Benoît* (tome II, page 393), il fut infiniment joyeux sur la fin de ses jours, de voir ses religieux tous portés à pratiquer les observances religieuses avec toute la ferveur et le zèle qu'il pouvait désirer. »

Réflexions sur le concordat de Léon X et de François Ier

Au mois de décembre 1515, le pape Léon X, âgé de 40 ans, et François Ier, âgé de 22 ans, se réunirent à Bologne (Italie); pendant trois jours ils s'occupèrent d'affaires sérieuses et firent un concordat dont la 11e session du concile de Latran donne l'analyse et l'approuve (19 décembre 1516). Ce concordat avait été fait surtout pour détruire la Pragmatique-Sanction de Bourges (1438), à laquelle le pape Eugène IV n'avait pas donné son adhésion, et qui, par conséquent, était nulle. Cette Pragmatique-Sanction de Bourges, sous Charles VII, tendait principalement à ce que les évêques élus, qui avaient le droit de nommer aux bénéfices, fussent reconnus comme tels avant d'aller en cour de Rome. Le concordat de 1515 donnait le droit de nommer à toutes les abbayes, excepté les abbayes de chefs d'ordre, comme Cîteaux, Prémontré, Clairvaux, et autres qui conservèrent leur droit d'élection. Le concordat de Léon X et de François Ier fut enregistré au parlement de Paris, le 22 mars 1518.

C'était donc pendant que l'abbaye d'Hautvillers prospérait, sous le gouvernement actif et paternel de Jean Royer, que l'on voyait s'accomplir en deux cours souveraines un grand acte politique dont notre abbaye et beaucoup d'autres ne tardèrent pas à ressentir le contre-coup. Les concordats ont toujours été, pour l'Église, une nécessité fâcheuse. Elle n'a jamais eu à se louer de ces alliances avec le pouvoir temporel, qui la rendaient solidaires de fautes et d'abus où elle n'était pour rien. Aussi, le concordat obtenu de Léon X, qu'absorbaient les progrès du Luthérianisme, fut des plus funestes aux ordres religieux en France.

Bien que l'usage des commendes fut de longtemps antérieure au pontificat de ce pape, ce n'était guère alors que des exceptions rares et transitoires. On tient pour constant que c'est le pape Léon IV qui érigea les commendes en faveur des ecclésiastiques qui avaient été chassés de leurs bénéfices par les Sarrazins. On leur confiait la garde de l'administration des églises vacantes. Saint Grégoire, dit-on, en avait usé de même pendant que les Lombards désolaient l'Italie; sous les rois de la deuxième race, l'abus des commendes devint fort fréquent. On donna même les revenus des monastères à des laïcs pour les faire subsister. Il y avait des abbés nommés à des abbayes qu'ils ne visitaient jamais; ils en touchaient les revenus, suscitaient des procès quand ils supposaient que les rentes ne leur étaient pas exactement payées; on conçoit de prime abord cet abus des commendes. En attribuant donc au roi la nomination aux abbayes, le concordat, disons-nous, ouvrit une large part à un abus qui, bientôt, devint intolérable. Et pourtant l'article qui portait en germe tout ce désordre était, semblait-il, appelé à jouer un rôle tout contraire. En effet, si, d'une part, il investissait le roi du pouvoir de nommer aux abbayes et prieurés conventuels, de l'autre, il lui imposait l'obligation de prendre le candidat parmi les religieux de l'ordre auquel appartenait le bénéfice, encore fallait-il qu'il eût 23 ans au moins; il statuait même que les monastères qui auraient des privilèges particuliers d'élire leurs abbés ou prieurs ne seraient pas compris dans le règlement, pourvu qu'ils produisissent ce privilège dans les bulles ou lettres émanées du Saint-Siège. Mais l'autorité royale ne tarda pas à faire deux parts de cet article: l'une comprenant le droit de collation, l'autre composée de restrictions mises à l'exercice de ce droit. On conserva la première, la seconde fut oubliée. C'est ainsi que, l'abbé Jean Royer étant mort en 1527, malgré son privilège d'élection libre accordé par saint Nivard et expressément confirmé en 1102 par la bulle de Paschal II, toutes choses qui, aux termes du concordat, devaient sauvegarder son droit d'élection, l'abbaye d'Hautvillers se vit expédier, de la part du roi, un abbé qui n'appartenait aucunement à l'ordre de Saint-Benoît. C'était sans doute une flagrante usurpation, une violation manifeste des droits les plus légitimes, mais qu'importe ! Le règne des iniquités n'est pas encore à sa fin; la preuve s'en présente encore bien souvent sous nos yeux.

LXIXe Abbé
GAUTHIER V ET ANTOINE SANGUIN
(DE 1527 A 1542)

Introduction des commendes.

Bons et simples, nous dirons presque naïfs, les religieux d'Hautvillers essayèrent encore une fois de ressaisir un privilège dont on les spoliait indignement. Déjà même, d'un commun accord, ils s'étaient donné pour abbé un moine de Riblemont nommé Gauthier ; ce fut le dernier cri d'une liberté mourante. (Riblemont, autrement dit abbaye de Saint-Nicolas-des-Prés, se trouvait au diocèse de Laon, à quatre lieues de Saint-Quentin.)

Fort de toute la puissance royale, Antoine Sanguin vint prendre possession du titre abbatial et, pour premier acte d'autorité, expulsa son compétiteur, nous dit dom Marlot (tome II). Ce fut sans doute pour les pauvres religieux une heure de pénibles angoisses et de serrements de cœur, mais s'ils étaient victime du despotisme, du moins pouvaient-ils dire beaucoup mieux que leur oppresseur : *Tout est perdu, fors l'honneur*. Et si François Ier a été grand à Pavie, il ne le fut pas toujours dans l'accomplissement des articles du concordat. Ainsi fut inauguré le règne des commendes en l'abbaye d'Hautvillers. Depuis lors, les abbés de ce monastère ne cessèrent plus d'être ou quelques cadets de familles nobles, ou tout autre personnage, sinon à grandes vertus, du moins à haute protection. Pour exprimer notre dernier mot relativement à ce nouveau genre d'abbés, nous dirons qu'à Hautvillers, comme partout ailleurs, tout fut paralysé et comme frappé de mort par la funeste introduction des commendes. N'était-ce pas dès lors une abbaye comparable à une armée sans chef, et l'on sait ce que devient une armée placée dans de pareilles conditions ; aussi, de là vint le relâchement et l'oubli de la règle ; chacun des religieux chercha à se faire conférer un des bénéfices de l'abbaye, sans souvent remplir les fonctions dont ces bénéfices étaient le juste salaire, tant est puissante la contagion des mauvais exemples, surtout s'ils viennent d'en haut ! L'abbaye d'Hautvillers, qui ne prospérait que par l'association la plus étroite, connut, comme tant d'autres, le malheur de la désunion ; au lieu d'un patrimoine unique, il y en eut plusieurs : celui du couvent, la mense abbatiale, le prieuré de Saint-Nivard, ceux de Semuy, de Saint-Remi-sous-Barbaise, l'aumônerie, la pitance, la trésorerie, furent autant de bénéfices distincts.

Quant à la dignité abbatiale, elle ne fut plus considérée que comme une monnaie du trésor royal, une ressource de finances. Portée sur la feuille des bénéfices, elle servit à récompenser quelque courtisan peu à son aise, ou même encore à augmenter les revenus d'un prélat qui paraissait en avoir besoin. Le *Chronologiste d'Hautvillers* laisse entrevoir l'opinion des religieux sur le nouvel état de choses, par les regrets qu'ils donnent à Jean Royer, dernier abbé régulier, au souvenir duquel était lié un temps plus heureux. Dom Marlot lui-même ne déclare-t-il pas que les ravages des Calvinistes firent moins de mal à la régularité que l'introduction des commendes. Qu'étaient-elles, cependant, à l'origine? Une mesure sage et de bonne administration. Lorsqu'un bénéfice, une abbaye, par exemple, devenait vacante, le pape en donnait la garde et le dépôt à un séculier, avec la gestion des revenus, pour en jouir par économat pendant six mois seulement, à charge d'en faire les réparations nécessaires, ou à un ecclésiastique, pour en remplir les fonctions pendant la vacance; quand, par exception, les commendes devinrent viagères, encore ne pouvaient-elles émaner que du pape, qui pouvait seul disposer de la règle des canons : *Regularia, regularibus*. Cette dernière barrière fut donc franchie; l'exemption fut érigée en règle, au moyen d'un abus qui prit le nom de *Résignation*. C'est ainsi que, grâce à la faveur royale, l'abbaye d'Hautvillers put être considérée comme un patrimoine de famille par quelques maisons nobles, et notamment par les Delbène, dont cinq membres furent successivement abbés commendataires. Nous verrons par la suite, à la biographie de chacun, quel bien il en résulta pour l'abbaye. Ce n'est pas que le roi ne choisît quelquefois d'illustres et dignes personnages comme Pierre Duchâtel, ami de Michel de l'Hôpital; dom Marlot a pu dire, avec vérité, qu'il fut d'une rare doctrine. Nous rendrons le même témoignage à Jean-Philippe d'Orléans, fils bâtard du régent, prince aussi pieux et aussi exemplaire dans ses mœurs, que son père fut dissolu et sans foi. L'abbaye d'Hautvillers en garda un excellent souvenir. Mais, que dire de François et Louis de Chaumejean de Fourille : le premier, trop connu par ses tendances plus guerrières qu'ecclésiastiques; le second, justement stigmatisé par les religieux pour son ardeur litigieuse. Louis XIV avait voulu, sans doute, récompenser la bravoure du neveu dans la personne de son oncle. Tirer de l'abbaye tout le revenu qu'elle pouvait produire, vendre cher le vin de ses vignes et de sa dîmerie, telle était l'unique occupation de ce dernier abbé, qui n'aurait jamais dû en porter le nom, à cause de son peu d'amour pour l'esprit religieux. L'abbé commendataire était souvent comme étranger à ses religieux, qui ne pouvaient guère avoir à son service que des répulsions. Il ne venait presque jamais au monastère. La maison abbatiale qui, du temps encore de Jean Royer, dernier abbé régulier, paraissait avoir de l'importance, n'était plus rien sous les abbés commendataires. C'était tout simplement le logement du grand vicaire de l'abbé, ayant, pour toute charge, de lui faire parvenir les revenus de la mense abbatiale, et de les augmenter en réduisant les religieux sur toutes choses. Ainsi l'on verra, en 1578, un procès ridicule sur la quantité de bois de chauffage des religieux. Les régisseurs du commendataire descendaient quelquefois même jusqu'à la déloyauté.

Dès que les séculiers eurent titre d'abbé, on fit un partage des biens, et l'on pense avec raison que l'abbé s'adjugea la part du lion. La mense abbatiale eut environ les cinq sixièmes; l'autre sixième devint le lot des religieux ou du petit couvent; c'est ainsi qu'on les appelait, quant à leurs revenus. Un désordre ne pouvait qu'en amener un autre. Bien que, dès le principe, il y avait à côté des abbés séculiers, des supérieurs réguliers pour le spirituel, ceux-ci restèrent sans force et ne purent empêcher un relâchement dont ils furent à tort regardés comme complices.

Nous aurons, par la suite, occasion de revenir sur chacun des faits, objets de ces courtes appréciations.

Rixe dans l'abbaye entre deux individus étrangers. Recours en grâce et rémission de la peine accordée par le roi.

A l'inauguration de la commende, lorsqu'Antoine Sanguin, nommé par le roi, et Gauthier, nommé par les religieux, se disputaient, chacun de leur côté, le gouvernement de l'abbaye, l'autorité supérieure dut intervenir, et, comme toujours, la raison du plus fort fut la meilleure. Craignant probablement un conflit dans la maison, à l'occasion des deux nouveaux abbés, dont l'un pouvait être regardé comme légitime et l'autre comme un intrus, on envoya des espèces de sergents de ville qui devaient, soi-disant, maintenir le bon ordre jusqu'à ce qu'un des deux abbés nommés fût définitivement accepté et reconnu comme tel par les religieux. Il s'agissait ni plus ni moins que d'expulser Gauthier, l'abbé légitime.

C'est alors qu'une rixe eut lieu, parmi ces étrangers, au monastère; il y eut une victime, et le meurtrier, qui n'était réellement pas coupable, se trouvant en cas de légitime défense, n'en fut pas moins inquiété; il s'adressa au roi pour demander sa grâce, même avant d'être condamné. C'est cet acte de rémission de la part du roi que nous rapportons.

« François, etc., savoir faisons, à tous presents et advenir, nous, avoir receu l'humble supplication de Thibaut Flavier, jeune compaignon à marier, demourant en la ville et cité de Reims, contenant que, pour garder l'église de l'abbaye et monastère d'Auvillers-les-Reims, pendant le procès et litige qui est intenté pour raison dicelle abbaye, maistre Jehan de Bossu, esleu de Reims, seigneur de Fireval, requist ledit suppliant Flavier, ung nommé l'Enfant de Paris, Étienne Roger, sergent de la prevosté de Reims et autres habitants, et demourant en laditte ville de Reims, jusques au nombre de huit ou dix, de aller en laditte abbaye d'Auviller, leur promettant de les paier de leurs journées et leur fournir vivres de leurs dépenses, à quoy ledit suppliant ce accorda et transporta en ladite abbaye d'Auvillers avec ledit Jehan Flavier et autres, en laquelle il a esté l'espace de trois sepmaines ou envyron, pendant lequel temps vint et arriva en ladite abbaye d'Auvillers ung compaignon de guerre appelé le Tournisien, pour garder ladite abbaye, ung gentilhomme de Picardie nommé le seigneur de Longueval, frère audit de Bossu, avoit envoyé, pour aider à garder ladite abbaye avec lesdits Flavier et autres, ledit suppliant estant ainsi pour ladite garder, c'est assavoir le vendredi 12e jour du moys de juillet 1527, ledit Estienne Roger, sergent de la prevosté de Reims, Jehan Flavier et ledit suppliant Thibaut Flavier, se partirent de ladite abbaye, après souper sur le soir avec ung religieux qui est pitancier de ladite abbaye, pour aller boire et faire collation en la maison dudit pitancier, et après ladite collation faicte, envyron l'heure de dix heures du soir, lesdits pitancier, Jehan Flavier, Estienne Roger et suppliant se departirent dicelle maison et se transportèrent en ladite abbaye pour aller coucher, et trouvèrent la porte fermée et heurtèrent affin qu'on leur ouvrist la porte pour entrer dedens et eulx aler coucher, à quoy par aucuns estans dedens ladite abbaye fut demandé qui c'estoit et par ledit suppliant, et Jehan Flavier, fut respondu que c'estoient ils et qu'on leur ouvrist la porte, à quoy par ledit Tournisien qui estoit en une chambre haulte sur ladite porte, fut repondu qu'on n'y entreroit point, et par autres estant dedens

ladite abbaye, fut dit que s'ils estoient en la chambre auprès de
luy ils le feroient bien s'en aler et en se disant ladite porte leur
fut ouverte et eulx entrez en la court dicelle abbaye se arres-
terent en ycelle pour deviser à ung religieulx dicelle abbaye
qui est pareillement..... Ledit pitancier des enfants de la maison
de Vendières et pendant yceluy propos ou devys ledit Tournisien dit en blasphémant le nom de Dieu qu'il tueroit le premier
qui monteroit ou entreroit en la chambre où il estoit, et peu de
temps après ledit suppliant, qui avoit accoutumé de coucher
en ladite chambre avec ledit Tournisien, auquel il n'avoit aucune roise ne debat et non pensant que ledit Tournisien luy
vouloit mal, se partit d'avec ledit Jehan Flavier, le pitancier et
l'autre religieulx de Vendières, pour s'en aler coucher en la
chambre en laquelle estoit ledit Tournisien, où il avoit acoustu-
mé de coucher, comme dit est, et ainsy qu'il vouloit entrer en
ycelle ung nommé Pierre, naguerres serviteur de Jehan le Ver-
geur, estant en ladite chambre avec ledit Tournisien, escria
haultement à celluy qui entroit en ladite chambre ces mots :
« Garde-toi, le Tournisien veult frapper quelqu'un, » à raison
de quoy ledit suppliant regarde en entrant en ladite chambre,
qui estoit à l'endroit et alentour de l'huis de ladite chambre et
veu, en entrant en icelle chambre, ledit Tournisien derrière
lhuis, tenant en sa main une dague ou espée toute nue, lequel
empoigna ledit suppliant de l'une des mains par le bras dextre,
et de l'autre main de laquelle il tenoit ladite dague, luy cuyda
frapper icelle en l'estomach, mais ce voyant, ledit suppliant se
secoua tellement et si bien que la dague dudit Tournisien
tomba à terre, lequel incontinent se baissa pour la recueillir et
lors ledit suppliant desgaina son espée et en bailla deux ou trois
coups de plat sur le doz et la teste dudit Tournisien, pendant
qu'il estoit baissé à recueillir ladite dague, et incontinent qu'il
fut relevé et qu'il eut sa dague il se voulut lancer et de faict se
lança pour frapper ledit suppliant, quoy voyant, ledict Pierre se
mit au devant dudit Tournisien, pour empescher que ledit
Tournisien ne l'approchast et ne frappast yceluy suppliant,
lequel suppliant, pour empescher que ledit Tournisien ne
l'approchast, tinst son espée droite, poincte vers icelluy Tournisien, qui, nonobstant icelle et le detournement que luy faisait
ledit Pierre, ne differa s'approcher dudit suppliant et se jetta
devant la poincte de l'espée d'icelluy suppliant, de laquelle il
fut enferré au moyen de quoy, par foulte de bon appareil, le

lendemain il alla de vie à trépas, à cette cause, ledit suppliant doubtant rigueur de justice se seroit absanté du pays où il n'oserait bonnement converser ne demourer, si non grace et misericorde ne luy estoient sur ce imparties. Pourquoy ces choses considérées, voulant miséricorde preferer a rigueur de justice, si donnons en mandement et commettons, par ces mêmes présentes, au bailly de Vermandoys ou son lieutenant à Reims, ou baillage et jurisdiction duquel ledit cas est advenu, et a tous nos autres justiciers, officiers et subjects, et chascun d'eulx, si comme à luy appartiendra.

« Donné à Paris, au mois de février l'an de grâce 1527, et de notre règne le quatorzième. »

Ainsi signé par le conseil : PICART.
Visa : CONTENTOR.

(Paris, *Archives nationales*, JJ. 249, n° 60.)

L'acte d'autorité que commettait François Ier en imposant aux religieux, malgré eux et contradictoirement à leur règle, un abbé de son choix, envoyant ensuite une garde à l'abbaye en cas de révolte des bons religieux qui n'opposaient que de justes réclamations, était un peu cause du meurtre qui venait de se commettre ; il devait donc, à bon droit, faire grâce et miséricorde à celui qui avait commis cet homicide, pour se conserver à lui-même la vie.

Quoique nommé régulièrement par les religieux, Gauthier *(Galterus)* dut céder la place à Antoine Sanguin, nommé par le roi. Antoine Sanguin naquit vers la fin du XVe siècle ; fils du seigneur de Meudon, près de Paris, et proche parent de la duchesse d'Étampes, qui était en faveur auprès du roi, dit l'auteur de l'*Histoire Gallicane* (tome XVIII, page 184, édition de 1872), il sut exploiter merveilleusement cette circonstance favorable. Il paraît, pourtant, qu'il ne manquait pas de mérite ; quoi qu'il en soit, son avancement fut brillant et rapide ; on le vit obtenir toutes les dignités que pouvait donner la carrière ecclésiastique. Il fut protonotaire apostolique, évêque d'Orléans *(Gallia christiana,* tome IX, col. 257), grand aumônier de France en 1543, et archevêque de Toulouse en 1550. (Feller, dans sa *Biographie des grands hommes,* nous fait connaître ce que fut Antoine Sanguin ; cet auteur oublie, toutefois, de lui donner le titre d'abbé d'Hautvillers.) Il est le premier qui ait porté le titre de grand aumônier ; il fut aussi décoré de la pourpre romaine, dès l'année 1539, par le pape Paul III. Surnommé cardinal de Meudon, dont il était seigneur par droit de naissance, ce fut lui qui en fit commencer le château. Les *Chroniques générales de l'ordre de Saint-Benoît* (tome II, page 393), disent: cardinal de Melun, au lieu de Meudon. C'est une erreur ; Antoine Sanguin n'a jamais été cardinal de Melun. On trouve encore que le gouvernement de Paris lui fut confié pendant la guerre de 1544, et qu'il travailla pour rétablir la paix entre l'empereur et François Ier.

Nommé abbé d'Hautvillers en 1527, selon l'ancien *Gallia* (tome III, page 36), et en 1529, selon le nouveau (tome IX, col. 257), à peine eût-il pris possession de son abbaye que, pour premier acte d'autorité, il en expulsa Gauthier, le compétiteur que lui avaient donné les religieux. Dom Marlot (tome II, page 295) nous apprend que cet abbé commendataire d'Hautvillers eut pour vicaire, en cette abbaye, Guy de Flamignon, chanoine de Reims en 1529 (1).

Accord entre Gaucher Petit, Jean Boyer et les religieux d'Hautvillers.

Nous allons rapidement analyser les faits qui se rattachent à l'administration d'Antoine Sanguin. En 1529, le 13 octobre, Jean Petit, curé de Vraux, avait fondé une rente annuelle et perpétuelle de 12 livres tournois en faveur de l'abbaye, avec obligation pour cette dernière de célébrer chaque semaine une messe à son intention ; les héritiers dudit curé, ne payant pas exactement cette rente, ont été actionnés par les religieux. Un accord a été fait entre eux à la date ci-dessus indiquée, 13 octobre 1529, dont le résultat fut une promesse, de la part desdits héritiers, de payer la rente due par eux. Le titre de la fondation faite par ledit Petit ne nous est pas connu ; il paraît remonter à une douzaine d'années, et plus, de là ; mais le présent

---

(1) M. l'abbé Barré, dans son *Étude historique sur Chouilly*, page 129, dit que Guy de Flamignon fut curé en titre de Chouilly, de 1523 à 1535. Il le dit aussi, par erreur, abbé d'Hautvillers, car il n'était que le vicaire-général d'Antoine Sanguin, abbé de ce monastère.

accord nous fait suffisamment connaître les intentions de
M. Petit.

Voici le texte de cet accord :

« A tous ceux qui ces présentes lettres verront, Pierre Flamignon, ecuyer, seigneur du Petit-Sauville, prévôt en garde pour le roy, notre sire, de prevôté et chatellenie de Chatillon-sur-Marne, et garde, de par ledit seigneur, des sceaux aux contracts de la prévôté dicelle, salut. Sçavoir faisons que, par-devant Jean Gillet et Jean de La Caure, notaires d'yceluy seigneur, et par luy commis, jurez et établis en laditte prevôté et ressort d'icelle; comparurent personnellement dom Jean Lamblet, prieur; Geoffroy-Auger, aumônier; François Drouin, prévôt; Thomas Loiseau; Jean Bertrand ; Guillaume Gabriel ; Nicole Desabbés; Jacques Auriller, gruyer; Gerard-Simon ; Jean de Condé; Jacques de Bournonville; Guillaume de Bournonville, prestres; Jean Drouinet, diacre, tous religieux de l'abbaye et monastère de Saint-Pierre-d'Auvillers, de l'ordre de Saint-Benoît, diocèse de Reims, authorisés, quant à ce, de M. Guy Flamignon, vicaire-général de noble et scientifique personne, M. Antoine Sanguin, abbé commendataire perpetuel de laditte abbaye, d'une part; Gaucher Petit et Jean Royer, dit d'Aigny, demeurants à Hautvillers, heritiers et biens tenants et donataires de feu M. Jean Petit, en son vivant curé de Vraux, oncle dudit Gaucher-Petit, et oncle de Marguerite, femme dudit Royer, d'autre part, disants, lesdittes parties, comme procez sont mûs et pendants indécis en la cour de M. l'archidiacre de Champaigne, en l'Église de Reims, entre les religieux, demandeurs à l'encontre desdits Petit et Royer, deffendeurs, pour raison de ce que lesdits demandeurs disaient que du vivant de feu M. Petit, il aurait fondé une messe perpetuelle par chacune semaine en l'an, et être ditte et celebrée en nottes par l'un des prêtres religieux de ladite abbaye et les novices d'icelle abbaye, et à la fin d'icelle messe, le répond *Libera*, avec d'autres suffrages et collectes, qui servent à la fin dudit répond, le jour de mercredy, et pour ce a donné à laditte Église, par chacun an, la somme de 12 livres tournois, payables chacun an, au jour de l'Annonciation de la Vierge Marie, racheptables pour une fois de la somme de douze vingt livres tournois, et que tout le vivant dudit feu M. Jean Petit, laditte messe a été dite comme dessus et en a fait le payement, et depuis son trépas, qui fut environ sous dix ou douze ans, laditte messe a été ditte et continuée par iceux religieux et payée par lesdits Petit et Royer, excepté que depuis deux ans ou environ, iceux Petit et Royer ont délaissés de continuer de payer ledit paiement, pour raison de quoy ledit procez a été intenté et étoient, lesdittes parties, en voyes de tomber en grande involution de procez, pertes et domages, parce que lesdits Petit et Royer disaient n'être certains de laditte fondation, et que le payement qu'ils en avaient fait avait été fait en considération tant de biens qu'ils avaient dudit deffunt, que de ce qu'il était leur prochain parent, pour lesquels procez achever et entretenir paix entre eux, et à ce qu'ils ne soient pas tenus ingrats envers ledit deffunt, ont traités et accordés, en la manière que s'ensuit : c'est à assavoir que lesdits religieux de l'authorité que dessus ont promis et promettent dire et célebrer à toujours perpetuellement par eux et leurs successeurs, par chacune semaine, chacun jour de mercredy, laditte messe de *Requiem*, avec les suffrages dessus déclarés, pour le remede de l'ame dudit feu M. Jean Petit, ses parents et bienfaiteurs, et pareillement pour et en satisfaction et salaires dicelles messes et suffrages, lesdits Petit et Royer ont promis et promettent, par chacun an, payer auxdits religieux, à toujours perpetuellement la somme de 12 livres tournois, c'est à assavoir, ledit Petit, la somme de 6 livres tournois et aussi ledit Royer, la somme de 6 livres tournois, payables par chacun an, au jour de la Circoncision de Notre Seigneur, que l'on dira 1530, en continuant depuis là en avant d'an en an audit jour perpetuellement, et pour les arrérages de ladite messe non payés, jusqu'audit jour de la Circoncision prochainement venant, ils ont promis payer auxdits religieux, audit jour de la Circoncision, la somme de 24 livres tournois, et pour sureté d'icelle rente annuelle et perpetuelle, ledit Petit, pour laditte somme de 6 livres tournois, a expressément affecté et hyppothéqué, c'est assavoir une pièce de terre contenant trois arpents un boisseau, en lieudit la Blanche-Borne, tenant, d'une part, aux terres de la Maladrerie, d'autre part, aux hoirs Philippe Picot dit Thomas. *Item*, une autre pièce contenant trois quartiers, au lieudit Magny, tenant, d'une part, aux hoirs feu Jean Pocquet, et d'autre aux hoirs feu Jean Berthauld. *Item*, une autre pièce en lieudit le Gros-Buisson, contenant trois quartiers, tenant d'une part aux hoirs de feu Jean Legrand, d'autre à Servais-Pierrot. *Item*, six boisseaux de prez, en lieudit au Prez-Suzaine, tenant, d'une part, à Jean

Royer, d'autre aux hoirs feu Jacques Noblet et Jacques Lescot, le tout au terroir dudit Auvillers. Et quant audit Royer, pour sureté de la somme de 6 livres tournois, il a expressément affecté et hypothéqué vingt et un boisseaux de vignes et savart en une pièce, au terroir dudit Auvillers, lieudit au Petit-Barmont, tenant, d'une part, à Didier-Marquet, d'autre à Mathieu-Grignet, du bout bas aux hoirs, aux biens tenants de feu Jean Bouquigny, d'Épernay.

Laditte somme de 12 livres tournois de rente, pour raison de laditte messe, racheptable a une ou deux fois pour le prix de douze vingt livres tournois, pour employer en autre heritages, pour la fondation et non autrement de laditte messe.

En quoy faisants. . . . .

. . . . . Quant auxdits Petit et Royer, ains de payer à pur et à plein, et sans figure de procèz, tous couts, frais, mises, missions, depents, domages et interets qui, par deffauts de l'entretenement, payement, fournissement et entier accomplissement du contenu cy-dessùs...... En temoing de ce, nous, garde dessus nommé, à la relation et rapport desdits notoires, avons scellé ces présentes desdits sceaux, qui furent faites et passées doubles, restées pour lesdits sieurs religinux, le treizième jour d'octobre 1529.

Signé : LA CAURE et GILLET,
avec paraphe.

A ce même titre d'accord est attaché un jugement du sieur bailli d'Autvillers, qui ordonne de poursuivre lesdits sieurs Gaucher-Petit et Royer, en payement de laditte rente annuelle et arrérages d'icelle, du 8 avril 1562.

(Extrait des *Archives d'Hautvillers*, à Reims, *Inventaire du Cartulaire*, 1re layette, 4e liasse, *Fondations*, pages 121 et suivantes.)

De l'an 1529 à 1562 il se serait passé 33 ans pendant lesquels Jean Royer et Gaucher-Petit ont payé plus ou moins exactement la rente promise; probablement qu'un long procès se sera terminé par le jugement du bailli d'Hautvillers, comme il est indiqué ci-dessus.

Nous ferons encore remarquer que ce Jean Royer, qui avait épousé Marguerite Petit, était sans doute de la famille et peut-être proche parent de Jean Royer, abbé d'Hautvillers, mais seulement beaucoup plus jeune, attendu que l'abbé Royer était déjà gruyer dans la communauté, en 1498, ce qui lui supposait au moins 25 ans d'âge, tandis que Jean Royer-Petit vivait encore et était poursuivi, par un jugement, à payer aux religieux la rente en question, en 1562. Nous n'avons rien découvert qui puisse nous apprendre si les deux récalcitrants se sont exécutés de bonne grâce, pour se rendre à l'injonction du bailli d'Hautvillers.

Rapports entre le village de Cormoyeux et l'abbaye d'Hautvillers.

Que le gouvernement d'Antoine Sanguin ait été pour l'abbaye d'Hautvillers une époque néfaste et marquée par de nombreuses aliénations de ses biens, c'est un fait que nous a transmis le traducteur des *Chroniques générales de l'ordre de Saint-Benoît* et qui ne repose que sur son témoignage, car aucun autre historien ne nous en parle. Toutefois, comme il faut rendre à chacun justice, nous ne pouvons aller jusqu'à dire avec lui que cet abbé, si commendataire qu'il fût, ne fit rien *qui soit digne de recommandation,* car il paraît constant qu'il acheta le cens de Cormoyeux, pour subvenir aux dépenses alimentaires des religieux. C'est au moins ce que nous apprennent les frères Sainte-Marthe, auteurs de l'ancien *Gallia christiana*. On lit sous la rubrique de l'abbé précité : *Emit censum de* Cormoyeux *anno 1528 pro alimentis abbatiæ*.

On ajoutait ordinairement au mot *cens,* dont nous parlerons tout à l'heure, celui de *servis,* du latin *servitium,* servitude d'une maison, d'une terre, redevance ; et on lisait cens et *servis,* mais ces deux mots pris, ou conjointement, ou séparément, ne signifiaient qu'une seule et même chose.

Nos livres de droit et nos dictionnaires de jurisprudence ancienne offrent de longs commentaires sur le cens et ses diverses spécialités en matière de prestation féodale, ses applications diverses dans les pays coutumiers et de droit écrit. Ces doctes et somnifères élucubrations sont désormais sans aucune utilité pratique. Les censives, qui ne différaient du cens proprement dit qu'en ce qu'elles étaient dues solidairement par plusieurs cotenanciers, ont été supprimées comme tous les autres droits féodaux. *(Dictionnaire de droit pratique,* par Charles-Joseph Perrière, article *cens,* édition 1749.)

Le cens, comme on sait, était jadis en France une rétribution annuelle et seigneuriale dont étaient grevés les héritages censiers, originairement établis par le seigneur qui avait concédé le fond. Les concessionnaires étaient appelés censitaires-tenanciers. Le cens seigneurial était payable en argent ou en nature, suivant l'acte de concession. Cette notion du cens, jointe à ce qui vient d'être dit précédemment, suffit pour nous apprendre que le village de Cormoyeux ne reconnut pas toujours les religieux d'Hautvillers pour seigneurs temporels, puisque le monastère ne fit l'acquisition de son cens qu'en 1528, et que le cens, comme nous l'apprend J. Perrière en son *Dictionnaire de droit,* est la marque directe de la seigneurie... A quelle seigneurie appartenait Cormoyeux avant cette époque ? Nous dirons avec regret que, jusqu'alors, nous n'avons pu le découvrir. Quoi qu'il en soit, Cormoyeux, ou Courmoyeux selon l'ancien style, est une antique paroisse située à quelques kilomètres nord d'Hautvillers dont il n'est séparé que par le bois qui couvre le plateau et les flancs de la montagne qui le domine. Bâti à la tête d'un beau vallon qui va mourir près des roseaux de la Marne vers Damery, ce hameau jouit d'une position qui a ses charmes, ne fussent que ceux du pittoresque. Ses abords extraordinairement montueux, entrecoupés de ravines profondes et escarpées, semblent y proscrire l'emploi de tout véhicule autre que l'antique brouette. Selon toute vraisemblance, c'est uniquement cette nature accidentée qui a fait penser, à un moderne écrivain, que Cormoyeux, et mieux encore Courmoyeux, pourrait bien trouver son étymologie dans *court moyeu.* (M. Chalette, *Statistique du département de la Marne,* 1837.) Oserions-nous le dire, toutefois, cette étymologie nous paraît trop ingénieuse pour être véritable. Nous n'en avons pourtant aucune autre plus vraisemblable à lui substituer. Le moyeu des roues des voitures devait être court pour pouvoir passer dans les chemins creux et étroits du pays.

De temps immémorial et pour un usage qui, comme à Hautvillers, remonte au-delà du xvie siècle, les habitants de Cormoyeux jouissaient, pour leur gros bétail, du libre parcours des bois de l'abbaye ; ce droit, suspendu pour quelques années par la tourmente révolutionnaire, s'est vu depuis confirmé sous l'empire par un arrêt de 1811.

Il n'en fut pas de même d'un autre privilège octroyé aux manants du même village par les abbés d'Hautvillers, quoique son abolition ait de longtemps précédé notre siècle; nous pensons que le lecteur en verra ici avec plaisir le curieux détail.

Traditionnellement parlant, Cormoyeux était jadis un pauvre hameau qui, plus d'une fois, émut la compassion des abbés d'Hautvillers. Ce fut dans un de ces jours de commisération que l'un de ces abbés institua, en faveur de ces malheureux habitants, le ban de may. Voici ce que c'était : chaque année, le premier jour de ce mois, les chefs de famille, tous armés de serpes bien tranchantes, se rendaient dans la forêt au lieu préalablement désigné par l'agent du monastère, et là, sur le signal donné, coupaient à ras de terre la trochée du taillis le plus à sa portée. Malheur alors au bras engourdi ou peu alerte, car dès qu'un des acteurs de cette sylvestre expédition avait coupé tous les brins de sa trochée, il avait le droit de courir à celle de son voisin en retard et faisait sien tout ce qu'il pouvait abattre. Pareille concurrence, comme bien on le pense, dut être souvent l'occasion de scènes tumultueuses et de rixes violentes. Plus d'une fois les serpes prirent une direction illégale, et dans leur course anormale allèrent, d'un vol rapide, écharper la figure des combattants. Dès qu'ils furent convaincus que les choses ne pouvaient plus se passer dans la charité, les abbés d'Hautvillers se crurent aussi dispensés de l'obligation d'en faire à ces manants de courte patience et abolirent le ban de may. *(Statistique d'Hautvillers,* par M. Chalette, page 71.)

Un dernier mot sur les relations de Cormoyeux avec le monastère d'Hautvillers. Les dîmes, prélevées avant la Révolution sur les manants de la ville et paroisse de Cormoyeux, étaient : 1° la onzième pièce de vin (14 pintes 1/2) par poinçon. (Le poinçon, mesure d'Épernay, contenait 160 pintes. La pinte de Paris contenait 48 pouces cubes, ce qui revient à environ 990 centimètres cubes, c'est-à-dire à peu près notre litre actuel, qui en contient mille. Il est probable que la pinte d'Épernay était plus grande et que le poinçon qui en contenait 160 équivalait à nos poinçons d'aujourd'hui, qui contiennent 200 litres. La pinte de Châtillon et environs équivalait à presque un litre et demi; on comptait 22 pintes pour un quartel ou grand pichet, la demi-pinte s'appelait chopine. C'était aussi la mesure d'Hautvillers pour les grains.) 2° la treizième gerbe de blé. 3° la treizième botte de foin et le septième poulet; mais, de toutes ces choses, l'abbé d'Hautvillers en cédait moitié au curé, soit par suite d'une clause dans l'acte d'acquisition du cens de Cormoyeux, que, malheureusement, nous n'avons pas, soit par pur privilège de la part de l'abbé au curé; toujours est-il qu'au dire de M. Chalette *(Annuaire de la Marne,* 1837, page 72), ce revenu aurait été d'environ 6,000 francs ; certes, la paroisse de Cormoyeux aurait été une des meilleures sous le rapport du temporel. Cette assertion de M. Chalette nous paraît bien hasardée, aussi nous ne la relatons ici que sous toute réserve, et, d'après ce que nous verrons sur les revenus de Cormoyeux, ce chiffre est loin d'être exact.

Incendie de Champillon ; détails sur l'origine de ce hameau ; ses rapports avec l'abbaye d'Hautvillers.

Champillon, comme on le sait, dépendait de l'aumônerie d'Hautvillers, dont il reconnaissait le titulaire comme seigneur temporel. Cet office claustral ou aumônerie avait, dans le même hameau, une métairie considérable dont le titulaire confiait l'exploitation à des mains étrangères, et un moulin dont nous exposerons les vicissitudes dans un article spécial.

En 1530, le premier de ces établissements fut victime d'un sinistre que dom Grossard attribue aux fureurs de la guerre ; quelle qu'ait été la cause de l'incendie, c'est une chose constante que les flammes ne laissèrent debout aucune partie des édifices, tout fut consumé ; le fermier, qui avait le nom de Jean Vuyart, vit tout son mobilier, ses bestiaux et ses grains, dévorés par le feu. Ce qu'il y eut de plus accablant pour ce malheureux agriculteur, c'est que la même catastrophe se renouvela quelques années plus tard. La preuve et tout ensemble le détail de ces lugubres événements nous sont donnés par une requête adressée par le fermier à l'archevêque de Reims, en 1536, aux fins d'obtenir une homologation d'un bail de quatre-vingt-dix-neuf ans. Le but du postulant, exprimé dans la supplique, est de pourvoir plus sûrement au rétablissement des bâtiments, pour la deuxième fois brûlés depuis 1530, et préparer les matériaux nécessaires pour ce faire. C'était le moyen de s'assurer, à lui-même ou à ses successeurs, une compensation des dépenses qu'il fallait faire, il n'y avait là que justice. (On trouve cette supplique aux *Archives de Reims*, 25ᵉ layette, 1ʳᵉ liasse.) La requête présentée trouva un accueil favorable auprès de l'archevêque, mais le bail emphytéotique obtenu alors n'atteignit pas ses dernières limites. Dès l'année 1558, il fut cassé et annulé par lettres royaux que les abbé, religieux et couvent postulaient et obtinrent en chancellerie le 20 février de la même année.

Dans les quelques lignes qu'il a cru devoir consacrer à Champillon, dom Grossard explique, d'une manière qui lui est toute personnelle, l'origine de ce village. D'après lui, sa fondation est postérieure à l'incendie de la métairie, et ce seraient le morcellement et la vente de ses dépendances qui auraient occasionné l'érection de quelques maisons, dont l'agglomération plus tard eut formé le village actuel.

Nous regrettons de ne pouvoir partager le sentiment de dom Grossard. Le religieux se fonde d'abord sur un fait qui paraît controuvé, l'aliénation de la métairie incendiée; en effet, nous avons vu que non-seulement les bâtiments de cette métairie furent reconstruits, mais qu'elle fut même, postérieurement à l'incendie, l'objet d'un bail emphytéotique; ses propriétés n'avaient donc été ni parcellées ni vendues. Nous ne savons à quels documents fautifs dom Grossard a emprunté sur ce point ses données historiques. Une réfutation plus complète encore du sentiment de ce religieux, c'est qu'il est établi, par nombre de pièces des *Archives d'Hautvillers*, que, bien avant 1530, c'est-à-dire dès 1384, l'aumônerie de ce monastère percevait dans ce hameau divers droits tels que ceux du pressurage, d'afforage, etc., comme nous le verrons plus loin. Il y avait donc, dès lors, à Champillon, des habitants producteurs et consommateurs, évidemment le village existait. Il est arrivé bien souvent que, dans les monastères, des événements qui dataient de plusieurs siècles étaient connus des religieux par la tradition, mais avec des variantes plus ou moins importantes, à moins de s'en rendre un compte exact en parcourant les archives du couvent. Si dom Grossard avait consulté les *Archives d'Hautvillers*, qui étaient en sa possession, comme nous avons pu les voir à la bibliothèque de Reims et ailleurs, il est probable qu'il n'aurait pas commis certaines erreurs historiques que nous sommes obligés de lui reprocher assez souvent.

Avant de quitter le terrain sur lequel nous sommes, nous dirons que le xviiᵉ siècle fut pour Champillon une époque de grandes innovations. Ce fut alors, malgré l'opposition des aumôniers d'Hautvillers, que l'église de ce village, d'abord simple chapelle, fut érigée en église paroissiale.

Les annales de cette localité nous ont transmis un article curieux et intéressant : l'existence d'un orme gigantesque que l'on voyait devant cette église quelques années encore avant la Révolution de 1793. Au dire de dom Grossard, cet arbre n'avait pas moins de 21 pieds de tour (7 mètres), ses branches avaient jusqu'à 30 pieds d'étendue et 7 pieds de tour. Il fut abattu et vendu peu de temps avant l'époque indiquée. Les 150 livres provenant de sa vente à un sieur Dubuisson, d'Ay, furent employées à acheter des vases sacrés pour l'église qui avait été volée.

Aujourd'hui, Champillon est toujours, comme autrefois, un village qui reçoit assez tard les rayons du soleil à raison de sa position sur le versant occidental d'un coteau escarpé, ce qui n'empêche pas que ses habitants ne soient des hommes du matin, des travailleurs actifs et qui savent très bien tirer parti de l'excellent vin que produisent leurs vignes bien exposées. Nous parlerons de la chapelle de Champillon dans un article spécial dédié aux aumôneries et autres bénéfices de ce genre.

Fondation d'une messe, vigiles, recommandise avec le psaume « miserere » et la collecte des trépassez annuellement le lendemain de la Nativité de la Sainte Vierge, faite par Thierry Oger et sa femme le 14 septembre 1537, comme s'ensuit :

A tous ceux qui ces presentes lettres verront, François Debar ecuyer grenetier d'Épernay et garde de par le roy notre sire des sceaux de la prevôté d'illic salut : Sçavoir faisons que pardevant Pierre Debar et Pierre Leduc notaires royaux en laditte prevôté furent presents en leurs personnes Thierry Oger marchand et Magdeleine sa femme de luy licentiée et autorisée quand à ce, demeurants à Auvillers et reconnurent volontairement avoir baillé, ceddé et delaissé en pur, vray et loyal don, irrévocable et pour toujours aux vénérables religieux, prieur et couvent de l'église de l'abbaïe de Saint-Pierre-d'Auvillers ce acceptant par les religieuses personnes dom Jean Lamblet prieur claustral et dom François Drouin trésorier d'icelle église et abbaïe, et dom

Jean Bertrand procureur desdits religieux stipulants pour les autres frères en icelle abbaïe leurs successeurs et ayant causes, deux pièces de vignes assises au terroir d'Auvillers, l'une en lieudit Tempête contenant un quartier, tenant d'une part à Jean Godard de Cumières, d'autre part et d'un bout à une sente commune, d'autre bout par bas auxdits religieux et l'autre pièce en lieudit Longval contenant aussy un quartier tenant d'une part à Guiot Roger d'autre à Pierre de Bourg d'un bout au chemin commun d'autre bout à Parson-Vautrin et autres, chargées de surcens qu'elles peuvent devoir. Ce dit don, cession et transport faits à la charge que lesdits prieur et couvent comparants comme dessus sont seront tenus de dire ou faire dire et célébrer par chacun an en leur église, le lendemain de la Nativité de Notre-Dame, un obit; c'est assavoir une haute messe, vigiles et recommandise avec le psaume de *Miserere* et collecte des trépassez pour le salut et remede de l'ame diceux donateurs de leurs père mère et bienfaiteurs trépassez, si comme lesdits donateurs disoient dont ils se sont tenus pour contents et s'en sont devêtus et desaissits pour et au profit desdits religieux, consentants qu'ils en soient vêtus et saisis dès maintenant et pour toujours, promettants par leur foy et sous l'obligation de tous leurs biens et ceux de leurs hoirs, meubles et immeubles presents et à venir qu'ils en ont soumis à justicier par où trouvés seront, tenir, entretenir, garantir lesdits heritages de tous troubles et empêchemens sans jamais y contrevenir, sur peine de tous dépens payer, renonçants à toutes choses à ces lettres contraires, et au droit disant generale renonciation non valoir; en temoing de ce nous garde dessus nommé au rapport desdits nottoires et par leurs seings manuels cy mis, avons scellés ces présentes desdits sceaux sauf tout droit; ce fut fait et passez audit Épernay le quatorzième jour de septembre mil cinq cent trente sept.

Signé : DEBAR et LEDUC, avec paraphe.

(Extrait des *Archives d'Hautvillers, Inventaire du Cartulaire*, 1ʳᵉ layette, 4ᵉ liasse. *Fondations*, pages 126 et 127.)

Selon toute apparence, sous le gouvernement duquel nous sommes encore, Antoine Sanguin résigna l'abbaye d'Hautvillers vers 1542, du moins il est certain qu'un autre abbé gouvernait l'abbaye à l'époque indiquée. Par la suite, et peut-être immédatement après cette résignation, Antoine Sanguin obtint en commende une autre abbaye : celle de Vraux-de-Cernay ; on retrouve, en effet, son nom dans le *Catalogue* des abbés de ce monastère, en 1546. Nous lisons même que ce fut sous son administration et par ses soins que fut fait l'*Inventaire du Cartulaire* de cette abbaye.

Antoine Sanguin mourut le 22 décembre 1559. Il fut inhumé en l'église de Sainte-Catherine-du-Val-des-Escoliers-de-Paris. (Dom Marlot, tome II, page 395. — *Gallia christiana,* tome IX, col. 257 ; tome VII, col. 896, à l'article des abbés de *Vallium Sarnai*; et tome VIII, col. 1,483, à l'article des *Évêques d'Orléans.*)

Selon toute vraisemblance, ce personnage n'eut pas l'honneur d'emporter de grands regrets de la part des religieux d'Hautvillers ; quand il résigna l'abbaye, sa qualité d'abbé commendataire était déjà en fort mauvais titre à leur estime ; jamais, on le sait, les commendes ne furent du goût des religieux et, sauf meilleur avis, ils n'avaient pas tort, car ce régime ne pouvait être favorable ni à la piété, ni au bien-être temporel des religieux. Rien ne contribua plus à la décadence des ordres religieux que cette ruineuse superfétation d'abbés hétérogènes. Complètement antipathique, sous ce rapport, aux religieux d'Hautvillers, Antoine Sanguin, paraîtrait-il, aurait encore aliéné beaucoup de biens du monastère sans rien faire ou peu de choses à son profit (*Chroniques générales de l'ordre de Saint-Benoît,* tome II, page 393). En fallait-il davantage pour s'attirer leur animadversion ? C'est pourquoi le traducteur de ces *Chroniques* citées, a résumé l'opinion de ses confrères en bornant à ces quelques mots incisifs la notice biographique de cet abbé : « Nous n'avons rien à dire de lui, digne de recommandation, » page 394.

LXXe ABBÉ

FRANÇOIS DE FAUCON

(DE 1542 A 1543)

Suivant dom Marlot (tome II, page 295), le successeur immédiat d'Antoine Sanguin aurait été le cardinal Strozzy, en faveur duquel il eût abdiqué en 1540. Nous ne pouvons adopter cette opinion; outre qu'elle ne repose sur aucun document authentique, elle est suffisamment réfutée par le silence absolu de tous les autres écrivains qui ont traité d'Hautvillers et donné la nomenclature de ses abbés. François de Faucon est, selon toute probabilité, celui qui a succédé à Antoine Sanguin dans le gouvernement de notre abbaye. Il était, à ce qu'il paraît, son neveu, nous dit M. Alphonse Soullié, de Cumières, dans sa notice sur Hautvillers, circonstance qui prouverait assez bien qu'il lui succéda comme résignataire. Un fait positif, c'est que, dès l'année 1542 (6 janvier), il se trouvait à la tête du monastère; la preuve en est dans divers actes locatifs passés sous cette même date. (Ancien *Gallia christiana*, tome III, page 36.)

Les *Chroniques générales de l'ordre de Saint-Benoît* le nomment protonotaire apostolique, et l'auteur de ces *Chroniques* ajoute qu'il causa beaucoup de dommage à l'abbaye par de nouvelles aliénations qu'il fit d'une partie de son revenu. Nous allons rapidement esquisser sa biographie. François de Faucon ou Faulcon naquit à Montpellier, son père se nommait, comme lui, François de Faucon, et sa mère Charlotte Bucelle. *(Gallia christiana*, tome VIII, col. 1,483.) Du côté paternel il descendait d'une noble et antique famille de Florence, qui, plus d'une fois dans les beaux jours de la République, avait été honorée de la charge de Gonfalonier; c'était, comme on le sait, la première dignité de cette ville. Poussée en exil par les troubles qui, plus tard, bouleversèrent leur patrie, cette famille était venue en France chercher un asile. *(Gallia christiana*, tome II, col. 674.) Dès que François de Faucon parut à la cour, ses qualités personnelles, merveilleusement rehaussées par l'antique noblesse de son origine, ne tardèrent pas à le faire remarquer de François Ier qui l'admit dans son conseil. Une fois en faveur auprès du monarque, tout-puissant en matières de bénéfices depuis le concordat, de Faucon avança rapidement dans la carrière des honneurs ecclésiastiques. On le vit devenir, presque sans intervalle, chanoine de la Sainte-Chapelle, archidiacre de Chartres, abbé d'Hautvillers, de Saint-Jean de Sens, et de Villemagne, à huit lieues nord-est de Béziers (Hérault), enfin évêque de Tulle. Il obtint cet évêché en 1544; désirant ne pas quitter la cour sans toutefois négliger son diocèse, il en confia l'administration spirituelle à Pierre de Bisquieris, évêque de Nicopolis.

Six ans plus tard, le siège d'Orléans étant venu à vaquer par la démission du titulaire, de Faucon y fut promu le 20 octobre

1550. Le 19 décembre de la même année, un fondé de pouvoir en prenait possession en son nom. Peu après, en 1552, il permuta avec Pierre Duchâtel, évêque de Mâcon, et fut pourvu aussi de ce nouveau siège et de l'abbaye de Belle-Perche. Durant son épiscopat, le pont bâti à Mâcon, sur la Saône, se trouvant en besoin d'une réparation presque totale, de Faucon crut pouvoir user de sa puissance spirituelle pour subvenir aux frais de l'entreprise. Il accorda à tous ceux qui y contribueraient la permission d'user d'aliments gras tous les samedis depuis Noël jusqu'à la Purification, comme aussi de prendre des œufs et du laitage, mais seulement une fois pour les lundis et mardis de Carême. Les étrangers pouvaient jouir de cette permission moyennant une aumône de trois deniers, mais pour les habitants de la ville et les nobles du diocèse, le minimum de la contribution était fixé à dix deniers. Bien que le siège de Mâcon eût été longtemps l'objet des vœux de de Faucon, il ne tarda pas à porter ailleurs ses regards. Un désir nouveau et bien naturel faisait battre son cœur : le désir de se rapprocher d'un lieu qu'on n'oublie jamais, celui qui nous a vu naître. Tel fut le motif qui le détermina à demander le siège de Carcassonne. Il l'obtint le 18 janvier 1553 ; le 17 mars de la même année il prêtait serment d'obéissance au souverain pontife, en présence d'Eustache de Bellaye, évêque de Paris ; enfin, après avoir institué Antoine Dax, abbé de Saint-Polycarpe, son vicaire-général pour tout le diocèse, il prit possession de son siège le 5 avril suivant. En 1557, il assista à l'assemblée des notables, à Paris, comme député du clergé et de la sénéchaussée de Carcassonne.

Dans son testament, daté du 15 août 1565, de Faucon donnait 1,200 livres à son église cathédrale, à condition qu'il y serait chanté annuellement six messes pour le repos de son âme. (*Gallia christiana*, tome II, col. 675.) De Faucon mourut à l'âge de quatre-vingt-un ans, un samedi, 22 septembre 1565 ; il était, par conséquent, né en 1484. Il fut inhumé dans le chœur de la cathédrale de Carcassonne. Dès l'année 1543 il avait résigné l'abbaye d'Hautvillers en faveur de Pierre Duchâtel, duquel nous allons parler.

A l'époque où François de Faucon occupait le siège de Tulle, un écrivain, nommé Paul Mazin, lui fit hommage d'un ouvrage intitulé : *De rerum naturalium generatione*, ce n'est qu'une suite de paradoxes. Cet ouvrage fut livré à l'impression en 1549, par Mathieu David.

LXXIe Abbé
PIERRE DUCHATEL
(DE 1543 A 1551)

Pierre Duchâtel, résignataire de François de Faucon, obtenait l'abbaye d'Hautvillers, en 1543; toutefois, il est constant qu'il n'en prit possession que le 15 février 1544; l'acte authentique dressé alors ne permet aucun doute à ce sujet. *(Gallia christiana,* tome II, col. 675, et dom Marlot, tome II, page 295.) Nous avons encore à redresser ici une erreur dans laquelle est tombé Moreri, en signalant Duchâtel comme abbé d'Aubérive et non d'Hautvillers. *(Dictionnaire de Bayle,* édition in-folio, de 1697, page 698, 1 v., article *Castell.)*

L'abbaye d'Hautvillers est rançonnée par les ennemis.

A l'époque où l'abbaye d'Hautvillers commençait à être gouvernée par un nouvel abbé, les pays circonvoisins et l'abbaye elle-même étaient en proie aux plus grandes terreurs. Les hostilités s'étaient rallumées entre François Ier et Charles-Quint qui, maître de la campagne des environs de Châlons, espérait entrer dans Épernay sans éprouver aucune résistance. Pour affamer les Impériaux, François Ier avait ruiné toute la campagne de nos environs et, désespérant de sauver Épernay, fit incendier cette ville par Séry, qui y commandait. Voici ce que nous trouvons dans les manuscrits de l'abbaye de Saint-Martin, à Épernay, que possède la bibliothèque communale :

« La ville d'Épernay fut arse et brûlée le troisième jour de septembre l'an mil cinq cent quarante-quatre, par le capitaine Séry, capitaine françois, par le commandement du roy François, premier de ce nom, ayant son camp et armée à Jallon, et Charles d'Autriche, empereur, à Avenay. Et fut, ce fait, pour garder que ledit empereur ne ce fortifiasse des vivres de l'ost, qui estoient audit Épernay, et fut la chose faite sy soudainement que les habitants d'ycelle n'eurent loysir de sauver quelque de leurs meubles, où il eut grande perte et ruyne, et se sauvèrent, lesdits habitants, à qui mieux mieux, et à leur retour ne trouvèrent aulcun logis en laditte ville pour se loger, synon bien peu et en l'iver, qui causa auxdits habitants (avec les morts qui gisaient sur la terre sans sépulture) une grande pestilence qui régna huit mois, car depuis le troisième de septembre susdict, et jusques en mai suivant, il en mourut tant par laditte pestilence que par le mauvais traitement, qu'on obligea à la fuite la moitié des chefs d'hotels dudit Esparnay. » *(Histoire de l'abbaye d'Avenay,* tome I, page 267.)

Dans ces tristes circonstances, l'abbaye d'Hautvillers ne fut pas plus épargnée que sa sœur d'Avenay, où Charles-Quint établit son quartier général. Dizy, Champillon, Hautvillers furent rançonnés au point qu'il n'y avait plus de vivres pour les habitants ; le peu de grain qui venait d'être récolté fut pris et donné aux chevaux pour leur nourriture, sans être battu. L'hôpital de notre abbaye regorgeait de pauvres, que la présence des troupes ennemies avait mis dans le plus pitoyable état. Tout le monastère fut pillé de fond en comble ; toutefois le moment le plus terrible n'était pas encore arrivé pour elle. L'église et les saintes reliques furent respectées ; il était laissé aux hérétiques, dix-huit ans plus tard, de faire de cette antique abbaye un monceau de ruines.

L'administration de Duchâtel ne présente aucun fait remarquable ; il gouvernait encore notre abbaye en 1548. C'est vers cette époque que le bailli de Vermandois fit dresser un inventaire des chartes et des propriétés du monastère. Duchâtel avait, à ce sujet, obtenu des lettres-patentes de Henri II. Le terrier formé alors, et indiqué par quelques-uns sous l'année 1549, contient plusieurs articles qui étendaient les privilèges de la charte de 1274. Nous donnerons ce que nous avons trouvé sur cet inventaire des chartes et des propriétés du monastère.

Dans le précis de la vie de cet abbé, nous suivons en partie le récit de Gallandius (père Gallard), auteur d'une vie de ce prélat, imprimée à Paris en 1684.

Pierre Duchâtel, autrement dit Castellan *(Castellanus)*, naquit à Arc-en-Barrois, village du département de la Haute-Marne, à quatre lieues et demie de Chaumont et à cinq lieues de Langres. Son père, cadet d'un gentilhomme Wallon, eut deux enfants ; Pierre était le second. Selon Gallandius, qui ici est en désaccord complet avec le *Dictionnaire* de Moreri et l'*Histoire ecclésiastique des Églises réformées,* non-seulement Duchâtel était gentilhomme, mais d'une fort ancienne noblesse, puis encore fils d'un brave chevalier d'une grande science et d'un grand courage militaire. (Gallandius, pages 1 et 2); Théodore de Bèze, *Histoire ecclésiastique* (livre II, page 80), n'est pas, il est vrai, du même avis, car, dit-il, ce bon évêque, surnommé *chastelain*, était de fort basse condition. Évidemment, cette assertion ne prouve rien. On en peut dire autant de la réponse que Duchâtel fit à François Ier, curieux d'apprendre de lui s'il était gentilhomme. « Sire, aurait dit le savant et malicieux prélat, ils étaient trois frères dans l'arche de Noé; je ne sais pas bien duquel des trois je suis sorti. » Cette réponse ne prouve qu'une chose, c'est qu'il savait habilement manier la plaisanterie. Dom Marlot (tome II, page 257) et quelques autres écrivains paraissent s'être trompés en faisant naître Duchâtel à Langres; l'épithète *Lingonensis*, qu'on trouve quelquefois accolée à son nom, est probablement ce qui les aura induits en erreur. Mais il est à remarquer qu'assez ordinairement les savants, originaires de quelques bourgades peu connues, se qualifiaient de la ville voisine. Tel était surnommé *Aurelianensis*, qui n'était pas né à Orléans, mais dans le voisinage. Il est à présumer que ce fut par une semblable raison que Castellan reçut le surnom *Lingonensis*.

La mort prématurée de ses parents l'ayant rendu orphelin, avant même qu'il eût atteint l'usage de la raison, il eut le malheur de tomber entre les mains de tuteurs qui négligèrent son esprit et son patrimoine; néanmoins, vers l'âge de onze ans, il fut envoyé à Dijon pour faire ses études sous un célèbre professeur du nom de Pierre Turreau *(Turellus)*, et il fit des progrès étonnants. Il étudia même la langue grecque, sans le secours d'aucun maître. A peine eût-il passé six ans à Dijon, qu'on lui donna une classe à régenter. Les éloges qu'il sut mériter dans l'exercice de cette charge justifièrent complètement le choix qu'avaient motivé ses talents précoces. Bientôt encore il advint une occasion solennelle de donner en pleine audience un échantillon de son esprit. Pierre Turreau, nous l'avons vu, avait été le premier maître de Duchâtel; ce savant homme, à qui on avait donné la réputation de devin, fut, sous l'accusation d'un tel crime, traduit en justice, et certes il y avait, à cette époque, péril extrême d'être condamné comme infracteur des lois divines et humaines. Plein d'une noble reconnaissance pour son maître, Duchâtel plaida sa cause avec tant de chaleur et de force qu'il le fît absoudre. Il discourut éloquemment sur l'astrologie et les divinations de son ressort. Il montra que s'il y en avait de criminelles, il y en avait aussi de bien innocentes, et que c'était de ces dernières uniquement dont Turreau se mêlait. Il est à présumer que la jeunesse de Duchâtel rendit sa harangue infiniment intéressante et que les juges pensèrent devoir se rendre au mérite extraordinaire d'un tel avocat. (Le précis de ce plaidoyer se trouve dans Gallandius, page 13.) Le désir de voir les savants de l'époque, et surtout Érasme, ne tarda pas à lui inspirer le goût des voyages. Il commença par l'Allemagne où il vit plusieurs hommes de lettres; enfin il s'arrêta à Bâle, auprès d'Érasme. Ce docte personnage ne tarda pas à constater les ressources peu communes du jeune Duchâtel, et le plaça près de Frobonius en qualité de prote. Érasme s'en trouva bien, car, sur l'avis de Duchâtel, il corrigea certaines fautes qui, sans cela, seraient demeurées dans ses ouvrages. Les railleries d'Érasme contre les Français piquèrent tellement l'amour-propre de Duchâtel, qu'il employait les jours et les nuits même à étudier la langue grecque, la théologie et tous les genres de littérature. Ce travail opiniâtre, et plus encore la trempe excellente de son esprit, le gratifia d'une érudition assez longue pour découvrir que la langue grecque n'était pas le fort d'Érasme. Cela, du reste, ne doit pas sembler étonnant, car le peu de temps que ce grand homme employait à composer ses ouvrages ne lui permettait pas d'éviter toutes les fautes qui pouvaient s'y glisser. Il ne put donc que se féliciter d'avoir pour correcteur un homme aussi habile que Duchâtel.

Érasme et Duchâtel sortirent de Bâle en même temps que le catholicisme. Toutefois, ce ne fut pas sans que ce dernier parlât hautement contre un ministre séditieux. Duchâtel revint en France; comme il faisait les préparatifs d'un voyage qu'il méditait vers l'Italie, on le pria, à Dijon, de prendre la conduite de quelques jeunes élèves qui, sous peu, devaient aller à Bourges étudier la jurisprudence sous Alaat. Comme c'était les premières têtes du parlement de Bourgogne qui lui adressaient cette prière, il accepta. Quant au temps qui le séparait de l'époque du départ, il l'employait à donner des leçons publiques sur le texte grec de l'épître de saint Paul aux Romains. Une fois rendu à Bourges, avec les jeunes gens dont nous avons parlé, Duchâtel y fit de rapides progrès dans la science du droit; toutefois, l'étude de la jurisprudence ne l'absorbait pas au point qu'il ne cultivât encore avec ardeur les belles-lettres. L'application qu'il apportait à l'étude tenait presque du prodige. A peine dormait-il pendant trois heures durant la nuit. Il couchait à terre, sans autre oreiller que sa robe, dont il s'enveloppait la tête, et, dès qu'il se réveillait, il se précipitait sur ses livres. En vain lui conseillait-on de s'appliquer moins, il écoutait toutes les remontrances et n'en continuait pas moins son pénible train de vie. Plus tard, quand il fut revêtu de la charge de lecteur du roi, il reprit ce genre austère d'application, et afin d'avoir plus de temps pour étudier, il ne dînait jamais ; il se contentait d'un morceau de pain à huit heures du matin, et soupait à cinq heures. Il assistait au coucher du roi et ne se retirait que quand ce prince était endormi. Il allait dormir tout au plus pendant quatre heures et puis se mettait à l'étude sans relâche. (Gallandius, pages 41 et 42.)

Le désir que depuis longtemps il nourrissait de voir l'Italie ne tarda pas à se réaliser. Chargé d'une ambassade près de la cour de Rome, l'évêque d'Auxerre désira se l'attacher en qualité de secrétaire. Duchâtel saisit avidement cette occasion favorable. Il ne s'arrêta à Rome que le temps juste nécessaire pour admirer en détail ses majestueuses antiquités. De là, il passa à Venise ; ayant appris en cette ville que l'évêque et les habitants de Chypre étaient à la recherche d'un homme qui pût enseigner le grec et le latin, il courut leur offrir ses services et professa les humanités moyennant une pension annuelle de deux cents écus. Il passa deux années entières dans l'exercice de cette charge, qu'il remplit avec tout le succès possible ; aussi, ce fut au grand regret des Cypriotes qu'il les quitta pour aller faire une excursion en Égypte. Il la fit en amateur savant et zélé. Ayant appris le bon accueil que tout Français recevait à Constantinople, sous la protection de La Foret, ambassadeur du roi de France en cette capitale, Duchâtel désira voir cette grande rivale de Rome. Il s'y rendit par la Palestine et séjourna deux mois à Jérusalem. La Foret sut apprécier son mérite, car il conçut pour lui une estime toute particulière et le recommanda chaudement à François 1er ainsi qu'à plusieurs seigneurs puissants à la cour. De retour en France, il se vit protégé par le cardinal Du Bellay et quelques autres personnages influents, qui le présentèrent au roi comme un homme fort habile.

Ainsi prôné par les sommités de l'époque, Duchâtel ne faillit point à l'opinion qu'on avait de lui et sut maintenir à sa hauteur le renom de son vaste savoir. Les quelques conversations qu'il eut d'abord avec François Ier charmèrent ce prince au point qu'il voulut l'avoir constamment près de lui, pendant son dîner et son souper. C'était toujours avec plaisir qu'il l'entendait discourir sur les mille et une questions qu'il lui proposait. Duchâtel n'avait pas seulement une connaissance approfondie des belles-lettres, il avait encore une manière de parler élégante et gracieuse; aussi l'écoutait-on avec beaucoup d'attention et d'intérêt quand il conversait avec le roi. Comme ce prince en était enthousiasmé, ce fut assez pour que quelques personnes éminentes en conçussent de la jalousie et travaillassent à le déconsidérer avant qu'il eût pris racine dans l'esprit du monarque. François Ier, qui s'en aperçut, lui fit dire par le dauphin de mépriser les menaces de qui que ce fût et de continuer à parler fermement et sans crainte. Peu de temps après, il reçut la charge de lecteur et de bibliothécaire du roi. Gallandius prétend que Colin, prédécesseur de Duchâtel dans cette charge, se rendit odieux par des discours qui causèrent des brouilleries. Ses ennemis en auraient profité pour parler en faveur de Duchâtel; d'un autre côté, le mérite de celui-ci le recommandait aussi merveilleusement; Colin fut disgrâcié et Duchâtel mis à sa place. La chose est racontée autrement par Théodore de Bèze. *(Histoire ecclésiastique réformée,* livre II, page 80.)

Théodore de Bèze, pour punir Duchâtel de son attachement au catholicisme, a raconté qu'il avait détruit dans Colin le premier auteur de sa faveur et de sa fortune. On ne reconnaîtrait pas, à ce procédé, le vertueux Duchâtel, et l'on reconnaît bien à ce récit les préventions ordinaires de Bèze, contre ceux qui n'étaient pas de sa sorte. Duchâtel n'était ni malfaisant, ni ingrat; il avait fait ses preuves, on l'avait vu, animé par la reconnaissance, voler au secours d'un de ses maîtres, Pierre Turreau, juridiquement accusé de sortilège, et le défendre, sinon avec autant d'éloquence que Cicéron en avait déployé pour Archias, du moins avec autant de zèle. On ignore si Colin avait présenté Duchâtel au roi pour être bibliothécaire. Pierre de Saint-Julien (préface à l'*Histoire de Bourgogne)* parle d'une dispute qui s'éleva entre Duchâtel et Colin en présence du roi, sur un sujet qu'il ne spécifie pas ; Colin, qui ne connaissait que ses livres, citait ses livres; Duchâtel, qui avait vu par lui-même, disait ce qu'il avait vu. François Ier sentit combien ce dernier genre de science avait d'avantage et l'admit. Duchâtel était le seul homme de lettres que ce prince prétendait n'avoir pas épuisé en deux ans.

Les envieux de son érudition et de sa faveur se réunirent pour élever sur ses ruines un nommé Bigot, dont ils vantaient avec emphase l'esprit et le savoir immense. Avant de le faire venir de Normandie, sa patrie, le roi voulut connaître quel homme c'était. Duchâtel lui dit que c'était un philosophe qui suivait les opinions d'Aristote. Et quelles sont ces opinions ? continua ce prince. « Sire, répartit l'adroit courtisan, Aristote préfère les républiques à l'état monarchique. » Ce mot fit une telle impression sur l'esprit de François Ier, qu'il ne voulut plus entendre parler de Bigot. Devenu lecteur du roi, Duchâtel en étudia plus que jamais, afin d'être en état de répondre aux questions du prince ; tous les soirs il l'endormait par les explications de quelques auteurs. Il donnait aussi quelques heures à l'instruction de la princesse Marguerite, sa fille. Il profita de la faveur dont il jouissait pour l'avancement des sciences ; on lui doit encore de sages règlements à l'avantage des professeurs et de la bibliothèque royale. Duchâtel, profondément animé de convictions religieuses, travaillait fortement au maintien du catholicisme contre ceux qui sollicitaient du roi à secouer le joug de Rome. Il prévoyait que, pour peu que François Ier paraîtrait mollir par rapport aux novateurs, leur audace augmenterait au point de bouleverser tout le royaume aussi bien que le catholicisme. C'est pourquoi il trouvait bon qu'on usât d'indulgence auprès des novateurs, aussi bien qu'envers les délateurs, bien que très souvent ils accusassent des personnes innocentes. Il appuyait, à ce sujet, son opinion sur un passage de Cicéron, d'où il concluait qu'afin de réprimer l'audace des novateurs il fallait protéger et favoriser, pour le bien de la république, les chiens qui aboyaient après eux. D'un autre côté, Duchâtel n'approuvait pas la rigueur du dernier supplice. Comme, à ce sujet, le cardinal de Tournon lui faisait un crime de son excès de charité : « J'ai parlé en évêque, lui répondit Duchâtel, et vous, vous agissez en bourreau. » Duchâtel n'était pas encore évêque, mais il le devint dans la suite ; il n'avait alors qu'environ 35 ans. Il apaisa le roi envers les Vaudois, trois ans avant l'exécution de Cabrières et des Mérindol. *(Histoire de l'Église gallicane*, Longueval, livre LIII.) Il obtint aussi une première fois la liberté de Dolet, dans l'espérance qu'il deviendrait plus sage. Dolet avait promis, mais il ne tint rien et fut brûlé à

Paris, en 1546. (Feller, article *Dolet.)* Ce fut Duchâtel qui provoqua l'assemblée de Melun, en 1545, où quelques prélats et docteurs préparaient l'instruction de ceux qu'on devait député au concile de Trente.

Cette assemblée servit de thème à une accusation terrible qu'on intenta contre Duchâtel. (Varillas, *Histoire de France*, livre II, page 130.) On dit qu'il garda toutes les minutes des actes de Melun afin de s'en servir et de briller ainsi aux dépens d'autrui dans le concile de Trente, où il espérait aller comme ambassadeur du roi. On ajoute même que, dans cette vue, il avait inspiré à François Ier l'idée de cette conférence. Or, ceci est une anecdocte presque incroyable. Pierre Duchâtel, de l'aveu de tous ceux qui en ont parlé avec quelque exactitude, était un homme très savant. D'ailleurs, ceux qui rapportent le trait de la conférence de Melun supposent que Duchâtel n'était pas évêque, ce qui est absolument faux, puisqu'il fut évêque de Tulle en 1539, et de Mâcon en 1544. Enfin, si ce prélat eût été si passionné pour être ambassadeur du roi au concile de Trente, on ne voit pas comment cet honneur lui aurait échappé sous François Ier, d'abord, et ensuite sous Henri II, auprès de qui il jouissait d'une faveur entière.

Jamais Duchâtel ne parut plus éloquent, plus grave, que quand il prépara à la mort François Ier, et qu'il fit l'oraison funèbre de ce monarque. Elle consiste en deux discours que Baluze fit réimprimer quand il publia la vie de Duchâtel par Gallandius. Chacun sait les plaintes ridicules élevées par la Sorbonne à l'occasion de cette oraison funèbre. Duchâtel avait dit qu'une âme aussi vertueuse que celle de son héros avait dû monter tout droit au Ciel. La Sorbonne n'aimait pas Duchâtel à cause de la protection qu'il accorda momentanément à Robert Étienne. Ce dernier avait publié une bible avec une version par Léon de Juda et des notes altérées par Calvin ; les docteurs de la Sorbonne avaient censuré les notes ; rien ne prouvait en cela contre Duchâtel, il avait pu favoriser Robert sans être coupable de ce qu'il y avait de défectueux dans sa bible. Les théologiens, à qui ce prélat (Duchâtel) déplaisait mortellement, prétendaient qu'il avait voulu nier le purgatoire en envoyant François Ier droit au Ciel; ils envoyèrent alors, à la cour, des députés pour l'accuser de luthérianisme. Ces députés arrivèrent à Saint-Germain-en-Laye, au milieu des mouvements, des intrigues et des agitations du nouveau règne ; on avait certes tout autre chose à faire que de les écouter et ils ne savaient à qui s'adresser. Pourtant ils eurent le fâcheux bonheur de tomber entre les mains d'un rieur qui se moqua d'eux ; c'était Mendoze, maître d'hôtel du roi. Mendoze, du moins, les régala parfaitement. A table ils parlèrent de l'affaire qui les amenait ; quand Mendoze vit de quoi il s'agissait (voir l'*Histoire gallicane*, liv. LIII, page 379, tome XVIII, édit. 1782) : « Messieurs, leur dit-il, on est on ne peut plus occupé ici, le temps n'est pas propre pour agiter de pareilles matières ; d'ailleurs, entre nous, j'ai connu fort bien l'humeur du feu roy, il ne savait guère s'arrêter nulle part, je puis vous répondre que, s'il a été en purgatoire, il n'aura fait qu'y passer, ou tout au plus goûter le vin en passant, à coup sûr vous ne l'y trouveriez plus. » Les députés partirent sur cette plaisanterie.

Nous avons vu, au commencement de cet article, que Duchâtel avait obtenu l'abbaye d'Hautvillers en 1543 ; la même année lui avait encore apporté le titre d'abbé de Belle-Perche. Outre ces deux dignités, François Ier l'avait promu successivement au siège de Tulle, 1539, et de Mâcon, 1544. A la mort de ce prince, 1547, Duchâtel manifesta le désir de se retirer, mais Henri II voulut qu'il continuât à suivre la cour, et dès que la charge de grand aumônier vint à vaquer il la lui conféra, 1548. Cette dignité nouvelle fut, entre les mains de Duchâtel, une source de règlements sages. Désirant avoir un diocèse plus rapproché des lieux où Henri II se plaisait à séjourner, Duchâtel se défit de l'évêché de Mâcon pour celui d'Orléans. Henri II étant passé d'Amboise à Orléans pour se préparer à l'expédition d'Allemagne, Duchâtel obtint la permission de s'absenter de la cour pendant deux mois ; il en profita pour mettre ordre aux affaires de son diocèse, toutefois il n'eut pas le loisir d'en extirper tous les abus. Comme il prêchait un jour dans l'église de Saint-Laurent d'Orgères, à Orléans, il fut violemment attaqué d'une paralysie qui dégénéra en apoplexie et l'emporta rapidement. Il mourut le 3 février 1552. Au dire de certains auteurs, le poison n'aurait pas été étranger à cette mort. Pierre de Saint-Julien dit que ce fut l'opinion des domestiques de cet évêque. *(Antiquités de Mâcon*, page 245. — Colonnes, *Gall. orient.*, page 13.)

Les protestants firent bien des réflexions sur cette mort. Théodore de Bèze *(Histoire ecclésiastique*, liv. II, page 80), et autres écrivains du même bord, ne manquèrent pas de regarder cette mort comme un trait éclatant de la justice divine contre un évêque persécuteur de la bonne religion ; au contraire, d'après ce que nous savons de la vie de Duchâtel, nous pourrions dire que sa mort est celle d'un saint apôtre, mort en prêchant l'Évangile de Notre-Seigneur. Duchâtel était un savant très versé dans les langues orientales, et d'ailleurs si universel que François Ier, qui se vantait de n'avoir vu aucun homme instruit dont il n'eût épuisé la science en deux ans, déclare n'avoir jamais trouvé en défaut l'érudition de celui-ci. Duchâtel n'écrivit que peu de chose; on lui attribue une lettre latine de François Ier, contre Charles V, publiée en 1543. (Mezerni, t. II, 1,017.) Nous avons déjà parlé de l'oraison funèbre de François Ier, c'est tout ce que nous savons des ouvrages de cet homme de lettres.

Le chancelier de l'Hôpital fit de très beaux vers sur la mort de Duchâtel. Il s'inspira noblement de la circonstance de cette mort, arrivée presque en chaire, dans l'exercice des plus sublimes fonctions de l'apostolat. Nous trouvons ces vers dans Michel de l'Hôpital, chancelier de France, nouveau *Gallia christiana,* tome VIII, col. 1,484. — Du Perret, *Antiquités de la Chapelle,* page 384. — Colonnes, *Gall. orient.,* page 13. Moreri. — Les voici :

> Si pulchrum est ducibus pugnando occumbere mortem,
> Pontifici pulchrum debet sanctumque videri.
> Sic laterum nixuque omni contendere vocis,
> Ut vires media facientem verba corona
> Deficiant, sadoque fatiscat lingua palato.
> Ac quondam fortis qui vicit olympia miles,
> Retulit et multas victor certamine palmas,
> Et quem nulla viri virtus perfregerat ante,
> Sternitur ille siti tandem confectus et æstu.
> Discite pontifices, o vestro munere fungi,
> Commissos curare greges et denique nullum
> Servandi causa pecoris vitare dolorem,
> Nec dubitare animam multis pro millibus unam
> Consecrare Deo, ac meliori reddere vitæ.

S'il est beau pour un chef de tomber sur un champ de bataille, qu'il est beau, qu'il est saint pour un pontife de mettre dans sa parole tant de chaleur et de vie qu'il expire au milieu de son discours, la langue immobile sur son palais desséché. C'est ainsi qu'autrefois aux jeux olympiques de courageux athlètes, après maints combats dont ils sortaient la palme à la main, après avoir sans crainte terrassé les plus intrépides lutteurs, tombaient un jour sur l'arène, épuisés de soif et de chaleur. Que cet exemple, pontifes, vous apprenne à remplir votre charge, à veiller sur le troupeau qui vous a été confié, à n'éviter aucune douleur pour le sauver, à ne point hésiter pour sauver des milliers d'âmes, à consacrer votre âme à Dieu, à la donner à une vie meilleure.

Déjà, dans une épître en vers latins, composée du vivant de Duchâtel, le même poète apostrophait ainsi son illustre ami :

> Castellane decus musarum et caste sacerdos
> Vittis ac merita frontem redimite corona,
> Seu castalides nascentem hoc nomine musæ
> Donarunt, sive ipse tibi virtute parasti,
> Id fidei commissa tuæ castella tuendo,
> Fortiter et musis longua obsidione salutis,
> Quas fera barbaries successu turgida rerum
> Injustaque orbis per vim potione polita.
> Aut procul extremis Europæ finibus Alpes
> Inter et Oceanum spatiis urgebat iniquis
> Et jam barbaries longe lateque tenebat
> Omnia, jam sese musæ suaque arma parabant
> Dedere, præsidio nisi, Castellane fuisses,
> Ausus te innumeris exponere millibus unum.
> Pro quo magna tibi concessit magnus Apollo
> Præmia, cujus tu auspiciis ea bella gerebas,
> Dilectas servare dedit tibi namque sorores
> Teque sacerdotem defensi numinis ergo
> Instituit, templique adytis præfecit et aræ,
> Musarum antistes sacer interpresque fidelis,
> Cujus melliftuo recitandis pendet ab ore,
> Totus et in suavi penitus sermone quiescit,
> Cum posita musas pharetra respexit Apollo.

Duchâtel, chaste prêtre, l'honneur des muses, ceignez votre front de bandelettes et d'une juste couronne, ce sont les muses qui à votre naissance vous ont donné le nom que vous portez, ou bien, vous vous l'êtes acquis par votre mérite. Vous l'avez acquis en défendant la place forte de la foi qui vous était confiée, en sauvant courageusement d'un long siège les muses que la cruelle barbarie, enflée de ses succès, trop fière d'un empire injustement conquis, voulait reléguer loin des confins de l'Europe et resserrer entre les Alpes et l'Océan comme dans un cruel exil. Déjà la barbarie étendait de tout côté sa domination, déjà les muses songeaient à se rendre, elles et leurs armes, si vous, Duchâtel, ne fussiez venu à leur secours, osant vous exposer seul contre des milliers et des milliers d'hommes. Aussi le grand Apollon sût-il dignement vous récompenser, vous qui, sous ses auspices, livriez ces combats, car il vous confia de sauver les neuf sœurs ; et vous, prêtre, il vous fit le défenseur de la divinité, il vous confia la garde des sacrés portiques, vous le prêtre des muses, leur fidèle interprète dont la bouche répandait ces discours suaves comme des rayons de miel. Apollon goûte en l'écoutant tous les charmes du repos lorsque, laissant son carquois, il revient aux muses.

(Nouveau *Gallia christiana,* tome IV, col. 1,097. — *Épître du chancelier de l'Hôpital,* liv. I.)

Terminons cet article en disant que Duchâtel ne conserva pas jusqu'à sa mort le titre d'abbé d'Hautvillers ; dès l'année 1548, il l'avait résigné en faveur de son neveu Bernard Duchâtel *(Gallia christiana,* tome IX, col. 257), c'est du moins ce qu'il y a de probable.

Lorsque Pierre Duchâtel était abbé d'Hautvillers, évêque de Mâcon, conseiller du roi, grand aumônier de France, il demanda au roi, en 1548, des lettres royaux à l'effet de forcer les habitants d'Hautvillers, Dizy, Romery, Cormoyeux, Bœuf, Cumières à déclarer si telle ou telle pièce de vigne, pré ou autre immeuble étaient chargés de censives. Le terrier d'Hautvillers, ou cadastre, n'indiquant que les lieuxdits, ne disait rien des charges ; d'un autre côté, les titres du monastère à cet égard avaient été perdus à cause des guerres. Dans cette occasion, certains droits accordés aux habitants d'Hautvillers, de Romery-Cormoyeux, par la charte de 1274, furent rappelés et confirmés. Voici comment les habitants d'Hautvillers ont reçu avis de ces lettres royaux :

**Lettres royaux qui obligent les habitants de plusieurs villages
à déclarer si leurs biens sont chargés de censives.**

Sachent tous que le samedi dernier jour de novembre 1549 à nous Nicolas Déhuz demeurant à Rheims et Nicolas Biernois demeurant à Hautvillers, nottoires royaux au baillage de Vermandois, de la part de Réverend Père en Dieu Messire Pierre Duchâtel évêque de Macon conseiller du roy grand aumonier de France et abbé commendataire de l'abbaye de Saint-Pierre-d'Hautvillers ordre de Saint-Benoît. Ont été présenté certaines lettres royaux en forme de mandements terrier par ledit seigneur obtenues le huitième jour d'avril l'an 1548 avant Paques, signées par le conseil Buyer avec certaines lettres de commission données de Monseigneur le baillif de Vermandois ou son lieutenant à Rheims, à nous adressantes du 8ᵉ jour d'octobre 1549 à l'exploit et déclaration sur ce faitte par Jean Lepoivre sergent royal audit baillage le tout attaché en marge desdittes lettres royaux nous requérant par honorable homme et saige maître Guillaume Galant procureur dudit seigneur assisté de honorable homme et saige maître Cadaret lieutenant ès lois baillif ou garde justice dudit Hautvillers, voulons vacquer et entendre au fait dudit mandement terrier et nous vouloir transporter ledit jour audit Hautvillers pour à faire ce que luy avons accordé et nous sommes transportés ledit jour avec ledit sieur baillif pour le giste audit Hautvillers et desquelles lettres royaux commission et exploit les teneurs en suivent :

Henry par la grâce de Dieu roy de France aux baillif de Vermandois, Vitry et Troyes ou leurs lieutenants généraux ou particuliers en chacun de leurs sièges et chacun d'yceux sur ce requis, salut : En la partie de notre amé et féal conseiller et grand aumônier de France Messire Pierre Duchâtel évêque de Macon et abbé commendataire de Saint-Pierre-d'Hautvillers ordre de Saint-Benoît, nous a été que pour raison de laditte abbaye sont seigneurs des lieux et villages d'Hautvillers, Dizy, Cormoyeux et Romery, Aigny-sur-Marne, Epois, Thillois, Villarts, Festigny et que est tant pour raison desdits lieux et autrement pour la fondation, dotation de laditte abbaye plusieurs personnes tant nobles que autres gens sont tenus de faire et payer plusieurs cens, rentes, taillis, corvées, bourdelaiges, dîmes, champars, terraiges de bled et vin, gélines, chapons et autres droits et devoirs annuels dont ils n'ont de presents aucun papiers, lettres, parce qu'ils ont été perdus et adirés pendant les guerres et mortalités qui ont eu cours en notre royaume au moyen de quoi et aussi que les détempteurs et propriétaires sujets auxdits droits, n'ont voulu, ne veuillent faire enregistrer ès registre dudit exposant, ne déclarer lesdits héritages ni les charges d'iceux ainsy qu'ils doivent et sont tenus de faire, ledit exposant ne peut cognoître de tels droits de payements d'yceux à son très grand préjudice et dommaige et comme il dit humblement requéront sur notre permission, pourquoi nous ces choses considerant vous mandons et parce que lesdittes seigneuries sont situées et assises en vos juridictions, comettons par ces presentes et à chacun de vous si comme à lui appartiendra que vous faites ou faites faire exprès commandements de par nous. Sur grandes peines à nous et appliquées aux détempteurs et propriétaires des héritages chargés desdittes rentes, cens, taillis et corvées, barraiges, dîmes, champars, louaiges de bled et vins, gelines, chapons et autres droits et devoirs annuels que pardevant aulcuns nottoires ne favorables en cette partie que à chacun devons en la juridiction comme trez à ce ès lieux plus aisés pour les parties ils aillent incontinent et sans délais, recognoître et bailler par écrit et déclaration les héritages et choses qu'ils tiennent dudit exposant, les confrontations d'yceux et quelles charges et devoirs en doivent aussy iceux héritages faire arpenter et mesurer par mesureurs et arpenteurs jurés que à cette fin seront par vous prins et si par lesdits arpentages et mesurages qui aussy seront faites, il se trouve que lesdits tenanciers en aient plus grande mesure que icelle doivent avoir faittes bailler le surplus audit exposant ou à tout le moins les contraigner à augmenter le prix du devoir annuel eu égard aux prochains lieux ecrire même sujet auxdits devoirs et ce fait à qui a eux faire inscrire et registrer par noms et surnoms ès papiers terrier dudit exposant et lesdits registres ainsy faits par ledit notoire registré en forme... et signés de son seing manuel faittes scellées d'aucun scel authentique et baillé audit exposant à ses dépens raisonnables pour leur servir et valoir et eux en aide en tems et lieux ce que de raison, en contraignant à ce les détempteurs et propriétaires et autres qu'il appartiendra et aussy à payer a yceux exposants ou a eux *ortanit* commendement lesdits droits et arrérages d'yceux par prinse et expoliations de leurs biens et autres voies dues et raisonnables et en cas d'oppositions ou débats faits auxdittes parties bon et brief droit, car ainsy nous plait y être fait nonobstant quelconques lettres subreptices à continuer mandons et commendons à tous nos justiciers que à vous commis et députéz en faisant... son... donnez à Paris le 8ᵉ jour d'avril l'an de grâce 1548 avant Paque et de notre règne le troisième ; ainsy signé par le conseil Buyer et scellés en simples queue de cire jaune.

Suit le registre et papier terrier fait par les commissaires, susnommés à Hautvillers comme délégués par le lieutenant du baillif.

Registre et papier terrier contenant par le menu tous et chacun les héritages et biens immeubles situés et assis ès village et terroir d'Hautvillers, Beu (pour Bœuf) et Cumières et ès lieux étants dépendances et appartenances d'yceux, qui ont été baillés par déclarations, à nous Nicolas Dehuz et Nicolas Biernois nottaires royaux au baillage de Vermandois commissaires en cette partie commis et délégués par Monseigneur le baillif de Vermandois ou son lieutenant à Reims, en vertu des lettres royaux en forme de mandement terrier à lui adressantes données à Paris le 8ᵉ jour d'avril 1548 avant Paques, obtenues et impétrées par M. le reverendissime Messire Pierre Duchâtel évesque de Macon abbé commendataire de l'église et abbaye de Saint-Pierre-d'Hautvillers, et grand aumônier de France par les denommés cy après comme propriétaires et possesseurs d'yceux et tant en particulier comme en communauté avec les cens, rentes et charges et redevances qu'ils ont dus et affirmés lesdits héritages et biens immeubles être chargés et redevables, et qu'ils en doivent par chacun ou respectivement aux jours y dénommés audit seigneur évêque de Macon à cause de saditte abbaye d'Hautvillers, seigneur haut justicier moyen et bas desdits villages dessus dits leurs dittes appartenances et dépendances, lesdits cens et rentes portants lots et amendes de sept sols six deniers parisis à faute de s'en faire vestire et payer les deniers de vesture par l'acquéreur ou nouveau détempteur qui sont de douze deniers parisis dedans la huitaine en suivant desdittes venditions ou aliénations ainsy faites, et de saisies desdits héritages ainsy vendus et aliénés a fauttes de payer lesdittes rentes audit seigneur ou son receveur qui sont de vingt deniers pour livre en suivant les commendements à eux faits en vertu desdittes lettres royaux et commission dudit sieur baillif de Vermandois, ou sondit lieutenant audit Reims par Jean Le Poivre et Vautrin Rousselet sergents royaux audit baillage de Vermandois demeurants audit Reims respectivement lesquelles lettres royaux commission et exploits desdits Le Poivre et Rousselet sergents contenant lesdits commendements sont cy devant transcrits et les aulcuns desquels propriétaires et détempteurs tant en particulier comme en communauté ont montrés exhibés certaines lettres et titres et les anciens autres produits témoins pour la vérification du contenu en leurs dittes déclarations signés de nous à ces fins, et sous les protestations faites par mondit seigneur de Macon abbé dudit Hautvillers ou sondit procureur contenues et écrites en notre procès verbal, ainsy cy devant transcrit pour valoir et servir audit seigneur de Macon abbé dudit Hautvillers ou ses successeurs abbés dudit Hautvillers en tems et lieux ce que de raison le tout ainsi qu'il est contenu et mande faire par lesdittes lettres royaux en forme de mandement terrier obtenues pour yceluy seigneur de Macon abbé d'Hautvillers et commission dudit sieur baillif de Vermandois ou son lieutenant audit Rheims, suit :

Notes sur certaines déclarations faites au terrier d'Hautvillers concernant les censives dues audit seigneur d'Hautvillers.

(1549)

En regard de chaque déclaration se trouve le numéro du terrier où l'immeuble est indiqué avec les tenants et les aboutissants. Ce terrier a été malheureusement brûlé avec tant d'autres pièces intéressantes pour nous.

Au folio huitième du registre des délibérations de la commune d'Hautvillers, on lit : « L'an second de la république française, le cinquième jour de la troisième décade du second mois, le citoyen Lecacheur, homme de loi à Paris, lequel a présenté un volume relié et couvert de peau contenant le papier terrier des ci-devant abbé et religieux d'Hautvillers, passé en 1549 devant Biernois, notaire audit lieu, contenant 396 feuillets, lequel terrier accusant plusieurs censives et redevances. Au folio 248 et 249, il y a une déclaration concernant la commune d'Hautvillers dont elle a intérêt de conserver, pour la jouissance de ses biens communaux, un extrait. Le conseil a arrêté, ouy le procureur de la commune, qu'il serait fait un extrait de laditte déclaration pardevant notaire, ce qui fut fait, lequel volume terrier sera brûlé conformément à la loi. Ledit Lecacheur a également fait remise de deux autres terriers concernant les droits féodaux supprimés, lesquels [seront également brûlés en place publique en exécution du décret susdaté. »

Lors de l'inventaire de l'abbaye, fait par Antoine Lecacheur et par Claude Gervais Malo, en 1788, dom Grossard a déclaré qu'un terrier manquant était à Paris pour cause de contestations. C'est sans doute ce terrier rapporté de Paris qui aura été brûlé.

Jean Cartin, à Hautvillers, reconnaît neuf articles de sa déclaration, chargés de cens payables partie audit seigneur abbé, partie auxdits religieux, et en outre chargés de lots, ventes, vestures, amendes envers ledit seigneur, quand ils se vendent ou aliènent.

Guillaume Chevalier déclare que, outre les censives dont est chargée sa déclaration sur les immeubles qu'il possède, audit seigneur appartient le droit de lots, ventes, vestures et amendes quand le cas y échet.

Plusieurs s'expriment de même dans leurs déclarations.

Jean Godart déclare que les vignes qu'il possède aux Hautes-Prières, quatre boisseaux cinq verges un quart, sont chargées de trente pintes de vin, mesure de Saint-Nivard, payables par chacun an aux vendanges, envers lesdits sieurs religieux, à cause de leur pitance.

Vingt-huit boisseaux en cinq pièces sont dits appartenir à l'aumône d'Hautvillers, qui est un office claustral, et sont déclarés n'être chargés d'aucun cens.

Pierre Suisse déclare qu'une pièce aux Hautes-Prières, contenant un quartier, est chargée de treize pintes de vin de vinage, mesure de Saint-Nivard, payables aux religieux; de plus, que tous ces héritages sont chargés de lots, ventes, vestures et amendes quand ils sont vendus ou aliénés.

Pierre Raguin déclare que toutes ses propriétés sont chargées des mêmes censives.

Jacques de France, *idem*, seulement les deux derniers articles de sa déclaration portent une redevance d'une chopine de vin sur quatre verges, et une chopine d'huile sur un boisseau de jardin à Bascul.

Jean Raguin déclare que tous les articles de sa déclaration sont chargés de onze deniers tournois et le droit de lot, ventes, vêture, amende quand le cas y échet.

Nicolas Biernois, notoire à Hautvillers, déclare que le dernier article de sa déclaration est chargé d'une chopine d'huile envers l'église paroissiale d'Hautvillers, pour huit verges et demie de vigne en Bacul.

Gervais Pierrot reconnaît l'article 26 de sa déclaration pour être chargé de 60 sols tournois envers les religieux, pour le payement et satisfaction de la messe du vidame appelé M. Petit.

Plusieurs : Toussaint Wary ; P. Leclerc ; Regnault Godard ; les religieux d'Épernay ; Petit, Jean ; Cartin-Godard ; Jeannette, veuve de feu Étienne Faillet ; Jean Canart ; P. Girardot ; P. Philippot, déclarent que leurs propriétés sont exemptées de toutes charges, même une maison à M. Philippot, venant du religieux d'Hautvillers Vincent, de Laon, sise en Bacul.

Les manants, habitants d'Hautvillers, déclarent posséder en communauté 20 arpents de prez aux Brouilles, plus une autre aisance appelée Melyde, près le village, de deux arpents tenant d'un côté aux hoirs feu J. Pierrot.

De même, déclare avoir un autre droit de conduire leurs bestiaux dans les taillis du seigneur, de même d'y conduire un porc en temps de paissons et glandée, sans payer aucun tribut, et de mener aussi lesdits porcs dans le bois, en payant pour chacun dit porc, excepté pour ledit premier, quinze deniers tournois audit seigneur, au jour de Noël.

Item, le droit d'aller ou d'envoyer, dans les bois dudit seigneur, prendre les branches sous la hache du bûcheron ou bucheronne faisant bois pour le chauffage dudit seigneur, les religieux ou autres faisant partie de la maison abbatiale, à la charge de payer chacun an, à la Saint-Martin d'hyver, audit seigneur ou à son receveur, par chacun habitant, excepté les officiers dudit seigneur, une poule et icelle portée en laditte maison abbatiale, audit jour.

Item, le droit de prendre le bois sec trouvé ès bois dudit seigneur.

Maître Remy, chevalier, docteur en médecine à Reims, déclare ses immeubles n'être chargés d'aucune censive, 23 arpents, terres, vignes.

Jean Bertrand déclare que plusieurs pièces sont sans censives, excepté quelques-unes, 15 arpents qui jadis ont été aliénés par les abbés et religieux, moyennant 5 boisseaux.....

Maître Nicole Cousin, escolier-étudiant à Paris, déclare que 30 verges sont seules chargées du droit de lots et de ventes quand le cas y échet.

Thomas Frerot; Gérard-Grandelet; Penson-Regnart; Nicolas Carmiset; Nicolas Dallier; Ponceste; Nicolas Montilleux; Bastien Petit; Marguerite Cloche; Marguerite Chaillot; Jérôme; Jacqueline Perette; Christine Nivet; Raulin; Nicolas Lecerf; Simon, de Gand, praticien, demeurant à Reims; Jean Garanne, déclarent leurs immeubles n'être pas chargés de censive.

Il y a 36 arpents 79 verges 3/4 sans censive, de même 49 arpents 31 verges 1/4, *idem,* mais qui n'ont pas été vérifiés afin de savoir si les déclarations sont exactes.

Viennent ensuite les déclarations des habitants de Cumières, qui déclarent selon que les immeubles sont chargés ou non.

Maître Pierre, lieutenant-général de la prévôté d'Épernay, pense que ses propriétés de Cumières ne payent rien.

Nicolas Parchappe ne parle pas non plus de censive. Thomas de Bohan, escuyer et seigneur de Nanteuil, déclare qu'il est à rechercher si c'est lui ou ledit seigneur d'Hautvillers qui a droit de prendre une dîme de surcens sur deux vignes dittes l'une En-Montant, l'autre Arzillères.

37 arpents à Cumières sont sans censive.

Les habitants de Romery-Cormoyeux déclarent que toutes leurs propriétés, à quelques exceptions près, sont chargées de cens, mais avec réserve, comme le prouve la pièce suivante. Ils ajoutent qu'ils ont un droit, celui de conduire les bestiaux dans le taillis de sept ans, ès bois appartenant audit seigneur d'Hautvillers, en payant, par chacun habitant et chacun an, cent sols tournois au jour de la Saint-Martin d'hyver, par suite des lettres de bail faittes et données par deffunt Jean Royer, abbé de laditte abbaye, en datte du 3 septembre 1517, ce qui a été affirmé par Jean Artaut et Michel Bara, qui ont montré lesdittes lettres de bail et qu'a écrites Guillaume Galland, procureur et receveur dudit Pierre Duchâtel... C'est-à-dire que plus tard Guillaume Galland susnommé a transcrit ces lettres pour en donner copie aux habitants de Romery-Cormoyeux; c'est cette copie qu'ils montrent aujourd'hui, trente-deux ans après que ean Royer leur avait octroyé ces dittes lettres :

« A tous ceux qui ces présentes verront et orront, Jean, par la permission divine, abbé de l'Église et abbaye d'Hautvillers, de l'ordre de Saint-Benoît, diocèse de Reims, et tout le couvent du même lieu, salut. Sçavoir faisons que nous cejourdhuy, pour cette cause assemblés en notre chapitre, tous d'un commun accord et consentement, à nos manants et habitants et sujets des villages de Cormoyeux et Romery, desquels, à cause de notre ditte Église, sommes seigneurs, hauts justiciers, moyens et bas, seuls et pour le tout, et à leurs successeurs habitants desdits lieux, à toujours perpétuellement avons baillé, permis et octroyé, et par ces présentes, baillons et permettons et octroyons vine, demeurer et habiter ès dits lieux en tels droits, libertés et franchises, tant au fait de justice, en tous cas, comme des droits de lots, vente, vesture, afforage, rouage, et tous autres droits seigneuriaux tels et pareils, et sur telle peine seulement comme sont et vivent nos manans et habitants d'Hautvillers, à la charge de payer les cens et rentes que lesdits habitants de Cormoyeux et Romery, présents et à venir, sont et pourront être tenus envers nous et notre ditte Église, tant à cause de leurs héritages situés et assis ès lieux et terroir desdits villages, que comme manans et habitants d'yceux lieux et au jour qu'ils sont dus, tant en argent, bled, vin, poules, chapons et autrement, sur peine des amendes pour deffaut des devoirs non faits que sur ce sont introduits et ordonnés.

« *Item*, plus avons permis et octroyé, permettons et octroyons auxdits habitants pouvoir mener et conduire leurs bestes par les terroirs desdits lieux et patures vaines sans dommage d'autruy, et mêmement leurs bestes à cornes, c'est à sçavoir : bœufs, vaches, chevaux, juments et poulains, seulement pâturer en nos bois et dittes vaines pâtures en tout tems sauf en tems des paissons de gland, lequel tems leur est interdit et défendu en la manière accoutumée, même aussi mener leur dit bétail ès taillis des bois coupés sous l'âge de sept ans, et pourront aussy mener ledit bestial abreuver en nos étangs ès dits bois, sans gêner le poisson, le tout sous peine d'amende arbitraire et rétablissement des dommages, avec tous autres loyaux coups et dépens au profit de nous et de notre ditte Église et abbaye, moyennant que, pour ycelle octroye et permission sont et seront tenus, lesdits habitants et leurs successeurs desdits villages et communauté, nous en rendre, par chacun an et tous les ans, à toujours perpetuellement, au jour de Saint-Martin d'hyver, la somme de cent sols tournois rendus à leurs frais et dépends audit Hautvillers, à nous ou notre receveur, à cause de la *croce* (pour crosse), et seraient yceux habitants tenus ycelle somme asseoir et trouver sur chacun d'eux le fort portant le foible, par chacun an, de par deux hommes d'entre eux des plus reconnus les faire tailler et mettre en nos mains dont dit est. Lesquelles permissions et octroyes nous ont yceux habitants et communauté requis nos lettres que leurs avons octroyées sous cette forme pour leur valoir de chartes le temps à venir.

« En témoing de ce, nous avons scellé ces présentes des sceaux de nous, abbé et couvent, qui furent faittes et passées le troisième jour de septembre 1517 et scellées en deux doubles queues de deux sceaux de cire verte.

« Signé : Jean ROYER, etc. »

Collation de cette présente copie a été faitte aux lettres originales dessus transcriptes par nous, Nicolas Biernois et Nicolas Dehuz, notoires royaux en Vermandois, souscriptes en la présence de Jean Artaut, Michel Bara, Noël Lefebvre, Jean Girard, Antoine Maingot, Denys Lefevre, Étienne Denier, Pierre Roux, Pierre Lefèvre, Polycarpe Lefèvre l'aîné, Adam Raguin, Étienne Dubois, tous manans et habitants de Cormoyeux-Romery, faisant et représentant la plus saine partie desdits habitants, le 14 février 1549.

Guillaume Galand, procureur de Pierre Duchâtel, évêque de Mâcon et abbé d'Hautvillers, après collation faitte de ces lettres, a remis les originales aux habitans et manans de Cormoyeux-Romery, pour leur servir et en même temps pour faire connaître audit sieur abbé, évêque de Mâcon, quels étaient les droits de ces habitants par ces lettres à eux concédées.

Les habitants de Dizy ont fait leur déclaration à peu près dans le même sens que ceux d'Hautvillers et de Cumières, c'est-à-dire que de leurs immeubles les uns étaient libres d'immunités et les autres étaient grevés de censives.

Nous remarquons que, dans les noms de ceux qui ont fait leur déclaration dans l'enquête en question, se trouve celui de demoiselle Jacqueline Moëtte, qui, à cette époque, possédait au moins 80 ou 100 arpents de terres, prez, vignes, sur le terroir de Dizy, sans être chargés d'ancienne censive.

Nous ne voyons pas que, dans cette circonstance, les habitants de Dizy réclament des droits de parcours, etc.

Une remarque encore à faire, c'est qu'à cette époque certaines propriétés, étant chargées de censives, ne pouvaient être vendues, ni louées, ni aliénées, sans amende, ni même être achetées et possédées sans permission de l'abbé; et d'autres, sans charge aucune, ne pouvaient pas plus être vendues, ni louées, ni aliénées, etc.

(Archives d'Hautvillers, mairie).

Dans les *Archives d'Hautvillers,* à Reims, *Inventaire du Cartulaire,* concernant les usages d'Hautvillers, on lit sur la charte passée entre l'abbaye et les habitants, en 1274 :

« ..... Est intervenue sentence de provision en faveur du sieur De Chaumartin, fermier général du revenu temporel de l'abbaye d'Hautvillers, contre quelques habitants dudit lieu, qui voulaient abuser du privilège. Ladite sentence rendue à la maîtrise particulière des eaux et forêts d'Épernay, au mois d'octobre 1649. »

La différence qui se trouve entre les articles du terrier de 1549, c'est-à-dire dans la charte de Jean Royer, laquelle a été rapportée quand Pierre Duchâtel a fait faire l'enquête ci-dessus, consiste en ce qui suit, qui ne se trouve pas dans la charte de 1274, qu'on peut regarder comme l'original de toutes celles qui lui sont postérieures :

« 1º Que les habitants d'Hautvillers qui ont droit de conduire leurs bestiaux pâturer dans les bois de l'abbaye, en vertu de ce titre, auront aussi droit de les abreuver aux étangs du sieur abbé, sans cependant y causer aucun dommage.

« 2º Qu'outre le porc qu'ils ont le droit d'envoyer à la glandée dans lesdits bois, en vertu de ce même titre, ils pourront y envoyer encore et y mener leurs autres porcs, en payant audit seigneur, par chacun desdits porcs, le premier excepté, 15 deniers par an.

« 3º Qu'ils ont droit, quand ledit abbé fait bois pour son chauffage, de prendre les branches et branchages sous la hache du bûcheron, à la charge pour eux de payer audit seigneur une poule pour chaque habitant.

« 4º Qu'ils ont le droit de prendre tous les bois secs qui se trouvent dans lesdits bois. »

Tous ces articles sont portés dans la déclaration que lesdits habitants ont faite audit terrier et non dans le susdit titre ou transaction passée avec eux.

D'après l'auteur de l'*Inventaire du Cartulaire,* les articles 3 et 4 ci-dessus doivent être corrigés par la charte de 1274, ladite charte étant pour lors adirée et depuis a été retrouvée, laquelle charte porte contre la teneur des articles susdits.

Un peu plus loin, on lit qu'en 1648, parmi les privilèges appartenant aux habitants d'Hautvillers figurent les suivants :

« 1° Un droit de mener ou de faire mener et conduire leurs bestiaux, tant chevalines que vaches et vaschines, pasturer en et partout les bois et taillis dudit sieur abbé, savoir quand au taillis au-dessus de sept ans et icelles bestes abreuver.

« *Item,* aussi le droit de faire conduire un porc au bois et autres porcs, à charge de payer, par chacun an, 15 deniers au jour de Noël.

« *Item,* aussi un droit d'aller ou d'envoyer, tant eux, leurs gens, serviteurs et servantes, ès bois et forêts dudit sieur, prendre les branches sous la hache du bûcheron..... à la charge toutefois de payer pour ce, chaque année, au jour de Saint-Martin d'hyver, une poule et icelle portée à icelle maison abbatiale audit jour. »

LXXII° Abbé
BERNARD DUCHATEL
(DE 1551 A 1554)

Bernard, neveu du précédent, fut son successeur en l'abbaye d'Hautvillers ; toutefois, on n'est pas trop d'accord sur la manière dont lui advint ce bénéfice. Les uns disent qu'il l'obtint comme résignation de son oncle ; *item, Gallia christiana* (tome IX, col. 257) ; M. Alphonse Soullié ; dom Marlot (tome II, page 295) ; d'autres qu'il n'en fut redevable qu'à la sollicitation et recommandation de la princesse Marguerite, sœur du roi Henri II. Nous croyons inutile de discuter à fond ce problème historique. Selon toute vraisemblance, Bernard Duchâtel est le même personnage qui, dans la nomination des grands aumôniers de France, se trouve désigné sous le nom de Bernard de Ruthie ou de la Rhotie ; c'est ainsi que le nomme le *Gallia christiana* (tome VIII, col. 236). Nous ne savons pas pourquoi ce nom lui fut donné, mais tous les auteurs qui parlent de ce personnage, autres que le *Gallia*, le désignent sous le nom de Bernard Duchâtel. Outre l'abbaye d'Hautvillers, Duchâtel avait encore obtenu celle de Pont-le-Voy *(Pontilevii)*, au diocèse de Blois ; cette dernière lui était venue par suite d'une permutation faite de l'abbaye de Nesle-la-Reposte, canton d'Esternay *(Nigellæ absconditæ)*, avec Louis d'Anjou Mezières. Notre abbé avait de plus, en commende, Saint-Jacques-du-Haut-Pas, de Paris. Chanoine de la Sainte-Chapelle, aumônier d'abord de François Ier, puis premier aumônier de Henri II, Bernard Duchâtel ajouta ces dignités à celles que déjà nous avons énumérées et termina sa carrière avec le titre de grand aumônier de France.

Ce poste insigne lui fut donné le premier jour de juillet 1552. Il est tout probable qu'il fut, en cette dignité éminente, le successeur immédiat de son oncle, décédé, ainsi que nous l'avons vu, le 3 février de la même année. Bernard Duchâtel mourut le 1er mai 1556. Cette mort prématurée ne lui permit pas de jouir d'une haute prérogative qui allait être annexée au titre de grand aumônier. Henri II venait, en effet, de s'adresser au pape à l'effet d'obtenir que l'abbé Bernard, ainsi que les grands aumôniers, ses successeurs, qui, comme lui, ne seraient pas revêtus du caractère épiscopal, fussent créés, nommés et installés évêques de la cour. Bernard Duchâtel paraît avoir résigné son titre d'abbé d'Hautvillers vers l'année 1554.

Rien de remarquable ne se passa à Hautvillers sous son gouvernement ; peut-être n'y vint-il pas même une seule fois.

LXXIIIe Abbé

JEAN DE CARAVAC

(DE 1554 A 1559)

C'est à tort que dom Marlot désigne Charles Delbène comme successeur immédiat de Bernard Duchâtel (dom Marlot, tome II, page 295). Il est authentiquement établi qu'il ne vint qu'après Jean de Caravac. *(Gallia christiana,* tome IX, col. 257.)

Jean de Caravac ou Caraval, ou Chavarac, résignataire de Bernard Duchâtel, est encore connu sous le nom de Lavinius ou de La Vigne. (Busbeck, *Opéra,* tome I, page 319.) Au rapport du *Gallia* et du *Catalogue manuscrit d'Hautvillers*, Jean de Caravac n'obtint ce bénéfice, comme son prédécesseur, que sur la puissante recommandation de la princesse Marguerite, sœur de Henri II.

Le révérend père dom Baillet, dans sa *Chronologie latine*, dit l'auteur du *Catalogue manuscrit des abbés d'Hautvillers*, rapportait l'incendie du monastère par les Calvinistes, comme accompli du temps de Caravac ; c'est une erreur dont l'ordre chronologique seul fait justice. Il est certain, en effet, que Jean de Caravac mourut en octobre 1559, à Raguse, dans le cours d'une ambassade dont il était chargé pour Constantinople ; or, il est de notoriété historique que l'incendie d'Hautvillers n'arriva que trois ans plus tard, en 1562. Jean de Caravac n'est connu dans l'histoire que pour son ambassade près de la Porte. L'importance de cette mission diplomatique suffit, paraît-il, pour donner une haute idée du génie et des ressources politiques de ce personnage.

Nous terminerons par une citation ; c'est un passage de Busbeck où le caractère de notre héros est tracé sous des couleurs assez rudes :

Erat (orator christianissimi regis) Lavinius asperæ cujusdam et horridæ libertatis qui nihil tacendum aut dissimulandum putaret, quodcumque venisset in mentem tametsi parum æquis auribus acciperentur.	Lavinius (orateur du roi très chrétien) se permettait des libertés plus qu'impolies ; il ne savait rien taire ou dissimuler ; il disait tout ce qui lui venait à l'esprit, dût-il offenser les oreilles de ses auditeurs.

(Opera Busbacci, tome I, page 319.)

Jean de Caravac, ainsi que nous l'avons dit, mourut à Raguse, en octobre 1559. Il fut inhumé dans la cathédrale de cette ville.

Les religieux et les habitants d'Hautvillers assistent à une procession faite en l'honneur de saint Remi.

C'est sous l'administration de Jean de Caravac qu'eut lieu à Reims, en l'honneur de saint Remi, une cérémonie qui n'avait lieu que tous les cent ans ; elle consistait à descendre la châsse de saint Remi, d'en faire l'ouverture, et changer le suaire qui enveloppait les saintes reliques.

Le jeudi de l'octave du Saint-Sacrement de l'année 1557, la châsse fut donc exposée ; il s'opéra un si grand nombre de miracles pendant la neuvaine, qu'en reconnaissance toutes les paroisses du diocèse voulurent aller en procession offrir leurs hommages à saint Remi. Le 26 juin 1557 fut le jour assigné pour Ay et pour Hautvillers. L'endroit désigné, pour former le cortège d'Ay et d'Hautvillers, fut à Sainte-Anne, près de la porte Fléchambaut ; on a marché en ordre jusqu'à Notre-Dame, chacun avait un cierge à la main. On chantait des cantiques et on était heureux de rendre hommage à l'apôtre du diocèse. Que nous sommes éloignés de ces temps de foi ! Jean de Caravac, abbé d'Hautvillers, était à la cour ou en mission diplomatique, et les bons religieux, qui souvent ne connaissaient leur abbé que par son nom sans jamais le voir à la tête de la communauté, n'en priaient pas moins avec ferveur et engageaient les populations à rendre aux saints les honneurs qui leur sont dus ; telle fut la cérémonie qui conduisit au tombeau de saint Remi les religieux de l'abbaye et les habitants d'Hautvillers.

LXXIVᵉ Abbé

CHARLES DELBÈNE

(DE 1559 A 1563)

Cet abbé paraît avoir échappé à l'auteur des *Chroniques générales de l'ordre de Saint-Benoît ;* quoi qu'il en soit, il est constaté que, dans le courant du mois qui suivit la mort de Jean de Caravac, un successeur lui fut donné dans la personne de Charles Delbène, en novembre 1559. (*Gallia christiana*, tome IX, col. 257.)

Il est à remarquer, toutefois, que ce titulaire, ainsi que ses prédécesseurs, n'obtint l'abbaye que par la faveur de la princesse Marguerite, mariée dès lors à Emmanuel Philibert de Savoie.

Charles Desbène ou Elbène provenait d'une antique et noble

famille qui longtemps avait occupé les premières dignités de la république de Florence, mais Charles était d'origine française. Il était fils de Nicolas Delbène, qui passa en France avec un de ses frères nommé Pierre. Nicolas ayant rendu de grands services au roi Louis XII, celui-ci lui donna, en 1505, la charge de maître d'hôtel ordinaire; c'est ce qui a fait croire à plusieurs que cette famille était d'origine française; il n'y a aucun doute pour les enfants de Pierre et de Nicolas, et il n'est donc pas étonnant qu'ils aient eu leurs armes gravées dans la baronnie de Beine. Voici ce qu'en dit Moreri dans son *Dictionnaire* : « Elbène, famille qu'on nomme diversement Elbène ou D'Elbène, est originaire de Florence; quelques-uns ont cru qu'elle était originaire de France, où l'on voit la baronnie de Beine, près de Monfort-l'Amauri (Seine-et-Oise), et on ajoute même que les armes de cette famille y sont gravées en divers endroits, sur les murailles du château. Ceux-là prétendent que ces seigneurs passèrent en Italie avec les princes de la maison d'Anjou, et qu'ils s'établirent à Florence, où ceux du pays ayant mis l'article *Del* à leur nom Bène, ils en formèrent celui de D'Elbène. D'autres tiennent que cette famille vient de Fiesoli; c'est le sentiment d'Hugolinus Verrinus, dans son ouvrage des *Choses remarquables de Florence*. Quoi qu'il en soit, cette famille a été, pendant trois ou quatre cents ans, en grande considération à Florence, et y a exercé les premières charges de la république, à laquelle les seigneurs Delbène rendirent des services signalés. »

Il y eut un nommé Barthélemy Delbène qui était aussi fils de Nicolas Delbène et de Madeleine Ridolfi, né vers 1513; celui-ci avait beaucoup de génie et composa un ouvrage intitulé : *Civitas veri seu morum,* qu'il dédia à Marguerite de France, duchesse de Savoie. Nous le verrons bientôt à la tête de notre abbaye d'Hautvillers comme régisseur de l'abbé Laurent Strozzy et de Louis d'Este. Moreri parle encore d'un Alphonse Delbène, fils de Barthélemy, qui fut nommé évêque d'Alby en 1588, mort en 1608, puis d'un Julien Delbène, fils aussi du susdit Barthélemy, qui épousa, en premières noces, Catherine Tornaboni, dont un fils nommé Julien, comme son père, aurait été abbé d'Hautvillers. Ce dernier avait un frère nommé Barthélemy, capitaine-lieutenant de chevau-légers de feu Monsieur le duc d'Orléans, mort sans postérité. Julien, leur père, l'avait eu de sa seconde femme Catherine Delbène, sa parente; il eut, en outre, de ce second mariage, Alphonse Delbène qui fut, après son oncle du même nom, aussi évêque d'Alby, et, de plus, abbé d'Hautvillers.

Ce fut pendant la troisième année du gouvernement de Charles Delbène que le monastère d'Hautvillers fut victime du vandalisme impie des Huguenots.

Incendie du monastère par les Calvinistes, en 1562. Conduite des religieux en cette circonstance malheureuse. Catherine de Médicis aide à reconstruire l'église.

C'est une époque néfaste et mystérieuse que celle où nous sommes arrivés. Secouez la poussière d'une de ces liasses informes qui contiennent toutes les richesses historiques de notre monastère ; interrogez ces vieux parchemins qui, en vertu de leur mission, devraient nous initier aux secrets des temps que nous abordons. Que nous apprennent-ils ? Cette année, dit l'un, on fit l'inventaire des chartes et des propriétés de l'abbaye (1548). L'abbaye d'Hautvillers dressait son testament ; allait-elle donc périr ? Quel vide, pendant ces années où l'on voit passer rapidement de magnifiques prélats portant haut leur titre d'abbé commendataire, et dépensant noblement les revenus de leurs opulents bénéfices ! ! ! Quel silence autour de ce lit de mort. C'était le silence qui précède et annonce la tempête ; au loin grondait l'orage, mais un orage terrible dont les flancs entr'ouverts allaient vomir sur toute l'Europe des torrents de feu ; la fureur, le fanatisme, la mort sous mille formes. Voyez-vous flotter vers l'antique Germanie cette bannière noire et sanglante qui porte inscrits ces mots impies et révolutionnaires : « *Plus de moines, guerre au papisme !* » Luther avait paru.

Entendez-vous ces hurlements sacrilèges que pousse un moine défroqué ? C'est le cri de ralliement jeté aux cohortes du prince de l'abîme ; c'est la voix de Luther qui ébranle la vieille et grande croyance catholique..... Que de ruines fumantes encore notre pied va heurter ! ! ! Tirons le voile sur ces horreurs, que notre plume doit réputer étrangères ; n'avons-nous pas un assez grand malheur à narrer. C'était, disent les *Chroniques*, en l'année 1562. Errant par la campagne, un parti huguenot promenait, çà et là, sa torche incendiaire et le vandalisme de ses fureurs.

On sait quelle sorte de rage stupide déployèrent contre les édifices religieux, et spécialement contre les retraites ecclésiastiques, ces grands consommateurs de liberté de conscience. Sous ce double rapport, l'abbaye d'Hautvillers ne pouvait échapper à l'honneur de passer par leurs mains sacrilèges.

Il n'y eut église de ville ou de village où put pénétrer cette féroce et inepte soldatesque qui ne portât les traces des plus abominables profanations, et, remarquez-le bien, tout cela sans provocation et sans autre raison d'être que le stupide fanatisme des uns et la rapacité sauvage des autres. Pour atténuer l'odieux de ces brigandages, on a souvent dit que tout ceci était affaire de parti, et que les catholiques en commettaient autant de leur côté, ce qui est un mensonge avéré, et nos campagnes, en tout cas, étaient bien étrangères à ces violences, à ces barbaries raffinées qui précédèrent de plusieurs années l'épouvantable représaille de la Saint-Barthélemy.

Écoutons ce qu'un de nos chroniqueurs champenois raconte des excès auxquels se livrèrent les Huguenots de 1567 :

« Ils portèrent leurs mains sacrilèges sur toutes les choses du culte, pour les saccager et les voler : les chappes, chasubles, tuniques et autres ornements de valeur qui étaient de velours, satin ou taffetas, les Judas en faisaient faire des hauts-de-chausses, des pourpoints et des mandilles ; des nappes et autres ornements qui n'estoient de valeur, les deschiroient, brûloient et mettoient en plusieurs pièces ; des croix, des calices d'or et d'argent falloit qu'ils en tinssent compte aux commissaires, sous peine d'être déclarés larrons ou dommages de la cause, mais toutes fois les fins qui s'écartoient plus loing, ne tinrent compte desdites croix et calices d'or et d'argent, mais par après les firent mettre en billon pour les vendre au poids, à l'once et au marc. » *(Mémoire de Cl. Hatton, page 444, Histoire d'Avenay, page 279.)*

Ces forcenés allaient bientôt envahir le monastère ; mais alors un incident heureux permit, du moins, de dérober à leur fureur le matériel le plus précieux du mobilier. Déjà ces fanatiques, conduits par La Noue (1), étaient en marche avec l'inten-

---

(1) La Noue était un fougueux calviniste descendant des De La Noue, seigneurs du village du même nom, La Noue, canton d'Esternay. Il y avait là un château et un prêche dont on voit encore des vestiges. Mais les seigneurs ont disparu depuis longtemps.

tion de mettre à exécution leurs projets de ruine, quand un des leurs, parent de l'abbé ou d'un autre religieux, expédia un exprès qui vint secrètement donner l'éveil au monastère et l'avertir du prochain désastre. L'imminence de la catastrophe communiquant aux religieux une sainte ruse et une activité double, on parvint à soustraire, à la rapacité impie des spoliateurs, l'argenterie, les châsses, les saintes reliques, ainsi que les titres, les manuscrits et les papiers les plus précieux. Toutefois, parmi ceux-ci, de bien importants ont disparu dans l'incendie, et combien serions-nous heureux si nous les avions aujourd'hui. Le tout fut envoyé à Reims et mis en dépôt dans le vaste hôtel que l'abbaye possédait dans cette ville. Les reliques furent pieusement placées dans une chapelle. Quand arrivèrent les Calvinistes, dont l'avidité toujours croissante se promettait des monceaux d'or, ils eurent le désappointement de voir que déjà la réforme avait passé par le monastère, aussi le soldat exaspéré se vengea sur les édifices, tout fut livré aux flammes, le monastère et son église. Le dépit aveugle de ces fanatiques alla si loin qu'ils ne songèrent pas même à enlever les cloches de l'église de l'abbaye. Peu de temps après la Révolution on en retrouva des débris dans les fouilles faites à l'emplacement de l'ancienne tour qui se trouvait au côté droit du portail, et qui avait été construite par Jean Royer, soixante-cinq ans avant l'arrivée des Calvinistes.

Ces édifices étaient, comme nous l'avons dit plus haut, l'œuvre du bon goût et des sages économies du célèbre abbé que nous venons de citer. Dans la dévastation générale, il n'y eut d'épargné que la maison abbatiale et la chapelle qui lui était contiguë; encore le huguenotisme ne laissa-t-il ses brandons incendiaires devant ces édifices que sur la pressante sollicitation du soldat dont nous avons déjà fait mention et qui, d'après le *Gallia christiana* (tome IX, col. 25), était parent de l'abbé même Charles Delbène; il est probable que c'était au moins un chef de cette horde barbare. (Voir aussi le *Gallia christiana*, tome IX, col. 257.) La chapelle ainsi conservée fut démolie un siècle plus tard, sous le gouvernement de Louis de Chaumejean de Fourille. Un moment éloignés de leur pieuse solitude par les tragiques événements que nous venons de rapporter, les religieux se hâtèrent d'y revenir dès que l'ennemi se fut retiré, fier de son œuvre impie.

Triste et lugubre spectacle !! Des murailles à moitié calcinées, des cendres encore fumantes, partout des ruines. Les bons religieux sentirent leur cœur se serrer bien fort, leurs yeux versèrent des larmes amères. Trop de souvenirs cependant les attachaient à ces lieux pour en faire un désert. Çà et là, aux environs, on chercha, sous d'humbles chaumières, un asile respecté par l'incendie. Une partie des religieux habita le logis abbatial conservé, les autres se casèrent dans de chétives mazures disséminées dans le jardin ; ainsi dispersés, mais toujours attachés à leur profession sainte, durant plusieurs années, ces héroïques enfants de saint Benoît célébrèrent de leur mieux les divins offices dans la chapelle non incendiée. *(Chroniques,* tome II, page 394.) S'il fallait s'en tenir au récit de dom Grossard, qui seul est de son avis, il se serait passé un temps considérable entre l'incendie du monastère et le retour des religieux. Selon lui, en effet, ces moines en auraient été absents pendant quarante ans, s'étant retirés alors dans leur petit couvent de Reims, d'où de quarante qu'ils étaient, ils revinrent seulement au nombre de sept ; aussi, dit le même personnage, l'emplacement de la maison et de l'église n'était que des ronces et des épines. Nous ne pouvons admettre cette donnée historique, attendu qu'elle est contredite par une foule de documents authentiques. Quoi qu'il en soit, l'état du monastère fut des plus misérables jusqu'à l'année 1603, époque à laquelle les réparations faites à l'église permirent qu'on y réintégrât la célébration des offices divins. Dans une note que nous trouvons dans le *Catalogue manuscrit des abbés d'Hautvillers,* il est dit : « Que les religieux, après avoir mis tout ce qu'ils avaient de plus précieux, à l'époque de l'incendie, dans leur hôtel à Reims, qu'ils y avaient caché aussi dans une chapelle souterraine divers objets qui y demeurèrent pendant quarante ans. » Il peut se faire que, l'église et les bâtiments de l'abbaye ayant été environ quarante ans sans être entièrement rebâtis, les religieux laissèrent à Reims une partie de leur mobilier, ne pouvant le loger convenablement ailleurs ; c'est probablement sur ces données que dom Grossard s'est appuyé pour dire que les religieux ne revinrent qu'au bout de quarante ans à Hautvillers, et que, d'une quarantaine environ qu'ils étaient, il n'en revint que sept ; ceci est peut-être vrai, car, pendant un long espace de temps, les plus âgés d'entre ces religieux ont pu quitter ce monde pour l'éternité et il se peut que seulement sept d'entre eux soient restés, ce qui ne prouverait pas encore que, quand ils furent définitivement réinstallés en 1603, la communauté ne se composât que de sept religieux. Les morts avaient été remplacés. Plusieurs personnages de haut rang, prenant pitié du triste état de l'abbaye, et aussi animés d'une juste reconnaissance envers la sainte impératrice Hélène, contribuèrent puissamment au rétablissement des édifices du monastère.

Catherine de Médicis, épouse de Henri II, veuve en 1559, et régente de France, d'abord sous François Ier, son fils, fit un don considérable à l'abbaye. (Ce don se fit vers l'année 1570 et Catherine mourut en 1589.) Elle y était venue quelques années auparavant pour satisfaire sa dévotion envers sainte Hélène. Sans ce don important, disent les *Chroniques de l'ordre de Saint-Benoît* (tome II, page 394), la misère aurait duré bien plus longtemps. C'est sans doute à titre de reconnaissance que le nécrologe d'Hautvillers faisait mention de cette princesse.

On a remarqué que sont venus aussi à Hautvillers : Thibaut, comte de Champagne; Baudoin, comte de Flandre; Jean, comte de Brienne; Louis, comte de Blois; Étienne, comte de Perche, et autres grands seigneurs, pour offrir leurs vœux à sainte Hélène avant de partir pour la Terre-Sainte au temps des croisades, implorant sa protection pour le succès de leurs armes.

Quelle confiance, en effet, ces grands personnages ne pouvaient-ils pas avoir en celle qui, huit siècles auparavant, avait rendu un glorieux hommage à la croix et à la religion du Sauveur dans son voyage aux saints lieux !

En faisant une statistique spéciale du bâtiment actuel de l'église, nous ferons remarquer ce qui peut être attribué à ces années pendant lesquelles les religieux se mirent à reconstruire et à orner leur église, si malheureusement détruite. Peu après, est-il dit, les religieux, prenant courage, firent construire les chaises ou stalles qui furent elles-mêmes renouvelées par celles que nous voyons aujourd'hui, qui datent seulement de 1780. Une quittance pour construction de stalles, trouvée dans les *Archives d'Hautvillers*, accuse une date de 1651. Il n'est guère possible que les religieux, après la reconstruction de leur église, ne l'eût-elle été définitivement qu'en 1600, quarante ans après l'incendie de 1562, auraient été cinquante ans sans avoir des stalles ou chaises, comme ils les appelaient, dans leur nouvelle église. Peut-être n'avaient-ils, en effet, que des bancs ordinaires ou des stalles de peu de valeur.

Passage de la Chapelle de Dom Royer au Cloître.

On ne trouve rien de précis sur la mort de Charles Delbène ; toutefois, il est incontestable qu'il ne gouvernait plus l'abbaye en 1563.

Dans une note retrouvée dans les *Archives d'Hautvillers*, il serait constant que Charles Delbène aurait été transporté dans son couvent d'Hautvillers et aurait été inhumé derrière l'autel de la chapelle abbatiale, dans un cercueil de plomb. *(Archives d'Hautvillers*, Reims, 1re layette, 8e liasse, n° 196.)

Nous rappelons que cette chapelle et les appartements qui y étaient contigus, ont été les seuls édifices qu'avaient épargnés les torches incendiaires des Calvinistes.

L'endroit où reposerait Charles Delbène serait facile à découvrir, vu les données que l'on a sur l'emplacement de cette chapelle. A droite de l'entrée du jardin de M. Chandon de Briailles, se trouve encore, modifiée il est vrai, l'ancienne maison abbatiale. A gauche, était la chapelle dont il ne reste plus aucune trace.

L'abbé, de sa maison abbatiale, par un petit couloir, entrait dans sa chapelle, et de sa chapelle dans le cloître par un passage qui existe encore, et dont on admire l'architecture.

LXXVe Abbé
LAURENT STROZZY
(DE 1563 A 1574)

Subsides levés sur les biens de l'abbaye. — Aliénation de diverses propriétés.

Le successeur de Charles Delbène fut Laurent Strozzy, que dom Marlot a appelé Laurent Delbène : c'est à tort ; le *Catalogue manuscrit des abbés d'Hautvillers* en dit autant ; leur erreur vient très probablement de ce que plusieurs actes de son gouvernement sont signés du nom de Delbène, mais ce semblant d'erreur s'évanouit quand on sait que Laurent Strozzy avait pour administrateur Barthélemy Delbène. Laurent Strozzy gouvernait dès l'année 1563. Ce personnage trouva dans son origine illustre le principe des hautes dignités qu'il obtint par la

Hist. de l'Abbaye d'Hautvillers. — Tome II.

suite. Il eut pour parents Philippe Strozzy, noble florentin, et Clarisse de Médicis, nièce de Léon X. A l'issue de ses études, faites à Pise et à Padoue, Strozzy vint en France, où, pendant quelque temps, il suivit la carrière des armes sous le commandement de Pierre Strozzy, son frère, alors maréchal de France. Plus d'une fois il eut occasion d'y montrer sa bravoure. Le *Gallia christiana* parle de lui (tome I, col. 332; tome VI, col. 367; tome I, col. 39; tome I, col. 333). Envoyé par Henri II dans la province de Narbonne, pour arrêter l'audace chaque jour croissante du protestantisme, Laurent signala son courage par l'occupation, à main armée, de divers lieux fortifiés par les hérétiques, et y rétablit l'exercice du culte catholique.

Soit que la profession militaire n'eût été pour Laurent que l'effet d'une résolution dictée uniquement par la fougue impétueuse du jeune âge, soit que la vie des camps cessât de lui sourire à raison des nombreux dangers qu'elle présente pour le salut, il ne tarda pas à quitter l'épée pour embrasser la vie cléricale. La voie des honneurs, si escarpée pour d'autres, fut gravie par Laurent avec rapidité. Promu à peine aux saints ordres, il fut pourvu de l'abbaye de Sainte-Marie-de-Stapharde, située dans le Piémont; bientôt après, le 5 décembre 1547, François, évêque de Béziers, ayant résigné son évêché, Laurent se vit placé à la tête de ce diocèse; toutefois, il ne reçut la consécration épiscopale que le 7 juin 1550, ainsi que le porte le diplôme original de cette consécration. Cette même année, le 2 juillet, Laurent fut du nombre des prélats qui accompagnèrent au parlement le roi Henri II. Craignant avec raison que son séjour à la cour, loin de son troupeau, ne fût préjudiciable à son diocèse, Laurent institua Pierre, abbé de Villelongue, son vicaire-général et lui confia tous les pouvoirs nécessaires pour l'administration spirituelle du diocèse. Cette institution eut lieu le 2 juillet 1551. Le 4 décembre 1556, Laurent recevait l'hommage de Jacques d'Arnoye, abbé de Saint-Jacques. (*Gallia christiana*, tome VI, col. 267.)

Catherine de Médicis, à laquelle Laurent était uni par les liens d'une proche parenté, négligea rarement les occasions qui se présentèrent d'avancer sa fortune; c'est ainsi qu'elle lui fit donner successivement les diverses abbayes de Saint-Victor de Marseille, de Beau-de-Bec, d'Amane et autres. Peut-être ne fut-elle pas étrangère à sa promotion à celle d'Hautvillers, il y a but lieu de le croire. En 1557, Paul V gratifia Laurent de la pourpre romaine, sous le titre de cardinal, prêtre de Sainte-Sabine. En 1561, le calvinisme qui, protégé par le mensonge et le fer d'audacieux prosélytes, prenait chaque jour une extension plus grande, ayant fait invasion à Béziers, Laurent se retira devant l'orage et obtint sa translation au siège d'Alby. On lit dans les *Archives d'Albi* que, le 6 octobre de l'année 1561, Laurent fit son entrée solennelle dans cette ville, et reçut en la forme accoutumée l'hommage de ses magistrats. Dans le mois d'août 1562, année malheureusement célèbre pour Hautvillers, notre cardinal obtenait de Charles IX des lettres de royales protection en faveur de l'église d'Alby. L'année suivante est marquée par la prestation de serment qu'il fit à ce prince. Ce fut à peu près vers ce même temps que Charles IX, auprès duquel il se trouvait en pleine faveur, lui confia une mission importante à remplir chez les Albigeois. C'est sans doute vers cette époque, ou quelques années après, que Laurent fut chargé du gouvernement de l'abbaye qui venait d'être réduite en cendres. Peut-être ne vit-il jamais son abbaye ; les propriétés demeuraient, un administrateur était nécessaire, c'est pourquoi Laurent en confia le soin à un nommé Barthélemy Delbène qui, de loin ou de près, gouvernait ce qui appartenait encore à l'abbaye. On sait qu'après l'incendie de 1562 tout le personnel du monastère se réfugia à Reims. En 1567, Laurent se démit de son siège en faveur de Radulphe, comme lui florentin d'origine. Un nouvel évêché se présenta bientôt, c'était celui d'Aix, il fut donné à notre prélat démissionnaire. En qualité de chancelier d'académie de cette ville, il prêta le serment accoutumé entre les mains de Nicolas Flotte, prémicier du parlement d'Aix. Ensuite il fit son entrée solennelle dans la ville épiscopale. Cette cérémonie est rapportée au 14 avril 1568. Laurent Strozzy mourut à Avignon, le 14 janvier 1571. François Augustin, évêque de Saluze, nous a donné l'éloge de ce prélat dans son *Histoire chronologique du Piémont*. On peut encore consulter sur sa vie Antoine Petra Mellarius Ciaconius et les autres auteurs qui ont écrit sur les papes et les cardinaux.

Déjà nous avons vu que Laurent Strozzy était abbé d'Hautvillers en 1563, et qu'il avait pour administrateur Barthélemy Delbène. On lit encore qu'il eut pour prieur claustral et vicaire-général dom Nicolas Lamblet. Ce fut ce dernier qui conféra l'office claustral à dom Guillaume de Saint-Quentin. Nous n'avons pas rapporté toutes les infortunes de l'abbaye en parlant de l'incendie de 1562 ; sans doute c'était quelque chose d'effroyable et de désolant, il semble que rien ne pouvait lui apporter un plus grand mal que la hache et les brandons incendiaires des fanatiques partisans de la réforme! Mais le mal, qui ne pouvait être l'œuvre d'un jour, se vit réalisé par les guerres, longues et désastreuses, que livrèrent à la patrie ces rebelles sectaires.

Vint un moment où les ressources de l'État se trouvèrent épuisées, et pourtant la lutte n'en était ni moins active ni moins acharnée. Une levée de fonds extraordinaire était donc urgente; appel fut fait au clergé. Certes, si quelques monastères pouvaient invoquer et méritaient le bénéfice d'une exception, entre ceux-là se trouvait au premier chef celui d'Hautvillers, réduit en cendres si misérablement quelques années auparavant. Il n'en fut rien ; toutefois, sa quote-part des subsides à fournir fut taxée à 3,180 livres, somme certainement bien exorbitante pour une abbaye qui ne pouvait même se relever de ses ruines. Pourtant il fallut s'exécuter. Pour faire face à cette imposition, l'abbaye malheureuse fut obligée d'aliéner une partie de ses meilleures propriétés qui, plus tard, ne lui revinrent qu'avec des peines infinies. En l'année 1569, rapportent les *Archives* du monastère, furent aliénés de l'abbaye d'Hautvillers, pour cause de subventions ecclésiastiques, les mairies, justices et droits seigneuriaux des hameaux de Villers, Orquigny, Camp, Heurtebise et Bailleux, moyennant la somme de 2,020 livres et adjugés à Henry des Fourneaux. *(Catalogue des abbés d'Hautvillers.)* Outre la somme de 3,180 livres, imposée au couvent, le cardinal Laurent Strozzy, abbé d'Hautvillers, avait été taxé, pour sa cote personnelle, à 1,200 livres ; il se rabattit, pour acquitter cette dette, sur le domaine de la mense abbatiale ; en conséquence, fut vendu, cédé, quitté et transporté à honnête homme Louis Cuissotte, demeurant à Châlons, pour lui ses hoirs et ayant cause, les fruits, profits et émolument d'une pièce de pré située et assise au terroir d'Ay, le pré du Breuil contenant dix-sept arpents ou environ. Voici le bail passé à cette occasion :

Bail emphitéotique, pour 99 ans, passé par devant Charnel et Parent, nottoires royaux, demeurant à Épernay, dont la teneur suit :

Fut présent en sa personne Me Claude Aubry licencié ès lois au nom et comme procureur du reverendissime et illustrissime seigneur Laurent cardinal de Strozzy et abbé commendataire d'Hautvillers, fondé de lettre de procuration en substitution... disant que suivant le mandement et lettres patentes du roy en date du 11° jour d'octobre 1568 *verriffiées* en la cour du parlement de Paris, des bulles de notre saint père le pape pour subvenir aux urgentes affaires du roy, il ait été et soit permis aux abbés, évêques, archevêques du clergé de l'Église de Reims, constituer sur leur temporel et biens immeubles de leurs églises et bénéfices, rentes racheptables au denier douze, vendre à faculté de rachapt perpétuel, faire baux à longues années ou emphitéose jusqu'à la concurrence de la somme de quoy ils sont cottisés et imposés ; et soit ainsy que ledit seigneur cardinal pour sa *cotte* est imposé de laditte subvention et ayde accordé au roy notre dit seigneur ait et soit taxé à la somme de 1,200 livres tournois, si comme il est apparu auxdits nottoires sur ce reconnus iceluy Aubry, nom que dessus, avoir vendu, ceddé, quitté et transporté, vend quitte et transporte à honnête homme Louis Cuissotte demeurant à Châlons pour luy ses hoirs et ayant cause, les fruits, prouffits et émoluments d'une pièce de pré située et assise au terroir d'Ay au lieudit le pré du Breuil contenant dix-sept arpents ou environ, la pièce comme elle se comporte, tenant d'une part aux Brouilles d'Ay et de Dizy, d'autre part au Léon, d'un bout aux terres labourables, moyennant la somme de 1,050 livres que pour ce honoré seigneur Barthelemy Delbène gentilhomme servant de Madame la duchesse de Savoye et de Berry, procureur dudit seigneur à ce présent du consentement duquel a été fait ce présent bail, etc. La suite de cette pièce a été perdue.

Quant aux autres biens aliénés pour solder la subvention du couvent, le retrait en fut effectué vers 1660. Telle la seigneurie de Villers, Orquigny, etc.

De toutes ces aliénations, il résulta pour le monastère un état de souffrance que les religieux ne parvinrent à dissiper que bien longtemps après. C'est pourquoi, disent les *Chroniques générales de l'ordre de Saint-Benoît*, les ravages, les pilleries et les ruines des Huguenots ne semblent pas tant avoir apporté de dommages à l'abbaye d'Hautvillers, comme cette dissipation et aliénation de ses biens et de ses revenus. *(Chroniques*, tome II, page 384.)

LXXVIe Abbé
LOUIS D'ESTE
(DE 1574 A 1586)

Il rétablit la charge de Gruyer. — Diminution de la portion de bois délivrée aux religieux.

Malgré les recherches les plus actives, les années qui suivirent la mort de Laurent Strozzy (1571) sont demeurées pour nous une époque d'obscurité impénétrable. De là, sans doute aussi, le silence ou du moins la réserve extrême des auteurs en traitant de cette époque; au rapport de dom Marlot, c'est dès l'année 1574 que Louis d'Este apparaît comme abbé d'Hautvillers ; nous n'avons, certes, aucunement l'intention d'attaquer cette date ; toutefois, nous remarquerons que cet abbé n'est signalé, par les autres écrivains, que vers 1578. Dom Marlot, (tome II, page 295), et les autres *(Catalogue manuscrit des abbés d'Hautvillers. — Gallia christiana,* tome IX, col. 257.)

Louis d'Este sortait d'une illustre famille. Il y en a qui l'ont rattaché à la famille des Delbène et l'ont quelquefois même appelé de ce nom. Il naquit en 1538 d'Hercule II, duc de Ferrare, et de Renée, fille de Louis XII, roi de France. Il avait pour frère Alphonse II, duc de Ferrare et de Modène. Les belles qualités de son âme, qui prévinrent le développement des années, donnèrent sur son avenir les espérances les plus favorables, aussi à peine avait-il franchi les premières limites de l'adolescence que Paul III le plaça sur le siège de Ferrare, vacant par la retraite d'Hippolyte, oncle du jeune prince, prélat démissionnaire.

Nous sommes ici en 1553, et, par conséquent, Louis d'Este n'avait encore que quinze ans. Ce jeune prince, dans la suite, étant venu en France, Henri II, sur la résignation spontanée du même Hippolyte, dont nous venons de parler, le pourvut à l'archevêché d'Auch. *(Gallia christiana,* tome I, col. 1,004.) En 1561, le 26 février, le pape Paul IV le nomma cardinal diacre du titre des saints Nérie et Achille ; quatre ans plus tard nous le retrouvons à Trente recevant la princesse Barbe, sœur de l'empereur

Maximilien et fiancée à son frère Alphonse, duc de Ferrare. Deux fois, sous le pontificat de Grégoire XIII, Louis d'Este fut envoyé en qualité de légat vers les rois très chrétiens Charles IX et Henri III. Ce fut dans le cours d'une de ces missions qu'il assista à une assemblée du clergé, tenue à Blois en 1578. Ce fut peut-être dans une de ces missions qu'il fut nommé abbé d'Hautvillers. Nommé protecteur de France, charge dans laquelle encore il fut le successeur de son oncle Hippolyte, Louis d'Este sut l'exercer pendant quatorze ans avec un zèle et une diligence incroyables. (Protecteur de France était un titre qu'on donnait au cardinal chargé, par le roi, des affaires du royaume en cour de Rome.) On sait, néanmoins, les difficultés énormes que soulevaient alors les malheurs des temps, époque désastreuse où l'on vit la politique couvrir du voile de la religion, des scènes affreuses de carnage ; mais à quoi bon rappeler des horreurs étrangères au catholicisme et qui, tant de fois depuis, néanmoins, servirent de thème aux déclamations de nos clabaudeurs philosophiques. Quoi qu'il en soit, loin d'échouer contre un écueil qui fit une déchirure si profonde aux flancs de la barque de Pierre, la foi de Louis d'Este parut y puiser une vivacité nouvelle ; sa grandeur d'âme, sa fermeté, sa science y resplendirent d'un lustre plus beau, aussi fut-il digne d'être appelé la lumière et la gloire du sacré collège. Louis d'Este mourut à Rome, dans les jardins du Quirinal, le 1er janvier 1586. Son cœur, embaumé et transporté à Auch, fut déposé dans l'église cathédrale de cette ville. Ses entrailles furent ensevelies, à Rome, dans l'église Saint-Louis. Enfin, son corps repose près de celui de son oncle, dans la chapelle de Saint-François, à Tivoli. Guillaume Blanc, évêque de Vence, célébra sa mort par ces beaux vers :

> Cur voluit princeps Romæ sua viscera condi ?
> An quia visceribus condita Romæ suis ?
> Cur voluit magnum Gallis cor ut esset in oris ?
> An quoniam cordi Gallia magna fuit ?
> Cur voluit pulchro sepeliri Tibure corpus ?
> An ne in deliciis, quod sibi Tibur erat ?
> Fallor, habet magnum cor Gallia magna, quod excors
> Audito patris funere facta fuit.
> Viscera Roma tenet, tam sacro principe rapto
> Quod sua visa sibi visceræ Roma rapi ;

Tibur habet corpus, quoniam sua corpora sensit
Impartes sese dissociare suas,
Gallus, Romanus, Tibur, cor, viscera, corpus,
Sensere auferri, restituique sibi.

Pourquoi ce prince voulut-il que ses entrailles fussent ensevelies à Rome ? Est-ce parce qu'il portait Rome dans ses entrailles ? Pourquoi voulut-il que son grand cœur fut sur le rivage de France ? Est-ce parce que la France fut grande pour son cœur ? Pourquoi voulut-il que son corps fut enseveli dans le beau Tibur ? Est-ce parce que de Tibur il faisait ses délices ? Je me trompe, la grande France a son grand cœur parce qu'elle demeure écœurée en apprenant son trépas. Rome a ses entrailles parce que la mort qui arracha à Rome cet illustre prince semblait lui arracher ses entrailles. Tibur conserve son corps parce qu'alors elle sentit ses membres se disjoindre. Le Français, le Romain, Tibur, le cœur, les entrailles, le corps, à chacun fut rendu ce qui lui avait été enlevé.

(Gallia christiana, tome I, page 1,005.)

On peut consulter, pour la vie de cet illustre cardinal : 1° Petra Mellarius, dans sa continuation du livre d'Onaphane : *De Summis Pontificibus et Cardinalibus.* 2° Jacques Auguste Théran. 3° Ciaconius. 4° Paulus Manutius (lib. III, ép. xxiv).

Terminons cette notice en disant que la mort de l'illustre cardinal fournit à deux écrivains célèbres de l'Italie l'occasion d'exercer leur plume, c'étaient : Jean-Baptiste Guarin et Léonard Salviati. Le premier écrivit son éloge funèbre en latin, le second en italien.

Si le gouvernement de Laurent Strozzy fut pour Hautvillers un gouvernement peu favorable à son bien-être matériel, celui de Louis d'Este, son successeur immédiat, se montra, au contraire, bienfaisant et réparateur. On sait que, dès l'année 1578, cet abbé administrait Hautvillers. Par une suite presque inévitable des troubles qui avaient précédé, les bois de l'abbaye, délaissés à la merci des populations riveraines, avaient horriblement souffert de leurs déprédations journalières. Pour mettre un terme aux délits que chaque jour y commettaient des maraudeurs, devenus audacieux par une longue impunité, Louis d'Este rétablit la charge de gruyer. Nous croyons qu'il sera agréable au lecteur d'avoir ici quelques détails sur la fonction de gruyer.

Gruyer vient, paraît-il, du mot grec δρῦς, chêne, c'est probablement parce que les chênes sont les principaux arbres des forêts, dont les gruyers sont les gardes et les conservateurs. Ce mode d'administration forestière n'existe plus, ou, du moins, il a changé de nom en changeant de forme. Le gruyer devait avoir dans le district de la gruërie un lieu fixe pour y tenir son siège. C'était un officier subalterne qui connaissait en première instance les moindres délits commis dans les bois, c'est-à-dire de ceux dont l'amende ne dépassait pas 12 livres. Le cas échéant, où il y avait lieu de prononcer une peine plus considérable, il devait renvoyer les parties pardevant le maître particulier des eaux et forêts. Les fonctions de ces premiers juges furent réglées en 1669 par une ordonnance royale, c'est là que peuvent s'adresser les amateurs pour plus ample informé du devoir de tous ces officiers des eaux et forêts. L'appel fait d'une sentence portée par le gruyer devait être relevé aux maîtrises et poursuivi dans la quinzaine de la condamnation, sinon les sentences s'exécutaient par provision, et après un mois écoulé sans appel ni poursuite elle passait en force de choses jugées, tout comme si elles fussent jugées en dernier ressort. Dans les justices où les seigneurs particuliers avaient des gruyers, comme à Hautvillers, les appels se portaient directement aux tables de marbre de leur ressort et devaient être relevés et jugés de même que s'ils eussent été portés à la maîtrise. Un arrêt du parlement, en date du 28 mars 1706, portait que les hauts justiciers ont naturellement le droit de gruërie et de connaître les matières des eaux et forêts avec la distinction écrite dans le premier titre de l'ordonnance de 1669. Pareil droit, conséquemment, appartenait au monastère d'Hautvillers, comme ayant basse, moyenne et haute justice du lieu. Mais, en 1715, il intervint un arrêt du conseil faisant défense aux abbés, religieux, agents et main-morte de donner à leurs officiers, de prendre cette qualité à peine de 500 livres d'amende et de nullité de leurs jugements.

Louis d'Este confia les fonctions de gruyer à Guillaume de Saint-Quentin. Déjà nous avons remarqué que l'excellent abbé Jean Royer, avant d'être préposé au gouvernement de l'abbaye d'Hautvillers, avait exercé les fonctions de gruyer du monastère ; il est donc probable que Louis d'Este ne fit que rétablir, peut-être sur une plus large échelle, un emploi tombé en désuétude. A cette époque, Guillaume de Saint-Quentin, religieux d'Hautvillers, était déjà titulaire de l'aumônerie du même monastère. Nous aurons l'occasion, plus tard, de donner quelques réflexions à son adresse. Cette réintégration du bon ordre dans l'administration forestière du monastère de l'abbaye, comme aussi l'amélioration des autres branches de son administration, ne tarda pas à fournir les résultats les plus satisfaisants. On parvint même à économiser sur les revenus ordinaires une somme assez ronde pour songer à réaliser l'acquisition de quelques immeubles importants. Dans ce dessein, paraît-il, l'abbé porta d'abord ses vues sur une coupe de bois située à Festigny, et de la contenance d'environ cent arpens. On sait que le monastère possédait déjà, au même lieu, une assez jolie propriété, et peut-être l'acquisition projetée se trouvait-elle d'une convenance propre à en faire désirer la réunion. Quoi qu'il en [soit, ce projet fut abandonné, à la persuasion des administrateurs royaux. Louis d'Este présenta sa requête au roi pour acheter onze arpents de vignes situées à Hautvillers, à la partie inférieure du coteau vulgairement dit le Clos-de-Sainte-Hélène, près de Cumières, 1584.

Sous l'administration de cet abbé, c'était Barthélemy Delbène qui avait la direction de la mense abbatiale. Ce Barthélemy n'appartenait pas au personnel du couvent, c'était un administrateur dont les pouvoirs relevaient directement de l'abbé. Jamais choix ne fut mieux fondé. Ce fonctionnaire, en effet, porta consciencieusement, peut-être même scrupuleusement, le portefeuille de son ministère. Il était d'une économie qui, parfois, devenait inquiétante pour les religieux, qui gémissaient toujours de ne plus avoir leur abbé au milieu d'eux et d'avoir affaire à des hommes qui n'avaient pas toujours l'esprit de charité. En voici un exemple qui peut faire preuve. De temps immémorial, les religieux recevaient pour leur chauffage 500 anneaux de bois et un millier de fagots à deux harts ; effrayé d'une consommation qu'il trouvait exorbitante, notre économe régisseur ne manqua pas de réclamer contre une prodigalité aussi excessive et cria énergiquement à l'abus et au scandale. Cette première explosion fut reçue avec prudence ; malicieusement, les bons moines firent la sourde oreille. Mais, paraît-il, notre réformateur ne laissa pas de pousser sa pointe avec une activité désespérante, et, à la fin, craignant d'être un jour ou l'autre obligés à subir, bon gré mal gré, la loi inévitable du plus fort, les religieux prennent, cette fois encore, avis de la prudence et cherchent à échapper à la fatale mesure en adoucissant, sous forme de transaction, la réforme appelée par l'austère régisseur. D'un côté, ils consentirent aux réclamations de Barthélemy Delbène et acceptèrent une réduction de deux cinquièmes sur les 500 anneaux de bois précédemment fournis, mais en retour ils obtinrent que l'administrateur de la mense abbatiale paierait annuellement : 1° la somme de cent livres tournois pour le vestiaire de cinq religieux. 2° Un écu d'or au soleil pour l'approvisionnement des pailles nécessaires à la literie.

Toutefois, cet accord ne fut conclu que pour six ans, avec plein pouvoir laissé aux religieux de revenir après ce laps de temps à l'ancien état de choses, s'ils le jugeaient convenable. Les religieux, en définitif, avaient donc tous les honneurs de l'affaire. Une chose qui peine, en rappelant de si misérables tracasseries, c'est de voir un agent, purement fiscal, chercher ainsi noise, et pour des riens, à de pauvres religieux qui se trouvaient rançonnés jusque dans leurs droits les plus légitimes. N'était-ce donc pas assez de prélever sur le monastère le plus clair de ses revenus, sans livrer à l'inquiétude, et à une inquiétude bien imméritée, ceux qui en supportaient toutes les charges? Nous aimons à croire que l'abbé Louis d'Este, dont les charges et les occupations étaient si multipliées, se trouvait en dehors de toutes ces mesquines lésineries. Comment attribuer des actes si peu nobles à un prélat aussi recommandable que le cardinal Louis d'Este. Le plus grand malheur d'un homme de bien est d'avoir de mauvais serviteurs; rien, souvent, n'est plus compromettant que les services qu'ils cherchent à vous rendre; il est vrai que bien souvent ils ne sont pas dans l'intérêt du maître, mais bien dans celui propre du serviteur. C'est le cas de dire : « *zèle intéressé.* »

LXXVIIᵉ Abbé
JULIEN DELBÈNE
(DE 1586 A 1595)

L'admission de cet abbé, comme celle de quelques-uns des précédents, n'est pas sans difficulté. Quand, autrefois, l'élection d'un abbé se faisait dans le monastère où il devait résider, à peine était-il élu que tous les religieux le considéraient comme leur supérieur, exécutaient ses ordres, et tous les actes de son gouvernement étaient enregistrés, demeuraient dans les archives de la maison pour les transmettre à la postérité, à moins que de grand événements ne vinssent détruire ces documents, toujours si précieux pour l'histoire. Mais, à partir surtout de l'introduction des commendes, un abbé était nommé, à peine on connaissait son nom, quelle ville ou quelle province il habitait; un régisseur, qu'on ne connaissait souvent pas plus, louait les revenus de la mense abbatiale à des fermiers généraux qui, quelquefois, n'avaient de rapports avec les religieux que pour leur susciter des tracasseries. C'était aussi à peine si, au bout de quelques années de gouvernement, les religieux apprenaient qu'un nouvel abbé leur était donné, ou, s'ils l'apprenaient, c'est parce que ce nouvel abbé venait plus ou moins directement mettre des entraves à leur bien-être ou à la jouissance de leurs propres revenus. Il n'est donc pas étonnant qu'il soit difficile de dire clairement quel est celui de la famille des Delbène qui, après Barthélemy, régisseur de Louis d'Este, a tenu le siège d'Hautvillers, jusqu'à l'avénement d'Alphonse Delbène, dont la nomination fut mieux connue.

Ceux qui ont accepté, après Louis d'Este, Barthélemy Delbène comme abbé d'Hautvillers, sont l'ancien *Gallia christiana,* (tome III, page 36); les *Chroniques générales de l'ordre de Saint-Benoît* (tome II, page 394); le *Catalogue manuscrit des abbés d'Hautvillers.*

Malheureusement, tous ces auteurs n'ont exploité qu'une seule et même conjecture. Selon eux, Barthélemy Delbène, régisseur de Laurent Strozzy et de Louis d'Este, serait devenu abbé lui-même, ou aurait été regardé comme tel. Dans la famille des Delbène, il n'y a que ce régisseur, dont nous avons vanté les talents d'économie, qui, jusqu'alors, ait porté le nom de Barthélemy; il est né vers 1513, il épousa Clémence Bonacorsi, dont il eut Julien Delbène et Alphonse Delbène, évêque d'Alby. Ce Julien épousa Catherine Tornaboni; il en eut un fils qu'on nomma aussi Julien Delbène, et qui, selon plusieurs, aurait été abbé d'Hautvillers; il avait donc pour aïeul le régisseur susdit, Barthélemy Delbène.

Si ce Barthélemy est considéré comme ayant été abbé d'Hautvillers, il avait alors, à la mort de Louis d'Este, 73 ans, et aurait gouverné l'abbaye jusqu'à l'âge de 82 ans, c'est-à-dire jusqu'à l'avénement d'Alphonse Delbène, fils aussi de Julien, frère de notre abbé Julien, et de même petit-fils de Barthélemy Delbène.

Louis d'Este mourut en 1586, et il paraît constant qu'Alphonse Delbène ne fut nommé qu'en 1595; ce serait donc une vacance de neuf années, s'il n'y eût pas un abbé de nommé pour succéder à Louis d'Este, vacance dont rien n'établit la nécessité ni l'opportunité. N'est-il pas beaucoup plus rationnel d'admettre un abbé intermédiaire ? Est-ce Julien, est-ce Barthélemy Delbène ? Nous admettons le gouvernement de Julien Delbène pour les raisons déjà données. Les adversaires citent à l'appui de leur opinion un mémoire dont fait mention une note conservée dans les archives d'Hautvillers. D'après ce mémoire, Alphonse Delbène aurait eu, pour prédécesseur, un Barthélemy Delbène, qui se maria et résigna l'abbaye en sa faveur. Ils se fondent aussi sur un ancien nécrologe en parchemin, où il est dit, sous la rubrique du 3 mars :

Obiit dominus Bartholomæus Delbène, episcopus Agennensis et abbas hujus loci cujus parentes tenuerunt hanc abbatiam centum annis.	Mourut dom Barthélemy Delbène, évêque d'Agen, abbé de ce monastère, duquel la famille gouverna cette abbaye pendant cent ans.

(*Archives d'Hautvillers, inventaire du Cartulaire*, page 196, 1re layette, 8e liasse, *Élections.*)

En effet, pendant cent ans, les Delbène tinrent l'abbaye sous leur gouvernement; en partant de l'élection de Charles Delbène, trois ans avant l'incendie du monastère, en 1562, en considérant Barthélemy, régisseur, seulement comme faisant suite à

Charles, puis Julien son petit-fils, Alphonse, et enfin un dernier abbé qui avait aussi nom de Barthélemy, mort en 1663, nous trouvons que l'abbaye fut gouvernée et régie par les Delbène, pendant cent ans.

Pour en revenir à notre discussion précédente, nous dirons de suite que la note du nécrologe se rapporte au dernier Barthélemy Delbène, qui fut, en effet, évêque d'Agen, et non au premier Barthélemy, régisseur, prédécesseur d'Alphonse. Ce prédécesseur, est-il dit aussi, se maria, mais ce prédécesseur d'Alphonse n'a pu se marier après avoir été abbé ; nous l'avons suivi dans toutes les phases de sa vie, et à l'époque où Alphonse a pris les rênes de l'abbaye, ce Barthelemy, avons-nous dit, avait déjà 82 ans et était marié depuis plus de cinquante ans. Après toutes ces discussions généalogiques, nous admettons donc Julien Delbène comme abbé d'Hautvillers après Louis d'Este, et en laissant, toutefois, à son grand père Barthélemy une certaine autorité sur l'abbaye dont il avait été le régisseur sous les deux abbés précédents ; il avait assez de crédit à la cour pour avoir obtenu cette dignité en faveur de son petit-fils Julien Delbène.

Vente de terrains vagues à Aigny-sur-Marne, et retrait d'une propriété de l'abbaye.

Déjà plus d'une fois nous avons eu l'occasion de parler d'Aigny-sur-Marne et de ses rapports avec les religieux d'Hautvillers, ses seigneurs temporels. Un acte accompli en 1587 nous amène encore à dire deux mots de ce village ; c'est tout simplement la vente de terrains vagues faisant partie de son terroir. Cette aliénation, faite au profit du roi à raison de trois écus par arpent et d'un cens de 12 deniers, portait réserve expresse des droits de l'abbaye d'Hautvillers. Quels étaient ces droits, et quelle était leur étendue ? C'est ce que nous ignorons. Il paraît, néanmoins, que le monastère se crut lésé par cette mesure fiscale ; nonobstant la réserve faite en sa faveur, il protesta contre l'adjudication. L'acquéreur n'était autre que la communauté d'Aigny. On ne voit pas qu'il fût donné suite à cette affaire ; peut-être fût-ce de la part de l'abbaye un nouvel acte de bienfaisance à l'égard des habitants peu aisés de ce village ?

M. Chalette, géomètre-délimitateur du cadastre, dans sa statistique d'Hautvillers, *Annuaire du département de la Marne*, 1838, page 136, dit que le roi, autorisé par la coutume de Vermandois et regardé comme seigneur dudit lieu, s'était emparé de terrains vagues, et que les ayant vendus en 1587, les habitants les avaient rachetés à charge de cens, que les religieux d'Hautvillers avaient réclamé, se prétendant seuls seigneurs, sans en avoir le droit. Peu importe quels étaient les droits des religieux sur ce point ; ce qu'il y a de certain, c'est que les habitants d'Aigny payaient, nous l'avons vu, de temps immémorial, une rente annuelle aux religieux d'Hautvillers, et qu'une déclaration faite en la chambre des comptes, le 30 août 1387, portait entre autres choses « que les religieux avaient en ycelle ville d'Aigny, chacun an, 50 livres tournois de rente annuelle et perpétuelle, » et qu'en 1502, les habitants de ce même endroit ayant refusé de payer un capital formé par suite de rentes non acquittées, tous leurs biens furent saisis. Si les religieux n'avaient pas eu de droits dans cette circonstance, ils n'auraient pu ainsi forcer les habitants d'Aigny à payer cette redevance. La minute du rôle d'Aigny, dit encore M. Chalette, année 1762, portait le nom du roi, ainsi que les suivantes ; mais, sur celle de 1769, les religieux la firent rayer et intentèrent un procès aux habitants, à la suite duquel le nom du roi fut rétabli. Ce procès n'en fut pas moins suivi, relativement aux déclarations à faire au papier terrier et la reconnaissance de quelques droits. Les habitants, ayant échoué, furent obligés de s'imposer pour payer les frais. Madame Adélaïde de France écrivit, le 13 novembre 1776, à M. l'intendant pour lui demander des renseignements sur cette affaire. Tout ce que vient de dire M. Chalette ne prouve donc nullement contre les droits qu'ont fait valoir les religieux sur Aigny, et qu'ils prétendaient avoir. Nous voyons encore ici, dans cette dernière affaire en litige, que les religieux composaient facilement avec leurs vassaux et savaient leur venir en aide dans le besoin ; ils étaient loin de trouver la réciproque dans ceux qui leur demandaient des subsides. Il fallait immédiatement s'exécuter et battre monnaie d'une façon ou d'une autre. C'est ainsi que le 9 mars 1588, l'abbaye, pour faire face à une nouvelle imposition, se voyait forcée d'aliéner une propriété sise au terroir d'Ay et dite le Pré-de-Mars. Ce pré, vendu alors par les commissaires députés par MMgrs les cardinaux de Bourbon et de Guise, délégués pour ce par le saint pontife, contenait 28 arpents et 60 verges. Il avait été adjugé à raison de 25 écus l'arpent et 16 sols pour livre ; mais, dès le 5 avril 1666, l'abbaye rentra en possession de cette propriété moyennant la somme de 2,388 livres 17 sols 4 deniers. Ce pré, adjugé d'abord à M. Oudard-Coquebert, pour le prix ci-dessus indiqué, avait été mesuré à la mesure de la vicomté, c'est-à-dire 22 pieds et demi pour verge, 10 pouces deux tiers pour pied, 100 verges pour arpent.

Dans certaines liasses des archives de Reims, à l'occasion de ce pré, on trouve : « 1588, 24 mars. Quittance donnée par le sieur Godinot, commis à la recette des aliénations du temporel des ecclésiastiques du diocèse de Reims, au susdit sieur Oudard-Coquebert, portant la somme de 715 écus sol en teston à 14 sols 6 deniers de pièce ; franc à 20 sols pièce ; quart d'écu à 15 sols pièce, et, en outre, pour les 18 deniers pour livre, la somme de 53 écus à 37 sous 6 deniers tournois.

« 1666, 3 janvier. — Commission obtenue en chancellerie par lesdits religieux d'Hautvillers, qui leur permet de faire assigner en désistement les détenteurs du Pré-de-Mars.

« 1666, 4 mars. — Arrêt du grand conseil qui condamne les détenteurs du Pré-de-Mars à s'en désister en faveur des religieux, en remboursant, si faire se doit, le sort principal de l'aliénation, frais, loyaux, coûts.

« 1666, 3 avril. — Exécutoire pour contraindre les religieux d'Hautvillers au paiement de la somme de 2,388 livres 17 sols 6 deniers, pour le remboursement du principal, frais, loyaux coûts du Pré-de-Mars.

« 1725. — Bail pour 9 années du Pré-de-Mars, laissé au sieur Isaac Testulat, d'Ay, moyennant 340 livres par an, les religieux d'Hautvillers stipulant par dom Léon Merlin, leur procureur.

« 1734, 4 mars. — Bail du même pré pour la même somme, passé à Jean Oudard et consorts, demeurant à Ay. Les religieux d'Hautvillers stipulant par dom Iréné Lefebvre. »

Nous n'avons fait qu'indiquer les actes passés touchant ce pré, supposant que la lecture de ces mêmes pièces intéresserait peu le lecteur. Ils se trouvent rapportés : *Inventaire du Cartulaire*, 19e layette, *Petit Couvent*, 1re et 2e liasse.

Courageuse à supporter les épreuves qui, trop souvent, lui étaient imposées, l'abbaye d'Hautvillers trouvait parfois des consolations dans la générosité pieuse de ses membres. C'est ainsi que le 18 août 1593, dom Nivard Lamblet, religieux profès de ce monastère, lui baillait, par pur don, sept boisseaux de vignes et neuf boisseaux trois verges de pré, à la charge de dire et célébrer, chacun an, à toujours, une messe à *nottes* avec vigiles et recommandises grande et petite, à commencer au jour de son décès. Voici cet acte :

Fondation faite par dom Nivard Lamblet, religieux, prieur et trésorier de l'abbaye d'Hautvillers.

(18 août 1593)

Comparut, en sa personne vénérable et religieuse personne, dom Nivard Lamblet, prêtre religieux, profez de l'église et abbaye de Saint-Pierre-d'Hautvillers, prieur et trésorier d'icelle, et reconnu avoir baillé et délaissé par ces présentes baille, délaisse par pur don irrévocable aux vénérables religieux ce acceptant, par dom Guillaume de Saint-Quentin, prêtre religieux, prefet de laditte abbaye et aumônier d'ycelle, pour les vénérables religieux et leurs successeurs, sept boisseaux de vignes ou environ la pièce comme elle se comporte, sise au terroir d'Hautvillers, lieudit *Voirival*, tenant d'une part auxdits religieux, d'un bout auxdits religieux....., et neuf boisseaux trois verges de pré, sis en la partie d'Hautvillers, lieudit les Prez-Suzaines, tenant d'une part au trésorier d'Hautvillers, pour en jouir par lesdits vénérables religieux, à toujours, à la charge que lesdits religieux seront tenus, par chacun an, à toujours, de dire et célébrer, en l'église de laditte abbaye, une messe à *nottes* avec vigiles et recommandises, grande et petite, ditte coutumièrement à un obit solennel et annuel, à commencer au jour de son déced aux charges que dessus a délaissé aux vénérables religieux dudit Hautvillers lesdits héritages pour, par eux et leurs successeurs, à jouir à toujours.

Fait et passé en laditte abbaye après midy, le 18 du mois d'août 1593, par devant nous nottoires royaux, et ont, lesdits vénérables religieux, signé, et a, ledit prieur, signé, et sera, ledit obit, inséré dans le martyrologe.

Signé : N. SUISSE et GIRARDOT, notaires;
DE SAINT-QUENTIN; MICHELET;
GEOFFROY; FOURNIER;
J. MOREAU; tous avec paraphes.

(Extrait des *Archives de Reims, inventaire du Cartulaire*, 1re layette, 4e liasse, *Fondations*, page 129.)

LXXVIIIe Abbé
ALPHONSE DELBÈNE
(DE 1595 A   )

Le successeur immédiat de l'abbé Julien Delbène fut, au rapport de tous les chroniqueurs, Alphonse Delbène, nommé par le roi en 1595. Il était frère de l'abbé Julien Delbène, fils comme lui de Julien Delbène, non de Catherine Tornaboni, mais bien de sa seconde femme Catherine Delbène.

Alphonse Delbène, dont nous allons rapidement esquisser la vie, une des plus agitées, fut successivement abbé d'Hautvillers, assesseur du sacré consistoire *(Gallia christiana,* tome I, col. 40), et archidiacre d'Albi ; nommé évêque de ce diocèse par Henri IV, il fut consacré en 1607 et succéda ainsi à son oncle sur le même siège. Pasteur vigilant et courageux, Alphonse Delbène déploya une énergie peu commune pour la défense des principes catholiques, et s'opposa constamment aux violents efforts du calvinisme. Il assista à l'assemblée générale à Paris, en 1625. Quelques années après, ce prélat s'immisça dans une malheureuse échauffourée dont l'issue lui attira bien des traverses par la suite.

C'était en 1631, déjà la reine-mère (1) s'était volontairement exilée, dans sa douleur de ne pouvoir mettre un terme à la fa-

---

(1) Marie de Médecis, mère de Louis XIII et femme de Henri IV.

veur toujours croissante d'un ministre qu'elle abhorrait. Le duc d'Orléans, lui aussi, qui ne voyait qu'avec un dépit mal contenu l'altière domination de Richelieu, finit par prendre le même parti et leva l'étendard de la révolte. On sait la suite de cette noble escapade, qui eut pour terme la déroute des mécontents et un drame où tomba la tête de Montmorency; poussé par on ne sait quel enchaînement des choses, Alphonse Delbène s'était jeté dans le parti des seigneurs révoltés. Il partagea leur disgrâce et se retira à Florence, pour éviter la vengeance d'un ministre vainqueur et peu disposé au pardon. Si l'exil sauva sa tête, ou du moins sa liberté, il n'en fut pas de même de ses bénéfices; le roi, ou plutôt Richelieu, le priva de l'abbaye d'Hautvillers et le fit déposer de son siège. Quand la tombe se fut refermée sur les restes du fameux cardinal, en 1642, Alphonse Delbène ne manqua pas d'élever la voix contre la déposition qui l'avait frappé. Pareillement, les évêques, réunis à l'assemblée générale tenue à Paris en 1645, firent d'unanimes réclamations contre une déposition faite sans raisons canoniques; Alphonse put donc revenir en France. Il mourut à Paris en 1651, le 9 janvier, âgé de 71 ans. Il y fut inhumé dans l'église des chevaliers de Malte.

Si l'on est reçu à croire qu'Hautvillers, depuis ses derniers malheurs, avait cessé d'être un séjour attrayant pour des abbés commendataires, plus habitués aux douceurs de la capitale et au voisinage de la cour qu'à la solitude et aux privations du cloître, il faut convenir aussi qu'Alphonse Delbène n'eut pas souvent l'avantage de venir, mélancolique au milieu de ses ruines, méditer sur les vicissitudes des choses humaines. Pourtant, ce lui eût été un salutaire et profitable enseignement, car, à lui aussi, son bonheur de la terre, avons-nous dit, eut bien des ombres; la vie eut pour lui des jours de longues et poignantes infortunes. Alphonse Delbène ne faisait, dans son monastère, que de courtes et rares apparitions. Lui en ferons-nous un crime? Non. N'était-ce pas ainsi qu'agissaient la presque totalité des abbés commendataires? Toutefois, ses longues absences lui amenèrent un petit procès assez curieux pour intéresser le lecteur. Voici le fait : C'était, comme on sait, un des privilèges du titre abbatial d'officier au monastère aux jours de solennité. Le religieux à qui Alphonse Delbène avait délégué cette fonction d'apparat était dom Guillaume de Saint-Quentin, déjà investi de la charge de gruyer par Louis d'Este. Il paraît que l'honneur tout seul de remplacer son abbé, en ces jours de pompeuses cérémonies, ne satisfaisait qu'à moitié ce religieux ; une petite rétribution lui aurait été agréable. En effet, si toute peine mérite rétribution, même les charges si peu accablantes d'abbés commendataires, notre religieux était parfaitement en droit de réclamer une indemnité légère ; c'est pourquoi il ne demandait pour cela que trois poinçons de vin pour trois années de service. Notre abbé, toutefois, formula nettement un refus, mais dom Guillaume n'était pas homme à se contenter d'une gratification de cette sorte ; du reste, ce qu'il réclamait était peu de chose pour un abbé dont les revenus étaient des plus beaux. L'affaire fut donc poussée en instance à Reims, et le bon moine fut assez heureux pour voir son abbé condamné à lui livrer le liquide réclamé.

Peu de temps après 1598, ce religieux résignait l'aumônerie du monastère, bénéfice qu'il avait obtenu en 1568, c'est-à-dire trente ans auparavant. Toujours fidèle aux mesures de prudence qu'il avait adoptées, et pour s'assurer en ses vieux jours une paisible et honnête existence, il ne se désista de son titre que moyennant une pension confirmée en cour de Rome, le 3 mars 1599. Cette pension, acceptée par le résignataire dom Henri Bourgeois, prêtre religieux de Saint-Nicaise de Reims, se prélevait sur les revenus de l'aumônerie, et devait se payer par moitié aux termes de Pâques et de Saint-Remi d'octobre. Le total de la pension montait à 40 écus d'or au soleil.

Avant de donner l'acte de création de cette pension, nous croyons le moment opportun de parler au long de l'aumônerie de Champillon, comme nous l'avons indiqué à la fin de l'article consacré à l'incendie de la métairie de ce hameau, en l'année 1530.

En parlant de l'aumônerie de Champillon, nous parlerons en même temps de celle d'Hautvillers, qui ne faisaient qu'un bénéfice, dont le titulaire était, le plus souvent, religieux de l'abbaye dudit Hautvillers. L'aumônerie faisant partie des offices claustraux, nous donnons ici quelques détails sur ces offices.

Notions générales sur les offices claustraux.

On appelait offices claustraux des offices ou administrations qui étaient ou devaient être exercées dans le cloître, dit Michel du Perray *(Traité des moyens canoniques pour acquérir et conserver les bénéfices,* tome I, ch. 23, 24 et 25).

L'aumônerie était un office claustral, dont le titulaire devait avoir soin de faire les aumônes aux pauvres sur le revenu affecté à cet effet. Les moines des premiers temps donnaient aux pauvres, non-seulement ce qu'ils recevaient des fidèles, mais le prix même de leur propre travail ; l'état religieux, incompatible avec les jouissances de l'opulence et du luxe, a toujours fait, indépendamment des canons, une loi de cet usage aux successeurs de ses moines, quand ils avaient du bien au-delà du nécessaire. Aussi, l'a-t-on suivi dans les monastères de Saint-Benoît. On y en fit même le sujet d'un office claustral, appelé aumônerie, dont le titulaire était tenu de distribuer les aumônes aux pauvres. Dans la suite, et par l'effet du relâchement, cette charge devint un bénéfice comme toutes les autres. Observons, néanmoins, avec le Père Thomassin *(Traité de la Discipline,* IIIe partie, liv. I, ch. 50), que du temps même de saint Benoît on ne distinguait encore que trois charges : celle de prévôt, de doyen et de cellérier. C'était au cellérier qu'appartenait le soin des enfants, des infirmes et des novices, des hôtes et des pauvres. Il faut donc reconnaître que les offices particuliers qui se formèrent dans la suite, tels que ceux d'aumônier, d'infirmier, d'hospitalier, d'économe et de trésorier, ne furent que les démembrements de cette charge, à qui il ne resta, dans la plupart des monastères, que le soin de la cave et des provisions. Ces différents emplois s'exerçaient autrefois dans les monastères par les religieux que l'abbé choisissait et révoquait à son gré. Chacun était renfermé dans les bornes de sa commission et s'en acquittait dans la plus étroite dépendance du supérieur du monastère.

Nous allons brièvement exposer les diverses métamorphoses subies par ces offices claustraux, par-là même, nous serons obligés de parler un peu des prieurés dont nous nous proposons de faire un article à part ; ce sera déjà un développement utile à ce que nous devons dire sur ce sujet. Humbles et pauvres à leur début, les monastères ne tardèrent pas à se voir l'objet de pieuses libéralités des fidèles et à acquérir aussi de forts beaux domaines. Ces domaines ou ces possessions, dont les premiers moines s'étaient passés par le secours de leur travail manuel, exigèrent des monastères, à qui on les donna, les soins naturels de leur culture ou de leur conservation. Il fallut alors, nécessairement, ou confier ces biens à des laïcs, ou commettre des religieux pour les administrer. Dans le premier cas, ces administrateurs, ou plutôt ces fermiers, prirent le nom de mansionnaires ou *mansionarii*. On peut voir, dans le premier volume de cette *Histoire d'Hautvillers*, les embarras que suscitèrent à cette abbaye ces administrateurs laïcs. Le dernier parti fut celui qu'on adopta généralement, c'est-à-dire de donner la direction de ces biens à des religieux. Les abbés, dans le principe, sans rien perdre de leurs droits, chargèrent donc ceux de leurs religieux auxquels ils reconnaissaient une certaine capacité, des affaires de l'administration et du soin des biens qu'ils avaient à la campagne, plus ou moins éloignés. Ces religieux, au nombre de deux ou trois, vivaient ainsi dans des métairies qu'on appelait ici, celle-là : *obédience*, ailleurs : *chaise-dieu*, ou petites abbayes. C'est probablement par suite d'une pareille dénomination, retrouvée dans quelques auteurs oubliés ou dans la tradition locale, que certaines personnes ont annoncé la ferme de Bœuf, métairie dépendante d'Hautvillers et située près de Germaine, à une distance d'un myriamètre environ de cette abbaye, comme ayant été jadis le siège d'une petite abbaye de Bénédictins. Ne pourrait-on pas dire la même chose de la Briqueterie d'Hautvillers, que l'on suppose avoir été aussi un prieuré, plus tard converti en une ferme, propriété de l'abbaye ; cependant, cela nous paraît douteux pour la ferme de la Briqueterie, attendu qu'à une certaine époque les religieux en firent l'acquisition.

En 1664, M. l'abbé de Chaumejean de Fourille acquit la ferme de la Briqueterie, au prix de 3,600 livres, de demoiselles Élisabeth et Marie Marchand, de Dizy. Elle contenait soixante et un arpents et demi de terres et dix-sept arpents de bois. Cette ferme avait été achetée, en 1630, par le père des demoiselles précitées, de Jean Marchand, A. Martin, Arnould et autres qui la possédaient en commun. L'acte de vente, au profit de M. de Fourille, a été passé pardevant Husson, notaire à Hautvillers. Les religieux ont conservé cette ferme jusqu'à la Révolution. Aujourd'hui elle appartient à M. Chandon de Briailles, qui l'a acquise de Mme veuve Hadot, de Dizy, en 1860.

En 1666, par un arrêt du 29 mai, la ferme de la Briqueterie, appelée : *Cense de la Briqueterie*, fut démolie et reconstruite à neuf ; on y a joint les terres de la ferme des Lhuys qui fut à cette époque, en vertu du même arrêt, démolie entièrement.

Outre les noms de *Chaise-Dieu,* d'*Obédience,* qu'on donnait à
ces métairies, il y avait d'autres noms semblables, partagés
entre les exercices spirituels et les soins du ménage dont ils
étaient comme les intendants. Ils avaient un oratoire et pratiquaient aussi exactement leur règle que l'état des lieux et leurs
affaires pouvaient leur permettre. Leur commission était révocable, et au bout de six mois, plus ou moins, ils retournaient au
monastère où ils rendaient compte à leur abbé de leur gestion.
Cette dépendance subsista aussi longtemps que les religieux
qu'on envoyait à ces campagnes ne furent pas tentés de s'y soutenir contre la volonté de leur supérieur, ce qui ne pouvait
guère manquer d'arriver, vu la fragilité et le peu de constance
des meilleures volontés humaines. Le premier de ces religieux,
à qui l'abbé communiquait nécessairement un droit de prééminence sur les autres, s'appelait : prieur ou prévôt (du latin *prior*
ou *præpositus),* d'où vient le nom de *prieuré,* que l'on donnait à
ces métairies devenues de petits monastères.

Par prévôt, on désignait encore celui qui avait l'administration d'un monastère ou d'une communauté de chanoines sous
l'autorité de l'abbé ou de l'évêque. Il prêtait serment de rendre
un compte exact de son administration, de veiller de tout son
pouvoir aux fruits des biens dont il était chargé. Il devait, sauf
empêchement, aller en personne à la prévôté, ou siège de son
administration, pour s'entendre afin de savoir ce qu'il y avait
de mieux à faire pour le bon gouvernement de son office.

Les prieurs de ces petits monastères trouvèrent bientôt le
moyen de rendre leur commission plus durable, même perpétuelle, par certains arrangements convenus entre eux et les
abbés dont la ferveur, quelquefois décroissante, tendait aussi
quelquefois au relâchement. Au lieu de leur rendre et de ne
prendre que leur modique nécessaire sur les revenus de ces
fermes, ces prieurs payaient aux abbés une rente en argent et
restaient ainsi continuellement dans leurs prieurés forains. Les
autres officiers du monastère, tels que l'aumônier, l'hospitalier, etc., dont les offices avaient des fonds particuliers affectés
à leur destination, s'approprièrent ces revenus à l'exemple des
prieurs forains, ou ceux-ci à l'exemple des cloîtriers, et chacun
fit mense à part, selon ce que nous apprend le Père Thomassin
(*Traité de la Discipline,* part. IV, liv. IV, ch. 24 et 25). Les
offices claustraux et les prieurés obédienciers ou forains devinrent donc des titres particuliers de bénéfices, dont on se faisait

quelquefois pourvoir en cour de Rome, mais dont la collation appartenait à l'abbé ou à la communauté des religieux. Ceux qui possédaient ces bénéfices n'étaient pas tout à fait exempts des charges que l'office imposait ; ainsi, le cellérier fournissait toujours la nourriture de la communauté, l'hôtelier la dépense des hôtes, l'aumônier faisait l'aumône aux pauvres, mais la plupart des monastères se détruisant par la division de ces biens, chaque office perdait sa destination et les officiers la convertissaient à leur profit personnel. Dans d'autres monastères, où le même partage s'effectua, les religieux qui n'étaient pas dans les charges voulurent avoir leur part du bien commun, de là les portions monacales.

Nous aurions encore beaucoup de choses à dire sur ce qu'ont tenté les papes et les conciles, pour mettre un terme à cet amour effréné de l'indépendance, qui souvent travaillait les bons moines, mais nous craindrions d'ennuyer le lecteur ; nous dirons cependant que la plupart du temps, par la foi jointe à l'esprit de leur état, les religieux savaient se soumettre et remplissaient leurs obligations d'une manière exemplaire.

Aumônerie d'Hautvillers et de Champillon.

Fondation de l'Aumônerie.

Nous ne savons pas à quelle époque fut fondé l'office claustral de l'aumônerie à Hautvillers ; toutefois, il est hors de doute qu'il existait vers les premières années du xive siècle. On trouve, en effet, qu'en 1342, un nommé Jean Coulé était investi, à Hautvillers, du titre d'aumônier. Bertin du Rocheret (t. i, p. 120), à qui nous empruntons ces renseignements, rapporte un arrêt rendu contre ce titulaire pour ses prétentions au gouvernement de la léproserie d'Épernay. Nous l'avons vu ; à partir de cette époque citée, une nuit de deux siècles enveloppe de ses ténèbres l'aumônerie d'Hautvillers. C'est seulement en 1530 que nous retrouvons le titulaire de cet office engagé dans un procès intenté afin d'obtenir cassation d'un bail de quatre-vingt-dix-neuf ans, ou emphytéotique, conclu par Antoine Sanguin, premier abbé commendataire. Ce bail avait pour objet diverses propriétés situées au terroir de Champillon et appartenant au domaine de l'aumônerie. C'était en cette même année, 1530, que la métairie de l'aumônerie, située à Champillon, fut réduite en cendres, ce qui a encore été relaté dans cette histoire.

L'office de l'aumônerie, ainsi que nous l'apprend une courte notice retrouvée dans les *Archives,* avait été fondé par les religieux, abbé et couvent d'Hautvillers pour subvenir à l'ordinaire des aumônes de l'abbaye; son domaine se composait de diverses propriétés distraites du monastère et affectées à ce bénéfice. Le cartulaire de l'abbaye, tant de fois ravagée, contenait sans doute de curieux détails sur les métamorphoses historiques de cet office. Peut-être, avec leur secours, aurait-on pu préciser l'époque où l'aumônerie, d'abord simple commission révocable, devint un bénéfice proprement dit. Faute de documents, nous sommes réduits à ne pouvoir déterminer cette époque de transaction; tout ce que nous pouvons articuler sur ce point, c'est qu'en 1545 nous voyons dom Godefroy Augier administrer cet office avec tous les caractères d'un bénéficier inamovible.

Nous avons vu que le titulaire de l'aumônerie avait le titre de seigneur; ses propriétés, pour la plupart, étant assises sur le terroir de Champillon, il portait le titre de seigneur de Champillon et en avait tous les privilèges.

Revenus de l'Aumônerie.

Le titulaire de l'aumônerie n'était comptable à personne du revenu de son office, attendu qu'il le tenait à titre de bénéfice. Ainsi en était-il au commencement du xviie siècle; c'est ce que nous voyons dans un extrait d'une déclaration, faite en 1607, des revenus de l'aumônerie par le titulaire dom Henry Bourgeois *(Archives d'Hautvillers,* 25e layette); ces revenus montaient annuellement à 300 livres environ, et ces derniers provenaient de la location des terres, moulin, pressoirs et autres biens dépendant de l'aumônerie. Cependant, à en juger par l'inventaire que nous avons retrouvé des biens et droits de ce bénéfice, ce revenu devait atteindre un chiffre plus élevé. Car une déclaration faite en 1600, des biens et droits de l'aumônerie, porte ce qui suit :

1° *Sur le terroir de Champillon.*

Toutes dîmes, grosses et menues, savoir : dîme de vin avec pressurage; dîme de blé et autres grains, tant au champ comme à la ville; dîme d'agneaux, chapons, oysons, poules ; une cense avec quarante arpents de terre ou environ, et quelque huit arpents de prez, maison, cour, jardin à arbres et fosse à poissons, deux pressoirs à vin, tous les droits de lods et ventes, censives et autres rentes de maison, un moulin à eau tournant avec un arpent de vignes en bon état, rouage, traverse et autres droits seigneuriaux.

2° *A Hautvillers.*

Une maison, cour et jardin fermée de murailles... un bon pressoir avec trois celliers, deux cuves, caves, fontaines, grange, étable avec les greniers et un petit colombier, un grand jardin à arbres contenant avec le pourpris de la maison plus de trois arpents (1), audit jardin une fosse pour poissons et beau lieu pour garenne et de l'herbe pour la nourriture de deux ou trois vaches, plus six arpents de vignes et huit arpents de prez...

Charges de l'Aumônerie.

Ces charges étaient nombreuses et de toutes sortes ; on verra, par le résumé que nous allons en donner, que quelques-unes d'entre elles n'eussent été comprises que bien difficilement, sous la notion communément reçue de l'aumône : 1° L'aumônier logeait les pauvres, passant et repassant par le lieu d'Hautvillers, c'est pourquoi il était tenu de fournir trois lits en la maison et salle des pauvres, avec traversins et couvertures y servants et linges et draps... Il devait même avoir pour servir lesdits pauvres, et bailler leur nourriture, une femme d'honnête vie et de bonne conversation, nourrie et rétribuée à ses dépens. 2° Chaque année, le 17 décembre, jour où se chante l'antienne : *O Adonaii*, l'aumônier devait fournir le dîner et le souper de l'abbé, des religieux, des novices, des officiers, y compris toute la *valetaille* du monastère. 3° L'aumônier devait pareillement bailler le dîner et le souper aux religieux, novices et à leur maître d'école, le jour du Mardi Gras. 4° Le jeudi absolu (Jeudi Saint), il était tenu de trouver et de fournir douze petits enfants et les mener au lieu capitulaire de l'abbaye, auquel lieu leur

---

(1) On appelle encore aujourd'hui le Clos de l'Aumônerie, le clos au-dessous du petit bois de Saint-Nivard et qui borde le chemin appelé le *Pavé*. Le grand jardin de M. Jules Simon faisait partie de l'aumônerie. La maison était où elle est maintenant, près de la rue et près du cimetière des habitants d'Hautvillers.

était lavé les pieds en représentant les douze apôtres de Notre-Seigneur, et pour les essuyer livrer linge et *touailles*. (Ce mot est encore employé pour désigner le linge qui, dans les cuisines, se met sur un rouleau et sert à essuyer les mains.) Il devait aussi bailler aux douze petits enfants, pour leur distribution, à chacun un denier et aux premiers deux deniers, ainsi qu'il est accoutumé de faire. 5° Le jour de la sainte Madeleine, fête que les religieux étaient tenus d'aller célébrer par le saint service divin, en la chapelle de Champillon, l'aumônier était tenu de leur fournir audit Champillon un quartier de bœuf et deux pâtés... *Item*, le jour de la saint Barnabé. 6° L'aumônier devait nourrir le curé de Dizy et son maître d'école les jours des Rogations, quand ils allaient en procession à Champillon. 7° L'aumônier avait encore à sa charge les réparations de l'église de Champillon et de la chapelle de l'aumône sise à Hautvillers, il était même tenu de fournir les ornements et linges nécessaires pour la susdite chapelle. 8° L'aumônier devait pourvoir à l'éducation des orphelins et des enfants délaissés de ses domaines. 9° Il devait fournir un taureau pour le troupeau du village de Champillon... Qu'on ajoute, aux obligations que nous venons d'énumérer, la somme des frais exigés pour l'*entretenement* des bâtiments de l'aumônerie ; et l'on sera tenté de croire qu'il y avait du vrai dans ce que disait, en 1607, le titulaire de cet office, dom Henry Bourgeois ; qu'en fin de compte, il ne restait pas de quoi satisfaire aux nourritures, vestiaires, chauffage et *entretenement* de l'aumônier.

Il y a d'autres détails sur les charges de l'aumônerie dans une déclaration de 1607, et une autre de 1554. *(Archives de Reims,* 25º layette). Il y a aussi *(Archives nationales,* Q. 675), un registre de tous les biens et *recepte* du revenu annuel dépendant de l'office de l'aumosnerie de l'abbaye de Saint-Pierre-d'Hautvillers pour l'année 1651.

Droits divers de l'Aumônerie.

Droit de Justice.

Parmi les liasses qui nous restent de l'abbaye d'Hautvillers, il en est une où il se trouve plusieurs pièces justificatives du droit de justice qui appartenait à l'aumônier. Ce droit, du reste, est authentiquement établi par une foule d'autres actes où ledit aumônier est qualifié de seigneur haut, moyen et bas justicier de Champillon. Quoi qu'il en soit de ce droit, il paraît que, dès le commencement du xvıı₺ siècle, les aumôniers envoyèrent en la justice de Monsieur d'Hautvillers les causes qui s'élevaient en leur juridiction, seulement ils se réservaient le droit de prélever sept sols et demi au maximum sur chacune amende de Champillon et les confiscations en entier le cas échéant. Toutefois, la publication des actes de justice ne s'y faisait que par l'aumônier seigneur de Champillon. En 1601, les choses furent mises sur un pied nouveau ; le 10 novembre de cette même année, dom Henry Bourgeois, aumônier d'Hautvillers et seigneur de Champillon, ayant assemblé les habitants de ce village, leur manifesta l'intention où il était de rétablir la justice de la seigneurie audit Champillon et, que pour ce faire, il fallait nommer des officiers pour l'exercer ; on procéda donc à cette opération et l'on nomma :

Mayeur : Hubert Simon, docteur en droit.
Lieutenant : Nicolas Lelarge.
Procureur fiscal : Pierre Patin.
Greffier : Pierre Cordier.
Sergent : Pierre Deternot.
Et lesdits officiers ont prêté le serment de fidélité.

Cette réhabilitation d'un droit incontestable, sans aucun doute, mais tombé en désuétude, rencontra d'énormes difficultés ; pendant plus d'un demi-siècle, nous voyons les aumôniers lutter successivement, mais en vain, pour défendre leurs prérogatives seigneuriales et rétablir, à Champillon, le siège légal de leur justice ; tel était même l'état de choses en 1650 et 1659, que divers avocats, consultés à différentes époques, n'hésitèrent pas à déclarer impossible le rétablissement de cette justice. Les réponses de ces avocats se trouvent dans les *Archives d'Hautvillers*, à Reims, 25ᵉ layette, 4ᵉ liasse.

Si l'on doit s'en rapporter à une réponse donnée par M. Lallement, avocat à Châlons, consulté sur le rétablissement de la justice à Champillon, il faudrait conclure que c'était seulement depuis quatre-vingts et des années que les aumôniers n'exerçaient plus la justice à Champillon ; cette réponse était donnée en 1650. Quelque chose de plus positif : ce sont d'anciens titres de 1543 et 1556 qui sont passés pardevant le mayeur (du latin *major, maior*), ou lieutenant de la commune de Champillon (1). Ce qui établit incontestablement qu'à cette époque, l'aumônier exerçait sa justice à Champillon.

Droit de Voirie.

Sous ce titre, on désignait le pouvoir qu'avait seul l'aumônier d'Hautvillers de planter et d'abattre des arbres le long des grands chemins, sur toute l'étendue de sa seigneurie, comme aussi le droit d'inspection, de surveillance et de police, contre les infracteurs des règlements concernant les voies publiques; les chemins devaient avoir une largeur de six pieds. Ce droit se trouve clairement établi par nombre de procès intentés en cette matière et tous terminés en faveur de l'aumônier. On voit entre autres, sous l'année 1620, que les habitants se sont compromis au point d'abattre *(motu proprio)* un noyer sur la voie publique; l'aumônier les obligea à faire raccommoder les vitres de leur chapelle, et de plus à lui payer le jour de la Madeleine, la somme de trente sols.

Droit de Dîme.

En qualité de seigneur de Champillon, l'aumônier d'Hautvillers prélevait la dîme sur tous les vins qui provenaient des vignes de cette localité. On voit encore, dans les *Archives d'Hautvillers,* un registre contenant le compte de perception de ce droit. Ces comptes remontent jusqu'en 1650. Voici la teneur du règlement auquel on s'est toujours conformé pour la perception de cette dîme :

Pour un petit trentin de jauge,	15 pintes,
Pour un poinçon,	10 id.
Pour une chevalée, un setier,	6 id.
Pour une ânée,	4 id. 1/2
Pour une sapinée,	2 id.
Pour une hottée,	1 id. 1/2

Voici l'explication de ces mesures, trouvée au même endroit :

Le trentin de jauge contenait trois caques ou 240 pintes. Le poinçon, 160 pintes; la sapinée, 30 pintes; le setier, 6 pintes, le tout mesure d'Épernay à la grande pinte. Nous avons déjà dit que la pinte de Paris contenait 0 l. 93 cent., et la pinte d'Épernay, 1 l. 25 cent.

---

(1) C'était en même temps celui qui désignait au seigneur les hommes capables d'exercer la justice dans l'endroit. Nous parlons ici seulement de la justice de l'aumônier, seigneur de Champillon, car l'abbé d'Hautvillers avait sa justice en règle comme seigneur dudit Hautvillers.

Droit de Rouage.

En qualité de seigneur de Champillon, l'aumônier d'Hautvillers percevait un droit sur tous les vins qui sortaient de sa seigneurie, c'est ce qu'on appelait droit de rouage. Ce droit consistait : 1° en deux deniers pour chaque exportation de vin faite, soit par charrette, cheval, mulet, bourrique, hottée, ou telle autre quantité si petite qu'elle soit. 2° En quatre deniers pour un chariot. Le même droit se payait, pour chaque voyage, sous peine d'une amende de soixante sols. En 1651, ce droit produisait, au seigneur de Champillon, 3 livres 12 sols 2 deniers.

Le droit de rouage, dit Ferrières dans son *Dictionnaire de Droit*, est un droit qui se paie au seigneur, en quelques pays, sur chaque pièce de vin vendue en gros, pour avoir de lui la permission de l'enlever. Ce droit est ainsi appelé parce qu'il doit être payé avant que la roue tourne et pour avoir le droit de la faire rouler sur ses terres.

Dans certaines seigneuries, le droit de rouage était le camp le plus étendu. Suivant Bacquet *(Des droits de justice,* chapitre XXX, nombre 22), c'était un droit qui appartenait au seigneur de prendre, pour chaque chariot ou charrette vide ou chargée de marchandises, passant par sa seigneurie, certaines sommes de deniers. Nous ne voyons pas que le droit de rouage à Champillon eût une pareille étendue.

En 1764, Jean Démoulin louait aux religieux le droit de rouage et de chargeage, moyennant 25 livres de loyer. En 1769, c'était Pierre Chayoux qui louait ce droit 40 livres aux religieux d'Hautvillers.

Une ordonnance de 1680 conférait aux ecclésiastiques le privilège de pouvoir vendre en gros le vin du crû de leurs bénéfices, sans payer aucun droit de gros et d'augmentation. Cette ordonnance ajoutait que les fermiers des ecclésiastiques ne jouiraient d'aucun privilège. Le fermier des aides de la généralité de Champagne prétendit soumettre aux droits de gros et d'augmentation les vins que les religieux avaient vendus comme fermiers du grand prieur. Il fit refuser aux religieux un congé pour le voiturier et, sans avoir égard à la sommation qui avait été faite au buraliste d'Hautvillers, il avait fait arrêter le voiturier à la porte de Reims, et saisir le vin, les chevaux et les charrettes, par le motif que le conducteur n'était pas porteur d'un congé d'enlèvement.

Le procès-verbal de saisie fut déféré à l'élection de Reims, et le 12 septembre 1733, une sentence, sans avoir égard à l'intervention du grand prieur, qui avait pris fait et cause pour le voiturier, déclara acquis et confisqué, au profit du fermier des aides, le vin, les charrettes et les chevaux saisis, condamna le voiturier à cinquante livres d'amende et aux dépens.

Le grand prieur (ou abbé), qui également avait été condamné aux dépens, et le voiturier, interjetèrent appel de cette sentence ; de leur côté, les religieux intervinrent aussi, et après trois ans de procédure, et aussi après : « Quatorze appointements, trente exploits, six instances, six-vingt productions, vingt arrets de défense, la cour des aides jugea, par arret de septembre 1736, que les religieux ne pouvaient pas être assimilés à un fermier, et qu'ils étaient exempts des droits de gros et d'augmentation. »

Le droit de gros ou de sol pour livre consistait en un droit de douze deniers pour livre, qui se percevait sur le prix de vente des boissons comme des autres marchandises. C'était au vendeur à déclarer le prix des vins et à payer les droits. Les boissons, sous l'ancienne législation, ne pouvaient être enlevées sans que la déclaration en eût été faite au bureau du fermier, qui délivrait une quittance des droits de gros, si le vendeur y était soumis, et, en outre, un billet de congé ou de remuage ou de rouage. Ce droit de gros a été remplacé, de nos jours, par le droit de circulation.

Lefebvre de la Ballande, dans son *Traité des droits d'aydes*, (Paris, 1770, in-4°), rapporte la création de ce droit de gros ou de sol pour livre, à l'année 1356. « On voit, dit-il, par une instruction en forme de règlement, faite au conseil du roi au mois de décembre 1360, qu'il avait été établi, pour la délivrance du roi Jean, fait prisonnier par les Anglais à la bataille de Poitiers, en 1356, une imposition de douze deniers pour livre sur toutes les marchandises et denrées qui seraient vendues dans toute l'étendue du royaume, à l'exception des boissons qui n'étaient assujetties qu'au treizième du prix de la vente; mais, par lettres-patentes de Charles VI, du 21 janvier 1382, cette imposition fut fixée à douze deniers pour livre, sur les boissons comme sur les autres marchandises. »

Le droit d'augmentation ou de parisis, sol et six deniers pour livre, était de cinq sols pour livre du droit principal. Il tirait son nom d'une monnaie, appelée parisis, qui se fabriquait à Paris, et dont la valeur était d'un quart plus forte que celle des tournois, qui se fabriquaient à Tours. Le sol parisis valait 15 deniers et le sol tournois 12 deniers. Quand, dans un acte de vente, on convenait de payer en sols parisis, la somme était élevée d'un quart en plus que si on avait dit : elle sera payée en sols tournois.

Ce droit ne se percevait que sur les droits antérieurs à sa création ; il était appliqué à la rétribution des conservateurs des fermes et de leurs lieutenants ; il avait une grande analogie avec le décime qui se perçoit aujourd'hui sur la plupart de nos impôts, et, comme le décime, il avait subi de nombreuses aggravations ; ainsi, en 1770, époque de la publication du traité de Lefebvre de la Ballande, le droit d'augmentation revenait à un peu plus que le tiers du droit principal. Ce qui confirmait la maxime posée par le vieux jurisconsulte nivernais, Guy Coquille, que l'*impôt* une fois mis en France ne se retranche jamais, maxime dont, hélas ! nous constatons chaque jour, et de plus en plus, la dure exactitude.

Droit d'Afforage ou de Forage.

Outre les droits précédents, l'aumônier d'Hautvillers percevait, sur tous les vins qui se vendaient en détail dans la seigneurie et banlieue de Champillon, un droit qu'on nommait droit de forage ou d'afforage ; ce droit consistait en une pinte par chaque poinçon.

« Par forage, dit Ferrières, on entend le lot du vin, comme d'une pinte ou deux, suivant les titres, qui appartient au seigneur, au moment qu'une pièce est mise en perce, en vente en détail par sa permission. »

Foragium aut foraticum jus quoddam domino competit, non pro perforatione dolii vinarii ex quo vinum promitur ad vendendum in propinis, ut quidam volunt, sed eo pretio a Domino imposito vino quod a tabernariis et caponibus distrahitur.	Le forage ou droit de forage appartient au seigneur, non, comme plusieurs le veulent, dans la perforation du tonneau d'où coule le vin qui doit être vendu, mais dans la taxe imposée par lui sur le vin qui est vendu par les aubergistes et hôteliers.

(Voyez le *Glossaire Du Cange,* au mot *Foragium,* et le *Glossaire du Droit Français,* au mot *Forage* ou *Afforage.*)

Droit de Pressurage.

Il y avait, à Champillon, deux pressoirs banaux qui appartenaient à l'aumônier seigneur de Champillon. On appelait banalité de pressoir, un droit en vertu duquel un seigneur pouvait obliger ses sujets, c'est-à-dire ceux qui demeuraient dans l'étendue de sa seigneurie, à se servir de son pressoir pour pressurer leurs vendanges, en lui payant un certain droit. Le seigneur haut justicier ne pouvait avoir droit de banalité que par des concessions du roi ou des titres ou dénombrements anciens. Ce qui est si vrai, qu'il ne pouvait acquérir de banalité même par une possession immémoriale ; il fallait toujours un titre, attendu que la servitude est contraire à la liberté publique. (M. le Prêtre, cent. 3, chap. LII.) L'effet de banalité était d'avoir droit de défendre aux habitants, sujets à la banalité, de pressurer leurs raisins dans d'autres pressoirs que dans ceux auxquels la banalité est attribuée. Quand un habitant avait fait construire un pressoir pour son usage particulier, au préjudice du droit de banalité, le seigneur était en droit de faire démolir ledit pressoir, quelque possession qu'eût le sujet, s'il manquait de titre ou s'il n'avait pas une possession de trente ans. La banalité des pressoirs était une charge réelle et foncière des vignes qui y étaient sujettes, elle atteignait les raisins cueillis dans le territoire du seigneur auquel appartenait la banalité, quand même le propriétaire des vignes eût eu son domicile ailleurs. Le droit de banalité, selon Ferrières *(Dictionnaire de Droit)*, était une suite de la servitude que les seigneurs avaient autrefois usurpée contre leurs sujets ; comme il était défavorable, il ne recevait pas d'interprétation en faveur des seigneurs *(Odia sunt restringenda)* ; ce droit, par-là même, se pouvait prescrire par les habitants contre leur seigneur, quoique ce dernier ne pût l'acquérir que par quelque possession que ce fût. Il y avait aussi des fours banaux. Un de ces anciens fours a été découvert en 1868, sur le bord du chemin d'Hautvillers à Cumières, au bout du parc de M. Chandon de Briailles. Le pressoir banal d'Hautvillers était dit : *Pressoir de la Croix*, parce qu'il tenait à la maison dite de la *Croix-de-Fer*.

On ne sait préciser l'époque à laquelle se rapporte l'établissement de ces pressoirs ; déjà même, dès le XVIIe siècle, les titres propres à en faire foi ne se trouvaient plus. Toutefois, vers cette même époque, les anciens du lieu certifient n'en avoir jamais vu d'autres à Champillon. Aussi, de temps immémorial, il était passé en usage d'y aller pressurer ses raisins moyennant une certaine redevance ; soit que cet usage eût pour origine un titre authentique, soit qu'il ne fût que la conséquence d'une habitude primitivement et librement contractée par les habitants, il est certain que, par la suite, cet usage fut érigé en obligation ; jusque-là tout propriétaire, soit qu'il recourût à ces pressoirs, soit qu'il en eût pour son usage particulier, était tenu de payer à l'aumônier le droit de pressurage. Ce droit de pressurage ne laissait pas que d'être assez considérable, car il atteignait la onzième pièce qui sortait des pressoirs. Plus d'une fois, à l'occasion de ce droit de pressurage, l'aumônier eut à lutter contre les prétentions de quelques-uns de ses vassaux. Un habitant de Champillon, nommé Jean Vaultrain, s'est même acquis une quasi-célébrité, comme nous le verrons bientôt.

Droit de Mairie.

Si nous indiquons ce droit en passant, c'est uniquement parce que plusieurs fois nous en avons trouvé l'expression dans les titres de l'aumônerie, et pour en expliquer le vrai sens. Par mairie, on n'entendait pas autre chose qu'une basse justice, et le maire ou le maieur était : « *Quasi major populi qui præsidet aliis.* Comme le plus grand du peuple, qui préside au milieu des autres, il en était le magistrat. » Mairie signifiait donc : bas justicier. On voit que ce droit rentre dans celui de justice, comme nous le verrons en parlant de ce droit. On voit aussi, de prime abord, que ce droit a quelques rapports avec ceux de nos maires actuels.

Droit de Cens.

Le cens était une redevance annuelle et seigneuriale, foncière et perpétuelle, dont un héritage censier se trouvait chargé envers le fief ou le franc aleu dont il était mouvant, et qui avait été imposé pour la première fois par le seigneur dans la concession qu'il avait faite de cet héritage. L'on appelait les censitaires tenanciers parce qu'ils tenaient l'héritage de leur seigneur. Le cens était la véritable marque de la seigneurie directe sur les rotures, comme foi et hommage était le caractère de la seigneurie directe sur les fiefs. C'était donc une certaine redevance annuelle que devait à l'aumônier, tout propriétaire d'héritages situés sur le domaine de la seigneurie de Champillon. Cette redevance assez modique s'acquittait à Champillon, en argent, à raison de huit sols par boisseau (six verges un quart).

Droit de Vêture.

Il est bon de savoir que, dans quelques-unes de nos anciennes coutumes, celui qui voulait transporter à un tiers son héritage, tenu en censive, était obligé de s'en dévêtir et de le remettre en les mains du seigneur, au profit de l'acquéreur, lequel était obligé d'aller au seigneur pour en recevoir de lui la possession; c'est ce qu'on appelait *Dévest* ou de *saisine, vest* ou *vesture* ou *saisine*. Le droit de vêture ou d'investiture, ce qui serait plus correct, se payait au seigneur par tout nouvel acquéreur d'héritage situé dans le domaine de la seigneurie de Champillon; ce droit n'était que de quelques deniers.

Droit de Lods et Ventes.

Ce droit était appelé quasi-lods et ventes comme étant le lod ou la part que le seigneur prenait sur le prix de la vente. Ce droit, dit Loyseau, provient d'une tacite convention que le seigneur utile ne peut vendre son héritage sans le consentement du seigneur direct, pour lequel consentement et approbation il est dû un droit au seigneur direct, que l'on appelle lods, soit parce que c'est une part en un lod dans le prix de la chose vendue, soit que ce droit se paie au seigneur, afin qu'il loue et agrée la vente. Dargentrés dit que le mot lods signifie : sujet. *Lods barbara voce subjectos appellavit a quibus vera landimiorum analogia est.*

En qualité de seigneur haut justicier de Champillon, il était dû un droit à ce seigneur par tout acquéreur d'héritage, à titre de vente ou autre équivalent; ce droit était le douzième du prix de la vente ou un sol huit deniers pour livre.

Droit dit de Congé de Fête.

Au nombre des droits honorifiques du seigneur aumônier, figurait le congé de fête : c'était l'obligation qui pesait sur ses vassaux de demander permission pour faire des danses publiques.

Droit de Chasse.

En qualité de seigneur haut justicier de Champillon, l'aumônier d'Hautvillers avait seul droit de chasse sur le terroir de cette localité, on ne voit pas néanmoins qu'il exerçât lui-même ce droit. Il connaissait, sans doute, le mot de saint Jérôme : *Venatorem nunquam invenimus sanctum.* « Jamais nous n'avons trouvé un vrai chasseur qui soit en même temps un saint. » Saint Jérôme voulait dire que ceux qui sont voués à la prière ne doivent pas chasser, ce qui est loin de signifier qu'un chasseur ne peut pas être un saint homme. Ajoutons, au droit de chasse, le port d'arquebuse et nous aurons épuisé la liste des droits de l'aumônier seigneur de Champillon. En France, les seigneurs hauts justiciers s'étaient attribué le droit de chasse dans l'étendue de leurs terres, comme un droit fiscal et domanial appartenant à la haute justice, de même que l'épave et les autres choses qui ne sont ni réclamées ni avouées de personne, de manière que la chose n'était pas permise aux gentilshommes dans les terres qui ne leur appartenaient pas, à moins qu'ils n'en eussent permission expresse.

Tout ce que nous avons dit des droits de l'aumônier seigneur de Champillon, tout seigneur avait les mêmes droits dans les domaines qui dépendaient de leur seigneurie. Nous avons pris Champillon pour exemple, à cause des nombreux procès qui ont eu lieu par rapport à ces droits, notamment celui de pressurage, comme nous le verrons bientôt.

La banalité, soit des pressoirs, soit des fours, pouvait être fondée à l'origine ; des gens de travail pouvaient être trop pauvres pour avoir ou un pressoir, ou un moulin, ou un four ; le seigneur, seul capable d'une telle dépense, avait pu y mettre pour condition que nul autre ne lui ferait concurrence ; pour le droit de pressurage, c'était naturel, il se voit encore aujourd'hui pour ceux qui se servent du pressoir d'un autre. Dans la suite, l'aisance s'étant répandue et plusieurs pouvant avoir un pressoir à eux, on ne voyait plus d'un bon œil ce monopole ; aussi les habitants de Champillon tentèrent-ils de s'y soustraire, de là un procès qu'ils intentèrent en 1646, qui n'eut pas de succès pour eux, car le droit en vigueur était trop évidemment contre eux. Le seigneur produisit une supplique que ces mêmes habitants lui avaient adressée quarante ans auparavant, vers 1600, et qui lui valait un titre récognitif de son droit. Nous rapporterons cette supplique en son temps, elle mérite d'être connue.

Nous allons, pendant un temps, laisser les faits principaux qui se sont passés à l'abbaye d'Hautvillers, pour ne nous occuper que des titulaires de l'aumônerie de cette abbaye, sauf à revenir sur nos pas.

Nomenclature des aumôniers d'Hautvillers, seigneurs de Champillon.

Ainsi que nous l'avons dit au commencement de cet article, les documents que nous avons retrouvés sur l'aumônerie ne passent pas l'année 1342, et, depuis là, jusqu'en 1530, c'est encore une lacune que nous avons en vain essayé de combler ; c'est donc seulement à partir de cette dernière époque, que nous pouvons donner la liste suivie des titulaires de cet office avec les faits qui s'y rattachent.

Après Jean Coule, investi du titre d'aumônier en 1342, nous trouvons ce qui suit sur l'aumône :

Bail passé par Jean Royer, abbé de Saint-Pierre-d'Hautvillers, 20 février 1521, à Jean Pierrot, boucher, et Idelette, sa femme, et leurs enfants, demeurant à Hautvillers, d'un arpent de vigne assis au terroir d'Hautvillers en lieudit l'Essart de l'aumône, appartenant à *laditte* abbaye à cause de l'office de l'aumône, pour en jouir par lesdits preneurs et leurs enfants leur vie durant seulement et à la charge de payer par chacun an au sieur aumônier, au jour de Saint-Martin d'hyver, la somme de 9 sols et un tiers de chapon. L'aumônier n'est pas nommé, nous voyons toutefois qu'il existait.

1530. — Dom Godefroy Augier. Il résigna son office dans le cours du mois d'avril 1545. (*Archives d'Hautvillers*, 25e layette, 3e liasse.)

1545. — Dom Jacques de Bournonville, religieux profès de l'abbaye d'Hautvillers, résignataire de l'aumônier précédent, reçoit ses provisions de Rome et prend possession de son office le 5 juin 1545. Il résigna le 28 avril 1558, en faveur de dom Philippe Brodeau, et fait seulement la réserve d'une pension honnête et raisonnable.

Toutefois nous voyons, dans un acte de bail emphytéotique concernant les propriétés d'Escry (Asfeld) et daté du 5 juin 1565, qu'on trouve encore Jacques de Bournonville désigné comme aumônier; cependant, à cette date, c'était bien Philippe Brodeau qui était en titre ; peut-être, en renouvelant ce bail, a-t-on voulu suivre la teneur de l'ancien, au moins quant au nom du titulaire ? C'est ce que nous ignorons. *(Inventaire du Cartulaire d'Hautvillers,* 26ᵉ layette, 1ʳᵉ liasse, petit couvent, page 16.)

1558. — Dom Philippe Brodeau, prêtre religieux profès, après avoir possédé l'office de l'aumônerie pendant une dizaine d'années, le laisse vacant par sa mort arrivée en 1568. Dans la même année de sa mort, le 21 janvier 1568, il fit un bail de la terre et de la seigneurie de Champillon. Voici ce bail :

« A qui tous ces presentes lettres verront, Jean Colbert, docteur ès droit, conseiller du roi, notre sire, et garde du scel du baillage de Vermandois à Reims, établi par ledit seigneur, salut. Sçavoir faisons que pardevant Jehan Suisse et Denys Girardot, nottoires royaux en laditte baillage, demeurants à Hautvillers, établis de par le roi notre dit seigneur, quant à ce fut présent Thimothée Cordier, marchand demeurant à Champillon et reconnu avoir pris, entretenu à titre de ferme, pension d'argent de vénérable et discrète personne domp Philippe Brodeau, prêtre religieux de laditte abbaye d'Hautvillers et seigneur de Champillon, à ce présent bailleur audit titre pour six années et six dépouilles consécutives, suivant l'une l'autre sans intervalle, commençant au premier jour de janvier prochain venant, et de là en continuant d'an en an jusqu'à fin desdittes six années et six dépouilles finies et révolues, à savoir laditte terre et seigneurie de Champillon, justice, mairie, censives, vestures, lods et ventes, et amendes, pressoirs, moulin, grosses et menues dîmes dudit lieu, et généralement tous et chacuns les fruits, profits, revenus et émoluments de cette seigneurie, excepté les terres et censes dudit Champillon, sur laquelle le preneur prendra huit grands septiers de grains par quart mesure d'Épernay, à sçavoir froment, seigle, orge et avoine par chacun an seulement. Pour en jouir par ledit Cordier, preneur, pendant lesdittes années, sans aucun trouble ou empêchement de la part dudit sieur bailleur, ni de ses successeurs, à la charge que celui preneur sera tenu et a promis rendre et payer, par chacun an et tous les ans durant ledit présent bail à sçavoir ; audit Brodeau la somme de 200 livres tournois; à dom Jacques de Bournonville, précédent aumônier, faisant un tiers de laditte admodiation pour la pension par lui retenue en faisant la résignation de laditte aumônerie, audit Brodeau, bailleur, celui dit

Bournonville, stipulant et acceptant pour lesdits nottoires sous
écrits, payables lesdittes sommes par chacune desdittes auxdits
sieurs Brodeau et de Bournonville, respectivement comme dit
est, au jour de fête de Saint-Martin d'hyver et Saint-Paques
pour moitié et égales portions desdits payements et sommes
dessus déclarées, commençant le premier payement pour la
première année audit jour de Saint-Martin d'hyver prochainement, à Paques en suivant de là en continuant d'an en an, de
terme en terme, jusqu'à la fin desdittes six années et six dépouilles finies et accomplies, toutefois avenant le décès de Bournonville, avant le présent bail expiré sera tenu et a promis, ledit
prenneur, payer entièrement laditte somme de 200 livres tournois audit Brodeau, bailleur, auxdits deux termes et payements
égaux par chacun an, comme dit est dessus, et à la charge aussi
de maintenir et entretenir lesdits pressoirs par ledit prenneur,
de menues réparations seulement et en fin desdittes années, les
rendre et remettre ès les mains dudit bailleur, en bon et suffisant état de menues réparations et de bien et duement garder
les droits dudit bailleur, soigneusement chercher la justice
dudit Champillon par un *mayeur*, lieutenant, greffier et sergent
que ledit *prenneur* payera de leur gage par chacun an, et les
soutiendra les appellations si aucunes étaient ou seraient inter-
jetées desdits mayeur ou lieutenant concernant le fait dudit
bailleur, et d'autant qu'il serait en ce poursuivi, et l'en
décharger tellement qu'il n'en puisse tomber en inconvenient.
En quoy faisant, a promis, ledit sieur bailleur, de lui livrer
prison audit Champillon, pour la réformation et correction des
délits, comme il est accoutumé d'ancienneté, sera aussi tenu,
ledit prenneur, faire faire bons et fidèles registres des actes,
procès, procédures et autres expéditions qui seront faites durant
lesdittes années en laditte justice de Champillon, et lesquelles
il sera tenu apporter en le double d'yceux signés en fin desdits
mayeur et greffier d'an en an audit bailleur, aussi faire bon et
fidèle registre des papiers censiers de la terre et seigneurie
de Champillon, revenus, appartenances et dependances et
yceluy pareillement apporter au sieur bailleur ou ses successeurs
duement collationné et signé pour faire foy des choses y contenues, le tout sur peine d'être repris de négligence et des dommages et intérêts, que par faute de ce faire ou pourra suivre et
parce que le moulin du haut et des dépendances de laditte
seigneurie mine ruine, ledit prenneur sera tenu et a promis

contraindre par toutes voies et manières dûes, et raisonnables, les veuves et héritiers de feu Josse Vaultrain qui le tiennent de present, à le reparer et le remettre en bon état et suffisant, suivant le bail fait à eux cy-devant, dont et duquel bail ledit prenneur prend à luy et le profit et le loyer, et pour ce faire lui prêtera ledit Brodeau, aumônier, son nom et qualité, lequel bail et autre fait cy-devant sera aussi tenu de tenir et entretenir selon le contenu en yceluy, reservant toutefois, ledit bailleur, les droits de prérogatives qui lui appartiennent, pour la permission, octroy et congé de la fête dudit Champillon et autre a promis et sera tenu, ledit prenneur, donner à dîner et traiter les religieux d'Hautvillers, qui iront aux messes et vêpres le jour de Saint-Barnabé et Madeleine, audit Champillon et pareillement au curé, vicaire de Dizy, à déjeûner, quand ils iront en procession dudit Dizy audit Champillon, le mercredi des Rogations, sera aussi tenu et a promis acquitter ledit sieur bailleur envers les religieux d'Hautvillers, par chacun an, d'un quartier de bœuf estimé entre les parties un écu sol dû auxdits religieux audit jour de Sainte-Madeleine et aussi tenu, ledit prenneur, fournir un *torreau* pour la proye des bétail et tiendra pour raison de ce le pré appelé le *Pré-du-Torreau*, outre sera tenu ledit prenneur, de lever pour les dîmes, à ses dépens sans le pouvoir donner en…. s'il y a lieu, même refusants de payer, bailler à yceluy bailleur, leurs noms et surnoms, actes et temoings suffisants de leur refus, pour les contraindre. Comme il verra être à faire pour raison. Encore tenu, ledit prenneur, tenir et entrenir les baux faits par Madeleine Vaultrain Lejeune, demeurant à Dizy, précédemment fermier de laditte seigneurie, et yceluy Vaultrain, de tout déchargé avec sa caution dudit précédent bail, excepté des payements qu'il peut devoir encore audit sieur bailleur, et si demeurera ledit Vaultrain, quitte durant lesdittes six années des dîmes et censives, que doivent ses heritages étant assis ès terroir de laditte seigneurie de Champillon, et si a ledit bailleur quitté et déchargé ledit Vaultrain au présent, de toutes les réparations qu'il était tenu de faire ès pressoir dudit Champillon, comme les ayant reçus et tenus pour bien et duement réparés, si comme tout ce lesdittes parties disaient et dont elles se tiennent pour contentes pardevant lesdits nottoires soussignés, promettants.

« Ce fait passé audit Hautvillers, le 21ᵉ jour de janvier 1568.

Signé : SUISSE et GIRARDOT,
avec paraphe. »

(L'original de ce bail est sur un grand parchemin auquel on a joint deux copies collationnées.)

On trouve aux *Archives nationales,* série Q, carton n° 673 : quatre-vingt-treize baux de biens de l'abbaye d'Hautvillers dans sa terre de Champillon, de 1568 à 1774.

1568. — Dom Guillaume de Saint-Quentin reçoit de Rome ses provisions pour l'office de l'aumônerie ; ses provisions sont visées le 31 octobre par dom Nivard Lamblet, vicaire du cardinal de Strozzy, abbé d'Hautvillers. Dom Guillaume prend possession de son office le 1er novembre 1568. Il résigne en 1598.

Le 1er décembre 1594, nous voyons : Bail passé par dom Guillaume de Saint-Quentin, aumônier, à Toussaint Royer, de la seigneurie de Champillon et de tout ce qui en dépend... excepté les censives, les droits de la banalité et congé de fête, moyennant cinquante écus d'or sols par an et deux écus d'or sols le jour de Saint-Barnabé, plus un de vin.

Soit qu'Alphonse Delbène, qui était alors abbé d'Hautvillers, ait conservé un fâcheux souvenir des mesures judiciaires prises contre lui à l'occasion de quelques fûts de vin dont nous avons parlé et dus à dom Guillaume pour avoir chanté la messe en lieu et place de son abbé aux jours de certaines fêtes, soit qu'en effet il y eût dans la résignation faite par dom Guillaume quelque chose d'attentatoire aux privilèges de l'abbé, ce dernier forma opposition à la résignation de ce titulaire de l'aumônerie. Les choses même, trouve-t-on, allèrent si loin, qu'en 1603 le grand-vicaire de l'abbé s'avisa, de donner à un dom Mathieu de Sandofort, des provisions pour l'office résigné. Malheureusement pour l'auteur de ces lettres provisionnelles, dom Guillaume eut encore la gloire de sortir triomphant, Rome avait parlé en sa faveur, tout était fini. Si nous nous attachons à rapporter des faits d'une si mince importance, c'est uniquement pour montrer dans quelle mauvaise voie les abbés commendataires se trouvaient fourvoyés assez souvent par les procédés peu dignes de leurs agents. Tel est le vice ordinaire des administrations qui, loin des chefs responsables, ne fonctionnent que par des mains subalternes.

1598. — Dom Henri Bourgeois, prêtre religieux, profès de l'abbaye de Saint-Nicaise, de Reims, et résignataire du précédent titulaire, reçoit ses provisions de Rome, il les fait viser vers le 9 février 1599 par les vicaires généraux de l'archevêque de Reims et prend possession de son office le 13 du même mois. En acceptant la résignation de dom Guillaume, dom Bourgeois s'était obligé de lui faire une pension sur les revenus du bénéfice. Nous voyons donc que, malgré les difficultés suscitées par Alphonse Delbène, dom Henri Bourgeois n'en poursuivit pas moins son chemin et devint titulaire de l'aumônerie. Voici l'acte de la pension qu'il fit à dom Guillaume :

Pention (sic) créée en cour de Rome sur l'aumônerie, en faveur de dom Guillaume de Saint-Quentin, contre dom Henri Bourgeois.

(3 mars 1599)

Anno Domini millesimo quingentesimo nonagesimo nono, mensis vero martii, die tertia in nostrum Andreæ *Vaultrin* et Petri *Cocart* authoritate apostolica et curiæ archiepiscopatus Remensis, notariorum juratorum in registris ejusdem curiæ etiam sedis præsidialis Remensis, insequenter edictum regium debite immatriculatorum Remis manentium præsentia præsens et personaliter constitutus domnus Guillelmus de Saint Quentin præsbiter religiosus expresse professus monasterii sancti Petri de Altovillari ordinis sancti Benedicti Remensis diœcesis et ac nuper ejusdem monasterii eleemosynarius cui exhibuit significavit et notificavit domno Henrico Bourgeois presbytero religioso expresse professo monasterii sancti Nicasii Remensis prædicti ordinis sancti Benedicti ad præsens eleemosynario ejusdem monasterii sancti Petri de Altovillari ejus personæ alloquendo Remis existent certam signaturam creationis pensionis annuæ summæ quadragenta aureor. solar.

L'an du Seigneur 1599, le 3 du mois de mai, pour nous André Vaultrain et Pierre Coquart, par l'autorité apostolique et du palais de l'archevêché de Reims, notaires jurés dans les registres dudit palais et siège présidial de Reims, ce suivant édit royal a été dûment enregistré. Étant présent en personne, dom Guillaume de Saint-Quentin, prêtre religieux profès du monastère de Saint-Pierre-d'Hautvillers, de l'ordre de Saint-Benoît, au diocèse de Reims, et naguère aumônier du même monastère, qui a exhibé, signifié et notifié à dom Henri Bourgeois, prêtre religieux, profès du monastère de Saint-Nicaise de Reims, dudit ordre de Saint-Benoît, alors aumônier dudit monastère d'Hautvillers, s'adressant à sa personne à Reims, pour obtenir la signature de la création d'une pension annuelle d'une somme de quarante sous d'or, monnaie ayant cours dans le royaume de France, sur tous et chacun des fruits, revenus, avantages de la même aumônerie, ou toute dîme perçue,

monetæ in regno Franciæ cursum habent. Super omnibus et singulis fructibus redditibus proventibus et emolumentis ejusdem eleemosynariæ ab omni collecta decima dono gratuito vel imponent immunis et excepta singulis annis duobus terminis æquali portione, in resurrectionis Domini N. J. C. et sancti Remigii in capite octobris festivitatibus Remis persolvendæ authoritate ap. lica dicto de saint Quenti creatæ, assignata et reservata sub data decimo septimo calend. octobris Pontificatus sanctissimi domini nostri Clementis papæ octavi, anno septimo ; signatum concessum ut petitur in præsentia D. N. P. cardinalis de Caiorte cad. ne in posterum dictus Bourgeois causam ignorantiæ pretendere possit qui quidem Bourgeois declaravit et dixit dedictam creationem *pentionis* annuæ prædictæ summæ quadraginta aureorum solar sicut promittur factam gratam et ratam habere et illam expedire procurasse ac fecisse promisitque prædictam *pentionem* eidem de saint Quentin seu ejus legitimo procuratori solvere modo, forma diebus et terminis in prædicta signatura et absque alia bullarum expeditione de quibus præmissis dictus de saint Quentin a nobis notariis prædictis sub signatis.

Actum unum vel plura sibi fieri et tradi petiit quod vel quæ ei annuimus sub hac forma dicta fuerunt hæc Remis, anno die et mense prædictis de manu dictus Bourgeois signavit in minutta præsentium.

ou don gratuit ou obligatoire, payable chaque année en deux portions égales à la résurrection, de N.-S. J.-C., et à la fête de Saint-Remi, le premier octobre, audit abbé Guillaume de Saint-Quentin, de par l'autorité apostolique résignée et réservée le dix-sept des calendes d'octobre, la septième année du pontificat de notre très saint seigneur pape Clément VIII, signée et accordée comme il a été commandé en présence de D. N. P. cardinal Caiorte, pour que dans la suite ledit Bourgeois ne puisse prétexter son ignorance, lequel Bourgeois a déclaré et dit qu'il ratifiait et avait pour agréable la création de ladite pension annuelle de ladite somme de quarante sous d'or, et a promis de l'expédier et de la procurer audit sieur de Saint-Quentin ou à son légitime procureur, en la manière exposée dans ces présentes, sans qu'il soit besoin d'expédier de nouvelles bulles.

Ont signé : ledit sieur de Saint-Quentin et nous, notaires susnommés.

Ledit sieur nous a demandé qu'une ou plusieurs copies dudit acte lui soient remis, ce que nous lui avons accordé. C'est en ces termes qu'a été réglée cette affaire à Reims, les jour, mois et an que dessus. Ledit Bourgeois a signé l'original de sa main.

(Extrait des *Archives de Reims*. 30° layette, 3° liasse.)

Voilà Henri Bourgeois, religieux de Saint-Nicaise de Reims, en possession de l'aumônerie d'Hautvillers et seigneur de Champillon, à cause de son titre. Nous le suivrons dans cette possession et dans les tracasseries qu'elle lui a suscitées.

Devant payer annuellement une pension à son prédécesseur, dom Henri Bourgeois devait, en bon administrateur, retirer de son aumônerie autant de revenus que possible ; il se mit donc à renouveler les baux des biens de ladite aumônerie, au fur et à mesure qu'ils touchaient à leur fin. Le premier que nous trouvons est celui du jardin de l'aumône, non pas sis à Champillon, mais bien à Hautvillers. Le jardin de l'aumône, le pré de l'aumône, même une certaine portion de terre labourée pour chènevière, le clos de l'aumône, étaient compris dans ce terrain qu'on appelle aujourd'hui : le Clos de l'Aumône ou de Saint-Nivard, et une partie du bois qui se rapproche de la maison appelée aussi Saint-Nivard. Une petite partie du terrain d'en bas, près du regard, servait pour le cimetière de l'aumône ou de l'hôpital.

Bail de trois années du jardin de l'aumône
(27 décembre 1602)

Comparut en sa personne honorable et religieuse personne dom Henri Bourgeois, prestre religieux et aulmonier de l'église et abbaye de Saint-Pierre-d'Auvillers y demeurant et recongnut avoir baillé et delaissé à tiltre de moictié à Jehan Porchère et Loys Delacroix demourant à Saint-Nivard, paroisse dudict lieu ad ce présent preneurs aucdit tiltre, le grand jardin de ladite aulmosne et les arbres fruitiers qui y sont, tenant d'une part à ladite aulmosne, d'aultre part et d'un bout au chemin et d'aultre bout à la prioré dudit Saint-Nivard pour en jouir lesdits preneurs audict tiltre, de moictié le temps terme et espace de trois années, et trois despouilles secutive et suivante, l'une l'autre sans interval à commencer du jour et date de ces presentes et finissant en pareil jour à la charge que lesdits preneurs sont, seront tenus et ont promis d'entretenir ledit jardin de fermeture, lesdites années durant, tant de murailles que de hayes vives et secque et enfin desdites années le rendre et remettre es mains dudit sieur bailleur bien et deubment fermé tant de murailles que de hayes vives et secque comme la commodité se presentera comme dit est.

Ce présent bail faict moyennant, et la charge, que lherbe et les fruits qui proviendront dudit jardin, durant lesdites années, se partiront entre lesdites parties par chascune desdites années, et desdites trois despouilles moictiés par moictiés en payant toutefois par lesdites parties moictiés par moictiés, des fruits de faucher et fener ladite herbe et foin et de cueuiller lesdits fruits. Si comme dont promettent, obligent, savoir ledit bailleur les biens de ladite aulmosne à garandir et lesdits preneurs leurs corps et biens, à faire et fournir au contenu cy dessùs sur peine renonciations.

Fait et passé audit Auvillers en ladite aulmosne après midy le 27 decembre 1602 pardevant nous notoires royaux héréditaires, ledit bailleur et ledit Porchere ont signé et ledit Delacroix declare ne savoir signer.

Outre, a esté accordé entre lesdits bailleur et preneurs que en cas qu'il advienne, que durant lesdittes années il luy arrive quelque cas fortuit par furt ou larcin, de quelque personne que ce soit, lesdittes parties sont seront tenu et ont promis en faire la poursuitte en justice ensemblement et payer chascun moictié des frais. (*Archives nationales*, Q 1 673.)

1603, 1er décembre. — Adjudication de la terre et seigneurie de Champillon, à Pierre Mombillon, moyennant 200 livres tournois et trois caques de vin par an, plus le déjeuner du curé de Dizy et son clerc un jour des Rogations, plus encore 5 sols tournois et une collation pour les religieux qui allaient chanter les vêpres à Champillon la veille de Sainte-Madeleine. Cet acte fait mention des droits de rouage et *cheriage* appartenant au seigneur aumônier.

En 1605, commencement d'une longue et interminable procédure entre les habitants de Champillon et l'aumônier d'Hautvillers, leur seigneur ; l'affaire était encore pendante en 1674, c'est-à-dire soixante-neuf ans plus tard, et l'on ne trouve aucun arrêt postérieur qui soit définitif. Toutefois l'aumônier continua à avoir deux pressoirs à Champillon, sans soutenir, il est vrai, le droit de banalité, mais aussi sans y renoncer. La preuve de cette dernière assertion se déduit de la défense faite en 1751, par les religieux d'Hautvillers aux habitants de Champillon, de pressurer ailleurs qu'à leurs pressoirs, sous peine d'amende.

1605, 30 juin. — Requête adressée à M. le bailly d'Hautvillers, de la part de dom Bourgeois, aumônier de l'abbaye, tendant à ce qu'il lui fût permis de faire perquisition chez un sieur Pierre Patin, qui avait démoli un pressoir appartenant audit sieur aumônier, et qui avait de ce pressoir emporté plusieurs pièces de bois.

1606, 8 août. — Autre requête du sieur Mombillon ou Mobillon, fermier et admodiateur de la terre et seigneurie de Champillon, adressée à M. le bailly d'Hautvillers, par laquelle il demande qu'il lui soit permis de faire assigner pardevant lui, Pierre Patin, cy-devant admodiateur de laditte seigneurie, pour se voir condamner à réparer la maison, granges, pressoirs et autres bâtiments qu'il a démolis ou laissé tomber en ruines. Le sieur aumônier prend fait et cause pour son fermier; c'était avec raison, Pierre Patin paraissait coupable.

Requête présentée par les habitants de Champillon à l'aumônier leur seigneur

(1606)

A Monsieur Bourgeois, prêtre, religieux, aumônier d'Hautvillers, seigneur de Champillon, salut :

Vous remontrent très humblement vos pauvres habitans de Champillon disants que en ce lieu de Champillon de toute ancienneté il y a eu deux bons pressoirs appartenants audit sieur aumônier, pour pressurer les vins desdits habitans, en payant les droits tant de dîmes que de pressurage, néanmoins que depuis six ans en ça, lesdits pressoirs seraient en partie ruinés et même l'un d'eux est ruiné du tout et a été démoli par un nommé Patin votre fermier et que même lesdits pressoirs n'ont été ménés et gouvernés par gens expers à tels engins qui est au grand préjudice, intérêts et dommage tant de vous que de vos pauvres sujets ; même vous savez Monseigneur qu'en votre pauvre village de Champillon, il y a une chapelle fondée et dédiée en l'honneur de Dieu et de Monsieur saint Barnabé, le patron d'icelle, laquelle menace grande ruine. Outre Monseigneur, vos pauvres sujets vous remontrent que de toute ancien-

neté on a accoutumé de avoir, sauf, reverence un *torreau* pour
la commodité du bestial de vos pauvres sujets, ce néanmoins il
y a plus de dix ans qu'ils n'en ont été pourvus, qui est à leur
grand préjudice, interet et dommage et d'autant que vos pauvres sujets sont bien et duement certiones que êtes entré en
l'office de l'aumône en temps encore troubléz, tant de guerres
passez que de la grande chereté qui a regné par cy devant et
n'avez pu faire selon votre bon désir, vos pauvres sujets ont
considérez et temporiséz l'injure des temps miserables, qui a
regnez et sachant fort bien que vous avez le cœur assis en
bonne part, que ne manquerez de faire tel devoir, que vos pauvres sujets en loueront Dieu et vous, et vous feront telles révérences et obéissances comme ils doivent que vous vous en contenteriez, vous baisants humblement les mains, ce faisant Monseigneur, ferez comme bon seigneur doit faire, qui sera la
décharge de votre conscience et l'accroissement de votre honneur.

Signé : Noel Grignet, Jacques Leriche, Gerard Defond, Paul
Regnault, Claude Mothé, Madeleine Michel, Pierre Michel,
S. Prot, Nicolas Michel, tous avec paraphe, et plus bas on lit :
Quant aux autres habitans ont déclarés ne savoir ecrire ni
signer.

1609, 28 décembre. — Bail pour six ans de la terre et seigneurie de Champillon, au sieur Benoît Rigault ; moyennant
100 livres de droit de vin et d'entrée et 200 livres et trois
caques de vin clairet par an, le bailleur cédait au preneur tous
ses droits de dîmes, tant en vin que grains et menues dîmes,
lods et ventes, rouage et afforages, à charge par ledit preneur
d'entretenir les pressoirs de planches et molets et les bâtiments
de menues réparations, de même que la chapelle de Monsieur
saint Barnabé dudit Champillon.

Le bailleur ne se réservait que le congé de fête, bannissement et confiscation, la moitié de lods et ventes et les droits seigneuriaux.

Bail de trois années, de deux boisseaux de terre, lieudit le Pré-de-l'Aumône
(16 février 1612)

Fut present en sa personne venerable et religieuse personne
dom Henri Bourgeois prestre religieux profest prieur et aulmo-

nier de l'église et abbaye de Saint-Pierre-d'Auvillers, et recongnut avoir baillyé et delaissé à tiltre de loyer et pris d'argent, à Jehan Pocquet le jeune vigneron demourant audit Auvillers, ad ce present preneur auldit titre, deux boisseaux de terre ou environ, la pièce ainsy quel est ce qui s'y trouvera, estre a presant en labour et sans que ledit bailleur soit tenu en faire plus ample arpentage ny delivrance, sise au terroir dudit Auvillers, lieudit le Pré-de-l'Aulmosnerie, tenant d'une part au chemin, d'aultre part audit pré, d'un bout à la mar dudit pré d'aultre bout audit pré pour en joyr ledit preneur audit tiltre le temps terme et espace de trois années et trois despouilles secutive et suivantes l'une l'autre sans interval, à commencer du jour et date de ces presentes et finissant en pareil jour, à la charge que ledit preneur sera tenu d'entretenir ladite terre en bon estat et labour, et que les fruits à noyaux comme nois, prunes, pruniers, damas ledit preneur les prendra à son profit et pour le regard des fruits à ..... comme pommes et poires, ce partiront entre lesdites parties moictyé par moictyé, a esté accordé entre lesdites parties que le cas advenant, que ledit preneur mette en labour quelque partye des prés proches et tenant ladite pièce cy dessus déclarée en ces cas, et sera tenu et a promis ledit preneur de rendre de payer pour ledit surplus à la raison de quinze sols tournois le boisseau et à... encore tenu ledit preneur de fermer ou faire fermer ladite terre ou chenevière le costé tenant au chemin de murailles de pierres secque et espine et faire en sorte que les alans ny venans ny les bestes pasturant n'y puissent entrer aler ny venir, et le costé et bout tenant audit pré, ledit preneur est, sera tenu de le fermer de haye et pierre et en fin desdites années le rendre et remettre es mains dudit sieur bailleur en bon estat, et labour ainsy bien fermé le tout à... ad ce congnoissant. Ce present bail fait moyennant et suivant la somme de quarante sols tournois pour ladite pièce qui est en labour comme dit est, que pour ce ledit preneur en est, sera tenu et a promis en rendre et payer audit sieur bailleur ou au porteur pour ledit chacun an, lesdites années durant au jour de feste de Saint-Martin d'hyver premier payement eschéant audit jour de Saint-Martin d'hyver prochain venant, et de là en continuant d'an en an jusques enfin desdites annees et payements si comme, dont, promettent, obligent, savoir ledit bailleur ces biens à garandir et ledit preneur ces corps et biens à payer faire et fournir au contenu cy dessus sur peine renonciations.

Fait et passé audit Auvillers à midy au bureau de Rigault l'un des notaires le 16º jour de febvrier l'an 1612, pardevant nous notaires royaulx et a ledit bailleur signé et ledit preneur a déclaré ne savoir signer. *(Archives nationales,* Q ¹ 673.)

A la date du 18 mars 1615, nous trouvons que l'aumônier dom Henri Bourgeois loue, pour trois années, à Poncelet Baranger, vigneron d'Auvillers, quatre boisseaux de chènevière dans le grand jardin de l'aumônerie (1), pour la somme de six livres tournois par an et deux *grau* pouletz vif en plume pour chascun au audit jour de Saint-Remy. *(Archives nat.,* Q ¹ 673.)

1620, 12 novembre. — Bail de neuf années, de huit arpents deux boisseaux à la Grande-Terre, et quatre arpents à la Terre-d'Argent, terroir de Champillon, par ledit Henr Bourgeois à Thomas Bagot, laboureur, demeurant aux Essars, paroisse d'Hautvillers, pour le prix de onze livres tournois pour chaque année. Le sieur Nicolas Michel, laboureur à Champillon, jouira encore pendant deux ans d'une partie des terres qu'il tient encore dans celles qui viennent d'être louées.

Moulin de Champillon.

Les rapports qu'avait le village de Champillon avec l'abbaye d'Hautvillers ont été si multipliés que nous ne devons pas omettre d'en parler toutes les fois que nous en avons l'occasion, et le lecteur nous pardonnera, dans cette circonstance, certaines redites que nous ne pouvons éviter. Sur une feuille simple des *Archives,* est écrit ce qui suit :

« Il y avait autrefois à Champillon un moulin qui faisait partie du domaine de l'aumônerie; ce moulin, appelé le Moulin-de-Bas, vraisemblablement à cause de sa position à l'extrémité inférieure du village, eut une existence des plus orageuses. Tantôt rétabli à neuf par les soins et aux frais de l'aumônier, tantôt à moitié délabré par l'incurie de ses locataires, il en était venu à un tel point, en 1606, qu'autour de lui on ne voyait que des arbres rabougris, un jardin en savart couvert de ronces. Le moulin lui-même avait un aspect piteux, sa toiture était à moitié enlevée, ses cloisons, en partie démolies, laissaient aper-

---

(1) Aujourd'hui, propriété de M. Jules Simon-Vincent.

cevoir une paire de meules mal ajustées, et parfois, à la mort du meunier, des héritiers venaient s'y disputer les dépouilles insignifiantes du malheureux locataire. Obligé bien souvent à des frais considérables de réparations, l'aumônier, dans une requête qu'il adressait, en cette année 1606, au bailly d'Hautvillers, réclamait contre de mauvais meuniers qui ne lui payaient jamais la location de son moulin.

« Dans l'espérance d'être mieux payé dans la suite, dom Henri Bourgeois fit faire à son moulin une restauration telle, qu'il se trouvait presque en droit d'espérer, pour cedit moulin, une longue série de jours prospères ; nouvelle déception : il était décrété que sa fin serait une fin tragique; elle devait avoir lieu quinze ans plus tard.

« C'était par une nuit froide de novembre, par une de ces nuits brumeuses, où pas une étoile ne brille à la voûte des cieux, où le firmament semble peser sur la terre comme un couvercle de marbre noir sur un tombeau. Le champillonnais, joyeusement occupé dans une maison du hameau, en humant avec d'autres non moins joyeux que lui quelques bouteilles du crû, voulait ainsi se remettre des émotions de la veille, car il avait, supposons-nous, pensé à ses regrettés défunts dans la fête de la Commémoration des Morts. Notre bienheureux meunier, attardé, regagnait à tâtons sa demeure. Minuit sonne... Un bruit sourd tout à coup se fait entendre, comme le roulement convulsif d'un tremblement de terre, il est suivi d'un long craquement de charpentes qui s'abîment, puis le silence: tout était fini. Le lendemain, 4 novembre 1621, tout le village épouvanté cherchait en vain le moulin. Un éboulement de terre l'avait enseveli tout vivant. »

La note trouvée dans les *Archives d'Hautvillers* dit que personne n'a péri dans cette catastrophe, pas même le meunier, qui n'y était pas.

Le moulin à la destinée malheureuse est sorti de ses ruines, mais les propriétaires n'en furent pas mieux payés dans la suite, quoique bien souvent les pauvres locataires de cette usine n'en sortaient qu'avec les honneurs de la saisie, et l'un d'eux, en 1735, y laissa tous ses meubles, ses bourriques et tout l'attirail de ces quadrupèdes, dont le travail ne laissait pourtant rien à désirer. En 1741, ledit moulin fut loué à Noel Chatel, qui avait pour femme Suzanne Lanaux. Plus heureux que ses prédécesseurs, le meunier, secondé de sa laborieuse épouse, y fit de bonnes affaires. Il tenait ce moulin en location de dom Jean Tige, aumônier d'Hautvillers, pour la somme de 150 livres, par acte passé devant Malbeste, notaire à Hautvillers.

Il paraît qu'une seule fois un meunier a pu faire quelques économies dans ce moulin voué à la destruction, car dom Grossard, dernier procureur de l'abbaye, nous dit qu'il coûtait plus d'entretien qu'il ne donnait de revenus, et qu'un jour un orage épouvantable ayant, par la crue des eaux, forcé la digue du réservoir, il prit la résolution suprême de le démolir pour toujours. Après la Révolution, le moulin de Champillon fut rebâti, et nous aimons à supposer qu'il jouit aujourd'hui d'un meilleur sort que ses devanciers.

Lorsque Henri Bourgeois était aumônier de l'abbaye d'Hautvillers, à cette époque comme aujourd'hui, on ne respectait peut-être toujours pas assez la propriété d'autrui, et, comme chacun tient à conserver ce qu'il possède, nous lisons dans les *Archives d'Hautvillers* (Reims) :

Règlement de police fait à la requête de dom Henry Bourgeois aumônier de l'abbaye d'Hautvillers, portant ce qui suit :

Sur la requête présentée par venerable et religieuse personne dom Henri Bourgeois prêtre prieur claustral et aumônier de l'église et abbaye de Saint-Pierre-d'Hautvillers, comparant par M° Guillaume Thevenin son procureur, disant qu'à cause de saditte aumône à luy compète et appartient une pièce de vigne sise au terroir d'Hautvillers lieudit les Couyères, proche de laquelle passent journellement plusieurs personnes, au grand préjudice dudit Bourgeois ; et ouïe M° Guillaume Thevenin M° Benoît Rigaut, et autres, avons fait et faisons deffenses à toutes personnes hors les ouvriers des vignes de passer par ledit lieu, en peine de soixante sols d'amende et tous depens, domages et interets, dudit demandeur, et seront les présentes publiées par le premier sergent, fait et donné en jugement et plaids tenus en l'auditoire seigneuriale dudit Hautvillers, par nous Barthelemy Droynet licentié ès loix, avocat ès sièges royaux d'Épernay, baillif d'Hautvillers, terres et seigneuries qui en dépendent les jour et an que dessus, signé Vaultrin avec paraphe.

Ensuite vient la publication dudit jugement faite par Jacques Suisse, sergent, le jour de Saint-Barthélemy, devant le portail de l'église d'Hautvillers, à l'issue de la messe paroissiale.

(Extrait des *Registres du Baillage d'Hautvillers*, du 7ᵉ jour d'août 1624.)

Sentence de M. le bailly d'Hautvillers en cette forme et teneur qui deffend de passer avec bestiaux dans une sente aux Lozins

(20 janvier 1644)

Sur la requete judicieusement faite par les vénérables religieux de l'abbaye de Saint-Pierre-d'Hautvillers comparants par Mᵉ Jacques Maquart leur procureur, disants que plusieurs personnes tant dudit Hautvillers que autres lieux, s'emencipent de passer tant à pied qu'avec leurs bestiaux journellement du long d'une sente appelée la Sente-du-Moulin, dans laquelle plusieurs vignes appartiennent auxdits sieurs religieux aboutissants, quoy qu'il n'y ait aucun droit d'y passer sinon qu'à pied et en ce faisant gâtent et rompent les speaux desdittes vignes, pourquoy ils requièrent en ce, que deffenses soient faites auxdits particuliers de ne plus passer avec leurs bestiaux par laditte sente à peine de 20 livres damende et des domages et interets et dépens contre les contrevenants, et qu'il soit dit que lesdittes deffenses seront publiées.

Nous avons fait et faisons deffenses aux particuliers de ne plus passer par laditte sente en peine de six livres damende et de tous domages et interets et sera la présente requeste publiée.

Fait et donné en jugement des plaids tenus en l'audiance seigneuriale d'Hautvillers, pardevant nous Barthelemy Droynet licentié ès loix avocat des sièges royaux d'Espernay, bailly d'Hautvillers terres et seigneuries qui en dépendent. Sy mandons au premier sergent ordinaire dudit baillage sur ce requit, que a la requeste desdits sieurs religieux il fasse tous exploits de justice requis et necessaires selon la forme et teneur des présentes, de ce faire, luy donnons pouvoir les jour et an cy dessus.

Signé : LELARGE.

Et de suite, la publication dudit jugement et deffenses, signée du sergent et de plusieurs particuliers.

(Extrait des *Registres du Baillage d'Hautvillers*, du mercredy 20º jour de janvier 1644.)

Adjudication de la terre et seigneurie de Champillon ; série de baux et de pièces de procédure.

(27 novembre 1627)

Bail pour neuf années fait à la requête de dom Henri Bourgeois, le 27 novembre 1627, seigneur de Champillon, à cause de l'aumône de la terre et seigneurie dudit Champillon, consistante en mairie, terres, prés, pressoirs à vins, dîmes de vin, grosses et menues, lods et ventes, louage et afforages, sans en rien réserver, excepté le moulin dudit Champillon et dépendances d'yceluy, les congés de festes, banissements, confiscations et droits de censives qui demeureront audit sieur aumônier, à la charge par l'adjudicataire d'employer aux réparations des chapelle et pressoir dudit Champillon, la somme de 20 livres la première année seulement, si besoin est d'entretenir de réparations lesdits pressoirs et chapelle, de payer au sieur bailleur, par chacun an, la somme de 6 livres au jour de fête de Sainte-Marie-Madeleine, et donner une collation honneste aux sieurs religieux d'Hautvillers qui iront chanter les vêpres la veille de la Madeleine en la chapelle dudit Champillon, et une pinte de vin pour dire la messe le lendemain, de donner à déjeûner au curé de Dizy et à son clerc les jours qu'ils iront en procession audit Champillon pendant les Rogations, fournir un torreau pour la proye, de livrer audit sieur bailleur, aussi par chacun an, quatre chapons vifs en plumes au jour de Saint-Martin d'hiver, ou la somme de 12 livres pour chacun chapon, au choix dudit sieur bailleur. La présente adjudication a été délivrée à Villermin, maître d'escole à Hautvillers, et Jacques Potdevin, vigneron audit lieu, moyennant la somme de 218 livres tournois et trois caques de vin pour chacun an, et 100 livres d'entrée une fois payée.

1628, 2 décembre. — Traité et accord faits entre les fermiers de la seigneurie de Champillon, pour réparations à faire aux pressoirs dudit lieu, à la chapelle et autres bâtimens.

1636, 15 février. — Bail de deux pièces de terre assises au terroir de Champillon, en lieux dits les Ainguiers, moyennant 11 livres tournois par an ; ces pièces contenaient environ 140 verges. On voit intervenir dans ce bail, comme stipulant au nom des religieux, dom Victor Delestre, avec le titre de sous-prieur.

1636, 1er mars. — Bail de la terre et seigneurie de Champillon, accordé par Victor Delestre, sous-prieur et procureur de l'abbaye, aux mêmes conditions et sous les mêmes réserves que plus haut ; la teneur de ce bail mentionne le droit de chasse, et même le port d'arquebuse, comme appartenant au bailleur et cédé par lui au preneur.

1641, 29 mars. — Bail pour six ans passé à Augustin Rigault, vigneron demeurant à Ay, de trois arpents et demy de terres et prés en une pièce sise au terroir dudit Ay, lieudit le Pré-Leroy, moyennant 15 livres tournois par an, lesdits religieux d'Hautvillers stipulant par dom Bernard Lavoine, leur procureur.

(On trouve, aux *Archives nationales*, une liasse de pièces concernant l'aumônerie d'Hautvillers, de 1641 à 1646. Q $^1_1$ 676.)

1644. — A cette époque *(Archives nationales*, Paris, *Abbaye d'Hautvillers*, registre Q $_1^1$ 676), nous trouvons que le sieur Pierre Tremblet, maître d'écolc à Hautvillers, a loué, des religieux, une maison lieudit la Halle, tenant à Nicolas Girardin, à Jacques Maquart, d'un bout à la cure, d'autres aux murailles du bourg, pour la somme de 25 livres. Le bail a été fait en présence de Gille Pierrot, sergent à la justice d'Auvillers, Nicolas Vaguin, le jeune, vigneron comme témoin.

Ont signé : Dom Simon Bossier ; dom Dominique Barbier ; dom Pierre Sornette ; dom Épiphane Thomas et les susnommés.

1646, 21 août. — Assignation donnée à la requête de messire Barthélemy Delbène, évêque et comte d'Agen, et abbé commendataire de l'abbaye d'Hautvillers et des religieux de ladite abbaye, à Jean Robert et Guillaume Huart, habitants de Champillon, à comparaître pardevant nosseigneurs des requêtes du palais à Paris, pour leur voir faire deffense de bâtir aucun pressoir audit Champillon, au préjudice desdits sieurs abbé et religieux.

1646, 17 septembre. — Certificat passé pardevant Husson et Maquart, nottoires à Hautvillers, de plusieurs particuliers qui attestent qu'ils n'ont jamais vu à Champillon d'autres pressoirs que ceux qui appartiennent aux religieux d'Hautvillers qui y ont droit de pressurages.

1646, 19 septembre. — Signification faite à la requête des religieux et deffense aux habitants de Champillon de pressurer leurs raisins ailleurs qu'à leurs pressoirs, à peine de tous dépens, dommages et intérêts.

1647, 19 octobre. — Assignation donnée à la requête des religieux d'Hautvillers à Jean Robert et à Jeanne Mothé, veuve de Guillaume Huart, demeurants à Champillon, à comparoir pardevant M. le bailly de Vermandois ou son lieutenant à Reims, pour se voir condamner à payer auxdits seigneurs les dommages et intérêts pour contravention par eux commise au préjudice de la susdite sentence, en faisant pressurer les vins de plusieurs particuliers en leurs propres pressoirs et pour y avoir eux-mêmes pressuré les vins de leur récolte.

(On trouve encore, aux *Archives nationales*, Q. 674, une liasse composée de 97 pièces qui sont des donations, ventes, adjudications, baux, acquisitions, transactions, traités, subrogations, arpentage, reconnaissance, et quelques pièces de procédures, de 1647 à 1784 ; le tout concernant l'abbaye d'Hautvillers.)

1648, 20 octobre. — Requête présentée à M. le bailly de Reims par Martin Grenier, fermier de la terre et seigneurie de Champillon, *tendante* à obliger les religieux d'Hautvillers à achever promptement le rétablissement des pressoirs et halle de Champillon. A cette époque, ce n'était plus dom Henri Bourgeois qui était seigneur de Champillon, ce dernier avait résigné son office en faveur de dom Grégoire Bailli, religieux, sous-diacre de l'abbaye de Saint-Pierre de Châlons, moyennant une pension annuelle de 400 livres. Dom Grégoire, ayant reçu ses provisions de Rome, les fit viser le 16 février 1635 par Henri de Maupas, grand-vicaire de l'archevêque de Reims, et prit possession de son office immédiatement après.

La possession de l'aumônerie fut chaudement contestée à ce titulaire par dom Guillaume Marlot, prestre et prieur claustral de Saint-Nicaise de Reims. On ne sait pas en vertu de quelle raison dom Guillaume prétendait succéder à son frère en religion, dom Henri Bourgeois, dans ce bénéfice ; après avoir longtemps discuté, il finit par abdiquer toute prétention à ce sujet, le 29 novembre 1635. Mais si l'aumônier était tranquille de ce côté-là, il avait encore des démêlés avec les récalcitrants de Champillon.

1649, 28 août. — Sommation faite à la requête des religieux d'Hautvillers à François Robert et à la veuve Guillaume Hicart de rompre les pressoirs qu'ils ont fait au préjudice des pressoirs banaux du seigneur de Champillon.

1649, 18 décembre. — Bail du clos de l'aumônerie assis proche Hautvillers, passé par dom Grégoire Bailly, prieur et aumônier d'Hautvillers, à Barthélemy Malbeste, moyennant 20 livres tournois par chacun an.

Au 18 octobre 1649, dom Grégoire, d'abord sous-diacre du monastère de Saint-Pierre de Châlons, était venu fixer sa résidence à Hautvillers, peut-être déjà depuis longtemps, puisque nous l'y voyons prieur et que l'année suivante il résigne en faveur de dom Pierre Raingot, religieux profès de l'abbaye de Beaulieu; il reçoit ses provisions de Rome et les fait viser par M. Lallemant, grand-vicaire de l'archevêque de Reims ; mais, retourné à Châlons, il donne procuration à dom Martin This, procureur de l'abbaye d'Hautvillers, pour prendre possession en son nom. Il fonde pareillement en procuration dom Pierre Marchal, religieux d'Hautvillers, et lui donne tout pouvoir général et spécial pour l'administration des biens et revenus de l'aumônerie.

1653, 6 décembre. — Sentence rendue au baillage d'Hautvillers, qui condamne Marguerite Patin, veuve de Brice Ledouble, à payer au sieur aumônier trois années de cens pour un étiquet que ledit sieur aumônier a permis de faire au père de ladite Patin.

1653, 28 février. — Requête adressée aux officiers de la justice d'Hautvillers, tendant à démolir la maison de l'aumône qui était située proche du cimetière de la paroisse d'Hautvillers. Ce cimetière de la paroisse était situé dans le jardin actuel de M. Jules Simon-Vincent, au bout de sa maison d'habitation, vers le nord.

Cette maison avait tellement été détériorée, tant par vétusté que par logement de gens de guerre à diverses fois, qu'elle tombait en ruine de tous côtés. Elle fut démolie. (*Inventaire du Cartulaire*, 34ᵉ layette, *Aumônerie*, 20, 21, 22, liasses depuis page 326 à 356.) On se demande dans quel intérêt et pour quel motif les habitants d'Hautvillers firent démolir cette maison. La chapelle y attenant avait été démolie dix ans auparavant, en 1643.

Un nommé Jean Vaultrain, ou Vautrain, ayant joué un si grand rôle dans les procédures qui vont suivre, il est utile, ou au moins nous croyons être agréable au lecteur, de donner sa biographie.

Vraiment notre pauvre nature est quelquefois indéchiffrable ; citoyens du Ciel, voyageurs un instant exilés sur cette terre, il serait si beau de consacrer cette heure d'une vie pleine de larmes aux saintes et suaves affections d'une charité mutuelle ! Et pourtant il en est de ces êtres qui nous sont chers et frères par droit d'origine et surtout par la charité, de ces êtres pour qui le litige résume la plus haute somme de leurs jouissances individuelles ; leur vie, c'est une lutte perpétuellement activée sur l'arène judiciaire, ils ne respirent à l'aise que dans une salle d'audience ; leur passé c'est un procès, leur présent c'est encore un procès, leur avenir toujours un procès. A l'âge même où le repos et le calme sont la plus douce jouissance, comme le plus impérieux besoin de l'homme, ils vivent encore de cette vie fébrile et convulsive qui fut tellement chérie de toute leur existence qu'ils préféreraient mourir plutôt que d'oublier le chemin du tribunal. Les fastes judiciaires d'Hautvillers nous ont conservé la mémoire d'un de ces maniaques dont la constitution morale est encore un problème. Il avait nom Jean Vaultrain et demeurait à Champillon. C'est dans ce hameau qu'il était né de parents obscurs, vers l'année 1625 ; c'est là encore, dans ce même hameau de Champillon, qu'il ne tarda pas à donner des preuves que constamment les tribunaux auraient en sa personne un client des plus fougueux. Le malheureux, qui devait être la perpétuelle victime de son humeur tracassière, fut dom Pierre Raingot, titulaire de l'aumônerie d'Hautvillers, et comme tel, haut, moyen et bas justicier de Champillon. On voit que Jean Vaultrain n'était pas un vulgaire chicaneur ; un titre seigneurial ne l'épouvantait pas, il osait frapper haut. Il est vrai que presque toujours il sortait de l'arène complètement battu, mais il avait du moins la consolation de décharger sa bile et de crier à la friponnerie. Comment n'aurait-il pas été vaincu ? Selon lui, les magistrats avaient vendu leur conscience et leur justice à son intrigant adversaire.

On ne nous fera pas un crime de n'avoir ni le courage, ni la volonté de consigner l'énumération fastidieuse des procès de toute une longue vie. A matière aussi somnifère, quelques lignes suffisent; nous ne lui en consacrerons pas davantage. Nous rapporterons seulement quelques titres de procès relatifs aux pressoirs de l'aumônerie, etc. Déjà, depuis longtemps, les hommes de robes étaient en parfaite connaissance avec la silhouette de Vaultrain, et plus d'une fois ils avaient eu l'occasion de maudire l'influence de sa mauvaise étoile, quand nous le trouvons en lutte directe avec l'aumônier d'Hautvillers; toutefois, si ses poursuites avaient les couleurs d'une vengeance mal déguisée, il faut convenir aussi qu'elles reposaient, selon lui, sur les motifs d'une charité vraiment édifiante à laquelle le public ne voulut pas ajouter foi. Il sollicitait le rétablissement d'un hôpital à Hautvillers, aux frais de l'aumônier. De la charité dans le cœur d'un plaideur de tous les jours, en vérité c'est un anachronisme en fait d'histoire naturelle. La charité de notre intrépide agresseur n'était donc qu'une chimère; on en peut aussi dire autant du fondement de son attaque, car il n'avait aucun droit à faire valoir pour le rétablissement de l'hôpital, et ce droit n'avait jamais existé que dans l'imagination dérangée de Vaultrain. Probablement qu'il en jugea ainsi lui-même, car il ne tarda pas à corroborer ses premiers points d'attaque par une autre chicane de même valeur. Il ne prétendait rien moins que d'obliger l'aumônier à faire célébrer l'office divin à Champillon, tous les jours de dimanches et fêtes. Une contestation nouvelle vint encore s'ajouter aux précédentes. L'aumônerie d'Hautvillers, comme déjà nous avons eu occasion de le dire, avait à Champillon deux pressoirs dont la banalité était, de temps immémorial, chose authentique et incontestée. A une époque où sa manie du tribunal n'avait pas encore atteint son paroxisme, Vaultrain lui-même l'avait reconnue et proclamée; il en avait même alors postulé le rétablissement à titre d'usine publique, commune et banale; mais, depuis, une conviction toute différente lui était venue. Il attaqua donc la banalité des susdits pressoirs, prétendit que le droit de pressurage était un droit usurpé, un droit sans titre, et construisit lui-même un pressoir destiné à faire la concurrence. Quand l'animosité de Vaultrain eut jeté un premier feu, il ne tarda pas à voir l'abîme dans lequel il allait tomber, après l'avoir creusé lui-même sous ses pieds, car l'aumônier d'alors, dom Pierre Raingot, n'était pas homme à se relâcher si facilement de ses droits, et il en poursuivait avec ardeur la réhabilitation. Dans la position fâcheuse dans laquelle s'était précipité Vaultrain, il ne lui restait guère qu'une planche de salut : c'était de solliciter à tout prix une transaction ; quelque mauvaise qu'elle pût être, elle valait toujours bien une humiliante et ruineuse condamnation. Cette transaction se fit le 29 janvier 1665 ; elle était passablement dure, car Vaultrain : 1° s'obligea à ne jamais rien entreprendre ni attenter au préjudice des droits de banalité des pressoirs, comme aussi de démolir celui qu'il avait bâti dans sa maison. 2° Il promit de regarder comme entièrement assoupis, terminés et non advenus, les procès *meus* et à mouvoir pour le rétablissement de l'hôpital et autres prétendus services ès jours de dimanches et fêtes dans la chapelle de Champillon. 3° Il s'engagea à payer à l'aumônier la somme de 60 livres pour frais...... (Nous rapporterons le texte de cette transaction un peu plus loin.)

Boileau a dit quelque part :

Chassez le naturel, il revient au galop.

Volontiers nous en dirions autant de l'humeur litigieuse de Vaultrain. Malgré ses nombreux déboires il revint sur l'arène et suscita bien des tracasseries à dom Pierre Raingot ; on conçoit que l'esprit de vengeance jouait le principal rôle dans toutes ces vexations. Toujours est-il certain que ce train de conduite faillit jouer à Vaultrain un fort mauvais tour, et voici comment : Outre son défaut dominant, notre infortuné champillonais était doué d'une irascibilité qui ne connaissait ni lieu, ni mesure ; c'est, dit-on, la spécialité des plaideurs ; or, dans nous ne savons quelle circonstance, le feu de la discussion l'emporta au point qu'il s'échappa en blasphèmes contre Dieu, en injures contre les magistrats et l'aumônier, entendues et recueillies par nombreux témoins ; l'aumônier qui, depuis longtemps, épiait l'occasion d'humilier ce contentieux personnage, en profita pour dresser contre lui une instruction. Malheureusement pour Vaultrain, l'évidence des preuves était flagrante, il fut donc condamné à 120 livres d'amende pécuniaire et obligé à faire amende honorable en pleine audience, au baillage au siège présidial de Reims. Cette condamnation, comme on le pense bien, n'entrait nullement dans les goûts de Vaultrain, aussi se mit-il en quête de trouver le moyen propre à en éluder l'application. De quoi n'est pas capable un vieux plaideur passé maître en fait de ruses et d'audace ? Un certain laps de temps devait s'écouler entre la sentence du tribunal et son exécution. Le condamné sut en profiter merveilleusement ; sans être ni alchimiste, ni sorcier, Vaultrain savait peut-être, par son expérience personnelle, que l'or et le vin sont en ce bas monde deux puissants réactifs contre l'amour pratique du devoir. Il use donc de toute leur puissance de séduction et il ajoute même le supplément nécessaire de paroles artificieuses ; ainsi armé et fort de l'absence du greffier criminel, il se glisse près de son clerc nommé Cocquabille, le circonvient de flatteuses promesses et finit par en obtenir la remise non-seulement de la sentence de sa condamnation, mais encore de toutes les pièces de la procédure criminelle. Un second clerc nommé Chezy, ainsi que Cocquabille, fut, en cette circonstance, pour Vaultrain, un puissant auxiliaire. Six pistoles glissées dans la main des deux clercs firent tous les frais de sa séduction. Une fois nanti de ces pièces mentionnées, Vaultrain les jeta au feu, et ainsi il put rire une bonne fois en l'honneur de la magistrature ainsi dupée. Cependant, arrive le jour destiné à l'exécution de la sentence ; vainement le greffier cherche le procès du tribunal, sentence, procédure, tout manque à l'appel ; c'est alors qu'il se reconnaît victime d'un indigne guet-à-pens. Honteux et confus de ne pouvoir présenter les minutes, il porte plainte, expose ce qu'il reconnaît du fait et se rend partie civile contre les clercs infidèles et concussionnaires. Déjà Cocquabille avait pris la clef des champs, il fut introuvable ; quant à Chezy, il fut incarcéré et soumis à un interrogatoire ; mais, en praticien déjà rusé et incapable de pâlir, il sut assez bien dépister le juge, se tirer de cette méchante affaire, sans même charger son complice ; l'affaire fut abandonnée comme dépourvue de preuves. Aucun document ne nous indique ce qu'est devenu le principal auteur de cette intrigue ; cette leçon, bien que tronquée, ne manqua pas, sans doute, de lui être fort utile pour l'avenir. Devenu, malgré lui, paisible habitant de Champillon, il reprit la charrue, cacha plus ou moins bien sa mauvaise humeur et finit, comme tout simple mortel, à restituer à la terre le corps qu'il en avait reçu. Peut-être ne fût-ce pas sans avoir au moins la velléité de chicaner une dernière fois l'impitoyable Parque. C'est l'idée qu'on a essayé de rendre par l'épitaphe suivante laissée à l'appréciation bienveillante du lecteur :

> Cy-gît qui toute sa vie,
> De procès en procès chûta ;
> Mourir sans souffler mot c'était folie,
> De l'arrêt de la mort, d'avance il appela,
> Et pour gagner sûrement la partie,
> Un beau jour en secret il trépassa.

(*Archives d'Hautvillers*, 34ᵉ layette, 20ᵉ liasse, n° 32 ; cahier de l'*Inventaire du Cartulaire*, page 338.)

La première sentence que nous voyons prononcée contre Vaultrain est celle-ci :

1654, 17 mars. — Sentence rendue au baillage d'Hautvillers, qui condamne Jean Vaultrain, de Champillon, à payer au sieur aumônier dom Raingot, les lods et ventes de la somme de 92 livres 13 sols 6 deniers pour acquisition par luy faite d'heritages situés sur le terroir et seigneurie de Champillon.

Désirant suivre l'ordre chronologique pour les faits qui ont rapport à Champillon et Hautvillers, nous ne ferons paraître le plaideur en question que quand il en fournira l'occasion.

Traité entre le curé de Dizy et les habitants de Champillon.
(15 février 1658)

Cejourdhuy, 15 février 1658, sont comparus pardevant moy Jean Brouillard, sergent officier en la seigneurie d'Hautvillers, soussigné, les habitants de Champillon, paroisse de Dizy, par Jean Vaultrain, Jean Robert, etc., étant à l'effet de ce qui en suit congrégés au-devant de la chapelle de Champillon, au son de la cloche en la manière accoutumée, qui tous d'un commun accord même voix et consentement, ont trouvé à propos, pour la plus grande gloire de Dieu, soulagement et bien d'un chacun d'eux et salut de leurs âmes, supplient M. Baron, curé dudit Dizy, leur propre et vray pasteur et curé, leur vouloir faire cette grâce, rendu cette assistance de vouloir les tant obliger que de venir célébrer la sainte messe en laditte chapelle, tous les dimanches et fêtes sans y comprendre la fête de Monsieur saint

Barnabé, patron de laditte chapelle, auquel jour ledit sieur curé, en la qualité susdite, est tenu et obligé y venir célébrer la sainte messe la veille, et le jour les vêpres, venir célébrer la sainte messe tous les dimanches et festes comme dit est cy-devant, à son choix et option, à commencer dimanche prochain 17 du présent mois, excepté toutefois les jours de Pâques fleury, autrement le dimanche des Rameaux, de la bonne Pâques, de Noël, Toussaint et Pentecôte, les lendemains desdits jours, les jours de la Circoncision, des Roys, Purification, Assomption, Nativité de Notre-Dame, Fête-Dieu, et finalement le jour fête de Monsieur saint Thimothé, leur patron, auxquels jours ils sont plus particulièrement obligés d'assister en leur paroisse, et sans toutefois rien innover, déroger, ni préjudicier au titre et droit dudit sieur curé, ni même aux obligations et reconnaissances que lesdits habitants doivent à leurs personnes et curé.

A ces clauses et conditions, ledit sieur Baron, meû d'amour et de charité envers lesdits habitants, ses paroissiens, leur a promis et promet leur rendre cette assistance et leur venir célébrer la messe conformément à ce que dessûs, tant et si longuement que bon luy semblera, et sans que ne pouvant satisfaire à ce que dessûs, soit par maladie ou autrement, lesdits habitants le puissent contraindre, y satisfaire, n'y de commettre aucun prêtre en son lieu et place, ainsi pourra quand il luy plaira venir et célébrer la sainte messe, ès jours ouvriers pour et au rata de ses absences, auquel sieur curé aux fins, clauses et conditions susdites, lesdits habitants pour ne demeurer pas entièrement mesconnaissants des peines et assistance, que ledit sieur curé a promis leur rendre pour leur bien et soulagement, ont promis et promettent, par ces présentes luy donner, par chacun an, la somme de 40 livres à payer par termes de trois mois en trois mois, par égale portion, lesquels deniers seront levés par chacun des marguilliers de chacune des années, sur lesdits habitants, chacun autant l'un que l'autre, hors et exceptés les pauvres, veuves, qui ne payeront que moitié d'un ménage, ce que lesdits habitants ont consenti et accordé et promis satisfaire ainsy que dessus, desquels lesdits Vaultrain, Robert, etc, ont signé; les autres ont déclaré ne savoir signer.

Sans que le présent traité ou plutôt que les assistances, que ledit sieur curé a promis rendre auxdits habitants, lui puissent ni à présent, ni à l'avenir, préjudicier, ni à ses successeurs curez, et sans tirer à conséquence, sans aussy que lesdits habitans s'en puissent prévaloir à l'avenir. Fait les jours et an que dessus.

Ainsy signé : Jean VAULTRAIN; Jean BERNIER; Nicolas PIOT; Jacques REGNAULT; Jean ROBERT; Claude REGNAULT; Philippe BROUILLARD; Charles MICHEL; Jacques BAILLET et Jean BROUILLARD.

Ce qui vient d'être dit est un renvoi qui n'a pas été signalé dans la pièce.

Advis d'avocats de Reims au sujet de la chapelle de Champillon.

(26 juin 1659)

Sur ce qui a été représenté de la part des habitants de Champillon que dans leur village il y a une chapelle de laquelle ils ont toujours joui, soit pour faire leurs assemblées au devant de laditte chapelle, au son de la cloche, soit pour le service divin et autres fonctions curiales que le sieur curé de Dizy y a fait sans contestation, laquelle chapelle a été néantmoins de tout temps entretenue par les religieux d'Hautvillers, sont d'avis que n'étant point un secours de la paroisse ni annexée à aucun bénéfice, il y a présomption qu'elle a été bastie par les habitans pour leur commodité particulière, à cause qu'ils sont eloignez de la paroisse, de sorte que si les religieux d'Hautvillers ne font point voire aucun titre pour justifier que laditte chapelle leur appartient, les habitans auront droit de soutenir que lesdits religieux ne leur peuvent empêcher de faire faire le service dans ladite chapelle, mais en ce cas il est sans difficulté qu'ils seraient tenus des réparations et entretenements et cela nonobstant même qu'elle ait été cy-devant entretenue par lesdits religieux, parce qu'ils pourront objecter qu'ils l'ont entretenue comme à eux appartenante...... et ainsy qu'ils sont obligez de reconnaître laditte chapelle être *dépendande* de laditte abbaye et se charger desdittes réparations, mais afin de se conserver la liberté de faire faire le service divin dans laditte chapelle pour leur commodité, ils peuvent essayer de traiter avec les religieux à des conditions raisonnables.

Pour advis, à Reims, le 26 juin 1659.

Signé : BALLIER, MAGIN.

De tout temps, la chapelle de Champillon avait été desservie par un des religieux d'Hautvillers, au moins à certaines époques de l'année; voulant avoir la messe tous les dimanches, c'est pourquoi les habitants de ce hameau ont fait avec le curé de Dizy le traité que nous avons rapporté ci-dessus.

1660, 2 octobre. — Acte de sommation donnée après assignation par un sieur Robert, de Champillon, qui, reconnaissant son tort, promet de pressurer ses vins, à l'avenir, aux pressoirs du seigneur aumônier.

1661. — Sommations et sentences pour et contre, entre Jean Vaultrain et le sieur aumônier, au sujet des dismes.

1662. — Ordonnance rendue sur requête de dom Raingot, aumônier, par le bailly d'Hautvillers, qui fait deffense aux habitants de Champillon de pressurer leurs vendanges ailleurs qu'auxdits pressoirs. Cette ordonnance fut lue, publiée, affichée au grand portail de l'église dudit Champillon, le 29 septembre.

1662, 12 septembre. — Assignation donnée à la requête du sieur aumônier à Jean Vaultrain, laboureur à Champillon, à comparoir pardevant nosseigneurs des requêtes du palais à Paris, pour se voir condamner à démolir un pressoir qu'il a fait bâtir audit Champillon, sans permission et au préjudice du droit de banalité, avec deffense de s'en servir n'y pour luy n'y pour les habitants dudit lieu.

1662, 2 octobre. — Sommation faite au sieur Vaultrain de payer la dîme des vins qu'il a recueillis pendant deux années.

1662, 26 octobre. — Ordonnance de la cour délivrant commission au sieur aumônier pour faire assigner qui bon lui semblera, en délit de pressoir ou autre.

1662, 29 janvier. — Acte passé devant notoire, contenant résultat d'assemblée des habitants de Champillon, requeste en conséquence, et arresté de la communauté des religieux d'Hautvillers, de députer un religieux pour dire la messe les fêtes et dimanches, en la chapelle de Champillon, jusqu'à ce qu'il y ait un curé pourvu de la cure de Dizy, vacante par la mort du sieur Baron, avec lequel ils avaient traité...... le tout sans préjudicier ni tirer à conséquence.

1663. — Demande incidente formée par ledit Vaultrain disant que ledit sieur aumônier aurait dû justifier dans ses deffenses du titre en vertu duquel il prétend percevoir le droit de dismes à raison de 30 pintes, et en outre que le sieur aumônier soit tenu de rétablir la chapelle et l'hôpital comme d'ancienneté.

1663, 23 mars. — Réponses signifiées dudit Vaultrain, par lesquelles il dit que la prétention de banalité du sieur aumônier est mal fondée; qu'il ne peut la prouver ni par titre, ni par possession; qu'il y a toujours eu des habitants à Champillon qui ont eu des pressoirs à eux pour pressurer leurs vins et ceux de leurs amis.

1663, 4 juin. — Deffenses du sieur aumônier, dans lesquelles il fait connaître que ledit Vaultrain a reconnu luy même en justice que la disme en vin de Champillon se paye à raison de trente pintes par queue de vin.

1663, 5 juin. — Arret qui déboute Brice Vaultrain de toutes exceptions..... c'était le frère de Jean Vaultrain, qui, par imitation, cherchait noise au sieur aumônier, dans certaines choses.

1663, 31 août. — Requête du sieur aumônier par laquelle il demande que l'arrêt rendu le 5 août 1662, en faveur de M. Delbène, abbé d'Hautvillers, contre plusieurs particuliers d'Ay, pour le droit de dismes à raison de 30 pintes par queue de vin, soit exécuté à l'égard de ses parties..... En 1659, 6 août, il y avait eu enquête faite par ordre de M. le bailly d'Épernay, à la requête de messire Barthélemy Delbène, abbé d'Hautvillers, évêque et comte d'Agen, à l'encontre de plusieurs bourgeois d'Ay, et en exécution d'arrets du parlement en date du 8 juillet et 9 du même mois 1659, pour la quotité de la disme en vin qui se percevait à raison de 30 pintes de vin par queue.

1664, 12 janvier. — Arrêt rendu au parlement, qui condamne les Vaultrain, Jean et Brice, à payer la disme de vin, à raison de trente pintes par queue et aux dépens... Quant à la demande incidente formée par les deffendeurs, concernant la chapelle et l'hôpital, les parties sont mises hors de cours, sauf, dit l'arrêt, à Jean Vaultrain, de se pourvoir pardevant l'archevêque de Reims.

1664, 3 février. — Acte d'assemblée des habitants de Champillon, par lequel, en désavouant le susdit Vaultrain dans les procès par lui intentés contre le sieur aumônier de l'abbaye d'Hautvillers, leur seul seigneur au spirituel et au temporel, au sujet de la quotité de la disme en vin et de la banalité des pressoirs de leur dit seigneur, non-seulement ils n'entendent pas se joindre audit Vaultrain dans lesdits procèz, mais reconnaissent que la disme en vin s'est toujours payée à raison de trente pintes par chacune queue de vin et que les pressoirs dudit seigneur ont, de tout temps, été tenus reconnus pour *baneaux*. Cet acte est fort bien dressé, mais on ne le trouve signé que par deux habitants de Champillon.

1664, 6 mars. — Arrêt de la cour qui reçoit messire François de Chaumejean de Fourille, abbé commendataire de l'abbaye d'Hautvillers, partie intervenante en l'instance d'entre dom Pierre Raingot, aumônier de laditte abbaye, seigneur de Champillon, et Jean Vaultrain, au sujet de la banalité des pressoirs dudit sieur aumônier.

1664, 21 juillet. — Compromis entre dom Odilon Viart, prieur d'Hautvillers, et ledit Jean Vaultrain, qui remettent au jugement de M. le marquis de Fourille tous les procès et contestations, meüs et pendants, tant aux requêtes, parlement et baillage à Reims, entre ledit Vaultrain et le sieur aumônier de l'abbaye d'Hautvillers, au sujet de la banalité des pressoirs seigneuriaux de Champillon, qu'autres droits, promettant de s'en tenir à ce que ledit sieur de Fourille décidera, sous peine de 500 livres contre le contrevenant.

Transaction entre dom Pierre Raingot, aumônier de l'abbaye d'Hautvillers, et en cette qualité seigneur de Champillon, et le sieur Vaultrain, marchand, cultivateur, demeurant à Champillon

(29 janvier 1665)

A tous ceux qui ces présentes lettres verront... les gens tenants les requêtes du palais à Paris, conseillers du roy, notre sire, en sa cour de parlement, commissaires aux requêtes du palais, et en cette partie, salut. Sçavoir faisons que entre dom Pierre Raingot, religieux aumônier de l'abbaye de Saint-Pierre-d'Hautvillers, et en cette qualité seigneur haut justicier, moyen et bas, du village, terre, seigneurie de Champillon, demandeur en requête par lui présentée à la cour, à ce qu'il plut à ycelle homologuer la transaction passée entre luy et le deffendeur cyaprès nommé, sur les procez et différents qui étaient pendants entre eux en la cour, pour être exécuté en la forme et manière que s'en suit : pardevant les notaires royaux héréditaires au baillage et prévôté d'Épernay, y résidants, soussignés, sont comparus Jean Vaultrain, marchand, demeurant à Champillon, d'une part, et révérend père dom Pierre Raingot, religieux bénédictin, aumônier de l'abbaye de Saint-Pierre-d'Hautvillers, et en cette qualité seigneur haut justicier, moyen et bas, et sans part d'autrui des village, terre et seigneurie de Champillon, par révérend père dom Vezelise, prêtre religieux de laditte abbaye, pourvu de procuration à l'effet des présentes passée pardevant Michel, notaire à Triaucourt, et témoins le 20 août dernier, apparue auxdits notaires soussignés, montrée et exhibée par ledit sieur Vezelise, et à luy rendue sur le champ d'autre part. Lesquelles parties nous auraient dit et déclaré sçavoir ledit sieur Vezelise audit nom que yceluy sieur Raingot, à cause de son dit office, seigneurie, haut justicier, moyen et bas, desdits village, terre et seigneurie dudit Champillon, et tant en cette qualité qu'autres justes titres il a le droit et est en possession immémoriale de tous droits et banalité à l'égard des pressoirs cy-devant construits par ses prédécesseurs et par luy rétablis et entretenus lorsqu'il en a été besoin, duquel droit de banalité luy et ses prédécesseurs ont joui perpétuellement et sans aucune contestation, et jouit encore à présent au vu et au sçu de tous les habitans de Champillon, et même d'yceluy Vaultrain, qui non-seulement les ont souffert et reconnus jusqu'à présent pour banaux, mais qui même auraient demandé le rétablissement d'iceux quand il est arrivé qu'à force d'avoir travaillé ils ont été disloqués ou rompus, et ce comme d'une usine publique, commune et banale, à laquelle ils auraient cru être obligés d'avoir recours et non ailleurs pour les pressurages de leurs vendanges, au préjudice duquel droit de banalité desdits pressoirs, ledit Vaultrain aurait entrepris, depuis cinq ans environ, de faire bâtir et construire un pressoir pour son usage particulier, dans une maison à luy appartenante, audit village de Champillon, sans aucun congé ou permission de la part dudit seigneur aumônier, ce qui aurait obligé ledit sieur Ringo, aumônier, de faire donner assignation audit Jean Vaultrain pardevant nosseigneurs des requêtes du palais à Paris, pour voir être dit que le pressoir de nouveau bâti par ledit Vaultrain dans le village dudit Champillon. A promis et promet de ne jamais rien entreprendre ny attenter au préjudice des droits de banalité desdits pressoirs, qu'à cet effet il s'est obligé et s'oblige de démolir incessament ledit pressoir par luy bâti en sa maison audit Champillon et moyennant ce tous, procez, meüs et à mouvoir, entre lesdittes parties, tant au sujet desdits pressoirs que de leurs prétentions respectives, pour le rétablissement d'un certain prétendu hôpital audit Hautvillers et autres prétendus services ès jours de fêtes et dimanches dans la chapelle dudit sieur aumônier à Champillon, tant pardevant nosseigneurs des requêtes du palais à Paris que pardevant Monseigneur l'archevêque de Reims, en son official, demeureront entièrement assoupis, terminés et comme non advenus, à la charge de payer incessamment par ledit Vaultrain, audit sieur Raingot, aumônier, ou à son procureur, la somme de 260 livres pour frais et dépens, compensés entre ycelles parties consentant lesdittes parties de la présente transaction, être omologuée pardevant nosdits seigneurs des requêtes du palais à Paris et partout ailleurs où besoin sera, constituants pour les procurants spécialement le porteur d'ycelle élisant, à cet effet, leur domicile, savoir : ledit Vezelise audit nom au logis de M. Hiérome Genet, procureur au parlement à Paris, rue Jean-Pain-Molle, paroisse de Saint-Médéric, ledit Vautrain en la maison de M. Cantonnier, aussy procureur audit parlement de Paris, y demeurant, rue Saint-Germain, promettant, lesdittes parties, entretenir, satisfaire et accomplir au convenu cy-dessus, sur peine oblige ledit sieur Vezelize, les biens de laditte aumône, terre et seigneurie de Champillon, en vertu de sondit pouvoir, ledit sieur Vaultrain, ses biens, renonçant, etc.

Fait et passé à Épernay, pardevant lesdits notaires, le 29 janvier 1665, ont signé en la minutte.

DE VILLERS.

A l'instant, laditte somme de 260 livres a été payée audit sieur Vezelise, audit nom dont il s'est contenté, et sont les parties demeurées d'accord que le procès cy-devant intenté contre ledit Vaultrain, pour raison de dismes dües par ledit Vaultrain, est ainsy terminé sans se rien demander, soit du principal dont est question audit procès, ni dépens adjugés ou à adjuger, à charge par ledit Vaultrain, de payer, si faire n'est, les frais de Godard, commissaire établi aux bestiaux saisis sur ledit Vaultrain, et tout ce qu'il pourrait prétendre pour raison dudit établissement de commissaire, en telle sorte que pour raison de ce, ledit Godard ne puisse prétendre aucune chose que contre ledit Vaultrain.

Ainsy signé : Collet et De Villers, avec paraphe, et M. Hiéronne Genest, son procureur, d'une part, et Jean Vaultrain, marchand, demeurant audit Champillon, deffendeur par Cantonnier, son procureur, d'autre part.

(Extrait des *Archives d'Hautvillers*, liasse concernant Champillon.)

Requête dudit Vaultrain adressée au sieur aumônier en cette forme.

(1665).

Au révérend père dom Pierre Raingot, religieux bénédictin, aumônier de l'abbaye d'Hautvillers, seigneur haut justicier, moyen et bas des terre et seigneurie, village de Champillon. Supplie humblement Jean Vaultrain, laboureur demeurant audit Champillon, disant qu'ayant eu en pensée qu'il pouvait légitimement faire bâtir comme il a fait en sa maison audit lieu, un gros pressoir à pressurer vin et d'autant qu'il a reconnu depuis qu'il n'a eu aucun droit de le faire, il espère pourtant ne pas être frustré non plus que sa femme Jeanne Buiron et le premier enfant, si tant est qu'il y ait enfant de leur mariage, des dépenses considérables et frais qu'il a déboursés pour faire construire ledit pressoir, ce qui l'oblige a avoir recours à votre bonté ; à ces causes réquiert ledit suppliant à ce qu'il vous plaise, souffrir et laisser jouir paisiblement luy et sa femme et le premier enfant provenant d'eux pendant leur vie seulement du revenu, fruits et émoluments dudit pressoir pour leur usage seulement, à y pressurer les raisins qu'ils recueilleront dans leurs vignes, ou des dépouilles qu'ils pourront achepter aux offres que fait le suppliant, de donner et vous abandonner les bois dudit pressoir pour les enlever ou faire enlever incontinent, après le décès arrivé du dernier des trois y dénommés, et d'en jouir et disposer par vous, ainsy que bon vous semblera sans pouvoir rien prétendre pourtant au fond où est construit ledit pressoir ; c'est ce qu'il espère de votre bonté dans la pensée qu'il a en reconnaissance de ce, à prier Dieu pour votre salut et santé, et ferez justice.

Signé : VAULTRAIN.

Vue la présente requête par moi, dom Pierre Raingot, aumônier de Saint-Pierre-d'Hautvillers et seigneur en cette

qualité, haut, moyen et bas des village, terre et seigneurie de
Champillon, consent que ledit Jean Vaultrain et Jeanne Buiron,
sa femme, et le premier enfant qui proviendra d'eux jouissent,
le temps de leur vie naturelle seulement, du pressoir que ledit
Vaultrain a fait construire en sa maison, sans pouvoir néanmoins,
sous quelque prétexte que ce soit, y pressurer autres vendanges
que celles provenant des vignes à eux appartenantes et
dépouilles qu'ils pourront achepter au temps des vendanges,
pourvu qu'elles ne dépassent pas la quantité de dix pièces de
vin, à peine de tous dépens et dommages et intérêts, et d'après les
offres faites par ledit Vaultrain, les bois dudit pressoir appartiendront, en sa qualité, au seigneur aumônier, après le décès
du survivant des susdits dénommés, sans prétendre par leurs
héritiers aucune somme de deniers ni autre chose pour les bois
dudit pressoir sous laquelle condition seulement, et non autrement, laditte permission n'aurait été accordée.

Fait à Beaulieu, ce second jour de mars 1665.

Signé : Dom Pierre RAINGOT, aumônier.

Le bon aumônier comprenait parfaitement l'hypocrisie du
célèbre Vaultrain, mais sa charité lui a dicté la concession
qu'on vient de lire, et si le chicaneur n'en a pas profité, l'aumônier en a eu du moins le mérite.

1665, 8 juillet. — Devis des ouvrages de maçonnerie à faire
à la chapelle seigneuriale de Champillon et marché desdits
ouvrages faits au nom de dom Pierre Raingot, aumônier
d'Hautvillers.

1667, 23 octobre. — Composition de Jean Vaultrain et
d'autres... sous l'obligation de payer 9 livres par an, jour de
Noël, pour chaque arpent de vignes qu'ils possèdent sur le
terroir de Champillon. Le sieur Vaultrain et consors avaient
fait une fausse déclaration de leurs propriétés ; plus tard,
en 1669, il fut condamné à payer non seulement 9 livres, mais
encore 150 livres.

**Convention entre les religieux d'Hautvillers et les habitans de
Champillon, pour la célébration d'une messe tous les
dimanches et fêtes à Champillon**

(27 novembre 1667)

Aujourd'hui vingt-septiesme jour de novembre mil six sent
soixante-sept sont comparus pardevant moy nottoire royal,

garde-note au baillage de Vermandois résidant à Hautvillers, subsignés presents les temoings cy après nommés, Jean Vauthier laboureur, Nicolas Raguin et Jean Chastel vignerons particuliers habitants dudit Champillon, tant en leur nom que comme fondés de pouvoir des aultres habitans par leur acte d'assemblée de cejourdhuy dont la copie est en l'autre part, lesquels tant en leurs noms que comme dessùs se sont rendus pardevant Messieurs les vénérables religieux, prieur, couvent de l'abbaye de Saint-Pierre-d'Hautvillers ordre de Saint-Benoît et representé à eux que dans leur communauté de Champillon il y a plusieurs personnes de l'un et de l'autre sexe déjà fort avancées en âge, lesquelles pour cette raison ne pouvant facilement assister au service divin à leur paroisse de Dizy, pourquoy ils supplient lesdits sieurs religieux vouloir leur accorder une messe basse tous les dimanches et festes chaumables dans le diocèse de Reims à quelle heure il leur plaira, affin que tous les habitans de leur communauté de l'un et de l'autre sexe, puissent satisfaire à leurs devoirs de bons catholiques, promettant ycelle communauté de donner, faire présent à la sacristie du couvent par forme de retribution la somme de 60 livres en deux payements égaux, en tems premier avril et premier novembre de chacusne année, dont le premier payement *écherra* ledit premier jour d'avril de l'année mil six cent soixante-huit, et le second payement au premier jour de novembre, le tems present et de là en continuant pendant le tems que lesdits sieurs religieux viendront dire la messe, festes et dimanches dans la chapelle de Champillon, ce qui a été volontairement accordé par lesdits sieurs religieux representés par Révérend Père dom Toussaint Thomas prieur, dom Alexis. Dusorton sous-prieur, dom Eugène Lefondeur, dom Rupert Regnault, dom Joseph de Vézelize, dom Bernard, dom Augustin Lemaistre, dom Jean, dom Clement Misset, dom Dominique Verdelot, frère François, Alphonse Robert et frere Pierre Paillot, tous prestres religieux profez de laditte abbaye de Saint-Pierre-d'Hautvillers, lesquels ont promis d'envoyer un prestre dire et célébrer la messe, en laditte chapelle de Champillon tous les dimanches et festes chaumables dans le diocèse de Reims, moyennant laditte retribution de 60 livres par an payable aux termes cy dessus dit et ainsy aultant de tems que lesdits religieux voudront et pourront satisfaire et auront religieux suffisants pour cet effet, et hors de tems de courses et incursions de guerre peste et aultres accidents imprévus et qui les pourraient empêcher, et qui pour plus grande assurance et faciliter la levée des deniers pour faire laditte retribution par an, lesdits habitans ont declaré que d'an en an, ils nommeraient et institueraient un marguiller pour la direction de laditte chapelle, auquel dès à present donnaient pouvoir de lever sur eux chacun d'eulx au marc la livre ou autrement, ainsy qu'il en sera deliberé par laditte communauté suivant l'acte séparé, ce qu'ils feraient entre eux a cette effet : a ce défaut tems, lesdits habitans à y satisfaire l'un pour l'autre et d'abondance, seront tenus aux ornemens de laditte chapelle et d'entretenir les cordes des cloches. A ce faire et entretenir, les parties ont obligé leurs biens scavoir lesdits sieurs religieux ceux de leurs revenus et communaulté et lesdits habitans l'un pour l'autre comme dessus tenus, de faillis sous peine de tous dépens et dommages et interets, renonçants, etc. Ont la plupart des habitans signé et les aultres déclarés ne savoir signer. Et en outre tenus lesdits habitans fournir le vin pour célebrer lesdittes messes. Présents Jean Portevin et Nicolas Viranet vignerons demeurants audit Champillon temoings qui ont aussi signez en laditte minutte signiffiée en sus et controllée.

HUSSON.

(Extrait des *Archives de la mairie de Champillon.*)

1668, 15 juin. — Requeste du sieur Jean Dorigny, prestre curé de Dizy, adressée à M. le bailly de Vermandois ou son lieutenant à Rheims, tendant a ce qu'il luy soit permis de faire assigner pardevant luy les religieux d'Hautvillers pour l'avoir troublé dans la possession immémoriale de célébrer le service divin dans la chapelle de Champillon, son annexe, le jour de la fête de Saint-Barnabé, patron de laditte chapelle.

1668, 15 juin. — Assignation donnée au sieur Dorigny, vicaire perpetuel de Dizy, en vertu de la commission du grand conseil; cette commission du grand conseil permettait au sieur aumônier de faire assigner le susdit Jean Dorigny, vicaire perpetuel, pour le tenir en deffense de se trouver dans le droit qu'il a, en sa qualité d'aumônier, de celebrer le service divin le jour de Saint-Barnabé, dans la chapelle de Champillon.

1668, 22 juillet. — Certificat donné par les anciens habitants de Champillon et de Dizy qui attestent n'avoir jamais veüs d'autres que le sieur curé de Dizy, faire l'office divin dans la chapelle de Champillon le jour de la Saint-Barnabé..... soit ; mais cela ne prouvait pas que le sieur aumônier n'avait pas le droit d'y dire la messe aussi ce jour-là.

1668, 4 octobre. — Réponse du sieur curé de Dizy à la susditte assignation, il se qualifie curé de Dizy et de Champillon, il dit qu'en cette qualité luy et ses prédécesseurs ont toujours célébré le service divin dans la chapelle de Champillon le jour du patron, saint Barnabé, et que ce n'est que de l'année dernière que les religieux l'ont troublé dans sa possession immémoriale, et, qu'en outre, ils entreprennent continuellement sur ses fonctions curiales allant dire la messe sans sa permission les fêtes et dimanches, y prêchent, confessent, et conclud à ce qu'il soit maintenu en son droit.

1669, 25 février. — Nous revenons au démêlé de Jean Vaultrain avec le sieur aumônier. Ledit Jean Vaultrain revient sur ses pas et refuse de suivre ce dont il est convenu dans la transaction qu'il a faite avec ledit sieur aumônier en 1665... Arrêt sur requête obtenue par ledit Jean Vaultrain, appelant en cassation de la transaction faite entre luy et Pierre Raingot, le 29 janvier 1665, et omologation d'ycelle disant avoir été forcé, récolenté et contraint par menace. Signification dudit arrêt et assignation donnée en conséquence audit sieur Raingot à comparoir au parlement.

1669, 21 mars. — Assignation donnée à la requête de dom Pierre Raingot à Jacques Bulteau, vigneron, demeurant à Champillon, à comparoir pardevant nosseigneurs des requêtes du palais pour se voir condamner à démolir un pressoir qu'il a commencé à faire construire au préjudice des pressoirs banaux de l'aumônier.

1669, 28 mars. — Sentence des requêtes du palais qui condamne Simon Fissette, vigneron de Champillon, à payer la dismes des vins à l'aumônier.

1669, 25 avril. — Arrêt du parlement qui confirme la sentence précédente.

1669. — Mémoire ou factum des habitants de Champillon pour l'érection dudit village en cure.

1669, 20 may. — Assignation donnée aux habitants de Champillon, à comparoir pardevant nosseigneurs du grand conseil pour se voir condamner à rendre et restituer deux cloches qu'ils ont enlevées de la chapelle de Champillon.

Voilà les habitants de Champillon qui, à l'exemple de leur émule Jean Vaultrain, font des *leurs*.

1669, 30 may. — Saisie faite à la requête des religieux d'Hautvillers, sur les habitants de Champillon, pour une somme de 30 livres duë par eulx pour six mois de desserte faite par lesdits religieux, en vertu du traité du 27 novembre 1667.

1669. — Procès-verbal de visite par MM. les grands-vicaires de Reims, tendant à ériger ledit Champillon en cure. Sentence desdits grands-vicaires qui ordonnent laditte érection, cassée par arrêt du grand conseil du 4 août 1670, comme on le verra dans la suite aussi bien que l'ordonnance.

1669, 1er juin. — Assignation au grand conseil, donnée aux habitants de Champillon, pour voir dire qu'ils seront tenus en deffenses de rien entreprendre sur la possession et usage de la chapelle seigneuriale dudit lieu appartenant au sieur aumônier.

1669, 1er juin. — Procès-verbal de l'enlèvement des cloches de la chapelle de Champillon par les habitants dudit lieu, lesquelles cloches ont été trouvées chez Jean Vaultrain.

On ne suppose pas qu'il objectera qu'elles ont été apportées à son insu.

1669, 5 juin. — Acte d'assemblée des habitants de Champillon qui prennent, en communauté, fait et cause du procès pendant au grand conseil, au sujet de la chapelle dudit Champillon.

1669, 11 juin. — Deffenses de la part de dom Pierre Raingot, aumônier de l'abbaye d'Hautvillers, et, en cette qualité, seigneur de Champillon, aux habitants de laditte seigneurie de faire des danses publiques le jour de Saint-Barnabé, leur patron.

1669. — Procédure intentée au baillage de Reims, contre un serrurier et autres personnes envoyées par le procureur des religieux d'Hautvillers, pour dépendre les cloches de la chapelle de Champillon... Assignation à eux donnée à la requête des habitants dudit Champillon. — Informations, interrogatoires.

Les religieux prennent fait et cause pour les susdits et signifient que l'instance étant pendante au grand conseil, ils doivent y être renvoyés. Les cloches avaient été remises en place, et voilà que l'aumônier à son tour veut prouver qu'elles lui appartiennent, alors il les fait descendre.

1669. — Requête des religieux d'Hautvillers à nosseigneurs du grand conseil, tendant à ce qu'il leur soit permis de faire assigner les habitants et par provisions que les cloches leur soient rendues.

1669, 26 juin. — Commission du grand conseil en conséquence de la requête précédente. Elle permet au sieur aumônier de faire assigner audit grand conseil les habitants de Champillon et, sans préjudicier aux droits des parties, ordonne que les cloches seront remises audit sieur aumônier pour être transportées en la sacristie de l'abbaye d'Hautvillers.

1669. — Requête des habitants de Champillon à nosseigneurs du grand conseil qui demandent que les susdites cloches soient remises à l'endroit de la chapelle où elles étaient, au moyen de quoy ils s'opposent à l'exécution de la susditte commission ou arrêt du grand conseil.

1669, 1er juillet. — Commandement au greffier criminel de Reims de renvoyer les pièces du procès criminel au greffe du grand conseil.

1669, 6 juillet. — Ordonnance de M. le lieutenant général d'Épernay, commissaire en cette partie, de faire assigner, à la requête du sieur aumônier d'Hautvillers, Jean Vaultrain et autres habitants de Champillon, pour être présents au procès-verbal qu'il entend faire en vertu de la commission du 26 juin dernier, et, en cas de refus, il y sera procédé tant à l'absence qu'en présence. Assignation donnée le 8 juillet en vertu de cette ordonnance.

1669, 17 juillet. — Procès-verbal de M. le lieutenant général d'Épernay, fait en vertu de l'arrêt... du refus fait par les habitants de rendre les cloches recélées chez le sieur Jean Vaultrain.

1669, 26 juillet. — Requête du sieur aumônier à nosseigneurs du grand conseil, par laquelle il demande être reçu appelant de la prétendue érection du village de Champillon en cure et tout ce qui s'en est suivi.

1669, 30 juillet. — Arrêt du grand conseil qui ordonne que Fontaine, procureur des habitants de Champillon, viendra plaider sur l'appel comme d'abus, interjeté par le sieur aumônier de la sentence et jugement de l'official de Reims, portant érection du village de Champillon en cure.

1669, 5 août. — Signification du susdit arrêt tant à l'official de Reims qu'aux habitants de Champillon.

1669, 9 août. — Acte de nomination du sieur Berthault à la prétendue cure de Champillon.

1669, 12 août. — Assignation au grand conseil donnée à la requête du sieur aumônier, au sieur Jean Lelièvre, vicaire perpétuel de Saint-Imoges, pour se voir condamner à 500 livres d'amende pour avoir enterré la nommée Nicole Cuperdel dans la chapelle de Champillon, et ordonne qu'elle sera exhumée pour être transportée au cimetière de Dizy, sa paroisse.

1669, 19 août. — Signification de l'arrêt du 30 juillet, au sieur Berthault, vicaire d'Ay, nommé curé de Champillon.

1669, 17 et 19 août. — Requêtes du sieur aumônier à nosseigneurs du grand conseil par lesquelles il demande que deffenses soient faites au sieur Bertault, nommé curé de Champillon, d'y faire aucune fonction curiale, et cassation de sa prise de possession.

1669, 18 octobre. — Arrêt qui ordonne que le greffier du baillage criminel de Reims enverra aux greffes du grand conseil le procès criminel fait contre Jean Vaultrain, pour raison de plusieurs outrages et *voyes* de fait dans le temps de l'enlèvement des cloches dont il a été cy devant parlé. Intervention des parties outragées, visites et rapport des chyrurgiens.

1669, 8 novembre. — Arrêt du grand conseil qui permet d'informer contre Jean Vaultrain et autres habitants de Champillon, pour injures proférées contre l'aumônier.

1669, 12 novembre. — Décret du lieutenant d'Épernay pour ajourner témoins et informer.

1669, 15 novembre. — Procès-verbal d'information.

Autres séries de pièces de procédure.

1669, 20 novembre. — Sentence du baillage d'Hautvillers, qui condamne Jean Vaultrain a donner exacte déclaration des vignes qu'il possède sur le terroir de Champillon, et, en outre, de payer à l'aumônier 9 livres par arpent, suivant la précédente composition, plus la somme de 150 livres.

Nous avons vu que le sieur Vaultrain n'avait pas été loyal en cette matière.

1669, 21 novembre. — Jugement du baillage d'Hautvillers qui ordonne que visittes sera faites des vignes de Champillon, à cause des fraudes qui se commettent dans le payement de la disme.

1669, 24 novembre. — Requête adressée au baillage d'Hautvillers par Nicolas Bazin et sa femme, portant plainte d'avoir été battus et maltraités par Jean Vaultrain.

TRANSACTION POUR LA CÉLÉBRATION D'UNE MESSE 173

1669, 6 décembre. — Sentence rendue au baillage d'Hautvillers qui condamne Jean Vaultrain et consors, à payer à Nicolas Bazin et sa femme, la somme de 20 livres pour les avoir battus et maltraités.

1670, 4 août. — Arrêt du grand conseil qui casse l'ordonnance d'érection du hameau de Champillon en cure, dont voici le prononcé : Notre dit grand conseil dit qu'il y a abus et que, par ledit grand-vicaire de l'archevêque de Reims, il a été mal, nullement et abusivement procédé et ordonné par ledit grand-vicaire et exécuté, et sans avoir égard à la procédure criminelle, respectivement faite par lesdittes parties de *Camus* (1) de se pourvoir pardevant l'archevêque de Reims, pour avoir un vicaire résidant sur les lieux, l'abbé, l'aumônier de laditte abbaye et le curé de Dizy appelés, dépens compensés et cependant sans préjudice du droit des parties, au principal et sans tirer à conséquence, ordonnons que le prestre qui a desservi sera payé de la somme de 200 livres par an, moitié par les parties de *Camus* et l'autre moitié par les parties de portier, s'y donnons en mandement.

1670, 16 août. — Requête des habitants de Champillon à Monseigneur l'archevêque ou ses grands-vicaires, tendante à avoir un vicaire à Champillon, résidant et assignation aux décimateurs de lui faire sa pension.

1670, 29 août. — Sommation faite à la requête du sieur aumônier au sieur Berthault, desservant de la paroisse de Champillon, de recevoir 100 livres, conformément à l'arrêt du 4 août.

1670, 30 août. — Sommation faite aux habitans de Champillon de remettre au sieur aumônier les cloches de la chapelle pour les replacer dans laditte chapelle, et dresser procès-verbal de l'état desdittes cloches comme aussy de luy rendre les clefs de laditte chapelle, à quoy ils ont été refusants.

1670, 4 septembre. — Assignation donnée à la requête du sieur aumônier à différentes personnes à comparoir devant le lieutenant criminel du baillage d'Épernay, pour information qu'il entend faire.

1670, 4, 5 et 6 septembre. — Procès-verbal de visitte de la

---

(1) Parties de Camus, ceux qui sont forcés de se taire, ceux dont les raisons sont réduites à néant.

chapelle de Champillon et de l'endroit où étaient les cloches. Requête tendante à faire informer du vol desdittes cloches. Information de l'enlèvement de ces cloches.

1670. — Mémoire des pièces justificatives de la haute justice de Champillon. On trouve dans ce mémoire que le sieur aumônier s'est trouvé spolié de laditte haute justice en l'année 1606, par la négligence de dom Bourgeois, pour lors aumônier, qui l'a laissée prendre pour ne pas être obligé de payer les gages des officiers; c'est, trouve-t-on encore, le même aumônier qui a laissé tomber en ruines tous les bâtiments de la maison seigneuriale dudit Champillon; cependant l'aumônier a toujours retenu la qualité de seigneur de Champillon, laquelle luy a été conservée par plusieurs actes publics dans ledit mémoire.

1670, 10 septembre. — Requête du sieur aumônier à M. le bailly d'Épernay, pour qu'en vertu de l'arrêt du 4 août dernier, portant qu'il y a abus dans le jugement du sieur grand-vicaire de Reims, qui ordonne l'érection de Champillon en cure, il luy soit permis d'informer.

1670, 19 septembre. — Jugements des grands-vicaires de Reims, qui ordonnent qu'il sera informé de la nécessité de mettre un vicaire résidant à Champillon.

1670, 23 septembre. — Commission du grand conseil qui permet au sieur aumônier d'informer contre ceux qui ont volé les cloches de la chapelle de Champillon, pour la troisième fois.

1670, 8 novembre. — Procès-verbal de visite de la chapelle de Champillon, par MM. les grands-vicaires de Reims.

1670, 11 octobre. — Commission du grand conseil obtenu par le sieur aumônier, portant ce qui suit : à ces causes aurait, ledit suppliant, requis commission luy être délivrée aux fins cy-après, ce que notre dit conseil aurait ordonné, pour ce est-il que nous, en suivant l'ordonnance de notre dit conseil et la requête dudit suppliant, te mandons assigner en notre dit conseil ledit Berthault (nommé curé de Champillon), et tous autres qu'il appartiendra pour y procéder sur laditte contravention, voir dire et ordonner que deffenses luy seront faites de faire aucune fonction audit Champillon, et de se servir de laditte chapelle dudit lieu, de laquelle ledit suppliant avait seul la disposition, condamner à telle amende qu'il plaira à notre dit conseil et à tous ses dépens, dommages et intérêts, et cependant faire inhibition et deffenses auxdittes parties, de faire, pour raison de ce que dessus, circonstances et dépendances, poursuites ni productions, ailleurs qu'en notre dit grand conseil.

1670, 29 octobre. — Autre procès-verbal de visitte de la chapelle de Champillon, par MM. les grands-vicaires de Reims.

1670, 30 octobre. — Requête des habitants de Champillon à Monseigneur l'archevêque de Reims, par laquelle ils demandent que le sieur Berthault leur soit laissé pour desservant.

1670, 20 novembre. — Sentence de l'officialité de Reims, qui ordonne qu'il y aura un vicaire résidant à Champillon.

Voici l'ordonnance de cette sentence :

Ordonnance des vicaires généraux de Monseigneur Barberin, archevêque de Reims, pour qu'un vicaire soit nommé à Champillon.

(20 novembre 1670)

A tous ceux qui ces présentes lettres verront, Robert Lelarge, prestre, docteur en théologie, doyen et chanoine de l'Église métropolitaine de Reims, et Charles Richard, prestre, licencié ès lois, aussy chanoine de laditte Église, vicaires généraux de Monseigneur l'éminentissime cardinal Antoine Barberin, camerlingue de la sainte Église romaine, archevêque, duc de Reims, premier pair et grand aumônier de France, salut.

Sçavoir faisons que veü par nous la requête présentée par les habitants du village de Champillon, aux fins d'établir un vicaire résidant sur les lieux, pour faire les fonctions curiales, en conséquence de l'arrest du grand conseil du quatrième jour d'aoust dernier, au bas de laquelle requeste est notre ordonnance du 16 dudit mois, la signification de laditte requeste au sieur abbé de Saint-Pierre-d'Hautvillers, dong Pierre Raingot, aumônier d'ycelle, et maistre Jehan Dorigny, curé de Dizy, par Hubert, appariteur, le 28 du même mois, les arrests du grand conseil, notre ordonnance du 13 septembre suivant portant que nous nous transporterions sur les lieux, recognoistre de la nécessité et procès-verbal fait et dressé par l'un de nous, estant sur les lieux, en présence des parties duement appelées, au haut de laquelle est attaché le nombre des habitants dudit lieu de Champillon, des domestiques et des enfans et communiants, et même le nombre des personnes cy-devant décédées sans sacrement; la déclaration faite par ledit sieur abbé, signifiée le dix septembre dernier; les dires desdits Raingot, aumônier, et Dorigny, curé dudit Dizy; conclusions du promoteur de l'archevêque, et tout considéré, nous avons ordonné qu'il y aurait un vicaire résidant dans le lieu de Champillon, pour y desservir et faire toutes les fonctions curiales non amottible (1), sinon pour causes canoniques, lequel sera présenté par ledit sieur abbé d'Hautvillers, et institué par nous et auquel sera fourny, par les décimateurs, de pension annuelle, la somme de 200 livres, payable par quartier et par advance, si mieux n'ayment, lesdits décimateurs, abandonner audit vicaire le tiers des dismes du terroir de Champillon, et ledit vicaire institué par nous sera tenu de monstrer son institution audit sieur curé de Dizy, lequel sieur curé pourra, le jour de la fête de Saint-Barnabé, patron de laditte Église, célébrer la sainte messe et les vêpres dudit jour, et en ce cas, ledit vicaire fera la fonction de diacre, ordonnons que les offrandes des *quatres* jours notaux, sçavoir : Pâques, Pentecôte, Toussaint et Noël, appartiendront audit sieur curé de Dizy, et seront délivrées à la personne par lui proposée, et s'y sera, ledit vicaire, tenu d'aller processionnellement avec les habitants dudit Champillon, en l'église dudit Dizy, les jours de fête de Saint-Thimothée, patron dudit lieu de Dizy, pour assister à la messe, faire les fonctions de diacre s'il est requis par ledit sieur curé, de faire ledit office et au desffaut par ledit sieur abbé d'Hautvillers de nous présenter dans quinzaine un vicaire capable, il en sera institué un par nous, ordonnons que lesdits habitants feront faire une maison presbytérale pour loger ledit vicaire convenablement à sa qualité et jusque avec loger commodement, stipendier un clerc ou un maistre d'escole pour assister ledit vicaire en son office, et instruire les enfants et sera fait fermeture aux environs de laditte église, suivant qu'il a été par nous désigné, pour servir de cimetière et sera, à cette fin, laditte place bénitte; ferons aussy, lesdits habitans, faire les ornements et autres choses nécessaires pour le service divin, construire des fonts pour l'administration du sacrement de baptême.

Ce fut faict et donné le 20ᵉ jour de novembre 1670. En temoing de quoy nous avons signé la minutte de ces présentes que nous avons fait contresigner par le secretaire de notre

---

(1) Non amottible pour inamovible.

archevêché et y apposer le cachet des armes dudit seigneur archevêque.

LELARGE,   RICHART,
vicaire général.   vicaire général.

Pour Messieurs les vicaires généraux :
DE MARTIGNY.

(Extrait des *Archives de la mairie de Champillon*.)

1670, 27 novembre. — Acte d'appel de la susditte sentence signifiée à la requête de dom Raingot, aumônier, à M. le procureur, au sieur curé de Dizy, à M. l'abbé d'Hautvillers et aux habitants de Champillon.

1670, 28 novembre. — Commission du grand conseil qui permet au sieur aumônier de faire assigner le curé de Dizy et les habitants de Champillon pour répondre sur l'appel cy dessus mentionné.

1670, 18 décembre. — Commission du grand conseil pour y assigner Jean Vaultrain, refusant la disme de foin d'un champ empouillé de luzerne.

1671, 19 janvier. — Requête du sieur aumônier à nosseigneurs du grand conseil, tendante à faire casser la procédure faite contre luy à la requête du sieur Bertault, vicaire de Champillon, au préjudice de l'arrêt du 4 août dernier, et à ce que deffenses soient faites au vicaire-général et officiers de l'officialité de Reims d'en prendre connaissance.

1671, 26 janvier. — Arrêt de retention de la cause au grand conseil qui ordonne que les parties y deffendront.

1671, 25 avril. — Arrêt du grand conseil qui ordonne que l'arrêt du 4 août sera exécuté, et condamne les habitants de Champillon aux dépens, casse, révoque et annulle l'ordonnance des grands-vicaires de Reims.

1671, 8 juin. — Requeste des habitants de Champillon en opposition à l'exécution de l'arrêt précédent.

1671, 13 juin. — Production de dom Raingot, contenant ses moyens de deffenses contre les manants et habitants de Champillon. Il conclut à ce qu'ils soient déboutés de leur demande et condamnés aux dépens.

1671, 6 août. — Arrêt du grand conseil qui déboute les habitants de Champillon de leur opposition à l'arrêt du 25 avril.

1671, 24 octobre. — Commandement fait à la requeste de dom Raingot, aumônier et seigneur de Champillon, aux habitants dudit lieu de payer la somme de 469 livres 11 sols 6 deniers de dépens à quoy ils ont été condamnés envers ledit sieur aumônier.

1671, 29 novembre. — Certificat des habitants de Champillon, passé pardevant Parent et Devillers, nottoires à Épernay par lequel ils affirment que le sieur Berthault a fait les fonctions curialles audit Champillon.

1671, 3 décembre. — Acte passé pardevant notoire, par lequel Jean Vaultrain promet et s'engage de poursuivre à ses frais, l'acte intenté contre l'aumônier par les habitants de Champillon, au sujet de la banalité des pressoirs et de ne leur rien répéter pour les frais.

1671, 16 décembre. — Acte d'assemblée des habitants de Champillon, par lequel ils attestent qu'il n'y a nulle banalité de pressoirs, ni de moulin, ni de four à Champillon, qu'ils ont eu de tout temps la liberté de pressurer leurs raisins où ils jugèrent à propos... Il paraît que le oui et le non, pour ces gens-là, ont la même signification.

1672, 20 février. — Requête par les habitants, par laquelle ils demandent d'être reçus partie *intervenante*. — Ensemble arrêt du 16 mars qui les reçoit en cette qualité.

1672, 16 février. — Jugement de M. le vicaire-général de Reims, qui ordonne qu'il y aura un prestre résidant à Champillon pour administrer les sacrements, faire le service divin et les fonctions curialles, et quant à la rétribution et l'entretenement dudit prestre, que les parties se pourvoieront au grand conseil où elles sont en instance.

1672, 23 février. — Requête des habitants de Champillon à nosseigneurs du grand conseil, par laquelle ils demandent que le jugement du grand vicaire-général de Reims soit exécuté et, en conséquence, que ledit Berthaut fera les fonctions curialles audit Champillon, et qu'il lui sera payé annuellement et à ses successeurs par ledit sieur aumônier la somme de 200 livres.

1672, 10 mars. — Arrêt du grand conseil rendu sur requeste qui ordonne au sieur aumônier de payer au vicaire de Champillon la somme de 100 livres par chacun an par quartier et d'avance.

Ensemble plusieurs quittances au sieur Fetizon, curé de Saint-Imoges, desservant la paroisse de Champillon.

1673, 11 juillet. — Sentence rendue au baillage d'Hautvillers, qui condamne Jean Vaultrain à payer à l'aumônier la somme de 166 livres 12 sols, pour droits de dismes.

1673, 19 août. — Saisie faite sur Jean Vaultrain, en vertu de la susditte sentence et établissement de commissaire.

1673, 25 août. — Sentence rendue au baillage d'Hautvillers qui ordonne la vente des vins saisis sur Jean Vaultrain.

1674, 4 septembre. — Arrêt du parlement qui remet les parties au même état qu'elles étaient avant la transaction du 29 novembre 1665, déboute l'aumônier de sa demande et le condamne aux deux tiers des dépens.

N. B. — On ne trouve point d'arrêt définitif sur cette affaire. Le sieur aumônier continua d'entretenir deux pressoirs à Champillon sans cependant soutenir le droit de banalité comme aussi sans y renoncer. La preuve de cette dernière assertion se déduit de la défense faite en 1751, par les religieux d'Hautvillers aux habitants de Champillon, de pressurer ailleurs qu'auxdits pressoirs, sous peine d'amende.

Nous rapportons cette pièce ici, sauf à revenir sur une date antérieure de plus de soixante-dix ans, pour les faits ou actes de procédures qui suivent ceux que nous avons rapportés précédemment. (Nous conservons toujours l'orthographe du temps.)

Acte de deffenses faites aux habitants de Champillon de pressurer leurs raisins ailleurs qu'aux pressoirs bannaux dudit lieu.

(24 octobre)

L'an 1751, le 24 octobre, à la requête de MM. les vénérables religieux de l'abbaye de Saint-Pierre-d'Hautvillers, pour lesquels domicile est élu en leur maison conventuelle dudit lieu. J'ay, François Lefebvre, premier huissier audiencier en la gruerie royale d'Épernay, y reçu et immatriculé, exploitant partout le royaume, résidant à Hautvillers, soussigné, certiffie, m'être transporté à Champillon, fin de la messe paroissiale où étant devant la principale porte et entrée de l'église dudit Champillon où les habitants sortaient en grand nombre, parlaient tous et pour eux tous, en la personne de Jacques Chatel, vigneron audit Champillon, leur procureur syndic, auquel, en parlant comme dit est, j'ay signifié, dit, déclaré et duement fait à sçavoir, que lesdits religieux, en leur qualité de seigneur de Champillon, ont, de temps immémorial, leurs pressoirs bannaux audit lieu de Champillon, et suffisants pour pressurer toute la vendange du terroir dudit Champillon, en conséquence les habitans soient tenus en deffense de pressurer en aucun autre pressoir que lesdits pressoirs bannaux, à peine d'encourir l'amende par les contrevenants et de répéter contre eux toutes pertes, dépens, dommages et intérêts, et même d'en rapporter les droits comme s'ils eussent pressurés, protestants, lesdits religieux, se pourvoir ainsy qu'ils aviseront bon être, auxquels les habitants, parlant comme dessus, j'ay laissé copie du présent exploit, dont acte.

Signé : LEFEBVRE.

(Les documents qui précèdent : *Inventaire du Cartulaire*, 34º layette, *Aumônerie*, 16º liasse, *Bannalité*, depuis la page 262 à 282.)

Nous voyons qu'en 1751, il n'était plus question de dom Pierre Raingot, il était mort vers 1670; dom Colomban Mathelin, en 1673, était résignataire dudit aumônier, il reçut ses provisions de Rome et les fit viser par Robert Dey, vicaire général de l'archevêque de Reims, Charles-Maurice Le Tellier, et prit possession de son office. Dom Colomban Mathelin était probablement religieux de l'abbaye d'Hautvillers, nous ne voyons pas qu'on lui assigne une autre résidence de même qu'à son successeur. Dom Maurice Herbeaux, résignataire du précédent, fait viser ses pouvoirs par Robert Dey, déjà nommé, et prend possession de l'aumônerie.

1754. — Dom Jean de Vige, résignataire du précédent, prêtre et religieux de Saint-Airy, de Verdun, est pourvu de ce bénéfice. Il fait viser ses provisions par Monseigneur de Mailly, archevêque de Reims. Permission est donnée à Jean Malbeste, notaire royal à Hautvillers, par le grand-vicaire général de l'archevêque de Reims, pour mettre ledit aumônier en possession de son office, vu l'absence de notoire apostolique. Dom Rupert Raussin, religieux d'Hautvillers, prend possession, au nom du titulaire, en 1751. Ce même titulaire existait encore et peut-être son représentant, dom Rupert Raussin, était-il mort; c'est pourquoi c'était au nom des religieux que l'huissier précité avait été faire acte de défense aux habitants de Champillon de pressurer ailleurs qu'aux pressoirs banaux.

1758. — Dom Nicolas Conscience, religieux prêtre, résignataire du précédent dom Jean de Vige, reçoit collation de son office, le 17 juin, par M. de Bouillé, abbé d'Hautvillers; prend possession le 18 août.

Ce titulaire finit la série des aumôniers d'Hautvillers. Il en est fait mention une dernière fois dans l'inventaire des biens du monastère, en date du 21 février 1790, au registre des délibérations de la mairie d'Hautvillers, à cette même date.

Nous n'en avons pas encore entièrement fini avec le plaideur Vaultrain; voilà ce qu'en 1674, 17 décembre, nous lisons :

Sentence rendue au baillage de Reims qui ordonne à dom Colomban Mathelin, de registrer ses provisions d'aumônier d'Hautvillers et de seigneur de Champillon, sur le refus que faisait Jean Vaultrain de le reconnaître en cette qualité.

1675, 23 janvier. — Jugement du baillage de Reims qui condamne Jean Vaultrain à payer à dom Colomban Mathelin, aumônier d'Hautvillers et seigneur de Champillon, la disme de 40 pièces de vin avec commandement d'y satisfaire.

1675, 15 février. — Sentence rendue au baillage du siège présidial de Reims, qui permet à dom Colomban Mathelin de réunir à son domaine les héritages que Jean Vaultrain n'a point compris dans ses déclarations.

1675, 14 mai. — Sentence arbitrale sur les différentes contestations entre l'aumônier d'Hautvillers, Jean Vaultrain et autres parties intervenantes.

1675, 15 juillet. — Requête des habitants de Champillon à Monseigneur l'archevêque de Reims, tendante à avoir un cimetière et des fonts baptismaux dans leur église... Decret au bas de laditte requête où il est dit que parties ouïes et duement appelées, et ayant approuvé le sieur Berthault pour faire le service divin audit Champillon et y administrer les sacrements, ayant vu le contrat passé devant Husson notaire royal à Hautvillers le 15 juillet 1675, ledit contrat portant acquisition faite par lesdits habitans dudit Champillon, de six verges de terre joignant l'église dudit lieu pour en être fait un cimetière, et ouï M. Jean Dorigny prestre curé de Dizy et de Champillon, dom Colomban Mathelin prestre religieux prieur et aumônier de l'abbaye dudit Hautvillers, en sa qualité seigneur et decimateur de Champillon, avons ordonné et ordonnons que dans la quinzaine après la signification des présentes les habitans dudit Champillon acheveront à leurs dépens de fermer de murailles lesquelles ils entretiendront à l'avenir la place située proche laditte, église de laquelle place figure en a été faite et paraphée de nous... Et feront lesdits habitants construire en un lieu convenable de laditte église des fonts baptismaux.

Traité pour la subsistance du prestre desservant la cure de Champillon passé pardevant Husson notaire royal demeusant à Hautvillers, dont la teneur suit :

A tous qui ces présentes verront Antoine Lefebvre conseiller du roy en sa cour de parlement de Paris garde des sceaux royaux du baillage de Vermandois à Reims salut : Scavoir faisons que pardevant Jean Husson notaire royal, garde-nottes, scel *controlle* et tabellion demeurant à Hautvillers soussigné, présents Pierre Hostelain et Louis Landragin mareschal, demeurants audit Hautvillers temoins appelés à l'effet des présentes, cejourd'huy 23 avril 1678, assemblée a été tenue par les manans habitants paroissiens de Champillon, au lieu accoutumé de traiter de leurs affaires communes, après le son de la cloche a cet effet sonnée, iceux habitans comparants par Jessé Vaultrain leur procureur syndic, Thomas Mothé, coustre et marguiller de laditte paroisse, Jacques Bulteau, Jean Vaultrain, Michel Prat, Brice Vaultrain, Charles Robert, Jacques Regnault, Jean Bazin, Denis Roillet, Didier Charton, Nicolas Guillaume, Thomas Bazin, Philibert Soisson, Brice Michel, Simon Michel, Jean Chatel Lejeune, Jean Baillet, Jean Perron, Nicolas Piot, Guillaume Lamar, Jean Hubert, Brice Allier, Jean Michel et ceux representants la plus saine et entière partie d'yceux, lesquels et en conséquence de la procuration donnée à yceux Jean Vaultrain, Jacques Bulteau, Guillaume Lamar, Claude Regnault et Thomas Mothé par acte passé pardevant moy notaire susdit le 17 avril présent mois et après les representations à eux faites par ledit syndic et marguiller qu'il est important et necessaire de pourvoir à la nomination et réception d'un prestre approuvé pour desservir et faire les fonctions curialles de laditte paroisse, ce tout neantmoins sous le bon plaisir de Monseigneur l'archevêque de Reims et pour faire fond des nourriture et subsistance dudit prestre ils se sont obligés et s'obligent chacun en leur particulier en la somme de 100 livres de quartier en quartier par le coustre et marguillier qui en prendra les soins pour en faire la levée et a son deffaut et refus de ce faire en faire le paiement, préalablement commandement fait pendant huitaine consécutive faits auxdits habitants sauf leur recours l'un à l'encontre de l'autre, s'obligent solidairement à la satisfaction de laditte somme, ycelle somme de 100 livres jointe à pareille somme que le sieur aumônier d'Hautvillers et à cause de ce seigneur dudit Champillon a promis fournir aussy par an et le tout jusqu'à ce qu'il en sera déterminé par mon dit seigneur de Reims à la première visitte qui s'en fera promettants lesdittes parties satisfaire ponctuellement à ce que dessus sous l'obligation de leurs biens et ont lesdits Jacques Bulteau, etc., signé en la minutte, les autres déclaré ne savoir écrire ni signer de ce enquis et interpellés. En témoing de ce a été mis et apposé le scel royal dudit baillage à ces presentes suivant l'édit du roy et ont yceux Pierre Pierre et Landragin temoins aussy signé en la minutte ledit jour; signé enfin Jean Husson avec paraphe et scellé en cire rouge.

1679. — Testament de Didière Robert, veuve de Pierre Michel, vigneron de Champillon, reçu par Jacques Chatelain, prestre religieux de l'abbaye d'Hautvillers, approuvé par l'administration de l'église de Champillon. Par ce testament laditte dame donne à l'église de Champillon une pièce de vigne de quatre verges ou environ, située au terroir dudit Champillon, lieudit En-Bas-du-Moulin, aux conditions suivantes : 1° Que son corps sera inhumé au cimetière dudit lieu. 2° Qu'une messe solennelle sera chantée le jour de son décès. 3° Que l'on chantera au jour et fête de l'Annonciation de la Très Sainte Vierge Marie, l'antienne *Salve Regina*, avec la collecte suivante à son intention.

1680, 27 mars. — Testament de Jeanne Baillat, veuve de Jean Chatel, reçu par dom André Charton, religieux d'Hautvillers, desservant de l'église de Saint-Barnabé de Champillon. Le testament lègue dix sous à la paroisse de Champillon pour prier Dieu à son intention.

1680, 17 décembre. — Testament de Jacques Chatel, reçu par le même dom André Charton. Il donne à l'église de Champillon deux verges de vigne, sises en lieudit les Baudoins, et un boisseau (6 v. 1/4) aux Gaches, à la charge de dire un salut le jour de son trépas.

1680, 18 décembre. — Testament de Jacques Roillet, habitant de Champillon, reçu par le même religieux d'Hautvillers. Le testament donne à la chapelle de Champillon cent sols, pour acheter des carreaux et pour commencer à la paver. — Trente-cinq sols à la fabrique et quinze sols pour être employés à la discrétion du susdit religieux. — Aucune charge.

1681, 15 mars. — Donation des époux Denys Roillet et Élisabeth Regnault. Les donateurs donnent, d'un mutuel consentement et pour toujours, à la chapelle de Sainte-Marie-Madeleine de Champillon, leur paroisse, une vigne sise sur le terroir dudit lieu, lieudit Genesvre, contenant cinq verges et demy, aux charges que les marguillers de laditte chapelle donneront tous les ans deux sols au prestre desservant de Champillon et un sol au maistre descôle pour annoncer au prosne, et avoir soin de faire chanter l'antienne de la Sainte Vierge *Salve Regina*, le second dimanche de Carême, à perpétuité, immédiatement après le prosne. Cette donation est signée : dom André Charton.

1681, 12 avril. — Donation des époux Thomas Mothé et Françoise Brouillard. Les donateurs donnent d'un libre et plein consentement, présentement et pour toujours, à la chapelle de Sainte-Madeleine de Champillon, en présence de Révérend Père dom André Charton, huit verges de vignes, sises au terroir de Dizy, lieudit Halus, aux charges qu'on chantera à perpétuité après la messe, à leur intention, et pour le repos de l'âme de Claudine Vaultrain, leur tante, le psaume *De Profundis*, avec la collecte convenable le second dimanche de février, et que pour la rétribution, tant du prestre desservant de la chapelle que du maistre d'escole, les marguillers donneront deux sols au premier et un sol au second.

1684, 10 août. — Requête des habitants de Champillon, adressée aux religieux d'Hautvillers, par laquelle ils les supplient de leur accorder quelques bois de charpente pour leur église qu'ils font rebâtir... Cette requête prouve l'époque de la reconstruction de l'église actuelle de Champillon et de son clocher, qui vient d'être démoli et remplacé par un autre.

1685, 16 juillet. — Sentence d'ordre rendue au baillage de Reims, pour la distribution des deniers provenants de la vente des biens de Jean Vaultrain, dit l'intendant de Champillon, fameux plaideur dont il a été si souvent parlé.

Cette vente fut ordonnée après saisie pour payer les dettes du sieur Vaultrain.

1689, 23 avril. — Requête de M. le promoteur à Monseigneur l'archevêque de Reims tendant à unir l'église de Champillon à celle de Saint-Imoges.

1689, 21 septembre. — Testament de Brice Vaultrain, reçu par dom André Charton de l'abbaye d'Hautvillers. Le testataire donne un écu à la paroisse de Saint-Barnabé pour être recommandé aux prières des fidèles.

1690, 8 avril. — Testament de Liesse Prot, reçu par le même. La testatrice donne un écu à l'église de Champillon pour être recommandée aux prières des fidèles.

1690, 24 mai. — Permission d'une diète tenue à Saint-Vannes de Verdun, aux prieur et religieux d'Hautvillers, de quitter la cure de Champillon du consentement de Monseigneur l'archevêque de Reims, ce qui ne les empêchait pas d'être seigneurs dudit lieu.

1690, 25 juin. — Consultation comme s'ensuit : Le conseil soussigné, auquel il a été donné à entendre, si les paroissiens du village, auquel il y a une église succursale et proposition être faite pour y mettre un vicaire résidant, ont traité avec les religieux d'une maison voisine pour desservir ladite église et se sont obligés de donner 100 livres par chacun an auxdits religieux... Et d'avis que la cessation de payer pendant cinq ans, voire dix années et plus ne donneront pas lieu à la prescription, parce que ce traité produit une action personnelle qui dure trente ans.

Délivré à Reims, le 25 juin 1690. Signé : Dallier.

(*Inventaire du Cartulaire*, 34ᵉ layette, aumônerie, 18ᵉ liasse, procédure, pages 302 à 325.)

1690. — Donation de sept verges de vignes, faite par Pierre Michel en l'année 1679, confirmée par ses héritiers en 1689, dont voici la teneur : Nous soussignés héritiers de Pierre Michel habitants du village de Champillon du diocèse de Reims voulant unanimement et d'un commun accord donner à l'église de Saint-Barnabé dudit Champillon pour le repos de l'âme dudit Pierre Michel notre bienfaiteur, conformément à sa volonté qu'il a témoignée dans son testament quoyque invalidé, et jugé nul, par sentence de M. le bailly d'Hautvillers, confirmons librement la donation que ledit sieur Michel avait faite de sept

verges de vignes sises lieudit Froide-Terre de l'année 1679 à
condition que tous les jours du mois de janvier on recommandera son âme aux prières des fidèles selon la coutume au prosne
de la messe paroissiale, et qu'on chantera ensuite le *Salve
Regina*, obligeant le marguillier de ladittc église de donner à
M. le curé et au maistre d'escole la retribution accoutumée.
Fait le 10 may de l'an 1689 en présence de R. P. André Charton
prestre desservant de laditte église de Saint-Barnabé, de Charles
Michel marguiller et autres qui ont yci signé avec nous.

Signé : Pierre Vaultrain, François Vautrain, Nicolas Vautrain, Charles Michel, Thomas Prot, Jean Michel qui ont signé
avec moy dans l'original que j'ay fidelement copié l'an 1690 le
8 de may.

(Inventaire du Cartulaire, 34e layette, aumônerie, 22e liasse,
chapelle, donations, pages 356-361.)

Nous remarquons dans les signatures des Vautrain que déjà,
à cette époque, ils avaient supprimé *l* après l'*u*, et qu'au lieu de
Vaultrain ils écrivaient Vautrain ; c'était assurément la même
famille. Aujourd'hui, parmi ceux qui portent ce nom, il y en a
qui l'écrivent : Vautrain, mais beaucoup plus : Vautrin.

Il ne faut pas s'étonner si nous voyons, dans l'espace de
quelques années, plusieurs testaments en faveur de l'Église ;
cette église de Champillon se rebâtissait, les fidèles comprenaient qu'elle avait besoin de secours et ils étaient encore assez
religieux pour faire ainsi des legs pieux.

Parmi les nombreuses pièces de renseignements que nous
avons trouvées sur l'aumônerie d'Hautvillers et ses droits sur
Champillon, nous trouvons encore celles qui suivent :

1736, 26 novembre. — Arpentage fait par Thomas Lechacheur, arpenteur royal en la ville de Reims, résidant à Pourcy,
à la requête de dom Pierre Chedel, procureur de l'abbaye
d'Hautvillers, des héritages baillés, cens et surcens situés sur le
terroir et dépendants de la seigneurie de Champillon. — Le
procès-verbal de cet arpentage nous apprend que la mesure de
Champillon était de 12 pouces pour pied, 20 pieds pour verge,
6 v. 1/4 pour boisseau, 25 verges pour quartier et 100 verges
pour arpent. *Nicaise Leroy, porte-chaîne*.

1738, 30 avril. — Acte de reconnaissance de tous les particuliers [détempteurs des vignes et autres héritages, à titre de surcens, situés à Champillon, dont voici un extrait : A tous ceux qui ces présentes lettres verront, salut : Sçavoir faisons que pardevant les nottoires royaux au baillage de Vermandois résidant à Hautvillers, furent presents en leurs personnes (detempteurs susdits) lesquels ont volontairement reconnu et confessé que par acte passé pardevant Malbeste, notoire royal à Hautvillers, le 22 may 1698 et autres jours suivants consecutifs, au profit de R. P. dom Maurice Herbaux prestre religieux et aumônier de l'abbaye de Saint-Pierre-d'Hautvillers, il a été baillé, ceddé, quitté et délaissé à leurs autheurs à titre de surcens seigneuriaux annuels et perpétuels, à la charge de lods et ventes en cas de mutation lesdits surcens annuels et perpetuels, à raison de trois sols par boisseau de six verges un quart de verge, payable tous les ans au jour de Saint-Martin d'hyver, sans pouvoir passèr ledit terme à peine de l'amende de sept sols six deniers par chacun deffaillant de payer audit jour. En cas qu'ils passent le terme de trois années suivantes et consécutives, sans faire ledit payement, ils seront évincés desdits héritages en tout ce qu'ils pourront posséder d'yceux sans que pour cela ils aient besoin d'autres forme et procedure.

Nous ne détaillons pas les pièces de terre sur lesquelles portaient les surcens mentionnés ; disons seulement que, récapitulation faite de toutes ces pièces, leur totale contenance était de 22 arpents, 37 verges, 10 pieds, ce qui, à raison de 3 sols par boisseau de 6 v. 1/4, rapportait au seigneur aumônier 56 livres 2 sols 6 deniers.

Nouveaux démêlés entre l'aumônier et les habitants de Champillon.

D'aprés ce que nous venons de voir, et surtout depuis l'établissement des commendes, si les religieux d'Hautvillers avaient trop souvent à se plaindre des agents de la manse abbatiale, et même assez souvent de leur abbé commendataire, au point d'être obligés d'opposer à leur humeur envahissante de vigoureux moyens de répression, comme malheureusement nous le verrons encore dans la suite, ces conflits, quoique involontaires de leur part, ne laissaient pas de leur être préjudiciables. Les séculiers étaient loin de les ignorer, et, à leur tour, ne se faisaient point scrupule de susciter d'injustes difficultés à ces mêmes abbés et aux religieux au sujet des dismes, des droits de voierie, de chasse, pêche, etc. Ces procès occupaient souvent le baillage de Vermandois, l'intendance et même le grand conseil du roi. Nous l'avons vu, les archives nous ont conservé le nom et les gestes d'un de ces iniques personnages, dont la vie fut une longue et incessante tracasserie suscitée au religieux aumônier d'Hautvillers, seigneur de Champillon. Ce litigieux personnage, faut-il encore le nommer, Jean Vaultrain, vivait vers cette époque, de 1625 à 1685. Nous ajouterons à sa biographie que, si le titulaire de l'aumônerie eut grandement à souffrir de l'humeur contentieuse de Jean Vaultrain, on peut dire, par contre, que dom Pierre Raingot sut défendre ses droits avec une fermeté inébranlable, et qu'il savait saisir l'occasion favorable pour que ses actes de procédure soient acceptés. Nous nous résumons : La petite chapelle de Champillon ne servait qu'à célébrer la messe à certains jours de l'année. Les habitants devaient aller à la messe à Dizy, le dimanche, de même pour les mariages et les enterrements ; ils voulurent alors que Champillon devienne annexe, mais cela ne se pouvait faire sans l'agrément des religieux, qui avaient dans leur obédience Dizy et Champillon.

En 1658, les habitants appelèrent le curé de Dizy, leur propre pasteur, pour venir tous les dimanches dire la messe à la chapelle de Champillon, excepté les jours de grandes fêtes réservés aux religieux; le curé accepta, mais les religieux trouvèrent fort mal qu'on disposât, sans leur consentement, d'une chapelle dont ils pouvaient revendiquer la propriété. Avis d'avocat fut pris, dont la conclusion était qu'il serait mieux de traiter avec les religieux.

Le curé de Dizy était mort et l'engagement pris avec lui ne pouvait plus être un obstacle. On s'arrangea donc avec les religieux, qui promirent de desservir la chapelle. En 1665, l'aumônier y fit faire des travaux de réparations, et Champillon fit, avec les religieux, un traité par lequel, moyennant 60 livres par an, pour la sacristie d'Hautvillers, un religieux irait tous les dimanches, et au besoin, desservir ledit Champillon. Le nouveau curé de Dizy ne l'entendit pas de cette façon, et voulut continuer l'arrangement pris avec son prédécesseur; il n'eut pas de peine à ranger de son parti les habitants qui, en ayant à faire au curé de Dizy, croyaient voir un lien de moins avec les religieux. Un procès s'entama entre les religieux et le curé de

Dizy, qui produisit un certificat suspect; il émanait des anciens de Dizy et de Champillon, qui déclaraient qu'ils n'avaient jamais vu d'autres curés à la chapelle que ceux de Dizy. Il fut encore plus mal servi par quelques-uns de ses paroissiens, qui crurent bien faire au procès, en ôtant furtivement les cloches, trouvées ensuite, comme on le pense bien, chez Jean Vaultrain. Les esprits s'animèrent, il y eut, à la fête de Saint-Barnabé, des outrages contre l'aumônier; c'est pourquoi celui-ci, usant de son droit seigneurial, refusa le congé de fête et défendit les danses publiques. Par représailles, on refusa de lui rendre les cloches dont le parlement avait ordonné la remise entre ses mains. Quand on en vint à l'exécution de l'arrêt, l'homme de procès se répandit en outrages, au point que le lieutenant d'Épernay informa contre lui. En même temps que le grand conseil était saisi du litige, il était porté, par le curé et les habitants, à l'officialité de Reims, une requête qui demandait l'érection de Champillon en succursale, et une sentence du grand-vicaire, rendue en 1669, avait érigé Champillon en paroisse succursale de Dizy.

Le parlement cassa cette sentence comme abusive. En attendant, les habitants se voyant appuyés par l'officialité, reprirent de l'audace, et les cloches furent volées une deuxième et troisième fois. Il est difficile de dire comment cela aurait fini si les religieux, plus sages, n'eussent adhéré, en 1670, à une nouvelle sentence de l'officialité de Reims, portant érection de la chapelle en cure, pourvue d'un vicaire résidant à Champillon et à la portion congrue de 200 livres, payable moitié par l'abbaye, moitié par les habitants. Le vicaire devait présenter ses lettres d'institutions au curé de Dizy, qui conserva le droit de dire la messe le jour de Saint-Barnabé, etc.

La délimitation du terrain pour un cimetière, un presbytère, tout était désigné. La diète de la congrégation de Saint-Vannes, tenue en 1690, c'est-à-dire vingt ans après, autorisa les religieux d'Hautvillers à abandonner toute juridiction spirituelle à Champillon, mais, dans cet intervalle, les procès n'en continuèrent pas moins leur chemin; les religieux auraient voulu adhérer et adhéraient en effet à l'ordonnance des vicaires généraux, mais l'aumônier, qui seul avait un droit absolu, ne voulut rien perdre de ce droit. Il en appela de nouveau, et la seconde ordonnance de l'official de Reims n'eut pas plus de succès que la première. L'arrêt du grand conseil, du 4 août 1670, qui annulait la première ordonnance, était rappelé pour annuler encore la seconde. Un sieur Berthault, attiré peut-être par le désir de rendre service aux pauvres et turbulents habitants de Champillon, n'y put rester longtemps. Après bien des vicissitudes, les habitants de Champillon finirent par s'entendre avec les religieux, pour que l'un d'eux vienne les desservir, ce qui eut lieu pendant un temps; puis les habitants de ce village, désirant plus que jamais avoir un prêtre résidant, *remontrèrent moult dolemment* à l'archevêque de Reims que jusqu'alors ils n'avaient pu trouver aucun ecclésiastique qui voulût accepter la condition d'être leur vicaire, attendu que cet établissement ne donnait pas tout à fait de quoy subsister honnêtement, que même ils avaient été obligés de prier un religieux d'Hautvillers de venir leur dire la messe des festes et dimanches, les instruire et leur administrer les sacrements, tant en santé qu'en maladie. Conséquemment à ces difficultés, et appuyés sur d'autres raisons en partie vraies, les suppliants demandaient la réunion de Champillon à la paroisse de Notre-Dame de Saint-Imoges, avec obligation, pour le curé, de faire sa résidence à Champillon. C'est, en effet, ce qui eut lieu sur une ordonnance archiépiscopale du 23 avril 1689.

Rapport du promoteur de l'archevêché de Reims sur le projet de réunir les paroisses de Champillon et de Saint-Imoges, suivi d'une ordonnance de Monseigneur l'archevêque à ce sujet.

A Monseigneur l'Archevêque, duc de Reims, premier pair de France.

Vous remontre très humblement, le promoteur, que l'église paroissiale de Saint-Thimothée de Dizy, doyenné d'Espernay, de votre diocèse, a celle de Sainte-Marie-Madeleine de Champillon, pour succursale, que le curé de Dizy, qui est chargé du gouvernement de ces deux églises, où il y a 250 communiants, ne pouvant pas exactement s'acquitter de ce qu'un curé doit à ses paroissiens, à cause de la distance des deux villages, qui sont éloignés l'un de l'autre de trois quarts de lieue et d'un chemin difficile, les habitans de Champillon avaient été obligés de se pourvoir près de Monseigneur Barbérin, votre prédécesseur, ou

MM. ses vicaires généraux, qui avaient ordonné, dès l'année 1670, qu'il y aurait un vicaire qui résiderait à Champillon, pour y faire toutes les fonctions curialles, que néantmoins la condition d'un vicaire n'étant point un établissement assuré, ne donnant pas tout à fait de quoy subsister honnêtement, on n'a pu, depuis l'année 1670, trouver auscun ecclésiastique qui ayt voulu l'accepter, de sorte que lesdits habitants de Champillon avaient esté obligés de prier un religieux de l'abbaye d'Hautvillers, approuvé de vous, Monseigneur, d'aller à Champillon leur dire la messe, les festes, dimanches, et les instruire, leur administrer les sacremens tant en santé qu'en maladie, que cependant lesdits habitants demeuraient toujours exposés à de continuels dangers de mourir sans sacrement, principalement dans les maladies imprévues et de peu de durée, à cause de la difficulté d'avoir, particulièrement pendant la nuit, dans les temps fâcheux, le religieux d'Hautvillers qui est chargé de leur conduite, qu'il serait à propos, pour remédier à tout cet événement, de destacher laditte église de Sainte-Marie-Madeleine de Champillon, de celle de Saint-Thimothée de Dizy, et de l'unir à celle de Notre-Dame de Saint-Imoges, à condition que le curé de Saint-Imoges fît sa résidence ordinaire audit lieu de Champillon, qui n'est éloigné de Saint-Imoges que d'une demi lieue, et qui paraist d'autant plus convenable que la maison presbyterale de Saint-Imoges est toute détruite et ne peut être rendue logeable par les habitants de Saint-Imoges, qui sont en très petit nombre, que les habitans de Champillon sont en estat et ont offert plusieurs fois fournir une maison convenable pour loger un curé, et que le curé de Saint-Imoges, qui n'a que 150 livres de revenus, quoiqu'il y ait toutes les dîmes dudit lieu, pourrait avoir de quoy subsister honnêtement. Ce considéré, Monseigneur, il vous plaise ordonner que l'église de Sainte-Marie-Magdeleine de Champillon sera détachée de celle de Saint-Thimothée de Dizy, dont elle est succursale et unie à celle de Notre-Dame de Saint-Imoges, pour être, lesdittes deux églises de Champillon et de Saint-Imoges, respectueusement desservies par le curé, qui fera sa résidence à Champillon, comme sont desservies toutes les églises paroissiales et succursales de votre diocèse.

Signé : *(Illisible.)*

Veü la présente requeste, et avant d'y faire droit nous avons ordonné que M. Philippe Leferon, prestre docteur de la maison et société de Sorbonne, chanoine et vidame de notre Église métropolitaine, l'un de nos vicaires généraux et notre official diocésain, se transportera sur les lieux de Dizy et de Champillon et de Saint-Imoges, pour visitter les églises desdits lieux, informer de la commodité ou incommodité des distraction et union requise par nostre promoteur, de la vérité de tous les faits contenus dans laditte requeste, circonstances et dépendances, et dresser procès-verbal en présence des présentateurs des cures de Dizy et de Saint-Imoges, des curez desdits lieux, des décimateurs desdits Champillon, et des habitants de Dizy et de Champillon et de Saint-Imoges, lesquels présentateurs, curez, décimateurs et habitans seront assignés à la requeste et diligence de notre promoteur, tant pour assister audit procès-verbal, que pour répondre sur le contenu en laditte requeste dont leur sera, pour cet effet, donné copie, aussy bien que de notre présente ordonnance, que pour ledit procès-verbal fait et rapporté, estant par nous ordonné, ce qu'il appartiendra par raison.

Donné à Reims, dans notre palais archiépiscopal, le 23 avril 1689.

Signé : Charles MAURICE,
Duc de Reims.

Il semblerait, d'après tout ce que nous avons pu remarquer dans ces procès, pour ainsi dire interminables, qu'il n'y avait d'autres sentiments, dans le cœur des habitants de Champillon, que l'aigreur et l'hostilité ; on se tromperait donc si l'on croyait que les rapports de bienveillance de la population vis-à-vis de l'abbaye fussent notablement altérés par ces contestations.

Individuellement, les religieux étaient humains, affables, entourés de vénération, et les habitants respectueux, honnêtes, parfaitement chrétiens, entraînés quelquefois par certains mauvais esprits, mais rares. Nous remarquerons sans peine que, malgré toutes les difficultés qui se présentaient, et inévitables dans ces circonstances, les habitants de Champillon tenaient à accomplir leurs devoirs religieux, et encore aujourd'hui ce village n'est pas une des plus mauvaises paroisses des environs.

La pièce qui vient d'être rapportée précédemment est extraite des *Archives* de la mairie de Champillon.

Pour en terminer avec Champillon, dont l'histoire dans ses

rapports avec Hautvillers fut peu intéressante dans les deux derniers siècles, nous allons résumer en quelques lignes ce que, à peu près, nous avons recueilli touchant sa chapelle.

Chapelle de Champillon.

La chapelle ou église de Champillon, que l'on voit encore aujourd'hui, est la même que celle dont il était déjà question avant le milieu du dix-septième siècle. Seulement, le clocher vient d'être reconstruit à neuf sur le portail de l'église, tandis qu'auparavant il se trouvait au milieu de l'édifice. De nouvelles cloches aussi y ont été placées en cette année 1880, par les soins de M. l'abbé Bruncler, curé de la paroisse, aidé du généreux concours des habitants.

On a conservé, dans les *Archives d'Hautvillers*, les pièces d'une longue procédure concernant l'érection de cette chapelle en église paroissiale. Déjà nous en avons vu une grande partie, et voici à peu près comment les choses advinrent : C'était vers 1650, l'aumônier d'Hautvillers, seigneur de Champillon, était dom Pierre Raingot, seul seigneur et décimateur de Champillon ; ayant intenté un procès contre les habitants de ce hameau, il avait obtenu un arrêt qui les condamnait à payer quinze pintes de vin, mesure d'Hautvillers, pour la dîme de chaque poinçon : c'était la onzième partie de la récolte. Tout légal que fût ce droit de dîme, il n'en était pas moins onéreux, c'est pourquoi, dans l'impossibilité où ils se voyaient d'en esquiver la solution, nos champillonnais résolurent de faire pièce à leur aumônier. Pour atteindre ce but, et parvenir en même temps à un besoin qui avait quelque réalité, ils se mirent à solliciter l'érection de la chapelle de Champillon en église paroissiale. En effet, l'établissement d'un curé ou d'un vicaire perpétuel à Champillon ne pouvait manquer de faire brèche aux revenus de l'aumônier. Les raisons, il faut le reconnaître, ne leur manquaient pas pour appuyer leur requête ; ils alléguaient : 1° Le nombre des habitants du village composé alors de 160 habitants, dont *cent communiants* et trente d'âge compétents, mais incapables faute d'instruction. 2° La distance de Dizy, matrice église située à une demi-lieue de Champillon et par des chemins difficiles. 3° La privation du service divin en leur chapelle, quoique décente et fournie d'ornements. 4° Le rapport considérable des dîmes montant par chaque année à une valeur de 1,200 livres. 5° Le grand nombre des personnes qui meurent sans assistance, confession, ni sacrements, et des enfants sans baptême. La requête donnait, pour preuve, la liste des personnes suivantes, décédées, depuis quinze ans, sans le secours de la religion, *sçavoir* : Nicole Testulat, Jean Siton, François Vautrain, Henri Gillet, Robert Roillet, Esclain Bazin, la femme dudit Vautrain, la femme de Guillaume Lamare, la fille dudit Gillet, Brice Le Double, Marie Violard en couches et son enfant sans baptême, Nicole Compardel et les enfants de Jean Berurier, Jacques Regnault, Nicolle Dancre et les enfans de Philippe Soisson sans baptême. Pour que les habitans se soient souvenus depuis quinze ans des personnes mortes sans sacrements, c'est qu'ils y tenaient sans doute plus qu'aujourd'hui et qu'une telle mort leur faisait plus d'impression, et qu'aussi, par suite de cette érection, leurs âmes seraient plus en sûreté. Quand cette chapelle fut érigée en paroisse, les champillonnais se mirent à user de tous les expédients possibles pour orner leur église. C'est ainsi que, pour pourvoir à certaines réparations de l'édifice, ils demandèrent et obtinrent, le 21 août 1673, du grand-maître des eaux et forêts, la permission d'abattre cinq ormes qui étaient sur la place de Champillon, afin d'en employer le prix aux susdites réparations.

La requête dont nous avons parlé plus haut étant parvenue à l'archevêque, il ordonna qu'une descente serait faite sur les lieux, par les sieurs Routier et Fosseleau, notoires apostoliques, pour informer du contenu en *ycelle* requête. Information prise, fut rédigé un procès-verbal qui constatait l'urgente nécessité d'établir un curé à Champillon, et plus tard, le 15 novembre 1670, les vicaires généraux de Mgr l'archevêque de Reims rendaient une ordonnance à l'effet d'établir un vicaire perpétuel à Champillon, avec obligation, pour les décimateurs, de lui fournir une pension annuelle de 200 livres. Facilement, on conçoit le désappointement du seigneur aumônier à la demande de cette érection et au su de l'avis favorable. Il n'attendit pas que l'ordonnance de cette érection de la chapelle de Champillon en cure fût rendue ou cassée, il voulut faire connaître que les cloches lui appartenaient, et ces pauvres malheureuses cloches, devenues vagabondes, volées d'abord par les champillonnais, puis remises à leur place par ordre de l'aumônier, furent de nouveau descendues par ordre du seigneur dom Pierre Raingot, qui envoya un serrurier et des aides à cet effet. A la première nouvelle de cet acte d'autorité, les champillonnais arrivent en foule et, pour la deuxième fois, emportent chez eux les cloches de la chapelle. Évidemment pareille affaire ne pouvait demeurer sans retentissement. Une information fut dressée contre le serrurier et ses assistants pardevant le lieutenant criminel de Reims, et les religieux d'Hautvillers intervinrent pour le fait et cause et demandèrent le *renvoy* par devant nosseigneurs du grand conseil. De son côté, dom Pierre Raingot assigna en son nom les habitants pour les obliger à rendre les cloches et interjeta appel de l'érection de la cure de Champillon comme d'abus. L'illégalité, selon lui, venait de ce que cette érection avait été ordonnée par l'official de Reims, sans qu'on eût appelé ni l'abbé d'Hautvillers, ni le curé de Dizy, ni l'aumônier en sa personne.

A toutes ces prétentions, les habitants de Champillon répondirent : 1° Que de temps immémorial ils se trouvaient en possession de la chapelle et des cloches; que l'une comme les autres appartenaient non à l'aumônier mais à la commune de Champillon. 2° Que l'érection de la cure avait été faite, avec connaissance de cause, par le vicaire général de l'archevêché et non par l'official. 3° Qu'il n'y avait pas abus parce que, aux termes du concile de Trente (Sess. 21, cap. IX, *Decretum de reform.*), il était dans les pouvoirs des évêques d'ériger des cures en leurs diocèses là où besoin était, comme à Champillon. 4° Que l'abbé d'Hautvillers n'étant pas décimateur de Champillon et se trouvant sans intérêt, son intervention dans cette affaire se trouvait complètement nulle. 5° Que le curé de Dizy ne recevant aucune rétribution, ni de Champillon, ni de l'aumônier, pour le service de la chapelle, se trouvait pareillement sans intérêt; du reste, que l'érection et la prise de possession avaient été faites au su et au vu de ce même curé, sans qu'il eût élevé la moindre réclamation. Tout naturellement le nommé Bertault, qui avait déjà pris possession de l'église et cure de Champillon, *nenime opponente*, se joignit à ses ouailles, et usa de toute sa puissance d'élocution et de logique pour soutenir à Champillon de faire les fonctions curiales ; il représentait que la requête dudit Raingot n'était pas fondée, qu'il serait plus à propos audit sieur Raingot de se soumettre à la raison, accorder un pasteur à de pauvres habitants pour les édifier, pour faire leur salut et le stipendier, puisqu'il prend sur eux les dîmes qui ne sont dues qu'à cause du service divin et administration des sacrements, que de leurs deniers, et vouloir user d'inhumanité comme il fait. (On voit de cela un factum imprimé dans les *Archives de Reims*, 34e layette, 19e liasse.) Conclusion : Après dix-sept ans de procédures, l'érection de la chapelle de Champillon en église paroissiale fut maintenue, et on y mit un vicaire en 1678. L'aumônier dut lui donner 100 livres, et, par un acte d'assemblée de Champillon, les habitants s'obligèrent à lui payer pareille somme.

Dans une diète tenue à Saint-Vannes, en 1690, les religieux d'Hautvillers obtinrent, sous la date du 24 novembre, la permission de quitter la cure de Champillon; toutefois, après avoir pris les mesures nécessaires avec l'archevêque de Rheims et tout en conservant leur droit de seigneurs de Champillon, avec tous les privilèges qui y sont attachés, les habitants de Champillon ne pouvaient pas les en dessaisir.

Nous n'avons pas oublié que nous avons quitté le gouvernement d'Alphonse Delbène pour ne nous occuper, pour ainsi dire, que de Champillon et de ses démêlés avec l'aumônier d'Hautvillers; nous revenons à notre point de départ, en consignant, toutefois, une petite lacune : c'est qu'en 1579, les religieux procédèrent canoniquement à l'élection de dom Jean de Montpoix, pour leur prieur claustral. Cette élection fut confirmée par le vicaire général capitulaire de Reims *(Sede archiepiscopali vacante)*, le 12 juillet de la même année. Cependant, le prieur élu ne fut installé que le 28 octobre, par le doyen d'Épernay.

HAUTVILLERS AU XVIIe SIÈCLE

Translation des reliques de sainte Hélène. — Une partie de ces reliques sont données à Orléans

L'année 1602 fut signalée par une cérémonie grandiose et magnifique comme déjà Hautvillers en avait eu tant. On n'a pas oublié, sans doute, qu'à l'approche des Calvinistes les religieux de ce monastère s'étaient précipitamment retirés sur Reims, emportant avec eux les châsses et les reliques de sainte Hélène; quand une fois la paix leur eût permis de revenir en leur sainte retraite, ils ne manquèrent pas de rapporter en leur abbaye ce précieux dépôt. Ils furent même assez heureux pour pouvoir y joindre toutes les autres reliques profanées et dispersées par les hérétiques. Soit qu'il se fût élevé des doutes sur l'authentique conservation du corps de sainte Hélène, soit que, par une cérémonie imposante, il voulût réveiller dans l'esprit des peuples une dévotion affaiblie par de longues années de troubles, l'archevêque de Reims, Nicolas de Pellevé, résolut de faire une translation vérificatrice de ces reliques. Pour donner à cette cérémonie un plus grand éclat, il y convoqua les évêques de Châlons et de Soissons. Ce fut en présence de ces deux prélats, et d'une foule nombreuse de fidèles, qu'il constata la conservation parfaite du corps embaumé.

Le lieu choisi pour la translation était Bellevue, écart de Champillon, situé près de ce hameau, sur la montagne où passe la route nationale de Reims à Épernay. De ce point élevé, la vue est des plus saisissantes, c'est un des plus beaux panoramas de la contrée. Au dire de dom Grossard, procès-verbal authentique fut dressé de cette translation. Une nouvelle châsse, plus riche que la précédente, reçut les saintes reliques ainsi que les procès-verbaux antérieurs. D'après le *Gallia christiana* (tome IX, col. 258), cette cérémonie aurait eu lieu dans un but autre que celui d'une simple translation. Elle se serait faite par ordre de Henri IV, afin d'extraire quelques reliques destinées à l'église de Sainte-Croix d'Orléans, que ce prince venait de faire reconstruire. Dom Grossard, qui mentionne expressément le même fait, assure qu'en 1820 il avait encore le couteau qui avait alors servi à trancher les chairs de la sainte Impératrice, et que ce couteau faisait partie des pièces qu'il a rendues avec le corps de sainte Hélène, lors de sa translation de Montier-en-Der à l'église de Saint-Leu de Paris, 1er août 1820.

De La Saussaye, dans ses *Annales d'Orléans*, assure, sur des mémoires et des titres authentiques, qu'en l'année 1278, Guillaume d'Issy, doyen d'Orléans, obtint du monastère d'Hautvillers quelques ossements du dos et du col de sainte Hélène, qui furent déposés avec beaucoup de solennité dans la cathédrale de cette ville. Il ajoute que ces reliques ayant été enlevées par les Calvinistes, en 1564, les religieux d'Hautvillers eurent la charité, en 1602, d'en donner d'autres, de la même sainte, pour réparer cette perte. Nous croyons que de La Saussaye s'est trompé de date quand il a écrit 1278; ce doit être pour 1228, car c'est seulement en cette dernière année qu'a eu lieu une translation des reliques de sainte Hélène, et il n'y avait que dans ces grandes solennités, ou dans des cas très rares, que des reliques pouvaient être détachées pour augmenter le trésor de certaines autres églises. Les reliques que possédait Orléans, en dernier lieu, ont été profanées à l'époque de la Révolution, de sorte qu'aujourd'hui encore cette église ne possède plus rien des précieux restes de sainte Hélène.

Le culte de sainte Hélène s'était établi à Orléans on ne sait à quelle époque, probablement depuis la fondation de l'église de Sainte-Croix, faussement attribuée à sainte Hélène. Les anciens missels et bréviaires d'Orléans, conservés à la bibliothèque de cette ville, attestent le culte spécial dont était honorée, dans cette église, la mère de Constantin.

A Orléans, la fête de sainte Hélène se célèbre le 7 février, date, comme on le sait, de la translation de son corps à Hautvillers. Les anciens bréviaires et missels de ce diocèse (1542, 1600 et 1644, *Bibliothèque de la ville d'Orléans*), marquent cette oraison pour la fête de notre sainte :

Omnipotens sempiterne Deus, qui inter cætera potentiæ tuæ miranda sexum etiam fragilem virtute rectæ intentionis corroborasti, præsta, quæsumus, ut exemplo sanctæ Helenæ christianissimæ reginæ, cujus studio desideratum Filii tui Regis nostri Lignum detegere dignatus es, ea quæ Christi sunt jugiter indagare atque consequi, te favente, mereamur. Per eumdem Dominum.

Dieu éternel, qui, parmi les effets merveilleux de votre toute-puissance, avez communiqué au sexe le plus faible la force de persévérer dans un pieux dessein, faites qu'à l'exemple de la bienheureuse Hélène, cette reine très chrétienne dont vous avez bien voulu vous servir pour nous faire connaître la Croix tant désirée de votre divin Fils notre Roi, nous méritions de chercher sans cesse ce qu'il demande de nous, et à l'aide de votre grâce de l'accomplir ; par le même Jésus-Christ qui vit et règne.....

Cette oraison était en usage à Hautvillers *(Vie de sainte Hélène,* etc., Chaalons, Mercier, 1772) ; on la récitait aussi dans les églises de Flandre. (Boll., 18 août, *Gloria, e variis Corporis translationibus,* § 1er.)

En 1602, la châsse de sainte Hélène était encore conservée à Reims, par les moines d'Hautvillers, dans une de leurs maisons de refuge, où ils l'avaient transportée en 1562, à la veille du sac de l'abbaye par le fameux La Noue et ses Huguenots. L'archevêque de Rheims, Nicolas de Pellevé, chargea son secrétaire de couper, pour le roi Henri IV, un morceau des chairs de la sainte Impératrice, ce qu'il fit au moment de la translation, l'abbé d'Hautvillers y avait consenti ; c'est de là que ces saintes saintes reliques furent données à l'église de Sainte-Croix d'Orléans. C'est donc en cette même année 1602 que la châsse fut rapportée à Hautvillers, et ce fut peut-être, en effet, l'ordre qu'avait donné Henri IV qui détermina la cérémonie de cette translation, comme déjà nous en avons fait mention précédemment. Ce dût être pour Hautvillers, comme pour les environs, un bien grand bonheur de voir les reliques de sainte Hélène, après quarante ans d'absence, venir prendre place dans une nouvelle église relevée de ses ruines.

Aussi, quelle affluence de pèlerins, que de faveurs obtenues par la sainte Impératrice pour les pauvres malades qui venaient près d'elle chercher du soulagement à leurs maux ! C'est le grand nombre de prodiges opérés dans l'église de l'abbaye qui détermina les religieux à enregistrer très exactement les miracles si nombreux du XVIIe siècle à Hautvillers. Nous les avons rapportés dans le premier volume de cet ouvrage.

ÉTAT DES PAROISSES DU DOYENNÉ D'ÉPERNAY

Un état des paroisses du doyenné d'Épernay, présenté dans le synode tenu à Reims le 1er mai 1612, nous donne le chiffre des revenus affectés alors au curé, au vicaire perpétuel d'Hautvillers. Dans cet état on trouve désignés le titre et le patron de l'église, les décimateurs et le titre de partage des dîmes, le nom du titulaire et l'état des édifices du culte. Le titulaire d'Hautvillers, à cette époque, était un nommé François Richard, et comme curé il percevait annuellement, pour son gros, quatre septiers et demi de blé et six septiers d'avoine, mesure d'Épernay, avec deux poinçons de vin ; pour les novales (1) il recevait 20 livres tournois. Toutes les dîmes, à Hautvillers, apparte-

---

(1) On appelait *novales* un droit perçu par le curé sur les terres nouvellement défrichées, après avoir été en jachères.

naient à l'abbaye qui, pour cette raison, était tenue aux réparations que pouvait exiger la couverture de l'église paroissiale, mais pour la nef seulement. On lit dans cet état, pour ce qui concerne Hautvillers : Le sacrement d'Eucharistie et les saintes huiles sont sous clef. Le gardien de l'église est Simon Brier ; la maison presbytérale est suffisante.

Voici le texte tel qu'il a été présenté au synode ; nous le donnons pour Hautvillers seulement :

Ecclesiæ sancti Syndulphi de Altovillari, patronus est abbas dicti loci et accipit omnes decimas et tenetur ad cooperturam navis ecclesiæ parochialis ; curatus, magister Franciscus Richard *deserviens pro suo jure et grosso accipit annuatim quatuor sextarios magnos cum dimidio frumenti et sex sextarios avenæ ad mensuram de Sparnaco cum duobus doliis vini, et pro novalibus, viginti libros Turonenses monetæ Franciæ ; sacramentum Eucharistiæ et sacras unctiones custodiuntur sub clavi. Custos* Simon Brier. *Est domus presbyteralis sufficiens.*

Il arrivait quelquefois que ces sortes de comptes-rendus se donnaient après la visite que les archevêques faisaient des paroisses de leurs diocèses. Ainsi, nous voyons que Charles Maurice Le Tellier, archevêque de Reims, fit sa visite pastorale, dans nos contrées, en 1675. Ses notes, fort intéressantes pour chaque église, sont semées de curieuses et piquantes réflexions. Ajoutons que M. Le Tellier a fait un travail analogue sur toutes les églises de son diocèse, travail consigné dans quatre gros volumes in-8º. *(Bibliothèque nationale,* anc. f. 14,413.) Nous extrayons de cet ouvrage ce qui regarde Hautvillers seulement :

SAINT SYNDULPHE D'HAUTVILLERS

A LA PRÉSENTATION DE L'ABBÉ

(350 Communiants)

Visité le 22 juin 1685.

Mº Pierre Cresponet, prestre du diocèse de Saint-Flour, âgé de quarante ans.

C'est un auvergnat à teste seiche qui chicane volontiers ; il fait son devoir et il n'y a point de plainte contre luy.

Le chœur menace ruine ; il pleut en beaucoup d'endroits. A la charge de l'abbé. (Biffé.)

M. l'abbé a réparé; reste quelque petite chose aux piliers du chœur en dehors, auxquels il m'a promis de travailler.

Les livres de chant déchirez.

Le cimetière est tout ouvert : les moynes en ont pris une partie pour y bâtir. (Biffé.)

M. l'abbé et les religieux ont donné à ma prière aux habitants douze pieds d'arbre, moyennant quoy ils se sont chargez de réparer le lambry de la nef, ce qui est défectueux aux murailles, aux portes et au pavé.

NOTRE-DAME DE SAINT-IMOGES

A LA PRÉSENTATION DE L'ABBÉ D'HAUTVILLERS

(120 Communiants)

Visite à Hautvillers le 21 juin 1675.

Me Paul Colin, prestre du diocèse, âgé de trente-trois ans.

Le curé est un jeune homme d'une médiocre portée, aussi sa cure est-elle des moindres du diocèse.

Quelque chose à faire au chœur et cancel que les paroissiens ont promis de mettre en estat.

Le graduel et l'antiphonaire sont à l'usage de Rome.

M. l'abbé d'Hautvillers me promet de faire réparer une muraille du chœur. J'ay donné à M. Maquart de quoy réparer les vitres. Cela est fait.

Les entrées du cimetière ne sont pas en bon estat. J'ay donné un surplis, deux aubes, deux nappes et une chasuble avec une petite boîte d'argent. Et les habitants m'ont promis de fermer leur cimetière et de réparer ce qui manque à leur clocher. Cela est fait.

En juin 1676, l'abbé n'a pas encore réparé la muraille; je luy en ai fait parler.

SAINT THIMOTHÉE DE DIZY

A LA PRÉSENTATION DE L'ABBÉ D'HAUTVILLERS

(120 Communiants)

Visite à Hautvillers le 21 juin 1675.

Me Jean Dorigny, prestre du diocèse, âgé de trente-huit ans.

Point de reproche contre luy, est de bonne mœurs, mais d'un médiocre génie ; est d'une des bonnes familles de Reims.

A résigné à M. Jean Legrand, diacre de mon diocèse, en mars 1682.

L'église menace ruine prochaine ; à la charge de l'abbé d'Hautvillers et des paroissiens.

M. l'abbé a réparé.

Les habitants m'ont promis de réparer un pilier de la nef, devant les moissons.

Les livres, en méchant ordre, doibvent estre fournys par l'abbé.

M. l'abbé m'a promis de donner un graduel et un antiphonaire.

N'a pas encore satisfait en juin 1676.

J'ai donné une ordonnance en forme pour la démolition des ruynes de l'ancien chœur ; elle est dans mon registre.

N'est pas exécutée. J'ay ordonné au doyen de la faire exécuter. Mettre un couvercle aux fonts. Le cimetière est ouvert.

J'ay esté sur les lieux, j'ay monstré aux habitants ce qu'il faut faire pour le fermer ; ils m'ont promis d'y satisfaire. *(Est fermé.)*

J'ai donné une chasuble. Le curé m'a promis de faire un confessionnal. *(Est fait en juin 1676.)*

Cette église a pour secours Saint-Barnabé de Champillon.

Un vicaire y réside, c'est M° Pierre Berthaud, prestre du diocèse.

M° Nicolas Chartreux, prestre du diocèse de Toul. (Biffé.)

J'ay donné une aube, deux nappes. *(Id.)*

Ce vicaire est un bon sujet et un très honneste homme. *(Id.)*

Les religieux d'Hautvillers ne donnent que cent livres pour l'entretenir, quoyque l'office d'aumosnier de leur abbaye en vertu duquel ils prennent toutes les dixmes, dans ce lieu, leur valle plus de douze cents livres.

Un religieux d'Hautvillers fait cette fonction et s'acquitte fort bien de son debvoir.

Dix Communiants, le calice est d'estain. Le missel romain.

L'état de 1612 continue ainsi :

LES GRANDES-LOGES

L'église de Saint-Nicolas des Grandes-Loges. Le patron est l'abbé d'Hautvillers ; les dixmes sont divisées en quatre parties, le curé en a une, il dessert aussi Vraux. L'abbé d'Hautvillers perçoit un quart et la moitié appartient à l'aumônerie de Saint-Remi de Reims et au chapitre de Notre-Dame de Verdun.

Tous, excepté le curé, sont tenus à entretenir la couverture de la nef de l'église ; de plus, l'abbé d'Hautvillers doit fournir le missel quand il en est besoin.

Le gardien de l'église est Jacques Charpentier. Elle a besoin de grandes réparations.

On appelait : patron d'une église, celui qui avait le droit de nommer au bénéfice attaché à ladite église.

VRAUX

Église de Saint-Laurent de Vraux, le patron est l'abbé d'Hautvillers. Il perçoit la quatrième partie de toutes les dîmes ; il est tenu, pour cela, à l'entretien de la couverture du clocher et à fournir le missel. L'aumônerie de Saint-Remi de Reims en perçoit la moitié et est tenue à l'entretien de la couverture de la nef. La quatrième partie est pour le curé résident, c'est maître Jacques Faverot. L'église est bien tenue, le gardien est Claude Majot.

AIGNY

Église de Saint-Martin d'Aigny, le patron est l'abbé d'Hautvillers. Les dîmes sont divisées en quatre parties, ledit abbé en a trois, il doit entretenir la nef de l'église et doit donner au curé, pour les novales, 30 livres tournois monnaie de France. Le curé est Jean Roger résident, il a la quatrième partie des dîmes. L'église tend à sa ruine. La maison curiale est en bon état.

PLIVOT

Église de Saint-Quentin de Plivot, le patron est l'abbé d'Hautvillers. La première partie des dîmes appartient audit abbé, la seconde au curé, la troisième au seigneur d'Aigny (qui sont les religieux d'Hautvillers), la quatrième à l'abbé de Saint-

Sauveur de Vertus et prieur de Montfélix. L'abbé d'Hautvillers entretient la couverture de la nef. Le curé de Plivot est le curé de Saint-Remi. (Saint-Remi était une autre église qui se trouvait sur la paroisse même de Plivot.) Les sacrements et l'église sont en bon état.

LES ISTES

Église de Sainte-Hélène des Istes, le patron est l'abbé d'Hautvillers qui reçoit la quatrième partie des dîmes, l'abbé de tous les saints de Châlons, une quatrième part avec le vingtième du reste, le couvent de Saint-Remi de Reims deux vingtièmes, le prieur de Montfélix un vingtième, l'abbé de Saint-Sauveur de Vertus un vingtième ; ils sont tous tenus en même temps à l'entretien de la couverture de la nef; le curé a une quatrième partie de toutes les dîmes, il dessert cette paroisse par commission et réside à Vuiry. L'église a besoin de grandes réparations.

VUIRY (OIRY)

Église de Saint-Hilaire de Vuiry, le patron est l'abbé d'Hautvillers. Le trésorier de ladite abbaye d'Hautvillers perçoit toutes les grosses dîmes et deux parties des petites ; le curé est maître Toussaint Martin, il reçoit sur les dîmes onze septiers de seigle, huit de froment mesure d'Épernay, et pour les novales 10 livres tournois. Le trésorier est tenu à l'entretien de la nef de l'église et à fournir le missel. L'église et les sacrements sont fermés à clef, le gardien est Antoine Legras et Jacques Leclerc. Il y a un presbytère.

CHOUILLY

Église de Saint-Martin de Chouilly, le patron est l'abbé d'Hautvillers qui perçoit la quatrième partie des grosses dîmes et deux parties des moindres. Le curé est maître Jean De la Croix, il en a une quatrième partie, et trois parties des moindres. Le seigneur de Gay a moitié des grosses, il est tenu à l'entretien de la couverture de la nef et l'abbé à l'entretien des autres parties de ladite église. Il manque beaucoup de choses dans cette église.

CUYS

Église de Saint-Nicaise de Cuys, le patron est l'abbé d'Hautvillers, il reçoit la quatrième partie des dîmes et il est tenu à l'entretien de la couverture de la nef et à fournir le missel. Le curé est maître Nicolas Moisy, résident; pour son gros, il a quatorze septiers, savoir : sept de seigle, autant d'avoine et avec les novales de Champoulain, 20 livres tournois ayant cours en France, avec trois tonneaux de vin ; les sacrements sont gardés sous clef. L'église manque de solidité au moins quant à la nef. Le gardien est Pierre Guinot.

PIERRY

Église de Saint-Julien de Pierry, patron abbé d'Hautvillers, il perçoit toutes les dîmes et il est tenu à l'entretien de la couverture de la nef. Le curé est maître Nicolas Husson (1), il a pour son gros quinze septiers et demi de seigle, cinq septiers et demi d'avoine avec trois poinçons de vin, et pour les novales 30 livres tournois. Les sacrements sont convenablement conservés, l'église est en assez bon état. Le gardien en est Théodbald Plumet.

DIZY

Église de Saint-Thimothée et de Saint-Appolinaire de Dizy, le patron est l'abbé d'Hautvillers, il perçoit toutes les dîmes et il est tenu à l'entretien de la couverture de la nef de l'église. Le curé est Pierre Charon ; l'abbé lui donne quatre septiers et demi de froment, six septiers et demi d'avoine mesure d'Épernay, deux tonneaux de vin et par an 20 livres tournois pour ses novales. Cette église manque de beaucoup de choses, les sacrements sont cependant bien conservés pendants ou suspendus au-dessus du grand autel, les saintes huiles sont sous clef. Le gardien est Agide Prot.

AY

Église de Saint-Brice d'Ay, le patron est l'abbé d'Hautvillers, les dîmes sont divisées en trois parties, l'abbé en a deux, il est tenu à la couverture de la nef. Le curé est Pierre Chastelin, il reçoit la troisième partie. L'église a besoin de réparations à l'intérieur. Les sacrements sont conservés sous clef. La maison presbytérale est bien suffisante; le gardien est François Picart.

LA NEUVILLE

Église de Saint-Nicolas de La Neuville-en-Beauvais, le patron est l'abbé d'Hautvillers, il reçoit la moitié de toutes les dîmes

---

(1) Le curé de Pierry, Nicolas Husson, était natif d'Hautvillers.

et il est tenu à l'entretien de la couverture de l'église. Le curé a l'autre moitié. Ladite église tombe en ruines. Cependant les sacrements sont convenablement conservés. Le curé est André Colin non résident ; il n'y a pas de presbytère. Le curé de Saint-Imoges dessert La Neuville quand il le peut... (On écrivait : *Sancto Imogio.*)

SAINT-IMOGES

Église de la divine Vierge Marie de Saint-Imoges, le patron est l'abbé d'Hautvillers. Les dîmes sont divisées en trois parties ; l'abbé en a deux parties et est tenu à réparer la toiture de la nef. Le curé est appelé maître Jean Caunin et reçoit la troisième partie. L'église a besoin de beaucoup de réparations. Les sacrements, *nitide et honeste conservantur*.

Ce présent état des paroisses et des succursales d'Épernay, du doyenné d'Épernay, fut fait par maître Michel Champenois, prêtre et doyen dudit doyenné, et présenté au saint synode de Reims, célébré le 1er mai 1612.

Signé : Maître Champenois et R. May.

(*Archives d'Hautvillers*, Reims, 1re layette, 7e liasse, n° 1, pages 175 et suivantes.)

Nous n'avons rien dit des autres paroisses du doyenné d'Épernay, parce qu'elles ne touchent en rien l'abbaye d'Hautvillers.

Le 21 juin 1616, était rendue une ordonnance par Claude Aubert, vicaire général de Louis de Lorraine, archevêque de Reims, qui réunissait la cure de Saint-Quentin de Plivot à celle de Saint-Remi du même lieu, et la cure de Bury à celle des Istes. La cure des Istes et celle de Saint-Quentin de Plivot dépendaient, nous l'avons vu, de l'abbaye d'Hautvillers, c'est la raison pour laquelle nous avons cru devoir parler de ce fait.

D'autre part, l'ordonnance dont nous parlons.

Acte d'union de la cure de Saint-Quentin de Plivot avec celle de Saint-Remy du même lieu et celle de Bury à celle des Istes.

(21 juin 1616)

Claudius Aubert, presbyter jurium licentiatus insignis ecclesiæ archiepiscopalis Remensis, archidiaconus Campaniæ et canonicus præbendatus, illustrissimi ac reverendissimi principis domini Ludovici a Lotharingia miseratione divina, sacrosanctæ Romanæ ecclesiæ cardinalis a Guysia nuncupati, archiepiscopi ducis Remensis, Franciæ primi paris, sanctæque sedis apostolicæ legati nati, in spiritualibus et temporalibus vicarius generalis, omnibus præsentes litteras inspecturis salutem in domino. Cum pastoralis officii cura sollicitudo urgeat nos ad ea diligenter providenda quæ subditorum nostrorum saluti et utilitati conducibilia fore judicavimus. Hinc est quod parochi seu rectores ecclesiarum parochialium Sancti-Remigii, Sancti-Quintini de Plivot ac suorum succursuum Remensis diœcesis nobis humiliter supplicari et exponi fecissent, pro bono publico, commoditate rectorum seu pastorum et parochianorum dictarum ecclesiarum et ut divinus cultus cum attentione et fervore dictorum parochianorum dictarum ecclesiarum in dictis locis celebretur ut unionem de cura seu parochiali ecclesia Sancti-Quintini de Plivot cum prædicta ecclesia Sancti-Remigii, necnon cum cura seu parochiali ecclesia *des Istes* succursu dependente a

Claude Aubert, prêtre, licencié en droit, archidiacre et chanoine prébendé de l'insigne Église archiépiscopale de Reims en Champagne, vicaire général pour le spirituel et temporel de l'illustrissime et révérendissime prince Louis de Lorraine de Guise, par la miséricorde divine cardinal de la sainte Église romaine, archevêque, duc de Reims, premier pair de France, légat-né du Saint-Siège apostolique, à tous ceux qui ces présentes verront, salut dans le Seigneur.

Le soin, la sollicitude pastorale nous faisant un devoir de pourvoir avec diligence à tout ce que nous jugeons devoir être favorable au salut et à l'utilité de nos sujets, les curés ou recteurs des églises paroissiales de Saint-Remi, de Saint-Quentin de Plivot et de leurs succursales du diocèse de Reims, nous ayant humblement exposé et supplié, pour le bien public, la commodité des recteurs ou pasteurs et des paroissiens desdites églises, et pour que le culte divin soit célébré avec attention et ferveur par lesdits paroissiens desdites églises desdits lieux. Ils nous demandaient de vouloir bien daigner consentir pour ce, comme excellent remède, à l'union de la cure ou église paroissiale de Saint-Quentin de Plivot avec la susdite église de Saint-

cura Sancti-Remigii de Plivot, succursum de *Buri*, consentire vellemus et dignaremur super his de optimo, remediis provideri postulabant. Qua de re nos istius modi precibus inclinati cum consensibus reverendi patris domini et magistri Johannis presbyteri (Aubert) doctoris theologi, insignis ecclesiæ abbatis commendatarii monasterii Sancti-Johannis Laudunensis, necnon reverendi in Christo Domini Alphonsi *Delbène* episcopi Albiniensis ac abbatis commendatarii monasterii Altivillarensis prædictæ Remensis diœcesis de quo præfata ecclesia *des Istes* dependet in spiritualibus et temporalibus vicarii generalis de die quarta mensis maii anni domini millesimi sexentesimi duodecimi, necnon venerabilium Prioris et religiosorum discretorum conventus abbatiæ seu monasterii Sancti-Dionisii Remensis ordinis Sancti-Augustini sede abbatiali vacante, ex quo monasterio et parochialis ecclesiæ Sancti-Remigii de Plivot dependet, de die vigesima præsentium mensis et anni. Qui quidem rectores dictarum ecclesiarum cum eorum succursibus fieri unionem petierunt. Nos his omnibus consideratis et matura deliberatione præhabita a dicto Domno vicario generali præfati reverendi domini abbatis monasterii Altivillarensis et venerabilibus Priore et Religiosis discretis et conventu ante dicti monasterii Sancti-Dionisii Remensis sede abbatiali vacante consentientibus, prædictas has parochiales ecclesias Sancti-Remigii quæ ad præsentationem prædictorum venera-

Remi, et que la cure ou église paroissiale des Istes, succursale dépendant de la cure de Saint-Remi de Plivot, à la succursale de Bury. Écoutant favorablement cette demande, avec le consentement du révérend père et maître Jean (Aubert), prêtre et docteur en théologie, abbé commendataire de l'insigne église et monastère de Saint-Jean de Laon, et aussi des révérends en Jésus-Christ, Alphonse Delbène, évêque d'Agen et abbé commendataire de l'abbaye d'Hautvillers, audit diocèse de Reims, duquel dépend ladite église des Istes, et du vicaire général pour le spirituel et temporel, le quatre du mois de mai de l'an du Seigneur 1612, et aussi des vénérables prieur et discrète personne et religieux du couvent de l'abbaye de Saint-Denys de Reims, de l'ordre de Saint-Augustin, le siège abbatial étant vacant, duquel monastère dépend l'église paroissiale de Saint-Remi de Plivot, le 20 des présents mois et an, les recteurs desdites églises ont demandé qu'elles fussent réunies à leurs succursales. Pour nous, ayant tout considéré et après mûre délibération par ledit vicaire général, du consentement des susdits abbé du monastère d'Hautvillers et les vénérables prieur et religieux discrets et le couvent dudit monastère de Saint-Remi de Reims, le siège abbatial étant vacant, nous avons pensé qu'il fallait réunir les susdites églises paroissiales de Saint-Remi, qui dépend des vénérables susdits prieur, religieux discrets du couvent de Saint-Denys, et celle de

bilium Prioris religiosorum discretorum et conventus Sancti-Dionisii spectat, et sancti-Quintini de *Plivot* ad presentationem dicti reverendi domini abbatis Altivillarensis uniendas esse duximus, nihilominus tamen quod dicta ecclesia Sancti-Quintini pro succursu dictæ ecclesiæ Sancti-Remigii habebitur, necnon prædictam curam parochialem *des Istes* quæ ad præsentationem dicti abbatis Altivilllarensis est ecclesia de *Bury*, quæ nuper succursus dictæ ecclesiæ Sancti-Remigii existebat, pro succursu ecclesiæ dictæ *des Istes* in posterum habebitur : pro inde illas per præsentium litterarum tenorem in perpetuum unitas et a curatio seu rectoribus earumdem, ut supra dictum est administrandas fore authoritate episcopali illustrissimi et reverendissimi domini archiepiscopi qua fungimur in hac parte declaramus ita ut quod in singulis ecclesiis et succursibus curati seu rectores privilegiis gaudeant et teneantur unicuique divinum impertiri officium eodem modo quo ante præsentem unionem fieri solebat, ac prædictarum ecclesiarum omnia onera et munera subire ac sustinere teneantur, omnibus earumdem fructibus et redditibus et emolumentis in posterum attributis ea tamen lege et conditione quod curati seu pastores dictarum ecclesiarum parochialium ac suorum succursuum eam unionem requirentes, et prosequentes qui in presentium minuta subsequaverunt, non poterunt ullam portionem canonicam seu congruam respective adversus præfatos revo-

Saint-Quentin de Plivot, qui dépend dudit révérend seigneur abbé d'Hautvillers, à la condition, toutefois, que ladite église de Saint-Quentin sera regardée comme succursale de ladite église de Saint-Remi. Aux précédentes sera réunie la cure paroissiale des Istes, qui dépend de l'abbé d'Hautvillers, et l'église de Bury, qui naguères était succursale de ladite église de Saint-Remi, sera regardée désormais comme succursale de ladite église des Istes ; donc, par la teneur des présentes lettres, qu'il y ait entre ces églises unité perpétuelle, qu'elles soient administrées comme il a été dit plus haut par leurs curés ou recteurs, en vertu de l'autorité épiscopale du révérendissime archevêque dont nous tenons la place en cette affaire.

Nous déclarons que dans chaque église ou succursale les curés ou recteurs jouissent de leurs privilèges et soient tenus de vaquer à l'office divin de la manière accoutumée, avant la présente réunion ; qu'ils subissent toutes les charges desdites églises, et de veiller à tous les fruits et revenus qui leur appartiennent, à cette condition, cependant, que les curés ou pasteurs desdites églises paroissiales et de leurs succursales, demandant et obtenant cette union, et qui ont signé l'original des présentes, ne pourront réclamer aucune portion canonique ou congrue aux deux susdits révérends abbés des susdits monastères d'Hautvillers et de Saint-Denys, audit diocèse de Reims, parce que les fruits et revenus de

rendos duos abbates præfatorum monasteriorum Altivillaris et Dionisii dictæ Remensis diæcesis petere et quia fructus et redditus ecclesiæ Sancti-Quintini pinguiores sunt fructuum et reddituum ecclesiæ de *Bury*, prædictis curatus seu pastor *des Istes* percipi et supra dictis fructibus Sancti-Quintini singulis annis in die festi Sancti-Martini hyemalis summam trigenta librarum turonensium, primo solutionis termino in die festi Sancti-Martini hyemalis proximi venturo et sic continuando de anno in annum et absque diminutione onerum prædictorum quæ omnia supra dicta præfati curati seu rectores tam pro eis et eorum successoribus absque ulla contraventione se executuros promiserunt. In quorum omnium fidem et testimonium et ut rata et firma permaneant præsentes sub signaverunt cum prædictis curatis seu rectoribus dictarum ecclesiarum parochialium et per secretarium subsignatas ad hoc commissum fieri et signari sigilli magni curiæ archiepiscopalis Remensis jussimus et fecimus appensione communiri.

Datum Remis anno Domini millesimo sexentesimo decimo sexto mensis vero junii die vigesima prima præsentibus venerabilibus et discretis viris magistris Petro *Oudin* presbytero ecclesiæ seu monasterii Sancti-Dionisii Remensis canonico regulari, et Thomas *Charpentier* etiam presbytero ecclesiæ parochialis de..... Remensis diœcesis testibus ad præmissa vocatis atque rogatio.....

l'église de Saint-Quentin sont plus abondants que les fruits et revenus de l'église de Bury. Ledit curé ou pasteur des Istes recevra, chaque année, pour les susdits fruits de la cure de Saint-Quentin à la fête de Saint-Martin d'hyver, la somme de trente livres tournois, le premier paiement s'effectuera à la prochaine Saint-Martin d'hyver et ainsi d'année en année, sans diminutions des charges susdites.

Toutes ces choses susdites, les susdits curés ou recteurs ont promis, tant pour eux que pour leurs successeurs, de les observer fidèlement.

En foi et témoignage de quoi et en ratification des présentes lettres ont signé avec les susdits curés ou recteurs desdites églises paroissiales, et signé de même par un secrétaire chargé à cet effet, et nous y avons fait apposer le grand sceau, pendant en queue, de l'archevêque de Reims.

Donné à Reims, l'an du Seigneur 1616, le 21 du mois de juin, étant présents les vénérables et discrets maître Pierre Oudin, prêtre de l'église et du monastère de Saint-Denys, chanoine régulier de Reims, Thomas Charpentier, prêtre de l'église paroissiale de... au diocèse de Reims, pour lesquelles présentes ont été témoins.

(Archives d'Hautvillers; Inventaire du Cartulaire, 1re layette, 7e liasse ; bénéfices, pages 190 et suivantes).

Nous avons remarqué dans l'état présenté au synode de
Reims, contenant un rapport sur les églises, etc., du doyenné
d'Épernay, que le curé de l'époque, à Hautvillers, 1612, était un
nommé François Richard ; nous avons trouvé, dans les *Archives
de la mairie d'Hautvillers*, le testament dudit curé. Peu habitués
à l'écriture du xviie siècle, surtout dans le commencement
qu'elle était encore plus difficile à lire, nous avons eu recours à
M. Duchénois, paléographe de la bibliothèque de Reims, qui
a bien voulu nous le traduire, car c'est une véritable langue
qui n'est plus la nôtre, sinon pour toutes les expressions, au
moins pour l'écriture :

**Testament de maistre François Richart luy vivant prebtre curé
d'Auvillers lequel luy mesme l'a fait et dicté et escrit de sa
propre main affin qu'il dure à la postérité et que l'on en
aie mémoire à jamais.**

†

In nomine Domini. Amen.

(1619)

A tous ceux qui ces présentes lectres verront, salut en Notre-
Seigneur Jesu-Christ.

Je soussigné prebtre curé d'Auvillers certiffie à tous qu'il
appartiendra que çejourdhuy second jour de novembre mil six
cents et dix-neuf, après le service fait en l'esglize, je me suis
rétiré en mon estude où après avoir invoqué le Saint-Esprit je
me suis mis en devoir d'escrire mon testament, combien que
difficilement à raison de ma maladie et imperfection journa-
lière, toutefois avec un grand desire et affection, et ne voulant
mourir intestat je fais mon testament de dernière volonté ainsy
que s'ensuit, premièrement.

Je recommande mon ame à Dieu créateur tout-puissant, à la
bienheureuse Vierge Marie, à Monsieur saint Syndulphe, mon
patron, à Madame sainte Hélène et generalement à toute la
court céleste, ordonnant mon corps estre enterré en l'esglize
d'Auvilliers ma paroisse devant le grand autel.

Item, je veux que toutes mes debtes soyent payées et forfaits
amendés en monstrant bons renseignements.

Item, pour mon enterrement je veux estre porté par quatre

hommes d'esglize lesquels à ce subjet seront advertis, sçavoir M. le curé de Damery, Monsr le curé de Cormoyeu, Monsr le curé de Fleury et Monsr le curé de Dizy ou aultres à leur deffauz et pour leurs salaires chacun dix souls.

Item, je veuls que à mon enterrement soit dict un service avec trois messes haultes et après la dernière messe je veuls que l'on porte mon corps à l'entour de l'esglize en procession avant que de l'enterrer en chantant : *Libera me domine et creator omnium rerum deus.*

Item, je veuls que le plus tost que faire se pourra soit chanté trois services à mon intention et à chacuns desdits services trois messes haultes et trois basses s'y faire se peult.

Item, en disposant des biens qu'il a plu à Dieu m'envoyer, je delaisse à l'esglize d'Auvilliers ma paroisse la somme de soixante souls tournois mon surplis et mon aube pour servir à laditte esglize.

Item, je delaisse à l'esglize paroissialle d'Esparnay vingt souls comme à l'esglize de Saint-Remy d'Esparnay vingt souls, le tout pour estre recommandé aux prières des gens de bien.

Item, je delaisse volontiers à l'esglize de Dizy pour ayder a faire le lembris la somme de six livres tournois et y estre aussy recommandé.

Item, je delaisse aux esglize de Damery, Fleury, Cormoyeu, Nampteuil, à chacune desdittes esglises et paroisses la somme de dix souls tournois par Messieurs les curez recommandez aux prières de leurs bons parochiens.

Item, je delaisse à tous mes filleux et filleules à chacun d'yceux vingt souls tournois faisant leur devoir d'assister à mes services et prières et prier Dieu pour moy.

Item, aux quatre mendiens de Rheims faisant leur devoir de dire à mon intention chacun couvent un service de trois messes haultes avec vigilles et recommandise et à chacune messe haulte un salut de la Vierge Marie et pour ce, je leur donne volentiers à chacun couvent la somme de soixante souls tournois.

Item, je délaisse à Messieurs les Capuchins de Rheims la somme de soixante souls tournois comme aussy à Messieurs les Minimes de Rheims la somme de soixante souls tournois et le tous pour estre associé à leurs bonnes prières et dévotions.

Item, je delaisse aux pardons des quatre bons jours de toute l'année sçavoir Pasque, Pentecoste, Toussains et Noel à chacune bonne journée de vingt souls tournois.

Item, je délaisse sept livres et demy de cire pour faire six torches et six cierges, sçavoir les torches d'une livre et les cierges d'un carteron, le tout pour estre employés ardent à mon enterrement et services.

Item, je delaisse à douze pauvres qui porteront lesdictes torches et cierges à chascun cinq souls tournois.

Item, je delaisse un septier de froment pour faire pains pour donner aux pauvres le jour de mon principal service.

Item, je delaisse à Messieurs les religieux d'Hautvillers qui assisteront à mon enterrement à chacun d'yceux dix souls tournois.

Item, je delaisse à la *confrairie* de Notre-Dame de Mont-Fera de laquelle je suis la somme de vingt souls tournois.

Item, je delaisse volontairement à Jacques Rigault mary de Lupine Richarde ma cousine, la somme de cinquante livres tournois, comme aussy un petit lit qui est dans mon estude, une mante et couverture blanche et une couple de draps supportés.

Item, je delaisse à Anne Rigaulte fille dudit Jacques Rigault sept verges de vignes sises au terroir d'Auvillers, lieudit Magny, pour ayder à marier laditte Anne et si je luy donne et delaisse six livres tournois pour avoir du drap noire pour elle habillier, et ce affin que ledit Jacques Rigault ne fasse le mutin, ce disant mon héritier, ce que en ma conscience je recongnoist pas d'autant que je desclare, n'avoir aucune heritage venant de la succession de feu mon père, partant ne recongnoist autre heritier que mon beau-frère Pierre Langlier, à cause de ma sœur utérine sa femme Perette Lefebvre ne voulant que l'on les troubles aucunement en leurs succession.

Item, je delaisse à Martin Richart boulanger demeurant à Paris, mon cousin germain, la somme de cinquante livres tournois, comme aussi je délaisse à Jehan Dotel son nepveulx, trente livres tournois pour l'ayder et secourir à le pourveoire, et en cas que ledit Jehan Dotel décederait devant que d'estre marié, je veux toujours que les trente livres tournois retournent audit Martin Richart mon cousin ou à ces enfans et ce affin d'avoir subjet de prier pour moy.

Item, je delaisse à Jehan Richart fils aisné, dudit Martin Richart, la somme de dix livres tournois pour l'habiller.

Item, je ne veux pas que ledit Martin Richart trouble aucunement mon beau-frère Pierre Langlier, d'autant que jamais je n'ay eu aucuns biens de luy n'y de sa seure Lupine Richarde, ains ay eue de la peine assés à les élever. C'est pourquoy je les prie prendre les delays susdits en grâce et prier Dieu pour moy.

Item, je delaisse à François Garand mon filieux et fils de Claude Garant, la somme de dix livres tournois pour l'abillier de drap noire et pour prier Dieu pour moy.

Item, je veux que Pierre Langlier mon beau-frère donne librement et volontairement à Jacques Rigault, à Lupine Richarde sa femme et à Anne Rigaulde sa fille, tous ces delays sans y contrevenir comme aussy à Martin Richart et à Jehan Dotel à Jéhan Richart tout ce que je leur delaisse volontairement, toutefois sans estre importuné ; mais je veulx que dans un an après mon déced tout cecy, soit payé et accomply car telle est ma volenté.

Item, je veulx que le pas soit donné à tous les gens d'esglize qui assisteront à mon principal service, comme aussy à tous mes parens, comme aussi à Mons* le baillif et procureur fiscal et aux aultres officiers.

Item, je délaisse vingt souls à l'Otel Dieu de Paris comme aussy vingt souls à l'Otel Dieu de Rheims.

Item, je donne volontairement huit verges de vignes sises au terroir d'Auvilliers lieudit les Couyères, tenant de part et d'autres à Nicolas Pierrot pour en jouyr annuellement et perpétuellement par les curez mes successeurs, sans que lesdits curez les peuvent aulcunement aliéner pour quelque subjet que ce soit et pour ce, lesdits curez mes successeurs seront tenus de faire le service de la Visitation de Notre-Dame sçavoir dire les matines, messes et vespres, et davantage, lesdits curez seront tenus dire et célébrer un obit annuel et perpetuel le lendemain de ladicte Visitation de Nostre-Dame, neufiesme juliet, à mon intention et pour tous mes bienfaiteurs et parochiens, et combien que sur la pierre qui sera posée sus mon corps soit escrit que le delays de laditte vigne soit à l'esglize parochialle d'Auvilliers, toutefois j'entend que ce soit pour en jouyr par les curez mes succcesseurs.

Item, jé collé le presmier feuillet de mon present testament affin que nul n'en prétende cause d'ignorance et que l'on ne dispute aucunement lequel testament et escriture ne contient que trois feuillets et demy.

(L'auteur dudit testament avait retourné deux feuillets à la fois du cahier sur lequel il écrivait, et nous avons remarqué, en effet, que pour qu'il n'y ait rien de laissé en blanc, il a collé ensemble ces deux feuillets.)

Et pour l'entier accomplissement de tout ce que dessus jé esleüe (j'ai élu) pour les executions du present testament les personnes de M. le curé de Cormoyeu, messire Gille Malleret, comme aussy M. le nottoire Benoît Rigault, ausquels ay donné et donne plaine puissance sur tous mes meubles et immeubles, de les vendre et aliener jusque à l'accomplissement de tout ce que dessùs et du présent testament, sans y contrevenir aucunement.

Lequel testament je fait, escrit et dicté sans aucune force n'y violance ains librement et devotieusement, priant Dieu mon créateur, qu'il soit ainsy executé et accomply pour le salut de ma pauvre ame et pour la rémission de tous mes péchés, revoquant tout autre testament que j'aurais fait par cy devant, voulant que cestuy seul sorte son plain et entierre effet.

Fait ce jour et an que dessus en présence de Guillaume Thenin maistre d'escolle d'Auvilliers, Nicolas Girardot lesquels avec moi ont signé.

Suivent les signatures et paraphes de :

F. RICHART, N. GIRARDOT, V. THEVENIN.

(Les signatures ne sont pas tout à fait semblables aux noms écrits dans le texte du testament. Peut-être, par abréviation, on prononçait Thenin pour Thevenin.)

Et le septiesme jour du mois d'apvril mil six cents vingt trois, ledit Richart testateur desus nommé estant gisant en son lict malade toujours bien certain de son esprit et entendement après luy avoir fait lecture de ce présent son testament, de mot en mot et d'article en article, par moi Benoît Rigault l'ung des nottoires l'autre présent ; ledict testateur a dict avoir bien entendu, qu'il l'avaict ainsy dicté et escrit mesme signé de sa main, qu'il vouloit et entendait qu'il sortist son plain et entier effect en la forme qu'il est redigé par escrit et dabondant ledict testateur a dict et ordonné qu'il veult et ordonne que après son décéds, et le plus tost que faire ce pourra y soit dict et célébré en l'église de Nampteuil-la-Fosse, ung service solennel de trois messes haultes vigilles et recommendise grande et petite à nottes.

Item, ledit testateur a baillé et delaisse et par ces presentes baille et delaisse à Anne Geneson sa servante, sa maison cour et jardin, le lieu et accin comme il se comporte, où il fait à présent sa résidence sise audit Auvillers lieudit deriere l'Esglize tenant d'une part au pressoir, d'aultre part à N. Girardot et avecq ce trois boisseaux de vignes sises au terroir dudict Auvilliers, lieudit Cholones tenant d'une part à Jehan Brice, d'aultre part à... Crocquet Marchant de Reims, pour en jouir par ladicte Anne sa vie durant seulement et ce pour demourer quitte par ledict testateur, ces hoirs et ayant causes dès longtemps du service qu'elle lui a faict, de l'avoir servy domestiquement jusques à présent et pour les services qu'il espère qu'elle luy fera à l'advenir et ung petit lict de plume, deux draps et une couverture blanche.

A revocqué et revocque tous aultres testaments faits par luy avant le présent rattiffiement, et après luy avoir leu et relou les presents articles escript cydesus mot après aultres, par moy nottoire dessus nommé, il a dict l'avoir bien entendu qu'il vouloit et entendoit qu'il fut ainsy faict et qu'il sortist son plain et entier effect, comme dict est, et pour accomplir ce présent son testament a denommé la personne de Guillaume Cloche, marchand demourant à Esparnay auquel il a baillé plain povoir puissance et auctorité de vendre de ces biens tant meubles que immeubles jusques au plain entier accomplissement de ce présent son testament.

Fait le jour et an que desus et signé pardevant nous nottoires royaulx.

Outre tout ce que dessus ledit testateur a dict et declaré que le testament qu'il a fait a Esparnay qu'il le revocque et n'entend qu'il ayt aulcun lieu et encore ce faict en la présence de discrette personne Me Gilles Gillet prestre curé dudit Auvillers et honorable homme Me Vuillemet Thevenin maistre d'escolle dudit lieu tesmoins à ce apeler, quy ont signé ce présent testament.

Suivent les signatures et paraphes de :

F. RICHART, G. GILLET, N. DELASSE,
V. THEVENIN.

Je revocque les deux premiers executeurs cy desus nommé savoir maître Gilles Malleret et maistre Benoit Rigault, voulant que le dernier sçavoir Guillaume Cloches soit le seul executeur. Faict ce jour et an que desùs.

Signé : F. RICHART.

Et le premier jour d'aoust mil six cents vingt-trois environ deux heures de relevée ledict sieur Richart testateur denommé d'austre part, luy estant gisant en son lict malade, toutefois sain et entier dans son bon esprit et entendement après luy avoir faict lecture mot après aultres de ce present son testament, par moy Benoit Rigault notoire royal, il a dict avoir bien entendu et qu'il vouloit et entendoit qu'il fut ainsy accomply en la forme et manière qu'il est redigé et escrit cy devant, et qu'il l'avoit ainsy dicté et nommé. Et dabondant a dict qu'il ordonne qu'il soit baillé a Claude Gérard torneur demourant à Esparnay marit et bail de Nicolle Maulion sa cousine germaine, pour subvenir à la nourriture de leurs petits enfans la somme de trente livre tournois.

Item, ledit testateur a baillé et legué a Anne Geneson sa servante outre et pardessùs les precedentes articles cy devant escrittes, son grand lict garny de travers, deux draps et la couverture blanche pour les bons et agréables services qu'elle luy a faicts et qu'il espère qu'elle luy fera à l'advenir ensemble la somme de dix livres tournois, quy luy seront baillés par l'executeur de ce présent son testament lhors de la vente desdicts meubles d'iceluy testateur.

Item, ledit testateur a legué baillé et delaissé à Messieurs les Minimes d'Esparnay, pour estre participant de leurs prières, oraisons, la somme de dix livres tournois et avecq ce ung cacque de vin de l'année prochaine. Et après luy avoir leu et releu les derniers articles mot après aultres par moy nottoire susdict et soussigné en la présence de honestes hommes Vuillemet Thévenin praticien et Remy Aubert tesmoins ad ce présent appelé il a dict l'avoir bien entendu et qu'il l'avoit ainsy dicté et nommé qu'il vouloit qu'il fut ainsy accomply et asigné, ensemble lesdits temoins ont signé, et ledict Aubert a faict sa marcq accoustumé et déclaré ne savoir signé.

Signé : F. RICHART, B. RIGAULT, V. THEVENIN.

Item, ce vingtiesme jour du mois de may mil six cents vingt-quatre ledit testateur a déclaré avoir revoqué tous les lais delaissés à sa servante Anne Geneson, d'autant qu'il la bien contanté de ces salaires et services.

Signé : F. RICHARD, G. GILLET.

Nous remarquons qu'au premier testament, écrit de la main du testateur lui-même et en date du 2 novembre 1619, il y ajoute d'autres dispositions, et c'est alors que Benoît Rigault, notaire, nommé exécuteur testamentaire d'abord, est révoqué de cette charge par le testateur aussi bien que messire Gille Malleret, curé de Cormoyeux ; à leur place est nommé Guillaume Cloche, marchand à Épernay. Nous voyons, à cette époque, comme témoin de l'addition faite au premier testament, un nommé Gille Gillet, curé d'Hautvillers ; nous supposons que l'ancien curé F. Richard, ne pouvant plus exercer pour cause de maladie ou de vieillesse, aura été remplacé par Me Gillet.

Ensuite, le 1er août 1623, en présence du même notaire Benoît Rigault, ledit F. Richard ajoute encore quelque chose à ses dispositions antérieures ; cette fois, c'est un nouveau témoin qui apparaît, Remy Aubert qui, ne sachant pas signer, appose seulement sa marque.

Enfin, le 20 mai 1624, en présence seulement de Gille Gillet, et probablement écrit par ce dernier, F. Richard fait une dernière disposition testamentaire ; sa servante, Anne Geneson, est rayée parmi les légataires. Il l'avait bien récompensée avant de mourir ; elle se trouvait contente et satisfaite, nous aimons à le croire ; ainsi, elle n'avait pas à redouter les réflexions quelquefois peu agréables d'avides héritiers. Toutefois, le bon et pieux F. Richard avait trop bien exprimé ses dernières volontés, pour que aucun des ayant-droit puisse les contredire. *Requiescat in pace.* Parmi les nombreuses nominations, présentations, etc., que renferme une des liasses des *Archives d'Hautvillers,* à Reims (1re layette, 9e liasse, page 204), il se trouvait, dit l'auteur de l'*Inventaire du Cartulaire,* un brevet du roi, du 25 février 1622, qui nommait M. Gabriel de Sainte-Marie, religieux bénédictin, à l'archevêché de Reims, et une provision pour dom Grégoire d'Olivet, religieux d'Hautvillers, pour se mettre en possession de la cure de (1) Villeneuve-en-Beauvais, qu'il avait obtenue en cour de Rome, du 8 février 1636.

---

(1) Villeneuve pour La Villeneuve.

Plusieurs ont cru que Gabriel de Sainte-Marie n'avait jamais été archevêque de Reims. Il était d'abord auxiliaire du cardinal de Guise, Louis de Lorraine, en 1617. Plus tard, à l'âge de 50 ans, il prit l'habit de moine au couvent de Dalouvre, en Lorraine, et c'est alors qu'il prit le nom de Gabriel de Sainte-Marie, nom que lui ont donné à tort d'autres historiens lorsqu'il occupait le siège de Reims, car, en 1621, il fut nommé archevêque de cette ville, et tant qu'il fut archevêque, son véritable nom était Guillaume de Giffort; il était issu des comtes de Normandie. Il mourut en 1629. (Dom Marlot, tome IV, page 535.)

Sentence du baillage d'Hautvillers qui met arrêt aux prétentions des fermiers de la mense abbatiale.

(1628)

En 1628, une sentence du baillage d'Hautvillers mettait arrêt à quelques prétentions ridicules des fermiers de mense abbatiale. Ils voulaient, ni plus ni moins, obliger les religieux à payer à l'abbé commendataire la dîme de leur mense conventuelle; ainsi les religieux possédaient des propriétés, il aurait fallu qu'une dîme soit prélevée sur ces propriétés au bénéfice de l'abbé commendataire, qu'on ne connaissait quelquefois pas personnellement. Heureusement, la susdite sentence mit à néant des réclamations si peu dignes. Il fut établi que la mense conventuelle ne devait aucune dîme à la mense abbatiale.

Sentence rendue en la justice d'Hautvillers, en 1623, conçue en ces termes :

Entre honorable homme Nicolas Raflin, fermier et admodiateur général des biens et revenus temporels de l'abbaye de Saint-Pierre-d'Hautvillers, demandeur contre Claude Poitin et les vénérables religieux, prieur et couvent de ladite abbaye, joints avec ledit Poitin, et noble homme Jehan Lhermite, prestre religieux de Saint-Denys en France, intervenants deffendeurs; ledit demandeur comparant par..... son procureur; lesdits défendeurs joints et intervenants par Guy Ruelle, leur procureur, à l'audience de la cause sur les conclusions prises par ledit demandeur, aux fins de sa demande, et s'y demande dépens, et lesdits deffendeurs et joints comme autrefois ont dit que de toute ancienneté les vignes *appartenantes* aux religieux claustraux et bénéficiaux de la maison, et dont ils ont fait louage aux particuliers, sont désignées pour leur pittance, pour aux regards desdits religieux et aux regards dudit Lhermite, pour son prioré de Saint-Nivard, aux charges d'ycelle pittance et prioré, et pour ce ne sont sujettes au droit de dîmes, comme ils ont jouit eulx et leurs prédécesseurs et autheurs audit nom, oncques paye auscunes dismes ny ceux qui tiennent lesdits héritages quoy que ce soit, lesdits intervenants soutiennent, tant pour eulx que pour leurs fermiers, qu'ils ne doivent le droit de dîmes, prétendu par ledit demandeur, soutenant qu'ils doivent estre renvoyés absoubs avec dépens.

Nous, lecture faite du jugement rendu du 21 novembre 1612, d'entre Nicolas Legrand, fermier desdittes dismes, contre Jehan Périn et autres deffendeurs; nous, lesdits religieux et intervenants, avons renvoyé quittes et absoubs desdittes appellations dudit demandeur et sans dépens.

Fait et donné en jugement et plaids tenus pardevant nous Barthélemy Droynel, licencié ès lois, advocat ès siège royal d'Esparnay, bailly d'Hautvillers, païs et seigneurie qui en dépendent, les jours et an que dessus.

Signé : VAULTRAIN,
avec paraphe.

(Extrait du registre du baillage d'Hautvillers, du 20 décembre 1623).

Fondation faite par dom Henri Bourgeois, en faveur du monastère.

(31 mars 1630)

Quand nous avons donné la liste des aumôniers de l'abbaye d'Hautvillers, et par ce titre seigneurs de Champillon, nous aurions pu parler de la fondation que fit dom Henri Bourgeois, en faveur de cette abbaye; nous avons préféré rapporter ici cette fondation comme faisant suite aux faits principaux qui ont eu lieu sous le gouvernement des abbés d'Hautvillers. Nous connaissons d'ailleurs Henri Bourgeois comme titulaire de l'aumônerie de ce monastère.

Si fâcheuses que fussent les traverses suscitées à notre aumônier par les agents de la mense abbatiale, et qui furent pour lui une source de longues et nombreuses tribulations, cet aumônier, quoique appartenant au monastère de Saint-Nicaise de Reims, ne laissa pas de se montrer bienfaisant envers une abbaye à laquelle, selon l'esprit du monde, il ne devait que de la rancune; c'était vraiment montrer de la charité, il est vrai que ses frères les religieux d'Hautvillers n'avaient contribué en rien dans ses tracasseries. L'abbé Alphonse Delbène fit obstacle à sa promotion, une opposition fut faite à sa requête au mois de décembre 1601 et même en 1603, avons-nous dit ailleurs ; le grand-vicaire d'Alphonse Delbène donna des provisions à dom Mathieu Sandofort pour l'office de l'aumônerie. Dom Henri Bourgeois tint bon, et depuis 1598 jusqu'en 1630, époque de la fondation qu'il fit en faveur de l'abbaye d'Hautvillers, nous le voyons avec le titre d'aumônier de cette abbaye. Certainement il sut faire une honorable et juste distinction entre d'avides exploiteurs des revenus de l'abbaye et les bons religieux qui, eux-mêmes tout comme lui, eurent trop souvent à se plaindre de leurs tracasseries imméritées. Pourtant, les émoluments de son bénéfice étaient loin de donner l'opulence à ce généreux bienfaiteur. Déduction faite des charges de l'aumônerie, à peine restait-il de quoi faire face aux nourritures, vestiaires, chauffage et entretien des titulaires. Mais avec de l'ordre on vient à bout de bien des choses; la meilleure mine d'or, n'est-ce pas une économie sage et quotidienne ? Selon toute vraisemblance, ce fut en exploitant cette veine féconde qu'un beau jour notre aumônier se trouva en possession d'une somme de 200 livres. Comme ce petit trésor ne captivait ni ses mains ni son cœur, il en fit la matière d'une fondation au profit du monastère, c'est-à-dire que moyennant cette somme il fut établi que les dimanches, à perpétuité, au retour de la procession qui se fait après l'eau bénite, les religieux feraient, devant le crucifix, la face tournée vers yceluy, une station durant laquelle serait chantée dévôtement l'antienne à nottes *Ave Rex noster*, le verset et la collecte de la croix, avec une autre collecte des trépassés. Aux termes du document que nous avons eu sous les yeux, la somme fut employée à acheter des livres à l'usage de la réforme. C'était sans doute une précaution prise à l'avance, car nous verrons bientôt que la réforme de la congrégation de Saint-Vannes de Verdun fut introduite à Hautvillers en 1635, et l'acte de cette fondation, dont nous venons de parler, est daté du 31 mars 1630. Bien longtemps déjà avant la Révolution les conditions posées dans l'acte de fondation de dom Henri Bourgeois n'étaient plus remplies ; nous ne savons pourquoi. Il en est fait mention dans le nécrologe d'Hautvillers, sous la rubrique du 2 avril.

Grâce aux libéralités de pieux fidèles, l'église du monastère voyait chaque jour lui revenir les éléments de son antique splendeur. Ses malheurs n'avaient-ils pas trouvé, sur le trône même, un écho de tendres commisérations ; une illustre princesse, Catherine de Médicis, n'avait-elle pas daigné lui venir magnifiquement en aide ? Toutefois, les mains laïques ne furent pas les seules qui se montrèrent généreuses ; eux aussi, dans leur pauvreté, les bons moines avaient trouvé le secret d'être riches, de faire des économies pour cette œuvre sainte. Sous ce rapport, après dom Henri Bourgeois nous pouvons citer dom Nicolas Dudré, prieur de Saint-Nivard. Ce fut, en effet, ce modeste religieux qui, à force d'économies, parvint à gratifier cette église de l'orgue magnifique dont aujourd'hui encore on admire les beaux restes. L'époque de cette importante acquisition n'est pas bien précise, mais, suivant toute apparence, elle suivit de près l'année 1630. Nous allons, en quelques lignes, esquisser la biographie de ce bienfaiteur.

Dom Nicolas Dudré, moine d'Hautvillers, prieur de Saint-Nivard.

Tout homme de bien, quelle que soit la caste où la Providence l'ait fait naître, jouit, sans aucun doute, d'un droit incontestable à l'amour et au respect de ses semblables, et quand cet homme, membre d'une corporation éminente, s'est distingué par un zèle ardent à procurer son bien-être, et quand cet homme a légué à cette corporation, outre le souvenir de ses vertus, un monument religieux qu'on admire, monument qui, au milieu d'une révolution essentiellement impie et dévastatrice, s'est vu respecté uniquement parce qu'il méritait de l'être, un tel homme, disons-le, son nom ne doit pas périr ; la société qu'il servit en est responsable devant la postérité.

Tel fut, dans l'abbaye d'Hautvillers, le digne personnage dont nous venons de parler. Nous ne ferons pas un grand homme de dom Nicolas Dudré ; non, certains modernes candidats à l'immortalité pourraient bien n'avoir pour nous que des paroles de moquerie, si nous jugions tel notre héros ; lui-même, nous ne croyons pas qu'il eût jamais la prétention de passer outre tombe honoré de ce titre ; il visait à quelque chose qui, assurément, vaut beaucoup mieux : la vertu. Le lecteur, sans doute, sera assez curieux pour nous interroger sur l'origine de Nicolas Dudré, sur le lieu de sa naissance, sur les premiers actes de sa vie, sur l'année de sa profession religieuse ; nous lui répondrons à l'avance que ce sont là autant d'articles sur lesquels nous n'avons aucune donnée certaine. L'année 1601 est, par rapport à notre personnage, la première époque connue. C'est sous cette rubrique que nous le trouvons à Hautvillers, servant Dieu de tout son cœur, celui qui avait reçu ses serments. Dom Nicolas Dudré ne conserva pas longtemps le titre tout simple de religieux ; une scrupuleuse régularité dont, selon toute apparence, on ne tarda pas à constater le mérite, le poussa vers une charge qui réclamait une exactitude des plus grandes. On l'investit de l'office de trésorier du monastère. Ce fut au milieu de ces fonctions modestes et peu attrayantes qu'il reçut ses provisions au prieuré de Saint-Nivard. C'eût été, pour une tête ambitieuse, un faible sujet de joie, car il est constant, par les fastes de ce prieuré, qu'il n'avait pas le moins du monde l'avantage de confier l'opulence à ses titulaires. Dans un article spécial, nous parlerons des différents prieurés qui dépendaient de l'abbaye d'Hautvillers, et en particulier de celui de Saint-Nivard. Dom Nicolas Dudré se contenta de ce bénéfice, et l'on ne voit pas que par la suite il eût jamais porté ses vues plus haut. Peut-être avons-nous déjà anticipé sur le fil des événements, mais nous allons revenir sur nos pas. C'était en 1629, et, aux termes de la fondation qui va nous occuper, il n'était encore que simple religieux d'Hautvillers. Dom Nicolas Dudré, passant en revue l'état de ses finances, se trouva un beau jour propriétaire de deux cents livres tournois, fortune pour cette époque.

Le bon religieux, que pouvait-il faire d'une telle somme ? Il suivit une inspiration divine et crut ne pouvoir faire meilleur emploi de ce capital que de le placer en rentes sur le Ciel. Là, on sait payer à usure, l'Évangile nous le dit. On trouve encore, à cet effet, qu'il s'adressa aux Carmes de Reims, et, moyennant les deux cents livres une fois payées, ce monastère prit l'engagement de faire tous les samedis, à perpétuité, une procession en l'honneur de Dieu et de la Très Sainte-Vierge. Voici l'acte de cette fondation :

« A tous ceux qui ces présentes lettres verront, François Mothé, seigneur de domp Martin, conseiller du roy, notre sire, et garde du scel du baillage de Vermandois, à Reims, établi de par ledit seigneur, salut; sçavoir faisons que pardevant Nicolas Briffet et Jehan Saillet, nottoires dudit seigneur roi, au baillage, demeurants audit Reims, et à ce faire establis par ledit seigneur, furent présentés en leurs personnes vénérables et religieuse personne dom Nicolas Dudré, prestre et religieux de l'abbaye de Saint-Pierre-d'Hautvillers, étant audit Reims, d'une part, et religieuses personnes maistre Ambroise Thomassin, docteur en théologie, prieur, Josse Prompsy, sous-prieur, Pierre Labeguine, Gerard Guillois, Gilbrian Pereart, sacristain, Jehan Richard, Richard Bertrand, bachelier en théologie, Charles Lamotte, aussi bachelier en théologie, Jehan Godfrin, François Quentinet, Claude Ledoux et Simon Pinchart, des Carmes dudit Reims, congrégés et assemblés en leur chapitre, lieu accoutumé de traiter des affaires de leur couvent, d'autre part; les parties, même le sieur Dudré, mu de dévotion à Dieu et à la Très Sainte-Vierge Marie, et afin qu'il soit participant aux prières et oraisons qui se font et qui se feront toujours audit couvent des Carmes, il aurait représenté auxdits religieux, prieur et couvent, que sa volonté et intention était de fonder, en leur église, une procession de la Sainte-Vierge, par chacun samedy de l'année, ce qui luy aurait été accordé par lesdits sieurs religieux, prieur et couvent, et pour satisfaire sa volonté à fonder et fonde par ces présentes laditte procession par chacun samedy de l'année à toujours et perpétuellement, auparavant laquelle se commencera la salutation angélique *Ave Maria*, par un religieux, et après se commencera les litanies de la Sainte-Vierge par *Kyrie eleison*, par le même religieux, et le chœur répétera en allant processionnellement à l'entour du cloistre, et étant de retour de la susditte procession, celui qui aura commencé les susdittes litanies se tiendra debout devant l'autel pour parachever, et le chœur répétera comme dessus ; la susditte litanie étant parachevée, le septmainier commencera l'antienne *Sub tuum* et le chœur parachevera le reste ; cette antienne étant finie, le premier dira : *Ora pro nobis, etc., ut digni effic...*, et après le verset : *Salvum fac servum tuum D...*, et après le verset : *Mitte ei auxilium... Domine exaudi... et clamor meus ad... Dominus vobiscum, etc.*, après la collecte : *Concede nos*, ou autrement, selon l'opportunité du temps, et après : *Deus qui justificas impium et non vis mortem.... Per Christum...* Et sera commencée, laditte fondation, le samedy prochain 28 du présent mois, et continuer à toujours perpétuellement, ce que lesdits religieux, prieur et couvent, tant pour eux que pour leurs successeurs audit couvent, ont promis de faire ce moyennant la somme de deux cents livres tournois que lesdits religieux, prieur et couvent ont confessé avoir eu et reçu comptant dudit fondateur, dont ils se tiennent pour contents et s'enquittent, desquels deniers lesdits religieux, prieur et couvent, ont promis employer au rachapt de cinquante livres tournois en principale de rente qu'ils doivent à Nicolas Wiart, fassonier de Tirtaine ; de plus, d'acquérir un jardin qui est au derrière une maison appartenant audit couvent, assise audit Reims en la rue Neuve, devant les pères Jésuites, et de bâtir quelques bâtiments en ladite maison, pour l'utilité et la commodité d'ycelle, et en faire apparoir audit fondateur. Si, comme les parties ont dit et reconnu estre vray pardevant lesdits nottoires, promettant yceux religieux, prieur et couvent, de bonne foi, sous les vœux de religion et obligations de tous les biens temporels dudit couvent, présents et à venir, à faire laditte processions, prières et oraisons, au jour et ainsy que devant est dit, et toujours perpétuellement sans contrevenir, sur peine de rendre et payer tout dépens, dommages et intérêts, qui, à cause de ce pourraient en suivre et renoncement à toute fraude et lettres de graces, et généralement à toutes sortes de choses quelconques à ces lettres contraires et spécialement au droit réprouvant générale renonciation.

« En témoings de ce, nous, au rapport desdits nottoires, avons mis à ces lettres le scel dudit baillage, qui furent faites et passées audit couvent, après midi, le 24ᵉ jour d'avril 1629. Les

parties signées en la minutte des présentes; signifié le scel et
controle sur le revers.

« Signé : BRIFFET, SAILLET,

avec paraphes. »

On se serait fait une idée bien fausse du pieux religieux qui
nous occupe, si on se l'était représenté, selon une expression
trop commune, comme un pauvre hère qui ne possède rien, et
sollicitant, comme un pis aller, la profession monastique comme
un gagne-pain plus sûr et surtout moins pénible. Dom Nicolas
Dudré aurait pu tenir dans le monde une position honorable,
car il avait du patrimoine, la fondation précédente en est une
preuve; il paraît même qu'il en avait beaucoup. Ce qui va
suivre pourrait autoriser le lecteur à adopter notre opinion. Ne
perdons pas de vue, surtout, qu'à l'époque où Nicolas Dudré
faisait de semblables actes de munificence, l'argent était loin
d'avoir la valeur qu'il a aujourd'hui; disons plutôt que sa valeur
était beaucoup plus grande, car 200 livres tournois, en 1660,
pouvaient bien représenter quatre ou cinq mille francs aujour-
d'hui, 1880. Outre divers et nombreux bienfaits qui ne sont
point spécifiés dans les documents qui les relatent, bienfaits
dont il se plaisait à gratifier son propre monastère, dom Nicolas
Dudré rêvait depuis longtemps l'érection d'un monument digne
de son enthousiasme religieux. L'église de l'abbaye sentait
encore la torche incendiaire du calvinisme; on se rappelle,
sans doute, le lugubre événement qui, en 1562, avait fait de ce
magnifique édifice un monceau de cendres et de ruines. Un
siècle écoulé depuis cette horrible catastrophe avait suffi à peine
pour ramener la basilique à une tenue convenable et fournir au
plus pressant matériel du culte. Pauvre église! Longtemps
encore elle pouvait être veuve de cet harmonieux instrument,
dont les mille voix s'en vont si bien retentissantes, majestueuses,
sous les voûtes de nos temples, communiquant aux fidèles de
pieux sentiments d'exaltation et d'enthousiasme. Il en avait
décidé autrement, Celui qui d'une parole fait surgir l'abondance
là où il avait fait trôner la pauvreté ; et ce sera le pieux Dudré
qui sera, pour cette épouse en pleurs, l'ange de la Providence.

Silencieusement, il rassemble ses moyens, il combine ses
ressources, et un beau jour l'abbaye apprend que bientôt un
orgue nouveau viendra marier aux saints cantiques la mélodie

douce et forte, mais toujours solennelle, de ses accents. L'orgue dont Hautvillers fut gratifié en 1630, n'est autre que celui dont aujourd'hui encore on admire les magnifiques débris. Il est à regretter que nous n'ayons pu trouver le marché conclu entre Nicolas Dudré et le facteur de cet orgue ; nous aurions pu connaître, là, différents détails sur sa construction.

En 1767, cet orgue fut soumis à d'importantes réparations, comme nous le verrons plus tard. En 1793, quand un peuple devenu vandale s'acharnait contre tout ce qui était monument religieux, ce bel orgue, ainsi que l'église conventuelle, fut confié à la commune, par l'administration du district d'Épernay. Il est probable qu'à cette époque il fut, lui aussi, obligé plus d'une fois de faire acte de patriotisme et de hurler un chant frénétique, en compagnie des révolutionnaires. Ce fut peut-être uniquement à cette souplesse qu'il dut son salut. Beaucoup d'autres firent comme lui, sans trop savoir ce qu'ils faisaient. Depuis cette crise assez violente, on a essayé plus d'une fois de lui rendre sa puissance première; on dit même que certain docteur en cette matière jugea qu'il y avait lieu à une amputation. L'opération se fit ; du mieux, aucun, le pauvre malade n'en allait que plus mal ; notre docteur était tout simplement un facteur d'orgues qui trouva l'expédient assez ingénieux pour avoir à vil prix de magnifiques tuyaux. Aujourd'hui, grâce à la générosité de M. Chandon de Briailles, auquel nous consacrerons un article particulier, l'orgue infortuné voit s'ouvrir devant lui une ère de prospérité nouvelle. Ce généreux propriétaire a alloué à cette réparation importante plus de dix mille francs. On voit que, s'il était de nécessité qu'il surgît un nouvel ordre de choses, le bon moine Dudré ne pouvait avoir un plus digne successeur qui, dans toutes circonstances, sait faire un noble usage de sa fortune.

Quant à cet humble religieux, dont la piété ardente et ingénieuse sut élever à la gloire de Dieu ce précieux monument, il dort aujourd'hui, comme bien d'autres, ignoré, dans la poussière des morts; sa tombe est inconnue; son nom est devenu même un nom qu'on trouve étrange; l'habitant devant lequel, par hasard, un savant le prononcerait, ne manquerait pas de dire : quel est donc cet homme? O ingrate humanité! Vous le connaissez, maintenant, gardez-lui un bon souvenir.

Le nom de Dudré se trouve encore attaché à un événement qui vint opérer, en l'abbaye d'Hautvillers, une véritable révolution, une révolution toute pour le mieux, toutefois. C'était l'introduction de la réforme dont bientôt nous entretiendrons notre lecteur. Nous sommes en l'année 1634. Dudré qui, en homme profondément religieux et non moins attaché à Dieu qu'à son monastère, sentait le besoin réel qu'avait sa communauté d'un retour vers d'anciennes institutions, se garda bien de faire de l'opposition à ce qu'il savait être pour le plus grand bien ; il signa donc le traité convenu à cette occasion avec les religieux de la congrégation de Saint-Vannes. Le traité assurait à dom Dudré une pension de 300 livres tournois, avec six grands anneaux de bois et un cent de fagots. Dix ans plus tard, en 1644, Nicolas Dudré assista à la translation que l'on fit des reliques de sainte Hélène ; son nom est inscrit au procès-verbal, c'est le dernier acte publié de sa vie. Il mourut en 1647. Pourquoi ne nous est-il donné d'aller nous agenouiller sur la tombe de ce bon religieux ? Nous ignorons où ses cendres reposent. *Requiescat in pace.*

LXXIXe Abbé

BARTHÉLEMY DELBÈNE

(DE 1634 A 1663)

Nous avons vu par quel fâcheux événement Alphonse Delbène avait été dépouillé de l'abbaye d'Hautvillers. Ce bénéfice fut donné à Barthélemy Delbène, son neveu, dès l'année 1634. *(Gallia christiana,* tome ix, col. 36.)

Le nouveau titulaire ne prit possession de son titre qu'en 1638, ses bulles, expédiées par Urbain VIII, le 31 août 1636, ne lui étant parvenues que l'année suivante. Issu de la noble famille dont nous avons constaté l'illustre origine, Barthélemy était donc neveu d'Alphonse Delbène, qui avait été précédemment abbé d'Hautvillers, et frère d'un autre Alphonse Delbène, évêque d'Orléans, en 1647. Ce Barthélemy était fils de Pierre Delbène et de Anne Delbène, parente de son père.

La carrière ecclésiastique s'ouvrit pour Barthélemy par le titre d'abbé de l'abbaye d'Hautvillers et de celui de prieur du prieuré de l'église collégiale de Saint-Caprais d'Agen. Bientôt après son mérite personnel, puissamment relevé par la faveur royale, lui ouvrit les portes de l'épiscopat; il fut nommé évêque d'Agen ; ses bulles, expédiées par Urbain VIII, ne lui parvinrent que le 2 novembre 1636. Ce fut à Paris, dans la chapelle des religieuses de Sainte-Marie, qu'il fut sacré par Octave de Bellegarde, archevêque de Sens. Son entrée, à Agen, n'eut lieu que deux ans plus tard, 10 juin 1638. Il ne voulut point qu'on y apportât l'appareil d'une pompe fastueuse, les applaudissements de tout le peuple lui parurent une compensation suffisante.

Barthélemy Delbène assistait à l'assemblée du clergé de France, tenue à Paris en 1650. Son administration épiscopale fut signalée par la reconstruction des édifices qui servaient de logement aux élèves du sanctuaire et aux pères missionnaires. Attentif à prévenir son troupeau contre le venin de l'hérésie, Barthélemy ne négligea aucun moyen de démasquer les principes impies et fallacieux du calvinisme. Aussi, plus d'une fois, par ses soins et sous la direction de Soldadie, son vicaire général, on vit d'habiles controversistes appeler sur l'arène de la polémique les ministres de l'erreur, dévoiler le néant de leur doctrine et les réduire à d'humiliantes rétractations. Non moins actif pour sauvegarder certains droits honorifiques, apanages de sa dignité épiscopale, Barthélemy sut les défendre énergiquement contre les prétentions du gouvernement de sa province. Il fut même assez heureux pour obtenir qu'une ordonnance royale en sanctionnât la continuation. Dans le cours de son épiscopat, Barthélemy érigea un assez grand nombre de maisons religieuses. On peut en voir l'énumération dans le *Gallia christiana* (tome II, col. 932). Plein de zèle pour la régularité de son clergé, Barthélemy fit encore plusieurs statuts jugés nécessaires pour le bon ordre et le maintien de la discipline ecclésiastique ; notamment, il établit que personne ne serait admis aux ordres sacrés sans avoir passé préalablement quelques mois dans un séminaire.

Barthélemy mourut le 4 mars 1663.

Faits relatifs à l'abbaye sous le gouvernement de Barthélemy Delbène.

Vers le même temps, 1634, les religieux d'Hautvillers obtenaient d'Urbain VIII une bulle accordant indulgence plénière à tout fidèle qui visiterait leur église le mardi de la Pentecôte; outre les conditions ordinairement imposées, telles que la confession et la communion, il fallait, pour gagner l'indulgence, prier, en l'église désignée, pour la concorde des princes chrétiens, l'extirpation des hérésies et l'exaltation de la sainte Église. Une clause expresse de cette bulle en limitait la validité aux termes de sept années. *(Concedimus præsentibus ad septennium tantum valituris.)* Cette bulle est datée du 22 mars 1634. Sa fulmination eut lieu le 16 mai, par l'intermédiaire de M. Dosetz, vicaire général de Henri de Lorraine, archevêque de Reims.

BULLE D'URBAIN VIII

QUI ACCORDE DES INDULGENCES AUX FIDÈLES QUI VISITERONT L'ÉGLISE DE L'ABBAYE D'HAUTVILLERS LE MARDI DE LA PENTECOTE

(22 MARS 1634)

Urbanus papa VIII, universis Christi fidelibus præsentes litteras inspecturis salutem et apostolicam benedictionem. Ad augendum fidelium religionem et animarum salutem cœlestibus ecclesiæ thesauris pia charitate intenti, omnibus utriusque sexus Christi fidelibus vere pœnitentibus et confessis ac sacra communione refectis qui ecclesiam monasterii Sancti-Petri oppidi de Altovillari, Remensis diœcesis, monachorum ordinis Sancti-Benedicti et in ea situm altare sanctæ Helenæ, tertio festo Pentecostes a primis vesperis usque ad occasum solis

Urbain VIII, pape, à tous les fidèles de Jésus-Christ qui ces présentes lettres verront, salut et bénédiction apostolique. Pour augmenter la religion des fidèles et pour procurer le salut de leurs âmes, veillant avec une pieuse sollicitude sur les trésors célestes de l'Eglise, à tous les fidèles des deux sexes qui seront vraiment repentants, qui se seront confessés et se seront fortifiés par la sainte communion, et visiteront l'église du monastère de Saint-Pierre-d'Hautvillers, au diocèse de Reims, où sont des moines de l'ordre de Saint-Benoît,

festi hujusmodi singulis annis devote visitaverint et ibi pro christianorum principum concordia hæresium extirpatione et sanctæ matris ecclesiæ exaltatione pias ad Deum preces effuderint, plenariam omnium peccatorum suorum indulgentiam et remissionem misericorditer in Domino concedimus præsentibus ad septennium tantum valituris. Volumus autem quod si alias Christi fidelibus dictam ecclesiam visitantibus aliquam aliam indulgentiam perpetuo vel ad tempus nondum elapsum duraturam concesserimus, quod si pro præsentatione admissione seu publicatione presentium aliquid vel minimum detur aut etiam sponte ablatum recipiatur, præsentes nullæ sint eo ipso.

Datum Romæ apud sanctum Petrum sub annulo piscatoris die vigesimo secundo martii MDCXXXIV pontificatus nostri anno undecimo. Gratis pro deo etiam scriptura.

et dans laquelle église se trouve l'autel de Sainte-Hélène, et qui, le troisième jour de la fête de la Pentecôte, chaque année, adresseront à Dieu des prières ferventes pour la concorde des princes chrétiens, pour l'extirpation des hérésies et l'exaltation de notre mère la sainte Église, nous leur concédons miséricordieusement dans le Seigneur l'indulgence et la rémission de tous leurs péchés, en vertu des présentes, qui n'auront de valeur que pour sept années. Nous voulons que si autrefois, aux fidèles de Jésus-Christ visitant ladite église, nous avons concédé quelque autre indulgence devant durer ou toujours, ou pendant un temps non encore écoulé, que si, pour la présentation, l'admission ou la publication des présentes lettres, il est donné si peu que ce soit, s'il est reçu un don spontanément offert, que les présentes lettres n'aient, à cause de cela, aucune valeur.

Donné à Rome, près Saint-Pierre, sous le sceau du pêcheur, le 25 mars 1634, la onzième année de notre pontificat, tout aussi pour l'amour de Dieu.

PUBLICATION DE LA BULLE PRÉCÉDENTE

Præsentes litteras apostolicas publicari jussimus. Datum Remis die 16 maii anno Domini 1634. Dozets vicarius generalis illustrissimi principis D.D. Henrici Lhotharingia, archiepiscopi Remensis.
M. A. MARALDUS.

Nous ordonnons la publication des présentes lettres apostoliques. Donné à Reims, le 16 mai de l'an du Seigneur 1634. Dozets, vicaire général de l'illustrissime prince Henri de Lorraine, archevêque de Reims.
M. A. MARAND.

Introduction à Hautvillers des religieux réformés de la congrégation de Saint-Vannes et de Saint-Hydulphe. Circonstances de cet événement.

(1634)

Nous voici venus à une époque marquée dans les *Annales d'Hautvillers* par un événement de l'importance la plus haute. Déjà, plus d'une fois, nous avons eu l'occasion de signaler le mouvement ou plutôt les symptômes d'une décadence qui travaillait imperceptiblement l'esprit du monastère. Quelle institution humaine ne s'altère pas avec le temps ? Rien de stable sous le soleil, disait le grand Salomon. *Vidi... nihil permanere sub sole. (Ecclésiastique,* cap. xi, vers. 11.) C'est là une de ces vérités qui ne meurent jamais. En appelant leurs disciples dans la solitude, les fondateurs d'ordres monastiques ne firent pas que les soumettre à la vie contemplative, ils leur imposèrent le joug d'un double labeur : labeur des mains, labeur de l'intelligence. Deux sortes de terrains alors étaient incultes ; si, d'une part, il fallait défricher la terre et en disputer l'empire aux épines et aux ronces, il fallait également défricher ce domaine des lettres et de la science, hideusement dévasté par les hordes des Barbares. En profond connaisseur du cœur humain, saint Benoît, élaborant sa règle, avait fait de la journée des religieux trois parts, successivement consacrées à la prière, au labourage et à l'étude. Telle fut l'observance primitivement adoptée à Hautvillers, et durant plusieurs siècles ce monastère, comme beaucoup d'autres, offrit au monde l'édifiant spectacle d'une régularité parfaite. Mais, avec des largesses faites par de pieux fidèles, vint l'opulence et, avec l'opulence, son cortège des misères humaines. Alors une vie moins austère sembla être autorisée. On se fit servir par des frères lais ; le travail manuel tomba, pour ainsi dire, en désuétude ; sa part fut confisquée au prétendu profit de l'étude et de la prière. Cette violation de la loi éternelle, imposée à l'homme, déviation si contraire à l'esprit de l'Évangile, ainsi qu'à la pratique des apôtres et des saints anachorètes, ne tarda pas à produire son fruit délétère. L'œuvre de la décadence se continua rapidement. Ce qu'un luxe intempestif achevait en d'autres abbayes, se réalisait à Hautvillers sous la main du malheur. Arrachés à leur monastère par des catastrophes qui semblaient prendre à tâche de se renouveler de siècle en siècle, les religieux d'Hautvillers ne pouvaient guère revenir en leur solitude que fort attiédis par le souffle contagieux du monde. C'est pourquoi l'amour de l'étude, chaque jour plus languissant, finit, en quelque sorte, par s'éteindre complétement. Le feu sacré était perdu. Quel droit, dès lors, avait la prière de persister en sa ferveur primitive ? Aucun. L'homme qui ne sait plus ni travailler, ni méditer, ne sait plus prier. Preuve irréfragable d'une alliance intime entre ces deux actes solennels de la vie humaine, alliance qui se retrouve jusque dans l'origine commune des deux mots par lesquels la langue de Rome les exprimait : *Orare, laborare.*

Pour tirer l'ordre de Saint-Benoît de l'ornière fatale et le ramener aux devoirs austères de son institut, besoin était donc d'un réformateur qui eût puissance et mission d'en haut; il se trouva, ce fut dom Didier de La Cour, né à Monzéville, près de Verdun, en 1550; il mourut en odeur de sainteté, en 1623, âgé de soixante-douze ans, et simple religieux de l'abbaye de Saint-Vannes; il en avait été prieur. Ce courageux enfant de saint Benoît eut le premier la sainte audace de lever le drapeau de la réforme, et, Dieu aidant, son zèle et ses pieux exemples menèrent la chose à bonne fin ; son monastère reprit le goût des vertus antiques. A quelque temps de là, un nouveau succès venait réjouir le cœur de l'homme de Dieu. Les religieux de Moyen-Moustier, dans les Vosges, dédié à saint Hydulphe, embrassaient la réforme. Telle fut l'origine de la congrégation connue sous le nom de Saint-Vannes et de Saint-Hydulphe, congrégation approuvée, en 1604, par Clément VIII. Voici ce qu'en dit, en note, dom Albert Noël, religieux Bénédictin de l'abbaye de Solesme (Sarthe), dans le *Bulletin du diocèse de Reims* du 17 octobre 1874 :

« La congrégation de Saint-Vannes, dite aussi de Lorraine, était une réforme de l'ordre de Saint-Benoît, qui prit naissance en 1600, dans l'abbaye de Saint-Vannes de Verdun, et s'acheva en 1601, dans celle de Moyen-Moutier dans les Vosges, par les soins du vénérable dom Didier de La Cour. Elle a pris le nom des deux patrons de ces maisons et s'appelle : Congrégation de Saint-Vannes et de Saint-Hydulphe. Elle se composait de trois provinces : Champagne, Lorraine et Franche-Comté. »

Presque tous les Bénédictins de nos Ardennes et de la Thiérache étaient soumis à cette congrégation qui a fourni nombre de sujets distingués, dans les arts et dans les lettres, comme nous espérons le montrer un jour. Dom Albert Noël, en nous faisant connaître les personnages distingués sortis de la congrégation de Saint-Vannes, ne ferait qu'ajouter à ceux qui sont sortis d'Hautvillers, qui étaient de la même congrégation. Ce serait prouver, une fois de plus, que les communautés religieuses n'étaient pas composées, comme des méchants l'ont dit, de moines fainéants.

C'étaient donc les membres de cette pieuse coalition qui, en 1634, venaient, comme le bon Pasteur, frapper à la porte du monastère d'Hautvillers, réveiller dans le cœur de ses moines l'amour d'une règle sainte. Leur projet fut accueilli avec enthousiasme, ce qui fait honneur à ces religieux en prouvant leurs pieux désirs. Dès le 31 octobre de cette même année, eut lieu une réunion destinée à poser les conclusions du traité de la Réforme.

D'une part, on vit dom Thomas Michelet, Nicolas André, Georges Dolivet, Jean Fetizon, Pierre Grenier, Charles Deu et Michel Violart, tous religieux profès et représentants de l'abbaye d'Hautvillers; d'autre part, s'y trouvaient dom Jean Placide, prieur de l'abbaye de Saint-Pierre de Châlons, et dom Dominique Chevreau, procureur de Saint-Vannes de Verdun, tous deux fondés de pouvoir des visiteurs généraux de la congrégation de Saint-Vannes.

Nonobstant le mauvais vouloir de Delbène Vilseaux, agent de l'abbé commendataire Alphonse Delbène, et le refus opiniâtre de son vicaire général, de prêter les mains à l'introduction de la réforme, les religieux du monastère, persuadés qu'il y allait de la gloire de Dieu et *advancement* de l'ordre, résolurent de franchir cet obstacle. Sans préjudicier donc en façon *quelconque* aux *droits* et *authorité* des seigneurs abbés, présents et futurs, ils passèrent avec les religieux, commis et députés de Saint-Vannes, un accord et transaction.

Traité conclu pour l'introduction de la réforme dans le monastère d'Hautvillers

(31 octobre 1634)

Comparurent personnellement les vénérables religieux et couvent de l'abbaye de Saint-Pierre-d'Hautvillers, ordre de Saint-Benoît, domp Thomas Michelet, Nicolas André, prieur de Saint-Nivard, Georges Dolivet, chapelain de la chapelle de Cumières, Jehan Fetizon, Pierre Grenier, procureur, tous prestres ; Charles Deu et Michel Violart, tous religieux profès de laditte abbaye, faisants et representants le corps et communauté dudit couvent, ducment congrégés et assemblés au son de la cloche et en la manière accoutumée au lieu ordinaire a eulx assemblés pour traiter de leurs affaires et négoce d'une part, et Réverend P. domp Jéhan Placide, prieur en l'abbaye de Saint-Pierre de Châlons, et domp Dominique Chevreau, procureur en laditte abbaye de Saint-Vannes de Verdun, ordre de Saint-Benoît, fondé de procuration passée pardevant Tambour et Roger, notoires royaux demeurants audit Châlons en la presence des témoings y denommés en date du 24ᵉ jour d'octobre 1634, des R. P. domp Claude Hydulphe, abbé de Favernay, et dom Arsène Mathelin, prieur de Longeville, visiteurs generaux de laditte congrégation de Saint-Vannes, qui ont signé en laditte procuration de laquelle il nous est apparu et qui sera transcripte à la fin des présentes d'autre part, disant les parties mêmes lesdits religieux et couvent dudit Saint-Pierre-d'Hautvillers, que pour le plus grand honneur et gloire de Dieu, augmentation de la foi chrétienne, catholique, apostolique et romaine, et de la dévotion du peuple chrétien et pour la plus grande édification du prochain, ils avaient désir que les Pères religieux dudit ordre de la congrégation des réformés dudit Saint-Vannes, fussent installés audit monastère de Saint-Pierre-d'Hautvillers, pour, à l'imitation et leurs exemples desdits Pères, embrasser la réforme par ceux desdits religieux d'Hautvillers, qui en auraient la volonté et affection y étant inspirés de Dieu, de quoy ayant rescrit et envoyé exprès par diverses fois à M. Delbène Vilseaux par l'absence de Monseigneur l'illustrissime et reverendissime Alphonse Delbène, évêque d'Alby, abbé commendataire dudit Saint-Pierre-d'Hautvillers, pour avoir son consentement sur ce que dessus, ce qu'ayant refusé, lesdits religieux et couvent dudit Saint-Pierre-d'Hautvillers, se seraient adressés par trois fois au Réverend Père Mathieu de Sandofort, religieux profez de Saint-Malo qu'on leur a donné depuis deux ans environ, pour supérieur et vicaire général dudit reverendissime évêque d'Alby leur abbé, et sommé autant de fois pardevant nottoires royaux de donner son consentement sur laditte introduction de la reforme, en vertu du pouvoir de son grand vicariat, attendu que ledit reverendissime leur abbé, étant absent sans pouvoir apprendre où il pouvait être, et mondit sieur Delbène Vilscaux n'y voulant consentir, ils ne sçavaient à qui s'adresser sinon audit R. P. grand-vicaire, lequel ayant refusé pareillement son consentement et lesdits religieux et couvent persistants en leurs bons désirs et pieuses intentions, attendu qu'il y va de la gloire de Dieu et advancement de l'ordre, luy ont déclaré que sans préjudicier en façon quelconque aux droits et authorité des seigneurs abbés, présents et futurs, ils passeraient contrat avec lesdits Pères de la congrégation de Saint-Vannes de Verdun, touchant laditte introduction, de quoy ayant tiré acte et fait voir auxdits Reverends Pères de la reforme et congregation de Saint-Vannes, lesdits Reverends Pères visiteurs generaux de laditte congregation, desirant seconder les pieux desseins desdits religieux de Saint-Pierre-d'Hautvillers, auraient commis et deputé lesdits R. P. Placide et Chevreau, et donné pouvoir de se transporter à cet effet en laditte abbaye de Saint-Pierre-d'Hautvillers, et traiter des moyens de laditte reformation. Sur ce, reconnurent lesdittes parties, auraient faits et font les traité, accord et transaction qui s'ensuivent : C'est à scavoir que lesdits religieux et couvent dudit Saint-Pierre-d'Hautvillers comparants comme dessùs ont volontairement consenti, et consentent par ces présentes l'introduction et établissement a laditte maison et monastère d'Hautvillers, de tels nombre desdits religieux reformés de laditte congrégation de Saint-Vannes, qui sera jugé et trouvé bon par qui il appartiendra pour y être observée la règle de Saint-Benoît, ainsi qu'il est accoutumé en laditte congrégation de Saint-Vannes et y être incorporés et mis sous les conditions, clauses et modifications ci-après déclarées, qui sont :

Qu'il sera loisible auxdits religieux de Saint-Pierre-d'Hautvillers et a tels deux à qui il plaira d'entrer en laditte réforme et congrégation de Saint-Vannes quand bon leur semblera, sans neantmoins pouvoir y être contraints ni forcés pour y vivre selon la règle et statuts d'ycelle congrégation.

Qu'il sera permis a yceux desdits religieux anciens d'Hautvillers, qui ne voudront entrer dans ladilte réforme, d'avoir et tenir leur siège premier dans l'église dudit Saint-Pierre-d'Hautvillers, aux services canoniales et à la messe conventuelle, aux processions générales et particulières et aux autres services divins qui se feront tant à laditte église qu'ailleurs.

Pourront yceux religieux anciens, dire célébrer la messe à tous les autels dycelle église même au grand autel, sçavoir pour les messes basses toutes et quantes fois bon leur semblera, sans néantmoins empêcher l'heure de la messe conventuelle et pour ce faire, se servir des ornements et aultres choses nécessaires à l'autel même du ministre des religieux modernes à ce député, si non en tant que voulant célébrer le susdit ministre serait actuellement empêché à servir quelqu'autres messes auquel ces lesdits religieux anciens aviseront de se pourvoir d'autre.

Que venant lesdits religieux anciens a être infirmés et en extremité de maladie, seront lesdits religieux modernes tenus leur administrer les saints sacrements avec toute la charité requise, en telle nécessité, et en cas de mort, les inhumer et enterrer comme l'un d'entre eux et au jour de leur décez.

Ils seraient possesseurs et titulaires d'aucuns offices ou bénéfices dependants dudit monastère de Saint-Pierre-d'Hautvillers, yceux offices ou benefices demeureront unis et incorporés au couvent desdits religieux modernes.

Pourront toutefois lesdits religieux, pourvus d'offices ou benefices, les résigner ou en disposer au profit des autres religieux anciens dudit Saint-Pierre et ainsi que bon leur semblera, et non à d'autres sinon au corps et communauté desdits religieux modernes.

Sera aussi loisible auxdits religieux anciens, de tenir et posséder tels autres benefices dont ils pourront être pourvus, sans diminution de leurs pensions cy après accordées et disposer d'yceux offices ou benefices comme dessus, mesme au profit de telles personnes qu'ils trouveront bon, pour le regard seulement des bénéfices non dependants dudit Saint-Pierre-d'Hautvillers, sans que lesdits religieux modernes puissent inquiéter ni troubler lesdits religieux anciens, en ce qui dépendra de leurs offices ou bénéfices, sous quelque pretexte que ce soit, ni les pouvoir astreindre a aucuînes charges pour raison de leurs dits offices ou bénéfices, fors et exceptés a celles auxquelles ils ont satisfaits depuis six ans en ça.

Que lesdits religieux ne seront en aucune façon responsables de leurs actions envers lesdits religieux modernes, qui ne pourront prétendre aucune juridiction sur eux, laissant le tout a celuy qui sera choisy d'entre eux pour leur supérieur.

Que lesdits religieux modernes seront tenus de recevoir le novice qui n'a encore presentement fait profession audit Auvillers en leur congregation de Saint-Vannes en la manière quy sy pratique si bon lui semble d'y entrer.

Que les pensions que seront cy après accordées auxdits anciens religieux, leurs seront données par quartier et par advance et non ailleurs qu'audit monastère d'Hautvillers.

Que les religieux modernes seront tenus de payer les dettes présentes de la communauté dudit Hautvillers, scavoir 1000 livres tournois à M. Beguin marchand, demeurant à Reims, et 150 livres tournois aux religieux de Saint-Remy de Reims qui sont à rentes au denier seize.

Que lesdits religieux modernes seront tenus et aussy obligés de tenir les baux a ferme que lesdits religieux anciens ont faits à des particuliers, et les dedommager envers les locataires des heritages dependants de leur mense conventuelle de tous évènements et poursuites tant en principal que depens dommage et interets.

Que lesdits religieux modernes tiendront le marché que lesdits religieux anciens ont fait avec M. Frizon de leurs échalats, admodiateur moderne dudit Hautvillers, sans aucune diminution et ce pour le reste de son admodiation qui est de trois ans.

Que lesdits religieux modernes fourniront à chacun desdits religieux anciens, une clef de la porte du chœur de l'église pour y entrer sçavoir par la nef toutes et quantes fois que besoin sera.

Qu'il sera loisible auxdits religieux anciens, de célébrer des messes de devotion lorsqu'ils en seront requis par les pelerins.

Que ceux d'entre eux qui sont approuvés par l'ordinaire pour ouïr les confessions des séculiers, pourront encore les entendre sans qu'ils en puissent être empêchés par lesdits religieux modernes.

Que le chirurgien dudit couvent d'Hautvillers sera tenu au

gage ordinaire de *seigner* et faire le poil auxdits religieux anciens quand besoin sera aussy bien que desdits religieux modernes... Cette dernière clause mérite bien une petite note pour l'agrément du lecteur.

(On sait qu'à cette époque, et déjà depuis longtemps, les barbiers avaient d'abord été appelés comme aides, par les chirurgiens à robes longues, à la pratique des pansements, de la saignée et de petites opérations, et que, fiers d'une adresse acquise par l'habitude, ils n'avaient pas tardé à exploiter pour leur compte exclusif les bénéfices de leurs fonctions subalternes, bénéfices bien supérieurs aux produits du rasoir. Ils avaient même obtenu le privilège légal d'exercer leur industrie, à la barbe des vrais praticiens. Dès lors, empiétant sourdement sur le domaine de leurs supérieurs, ils s'étaient, un beau jour, gratifiés ouvertement du titre de chirurgien, prétention qui fut vainement réprimée par plusieurs sentences. C'était encore l'état des choses dont nous traitons, en 1634 ; mais, cette année-là même, devait finir ce tohu-bohu des sciences barbifiques et chirurgicales. Par arrêts du conseil, du 5 mars et du 11 avril, fut inaugurée la profession exclusive des perruquiers ; l'âge d'or du barbier n'était plus. Des statuts, dressés le 14 avril 1674 et enregistrés au parlement de Paris le 17 août suivant, obligeaient les perruquiers à mettre pour enseigne des bassins blancs, pour les distinguer des chirurgiens qui en avaient des jaunes. Il est probable que dans l'espace de quarante ans entre les arrêts cités ci-dessus et les statuts de 1674, Messieurs les perruquiers prétendaient encore à un privilège quelconque (il est si difficile de descendre), et que, finalement, les chirurgiens ont voulu qu'entre eux et leurs anciens aides il y eut une différence marquée : bassins jaunes, bassins blancs. On dit proverbialement : « Glorieux comme un barbier » ; il y avait de quoi autrefois. Labrosse, barbier de Philippe le Hardi, 1270, et Olivier le Daim, 1461, barbier de Louis XI, prirent part au maniement des affaires publiques, avec l'importance et le titre de premiers ministres ; toutefois, ceux-là ne faisaient pas que la barbe, ils étaient chirurgiens émérites.)

Que, advenant le décez des anciens religieux ou d'aulcuns d'eux, pourront lesdits religieux modernes prendre et appréhender les biens meubles délaissés par leur décez, à la charge de payer leurs debtes, si aulcune il y a, sinon renoncer et abandonner leur succession et en ce cas ne seront chargés de payement de leurs debtes.

Que lesdits religieux modernes seront tenus de faire omologuer le présent contrat et en fournir lettres authentiques à leurs frais et depens aux susdits religieux anciens.

Pour le regard desdittes pensions cydessus, ont lesdits religieux promis et promettent par les présentes, auxdits religieux anciens et leur assigné et assigneur par chacun an de pensions annuelles et viagères à prendre sur les revenus temporels de leurdit couvent la somme qui s'ensuit, scavoir :

Audit sieur Michelet, Bourgeois, Dudré, Dolivet, Fetizon et Grenier et à chacun d'eux la somme de 300 livres tournois avec six grands anneaux de bois et un cent de fagots. Audit Frère Charle Deu la somme de 240 livres tournois avec trois anneaux de bois et demy cent de fagots. Audit Frère Michel Violart, la somme de 200 livres tournois, trois anneaux de bois, et demy cent de fagots. Toutes lesquelles pensions se payeront comme dit est et par advance et par quartier et pour lesdits bois et fagots lorsqu'on les delivrera en la maison en la manière accoutumée.

Seront lesdits religieux modernes tenus et obligés de faire dire et célébrer le service divin et les heures canoniales avec les messes conventuelles et de fondation.

Quant aux logements, lesdits religieux anciens se logeront ès batiments qui sont hors du dortoir, hormis le cabinet neuf qui est contigu dyceluy et s'accommoderont desdits logements par ensemble, jusqu'à ce que lesdits religieux modernes auront moyens et commodités loger ailleurs dans le circuit de laditte maison.

Auront aussy les religieux anciens pourvus d'offices ou benefice pouvoir d'aller faire leur demeure, ès ferme et maisons dépendantes desdits offices ou benefices.

Quant aux jardins les religieux modernes jouiront de ceux qui sont à présent à la maison, hormis celuy dudit domp Michelet qu'il cédera auxdits religieux modernes, lorsqu'ils trouveront moyen de s'en accomoder d'un autre, et excepté encore celui de la chambre et du cabinet.

Moyennant tout ce que dessus appartiendra auxdits religieux modernes ; et leur ont lesdits religieux anciens cédé quitté et transporté, leur ceddent quittent et transportent par ces presentes, tous et chacun les droits revenus et émoluments, appartenances et dependances dudit couvent de Saint-Pierre-d'Hautvillers.

Ensemble tous les ornemens de l'église et meubles servant audit couvent desdits religieux anciens, sans aucune restriction sans aucune chose en reserver ni distraire par lesdits religieux anciens, pour du tout en faire et disposer à l'advenir par iceulx religieux modernes, au profit de leur couvent audit Saint-Pierre-d'Hautvillers et à l'usage de l'église dudit lieu et service divin dicelle.

Seront aussy tenus lesdits religieux anciens de mettre ès mains desdits religieux modernes, tous les titres enseignement concernant lesdits biens et revenus dudit couvent, et dont sera fait inventaire lorsque lesdits religieux modernes entreront en possession dudit couvent, pour être mis sous deux clefs qui demeureront ès mains du prieur et sous prieur des religieux modernes dudit Saint-Pierre-d'Hautvillers. Si comme dont promettent lesdittes parties chacune d'elle à son regard tenir, entretenir, satisfaire et fournir et non contrevenir en contenu cy dessùs, mêmes lesdits religieux modernes à payer et faire payer lesdittes pensions les jours et ainsy que dit est sur peine, obligent leurs biens respectivement et pour spéciale lesdits Pères Placide et Chevreau ès dits noms, en vertu de leur ditte procuration leurs biens temporels et revenus de leur dit couvent de Saint-Pierre-d'Hautvillers, que pour ce sont et demeureront expressément liez, obligés affectez et hyspothéquez en payement et continuation desdittes pensions, sans que la généralité n'y la spécialité puisse déroger l'une à l'autre renonçants, etc., et sont lesdittes parties averties du scel suivant l'édit du roy.

Fait et passé audit couvent de Saint-Pierre-d'Hautvillers environ le midy, le dernier jour d'octobre 1634 en la présence de vénérable et discrète personne, de domp Claude Colleson, aumônier religieux de l'église et abbaye de Saint-Pierre de Châlons et de Henry Drouet Bourgeois dudit Châlons, et qui ont signé avec lesdittes parties comparants comme dessùs. Et lesdits nottoires suivant l'ordonnance et entendent lesdittes parties que le tout cy dessùs sera comme dit est, sans préjudice des droits et authorité desdits seigneur abbé tant present que futurs et le tout sous le bon plaisir et consentement dudit seigneur abbé évêque d'Alby, et toutes lesdittes parties signez en la minutte des présentes, et à l'heure même, je, Jéhan Husson l'un des nottoires devant dits soussigné, étant au logis de vénérable et discrete personne domp Henri Bourgeois, prestre religieux et aumônier de l'église et abbaye de Saint-Pierre-d'Hautvillers, lequel et en son lit attendu son infirmîté et grande maladie, et après lui avoir par moi fait lecture du présent contract mot et après autres, lequel a dit l'avoir bien entendu et pour ces causes l'a agrée, consenti et signé.

Fait le jour et an que dessùs, était présent le R. P. domp Dominique Chevreau, prestre religieux et procureur de l'église de Saint-Pierre de Châlons et Henry Drouet Bourgeois dudit Châlons qui ont signé avec luy Bourgeois à la minutte et Jehan Tambour, serviteur dudit Bourgeois qui a declaré ne sçavoir signer.

Signé : HUSSON, *nottoire*.

Telles étaient donc les conditions imposées aux nouveaux religieux; les anciens pouvaient, s'ils le voulaient, être incorporés dans la nouvelle communauté, mais aussi ils pouvaient, avec la rente qui leur était faite, vivre à l'instar des rentiers.

Le traité, avons-nous dit, n'était nullement du goût d'Alphonse Delbène, abbé commendataire d'Hautvillers; mais, s'étant fait déposséder de son bénéfice, précisément l'année où cette grave affaire se traitait, son successeur et neveu, Barthélemy Delbène, se montra plus conciliant, et, quoique n'ayant encore pu prendre possession de son titre, il ne donna pas moins son adhésion au traité de la réforme; il y mit, toutefois, ses conditions, comme nous allons le voir.

Ratification du traité de la réforme par Barthélemy Delbène, abbé d'Hautvillers, et par Dom Mathieu Sandoford, prieur et trésorier de laditte abbaye.

(21 Avril 1635)

Pardevant les nottoires et gardes notes du roy, notre sire, en son chatelet de Paris, soussigné, furent présentes en leurs personnes M. Barthélemy Delbène, abbé commendataire de l'abbaye d'Hautvillers, diocèse de Reims, nommé par Sa Majesté à l'évêché d'Agen, et dom Mathieu Sandofort, prieur, trésorier de laditte abbaye, d'une part, et dévôt religieux frère Hilarion Marchand, profez de la congrégation de Saint-Vannes de Verdun, au nom et comme procureur spécial du révérend père dom

Mathias Potier, président de laditte congrégation de Saint-Vannes, de luy fondé de procuration passée pardevant Thieron et Lambillon, nottoires royaux à Verdun, en date du 20ᵉ jour de mars dernier, passée, transcrite en fin des présentes et l'original d'ycelle, attendu qu'il n'en a été gardé minutte paraphée *ne varietur*, par lesdits sieurs abbé, prieur, frère Hilarion et nottoires soussignés, et demeurée attachée à la minutte des présentes, pour y avoir recours d'autre part. Lesquels, sur ce que ledit frère Hilarion aurait remontré audit sieur abbé d'Hautvillers, que les religieux de laditte abbaye auraient, dès le dernier jour d'octobre 1634, fait et passé un concordat avec les religieux supérieurs de laditte congrégation de Saint-Vannes, par lequel, pour introduire lesdits pères dedans laditte abbaye, la vraye discipline et observance de la règle de Saint-Benoît, auraient sous le bon plaisir dudit sieur abbé, ceddé, quitté et transporté auxdits pères de laditte congrégation, outre les droits et revenus de leur mense conventuelle, les choses cy-après déclarées et auxquelles sont obligés les sieurs abbés, présent et futurs, sçavoir : 240 livres tournois en argent, que luy sieur abbé leur donne par chacun an pour les vestiaires des prestres et diacres, 300 livres aussy par chacun an, pour les festes qu'ils appellent jours notaux ou des O des Avents, pour la paille des lits et entretenement de la vaisselle desdits religieux, pour le chirurgien perruquier, pour les serviteurs, les malades et autres menües charges. A chacun religieux, prestres et diacre qui sont au nombre de huit, quatre poinçons de vin ; à chacun novice qui sont au nombre de deux, deux poinçons de vin, et pour le vin des messes et chyrurgien un poinçon de vin à prendre sur les dîmes des villages suivants, sçavoir : à Hautvillers, treize poinçons; à Dizy, onze poinçons ; à Cumières, sept poinçons, et à Ay, six poinçons ; le tout, livré au couvent de laditte abbaye; à chacun des religieux, prestres et diacre, par chacun jour, 32 onces de pain, à chacun des novices 24 onces, et à deux serviteurs à chacun 24 onces de pain par jour, et au cas que ledit sieur abbé et lesdits religieux demeurent d'accord, de donner et prendre huit boisseaux de froment, franc moulu, pour lesdittes quantité de pain par chacune semaine et pour la farine des hosties, le tout livré au couvent desdits religieux; l'on pourra aussy continuer, à l'advenir, à tous lesdits religieux ensemble, trois cents anneaux de bois, mesure d'Épernay; 3,000 fagots et 1,400 bottes de bâtons pour les vignes, par chacun an ; tous lesdits bois livrés au couvent desdits religieux, aux dépens dudit sieur abbé, moyennant laquelle cession et transport lesdits pères de laditte congrégation, promettent par ledit concordat de payer à chacun prestre de laditte abbaye 300 livres de pension par chacun an, et aux diacres 250 livres tournois, et à un des novices profez 200 livres tournois, qu'ils payeront avec les autres conditions et aux termes portés par ledit concordat, duquel, après que la lecture en a été faite audit sieur abbé et prieur par l'un des nottoires soussignés et l'autre présent, de mot à mot après autres, ledit frère Hilarion audit nom, les aurait supplié de vouloir avoir agréable à quoy acquiesçants lesdits sieurs abbé et prieur ont yceluy concordat eu et ont pour agréable, le ratifient, confirment et approuvent, veulent, consentent et accordent, qu'il sorte son plein et entier effet, de point en point, selon sa forme en teneur, de sorte que, en outre, se sont demeurés d'accord, que lesdits religieux de la congrégation se contenteront de l'état tant de l'église que des lieux réguliers, tels qu'ils sont à présent, moyennant la somme de 800 livres tournois, que ledit sieur abbé promet et sera tenu de payer dans trois mois auxdits religieux, pour réduire tous les bâtiments susdits et bon et suffisant état et pour les entretenir à l'advenir, et à la décharge dudit sieur abbé et de ses successeurs, leur seront payé par chacun an la somme de 80 livres tournois dont le premier payement échéra le jour de Saint-Martin prochain 1635, et ainsy continuer à pareil jour comme dit est et à condition aussy que pour faire toutes les réparations et entretenement nécessaires, ledit abbé ou ses successeurs leur feront marquer par les officiers de laditte abbaye, tous les bois qui seront nécessaires dans les bois de laditte abbaye, et que les branchages et houppes demeureront auxdits religieux de la congrégation, pour aider à faire les frais des charrois ; le tout réservé les F. F. F. sçavoir feu, foudre et force. Sont aussy demeurés d'accord que toute la juridiction, haute, moyenne et basse demeureront audit sieur abbé, sans que les religieux de laditte congrégation y puissent prétendre aucune chose, et qu'au cas que lui sieur abbé obtienne du roy permission de vendre quelque quantité de bois pour employer au rachapt des biens et terres aliénés de laditte abbaye, et autres causes légitimes, pour le plus grand profit de l'abbaye, les religieux ne pourront prétendre aucune part ou droit aux susdittes choses racheptées, ni au bois, ains elles demeureront audit sieur abbé ou ses successeurs, comme aussy toutes autres dépendances de la mense abbatiale. Sera aussy loisible auxdits religieux de faire la retraites des biens aliénés, qui autrefois ont appartenu à leur maison et couvent, de leurs deniers propres sans que ledit sieur abbé y puisse prétendre aucun droit. Est aussy accordé que lesdits religieux se joindront aux procès qui pourraient intervenir pour la conservation des biens de la mense abbatiale, à condition que ledit sieur abbé indemnisera lesdits religieux des événements, frais et dépenses desdits procès. Semblablement, ledit sieur abbé se joindra aux procès qui pourraient intervenir pour la conservation des biens et revenus de la mense conventuelle et des offices claustraux unis à la mense des religieux, à condition qu'ils indemniseront ledit sieur abbé de l'événement, frais et dépenses desdits procès. Et au regard dudit Mathieu Sandofort, prieur, a pareillement reconnu en tant qu'à luy touche et regarde avoir pour agréable, ratifié le présent contrat moyennant la somme de 750 livres tournois de pension annuelle et viagère, qui lui a été, par ledit frère Hilarion audit nom, accordée et promise avec la jouissance de la maison affective audit office du trésorier, pour ycelle pension luy être payée de quartier en quartier par advance, pendant et durant la vie dudit dom Mathieu Sandofort qui s'est contenté purement et simplement d'ycelle pension monachalle et viagère, en faveur de laquelle yceluy dom Mathieu Sandofort a résigné et remis en les mains dudit sieur abbé d'Hautvillers, purement et simplement, son dit office de trésorier, duquel il était pourvu au profit de la mense conventuelle, par acte de résignation passé pardevant les nottoires soussignés cejourdhuy et pour faire d'yceluy office ou autrement en disposer par ledit sieur abbé, ainsy qu'il luy plaira. Finalement sont, les parties, demeurées d'accord que lesdits pères de la congrégation n'exécuteraient ponctuellement le contenu au concordat, devant dattes et présentes ratifications, ledit sieur abbé rentrera en ses droits de provision et nomination des offices et trésorerie et aumônerie tout ainsy que s'il n'avait point consenti à l'union d'yceux à la mense conventuelle, et moyennant tout ce que dessus ledit frère Hilarion audit nom, a promis et promet faire ratifier et avoir agréable, tant ledit concordat du dernier jour d'octobre 1634, que le présent contract de transaction et ratification par le chapitre général de la congrégation et en rapporter l'acte authentique, bon et valable, bien et duement expédié, et yceluy mettre ès mains dudit sieur abbé, dans deux mois d'huy prochain venant, et ce à peine de nullité des présentes. Promettant, en outre, ledit frère Hilarion audit nom, faire omologuer tant le susdit concordat que le présent contract au grand conseil du roy aux frais et dépenses desdits pères de laditte congrégation, car ainsy tout ce que dessus a été dit, convenu et expressément accordé, par et entre lesdittes parties, en faisant et passant les présentes qui, autrement, n'eussent été faites et passées pour l'exécution desquelles et dépendances, elles ont respectivement élu leurs domiciles irrévocables et perpétuels, sçavoir : ledit sieur abbé en la maison où il est ordinairement logé, sise dans l'enclos du Temple à Paris, ledit sieur prieur en la maison où il est logé rue Saint-Martin au Pourcelet d'or, et ledit frère Hilarion audit nom au collège de Cluny, fondé en l'Université de Paris, auxquels lieux ils veulent que tous exploits soient apportés comme si faits, etc., nonobstant....., et encore a été accordé que nonobstant introduction et établissement desdits pères, en laditte abbaye, les droits, honneurs, prérogatives et *prééminance*, appartenant audit sieur abbé, ne pourront en aucune façon, manière que ce soit, être diminuées et dont il continuera la jouissance en laditte église et autres lieux dépendants de laditte abbaye, ainsy que luy et ses prédécesseurs abbés commendataires en ont jouy. Promettants, obligeants chacun en droit soy ledit frère Hilarion audit nom, renonçants, etc., de part et d'autre.

Fait et passé à Paris, dans l'enclos du Temple, en la maison où ledit sieur abbé est logé, l'an 1635, le samedy avant midy 21 avril, et ont signé la minutte des présentes demeurée vers Herbin le jeune, l'un desdits nottoires soussignés.

(Archives nationales, L. 1,002, et extrait des *Archives d'Hautvillers*, à Reims, 1re layette, 6e liasse, n° 3, page 158; *Inventaire du Cartulaire.)*

Tel est l'acte du concordat passé entre frère Hilarion Marchand, profez de la congrégation de Saint-Vannes, fondé de pouvoir, et l'abbé commendataire Barthélemy Delbène, assisté de dom Mathieu Sandofort, prieur et trésorier du monastère d'Hautvillers. Cet accord, ratifié moins de deux mois après par le chapitre général de la congrégation de Saint-Vannes, obtint la sanction royale le 14 juillet de la même année. Les lettres patentes, accordées à ce sujet, mandent aux amés et féaux conseillers, que, pour ce qu'audit contrat, il n'y ait aucune chose dérogeant aux droits, libertés et privilèges de l'Église gallicane, et qu'alors ils eussent à le faire enregistrer.

Lettres patentes du roy, par lesquelles il confirme les traités et concordat précédents, pour l'introduction de la réforme en l'abbaye d'Hautvillers.

(14 juillet 1635)

Louis, par la grâce de Dieu, roy de France et de Navarre, à tous présents et à venir, salut.

Nos bien aimés les religieux devots profez, de la compagnie de Saint-Vannes de Verdun, nous ont fait dire et remontrer que les religieux de l'abbaye d'Hautvillers, diocèse de Reims, auraient, dès le dernier jour d'octobre 1634, fait un concordat avec les procureurs des supérieurs de laditte congrégation de Saint-Vannes, contenant le consentement desdits religieux d'ycelle abbaye, de l'introduction et établissement en la maison au monastère d'Hautvillers, de tel nombre de religieux réformés de laditte congrégation de Saint-Vannes, qui sera jugé et trouvé bon par qui il appartiendra, pour y être observée la règle de Saint-Benoît, ainsy qu'il est accoutumé en laditte congrégation, pour y être unis et incorporés sous les conditions et modifications contenues audit concordat, lequel aurait été approuvé et ratifié le 21e jour d'avril dernier, tant par l'abbé commendataire de ladite abbaye d'Hautvillers que par le prieur d'ycelle, le procureur et président de laditte congrégation et prieur de l'abbaye de Saint-Vannes de Verdun, comme aussy lesdits concordat et contrat de ratification d'yceluy ont depuis été agréés, ratifiés et approuvés le dernier dudit mois d'avril, par les présidents et deffiniteurs du chapitre général de la congrégation de Saint-Vannes dudit Verdun, pour sortir à effet selon leur forme et teneur de la part desdits religieux réformés, qui seront introduits dans laditte abbaye d'Hautvillers, et désirants, lesdits exposants, que lesdits concordat et contrat de ratification soient par nous confirmés et agréés, ils nous ont très humblement suppliés, leur octroyer nos lettres à ce nécessaire, à ces causes désirant favorablement traiter les exposants et leurs supérieurs et qu'ils puissent vacquer au service et culte divin en leur réforme en laditte abbaye d'Hautvillers, mandons et commettons à nos amés, féaux, conseillers, les gens tenant notre grand conseil, que leur apparaissant qu'aux susdits contract et ratification cy attachés sous notre contre-scel, il n'y a aucune chose dérogeant aux saints décrets et concordats d'entre le Saint Siège et nous, droits, libertés et privilèges de l'Église gallicane, en ce cas ils ayent à faire enregistrer ces présentes et du contenu en ycelles et auxdits concordat et ratification d'yceluy, jouir et user lesdits exposants et leurs successeurs aux clauses, conditions et modifications y contenües, pleinement et pareillement, faisant cesser tout trouble et empêchements au contraire, car tel est notre plaisir et affin que ce soit chose ferme et stable à toujours, nous avons fait mettre notre scel à ces présentes.

Donné à Paris, le 14ᵉ jour de juillet, l'an de grace mil six cent trente-cinq, de notre règne le vingt-sixième.

Et sur le reply, de par le roy,

Signé : MATHARIL,
(les sceaux pendants.)

Les pièces sont suivies de la copie de l'arrêt de l'enregistrement, fait en date du 18 décembre 1635.

(Extrait de l'*Inventaire du Cartulaire*, 6ᵉ liasse, n° 8, page 167.)

Nour remarquons que les religieux réformés n'attendirent pas que leur concordat avec les religieux d'Hautvillers fût ratifié par le roi, persuadés qu'ils étaient que cette ratification leur serait accordée, car dès le 26 mai de la même année ils procédèrent à leur installation dans le monastère d'Hautvillers. Ce fut une cérémonie religieusement accomplie par le prieur dom Mathieu Sandofort, au nom de l'abbé commendataire et en présence de toute la communauté. Pour ce faire, l'assemblée se transporta au chœur de l'église et, après le chant solennel du *Veni Creator*, remise fut faite aux délégués de la congrégation de tous les édifices claustraux et de leur mobilier, par la tradition des clefs.

Nous donnons ci-contre l'acte de cette prise de possession.

Acte de prise de possession de l'abbaye d'Hautvillers par les religieux réformés de la congrégation de Saint-Vannes.

(26 may 1635)

Pardevant les nottoires du roy, notre sire, en son baillage de Vermandois, à Reims, demeurants à Hautvillers, soussignés, cejourdhuy 26ᵉ jour du mois de may 1635, sont comparus les révérends pères réformés de la congrégation de Saint-Vannes de Verdun, comparant par le révérend père dom Mathieu Jacquesson, prieur et religieux de laditte abbaye et congrégation, et dom Victor Delestres, sous-prieur, en suite de la procuration, assisté du révérend père dom Hubert Roolet, grand prieur de l'abbaye et ordre de Cluny en personnes, ayant charges et pouvoirs desdits religieux, pour et au nom de laditte congrégation de Saint-Vannes, lesquels étant au chapitre de l'église et abbaye de Saint-Pierre-d'Hautvillers, en la présence de dom Mathieu Sandofort, prestre religieux et prieur de laditte abbaye de Saint-Pierre-d'Hautvillers et grand-vicaire de M. l'abbé Barthélemy Delbène, dom Thomas Michelet, Nicolas Dudré, Georges Dolivet, Jehan Fetizon et dom Pierre Grenier, prestres et religieux de laditte abbaye, Charles Deu et Michel, religieux profez de laditte abbaye, en personnes ont représenté que conformément au contract et traité qu'ils ont fait cy-devant, passés avec lesdits religieux de laditte abbaye d'Hautvillers, ils ont passé contract avec ledit seigneur abbé de laditte abbaye, en date du 20ᵉ jour d'Avril 1635, passés devant Herbin et Richer, nottoires royaux à Paris, qu'ils ont fait apparoir par lequel contract, entre autres choses, ledit seigneur abbé leur aurait accordé l'entrée et prise de possession de laditte abbaye, pour l'introduction et établissement de la réforme en ycelle, aux clauses portées et contenües au contract fait entre ledit seigneur abbé, que religieux pourquoy ils requièrent ledit sieur de Sandofort comme ayant charge dudit seigneur, de les mettre et installer audit monastère pour y estre possesseurs paisibles pour par eux exécuter de point en point lesdits contracts, inclinant à laquelle réquisition ledit sieur de Sandofort aurait fait assembler les religieux de laditte abbaye d'Hautvillers dessus nommés, en la manière accoutumée au chapitre de laditte abbaye, lesquels y étant assemblés en la personne desdits pères réformés, ledit sieur de Sandofort a, pour et au nom dudit sieur abbé comme son grand-vicaire, ayant charge et pouvoir d'iceluy, même en son nom, comme prieur de laditte abbaye, accordé aux révérends pères, comparants comme dessus, laditte prise de possession pour, par eux, y demeurer et jouir de ce qui leur est accordé par lesdits contracts, et aux charges y déclarées comme aussy lesdits religieux de laditte abbaye présents ont accordé auxdits pères laditte prise de possession après que la lecture du concordat et traité faits entre lesdits pères et ledit seigneur abbé, leur a été faite, mot à mot après l'autre, par l'un des nottoires l'autre présent, de quoy leur avons baillé acte pour servir ce que de raison, et ont signé en la minutte. Ce fait, ledit sieur dom Sandofort, tant en son nom que comme dessus, a mis en possession lesdits pères, assisté comme dessus de laditte abbaye, pour ce faire se sont transportés en la présence desdits nottoires au chœur de l'église de laditte abbaye de Saint-Pierre d'Hautvillers, auquel lieu a été chanté le *Veni Creator*, par lesdits pères et religieux susdits et iceux pères, menés et mis en possession du dortoir et réfectoire et chapitre et autres lieux réguliers, auxquels ont été mises, ès mains desdits pères, les clefs desdits lieux par ledit sieur de Sandofort, sans par luy en accepter aucune, comme aussy mis en possession des ornemens et richesses de laditte abbaye et du *Clochet* d'icelle, ayant aussy été pratiquées par lesdits pères toutes les autres solennités requises et accoutumées, lesquels ont signé en la minutte comme dessus.

     Signé : VAUTRAIN et HUSSON, *nottoires*,
       avec paraphes.

  L'arrivée des nouveaux religieux suivit de près cette prise de possession. Ainsi fut réalisé ce grand acte de réforme destiné à rendre au monastère d'Hautvillers et la splendeur des lettres, et la vie des antiques. Mais, hélas ! fragiles et inconstants que nous sommes, rien ne nous paraît beau comme les projets de vertu, rien ne nous échappe si vite, et si l'histoire postérieure de cette abbaye nous offre quelquefois de nouvelles preuves de cette malheureuse fluctuation, qui tient à la racine du cœur humain, il faut pourtant dire, et c'est incontestable, que l'introduction de la réforme fut un bonheur pour Hautvillers. Antérieurement, les abbayes bénédictines étaient indépendantes les unes des autres; la grande amélioration de la réforme fut la réunion de toutes les abbayes isolées autour d'une maison centrale.

Sans cette unité, on peut l'affirmer, aucune grande entreprise historique et littéraire n'eût été possible. Dom Didier de Lacour, provocateur de la réforme, n'avait d'abord eu en vue que les abbayes de la Lorraine, qu'il réunit sous l'obédience de Saint-Vannes; le succès croissant de son œuvre l'encourageant, il créa peu à peu une seconde congrégation dite de Saint-Maur, pour celle de France. La plus haute célébrité devait être son partage; toutefois, ne refusons pas à sa sœur aînée la portion de gloire qui lui revient. Dom Calmet ne suffirait-il pas pour établir la parenté savante de ces deux congrégations. Presque tous les monastères de la Champagne entrèrent dans celle de Saint-Maur; par exception, Hautvillers accepta la réforme de Saint-Vannes, parce que le premier il avait donné l'exemple. A lui donc l'honneur de l'initiative. *Uni cuique suum.*

Le lecteur peut se reporter à ce que nous avons dit de dom Didier de Lacour et sur la congrégation de Saint-Maur.

LITURGIE SUIVIE AU MONASTÈRE D'HAUTVILLERS

Il est constant que, depuis l'introduction de la réforme, les religieux d'Hautvillers se servaient dans leurs offices de livres de chant à l'usage de la réforme de Saint-Vannes. La preuve en est dans l'acte d'une fondation antérieure même à l'introduction de cette réforme, mais prévue et attendue. On y lit, comme nous l'avons vu ci-dessus, que le montant de cette fondation devra être employé à acheter ces livres. Ajoutons que nous avons même sous la main un de ces livres liturgiques retrouvé à Dizy; c'est un processionnal monastique à l'usage de la congrégation de Saint-Vannes et de Saint-Hydulphe, auquel on avait joint le rituel pour l'administration des sacrements de l'extrême-onction et du saint viatique aux malades, l'ordre de la recommandation et les prières d'inhumation. Cet ouvrage avait été imprimé à Nancy en 1783. Quant aux autres livres liturgiques, employés à Hautvillers avant cette époque, nous ne les connaissons pas.

Processionale monasticum ad usum congregationis S. S. Vitoni et Hidulphi, cui adjunguntur ritus administrandi extremam unctionem, et viaticum infirmis, ordo commendationis animæ et preces in exequiis defunctorum, etc.

STATUT PARTICULIER
A LA CONGRÉGATION DE SAINT-VANNES

Une note, retrouvée dans les *Archives d'Hautvillers*, nous apprend que les religieux de la congrégation de Saint-Vannes faisaient une espèce de quatrième vœu : de ne posséder jamais aucun bénéfice sans le consentement de leurs supérieurs ; de les résigner toutes les fois qu'ils leur commanderont et de ne pouvoir les résigner d'eux-mêmes, sans en avoir aussi le consentement de leurs supérieurs. *(Inventaire du Cartulaire*, 3ᵉ layette, page 176.)

État des revenus des religieux d'Hautvillers en dehors de ce que possède M. l'abbé
(1634)

M. l'abbé donne au couvent de l'abbaye pour la nourriture de dix religieux, tant prêtres que novices, et deux serviteurs, huit boisseaux de froment par semaine, qui font quatre cent seize boisseaux, à vingt sols l'un, cinq cent vingt livres, cy.................................... 520 ₶ „ ƒ

Plus, trente-six pièces de vin pour sept prêtres, un diacre et deux novices, et une pièce pour les messes et chirurgien qui font dix-huit queues et demie, à 35 livres l'une, font six cent quarante-sept livres dix sols................ 647 10

Plus, pour le vestiaire desdits prestres et diacres, à 30 livres chacun, font deux cent quarante livres.................................. 240 „

Plus, ledit seigneur ou abbé, donne pour tous les jours notaux des O, pour le chirurgien, pour linge et vaisselle de cuisine et pour paille

A REPORTER........ ... 1,407 ₶ 10 ƒ

Report............	1,407 ₶ 10 ſ
des lits des religieux, cent dix livres..........	110 »
Plus, deux cents grands anneaux de bois, à quarante sols l'un, quatre cents livres.........	400 »
Plus, trois milliers de fagots, à quarante livres le millier, cent vingt livres............	120 »
Pour quatorze cents bottes de bâtons, à huit livres le cent, cent douze livres.......	112 »
Somme de toutes les charges que M. l'abbé doit, par chacun an audit couvent, réduites en argent, deux mille cent quarante-neuf livres dix sols.................... 2,149 ₶ 10 ſ	
Ledit couvent retire du manuel et des... des religieux mille quatre cent trente et une livres, comme il conste par les baux. (En marge est écrit : erreur de 166 livres)........	1,431 »
Ledit couvent est pourvu de l'office de l'aumônerie, sous le nom de frère Grégoire Bailly, qui vaut par communes années, environ six cents livres....	600 »
De plus, ledit couvent est pourvu du prieuré de Saint-Nivard, sous le nom de dom Innocent Moreau, duquel néanmoins il ne jouira qu'après la mort du résignataire ; ce qu'il en fait est pour l'assurer audit couvent.	
De plus, est pourvu de l'office de trésorier, par accord fait avec ledit trésorier, qui est obligé de le faire assurer audit couvent et peut valoir huit cents livres........	800 »
Somme générale : quatre mille neuf cent quatre-vingts livres dix sols.................	4,980 ₶ 10 ſ

Signé : CHEVREAU.

Charges qu'il faut supporter par chacun an sur les revenus.

Pour la pension de dom Mathieu Sandofort, jadis trésorier.................................	750 ₶ » ſ
Pour la pension de MM. Michelet, Dudré,	
A Reporter.......	750 ₶ » ſ

Report.........	750 ℔ « ſ
Dolivet, Fetizon et Grenier, tous prêtres, à chacun 300 livres............................	1,500 »
Pour la pension du frère Charles Deu, diacre.....	240 »
Pour celle du frère Michel Violart, novice..	200 »
Pour quarante-deux anneaux de bois qu'il leur faut donner...........................	84 »
Pour sept cents fagots....................	28 »
Pour l'intérêt de 1,150 livres en principal..	75 »
Pour l'entretien des bâtiments de trois censes.....................................	60 »
Il faut diminuer trois années durant, 1,400 bottes de bâtons qui montent à 112 livres par an, à cause que MM. les anciens ont reçu l'argent par advance de l'admodiateur...........	112 »
Pour le luminaire et entretien des cordes du clocher et linge de l'église...................	150 »
	3,199 ℔ » ſ

Laquelle somme, déduite de 4,980 livres 10 sols, portée ci-contre, reste pour les Révérends Pères qui viendront prendre possession de l'abbaye, la somme de 1,781 livres 10 sols.

On voit que cet état avait été dressé pour faire connaître aux religieux réformés, qui devaient venir prendre possession de l'abbaye, quels étaient les revenus dont ils pouvaient jouir.

Mémoire des bénéfices dépendant de l'abbaye d'Hautvillers.

Cura S. Clementis de Cormoyeux.	Cormoyeux.
— *S. Mariæ apud Pidum.*	Sainte-Marie-à-Py.
— *S. Amantii de Andenay.*	Anthenay.
— *S. Laurentii de Waudrio.*	Vraux.
— *S. Martini de Agneio.*	Aigny.
— *S. Nicolai de Magnis Logiis.*	Grandes-Loges.
— *S. Quentini de Plyveyo.*	Plivot.
— *S. Helenæ de Istis.*	Istes.
— *S. Hilarii de Oireyo.*	Oiry.

Cura S. Martini de Choleyo.	Chouilly.
— S. Remigii de Cuyeo vel S. Nicasii.	Cuis.
— S. Juliani de S. Juliano.	Pierry.
— S. Britii de Ayeo.	Ay.
— S. Nicasii de nova villa in Belvysio.	La Neuville-en-Bauvois.
— S. Jacobi de S. Imogio.	Saint-Imoges.
— S. Martini de Wuiriaco.	Vouzie.
— S. Syndulphi de Altivillari.	Hautvillers.
— S. Thimothæ de Disiaco.	Dizy.
— S. Mariæ de Nigellæ le Repont.	Nesle-le-Repons.
— S. Laurentii de Festigniaco.	Festigny.
— S. Jacobi et Christophori de Villers.	Villers-sous-Châtillon.
— S. Martini de Redolii.	Reuil.
— S. Martini de Ardiniaco.	Ardenay.
— S. Martini de Lheriaco.	Lhéry.
— S. Martini de Lageriaco.	Lagery.
— S. Martini de Villovisii Sylvæ.	Ville-en-Selve.
— S. Novæ Villæ.	Villeneuve.
— S. Montis S. Remigii.	Mont-Saint-Remy.
Prioratus S. Nivardi Altivillarensis.	Hautvillers.
— S. Nicolaii de Semuy.	Semuy.
— S. Remigii super Arbusiam.	Saint-Remy-s Barbaise.
Capella Beatæ Mariæ Magdalenæ de Champiollonis.	Champillon.
— Beatæ Mariæ de Choleio.	Chouilly.
— Syndulphi de Cumeriis.	Cumières.
— Donisii de Malo Domo.	Malmaison.
— Joannis de Cumeriis.	Cumières.
— Beatæ Mariæ de Vjllers de N.-D. Camp.	Villers-sous-Châtillon.
— Beatæ Mariæ de Festiniaco.	Festigny.

Nous voyons que, parmi les chapelles qui dépendaient de l'abbaye d'Hautvillers, Cumières en avait une qui avait deux patrons : Saint Syndulphe et saint Jean. La chapellenie de Cumières est fort ancienne, car sur la fin du XIe siècle, 1095, nous voyons un archevêque de Reims, nommé Renauld, gratifier de cet autel l'abbaye d'Hautvillers. Cette donation fut expressément confirmée dans la bulle de Paschal II, en 1102. Quoi qu'il en soit, depuis cette époque, jusqu'au milieu du XVIe siècle, nous avons disette absolue sur Cumières. L'unique cause est sans doute dans les diverses catastrophes, qui, successivement, ont décimé le cartulaire d'Hautvillers. Il est probable qu'une chapelle quelconque avait été bâtie avant celle qui le fut dans le xvi² siècle ; à cette dernière époque, il paraît que les habitants en bâtirent une sans la participation des seigneurs. Des chapelains en titre la desservaient : c'étaient des religieux d'Hautvillers.

Voici par quel acte symbolique le chapelain prenait possession de sa chapelle :

| Ecclesiæ introitus, aquæ benedictæ sumptis precum fusis, genibus ante altare flexis, osculum ejus et ornamentorum ecclesiasticorum super illud existentium, pulsus campanarum, etc. | L'entrée dans l'église, la prise de l'eau bénite, des prières à genoux devant l'autel, le baisement de l'autel et des ornements ecclésiastiques qui s'y trouvent, la sonnerie des cloches, etc. |

Biens et revenus de cette chapellenie.

Un mémoire, daté de 1776, nous apprend qu'il appartenait cy-devant à ladite chapelle une petite maison y attenante, située audit Cumières, dans laquelle le chapelain faisait sa résidence, et qu'elle consistait en une cuisine, chambre, allée, grenier au-dessus, mais cette maison fut vendue le 17 juillet 1661 par dom Richard de Havetel, fondé de pouvoir de dom Anselme Hannequin, alors titulaire. Le prix stipulé au contrat était, en principal, 400 livres plus une rente annuelle de 20 livres. Cette aliénation intempestive fut, par la suite, une source de tribulations pour les titulaires de la chapellenie. Outre la rente ci-dessus mentionnée, le chapelain était en possession de recevoir à son profit les oblations des fidèles, le jour de la décollation de Saint-Jean-Baptiste, fête patronale de Cumières, et ce droit lui fut même conservé après l'érection de Cumières en cure indépendante.

Droits honorifiques du chapelain.

Le chapelain de Cumières avait droit : 1° De célébrer dans la chapelle dudit lieu, soit par lui-même ou par tout autre religieux de la congrégation, une messe haute le jour de la Décollation de Saint-Jean-Baptiste. 2° Le premier jeudi de Carême ; cette dernière était une messe de *Requiem*. Lors de l'érection de Cumières en cure indépendante, année 1697, il fut expressément réservé que le chapelain serait maintenu dans ses droits, et qu'il continuerait à se mettre en possession de son titre dans l'église de cette paroisse, en la manière précédemment accoutumée, et le curé du lieu ne pouvait pas empêcher qu'il y eût un chapelain en titre.

Nous trouvons aux *Archives nationales* (Q 1 5, 676) un état qui donne les détails, pour l'espace de sept années, des revenus et des droits du chapelain de Cumières.

Charges du chapelain.

Avant la vente de la maison, qui appartenait à ce bénéfice, le titulaire était tenu des réparations de ce bâtiment. Il fut stipulé que, nonobstant la rente annuelle de 20 livres, ces réparations se feraient aux frais du détenteur de ladite maison.

Chaque année, le jour des Rogations, les religieux se rendaient processionnellement à la chapelle de Cumières, où l'on chantait la messe, et prenaient, à l'issue de cette messe, un déjeuner fourni par le décimateur de ce lieu. Le retour s'effectuait en chantant des litanies.

Nomenclature de quelques chapelains de Cumières.

1567. — Dom Guillaume de Saint-Quentin est pourvu de ce bénéfice, par le grand-vicaire de l'évêque d'Albi, abbé d'Hautvillers.

1610. — Dom Gille Fournier pourvu par le grand-vicaire d'Alphonse Delbène.

1616. — Dom George Dolivet succède au précédent démissionnaire.

1633. — Dom Gille Fournier redevient chapelain de Cumières.

1637. — Dom Jean Fétizon.

1645. — Dom Jean Bernard Péronne succède au précédent démissionnaire.

1650. — Frère Anselme Hennequin, résignataire du précédent, prend possession par dom Thys, fondé de pouvoir ; ce bénéfice était devenu vacant par désertion et apostasie du titulaire. Il est à remarquer que ce fut cet apostat qui vendit la maison qui servait de logement aux chapelains de Cumières ; comme il n'habitait pas l'abbaye d'Hautvillers, il croyait que ses prédécesseurs n'en avaient pas eu besoin et que ses successeurs s'en passeraient commodément.

1675. — Dom Claude Richard, qui prend possession, la même année de l'apostasie d'Anselme Hennequin.

1686. — Dom Jean Bricart, résignataire du précédent.

1738. — Dom Jean Watrinel obtient ce bénéfice vacant par la mort du précédent ; nous allons rapporter son acte de provision afin de donner une idée de l'importance de ces nominations.

1755. — Dom Antoine des Ruisseaux est nommé chapelain à la mort du précédent.

PROVISIONS

DE LA CHAPELLE DE CUMIÈRES, ACCORDÉES EN COUR DE ROME A DOM WATRINEL

(1737)

Beatissime Pater cum sine cura et personalem residentiam non requirens capella sancti Johannis de Cumeriaco nuncupata ordinis sancti Benedicti Remensis diœcesis per obitum quondam Johannis *Bricart* dum viveret monachi dicti ordinis expresse professi

Très bienheureux Père, comme la chapelle de Saint-Jean-Baptiste de Cumières, de l'ordre de Saint-Benoît, au diocèse de Reims, étant sans cure et ne requérant point de résidence personnelle, s'étant trouvée vacante par la mort de Jean Bricart, moine pro-

illius etiam dum viveret ultimi possessoris extra Romanam curiam defuncti vocaverit et vacet ad præsens, supplicat humiliter sanctitati vestræ devotus illius orator Placidus Watrinel seu Watrinelle presbyter et monachus dicti ordinis expresse professus quatenus sibi specialem gratiam facientes dictam capellam cujus et illi forsan annexorum fructus vigenti quatuor ducatorum auri de camera secundum communem æstimationem valorem annuum non excedunt ut præfertur semper liberam dicti defuncti vel cujusvis alterius resignationem de illa indicta curia vel extra eam etiam coram notario publico et testibus sponte factam aut assequationem vacet etiam si devoluta affecta specialiter vel alias ex quavis causa etiam dispositive exprimenda generaliter reservata litigiosa cujus litis status existat eidem oratori conferre et de illa etiam providere dignemini de gratia speciali nonobstantibus constitutionibus et ordinationibus apostolicis ac dicti ordinis nec non monasterii seu alterius regularis loci a quo dicta capellania forsan dependet etiam juramento roboratis statutis et consuetudinibus cæterisque contrariis quibuscumque cum clausulis opportuniis.

Concessum est petitori in præsentia D. N. P. P. F. F. Amadeus. Et cum absolutione a censuris ad effectum et quod oratoris dispensatio verusque et ultimus dictæ capellaniæ vocationis modus etiam si ex illo quævis generalis reservatio etiam in corpore juris clausa

fès de l'ordre susdit, dernier possesseur de ladite chapelle, autrement que par l'autorité de Rome, et étant demeurée vacante jusqu'à ce jour.

Placide Watrinel (ou Watrinelle), prêtre et moine dudit monastère, tout dévoué à votre sainteté, vous supplie humblement de daigner, par une grâce spéciale, accorder audit demandant que ladite chapelle dont les revenus annuels, y compris ceux qui peuvent y être annexés, ne dépassent pas la valeur de vingt-quatre ducats d'or suivant l'estimation générale, comme cela est porté sur la libre résignation faite par ledit défunt, ou par tout autre, de cette chapelle en cour de Rome, ou même faite spontanément hors de cette cour devant un notaire public et de témoins, ou sur l'acte d'entrée en possession, quoique l'on y ajoute ce qui s'y rapporte d'une manière spéciale, ou que d'ailleurs pour n'importe quelle cause, même devant être exprimée par dispositif ou réserve d'une manière générale, les choses disputées, dont il existe à état de procès ; veuillez, par une faveur spéciale, l'en pourvoir nonobstant les constitutions et ordonnances apostoliques, les statuts même confirmés par serment dudit ordre, monastère ou de tout autre régulier dont ladite chapellenie pourrait dépendre, nonobstant, enfin, les coutumes et tout ce qui pourrait y être contraire. Avec les clauses convenables.

Accordé au demandeur, en présence de D. N. P. P. F. F. Amadeus. Il demande, de plus, l'abso-

resultet habeantur pro expressis seu in toto vel in parte exprimi possint et cum clausula generatim exprimenda et de provisione dictæ capellæ pro eodem oratore ut supra et quatenus litigiosa existat litis status ac nomina et cognomina judicum et colligantium juraque et tituli illorum expressi seu etiam pro expressis haberi et litteræ in forma simplicis provisionis gratiosæ subrogationis etiam quoad possessionem gratiæ si neutri si nulli si alteri perinde valere cum gratificatione opportuna quatenus illi locus sit extensus simul vel separatim expediri ut cum derogatione regulæ de annali possessore quoad primam ejus partem ac statutorum præfatorum et aliorum quomodolibet contrariorum latissime extendenda et quod præmissorum omnium et singularum etiam qualitatum, invocationum, denominationum, nuncupationum, annexorum fructuum aliorumque necessariorum major et verior specificatio et expressio fieri possit in litteris et committatur archiepiscopo remensi sive ejus officiali in forma dignum antiqua et dummodo dictus orator a constitutione felicis recordationis Clementis P. P. XI sanctitatis vestræ prædecessoris quæ incipit :

Unigenitus non appellaverit quinimo eamdem pure et simpliciter acceptaverit et non alias aliter nec alio modo.

Concessum FF. Amadeus.

Datum Romæ apud sanctam Mariam Majorem octavo kalendas septembris anno octavo.

Au dos : Claudius Augustinus

lution des censures *ad effectum*, et que l'administration dudit demandeur et la dénomination véritable et décisive de cette chapellenie, quand même il en résulterait quelque réserve renfermée dans le droit, soient regardées comme expresses ou puissent être exprimées en tout ou en partie avec une clause générale.

Quant à la provision de cette chapelle pour le susdit demandeur, comme elle est en litige, l'état du procès, les noms et prénoms de juges et de plaidants, leurs droits et leurs titres seront exprimés ou considérés comme tels.

Les lettres de forme de simple provision gracieuse ou de subrogation dans la possession de cette faveur accordée à tel ou telle, ou à personne, auront la même valeur avec une gratification convenable, car il y aurait toute latitude pour expédier toutes les affaires ensemble ou séparément qu'avec une dérogation aussi étendue que possible à la première partie de la loi concernant le possesseur annal ou aux statuts susdits ou à toute autre règle contraire.

Tout ce que je viens de dire, chacune des qualités, appellations, dénominations, les fruits annexés, et tous les autres détails nécessaires pourront être spécifiés et exprimés d'une manière plus étendue et plus véritable par lettre, laquelle sera envoyée à l'archevêque de Reims ou à son official, suivant les formes anciennes, à condition toutefois que ledit demandeur n'en appellera

Josset in supremo Galliarum senatu causarum patronus consiliarius regis et Romanæ curiæ expeditionarius, Parisiis commorans in via quæ dicta de S. Avoye, hanc signaturam retro scriptam Romæ expedit, curavit et tradidit.

Signatus : JOSSET.

pas de la constitution *unigenitus* de Clément XI, d'heureuse mémoire, prédécesseur de votre sainteté, mais qu'il l'acceptera purement et simplement et non d'une autre manière.

Accordé, FF. Amadeus.

Donné à Rome, près Sainte-Marie-Majeure, le 8 des calendes de septembre an 8.

Au dos : Claude-Auguste Josset, avocat des causes dans le haut sénat de France, conseiller du roi et expéditionnaire de la chancellerie romaine, demeurant à Paris dans la rue Saint-Avoye, ayant signé au dos de ladite demande, l'expédia à Rome.

Signé : JOSSET.

Nous soussignés, avocats au parlement, conseillers du roy, expéditionnaires de cour de Rome, demeurants à Paris, certifions à tous qu'il appartiendra que la présente signature est vraye originalle, qu'elle a été bien et duement expédiée en ladite cour de Rome. En foy de quoy nous avons signé.

Paris, ce 9 octobre 1737.

Signés : MARCHAND et JOSSET.

(Extrait des *Archives d'Hautvillers*, Reims.)

Outre la chapelle de Cumières, dite de Saint-Jean-Baptiste, dont nous venons de parler, il est constant que dépendaient encore de l'abbaye d'Hautvillers les chapelles de Notre-Dame, à Chouilly; de Sainte-Marie-Magdeleine, à Champillon; de Notre-Dame-de-Camp, proche Villers-sous-Châtillon; de Saint-Denis, à la Malmaison; de Notre-Dame, à Festigny, et enfin une dernière chapelle située à Ardenay, près de Prosnes.

Le mémoire, qui fait mention de cette matière, parle aussi de deux chapelles situées à Cumières : l'une, avons-nous dit, de Saint-Jean-Baptiste, l'autre de Saint-Syndulphe. Cette double chapellenie, pensons-nous, n'est que nominale ; c'est-à-dire, que l'unique chapelle existant à Cumières portait indifféremment le titre de Saint-Jean-Baptiste ou de Saint-Syndulphe. Peut-être cela venait-il de ce que cette chapelle dépendait de la paroisse d'Hautvillers, dont le patron a toujours été saint Syndulphe.

Toutefois, le titre prédominant fut toujours celui de Saint-Jean-Baptiste, et, depuis l'érection de Cumières en cure indépendante, il n'y est plus question de saint Syndulphe. Il en était presque de même à Champillon ; sa chapelle aurait eu un patron et une patronne : Saint Barnabé et sainte Madeleine ; divers écrits font mention de ces deux titres. Toutefois, avant la Révolution, le patronage préféré était celui de la sainte pénitente ; mais, depuis cette époque, saint Barnabé est le seul qui soit honoré comme patron. Nous ne dirons rien de plus pour le moment sur Champillon ; on peut voir les détails que nous en avons donnés précédemment.

Nous avons cité les paroisses qui dépendaient de l'abbaye d'Hautvillers, nous allons maintenant en donner quelques détails.

HAUTVILLERS

PAROISSE DE SAINT-SYNDULPHE

Cette cure, comme on le sait, était sous le patronage et à la collation de l'abbé d'Hautvillers. Le patronage était le droit qu'un seigneur laïque ou un prélat avait de nommer à un bénéfice : droit de patronage sur une chapelle. C'était encore un droit qui appartenait sur une église à celui qui l'avait fait construire, fondée ou dotée. Droit qui était attaché à une terre, à un bénéfice et qu'on perdait en vendant cette terre ou ce bénéfice. Collation ; la collation était aussi le droit de nommer à un bénéfice et signifiait plutôt l'action de nommer, de conférer le bénéfice : v. g. telle chapelle est à la collation de tel abbé ; par-là même, l'abbé d'Hautvillers, en nommant au bénéfice de la cure, nommait le curé de par son droit.

Titre et Revenus de la Cure.

Les dîmes de la paroisse appartenaient en entier au monastère, tenu, pour cette raison, de pourvoir aux réparations et à l'entretien de la couverture de l'église paroissiale. Le curé, outre son gros qu'il recevait annuellement du monastère, c'est-à-dire quatre grands septiers et demi de blé et six septiers d'avoine, deux poinçons de vin et 20 livres tournois, jouissait, en outre, d'une pièce de terre, située en un lieudit : La Blanche-Borne, et de la contenance de 50 verges. Le fermier qui exploitait cette terre, en 1745, s'avisa un beau jour d'en arracher une borne et de la placer un peu plus loin sur un terrain appartenant à l'abbaye ; les religieux perdaient à cet arrangement ; le curé, qui n'en recevait rien de plus, n'y gagnait pas ; il n'y avait que l'honorable fermier qui y trouvait son bénéfice. On s'en aperçut, l'arpentage fut fait et le délinquant condamné.

On appelait gros, la portion principale du revenu d'un bénéfice. A l'égard des chanoines, le gros de leurs revenus, dans les fruits particuliers de leur prébende ou dans les sommes qui leur étaient payées par des tables, ou par quartiers et non par distribution, était ce qu'on appelait gros fruits dans les chapitres. A l'égard des curés, on donnait le nom de gros à la partie de leurs revenus qui ne consistait pas dans leur casuel, mais dans une portion principale des dîmes ou d'argent à titre de portion congrue. On voit, pour tirer une comparaison de l'état actuel des choses, que les traitements que les curés reçoivent aujourd'hui du gouvernement peuvent en tout point être assimilés à ce qu'on appelait autrefois leur gros.

Nous remarquons ici que, pour ce qui tient au gros dû autrefois en nature de fruits, un arrêt, rendu en la première chambre des enquêtes, au rapport de M. Gou d'Argenteur, entre le curé de Damart, près de Lagny, et le chapitre de Notre-Dame de Paris, le 14 août 1715, avait jugé les questions suivantes :

1° Que le gros en vin du curé n'était pas réductible au produit de la dîme dans les années de stérilité, parce que les décimateurs ne l'augmentaient pas dans les années d'abondance.

2° Que le curé n'était pas obligé de fournir les futailles dans lesquelles devait être livré le vin de son gros.

3° Que la qualité du gros en grain se réglait par la qualité de ceux que produisait le terroir de la paroisse et non par la qualité fixée dans le bail des dîmes affermées par les décimateurs. (Selon M. d'Héricourt, au chapitre des charges, *Lois Ecclésiastiques*, n° 2.)

Quand la portion congrue était en grain, ce qui formait le gros dont il s'agit ici, elle devait se prendre sur la première qualité des grains de dîmes, parce que c'était une prestation privilégiée et la première dette qui devait être acquittée sur les fruits. C'est encore d'après ce principe que, quand il fallait liquider les arrérages de cette prestation, on réglait l'estimation du grain et du vin sur le plus haut prix des ventes aux marchés voisins de la Saint-Martin. Ce privilège, toutefois, pouvait souffrir des exceptions. C'est ainsi que, par arrêt du 5 janvier 1733, rendu entre le chapitre de Reims et le curé d'Aubigny, il fut décidé que le gros de ce dernier serait payé sur le pied que valaient les grains à l'échéance du paiement et non au temps de la demande, comme le prétendait le curé.

4° Que le curé n'était pas obligé d'aller chercher son gros, mais qu'on devait au contraire le lui porter dans son presbytère, parce que, de droit, toute dette est plutôt portable que *quérable*.

L'abbé nommait à la cure d'Hautvillers, mais il n'avait pas ce droit pour toutes les paroisses qui dépendaient de lui, et sur lesquelles il avait un certain droit de dîme, etc. Nous indiquerons ces paroisses en donnant, sur chacune d'elles, quelques détails.

PLIVOT

PAROISSE DE SAINT-QUENTIN

Plivot, *Pluvium* ou *Pluveyeum*; cette paroisse était sous le patronage et à la collation de l'abbé d'Hautvillers. Quatre parts étaient faites des dîmes: une première part venait à l'abbé d'Hautvillers, une seconde au curé de la paroisse, la troisième appartenait à Monsieur de Singy. *(Tertiam partem accipiebat Dominus de Singy.)* Enfin, la quatrième part se partageait entre l'abbé de Saint-Sauveur de Vertus et le prieur de Mont-Félix.

Les réparations de la toiture de l'église étaient à la charge de l'abbé d'Hautvillers. En 1612, l'église de Saint-Quentin de Plivot n'avait plus de titulaire; elle était desservie par le curé de Saint-Remi, autre église qui se trouvait sur la paroisse de Plivot, et reconnaissait pour patron l'abbé de Saint-Denys de Reims. Cet état de choses, qui d'abord n'était que transitoire et exceptionnel, devint permanent et légal, en 1616, par l'union définitive de la cure de Saint-Quentin à celle de Saint-Remi, en vertu d'une ordonnance que nous avons rapportée. De là, entre les deux monastères collateurs, un accord qui rendait alternative la nomination de l'unique titulaire des deux églises réunies.

Plivot avait été donné à l'abbaye d'Hautvillers, en 1095, par l'archevêque de Reims Renauld. Cette donation fut confirmée par la bulle de Paschal II. En 1612, était curé de Plivot, Pierre Dupont, religieux de Saint-Martin d'Épernay, et, de 1781 à 1790, M. Langlois. En 1612, le curé de Plivot recevait, comme titulaire de Saint-Remi, un gros qui se composait de neuf grands septiers de seigle, neuf septiers d'avoine avec deux boisseaux d'orge et vingt de froment.

Autrefois Plivot appartenait à l'élection d'Épernay, généralité de Champagne; en 1720 il comptait cent-cinq feux. (Voir *Almanach civil, historique et ecclésiastique de la ville et du diocèse de Reims,* année 1790, page 71. — Voir aussi : *Nouveau dénombrement du royaume en 1720.*)

Les curés de Saint-Quentin et de Saint-Remi de Plivot payaient, à l'archidiacre de Champagne, chacun onze sols de droit synodal et quinze sols de droit de visitation. On peut consulter, sur Plivot, une liasse conservée à la préfecture de la Marne.

LES ISTES
PAROISSE DE SAINTE-HÉLÈNE

Aujourd'hui, on dit : Les Istres-et-Bury.

Le patron de cette église était l'abbé d'Hautvillers. On faisait vingt parts des dîmes de la paroisse: l'abbé d'Hautvillers en prenait cinq. L'abbé de Tous-les-Saints *(de omnibus sanctis)* de Châlons en prenait six. Deux autres allaient au couvent de Saint-Remi de Reims. Une seule au prieur du Mont-Félix ; pareille part à l'abbé de Saint-Sauveur de Vertus ; enfin, le curé de la paroisse prenait les cinq parts restantes. Tous ces décimateurs, excepté le curé, étaient conjointement et solidairement tenus aux réparations de la toiture de l'église. En 1612, la paroisse n'avait point de titulaire, c'était le curé de Vuiry, alors M. Toussaint Martin, qui la desservait par commission.

En 1616, le 21 juin, une ordonnance, émanée de l'archevêché de Reims, réunissait la cure de Bury à celle des Istes. La paroisse des Istes était régie par la coutume de Vitry. *(Coutume de Vitry en 1676,* vol. in-8°, par C. de Salligny.) Elle appartenait à l'élection d'Épernay, généralité de Champagne. En 1720, les Istes, y compris les hameaux de Bury et de Flavigny, ne comptait plus que trente-deux feux. Le curé des Istes devait, à l'archidiacre de Champagne, neuf sols pour droit synodal et dix sols pour droit de visitation. Le curé des Istes était, en 1790, M. Harlin ; il occupait ce poste depuis 1772.

LES GRANDES-LOGES

PAROISSE DE SAINT-NICOLAS

Grandes-Loges, *Magna Logia*. Primitivement le patronage et la collation de cette église appartenaient à l'abbé d'Hautvillers, par la suite ils furent dévolus au couvent du même lieu, ainsi en était-il déjà en 1612 ; les dîmes se partageaient par quarts entre l'abbé d'Hautvillers et le curé du lieu, l'aumônier de Saint-Remi de Reims et le chapitre de Notre-Dame de Verdun ; ces deux derniers décimateurs étaient tenus aux réparations dont pouvait avoir besoin la nef de l'église, le reste de la toiture était à la charge de l'abbé d'Hautvillers. C'était lui encore qui, au besoin, devait pourvoir l'église d'un missel. Cette paroisse, en 1720, ne comptait que vingt-neuf feux. Elle appartenait à l'élection d'Épernay, généralité de Champagne. A raison de son peu d'importance, ladite cure, paraît-il, était peu ambitionnée. On fut même obligé de la réunir, au moins temporairement, à la paroisse de Vraux. Le curé de ce lieu y allait remplir les fonctions curiales ; tel était l'état des choses en 1612, et le titulaire, à cette époque, se nommait Jacques Faverot. La déclaration royale de 1686 ramena un titulaire aux Grandes-Loges. Il y eut option de la portion congrue. Le curé de cette paroisse, en 1787, était un sieur Dupin, il y était encore en 1790. En 1612, celui qui était aux Grandes-Loges payait à l'archidiacre de Champagne huit sols pour droit synodal et quinze sols pour droit de visitation. Chaque année, le jour de Pâques, la paroisse donnait à l'archevêque de Reims une somme de dix deniers pour droit de chrétienté.

VRAUX

PAROISSE DE SAINT-LAURENT

L'abbé d'Hautvillers était patron et collateur de cette église. Vraux, en latin *Vraudium* ou *Veroa*.

L'abbé d'Hautvillers, décimateur pour un quart, était tenu aux réparations de la toiture du chœur de l'église, et de fournir le missel quand besoin en était. L'aumônier de Saint-Remi de Reims, décimateur pour la moitié, avait à sa charge la couverture de la nef. Le curé avait probablement l'autre quart ; c'était, en 1612, maître Jacques Faverot qui, comme nous l'avons vu plus haut, desservait à la même époque la paroisse des

Grandes-Loges *per commissionem superiorum*. De 1778 à 1790, le titulaire fut maître Tocut. Cette paroisse aurait été donnée à l'abbaye d'Hautvillers par l'archevêque de Reims Manassès ; elle lui fut confirmée, en 1102, par la bulle de Paschal II. Les religieux d'Hautvillers avaient une maison à Vraux. Cette paroisse était de l'élection de Châlons, généralité de Champagne. L'ouvrage qui nous a renseigné sur ce point désigne MM. de Thuisy et de Corvizier comme seigneurs de Vraux, et nous apprend qu'en 1720 il comptait cent-trois feux. Le droit de chrétienté, *jus christianitatis*, que chaque année au jour de Pâques l'archevêque recevait, était de dix sols six deniers. Chaque année aussi, le curé de Vraux payait à l'archidiacre de Champagne, pour droit synodal, dix sols, et pour droit de visitation vingt-cinq sols.

AIGNY

PAROISSE DE SAINT-MARTIN

Les rapports si multipliés de cette paroisse avec l'abbaye d'Hautvillers nous ont obligés à en entretenir souvent le lecteur. Cette paroisse était sous le patronage et à la collation de l'abbé d'Hautvillers. Cet abbé percevait les trois quarts des dîmes et, pour cette raison, avait à sa charge la couverture de la nef de l'église ; de plus, en compensation des novales, il payait annuellement au curé du lieu une somme de dix livres tournois. Le reste des dîmes appartenait au curé. Le curé de cette paroisse était, en 1612, Jean Roger. De 1781 à 1790, ce fut M. Archambaux.

Aigny avait été donné à l'abbaye d'Hautvillers, en 1095, par Renauld, archevêque de Reims. Cette donation fut confirmée par la bulle de Paschal II.

Aigny appartenait à l'élection de Châlons, généralité de Champagne ; en 1720, il comptait soixante-dix feux. Le droit de chrétienté était de deux sols deux deniers. L'archidiacre de Champagne recevait du curé, pour droit synodal, treize sols six deniers, et pour droit de visitation vingt sols.

OIRY

PAROISSE DE SAINT-HILAIRE

Cette église était sous le patronage de l'abbé d'Hautvillers. Toutes les grosses dîmes de la paroisse et la moitié des menues appartenaient au trésorier d'Hautvillers qui, pour cette raison, était tenu d'entretenir la couverture de la nef de l'église et de fournir le missel quand besoin en était. Outre la moitié des menues dîmes qui lui revenaient, le curé d'Oiry recevait, du décimateur susnommé, onze grands septiers de seigle avec huit boisseaux de blé à la mesure d'Épernay et dix livres tournois pour tenir lieu des novales. Le titulaire de cette cure était, en 1616, Toussaint Martin ; en 1782, jusqu'en 1790, c'était M. Legeai. La collation de la cure appartenait à l'abbé d'Hautvillers. Oiry était régi par la coutume de Vitry. Il appartenait à l'élection générale de Champagne. Le curé devait, chaque année, à l'archidiacre de Champagne, vingt sols pour droit synodal et quinze sols pour droit de visitation.

CHOUILLY

PAROISSE DE SAINT-MARTIN

Cette église était sous le patronage et à la collation de l'abbé d'Hautvillers. Un quart des grosses dîmes allait à l'abbé d'Hautvillers, un autre quart au curé dudit lieu, et le reste au prieur Gay, qui, pour cette raison, était obligé d'entretenir la nef de l'église. Quant aux menues dîmes, le curé en percevait moitié, le reste allait à l'abbé d'Hautvillers ; ce dernier était tenu de faire faire les réparations de la toiture des ailes de l'église. En 1612, le titulaire était alors Jean de La Croix ; de 1778 à 1790, ce fut M. Dureteste. La paroisse de Chouilly avait été donnée par Renauld, archevêque de Reims, à l'abbaye d'Hautvillers en 1095 ; cette donation fut confirmée, en 1102, par la bulle de Paschal II. Chouilly était régi par la coutume de Vitry. Il appartenait à l'élection d'Épernay, généralité de Champagne. Le curé payait, à l'archidiacre, 20 sols pour droit synodal, et 25 sols pour droit de visitation.

CUIS

PAROISSE DE SAINT-NICAISE

Cuis, *Chusium* ou *Cuyeium*. Cette église était sous le patronage de l'abbé d'Hautvillers et à la collation des religieux de ce monastère. Toutes les dîmes de la paroisse appartenaient à l'abbé d'Hautvillers, qui, en retour, était tenu d'entretenir la toiture de la nef de l'église et de fournir le missel. En 1612, le curé de Cuis recevait, pour son gros, sept grands septiers de seigle, autant d'avoine, mesure d'Épernay, trois pièces de vin et 20 livres tournois. De plus, il percevait les dîmes des novales de Champoulain. Le chiffre de ces revenus était un peu changé en 1704, époque où le curé de Cuis fit option de la portion congrue.

Étaient curés de Cuis : en 1612, maître Nicolas Moizy; en 1704, Nicolas Romain ; de 1781 à 1790, Jeannet. La paroisse de Cuis avait été donnée à l'abbaye d'Hautvillers par Renauld, archevêque de Reims, en 1095. Cette donation fut confirmée, en 1102, par la bulle de Paschal II. Cuis appartenait à l'élection d'Épernay, généralité de Champagne. En 1720, il comptait 122 feux. Le curé payait à l'archidiacre de Champagne, pour droit synodal, 16 sols par an, et 27 sols 6 deniers pour droit de visitation.

PIERRY

PAROISSE DE SAINT-JULIEN

Cette église était sous le patronage et à la collation de l'abbé d'Hautvillers. Cet abbé percevait toutes les dîmes de Pierry et devait, pour cela, entretenir toute la couverture de la nef de l'église. En 1612, le curé recevait, pour son gros, cinq grands septiers de seigle et un demi, pareille quantité d'avoine, le tout à la mesure d'Épernay, plus trois poinçons de vin et 30 livres en compensation des novales. Le titulaire de cette cure était, en 1612, maître Nicolas Husson, d'Hautvillers (1). La paroisse de Pierry avait été aussi donnée à l'abbaye d'Hautvillers par Renauld, archevêque de Reims, en 1095. Cette donation fut confirmée par la bulle de Paschal II, en 1102. Pierry y est désigné sous le nom tout simple de Saint-Julien. La paroisse de Pierry appartenait au diocèse de Reims jusqu'en 1694; par un traité du 8 octobre de cette année, conclu entre l'évêque de Soissons Fabio Brulart, de Sillery, et l'archevêque de Reims, cette paroisse fut annexée au diocèse de Soissons. Pierry, avec Saint-Julien et Corrigot, étaient régis par la coutume de Vitry.

---

(1) Ce Husson était de la famille des Husson, d'Hautvillers. Sont sortis de cette famille : Husson, notaire à Hautvillers, de 1633 à 1688 ; Nicolas Husson, frère du notaire, curé de Pierry déjà en 1612; Jean-Barthélemy Husson, curé de Festigny en 1765, et d'autres personnages notables.

Ce même village, y compris le hameau de la Marqueterie et les moulins des Forges appelés de Saint-Julien, comptait, en 1720, 50 feux. Il faisait partie de l'élection d'Épernay, généralité de Champagne. Le curé de Pierry payait, chaque année, à l'archidiacre de Champagne, 12 sols de droit synodal, et 20 sols pour droit de visitation.

DIZY

PAROISSE DE SAINT-THIMOTHÉE ET SAINTE-APOLLINAIRE

Cette église était sous le patronage et à la collation de l'abbé d'Hautvillers. La paroisse de Dizy est fort ancienne; elle avait primitivement, dans sa circonscription, la paroisse actuelle d'Hautvillers, et fut donnée à l'abbaye de ce nom par saint Nivard, son fondateur. Cette donation fut confirmée, en 1102, par la bulle précitée de Paschal II. Toutes les dîmes appartenaient à l'abbé d'Hautvillers, tenu, par-là même, à l'entretien de la couverture de la nef. En 1612, le curé de Dizy recevait, pour son gros, quatre grands septiers et demi de blé et six gros septiers et demi d'avoine, à la mesure d'Épernay, plus deux poinçons de vin et 20 livres tournois, en compensation des novales. Plus tard, et jusqu'à la Révolution, les revenus de la cure de Dizy se composaient de : une pension annuelle de 700 livres, prise sur les revenus de l'abbaye ; les novales ou dîmes prélevées sur les terrains nouvellement défrichés ; les dîmes prélevées sur les enclos du village, sur les champs placés entre le cimetière actuel et les fermiers, sur les terrains qui longent la route royale à partir du pont de Dizy vers Épernay, enfin sur une partie des terres qui s'étendent, à partir du presbytère ancien, entre la prairie et la route d'Ay ; le casuel, qui se bornait à très peu de chose ; le rapport des terres, prés et vignes appartenant à la cure, savoir : 136 verges de terres, 188 verges de prés et 113 verges de vignes. Le titulaire, à cette époque, était Pierre Charron.

Dizy appartenait à l'élection d'Épernay, généralité de Champagne. Il ne comptait, en 1720, que 75 feux, y compris le hameau de Champillon. Une statistique de Dizy a été dressée, elle est déposée dans les archives de la fabrique de ladite paroisse. Nous n'en parlons ici que pour mémoire, car nous avons dit, en différents endroits, tout ce qui pourrait rendre Dizy intéressant dans ses rapports avec l'abbaye d'Hautvillers. Tous les ans la paroisse de Dizy devait, à l'archevêque de Reims, 17 deniers pour droit de chrétienté. Chaque année aussi, le curé de Dizy payait, à l'archidiacre de Champagne, 20 sols pour droit de synode, et 12 sols pour droit de visitation. Chaque année, le curé de Dizy devait donner à déjeûner aux religieux d'Hautvillers, qui y allaient en procession le mardi des Rogations. Ce déjeûner était très modeste, aux termes du nécrologe d'Hautvillers, il devait être *humé, festinanter*. En 1782, jusqu'en 1790, c'était un nommé Sénéchal qui était curé de Dizy.

AY

PAROISSE DE SAINT-BRICE

Cette église était sous le patronage et à la collation de l'abbé d'Hautvillers. En 1612, on faisait trois parts des dîmes de cette paroisse. L'abbé d'Hautvillers en avait deux et le curé du lieu avait l'autre. La toiture de la nef était à la charge de l'abbé d'Hautvillers. A l'époque désignée, le titulaire de la cure d'Ay était un nommé Pierre Chastelain. La paroisse d'Ay avait été donnée, en 1095, à l'abbaye d'Hautvillers, par Renauld, archevêque de Reims; elle lui fut confirmée en 1102, par la bulle de Paschal II.

Au dire d'un auteur moderne, l'abbé d'Hautvillers ne percevait que la quarante-huitième partie des dîmes d'Ay; quoi qu'il en soit, il est constant qu'un procès fut suscité, en 1776, aux habitants d'Ay, par un sieur Philippe-François-Nicolas Hüe, fermier général des revenus temporels de l'abbaye d'Hautvillers. C'était au sujet de la dîme du vin. Cette procédure fut terminée en 1784 par une transaction, comme on le verra plus tard.

Antérieurement à la Révolution de 1793, il se faisait à Ay, le lundi de Pâques, une longue procession qui, dans sa course, passait par Dizy. C'était en mémoire du Sauveur ressuscité et apparaissant aux disciples d'Emmaüs. Primitivement, cette procession se faisait aux frais et par les soins des religieux d'Hautvillers; mais depuis longtemps ils s'en étaient déchargés sur la fabrique d'Ay et lui avaient cédé, par compensation, la jouissance du pré, dit le Pré-du-Breuil.

Ay était régi par la coutume de Vitry; il appartenait à l'élection d'Épernay, généralité de Champagne. Il comptait, en 1720, y compris le moulin à vent, 678 feux. Chaque année, le curé devait, à l'archidiacre de Champagne, 14 sols pour droit synodal et 60 sols pour droit de visitation. On trouve d'intéressants détails sur Ay dans le premier volume des *Mémoires manuscrits*, de Bertin du Rocheret. On y voit l'établissement d'un prêche par les Calvinistes. On y lit aussi un poëme satyrique sur la glacière d'Ay, transformée un jour, par les habitants, en un dépôt de charbon.

Le curé d'Ay, de 1783 à 1790, était un nommé Chaineaux.

LA NEUVILLE-EN-BEAUVAIS

PAROISSE DE SAINT-NICOLAS

Cette église était sous le patronage et à la collation de l'abbé d'Hautvillers. En 1612, on faisait deux parts des dîmes de la paroisse : la première était pour le curé du lieu, la seconde était pour l'abbé d'Hautvillers, qui avait à sa charge l'entretien de la toiture de l'église. A l'époque indiquée, la cure n'avait plus de titulaire résidant. Elle était desservie par le curé de Saint-Imoges. Il est fait mention de La Neuville-en-Beauvais dans une charte du XIIe siècle, concernant Argensolles, et donnée par Thibaut, comte de Champagne. Déjà en 1612, trouve-t-on, l'église tombait en ruines ; elle ne s'en releva pas. On lit, en effet, dans les archives de Champillon, une ordonnance de l'intendant de Champagne qui en livrait les matériaux aux habitants de ce hameau. Ils y furent amenés et employés à construire un presbytère, qu'on remarque encore aujourd'hui et qui est devenu la propriété de M. Portevin, avoué à Reims.

A l'époque de la démolition de cette église elle avait encore une cloche ; on la vendit, et avec les deniers qu'on en tira on solda les frais de transport des matériaux. Une croyance traditionnelle, qu'on retrouve dans tous les villages circonvoisins, c'est qu'autrefois La Neuville-en-Beauvais était une vieille forteresse environnée d'une ville assez considérable. Des anciens du pays ont été jusqu'à nous assurer qu'elle avait plusieurs milliers d'habitants. Il y a peut-être ici un peu d'exagération, car si La Neuville-en-Beauvais avait été aussi importante, son importance serait relatée dans certains ouvrages ; c'était, néanmoins, un endroit bien connu, et aujourd'hui ce n'est plus qu'un pauvre hameau habité par une vingtaine d'individus. Si la tradition populaire sur ce lieu est hyperbolique, il ne laisse pas d'être

DÉTAILS SUR LES PAROISSES DÉPENDANT D'HAUTVILLERS 273

constant que La Neuville fut, à une époque reculée, un endroit assez considérable. 1° Il est certain qu'autour des habitations actuelles, et dans un rayon assez étendu, on trouve des fondements de murailles, des ruines recouvertes par quelques décimètres de terre végétale. 2° On voit ailleurs un vaste cimetière avec des débris osseux. 3° Partout on trouve des tronçons d'armes et autres pièces. Il y avait donc là, autrefois, de nombreuses constructions et, par-là même, une nombreuse population. Cet endroit n'a-t-il pas pu être aussi le théâtre d'une action dans les guerres des barbares Normands? C'est ce qu'on suppose.

Il est certain aussi qu'il y avait à La Neuville, à une époque qui n'est pas encore très éloignée, une justice, haute, moyenne et basse, et qui s'y exerçait; il en reste des vestiges dans les archives de Champillon. La Neuville était donc incontestablement un endroit d'une importance remarquable. Toutefois, la situation naturelle du terrain et quelques données historiques ne permettent guère d'y voir autre chose qu'une antique forteresse, comme nous l'avons dit plus haut, environnée d'une petite ville qui, peut-être, ayant été prise d'assaut, aura été ruinée par le vainqueur. La région haute et froide de ce lieu, son sol peu productif et marécageux, toutes choses tendant à infirmer l'opinion qui y place une ville active et commerçante et à corroborer le sentiment qui y reconnaît les traces d'une forteresse. Volontiers même nous attribuerions cette forteresse au génie constructeur des Romains, car elle eût été située près de leur grand chemin, dit aujourd'hui Cheminet, qui conduisait de Villers-Allerand à La Neuville, et peut-être de Reims à l'ancien Châlons et à Troyes, par Tours-sur-Marne. *(Annuaire de la Marne, 1837, page 77.)*

En 1612, l'église ou le curé de La Neuville payait encore régulièrement chaque année, à l'archidiacre de Champagne, une somme de 8 sols pour droit synodal et 10 sols pour droit de visitation. L'église payait aussi, à l'archevêque de Reims, chaque année, 15 deniers pour droit de chrétienté; toutefois, Saint-Imoges entrait pour sa quote-part dans ce droit. La Neuville appartenait à l'élection d'Épernay, généralité de Champagne; en 1720 elle ne comptait déjà plus que neuf feux.

Le nom de La Neuville-en-Beauvais lui vient de *Villa nova in Bellovaco* ou *Belvysio* et enfin *Bellovisu*. On voit, d'après cette étymologie, que en Beauvais ou en Beauvoir est synonyme de

Bellevue. En effet, près de la lisière du bois on jouit d'une vue magnifique, et quand on lui donna ce nom il est probable que cet endroit n'était pas comme aujourd'hui environné de bois, et que de là même la vue était splendide.

SAINT-IMOGES

PAROISSE DE NOTRE-DAME

Cette église était sous le patronage et à la collation de l'abbé d'Hautvillers. En 1612, les dîmes se partageaient entre le curé du lieu et l'abbé d'Hautvillers ; ce dernier en avait les deux tiers et devait, pour cela, entretenir la toiture de l'église. A l'époque indiquée, cette église était fort minable, et longtemps elle demeura dans toute l'horreur de sa pauvreté. Le XIXe siècle devait lui être favorable ; grâce au bon vouloir d'un ecclésiastique généreux, riche et noble de naissance, M. d'Alincourt (Georges Cugnon), cette église est aujourd'hui dans une ère de prospérité inespérée.

Comprenant tout d'abord qu'au siècle des lumières il était honteux qu'on ne vît pas clair dans une église, le moderne restaurateur fit ouvrir deux fenêtres qui versent dans le chœur une clarté abondante. C'est un peu prosaïque et anti-inspirateur, dira-t-on, mais du moins c'est commode.

Ensuite est venu un orgue, un orgue à Saint-Imoges !!! Ce fut une apparition, un phénomène extraordinaire, un véritable prodige pour ces pauvres habitants, qui jamais n'avaient entendu d'autre musique que les sérénades des mille et une raines qui peuplent leurs marécages.

Un article infiniment regrettable, c'est l'exiguité du local impropre aux majestueuses harmonies d'un pareil instrument, on peut ajouter le vice d'une humidité désespérante. Le malheureux instrument n'a pas vécu ; il fut démoli comme inutile, faute de pouvoir l'entretenir (1855). Le généreux donateur était mort. Ce n'est pas tout, sa générosité ne s'était pas bornée à un instrument qui sied si bien dans une église ; M. d'Alincourt pensait probablement que tout ce que l'église tenait de sa munificence vivrait éternellement, et plus il donnait, plus il était content. Dieu, certainement, lui en tiendra compte. Après l'orgue vint une horloge, une légion de timbres qu'on domicilia, comme on put, dans un beffroi trop resserré ; néanmoins, les heures sont

DÉTAILS SUR LES PAROISSES DÉPENDANT D'HAUTVILLERS 275

entendues et se feront encore entendre, nous l'espérons. Habitués aujourd'hui au son harmonieux de ces cloches, les habitants en sont fiers et se sont faits musiciens quand même, en adaptant tout près de ces campanilles un clavier à bascule, dont le mouvement, suscité par une main tant soit peu habile, fait résonner l'air de mélodies propres à déconcerter tous les rossignols de la forêt; honneur donc à M. d'Alincourt! Si l'orgue a fait son temps, les cloches et l'horloge demeurent.

Nous disions tout à l'heure que, vers le commencement du XVIIe siècle, le curé de Saint-Imoges n'avait que le tiers des dîmes; aussi, grande était sa pénurie.

Touché de compassion pour ce pasteur nécessiteux, l'abbé d'Hautvillers, moins d'un demi-siècle après, lui cédait toutes les dîmes de sa paroisse. N'allons pas croire, cependant, que cette libérale concession lui amena l'opulence, car la valeur totale des dîmes atteignait à peine la somme de 150 livres. Si, pour compléter le tableau des misères curiales de Saint-Imoges, nous ajoutons que le presbytère était alors en ruines, nous aurons bien, certes, le droit de croire qu'il y avait urgence dans les mesures prises en 1689 par l'administration diocésaine, savoir : la réunion de Saint-Imoges à Champillon et la translation du curé en ce dernier hameau. Aujourd'hui les choses ont changé de face; Saint-Imoges a reconquis, nous ne dirons pas son ancienne splendeur, puisqu'il était dans une condition plus que médiocre, mais il a acquis singulièrement de toutes manières. Les habitants de ce village sont bienveillants, laborieux, économes et intelligents; aussi leur église, le presbytère, la maison d'école sont-ils en très bon état. La bonne intelligence qui existe entre le curé, le maire et les habitants n'a pas peu contribué à donner à cette localité un air de splendeur que peuvent envier bien d'autres endroits.

Le voyageur qui traverse la forêt dite de Montchenot, en suivant la route nationale de Reims à Épernay, pourrait quelquefois voir de pieux pèlerins agenouillés auprès d'un arbre, remarquable par les entailles faites à son écorce, conséquence des pieux larcins que font de cette écorce ceux qui viennent là pour prier la Sainte Vierge Marie. Nous sommes sur le terroir de Saint-Imoges, en face de ce chêne appelé le *Chêne-à-la-Vierge*. O vous qui passez, si la foi de votre mère, si la religion qui consacra votre berceau n'a pas encore émigré de votre cœur, arrêtez-vous! Saluez cette image appendue au tronc du vétéran de la forêt, c'est celle de la plus aimante, de la plus auguste des mères ; oui, salut, salut de tout notre cœur, à vous, ô Marie, mère de Dieu ! La prière du voyageur n'est pas la seule que les lèvres murmurent pieusement aux pieds de la madone sylvestre ; on y vient quelquefois en pèlerinage et l'arbre, sanctifié par la bienheureuse image, ne tarde pas à succomber sous le poids des honneurs, car, avons-nous dit, chacun veut en avoir une parcelle. Quand le chêne sconofère est mort, on l'abat, on attache l'image à un autre chêne du voisinage appelé à mourir glorieusement de la même manière, et les débris de l'ancien sont destinés à chauffer le presbytère de la paroisse.

C'est vraisemblablement à la présence de cette image que Saint-Imoges doit sa dénomination ; on disait primitivement, dans un patois qui n'est pas encore éteint : la Sainte-Imauges, pour la Sainte-Image ; de là est venu Saint-Imoges. Dans certains actes administratifs on écrit encore *Sainte-Imoges*.

L'origine de cette sainte Image n'est pas absolument bien connue. On suppose généralement, d'après une tradition populaire, que des bûcherons, travaillant dans cette forêt, auraient découvert cette statuette de plomb dans l'intérieur d'un gros arbre en le débitant, et auraient regardé cette apparition comme un miracle, surtout après avoir essayé de l'emporter à diverses reprises dans leur hameau, mais toujours en vain. La sainte Image ne demeura que quand elle fut placée aux regards des voyageurs, à laquelle jamais aucun n'a osé toucher pour l'enlever d'une main sacrilège. D'autres supposent que de pieux ouvriers, ayant toujours avec eux cette sainte Image, l'auront placée dans la fente d'un arbre, et que, l'ayant laissée pour une raison inconnue, elle aura été recouverte au bout de quelques années, au point de n'être retrouvée qu'au moment où l'arbre aura été découpé. Quelle que soit la cause de la présence de cette statue, il est certain que Marie a voulu y être honorée et qu'elle y est en effet. Les apparitions miraculeuses ne sont pas rares ; pourquoi celle-là ne serait-elle pas aussi reconnue comme telle ? Qui aurait jamais pensé à honorer Marie dans cet endroit si un prodige venant du Ciel ne s'y était pas manifesté ?

S'il faut en croire une note conservée dans les *Archives de Reims*, l'église de Saint-Imoges n'eut pas toujours été sous le vocable de Notre-Dame. On y lit, en effet, dans une liste de bénéfices dépendant de l'abbaye d'Hautvillers : *Cura Sancti-Jacobi de Sancto-Imago*. C'était toujours Saint-Imoges ayant Saint-Jacques pour patron; pourquoi un changement eut-il lieu ? Nous l'ignorons. La statue en plomb peut avoir vingt ou vingt-cinq centimètres de hauteur et elle est placée à trois mètres environ du sol dans le corps de l'arbre. Un tronc attaché au même arbre reçoit les offrandes des voyageurs et des pèlerins. Ces offrandes servent à l'entretien de l'église ; elles ne sont pas d'ailleurs considérables.

Était curé de Saint-Imoges, en 1612, maître Jean Caunin, et quand cette paroisse eut de nouveau un curé, celui qui la desservait de 1784 à 1790 s'appelait Lamagne. Nous avons dit plus haut que Saint-Imoges payait, conjointement avec La Neuville, 15 deniers de droit de chrétienté à l'archevêque de Reims, le jour de Pâques. Le curé de Saint-Imoges devait annuellement, à l'archidiacre de Champagne, 8 sols pour droit synodal et 10 sols pour droit de visitation ; il comptait, en 1720, 44 feux. Saint-Imoges appartenait à l'élection de Reims.

CORMOYEUX

PAROISSE DE SAINT-CLÉMENT

Cette église était sous le patronage et à la collation de l'abbé d'Hautvillers. La dîme, que les habitants de Cormoyeux payaient à cet abbé, était la onzième pièce de vin, la treizième gerbe de blé, la treizième botte de foin et le septième poulet ; mais le curé du lieu avait droit à toutes ces dîmes. Nous ne savons pas comment il s'entendait avec l'abbé sous ce rapport ; l'abbé était tenu aux réparations de la toiture de l'église et à la fourniture du missel.

Cormoyeux possède encore aujourd'hui une cloche ancienne et assez remarquable pour son inscription et sa forme. Le fondeur en a diversifié les lettres de différentes figures d'animaux avec des poses grotesques ; voici le texte de cette inscription :

L'AN 1544,

DAMP JEAN BERTRAND,

DAMP JACQUES AURILLET, RELIGIEUX D'HAUTVILLERS,

DAMOISELLE MARIE-BRIERRE, FEMME DE NOBLE HOMME GEORGE

ARNOULD, DE FLEURY,

ET SUZATTE DE LA HAYETTE

M'ONT NOMMÉE HÉLÈNE

Le mot Hayette, pour Hazette, est le nom d'un bois très voisin de Cormoyeux où il y a eu, selon toute apparence, une habitation remarquable. On voit encore aujourd'hui, en cet endroit, une maison délabrée qui sert de rendez-vous aux chasseurs ; elle était, dans ces derniers temps, une maison de garde forestier. Cette propriété du bois de la Hazette appartient, depuis quelques années, à M. Chandon de Briailles. Il ne serait pas étonnant de voir plus tard cette maison relevée de ses ruines et servir de nouveau à loger le garde des propriétés environnantes. Les bois de la Hazette sont situés sur le terroir d'Hautvillers.

Le curé de Cormoyeux, de 1782 à 1790, était un nommé Paumille. Cormoyeux appartenait à l'élection de Reims, généralité de Champagne ; en 1720, y compris le hameau de Romery et le moulin, il y avait 111 feux.

SAINTE-MARIE-A-PY

Cette paroisse était à la collation de l'abbé d'Hautvillers. Le titulaire, de 1774 à 1790, était un nommé Suisse. Cette paroisse avait été autrefois une maladrerie desservie par des sœurs de Saint-Lazare, qui résidaient dans la paroisse de Saint-Souplet. Cette maladrerie avait été fondée par les seigneurs du lieu, de concert avec saint Vincent de Paul.

Sainte-Marie-à-Py est une des paroisses en faveur desquelles Mme de Fleurigny, comtesse de Saint-Souplet, fonda, en 1716, un bureau de bienfaisance. La paroisse de Sainte-Marie-à-Py avait été donnée à l'abbaye d'Hautvillers par Renauld, archevêque de Reims, en 1095 ; elle fut confirmée par la bulle de Paschal II, en 1102. La même paroisse était du ressort de la prévôté et de l'élection de Rethel-Mazarin. Elle suivait les coutumes de Vitry. Le seigneur était M. le comte de Saint-Souplet ; en 1720, on comptait 100 feux dans ce village.

NESLE-LE-REPONS

PAROISSE DE NOTRE-DAME

Cette église était à la collation et sous le patronage de l'abbé d'Hautvillers. Les documents que nous avons sous la main ne concordent pas avec le vocable de cette église ; les uns la disent dédiée à Notre-Dame, d'autres à Saint-André. Cela se voit quelquefois ; il suffit que dans une paroisse un saint y soit honoré pour une raison quelconque pour qu'on le regarde comme le patron de cette même paroisse, tandis qu'il y en a un autre sous le vocable duquel elle est réellement; par exemple Hautvillers, plusieurs croient, parce que sainte Hélène y est honorée, qu'elle est la patronne de la paroisse. C'est une erreur ; le couvent était dédié à saint Pierre et aux saints apôtres ; sainte Hélène y fut toujours en grande vénération à cause de la présence de ses saintes reliques, mais la paroisse proprement dite d'Hautvillers a toujours eu pour patron saint Syndulphe.

Une déclaration des revenus de cette cure par le titulaire nous apprend qu'avant l'option de la portion congrue : 1º il jouissait de la moitié de la dîme du vin des vignes de Repons, du dessus de La Neuville, du Vigneux et des vignes de Charmottes. 2º Il recevait comme 60 livres d'argent. 3º Il recevait 40 pichets de blé, froment, et 40 pichets d'avoine, chacun à leur mesure, mesure de Châtillon-sur-Marne, racle. 4º Il possédait les menues dîmes de chanvre, pois, lentilles, dravières, fèves, agneaux, cochons et oysons. 5º Il possédait la quantité d'environ quatre ou cinq arpents de terre dans lesquels étaient compris l'enclos du presbytère et trois quartiers de prez en deux pièces, lesquelles étaient d'obits. 6º Un droit de dîme en Richebourg, Beugnesse et Gourmenil entièrement. 7º Aussi les dîmes des enclos des maisons de la rue Richebourg, lorsqu'ils étaient en chanvre. La paroisse de Nesle-le-Repons était de l'élection d'Épernay, généralité de Champagne. Il comptait, en 1720, y compris le hameau de Montmergy, la ferme de Champ-Moyen et le moulin à eau, 73 feux. Cette paroisse était du diocèse de Soissons.

Cette déclaration des revenus, ci-dessus énoncée, avait été faite par le curé à MM. les religieux d'Hautvillers, avant son option pour la portion congrue qui était de 300 livres, en vertu de la déclaration du roi. Les novales défrichées après l'option, certains droits honoraires et autres choses portées par ladite déclaration, appartenaient encore au curé.

ANTHENAY

PAROISSE DE SAINT-AMAND

On lit dans une liste intitulée : *Beneficio dependentia ex abbatia ex monasterio Sancti-Petri Altivillarensis*, l'indication suivante : *Cura Sancti-Amantii de Andenay*. Quel était cet Andenay ?

Voilà la question que nous nous sommes posée à nous-mêmes, sans pouvoir la résoudre, ou plutôt nous nous hasardons à penser que ce village n'a été fondé que par la maladresse d'un copiste, et qu'Andenay n'est qu'une métaphore imposée par sa plume à Anthenay.

Cette opinion, en effet, ne nous a pas pour unique défenseur ; elle a été adoptée par M. Chalette, en sa statistique d'Hautvillers. Du reste, les fermes et les hameaux cités, et qui en dépendent, suffisent bien, par leur position, pour affirmer qu'Andenay n'est autre chose qu'Anthenay. Afin de déterminer le chiffre des feux d'Andenay, on y annexe, dans le nouveau *Dénombrement du royaume en 1720*, page 469, le hameau du Chemin, la ferme de Nogent et le moulin à eau. On y comptait 46 feux. La cure d'Anthenay était à la collation de l'abbé d'Hautvillers. Cette paroisse était de l'élection d'Épernay, généralité de Champagne. Anthenay est du canton de Châtillon-sur-Marne.

LHÉRY

PAROISSE DE SAINT-MARTIN

Lhéry, *Lheriacum*, figure dans une liste des cures et autres bénéfices dépendant de l'abbaye d'Hautvillers ; on trouve la même chose dans une liasse conservée à la préfecture de Châlons. Toutefois, s'il faut s'en rapporter à l'*Almanach ecclésiastique de Reims* (1790), il y aurait eu du changement à ce sujet, car, à l'époque de la Révolution, cette cure est désignée comme étant à la nomination de l'abbé d'Hautvillers. Quoi qu'il en soit, il est certain que la cure de Lhéry était régulière et que le titulaire, en 1790, était M. Pierd'houx, pourvu de ce bénéfice dès 1748.

On entendait par cure régulière celle qui dépendait des réguliers et était possédée par eux, à l'exception des religieux mendiants. Les religieux, parmi nous, étaient aptes à posséder des cures, et quand ces cures étaient régulières elles ne pouvaient être possédées que par des réguliers, suivant la maxime :

Sæcularia sæcularibus, regularia regularibus.

La paroisse de Lhéry était régie par la coutume de Vitry et ressortait du bailliage royal de Châtillon-sur-Marne. En 1720, Lhéry n'avait que 33 feux. Ce village appartenait à l'élection de Reims, généralité de Champagne. Lhéry est du canton de Ville-en-Tardenois.

PROSNES ou ARDENAY

PAROISSE DE SAINT-MARTIN

(Sancti-Martini.)

On pense que ce nom, Prosnes, vient du temple que Proserpine avait anciennement dans ce lieu. Les archives, déposées tant à la mairie de Reims qu'à Châlons, renferment des pièces qui prouvent que cette cure était à la nomination de l'abbé d'Hautvillers. L'*Almanach ecclésiastique de Reims de 1790* désigne l'Hôtel-Dieu de Reims comme nominateur de cette cure.

Il ne faut pas confondre Prosnes avec Ardenay, village annexe de Prosnes et détruit depuis bientôt deux siècles; cette paroisse avait aussi été donnée à l'abbaye d'Hautvillers par l'archevêque Renauld, en 1095, et confirmée par la bulle de Paschal II, en 1102. Le titulaire de Prosnes, en 1790, était maître Jacquetelle. La paroisse ressortait du baillage de Châlons-sur-Marne et était régie par la coutume de Vitry. En 1720, Prosnes comptait 118 feux. Il appartenait à l'élection de Reims, généralité de Champagne.

FESTIGNY

PAROISSE DE SAINT-LAURENT

La paroisse de Festigny, *Festigniacum*, était à la collation de l'abbé d'Hautvillers. La seigneurie de Festigny appartenait à ce monastère. Nous avons de ce village, dans ses rapports avec Hautvillers, de grands détails à offrir au lecteur. Festigny était du diocèse de Soissons et du ressort de Châtillon-sur-Marne. Il suivait la coutume de Vitry. En 1720, y compris les hameaux de La Neuville, Le Vivier, Le Mesnil et le Champ-de-la-Reine, fermes Belaire, la Boulonnerie, Beaurepaire et les trois moulins de Fontenay, de la Mouette et du Mesnil, il comptait 109 feux. Il appartenait à l'élection d'Épernay, généralité de Champagne. La paroisse de Festigny avait été donnée à l'abbaye d'Hautvillers en 1095, par Hugues, évêque de Soissons; cette donation fut confirmée en 1102, par la bulle de Paschal II.

VILLENEUVE

PAROISSE DE SAINT-MEMMIE

La paroisse de Villeneuve, *Villanova*, était sous le patronage et à la collation de l'abbaye d'Hautvillers. Un mémoire, conservé dans les archives d'Hautvillers, désigne cette église sous le vocable de Saint-Martin. Villeneuve-les-Vertus était régie par la coutume de Vitry et se trouvait du ressort de Vertus. La paroisse de Villeneuve-les-Vertus avait été donnée à l'abbé d'Hautvillers par Royer III, évêque de Châlons. Cette donation fut aussi confirmée en 1102, par la bulle de Paschal II.

Saint Memmie, ou saint Menge, était évêque de Châlons.

ÉVÊQUEVILLE

Évêqueville, *Episcopivilla*, se disait autrefois Gaugiac, *Gaugiacum*. Cette paroisse était à la collation de l'abbé d'Hautvillers. Elle avait été donnée à cette abbaye par Royer III, évêque de Châlons. Cette donation fut confirmée en 1102 par la bulle de Paschal II.

Saint Réole avait établi à Évêqueville, ou Gaugiac, un monastère de femmes, avec un droit d'éventualité en faveur du monastère d'Hautvillers. Par la suite, la condition s'étant en effet réalisée, les propriétés formant la dotation d'Évêqueville furent réunies au domaine d'Hautvillers. Évêqueville, bien que situé dans le diocèse de Châlons, appartenait à l'élection de Joinville, généralité de Champagne. Il comptait 59 feux en 1720.

Évêqueville est du département de la Haute-Marne, près de Joinville.

VILLERS-SOUS-CHATILLON

PAROISSE DE SAINT-JACQUES ET DE SAINT-CHRISTOPHE

Cette paroisse était à la nomination de l'abbé d'Hautvillers et du diocèse de Soissons. Elle était du ressort de Château-Thierry et régie par la coutume de Vitry; elle appartenait à l'élection d'Épernay et comptait, en 1720, y compris le hameau de Niards, la ferme des Fourcaux et les trois moulins à eau, 47 feux.

Certains auteurs ont fait à Villers-sous-Châtillon l'honneur d'avoir vu s'élever la première construction du monastère pro-

DÉTAILS SUR LES PAROISSES DÉPENDANT D'HAUTVILLERS 283

jeté par saint Nivard. Nous avons donné des raisons pour renverser ce sentiment.

REUIL

PAROISSE DE SAINT-MARTIN

La paroisse de Reuil, *Redolium*, était à la nomination de l'abbé d'Hautvillers ; nous pensons que Reuil n'est autre que la paroisse de Resville. Elle fut donnée à l'abbaye d'Hautvillers par Hugues, évêque de Soissons ; cette donation fut confirmée par la bulle de Paschal II, en 1102. Reuil appartenait à l'élection d'Épernay, généralité de Champagne, et comptait, en 1720, y compris le hameau de l'Échelle, 69 feux.

Autrefois, les *u* remplaçaient souvent les *v*. On aura d'abord écrit Resduille, du latin *Redolium*, ensuite Resuille ou Resville, Reuille et enfin Reuil, comme on l'écrit maintenant.

MONT-SAINT-REMI

PAROISSE DE SAINT-MARTIN

La paroisse de Mont-Saint-Remi, *Mons-Sancti-Remigii;* l'*Almanach ecclésiastique de Reims de 1790* nous apprend que c'était une église succursale dépendante de Machaux (Machault). Elle était de l'élection de Rethel et comptait, en 1720, dix-neuf feux. Mont-Saint-Remi avait pour seigneur, en 1720, M. Collart, et ressortissait de la prévôté de Rethel. Vers 1190, les religieux d'Hautvillers cédaient à l'archevêque de Reims, les moulins et la pêche de Mont-Saint-Remi. Cette paroisse était sur la Retourne au canton de Machault ; elle a été réunie à Pauvre, en 1828. Mont-Saint-Remi était à la nomination de l'abbé d'Hautvillers, et Machault était à la nomination du *Tournaire*. (On appelait ainsi le chanoine qui, pendant la semaine, conférait les bénéfices dépendant du chapitre de l'Église de Reims.)

VOUZIE

Vouzie, *Vuiry;* cette paroisse était à la collation de l'abbé d'Hautvillers. Un mémoire, conservé dans les archives d'Hautvillers, désigne cette église sous le vocable de Saint-Martin. Vouzie était régie par la coutume de Vitry et se trouvait du ressort de Vertus. En effet, elle n'en est éloignée que de quelques lieues. Les dîmes se partageaient entre l'abbé et le curé; plus tard, on ne sait pour quelle cause, l'abbé d'Hautvillers n'avait plus aucun droit sur cette paroisse.

VILLE-EN-SELVE

PAROISSE DE SAINT-MARTIN

Ville-en-Selve ou Ville-en-Cerve, *Villa-in-Sylvis* ou *Villovisium-Sylvæ,* se trouve désigné dans les archives d'Hautvillers comme cure à la collation de cette abbaye. Mais ce renseignement est démenti par l'*Almanach ecclésiastique de 1790,* qui note cette paroisse comme étant à la nomination de l'archevêque de Reims.

Quoi qu'il en soit, ce village, qui tire son nom de sa position au milieu des bois, *Villa-in-Sylvis,* était de l'élection d'Épernay, généralité de Champagne, et en 1720 comptait 59 feux. D'après un écrit de 1612, Ville-en-Selve était d'abord dédié à saint Remi et se trouvait sous le patronage de l'abbé de Saint-Remi de Reims. Les dîmes de la paroisse se partageaient entre l'abbé et le curé du lieu; ce dernier n'avait qu'un tiers. L'abbé de Saint-Remi était tenu d'entretenir la toiture de la nef. Le curé de Ville-en-Selve était, en 1612, maître Jean Lambert, et de 1752 à 1790 il s'appelait Gardebled. Ville-en-Selve était du ressort de Reims, coutume de Vitry.

Ville-en-Selve, désigné d'abord par les archives d'Hautvillers comme lui appartenant, a pu lui être retiré pour être donné à Saint-Remi; ce fait se voyait quelquefois, le plus souvent par échange.

LOIVRE

L'*Almanach ecclésiastique de Reims de 1790* nous apprend que l'archevêque de Reims et l'abbé d'Hautvillers nommaient alternativement à la cure de Loivre. Ce village du canton de Bourgogne, devenu très important depuis une vingtaine d'années, à cause du chemin de fer et d'une verrerie qui y est établie, était de l'élection de Reims, généralité de Champagne, et comptait, en 1720, soixante-dix-huit feux. Le titulaire, de 1774 à 1790, était M. Masson.

LAGERY

PAROISSE DE SAINT-MARTIN

Dans une liste des bénéfices dépendant de l'abbaye d'Hautvillers, on lit l'indication suivante : *Cura Sancti-Martini de*

Fageriaco. Par quel nom français traduire ce *Fageriacum ?* telle est la question que nous nous sommes naturellement posée, et à vrai dire la solution n'est pas sans quelques difficultés ; nous avons eu la tentation de lire, au lieu de F, un L, et de là Lagery; c'est peut-être aussi cette lettre qui aura été mal formée. Ce qui nous empêche de nous rendre à ces raisons, c'est que l'*Almanach ecclésiastique de Reims de 1790* dit que la collation de cette paroisse est à l'abbé de Saint-Denys. Mais si, en 1612, la liste du mémoire que nous avons trouvé nous paraît certaine, il peut se faire que, de cette époque à 1790, il y eût eu une mutation de collateur; un pareil fait n'est pas sans exemple.

Lagery était régi par la coutume de Vitry; il appartenait à l'élection de Reims, généralité de Champagne. En 1720, cette paroisse, y compris le hameau du Bois-Dormans, la ferme de Saint-Antoine et deux moulins, comprenait 117 feux. On sait que plusieurs auteurs font naître à Lagery le pape Urbain II. Il y avait au moins un membre de sa famille qui habitait cette localité.

THILLOIS

Le monastère d'Hautvillers était seigneur de Thillois, et à ce titre percevait le cens sur les habitants de ce village. On trouve, dans les archives d'Hautvillers, une liasse contenant onze feuillets de la recette du cens de la seigneurie de Thillois, depuis 1692 jusqu'à 1733. La manière dont se soldait cette redevance est assez bizarre pour que nous prenions la liberté d'en donner ici deux échantillons :

Louis Vuilnet donna, en 1733 :

Argent, quatre sols quatre deniers.
Vin, un pot.
Froment, trois quarts d'écuelle.
Avoine, un quart d'écuelle.

Vincent Pomard :
Argent, un sol.
Vin, une chopine.
Avoine, une écuelle, etc.

La paroisse de Thillois était à la collation du tournaire de l'Église de Reims. Le titulaire, de 1784 à 1790, était M. Le

François. Thillois était régi par la coutume de Vitry; il appartenait à l'élection de Reims, généralité de Champagne. Il comptait 41 feux en 1720.

ASFELD

Asfeld, fort village bâti sur les bords de l'Aisne (Ardennes), se trouve fréquemment dans les archives d'Hautvillers. Nous avons eu déjà l'occasion d'en parler assez longuement; on le trouve sous le nom d'Escry, d'Écry, *Ercherecum*. Notre abbaye avait là une cense dont les revenus étaient affectés à la pitance d'Hautvillers. Cette terre se composait de 60 journels de terres, prez, vignes et bois. La mesure d'Asfeld était de 160 verges pour le journel.

La cure d'Asfeld était à la collation du trésorier de l'Église de Reims. De 1750 à 1790, le titulaire fut M. Didier. Asfeld était régi par la coutume de Vermandois. Asfeld remonte à une époque fort ancienne. Carloman y battit les Normands en 802. En 1241, Raoul d'Écry se distingua à la bataille de Bouvines. En 1259, prise d'Écry par les Anglais. Écry passe successivement aux familles de Bossu, de Bouri, de Mesme et Bidal, qui en change le nom en celui d'Asfeld, comme nous l'avons vu page 17. En 1683, fut construite l'église actuelle d'Asfeld, sur un plan tout à fait original qui n'est pas, comme plusieurs le veulent, une reproduction en petit de Saint-Pierre de Rome. Le maréchal Bidal, plus connu sous le nom de maréchal d'Asfeld, fit construire, sur les ruines de l'ancien château d'Escry, un magnifique château dont il ne reste presque plus de trace.

CUPERLY

On trouve que l'abbaye d'Hautvillers était tenue aux réparations de l'église de ce village; elle y avait donc des revenus; lesquels? Nous l'ignorons.

Cuperly était de l'élection de Châlons, généralité de Champagne, et reconnaissait pour seigneur, en 1720, Mlle de Termes. Il comptait, à cette époque, 63 feux. Ce village n'est pas éloigné du camp de Châlons. Primitivement Cuperly ressortissait du baillage de Sainte-Ménehould, mais il en fut distrait et attribué au présidial de Châlons par un édit de création, en 1637. Il était régi par la coutume de Vitry. Situé dans le canton de Suippe, ce village est très ancien; on trouve un titre de 1170 par lequel

Guy de Joinville, évêque de Châlons, lui imposait l'obligation de payer la dîme de ses moissons à la cathédrale de Reims. (*Géographie de la Marne*, par M. Lesage.)

AUBILLY

Divers titres et baux, 20 mai 1688, 1731, 1739, 1767, conservés dans les *Archives d'Hautvillers*, nous apprennent que cette abbaye percevait à Aubilly les grosses et menues dîmes. Avant la Révolution de 93, Aubilly était une église succursale dépendante de Méry-la-Montagne, paroisse à la collation du grand archidiacre de Reims. Ce village était régi par la coutume de Vitry et ressortissait au baillage de Châtillon-sur-Marne. Il appartenait à l'élection de Reims, généralité de Champagne ; en 1720, il comptait 22 feux. On voit, à Aubilly, un château assez élégamment restauré depuis quelques années; c'est, de temps immémorial, la propriété de la famille Leleu d'Aubilly.

Avant la Révolution, la moitié de Poilly et de Pezenne relevait de la seigneurie d'Aubilly, et nous voyons, en 1746, Madame la marquise de Dromesnil déléguer un notaire de Poilly, maître Plessier, pour aller, en son nom et lieu, faire la foi et hommages au seigneur d'Aubilly. Autrefois il y avait sur le terroir d'Aubilly une seconde seigneurie, dite de Beneuil, et enclavée dans la première. C'était, pour les deux seigneurs, une source intarissable de contestations. Ce litigieux mélange disparut en 1745. Par un accord que ménagea M. Maillard, curé de Sarcy, M. et Mme de Provisy cédèrent à M. Leleu leur bien d'Aubilly et la seigneurie de Beneuil, et ce dernier, en contre-échange, céda à M. de Provisy la seigneurie de Bourgogne et la ferme de Lochefontaine, près de Ventelay.

HEURTEBISE

L'abbaye d'Hautvillers possédait, antérieurement à 1569, les mairies, justices et droits seigneuriaux des hameaux de Villers, Orquigny, Camp, Heurtebise et Bailleux. Mais à l'époque indiquée tout fut aliéné, pour cause de subventions ecclésiastiques, moyennant la somme de 2,020 livres, et cédé à Henry Desfourneaux qui rétrocéda à Benoît Le Dieu de Ville, seigneur de Ville-en-Tardenois, la seigneurie de Villers, pour la somme de 1,600 livres. Ce fut seulement en 1662, un siècle plus tard, et après une longue procédure, que les religieux purent opérer le retrait de la seigneurie aliénée. Les déclarations de nos rois donnaient à l'Église la faculté de rentrer dans ses domaines aliénés. C'est ce qu'on appelait le retrait ecclésiastique. La dernière déclaration qui donnait cette faculté est de 1702. On peut consulter, sur cette matière, Brillon en son *Dictionnaire*, aux mots : *Aliénations des biens de l'Église, garantie et retrait*, etc. Heurtebise est encore aujourd'hui, comme avant la Révolution, un hameau dépendant de Bailleux-sous-Châtillon. Cette dernière paroisse était de l'élection d'Épernay, généralité de Champagne. Elle comprenait les hameaux de Meleroy et de Heurtebise, avec la ferme de Londeau, en total 43 feux en 1720.

ÉPOYE

L'abbaye d'Hautvillers avait quelques propriétés sur cette paroisse, et en était décimateur avec les moines de Château-Thierry et les chanoines de Sainte-Belzamie de Reims. Toutefois, la collation à la cure d'Époye appartenait à l'archevêque de Reims ; le titulaire, en 1729, se nommait Nautré, et en 1782, M. Baudet ; il occupait encore ce poste en 1790. Époye était de l'élection de Reims, généralité de Champagne, et comptait, en 1720, 63 feux. Époye ou Épois se disait en latin : *Spida*. Nous avons parlé de ce village.

On trouve qu'en 1755 le curé d'Époye fut condamné par le baillage de Reims (sentence du 29 décembre), à contribuer, pour sa quote-part, aux réparations de l'église.

GERMAINE

Il y a sur le terroir de Germaine, tel qu'il est circonscrit aujourd'hui, un terrain assez vaste connu sous le nom de Fief ou Bœuf ; c'était, comme on le sait, une propriété d'Hautvillers. Il y avait là une ferme qui, paraît-il, fut ruinée par les guerres. Cette propriété se composait de trente arpents de terres, quatre arpents de prés et un bois (1). La ferme de Bœuf a été recons-

---

(1) Aujourd'hui toute la propriété de *Bœuf* est en pré ; elle est louée par des voituriers, dits Bourguignons, pour y faire paître leurs bœufs.

truite après sa ruine et existe encore aujourd'hui ; elle appartient à M. Ivernel, d'Épernay.

On a découvert dans les environs, depuis peu, une source d'eau ferrugineuse qui peut-être sera exploitée plus tard à l'instar de nos eaux minérales, où de pauvres malades vont chercher une guérison plus ou moins assurée. Nous avons parlé du gros chêne de Bœuf et de l'idée que plusieurs avaient que Bœuf pouvait bien être autrefois un prieuré.

Germaine, en latin *Germanica*, était de l'élection d'Épernay, généralité de Champagne, et comptait, en 1720, 47 feux. Il ressortait du baillage d'Épernay et était régi par la coutume de Vitry. L'église de Sainte-Croix de Germaine se trouvait sous le patronage de l'abbé de Saint-Basle de Reims. Cet abbé prenait, ainsi que ladite église de Sainte-Croix, chacun un quart dans les dîmes de la paroisse, mais il était tenu d'entretenir la toiture de l'église. Le reste des dîmes appartenait au curé du lieu. Le curé était maître Pierre de Nesse. Le gardien de l'église était Daniel Bailla, nous dit celui qui a dressé l'état du décanat d'Épernay, en 1612. De 1778 à 1790, M. Legrand était le titulaire de l'église de Germaine. Il est indubitable qu'il y avait à Germaine un château-fort, mais il n'en reste aucune trace. Les documents historiques sur ce point manquent aussi complétement. Toutefois, l'on sait qu'il s'appelait *Vernet*, et était situé au-dessus de Germaine en allant à Saint-Imoges.

Bœuf, ancienne propriété de l'abbaye d'Hautvillers, fut réunie à Germaine en 1826.

IGNY-LE-JARD

Les religieux d'Hautvillers percevaient les dîmes du village d'Igny-le-Jard *(Igniacum)* ; la preuve en est dans un arrêt de la cour du parlement, 16 février 1680, et une sentence du 14 mai 1678, rendue par le lieutenant particulier de Châtillon-sur-Marne, contre les habitants de ce village. Cette sentence condamnait les habitants à payer auxdits religieux, ou à leurs fermiers, la dîme de toutes leurs gerbes, à raison de la quatorzième, et lorsqu'il restait des gerbes sur un champ, après quatorze, à les reporter sur un autre champ ou à en faire compte, de sorte que la dîme soit payée de toutes les gerbes à la susdite raison de la quatorzième, et en outre à l'amende de 12 livres et aux dépens. Igny-le-Jard était de l'élection d'Épernay, généralité de Champagne. Il comptait, en 1720, y compris les hameaux de Monsois et la Grange-Gaucher, les fermes appelées : le Trou-d'Enfer, les Hollois, La Corre et la rue Jacquiers, 97 feux. Cette paroisse appartenait au diocèse de Soissons et ressortissait du baillage de Châlons-sur-Marne.

Droits honorifiques de l'abbé.

L'abbé d'un monastère n'avait pas seulement des avantages quant aux revenus attachés à sa dignité, mais il avait aussi des honneurs exceptionnels. On sait que nombre d'abbés avaient obtenu, par privilège du Saint-Siège, le droit de porter la mitre et le bâton pastoral (crosse), comme les évêques, et de bénir solennellement dans leurs propres églises, après les matines, la messe et les vêpres.

A moins d'une permission spéciale du Saint-Siège, un abbé ne pouvait user de ce privilège que dans l'enceinte de son église. Pareillement les abbés ne pouvaient bénir solennellement en présence de quelque évêque ou autre prélat supérieur, s'ils n'en avaient obtenu une permission particulière du pape. Ils ne pouvaient non plus, en aucun cas, donner cette bénédiction en particulier dans les rues et hors de leurs églises, comme les évêques. Cela leur fut défendu par un décret de la sacrée congrégation, du 24 août 1607. (*Barbosa de Jure ecclesiast.*, livre I, chapitre xvii, n°s 48 et 49.)

Comme on distinguait plusieurs sortes de mitres, les abbés ne pouvaient se servir que de celles qui leur avaient été désignées par le privilège du Saint-Siège, et ils étaient censés plus ou moins élevés en dignité, selon qu'ils portaient une mitre plus ou moins riche. Par rapport à l'usage que l'abbé pouvait faire de ces différentes mitres, il y a seulement à observer qu'aux conciles synodaux ou provinciaux où ils assistaient, ils ne pouvaient jamais porter la mitre précieuse, par déférence respectueuse pour les évêques. Toutefois, il paraît qu'en Espagne et en Italie certains abbés n'étaient pas tenus à cette restriction. Le pape avait accordé à certains abbés le privilège de porter certains habits distinctifs de l'évêque, comme le rochet et le camail; toutefois, ils devaient conserver la couleur des habits de leur ordre. Les abbés qui jouissaient de ces différents privilèges avaient la préséance sur ceux qui n'en jouissaient pas ; mais, régulièrement, ils n'en pouvaient user hors de leurs monastères qu'avec la permission des ordinaires, à moins, comme nous l'avons dit, qu'ils n'eussent à ce sujet une permission particulière du pape. Les abbés ne pouvaient, sans privilège spécial, user de baldaquin ou trône ; ils ne pouvaient non plus, comme les évêques, avoir un siège dressé et élevé proche de l'autel. Cela ne leur était permis qu'aux trois ou quatre fêtes de l'année où ils officiaient solennellement. Certains abbés avaient le droit, comme les évêques, de bénir les ornements de leurs églises, de consacrer même les autels et leurs vases sacrés ; mais, pour cela plus que pour tout le reste, il fallait que leur privilège fut bien spécial. Les abbés, auxquels il avait été accordé par les papes d'user des droits dont nous venons de parler, conféraient communément les ordres mineurs à leurs religieux.

Plusieurs textes du droit leur reconnaissaient le même privilège, quand ils étaient prêtres et bénits, pourvu, d'ailleurs, que l'ordination se fît dans leur monastère et que les ordinants fussent profès et soumis à leur juridiction.

Pour qu'on puisse appliquer aux abbés commendataires ce que nous venons de dire touchant les droits honorifiques, il suffisait de savoir qu'ils étaient capables d'en jouir comme les vrais titulaires. Plusieurs fois, en France, les évêques voulurent s'opposer à ce que les abbés portassent la croix pastorale et le camail sur le rochet ; ils voulaient qu'ils ne portassent que le camail sur le mantelet. Le clergé, assemblé en 1645, fit un règlement à cet effet, mais il ne fut pas exécuté. Tous les abbés commendataires indistinctement se maintinrent dans le privilège de porter le camail sur le rochet. Le règlement ne fut exécuté que par la défense qu'il faisait à ces abbés de conférer les ordres. (Voyez Brillon aux mots : *abbés commendataires, Préséance*; d'Olive, en ses *Questions*, livre I, chapitre 1, n° 10 ; *Mémoires du Clergé*, tome IV, page 1234 ; tome VI, page 1574.)

Il est probable que l'abbé d'Hautvillers, supérieur d'une abbaye aussi importante, jouissait du privilège de porter la mitre et la crosse ; du reste, nous en trouvons la preuve dans l'acte de donation faite de la cense et des dîmes de Villeneuve-les-Vertus aux religieux d'Hautvillers, par Jean Royer, dernier abbé régulier de ce monastère. Il y est dit, en effet, que ces droits et propriétés appartenaient à l'abbé à cause de la crosse, ce qui, évidemment, suppose le droit de la porter ; nous y avons joint la mitre, parce que c'était le complément nécessaire du privilège. Les abbés commendataires d'Hautvillers se maintinrent dans la prérogative, qu'avaient les abbés réguliers, d'officier pompeusement aux jours de grandes solennités. Mais, comme leur éloignement, souvent prolongé du monastère, et parfois le défaut d'ordre, leur rendait impossible l'exercice solennel de ce privilège, ils déléguaient un des religieux pour les y suppléer. Cette délégation, sans doute le plus souvent à titre gratuit, amena un procès assez curieux entre un de ces abbés, Alphonse Delbène, et dom Guillaume de Saint-Quentin, religieux d'Hautvillers ; nous avons relaté ce curieux procès.

L'abbé d'Hautvillers avait la préséance sur tous les autres abbés du diocèse, excepté sur celui de l'archimonastère de Saint-Remi de Reims ; ce droit lui fut conféré par la bulle de Paschal II, en 1102, qui assigna à l'abbaye d'Hautvillers le second rang parmi toutes les abbayes du diocèse.

Nous avons bonne volonté de mettre au nombre des privilèges de l'abbé d'Hautvillers, celui qu'il avait, conjointement avec l'abbé de Saint-Thierry et celui de Saint-Basle, de restaurer le roi de France à la suite du sacre ; mais comme ce privilège était assez coûteux pour que ces abbés cherchassent à en esquiver l'exercice, nous nous contentons de ce que nous avons dit sur ce sujet, pages 484 et suivantes du premier volume.

D'autres charges gastronomiques incombaient aux abbés d'Hautvillers, nous en faisons le sujet d'un petit article.

Charges gastronomiques des abbés d'Hautvillers.

Un extrait du nécrologe d'Hautvillers nous apprend qu'un usage immémorial avait imposé à l'abbé du monastère, ou à ses agents, l'obligation de donner à dîner à tous les religieux, au curé ou vicaire perpétuel d'Hautvillers, à son maître d'école et à tous les officiers de la maison :

1° Le mardi des Rogations, au retour de la procession faite à Dizy. (Ce jour-là seulement, le curé de Dizy et son maître d'école étaient, eux aussi, convives obligés de Monseigneur l'abbé. Le curé de Dizy, avant de venir dîner à l'abbaye, offrait à déjeuner aux processionnaires, triste compensation pour lui.)

2° Au retour de la procession, faite à Cumières, le mardi des Rogations. Les jours des antiennes O, avant Noël, étaient pour les religieux des jours de fêtes ; la réfection était plus copieuse et mieux servie. Déjà nous avons vu que le titulaire de l'aumônerie faisait les frais du dîner et du souper le jour de O Adonaii ; les autres jours étaient à la charge de l'abbé du monastère.

Ces charges étaient ordinairement exercées à la suite des processions qui se faisaient à Hautvillers et dans les environs. Outre les processions ordinaires et communes à toute l'Église, l'abbaye d'Hautvillers en faisait trois particulières. Nous ne redirons point ici les longues disputes du curé d'Hautvillers et des religieux sur la préséance et l'ordre à suivre dans les processions publiques ; nous leur avons consacré un article.

La première procession se faisait le lundi de Pâques ; la communauté se rendait processionnellement à l'église paroissiale, où il était chanté une messe solennelle ; on y recueillait les offrandes des fidèles et, la messe finie, les religieux regagnaient le monastère, accompagnés du curé du lieu et de son clergé.

La deuxième, le jour de l'Ascension de Notre-Dame ; immédiatement après le chant de tierce, les religieux se rendaient en chapes à l'église paroissiale. Là, après avoir demandé la bénédiction du prieur, le diacre officiant encensait l'Évangéliaire et chantait solennellement l'Évangile de la fête. Le prieur, ensuite, baisait le livre saint, recevait trois coups d'encensoirs et l'on retournait chanter la messe solennelle en l'église du monastère.

Ce même jour, le lundi de Pâques, se faisait aussi à Dizy une procession aux frais de l'abbaye d'Hautvillers. Elle avait lieu en mémoire de l'apparition du Sauveur ressuscité aux disciples d'Emmaüs. Par la suite, l'abbaye d'Hautvillers transféra les charges de cette procession à l'église paroissiale d'Ay, attendu qu'elle se faisait en partie sur son territoire. Elle lui concéda, en compensation de frais, l'entière jouissance du pré appelé : le Pré-du-Breuil, contenant environ sept arpents et situé à l'extrémité du Léon communal de Dizy. L'abbaye d'Hautvillers présidait à cette procession, par quelques-uns de ses membres, et, plus tard, quand elle s'en fut déchargée sur Ay, au moins pour les frais qu'elle pouvait entraîner, elle ne voulut pas, néanmoins, en perdre le souvenir, et voici comment : Au moment où la cloche de Dizy annonçait que la procession sortait de l'église, les religieux d'Hautvillers paraissaient en habits de chœur, sur la terrasse de leur monastère, et pendant que leurs cloches venaient comme marier leurs voix argentines au son des cloches de Dizy, les religieux entonnaient le même chant que la procession. Que l'on se figure l'effet solennel de ces cloches et de ces nombreuses voix qui se répètent religieusement du sommet de deux collines opposées, harmonie divine qui ne semblait tomber expirante par la vallée, que pour y emprunter une vie nouvelle à la procession, de l'écho et rebondir vers le Ciel plus majestueuse et plus sonore. Les religieux eux-mêmes, après cette union de chants et de prières, commençaient alors la procession d'Hautvillers en se rendant d'abord à l'église paroissiale, comme nous l'avons dit plus haut.

Le mardi de la Pentecôte, les religieux faisaient, en chapes, une longue et solennelle procession, à laquelle assistaient le curé du lieu, son clergé et ses paroissiens. Des laïques, convenablement vêtus, y portaient les châsses de l'abbaye ; c'était pour eux un honneur dont ils gardaient un heureux souvenir. Nous avons mentionné un privilège dont les habitants d'Aussonce jouirent longtemps relativement à cette procession : c'était pour eux le droit exclusif de porter les reliques du bienheureux saint Syndulphe.

Une fois qu'on avait franchi le seuil du monastère, au retour de la procession, on chantait le *Te Deum* ; c'est par suite de cet usage que le *Te Deum* se chante encore dans la procession des pèlerinages, comme nous le dirons plus loin.

Venaient ensuite un sermon et le chant solennel de la messe.

Le dimanche des Rameaux, les religieux se rendaient processionnellement à l'église paroissiale où le diacre, revêtu de l'aube, de l'étole et d'une chape *(pluviali)*, chantait l'Évangile après avoir reçu la bénédiction du père abbé. Ce dernier, après avoir été encensé, baisait le livre saint, et le cortège revenait à l'église conventuelle, précédé du curé, de son clergé et du peuple. Le curé devait être sans étole et derrière la croix de la paroisse, laquelle devait être avant celle du monastère.

Déjà nous avons eu plusieurs fois l'occasion de parler du mode observé pour les processions de Saint-Marc et des Rogations ; nous allons, ici, résumer la matière en peu de mots : Le jour de Saint-Marc, la procession des religieux se rendait à l'église paroissiale et on y chantait la messe. Les religieux, pour l'aller et le retour, étaient précédés du curé ; ce jour-là, nous l'avons dit, le curé et son maître d'école dînaient, ainsi que tous les frères, aux dépens de l'infirmier du monastère. Le curé, comme au chœur, était le dernier à la table, au moins après les novices. 6° Le jour des Rogations, la procession allait à Saint-Nivard où l'on chantait la messe dans la chapelle, les litanies se récitaient au retour. C'était, ce jour-là, le prieur de Saint-Nivard qui donnait à dîner aux frères, au curé, à son maître d'école et aux serviteurs de la maison. 7° Le second jour des Rogations on se rendait à Dizy, le curé de cette paroisse venait à la rencontre de la procession avec son clergé jusqu'à la ferme de La Grange, à Dizy. Il ouvrait ensuite la marche avec la croix de sa paroisse et l'on gagnait l'église où se chantait la messe. Ensuite, un déjeuner, pris à la hâte au presbytère, était comme un entr'acte, car, immédiatement après, on retournait à l'église et l'on en sortait en chantant les litanies. Ce jour-là le dîner était fourni par l'abbé, et les curés d'Hautvillers et de Dizy y avaient part ainsi que leurs maîtres d'école et les serviteurs de la maison. 8° Le troisième jour des Rogations, la procession se dirigeait sur Cumières, l'on y chantait la messe dans la chapelle de Saint-Jean-Baptiste, on prenait ensuite et sans s'asseoir un frugal déjeuner *(stantes)* fourni par les décimateurs, et l'on revenait en chantant les litanies. Ce jour-là encore, on dînait aux frais de l'abbé, dans les conditions accoutumées et avec les mêmes invités.

Le dernier de mars 1630, dom Henri Bourgeois, prestre religieux, prieur claustral et aumônier de l'abbaye de céans, a fait une fondation à l'église de céans, qui est que tous les dimanches de l'année à perpétuité, la procession ordinaire qui se fait après l'eau bénite, tous les dimanches, estant rentrée dedans l'église, se doit faire devant le crucifix, la face tournée vers ledit Christ, une station durant laquelle se chantera dévotement et à trait, l'antienne à *Nottes* avec *Rex noster,* le verset et la collecte de la Croix avec une autre collecte des Trépassés, ce que nous avons promis faire et entretenir et continuer à perpétuité, et pour cela donne ledit Bourgeois à notre couvent deux cents livres comptant qui ont été employées à achepter des livres de chant à l'usage de la réforme pour chanter le service dans notre église, selon ladite réforme. (Extrait d'un *Nécrologe* qu'on conservait à Hautvillers.) Nous en avons parlé page 220.

Archives de Reims : Au cinquième jour du mois de mars, on lisait ce que nous venons de rapporter sur les processions.

1635, 24 mars. — Cette date est celle d'un procès-verbal de visite et rapport des experts nommés pour faire l'inspection de l'église et des lieux claustraux de l'abbaye d'Hautvillers. C'est un devis des réparations les plus urgentes à faire aux édifices du monastère. Le total de ces réparations se montait à la somme de 3,147 livres 12 sols 6 deniers. Les religieux, en faisant dresser ce devis, voulaient se rendre compte de leur nouvelle situation sur ce point, et connaître, à peu près, les dépenses qu'ils avaient à faire pour donner, tant à l'église qu'aux lieux réguliers, le confortable nécessaire.

Acte de visite et rapport des experts nommés pour faire l'inspection de l'église et lieux claustraux de l'abbaye d'Hautvillers

(24 mars 1635)

N. B. — Les experts, nommés dans le procès-verbal suivant, avaient prêté serment *ad hoc*, le jour même de la visite, 24 mars 1635, ainsi que le constate un acte séparé.

Du vingt-quatrième jour de mars, nous soussignés Jean Rollet, marchand charpentier demeurant à Épernay, et Claude Bichois, aussi charpentier demeurant à Châlons, soussignez, sommes exprès transportés à Hautvillers à la requête de Monseigneur l'abbé dudit lieu et des vénérables religieux Réformés de l'église et abbaye de Saint-Pierre-au-Mont de Châlons, suivant que nous avons été dénommés de leur part, sçavoir : ledit Rollet de la part dudit seigneur abbé et ledit Bichois de la part desdits Pères Réformés, pardevant Husson, nottoire royal, pour visiter la charpenterie nécessaire à faire, pour le rétablissement des bâtimens de laditte abbaye, pour les ruines y arrivées que autrement suivant qu'il nous a été donné à entendre par ledit sieur de Sandofort, grand-vicaire du sieur abbé, et lesdits sieurs religieux sur lesquels bâtimens nous nous sommes transportés et iceux veüs et visités tous et au long faisant laquelle visitation nous avons trouvé qu'il était nécessaire à faire ce qui en suit :

1° A l'église du côté du cloistre, il faut au bas du côté de l'église du côté du cloistre, trois cents toises de bois de chacune trois pouces et demy et quatre pouces de grosseur, et pour les sablières, les faut de cinq pouces de grosseur, faut pour les lambris deux milliers de milliers de Mariens.

Au Clocher.

Pour faire ledit clocher et transporter yceluy ailleurs de là où il est (il était à l'angle de l'église, près du portail du même côté qu'il est aujourd'hui), attendu qu'il est incommodable d'autant, que voulant sonner pendant le service, il est contraint de passer au travers du chœur et de la nef où il est éloigné, que pour ce qu'il est en lieu à l'écart, où le son des cloches n'est aisé à entendre, et pour ce faire convient de le transporter ailleurs et le placer au coin du cloistre entre yceluy et le grand autel, et pour ce faire faut un poinçon de trente pieds de hauteur de neuf à dix pouces en quarré, quatre chevrons de trente pieds de long chacun, et de cinq pouces en quarré, avec quatre haraitiers de trente-deux pieds de long chacun, et de cinq à six pouces en quarré, avec quatre-vingts toises de bois pour faire les assemblages et chevrons qu'il y conviendra, ensemble les vieux bois du clocher qui pourront servir. (Il s'agit ici du beffroi ; en effet, l'on remarque que c'est une charpente refaite en partie avec des bois qui avaient servi.) Ce devis, pour le clocher, dressé en 1635, ne fut exécuté qu'en 1664.

Au Cloistre.

Faut au cloistre, dans la croix d'ogive, trente-six pieds de quartelages pour la remplir et pour y faire le lambris. Faut deux sablières du côté de l'église, l'une de quinze pieds et l'autre de dix pieds, de cinq à six pouces en quarré, une autre sablière du même côté, de six pieds de longueur et de même grosseur que précédemment ; plus, faut un bout de sablière du même côté, de neuf pieds de longueur et de même grosseur.

Plus, faut à la croix d'ogive du côté du chapitre et pour la remplir de bois pour la lambrisser, faut trente-six pieds de bois de quatre pouces en quarré. — Faut, à l'autre croix d'ogive, du côté du trésor, une demy-croisée avec trente-six pieds de bois, pour faire le lambrissage et pour réparer le lambris du cloître, un millier de Mariens.

Plus, faut pour couvrir les joins dudit lambris au droit de chacun chevron, un demy-quarteron de planches pour faire des tringles et pour attacher lesdits Mariens tant à l'église qu'au cloistre, faut douze milliers de clous de dix-huit pour attacher lesdittes tringles.

Au Dortoir (regardant le soleil levant).

Faut, pour faire les chambres, deux cent quatre-vingts solives, sçavoir : vingt-huit de onze pieds, et le reste de neuf pieds, grosseur quatre à cinq pouces en quarré. Pour faire les planchers dudit dortoir, tant haut que bas, neuf cents toises de planches ; plus, pour attacher icelles planches huit mille un cent de clous de vingt livres ; plus, faut pour faire les séparations du dortoir, cent cinquante toises de bois, grosseur quatre à cinq pouces.

A la vieille Cuisine.

Faut, pour laditte cuisine, quatre-vingt-dix toises de quartelages, pour faire le seuil par terre pour poser les planches dessùs, de quatre pouces en quarré. Plus cinq quarterons de planches pour ycelle plancher avec six cents de clous de vingt livres.

Plus, faut pour le plancher du garde-robe, attenant de laditte cuisine, vingt toises de quartelages de quatre pouces en quarré, plus, quarante toises de planches avec quatre cents clous de vingt livres.

Pour faire une chambre pour le portier, faut pour faire ycelle chambre quarante-huit doubleaux de neuf pieds de long chacun de quatre à cinq pouces en quarré. Plus un cent de planches longueur chacune de six pieds avec six cents clous de vingt livres.

Lesquels ouvrages cy-dessus avons apprétiés, tant que pour les manœuvres et façons, à la somme de quatorze cents livres. 1,400 livres.

Les bois étaient livrés par l'abbaye.

Chapitre pour la Massonnerie (sic).

Nous Nicolas Petit, maître masson demeurant à Épernay, et Nicolas Gauthier, maître masson demeurant à Châlons, soussignez, sommes transportés à la requête de Monseigneur l'abbé d'Hautvillers audit lieu, sçavoir : moy Petit, de la part dudit sieur abbé, et moy Gauthier de la part des Reverends Pères Réformés de l'église de Saint-Pierre audit Châlons où étant, avons veü et visité tous et au long les bâtimens de laditte abbaye d'Hautvillers, à laquelle visitation avons trouvé être nécessaire à faire ce qui en suit :

A la Chapelle Sainte-Hélène.

Dans la chapelle Sainte-Hélène faut paver treize toises de patureaux et trois quarts de toise de pavés de pierre de taille de six pieds en six pieds, yceluy pavé de dix-huit pouces de largeur et pour chacune toise à fournir tous les matériaux et façons, la somme de trois livres dix sols, qui est 47 livres 10 sols.

A la Chapelle, au-dessous du Crucifix.

Faut relever le pavé et repaver laditte chapelle, pour ce faire la somme de quinze livres y compris les vieux matériaux qui pourront resservir, 15 livres.

Au Chœur de l'Église.

Faut, pour réparer au chœur de l'église, la somme de 6 livres.

A la Chapelle du côté du Cloistre.

Pour paver la chapelle du côté du cloistre, dix toises de pavés et de six pieds en six pieds des bancs de pierre de taille, de huit pouces de largeur, et pour tout fournir quatre livres dix sols par toise, qui est 45 livres.

A la Nef de l'Église.

Faut retenir le pavé et en remettre au bas côté où il n'y en a à présent, pour ce faire faut la somme de 140 livres.

Au Cloistre.

Faut, pour paver le cloistre de pierre de taille auquel se trouve être à réparer la quantité de quatre-vingt-dix toises et vaut la toise la somme de sept livres, cy 480 livres.

Plus faut retenir le pied du cloistre où sont posées les colonnes dudit cloistre autour du Préau, sçavoir : pour la pierre, chaux et ciment, 70 livres.

Au Chapitre.

Il faut refaire deux quartiers, qui sont les pendants entre les croix d'ogives avec deux toises de pavés de patureaux, la somme de 8 livres.

Au Dortoir.

Faut cinq croisées de pierres de taille au dortoir, semblables à celles qui y sont, à fournir les matériaux et façons comme dessus, la somme de 150 livres.

Au dehors dudit Dortoir.

Faut refaire deux pilliers boutants, l'un de quatorze pieds, l'autre de douze pieds, et réparer les trois autres, le tout ensemble la somme de 110 livres.

Pour la muraille pour la clôture du Monastère.

Faut défaire et refaire trente-six toises de murailles laquelle menace ruine du côté des champs et, pour ce faire, faut faire quatre éperons dans la terre du jardin lié à laditte muraille, qui entreront six pieds dans ledit jardin et chacun d'yceux contiendra une toise affin de conserver laditte muraille, à raison de soixante sous pour chacune toise en livrant comme dessus les matériaux qui y conviendra, avec la chaux même qui est nécessaire à laditte muraille, faisant en tout la somme de 120 livres. Ce mur regarde la pitance.

Pour la Chambre du Portier.

Faut faire une cheminée, une croisée avec une huisserie du côté de la porte de l'abbaye, la somme de 60 livres.

Au Clocher.

Faut faire vingt-cinq toises de maçonnerie avec une arcade en pierre de taille, pour porter la muraille dudit clocher, et faut pour chacune toise la somme de quatre livres, 112 livres.

Pour une muraille qui est en partie fondue du côté du cimetière faisant la clôture de laditte abbaye, proche le grand portail de l'église, pour ce faire quatre toises un quart de toise de laditte muraille, à cinquante-cinq sols par toise, fait la somme de 11 livres 13 sols 6 deniers.

Pour une autre muraille du côté du soleil couchant, tenant audit cloistre, laditte muraille longueur de deux toises trois quarts et de hauteur aussy qu'elle est à présent, laquelle muraille menace ruine.

A l'entrée des porteaux de l'Église du côté du cloître vis-à-vis du chœur.

Faut relever le pavé cinq toises et un tiers de toise en fournissant les matériaux et faisant resservir ceux qui pourront servir et pour ce la somme de 18 livres.

Pour continuer le dortoir qui est fait et pour le faire plus grand qu'il n'est, faut vingt-cinq toises de murailles à raison de 5 livres la toise, la somme de 125 livres.

Escalier.

Pour faire un escalier de pierres de taille pour descendre du dortoir à l'église et faire une voûte au-dessus du retour du premier escalier, la somme de 250 livres.

Pour remparer la voûte d'entrée et les deux branches d'ogive attenant au chapitre, la somme de 2 livres.

Somme suivant les articles du massonnage cy devant, dix-sept cent quarante livres douze sous six deniers, 1,740 livres 12 sols 6 deniers.

Signé : Nicolas GAUTHIER et Nicolas PETIT,
avec paraphes.

Et pour les matériaux et façon de charpenterie la somme de 1,400 livres. Somme totale, tant de charpenterie que de massonnerie et façons, la somme de 3,147 livres 11 sols 6 deniers.

La minutte des presentes desdits experts est demeurée au greffe d'Hautvillers, pourquoy ledit greffier a signé les presentes, après qu'il a collationné icelles duëment en laditte minute.

Signé : MAQUART, avec paraphe.

1636. — Si, comme toutes les autres abbayes de la congrégation de Saint-Vannes, Hautvillers avait sa part des privilèges et des faveurs émanées du souverain pontife, d'un autre côté, les religieux, par leur savoir ou leur sage industrie, portaient haut et loin sa célébrité. Alors florissait Robert Desgabets, savant illustre par ses connaissances profondes en fait de sciences naturelles et philosophiques.

DOM ROBERT DESGABETS

MOINE D'HAUTVILLERS

Originaire de Dugny, village situé dans le diocèse de Verdun, Robert Desgabets était issu d'un sang noble ; aucun document historique ne nous ayant initié aux premières années de sa vie, nous sommes obligés de préluder à sa biographie par une lacune dont l'étendue elle-même est un mystère. Nous ne sommes pas non plus en position de préciser à quel âge il entra dans la congrégation de Saint-Vannes et de Saint-Syndulphe ; toutefois, il paraît certain que sa profession se fit en l'abbaye d'Hautvillers, le 2 juin 1636. L'aptitude peu commune, dont le nouveau profès ne tarda pas à donner des preuves, lui fit confier des emplois considérables. Cet écueil, fatal pour l'ordinaire aux petites têtes, fit ressortir merveilleusement ce que la science avait de capacité et de ressources, et la manière dont il géra ces emplois divers fut une preuve qu'il n'était étranger à aucun des talents administratifs.

Ce ne fut pas uniquement sous ce rapport que Desgabets se rendit d'une haute réputation, son plus beau titre à la gloire fut l'étendue de son érudition. Qu'on admire si l'on veut ces hommes, dont la puissance d'imagination enfante gratuitement et sans effort des prodiges littéraires ; le génie, sans doute, possède imprescriptiblement le droit d'émerveiller l'univers ; mais, s'il est vrai que le mérite gît uniquement, là où le travail et la patience se sont coalisés pour vaincre, il faut convenir que le génie réunit bien des titres à l'honneur, qu'une érudition a péniblement et largement acquise, car son propriétaire n'en est pour ainsi dire redevable qu'à lui-même, ses veilles et ses continuels labeurs en ont fait seuls tous les frais.

Desgabets se gardait bien de concentrer en lui-même le zèle dont il était dévoré pour l'étude. Il y avait dans son cœur trop d'idées généreuses, pour que l'égoïsme pût y prendre domicile ; il s'appliqua donc, de tout son pouvoir, à en propager le goût, il fut même assez heureux pour l'inspirer à ses confrères ; aussi, sommes-nous en droit de lui assigner une des premières places parmi ceux qui ont le plus contribué à les mettre en honneur dans la congrégation de Saint-Vannes. A l'époque où nous sommes venus, la doctrine philosophique de Descartes avait, par le monde littéraire, un retentissement immense ; une telle matière ne pouvait rester étrangère aux investigations de Desgabets, aussi en fit-il l'objet de ses méditations savantes. Désirant surtout appuyer sa science sur des preuves fortes de toute l'évidence inhérente à des faits saillants, il fit, des expériences nouvelles, un des objectifs principaux de ses études, et il le fit avec un succès assez éclatant pour obtenir les suffrages de la renommée. Envoyé à Paris, en qualité de procureur général de sa congrégation, il profita du séjour qu'il fit en cette capitale pour entrer en conférence avec les plus célèbres philosophes qui alors y tenaient le sceptre de la pensée. Le personnage savant, auquel il se lia dès lors par des liaisons plus étroites et plus fréquentes, fut Clerselier, aussi leur séparation postérieure ne put mettre un terme à leurs relations ; toujours ce fut entre eux un commerce de lettres, où, mutuellement, ils se communiquaient les réflexions amenées par les faits du moment ou puisées dans leurs expériences propres.

De tous les écrits tant soit peu remarquables qui parurent alors sur la théologie, la philosophie ou la controverse, aucun ne fut en dehors de sa coopération, ou du moins n'échappa à son examen. La souplesse de son esprit, jointe à la variété de ses vastes connaissances, lui permettait de brusques transitions. C'est à Desgabets que revient l'honneur d'avoir émis, le premier, l'idée de la transfusion du sang d'un homme ou de quelque animal, et à le faire passer dans les veines d'un autre, affligé d'une perte de ce fluide, ou à qui on a préalablement tiré une partie équivalente du sien. Cette invention était à peine réalisée que Desgabets en donna l'idée à quelques-uns de ses amis qu'il avait à Paris. Toutefois, la chose n'eut pas de suite pour le moment. Le silence sous lequel Desgabets laissa sa découverte ensevelie faillit lui en ravir la gloire, car, le bruit en ayant transpiré quelques années après, elle fut publiée, comme une œuvre de leur génie, par nos voisins d'Outre-Manche.

Il est à remarquer, du reste, que, plus d'une fois dans la suite, les habitants de la Grande-Bretagne ont exercé sur nos côtes ce genre de piraterie scientifique. On dirait que, indignés de n'avoir pu asservir à leur domination le pays si beau de notre France, si souvent l'objet de leur convoitise, une jalousie haineuse les portait sans cesse à se venger de notre patriotisme, par une razzia perpétuelle de nos plus admirables découvertes. Desgabets écrivit beaucoup sur l'Eucharistie. Ce travail avait pour but de trouver, dans les principes de la philosophie nouvelle, une explication toute naturelle de ce mystère ineffable. L'assiduité tenace de ces recherches, sur une matière aussi auguste, finit par inspirer des craintes à ses supérieurs ; l'erreur est si facile à notre pauvre humanité, une fois qu'elle dépasse la sphère des opérations qui forment son domaine. Desgabets, dont le zèle en cette étude n'avait d'autre but que de confirmer ses frères dans la foi, dissipa au plus vite les doutes que soulevait sa conduite. Sa déférence prompte aux ordres de ses supérieurs fut une preuve de son entière soumission à l'Église. Dom Robert Desgabets mourut à Breuil, près Commercy, le 13 mars 1678. Moreri nous a donné la liste des principaux ouvrages de ce savant religieux. Il n'y en a que très peu d'imprimés ; on les conservait dans l'abbaye de Saint-Michel, en Lorraine ; nous allons en faire l'énumération rapide :

« *Remarque sur l'art de penser. — Critique de la critique de la recherche de la vérité. — Guide de la raison naturelle. — Lettres non imprimées de Descartes au père Melan, jésuite. — Lettres à Clerselier,* touchant les nouveaux raisonnements pour les atômes et le vide, contenues dans le livre du *Discernement du corps et de l'âme. — Remarques sur les éclaircissements du père Poisson,* touchant la mécanique et la musique de Descartes. — *Réponse du père Desgabets au révérend père Poisson. — Lettre au révérend père Mallebranche,* par le père Desgabets. — *Principe fondamental. — Indéfectibilité des créatures. — Indéfectibilité du mouvement. — Réponse à la lettre d'un Philosophe à un Cartésien,* par dom révérend Desgabets. (La lettre est du père Rappin, jésuite, et la réponse est de dom Robert Desgabets.) — *De l'union de l'âme et du corps. — Le fondement de la philosophie et de la mathématique chrétienne. — Lettre écrite,* touchant les défauts de la méthode de Descartes. — *Supplément à la philosophie de Descartes. — Lettres aux religieux de la congrégation de Saint-Vannes et de Saint-Hydulphe,* pour les exhorter à l'étude — *Lettre d'un Cartésien à un de ses amis,* touchant le premier supplément à la philosophie de Descartes. — *Réponse aux réflexions du cardinal de Retz,* sur quelques propositions de Descartes à l'alambic. — *Lettre à un ami,* touchant quelques questions de philosophie. — *Lettres sur diverses matières de philosophie et de théologie*. — *Avertissement*, touchant la réforme que l'on peut faire présentement dans l'empire des lettres. — *Lettres* où l'on essaie de donner une harmonie des sciences divines et humaines. — *Examen* des fondements de la doctrine contenue dans les deux tomes de la *Recherche de la vérité*. — *Mécanique pratique*. — *Écrit du cardinal de Retz*, touchant l'action positive du péché et le concours. — *Conclusion des écrits de dom Robert Desgabets*, pour servir d'éclaircissement au cardinal de Retz. — *Incompatibilité* de la philosophie de Descartes avec le mystère de l'Eucharistie. — *Réponse à un écrit* touchant l'incompatibilité de la philosophie de Descartes. — *Remarque sur la réponse précédente*. — *Explication de la grâce*, suivant les principes de Descartes. — *Traité de la religion chrétienne*, fait selon les principes de Paschal. — *Lettre touchant l'explication du mystère de l'Eucharistie*. — *Lettre de Clerselier à dom Robert Desgabets*, du 6 janvier 1672. — *Lettre à un prince*, pour la réfutation du père Pardier. — *Lettre à dom Mabillon*, sur le traité des asymes, datée du 27 mars 1674. (Elle se trouve au tome 1er des *Œuvres posthumes* du père Mabillon et Ruinart.) — *Explication familière de la théologie eucharistique*. — *Explication de la manière dont le corps de Jésus-Christ est présent dans le sacrement de l'autel*. — *Lettre sur l'Eucharistie*. — *Examen des réflexions physiques* d'un auteur de la religion prétendue réformée, sur la transubstantiation et sur ce que Rothault en a écrit dans ses *Entretiens*. — *Objections proposées contre l'opinion de Descartes*, touchant le sacrement de l'autel, par le père Poisson, de l'Oratoire. — *Explication de l'opinion de Descartes sur l'Eucharistie*. — *Lettre sur la même matière*. — *Autre lettre à un évêque*. — *Mémoire sur les contestations du temps*. — *Explicatio præsentiæ realis Christi Domini in sacra Eucharistia*. — *Extrait du dernier ouvrage de Claude*, contre la défense de la perpétuité d'Arnaud. — *Réfutation de la réponse de Claude* au livre intitulé : la *Perpétuité de la Foi*, etc. — *Discours de l'état de la nature innocente*, selon les principes de saint Augustin. — *Transfusion du péché originel*, expliqué par des principes évidents. — *Parallèle des systèmes de saint Augustin et de saint Thomas*, touchant l'ordre des décrets divins, la prédestination, la grâce et la liberté. — *Examen de la prédestination physique de saint Thomas*, par rapport au système de saint Augustin touchant la prédestination et la grâce. — *De l'Incarnation du Verbe divin*. — *L'Union de la foi et de la raison humaine* dans le mystère de la

Très Sainte Trinité. — *Lettres touchant la justification et le principe de la mort chrétienne.* — *Explication du concile de Trente* touchant l'attrition. — *Les principes de la conduite pastorale.* »

Dom Robert Desgabets donna encore quelques lettres et divers autres écrits qui ne sont pas énoncés ici. A l'époque où écrivait Moreri, ces pièces étaient entre les mains de quelques savants. D'après ce biographe, Regis, qui avait eu beaucoup de relations avec dom Robert Desgabets, aurait profité de ses lumières et de sa méthode dans les trois tomes de philosophie qu'il a donnés au public. *(Mémoires du temps.)*

On ne peut s'empêcher que d'être étonné en voyant tant de productions sorties de la plume de ce savant homme. Hautvillers doit donc se glorifier de l'avoir eu dans ses murs; ce n'est pas le seul savant qui soit demeuré à Hautvillers, ou au moins qui y soit venu démontrer la science, comme pour l'étudier.

Les religieux fuient le monastère à l'approche de l'armée espagnole.

A peine établis à Hautvillers, les religieux réformés faillirent voir ce monastère éprouver les coups d'une fortune qui, trop souvent déjà, lui avait fait sentir ses rigueurs (1636). Richelieu était, sinon en titre du moins en réalité, l'unique et véritable majesté qui gouvernait la France. Sûr qu'il croyait être d'avoir, par une politique adroite, éloigné la guerre de nos provinces, ce cardinal-ministre se berçait des espérances les plus glorieuses, mais son coup d'œil, toujours si perçant et si prophétique, devait être, cette fois, victime de l'illusion; n'est-il pas vrai de dire avec le poète :

> Fût-il maître du monde, empereur, duc ou pape,
> Un fin trouve toujours un plus fin qui l'attrape.

Ce plus fin qui, pour un instant, sut dépister la politique habile de Richelieu, était le cardinal Infant, gouverneur des Pays-Bas. Tout à coup, il avait rassemblé une armée puissante de 30,000 hommes, et l'avait lancée sur la Picardie, pendant que sa cavalerie courait porter la ruine et l'effroi dans les provinces de la Champagne. Si alors, grandement eut peur le bon peuple de Paris; si alors, on vit ses bourgeois courir précipitamment abriter Outre-Loire leurs plus précieux effets et leurs craintives personnes, l'abbaye d'Hautvillers, et sans doute avec beaucoup plus de raisons, donnait le spectacle d'une pareille déroute. La première nouvelle d'une invasion fut le signal d'une évacuation générale : religieux, châsses, ornements, meubles et manuscrits précieux, tout à la hâte s'achemina vers Reims. Heureusement, à Hautvillers comme dans la capitale, on en fut quitte pour une panique.

Tout déconcerté qu'il était, Richelieu, par le sage avis du sieur Joseph, osa seul, sans garde, s'avancer au milieu du peuple parisien, et lui montrer une assurance qu'il n'avait pas; c'en fut assez pour lui en donner une véritable. Le courage reparut, une armée s'équipa. Les Espagnols avaient manqué leur plus beau coup. Quant à nos bons religieux, voyant le calme succéder à l'orage qu'ils avaient craint, ils reprirent, un beau jour et fort paisiblement, la route de leur monastère. Revenus de cette première terreur, ces mêmes religieux, sans doute, se promirent bien, pour l'avenir, d'être plus courageux et d'examiner de plus près l'objet de leur épouvante. Aussi, quelques années plus tard, ils surent avoir le courage de tenir tête à leur abbé commendataire, et de mettre arrêt à son humeur envahissante.

Pièces de procédures faites tant au baillage d'Hautvillers qu'en celuy de Rheims pour appel à la requête de Claude Martin et François Brouillard, admodiateurs des dismes en grains, vins, foin, etc., contre les religieux d'Hautvillers, au sujet d'un prétendu droit de disme que lesdits admodiateurs voulaient percevoir sur la dépouille d'environ quatre arpents de terres appartenantes auxdits religieux, situés en la prairie d'Hautvillers, lieudit Proche-le-Moulin-de-Bras (1). Ces terres appartenant à l'aumônerie, les admodiateurs n'y avaient aucun

---

(1) Ce moulin appartenait aussi aux religieux; il était situé sur le bord de la Marne, lieudit le Pré-Garreau. En 1652, ce moulin était loué à un nommé Nicolas Bruneaud; 20 arpents de terres y étaient adjoints. Il fut démoli en 1773 et il reste encore des pierres en assez grand nombre qui indiquent la position qu'il occupait.

droit. Parmi les pièces du procès se trouve une pièce collationnée de la donation desdites terres, par Anselme Bridanne, en 1231, avec la moitié des dîmes d'Avize. La présente instance s'est terminée par une transaction entre les parties, du 8 juin 1644, dont suit la teneur :

« Pardevant les nottoires royaux héréditaires au baillage de Vermandois et Reims, résidents à Hautvillers, soussignez, les vénérables religieux, prieur et couvent de l'église de Saint-Pierre-d'Hautvillers, comparants par révérend père dom Benoît Vinot, religieux et procureur, auquel audit nom a dit et déclaré qu'il est d'accord avec François Brouillard et Claude Martin, sous-fermiers, des foins et grains du terroir d'Hautvillers, touchant l'appel interjettée par lesdits sieurs, de la sentence contre eux rendüe par M. le baillif d'Hautvillers ou son lieutenant, ensuite duquel appel sentence serait intervenue de Messieurs les présidents de Reims, et étaient, les parties, appointées à informer et ce que est contenue en laditte sentence, qui sera terminée au moyen des présentes, sçavoir : que lesdits Martin et Brouillard, en ce qui les concerne seulement, ont dit qu'ils se désistent de tout droit et poursuites par eulx prétendues, accordent en ce faisant lesdits sieurs être maintenus en leur droit et franchises des dismes des biens à eux appartenants, et qui est le sujet du procez, n'ayant moyens, il empêcher sans aucun dommage, intérêts ou dépens, tant de part que d'autre, moyennant les opines et vision du procès suivant la sentence interlocutoire desdits sieurs Présidiaux, que lesdits Martin et Brouillard ont remboursé et s'ils ont promis passer sentence au présidial, par laquelle ils accordent la maintenue que dessus des droits desdits sieurs religieux, et d'en fournir autant à leurs dépens, devant à cette fin les parties respectivement pourvoir à leur procureur, qui dresseront tel acte que bon leur semblera, et qui leur servirait, à l'avenir, tel que de raison, obligeants leurs biens, etc., et ont signé.

Fait à Hautvillers, le huitième jour de juin mil six cent quarante-cinq.

Signé en la minutte : F. BROUILLART ; D. VINOT ;
C. MARTIN ; MAQUART et HUSSON, nottoires,
qui ont signé avec paraphes.

Procès entre les religieux et l'abbé commendataire.

En l'année 1639, Barthélemy Delbène venait d'obtenir du roi l'autorisation de couper annuellement, dans le bois de la mense conventuelle, quatre des plus vieux arbres et inutiles, par arpent, pour son chauffage; c'était déjà une violation des droits les plus justes des religieux. N'avait-il pas, en effet, à sa disposition, les magnifiques forêts de la mense abbatiale ? Pourquoi prendre chez les autres lorsqu'il avait chez lui ? Il ne fut jamais permis au riche de dépouiller le pauvre, pour ménager sa propre fortune. Néanmoins, si l'abbé commendataire se fût tenu dans les limites de son autorisation, peut-être les religieux se seraient-ils bornés à gémir en silence. Mais il est constant qu'il outrepassa, et de beaucoup, la permission obtenue de sa majesté. Aussi, soit que ce fût un coup monté à l'avance, à l'instigation de son fondé de pouvoir ou régisseur, ce qui est plus certain, soit que l'occasion seule l'eût encouragé dans son entreprise, notre abbé laissait là les pauvres vieux arbres pour en faire abattre d'autres choisis parmi les meilleurs, plus propres à être livrés au commerce qu'à brûler. En effet, son régisseur en faisait argent; ce n'était pas assez loyal. Indignés de voir ainsi leur abbé méconnaître son devoir et s'enrichir à leurs dépens, les religieux ne se crurent nullement obligés de supporter, sans mot dire, une fraude si scandaleuse. Donc, peu de temps après, ils portèrent plainte à messieurs de la Maîtrise de Reims, qui jugèrent à propos de faire une descente sur les lieux. Par malheur pour notre haut délinquant, le frauduleux écart fut constaté; la sentence fut rendue en faveur des religieux. Vainement l'abbé interjeta appel de sa condamnation; la première sentence fut confirmée. Il fut même ordonné que le marteau du bois resterait dans le monastère, avec défense expresse de procéder à aucun martelage, sans la permission ou le concours des religieux.

Cet acte de justice et de vigoureuse répression eut les plus heureuses conséquences pour les religieux. Par un accord fait avec eux, l'abbé commendataire leur accorda un tiers dans les bénéfices résultants de la coupe des bois.

Nous anticipons quelque peu sur le fil des événements, puisque cet accord n'eut lieu qu'en 1657, le 14 mars ; mais, vu sa connexité avec la discussion précédente, nous avons cru que c'était ici sa place la plus légitime. Avant de rapporter ce traité ou accord, nous allons rapporter une suite de titres de requêtes, d'arrêts, d'informations, de consultations, etc.

Consultation faite à Reims par les religieux d'Hautvillers concernant les réparations du monastère.

(25 janvier 1649)

1° Ont demandé, les religieux, si les vilains fondoirs sont compris dans les trois F. F. F. feu, foudre, force, énoncés dans le traité fait entre le sieur abbé et lesdits religieux.

2° Si M. l'abbé doit payer MM. les officiers de la maîtrise d'Épernay pour la marque des chênes nécessaires pour les réparations, attendu qu'il n'est mention dans le traité que du paiement des officiers d'Hautvillers.

3° Si les religieux sont bien fondés de s'opposer à la coupe des chênes que fait M. l'abbé, attendu qu'il n'y a aucune réserve et que deux mille pieds d'arbres ne pourront suffire pour les réparations.

4° Si lesdits religieux sont bien fondés de demander part des coupes que M. l'abbé a fait faire depuis six ans en ça, puisque l'argent en provenant n'a pas été employé au rachapt des biens aliénés, ni à autre chose utile à ladite abbaye, s'ils peuvent demander une coupe pour réparer les lieux réguliers.

Le conseil répond, sur la première demande, qu'il semble que *vilain fondoir* est compris sous le cas de force, parce qu'il ne peut arriver que par la violence d'une cause externe, ou par la caducité de la chose, *quæ servando servari non potest,* qui est une force de la nature, pourvu que le vilain fondoir n'arrive point par *deffaut* d'entretenement de grosses ou menües réparations.

Sur la deuxième, M. l'abbé étant obligé de fournir les bois nécessaires et les faire marquer, encore qu'il ne soit expressément obligé d'en payer les frais, que des officiers de son baillage, c'est à lui seul de payer les officiers des eaux et forêts, car il faut qu'il livre les bois nécessaires auxdittes réparations, de sorte que les religieux puissent enlever ce qu'il ne peut, qu'en payant les officiers qui en doivent faire la marque.

En ce qui concerne la troisième question. Les religieux s'opposent à la permission obtenue par M. l'abbé, de couper quatre arbres rabougris sur chacun arpent de chacune coupe, seront fondés à l'opposition, sans doute, pour le *mesus* que peut faire M. l'abbé, en faisant abattre des mieux conditionnés, qu'il employ à d'autres usages que du chauffage pour luy et pour les religieux. Il y a doute qu'ils puissent empêcher l'effet de ladittte permission de quatre chênes rabougris ; néantmoins, si dans les coupes ordinaires du taillis il y a de quoy fournir le chauffage du couvent et celuy de M. l'abbé, et quelque chose de considération de reste, l'opposition aurait de la raison pour empêcher l'abat desdits quatre arbres, quoique rabougris, si ce n'était pour les employer à quelque effet au profit de l'abbaye, tant pour la mense abbatiale, pour les deux tiers, que celle du couvent pour l'autre tiers, affin d'améliorer le taillis surchargé de trop grandes quantités de grands arbres, mais quoique M. l'abbé ne réside, son chauffage ne laissera pas de luy appartenir.

Finalement, MM. les religieux, n'être pas conseillés de demander le tiers des bois que M. l'abbé a fait couper les années précédentes ; mais, s'il l'a fait sans permission, ils en peuvent former plainte à MM. de la table de marbre, et en obtenir dommage et intérêt. Et, pour demander permission par lesdits religieux de couper, il faudrait commencer par leur déclaration des bâtiments qui ont besoin de réparations, qui sont à leur mense ou à leur charge, avoir un certificat des bois qu'il faudrait employer.

Procédure entre messire Barthélemy Delbène, abbé d'Hautvillers, et les religieux du même monastère, au sujet de coupes illicites de bois, dégradations desdits bois, etc.

Sentence de la table de marbre du 16 avril 1642, qui fait main-levée de la saisie, faite par M. le procureur du roy, de certains bois appartenants à messire Barthélemy Delbène, abbé d'Hautvillers.

Procès-verbal de visite des dégradations commises dans les bois d'Hautvillers par le sieur Macquart, receveur général de la mense abbatiale, et autres particuliers, du 5 juillet 1649.

Information faite par M. le maître particulier des eaux et

forêts de la maîtrise de Reims, à la requête des sieurs religieux d'Hautvillers, contre ledit sieur Macquart de Chaumartin, des dégradations faites dans les bois dépendant d'Hautvillers, du 6 juillet 1649.

Requête présentée par lesdits sieurs religieux à MM. les juges en dernier ressort de la table de marbre de Paris, par laquelle ils demandent, en vertu des informations et procès-verbaux faits contre ledit sieur de Chaumartin, par M. le maître particulier de la maîtrise de Reims, il leur soit permis de le faire assigner pardevant eux, pour se voir condamner à payer les délits et dégradations par luy faites dans lesdits bois d'Hautvillers, du 30 juillet 1649.

Commission de MM. les juges en dernier ressort de la table de marbre de Paris, pour faire assigner ledit sieur Macquart de Chaumartin, aux fins d'être condamné, suivant la requête cy-dessus, à payer le prix des dégradations par luy ou par son ordre, commises dans les bois d'Hautvillers, du 5 août 1649.

Assignation donnée à la requête desdits sieurs religieux, au susdit sieur de Chaumartin, en vertu de la susdite commission, du 11 août 1649.

Requête de messire Barthélemy Delbène à MM. les juges en dernier ressort des eaux et forêts de la table de marbre de Paris, par laquelle il demande main-levée pure et simple de la saisie faite tant sur luy que sur ledit sieur Macquart, son receveur des bois de chauffage et autres, du 16 octobre 1649.

Réponse de la part desdits religieux à une requête adressée par messire Delbène, au maître particulier des eaux et forêts d'Épernay, pour faire la visite des bois, en vertu de la commission de MM. de la table de marbre, supposant lesdits religieux et disant que ladite commission ne devait être adressée à M. le maître particulier d'Épernay, attendu qu'il a favorisé les dégradations faites dans lesdits bois, mais à M. le maître particulier des eaux et forêts de Reims, comme non suspect pour la visite en question, du 8 octobre 1649.

Arrêt de la table de marbre, du 24 novembre 1650, qui fait droit sur la procédure précédente, fait main-levée des saisies, condamne les sieur abbé et Macquart en la moitié des dépens et ordonne la visite des bois.

6 avril 1651. — Procès-verbal de la visite des bois, église, maisons et autres biens dépendant de l'abbaye, faite en conséquence du précédent arrêt.

10 décembre 1651. — Arrêt en dernier ressort au siège général de la table de marbre du palais à Paris, portant règlement de la coupe des bois pour le chauffage de l'abbé Barthélemy Delbène, évêque et comte d'Agen, abbé commendataire de l'abbaye de Saint-Pierre-d'Hautvillers et des religieux. Cet arrêt accorde quatre arbres audit abbé.

3 mars 1653. — Procès-verbal de martelage de quatre arbres par arpent, accordés à MM. les abbé et religieux pour leur chauffage, par arrêt d'autre part. 25 arbres en un coupon de six arpents 12 verges, au buisson des Rinsillons, et à la fontaine au Fresne. 38 arbres eu un autre coupon de 9 arpents 46 verges, lieudit le Rudes, au buisson des Lhuys. 61 arbres en un coupon contenant 15 arpents 27 verges, lieudit le Chemin-de-Nanteuil, et dans un autre 36 arbres, lieudit le Chemin-de-Cormoyeux. Au buisson de Bœuf, en une vente contenant 20 arpents, lieudit la Tuillerie, pareillement 80 arbres, tant chesnes, hêtres que charmes.

3 juillet 1665. — Consultation faite par les religieux au sujet d'une saisie faite par M. de la maîtrise de Reims, des bois et des chevaux qui les charroyaient, de la part desdits religieux, faute d'avoir obtenu la permission..... Le conseil est d'avis que les religieux ne peuvent empêcher la confiscation des chevaux et se dispenser d'endemniser les voituriers, sauf leur recours contre leur abbé, qui était tenu de leur délivrer lesdits bois.

5 juillet 1665. — Main-levée de la susditte saisie, des chevaux, harnais et bois, à condition que lesdits religieux feront apparoir, à M. de la maîtrise des eaux et forêts de Reims, la permission, par eux obtenue, d'*abbattre* lesdits bois.

Traité entre Barthélemy Delbène et les religieux d'Hautvillers, concernant les bois de l'abbaye.

(16 mars 1657.)

Pardevant les nottoires du roy au Chatelet de Paris, soussignez, furent présents en leurs personnes, illustrissime en Dieu, messire Barthélemy Delbène, conseiller du roy en ses conseils, évêque et comte d'Agen, et abbé de l'abbaye de Saint-Pierre-d'Hautvillers, ordre de Saint-Benoît, au diocèse de Reims, étant de présent à Paris, logé rue de Bracque, paroisse de Saint-Nicolas-des-Champs, d'une part; et révérend père dom Antoine Millet, religieux prieur du couvent de laditte abbaye d'Hautvillers, tant pour luy que comme procureur des autres religieux, d'eux fondé de procuration passée pardevant Jean Husson, nottoire royal héréditaire au baillage de Vermandois, résidant à Hautvillers, présents témoings, en datte du 17 février dernier, spéciale pour l'effet des présentes, ainsy qu'il est apparu auxdits nottoires soussignés, et qui est demeurée à la minutte des présentes, après qu'elle a été paraphée par lesdittes parties et nottoires soussignéz, et par lesquels religieux ledit dom Millet, promet de faire, en tant que besoin sera, ratifier ces présentes et en fournir acte audit sieur évêque en cette ville de Paris, dans un mois prochain venant d'autre part. Lesquels reconnaissant les nécessités et désordres survenus en laditte abbaye d'Hautvillers par les mouvements des guerres pour lesquels réparer et rétablir, lesdittes parties ont volontairement de poursuivre des lettres patentes pour faire abbattre, sous le bon plaisir du roy, la haute futaie dépendante de laditte abbaye, à l'exception de la quantité des arbres qui seront jugés nécessaires de conserver pour les besoins qui pourront subvenir à laditte abbaye, soit par la réserve d'une quantité d'arbres par arpent ou autrement, et pour y parvenir ont fait le traité qui s'ensuit :

Assavoir, que sans rien innover par lesdittes parties aux accords et concordats cy-devant par eux faits, pour l'introduction de la réforme en laditte abbaye, lesquels demoureront en leur force et vertu, à l'exception néantmoins que quoyque par lesdits accords et concordats, il soit porté que lesdits religieux ne pourront prétendre aucun droit sur les deniers provenant de la vente des bois de laditte coupe, pour dudit tiers en faire ainsy qu'ils adviseront, au plus grand profit et utilité de leur maison, augmentation, amélioration de leur mense, à condition, par lesdits religieux, de contribuer du tiers à tous les frais de l'obtention et vérification des lettres royaux, et tous autres généralement qu'il conviendra faire dans la suite de l'affaire, et au regard des deux autres tiers, qu'il appartiendra audit sieur abbé, pour être employés tant aux réparations et nécessités urgentes de laditte abbaye, qu'au rachapt des biens aliénés et au plus grand profit de laditte abbaye, augmentation et amélioration desdittes lettres, et permission obtenue par lesdittes parties, l'adjudication de laditte futaye se fera au nom desdits sieurs abbé et religieux, et en leur présence, valablement appelés, et les deniers provenant de la vente de laditte haute futaye, être partagés entre eux à mesure que les coupes s'en feront à proportion, sçavoir : les deux tiers audit sieur abbé aux conditions cy-dessus, et l'autre tiers auxdits religieux, et d'autant qu'il a été accordé cy-devant audit sieur abbé un chauffage de quatre arbres par arpent, a été nommément stipulé par lesdittes parties, abbé et religieux, que là où laditte coupe n'aurait lieu pour quelque raison que ce puisse être, en tout ou en partie, ledit sieur abbé jouira de son dit chauffage comme auparavant, sans que, en ce cas, les présentes luy puissent en rien préjudicier ny servir de raison auxdits religieux pour contester audit abbé son chauffage, sur tous les bois qui n'auront été couppés et même que les bois à un temps à venir venant en futaye, il a été accordé que ces présentes ne pourront point tirer à conséquence ny servir de raison, pour empêcher que les abbés n'ayent leur chauffage comme cy-devant, et pour l'exécution des présentes lesdittes parties ont élu et élisent leur domicile irrévocable en cette ville de Paris, sçavoir ledit sieur Delbène, en sa maison sise en laditte rue de Braque, et ledit dom Millet audit nom, en la maison de maître Hiéronne Genet, procureur au parlement, sise rue de la Verrerie, paroisse Saint-Médéric, auquel lieu renonçant et promettant et obligeant chacun et droit soy ès-dits noms renène.

Fait et passé en la maison dudit sieur Delbène, déclarée le 14 mars 1657 avant midy, et est signée en la minutte demeurée vers Brunneau, un desdits nottoires soussignez.....

Ensuite est la teneur de la procuration des religieux
signe en fin : MINNET et BRUNNEAU.

(Inventaire du Cartulaire.)

Nous venons de voir, dans cet accord, que les bons religieux demandaient l'autorisation d'abattre la haute futaie dépendant de l'abbaye pour subvenir aux réparations des bâtiments du monastère, occasionnées par les *mouvements des guerres*. Ils n'avaient eu, en effet, qu'une panique à l'arrivée de l'armée espagnole, mais ils devaient être, une douzaine d'années plus tard, victimes, comme les habitants des pays environnants, de la rapacité des Allemands.

La guerre de la Fronde fit un grand nombre de victimes, surtout en Champagne. Nous trouvons, dans les *Mémoires de* Lacourt, de la bibliothèque de Reims, des récits qu'on ne peut passer sous silence.

Juin 1649. — Pendant qu'Erlach traitait si mal les villages de la rivière d'Aisne et les environs de Reims, *Bins*, colonel allemand, tyrannisait le village d'Ay et tous les lieux circonvoisins. Il y était entré, avec son régiment de cavalerie d'environ cent maistres, le 15 avril. Chaque habitant fut mis d'abord à contribution, et payait chaque jour, à proportion de ses facultés, la somme dont on était convenu pour la subsistance du régiment, qui y resta durant cinq à six semaines. Il n'en sortit qu'après avoir reçu onze mille livres, sous le nom d'ustancilles et de fournitures, qu'il emporta le 10 juin.

Mais un imprimé du temps, *la Champagne désolée par l'armée d'Erlac* (Paris, 1649, petit in-4° de 8 pages), entre, sur les excès des Allemands à la solde de Mazarin, dans des détails qui font frémir d'horreur. Nous en citerons quelques lignes seulement :

« ..... Sorte les soldats traistent la pauvre Champagne. *De Reims le 3 mai 1649*, Erlach avec six mille hommes est encore à cinq lieues d'ici sur la rivière d'Aisne..... Il marche, quant et lui, comme il veut sans aucun ordre, que pour tout ruiner. Il a dans son armée quatorze mille combattants et vingt-deux pièces de canons, plus de mille chariots qui voiturent incessamment en Lorraine tout ce qu'ils prennent et dérobent. Cinq mille chevaux de laboureurs pris et emmenez à dix lieues à la ronde, ayant brisé les charrettes et chariots, ostent entièrement le moyen de labourer et de se remettre ; les hommes, partout où ils les trouvent, les assomment ou estropient, ou mettent à telles tortures qu'ils en meurent de maladie tôt après. Les femmes et les filles de tout âge, et même des gentilhommes, à la vue des parents, forcées et violées, dans les églises aussi les meurtres sont plus ordinaires à cause que l'on s'y réfugie. Des corps morts et des charognes jettés dans les puits pour les empester, et qui font mourir les pauvres paysans lorsqu'ils se retirent. Toutes les maisons mises à bas ou brûlées, et tout cela pour découvrir s'il y aurait quelque cache d'argent. Je crains que les grains ne soient chers, car il y en a fort peu sur terre. Les Herlacs commencent déjà à les manger. Je ne sais quel crime nous avons commis contre Dieu pour être punis de la sorte. Les Allemands disent tout haut qu'on leur a donné la Champagne en paye et en proye. (On peut dire comme la chanson : *En ce temps-là, c'était déjà comme ça.*) On ne peut pas s'imaginer ce qui se passe et les cruautés qu'on y exerce..... »

On ne peut pas douter qu'Hautvillers et son abbaye n'aient été visités par ces hordes sauvages, par ces fourrageurs que l'appât du butin portait à de semblables excès ; leur présence avait causé, outre les déprédations, des avaries à l'abbaye. C'est pourquoi elle avait besoin de grandes réparations.

A la suite de l'accord précédemment relaté, nous trouvons cette autre pièce qui suit :

Arrêt d'enregistrement des lettres patentes pour la coupe de quatre cents arpents de bois

(19 décembre 1659)

Veü par la cour les grandes chambres Tournelle et de l'édit assemblées, les lettres patentes données à Paris au mois de novembre 1657, signez Louis et plus bas, par le roy : de Guénégot et scellées du grand sceau de cire jaune, obtenues par M. Barthélemy Delbène conseiller du roy en son conseil évêque et comte d'Agen, abbé commendataire de l'abbaye de Saint-Pierre-d'Hautvillers, ordre de Saint-Benoît, de la congrégation de Saint-Vannes et les religieux, prieur et couvent de laditte abbaye, par lesquelles, pour les causes y contenuës, ledit seigneur roy leur aurait permis de coupper des bois de hautes futayes dépendants de laditte abbaye, des plus inutiles ou sur le retour de nul ou de peu de revenu jusqu'à la somme à laquelle se montraient les rachapts des domaines aliénés dependants de laditte abbaye de Saint-Pierre-d'Hautvillers et réparations à faire en l'église, couvent, bâtimens, logements de fermes d'icelle abbaye et des pressoirs en dependants, rompus et dé-

molis par ceux de la religion prétendue réformée, et par les
gens de guerre de l'un et de l'autre party, pour les deniers de
la vente desdits bois mis en main dudit sieur évêque d'Agen, et
l'autre tiers ès mains desdits religieux et par eux employés aux
réparations nécessaires aux necessités et charges de laditte
abbaye, même au rachapt du temporel d'icelle aliéné comme dit
est, non ailleurs, ainsy qu'il est plus au long porté par lesdittes
lettres à la cour adressantes, arrêt du 19 avril 1658, par lequel,
avant de procéder à leur enregistrement desdittes lettres, aurait
été ordonné que d'office, à la requête du procureur general du
roy, les bâtimens et lieux dépendants de laditte abbaye seroient
veus et visités par l'un des conseillers de la cour d'un des subs-
tituts du procureur general, lequel à cette fin nommerait expers
et gens à ce connaissants, qui fissent leur rapport et estimation
des réparations qui sont à faire, comme aussy seraient lesdits
bois veus et visités par ledit conseiller en présence dudit substitut et du maître particulier le plus prochain des lieux, ou son
lieutenant duement appelé, et par expers qui feraient leur rapport de l'état, âge, nature et qualité et quantité desdits bois,
desquels on dresserait procès-verbal ; information du 21 juin
1658, fait en vertu dudit arret par ledit conseiller commis à la
requête dudit procureur général et dudit Delbène et religieux
d'Hautvillers, le procès-verbal dudit conseiller du 8 juin et
jours suivants, conclusion dudit procureur général du roy, ouy
le rapport de M. Charles Pérot conseiller du roy en laditte cour,
tout considéré. Laditte cour a ordonné et ordonne que lesdittes
lettres seront registrées au gref d'icelle, pour jouir par les im-
pétrants de l'effet contenue aux susdites lettres, ce faisant leur
permet de faire procéder à la couppe et vente de deux cents
arpents de bois dans le buisson des Lhuys et pareille quantité
dans le buisson de Rainsillon, dependants de laditte abbaye, à
la réserve de douze arbres de chesne de differens âges, en chacun arpent gardant les formalités en tel cas requises et accoutumées, ordonne que les deniers, provenants de la vente desdits
bois, seront mis ès mains d'un notable bourgeois, qui sera
nommé d'office par le substitut du procureur au siège d'Épernay, pour être yceux employés aux réparations de laditte
abbaye, mentionnées audit procès-verbal et jusqu'à la concurrence de ce à quoy elles se trouveront monter après la publication et bail au rabais qui aura été fait à la requête dudit subs.
titut, lequel sera tenu envoyer au gref de la cour l'acte d'employ

desdits deniers un mois après que lesdittes réparations auront été faites.

Fait au parlement le 19 décembre 1659.

Signé : TILLET.

(Extrait du *Registre* du parlement de Paris.)

On voit partout que les agents de l'abbé Barthélemy Delbène n'étaient pas faciles quand il s'agissait de dépenser les deniers de leur maître en faveur du couvent, car on trouve encore les pièces d'une autre procédure, faite à la requête des religieux d'Hautvillers, contre le sieur Delbène, leur abbé, au sujet d'une partie considérable du mur de clôture qui était tombé ; lesdits religieux firent sommation audit abbé de réparer ce mur, il fut condamné, par sentence du baillage de Reims du 15 juillet 1661, à avancer mille livres pour faire ladite réparation. Ledit sieur abbé se porta appelant de ladite sentence aux requêtes du palais du parlement de Paris, et, par sentence desdites requêtes, il fut défendu auxdits religieux de mettre ladite sentence en exécution avec défense, au sieur lieutenant général de Vermandois, de prendre aucune connaissance de cette sentence sous peine de 500 livres d'amende. Cette instance fut jugée par arrêt de la cour du mois d'août 1661, lequel met les parties hors de cours, et ordonne que le rétablissement dudit mur se fera aux dépens du tiers des deniers provenant de la vente des bois revenant aux religieux et, en cas d'insuffisance, le surplus se prendra sur les deux autres tiers de l'abbé.

L'année suivante, après avoir bien examiné si tout était en règle, et après avoir fait languir les pauvres religieux, pour l'exécution des arrêts de 1659, concernant la coupe des bois et les deniers qui en provenaient, un accord eut lieu ; nous lisons ceci :

Accord du 26 octobre 1662, entre M. Dubuisson, grand-vicaire et agent de messire Barthélemy Delbène et les religieux d'Hautvillers, par lequel ledit sieur Dubuisson, audit nom, consent que les deux tiers des deniers provenants de la vente de la haute futaye appartenant audit sieur Delbène, soient entièrement employés aux réparations des maisons, bâtimens et fermes qui regardent le fait dudit sieur abbé, que lesdits religieux seront présents et feront conjointement avec telle personne qu'il plaira audit sieur abbé de commettre, les marchez et adjudications desdittes réparations, à faut de quoy lesdits marchez et adjudications n'auront aucun effet que de leur consentement, et que le surplus desdits deniers sera employé au rachapt des biens aliénés de laditte abbaye, ou nouveaux acquers utiles des revenus, desquels ledit sieur abbé jouira seul sa vie durant, seulement sans préjudice aux droits desdits religieux pour la suitte, moyennant quoy consentent lesdits religieux que ledit abbé retire sur les deux tiers de laditte vente, les deniers qu'il a avancés pour le rétablissement des maisons et fermes de laditte abbaye et pour les frais de l'obtentation des lettres patentes.

Cet accord est ainsi signé : DUBUISSON, D. GÉRAUDEL,
MACQUART et FRISON, témoins.

Démolition de la chapelle de l'aumônerie.
(1643)

Déjà nous avons eu l'occasion d'en faire la remarque, les revenus de l'aumônerie d'Hautvillers étaient en tout point conformes aux prescriptions évangéliques. Tout seigneur qu'il était de Champillon, avec haute, moyenne et basse justice, il se trouvait heureux quand, en fin de compte, il avait ce que saint Paul proclamait suffisant : « Le vêtement et la vie. » *(1re A Thimothée*, chapitre VI, verset 8.)

C'était donc un pauvre seigneur. Mais, ce qui suffisait aux apôtres qui, comme leur divin maître, n'avaient pas où reposer la tête, était loin de suffire à l'aumônier d'Hautvillers, chargé de pourvoir à l'entretien d'un nombreux matériel. Aussi, le malaise de ses finances se trahissait par le mauvais état des édifices confiés à ses soins. C'est ainsi qu'en 1643, une chapelle, dite de l'aumônerie, bâtie à la tête du village d'Hautvillers, près de l'abbaye (1), en était venue à un tel point de délabrement qu'il

---

(1) La maison de l'aumônerie, ou hôpital, et la chapelle n'étaient pas éloignées l'une de l'autre. La maison démolie dix ans après la chapelle, en 1653, fut rebâtie comme hôpital ; c'est celle que nous voyons encore aujourd'hui à l'entrée du jardin de M. Jules Simon-Vincent, près de la grande porte d'entrée sur la rue dite du Bourg, autrefois. La chapelle était au-dessus à droite, aussi sur la rue qui monte au pavé, isolée et dans un tel délabrement, qu'on n'y disait plus la messe depuis longtemps. Elle ne fut jamais rebâtie.

fallut en venir aux moyens d'en débarrasser le bénéficier nécessiteux. Sur un ordre émané de l'archevêque de Reims, qui alors était Éléonore d'Étampes, de Valençay, il fut procédé à une enquête et une visite juridique de l'état des lieux, d'où il advint un rapport constatant que l'édifice était on ne peut plus misérable. Sa dernière heure était arrivée, la chapelle fut démolie et ses matériaux livrés aux religieux; ce fait s'accomplissait en 1643. Voici l'ordonnance qui ordonne cette démolition :

Procès-verbal de visite d'une ancienne chapelle sise à d'Hautvillers, dite chapelle de l'aumônerie.

(23 juin 1643)

Le vingt-troisième jour de juin 1643, nous, révérend père en Dieu, messire François de la Barre, abbé commendataire de l'abbaye de Notre-Dame de Vraux, et prieur de Saint-Nicolas de la Chèze-le-Vicomte, par l'ordre et le commandement de Monseigneur l'illustrissime archevêque de Reims, premier pair de France, légat-né du Saint-Siège, sommes transportés dans une petite chapelle bâtie à la tête du village d'Hautvillers, près de l'abbaye dudit lieu, à la requête du prieur et religieux dudit monastère, pour visiter laditte chapelle et faire et dresser notre procès-verbal, des ruines, désordres et profanations dudit lieu. Et premièrement aurions trouvé laditte chapelle sans porte, ni cloître, bâtie en deux étages, dans le premier desquels aurions rencontré quantité d'ordures et de marques que laditte chapelle sert d'un lieu public à tous les habitants et leur est sans vénération. En outre, les planchers du premier et du deuxième étage tout ruinés et démolis, la couverture et charpente toute pourrie, en sorte qu'il ne reste quasi que les quatre murailles de cet édifice, et encore partie desquelles sont tombées et menacent ruine entière, en sorte qu'il est impossible d'y pouvoir célébrer la messe sans la rebâtir tout de neuf, ce qui ne se peut peut faire qu'avec grand frais, auxquels personne ne veut contribuer, n'y ayant pour laditte chapelle aucune fondation ou rente. Plus, aurions appris que le bruit commun du village, que fort souvent cette chapelle est un lieu de rendez-vous où l'on y tient des conversations quelquefois scandaleuses, ce qui cause plus de mépris que d'estime pour laditte chapelle.

En foy de quoy nous avons signé notre présent procez-verbal et fait signer par notre greffier :

FRANÇOIS DE LA BARRE et C. GERVAIS.

Nous Éléonore d'Estampes, archevêque de Reims, premier paire de France, légat-né du Saint-Siège, vu le procès-verbal cy-dessùs, avons ordonné que laditte chapelle sera démolie et ce qui en reste rasé et permets auxdits religieux d'en user et des matériaux d'icelle ainsy que bon leur semblera.

Donné audit Hautvillers, dans le cours de notre visite, le 23 juin 1643.

Signé : D'ESTAMPES,
Archevêque de Reims.

(Archives d'Hautvillers, Reims.)

La démolition de la chapelle, dite de l'Aumônerie, nous porte à dire un mot des Maladries.

Les Maladries ou Maladreries sont un lieudit de vignes, situées à l'est, et où se trouve actuellement le cimetière d'Hautvillers.

Nous avons vu qu'un nommé Vaultrain de Champillon, plaideur de profession, réclamait de l'aumônier le rétablissement d'un hôpital, dont la maison avait été démolie en 1653. Cependant, quoique ses droits à cet égard fussent réduits à l'état de néant, nous pourrions nous demander pourquoi ce lieudit à Hautvillers : Maladrerie? si, autrefois, il n'y avait pas eu là un hôpital ou maison pour recevoir les malades et surtout les lépreux. Les religieux des premiers temps avaient soin de faire bâtir ces sortes de maisons pour y soigner leurs malades ; du reste, ce qui ferait croire qu'il y avait autrefois, en cet endroit, des habitations, c'est qu'on a trouvé des débris de construction et des pots en terre pour l'écoulement des eaux, dans une vigne appartenant à M. Quénardelle-Maquart. En 1770, M. de Talleyrand, alors abbé d'Hautvillers, donne permission à quelques habitants de prendre de la terre, appelée : *Bédon*, et propre à bâtir, au bout de la terre appelée : *Maladrie*.

M. Loriquet, bibliothécaire de la ville de Reims, nous a assuré que, dans une des minutes d'un notaire de la ville, une dame donnait quelque chose pour l'hôpital d'Hautvillers (année

1500), et qu'il y avait aussi à Hautvillers la rue de l'Hôpital, preuve de plus qu'il y aurait eu un hôpital dans cette localité, avant que sa reconstruction ne soit réclamée par le sieur Vaultrain. Déjà, en 1384, l'hôpital qui a pu exister aux Maladries n'y était plus; car, à cette date, l'aumônier de l'abbaye avait, est-il dit, sa maison à l'hôpital, situé à Hautvillers, rue du Bourg ou de l'Hôpital, c'est-à-dire la rue qui monte à Romery, et comprenant la grande rue d'Hautvillers.

Peut-être l'on objectera que le nom Maladrie ou Maladrerie ne prouverait pas absolument qu'il y eût une maladrerie à Hautvillers, pas plus qu'un hôpital en cet endroit, car il y avait à Hautvillers la maison de l'aumône où l'on recevait les pèlerins malades; de là on disait indifféremment : l'Aumône ou l'Hôpital, le clos de l'Aumône ou de l'Hôpital, même le cimetière de l'Hôpital. Des terres appartenant à l'office de l'aumônerie prenaient quelquefois le nom de Maladreries; ainsi, il y avait un pré, près de la Marne, qui appartenait à l'aumônerie, et, à cause de cela, les terres qui y venaient aboutir tenaient, disait-on, dans les actes publics : d'un bout à la rivière, de l'autre à la Maladrie, pour dire : à la terre de l'Aumône ou de l'Hôpital. Cependant, si l'hôpital qui a véritablement existé à Hautvillers était bâti à l'entrée du village, loin de l'endroit dit Maladrie, on se demande pourquoi cette dernière dénomination, si là, dans un temps déjà très éloigné il est vrai, il n'y avait pas eu une véritable maladrie ou maison pour recevoir les malades et notamment les lépreux, encore si nombreux il y a six ou sept siècles.

Aimant à donner à notre ouvrage tout l'intérêt qu'il comporte, nous dirons que la maison qui servait à héberger les pauvres et les pèlerins malades, qui s'appelait ordinairement : Maison de l'Aumône ou Hôpital, a été considérée et bâtie dans la suite, non pas comme maison de l'aumônier, mais uniquement comme un hôpital. Un document tout particulier, trouvé dans les archives du palais de justice à Reims, et que nous devons à la gracieuse obligeance de M. Duchesnoy, sous-bibliothécaire de la même ville, nous montre qu'après la démolition de la maison de l'aumône ou hôpital, à Hautvillers, en 1653, un autre hôpital s'est élevé pour le soulagement des malades et infirmes qui, à cette époque, y abondaient de toutes parts, venant implorer, pour leurs infirmités, le secours de sainte Hélène.

Ce document est la ratification du roi à l'égard de certains actes passés entre particuliers pour l'édification de cette maison et pour la bonne gestion des biens qui en dépendent.

Minutes de Chevillet, ancien notaire.
Étude de M° Durant De Saulnois.

1670, 28 décembre. — Marie Brisset, femme de Georges Varlet, marchand bourgeois de Reims... dit que par contrat passé devant notaires à Épernay, dame Claire Ognon, vivante, veuve de Jacques Boucher, bourgeois de Rethel, a acquis une maison sise au bourg d'Autvillers de ses propres deniers... en laquelle maison elle a fait bastir pour l'ébergement des pauvres et orphelins dudit lieu, les femmes vefves mesmes les femmes et filles qui viennent ordinairement au célèbre pèlerinage de Sainte-Hélaine, dédié au Saint-Esprit et de Notre-Dame de Pureté, et qu'après le logement propre et disposé à cet effet, faire les questes tant ès lieux voisins qu'esloignés, affin qu'avec les charités elle eust pu faire subsister les pauvres tant en nourritures qu'entretenement, ce qu'elle aurait commencé par intégrité comme est notoire à plusieurs personnes dignes de foy, pendant ce temps elle a admise et prise sociétté avec laditte dame Brisset, avec laquelle elles auraient employé leurs soins à l'édification des peuples. Et dans cette société fut accordé qu'à son décès laditte Brisset la remplacerait pour administration de laditte maison. Ce décès estant arrivé laditte Brisset a admise pour associé Charlotte Carion, veuve de Pierre Edouin, vivant, bourgeois de Reims.

Ce fait laditte dame Carion a fourny audit hospital, pour commencement de fond, la somme de 500 livres.

Maintenant, c'est la dame Brisset qui s'associe Jean de La Barre pour administrer ensemble l'hôpital de son vivant et lui succéder après sa mort :

Aujourd'hui, 29 juillet 1671, pardevant nous notaires royaux à Reims, sont comparus Marie Brisset demeurant à Reims au nom et comme faisant les affaires des pauvres de l'hôpital de Saint-Pierre-d'Hautvillers, et Jean de La Barre, demeurant audit Reims, lesquels d'un commun consentement entrent en société pour les biens, administration et reglement dudit hôpital de Saint-Pierre-d'Hautvillers, et a ces fins la dame Brisset a donné et donne par ces presentes audit de La Barre les mêmes pouvoirs dans tous les biens, administration dudit hôpital, qu'elle a même une entière connaissance et déclaration de tous les biens de quelque nature qu'ils soient, et ledit de La Barre s'oblige par ces présentes de donner ses soings, ses peines et ses travaux pour le bien et les affaires dudit hôpital comme aussi de faire lesquelles necessaires pour l'entretien et augmentation dudit hopital conjointement avec laditte dame Brisset et que l'un ne pourra disposer du revenu n'y desquelles et autres biens dudit hopital sans le consentement de l'autre, commettre aucune personne pour avoir le soing de laditte maison n'y même recevoir les pauvres dans ledit hôpital ; d'entretenir dans ledit hopital, un maître ou maîtresse d'escole pour l'instruction des enfants dans la crainte de Dieu et pour leur enseigner à lire et à écrire, laquelle Brisset a consenti et accordé qu'après son décès que ledit de La Barre soit et demeure seul administrateur des biens et revenus dudit hôpital comme bon luy semble. Le tout ayant ainsi, et par exprès accordé entre lesdittes parties promettant obligeance tenir et entretenir ces présentes et y satisfaire à tout ce que dessus.

Étude de Lespicier, notaire à Reims, aujourd'hui étude de Me Lemoine, notaire en la même ville, nous trouvons une quittance qui a rapport à la fondation de notre hôpital :

Le 27 novembre 1676, Pierre Begnier, bourgeois de Reims, étant aux droits des héritiers de feu Marie Brisset, veuve de George Varlet, confesse avoir reçu de la fabrique de l'église paroissiale d'Auvillers par les mains de Hélain Gaulche, marguillier pour et à l'acquit de Jean de La Barre, directeur et administrateur de la maison servant pour le refuge des pauvres pèlerins et orphelins dudit Auvillers, 368 livres 10 sols, savoir : 300 livres pour remboursement du principal de 15 livres de rente et 68 livres 10 sols pour quatre années d'arrérages.

Ratification des actes précédents par le roi.

Louis par la grâce de Dieu, roy de France...

Le bourg d'Auvillers estant un lieu où reposent les reliques de sainte Eslaine, de saint Deulphe (pour saint Syndulphe) et de saint Nivard, lesquelles par leur vénération y attirent des pellerins de l'un et l'autre sexe, notamment grande quantité de pauvres infirmes et autres nécessiteux qui abondent de toutes parts pour y trouver du soulagement à leurs necessitez et remède à leur maladie, pour recepvoir et loger lesquels pellerins, mesmes les pauvres orphelins, les officiers et habitants dudit lieu auroient, par acte du 26 juillet 1662, consenty à la charitable proposition faite par Marie Brisset, Thienette Lagauche et Anne Lefrique, de contribuer à l'acquisition de quelques maisons et fond d'heritages pour servir à la construction d'une hospital pour y recepvoir et loger les pauvres pellerins et enfans orphelins, lesquels seroient instruitz à la foy catholique par personnes préposés à ceste fin, pour parvenir à laquelle construction Dam^{lle} Claire Voygnon, veuve de Jacques Boucher, auroit acquis de Barthelemy Malbeste une maison située audit Auvillers moyennant 1,000 livres provenant, sçavoir : 300 livres de ses deniers et le surplus montant à 700 livres de questes faites tant par elle que par laditte Brisset, comme aussy laditte Brisset et Charlotte Carrion auroient acquis une autre maison proche dudit hospital pour joindre et augmenter yceluy, moyennant 500 livres des deniers desdittes questes par elles faites pour ledit hospital, sur le fond desquelles maisons qu'elle a fait desmolir elle a fait construire et ediffier ledit hospital dès l'année 1663 à quoy elle a employé de ses deniers 1,200 livres et en icelle fait construire une chapelle et un hostel (pour autel) dediez au Saint-Esprit, duquel hospital elle a eu la direction et administration depuis 1663 jusqu'à présent, que ne pouvant plus continuer attendu qu'elle est en puissance de marit qui veut se rétirer chez lui et l'obliger à se rendre près sa personne, dont elle ne peut se dispenser, elle nous a supplié d'agréer sa demission, quelle a fait en faveur de Jean de La Barre habitant de Reims, quelle a cydevant employé en la fonction de procureur dudit hospital, lequel a charitablement accepté la nomination faite de sa personne par acte du 22 septembre 1671 et d'autant que ledit hospital n'a du estre édiffié sans notre permission n'y pu subsister sans notre protection, elle nous a très humblement fait supplier de vouloir confirmer l'établissement d'yceluy, à cette fin, octroyer nos lettres nécessaires.

A ces causes nous louons, confirmons et approuvons, etc.

Donné à Saint-Germain-en-Laye,   octobre 1671 (1).

(Registre des Institutions, 1665-1673. — Palais de justice de Reims, f° 153.)

Après avoir démontré qu'après la démolition de l'aumône ou hôpital, un autre hôpital s'est élevé à Hautvillers, nous revenons à la possibilité de l'existence d'un hôpital antérieur à celui-ci.

Si l'on a objecté que la dénomination de : Maladrie ou Maladrerie, ne prouvait pas toujours qu'il y eût en cet endroit un hôpital ou une maladrerie, primitivement cette dénomination pourrait pourtant faire croire que, dans les temps antérieurs au xvi° siècle, où il y avait encore tant de lépreux, on était bien souvent obligé de construire pour eux des maisons de refuge, où ils pouvaient trouver quelques soulagements, et que ces maisons eussent été abandonnées et détruites selon que ces maladies diminuaient dans un grand nombre de localités ; c'est ainsi qu'à Hautvillers la maladrerie étant supprimée, la maison de l'aumônerie servait d'hôpital et, après qu'elle-même fut détruite, on aurait songé, en 1671, à construire un véritable hôpital pour les pèlerins malades et autres, qui pouvaient avoir besoin de secours plus particuliers ; c'est ce que nous avons vu.

Pour mieux faire ressortir la nécessité des maladries, nous dirons un mot de cette affreuse maladie : la lèpre.

La lèpre est une maladie de la peau caractérisée par des plaques arrondies, élevées sur les bords et déprimées au centre, recouvertes de squames minces d'un blanc argenté, chatoyant, nacré, dit le docteur Bossu dans son *Anthropologie* (tome II, page 292, n° 1067). Son caractère très contagieux a toujours effrayé les populations où elle règne, et les a déterminées à prendre contre elle les plus minutieuses précautions. Dans l'ancienne loi, nous voyons que les lépreux étaient séparés du reste des hommes par des lois qui le voulaient ainsi. Le prêtre avait mission de la constater par des formes juridiques, dit M. l'abbé Dessailly, dans son *Histoire de Witry-les-Reims*. Il accomplis-

---

(1) Cette maison, qui servait d'hôpital, existe encore. Elle fait partie aujourd'hui de la propriété de M. Jules Simon-Vincent.

sait, à cette fin, différentes cérémonies qui n'avaient pas seulement un caractère religieux, mais qui étaient des moyens hygiéniques pour s'assurer de la disparition du mal.

Quand la lèpre se répandit en Occident, partout on prit des mesures pour en arrêter le cours. Des hospices, sous les noms que nous avons cités plus haut, s'élevèrent, non-seulement dans les villes mais dans les campagnes, pour recevoir les malheureux qui en étaient la victime. Les rois et les seigneurs leur firent de nombreuses libéralités. Louis VIII laissa, en mourant, une somme de 240,000 livres, à deux mille de ces maisons. La religion, qui présidait alors à tous les actes de la vie, allait chercher elle-même le lépreux et l'amenait d'abord à l'église. Elle y accomplissait sur lui des prières et des cérémonies religieuses, que nous lisons encore dans les anciens rituels du Moyen-Age. Ces cérémonies avaient pour but de le recommander au respect et à la tendre compassion des fidèles, et de lui inspirer à lui-même assez d'horreur de sa situation pour l'empêcher de répandre la contagion autour de lui. Le malade était conduit ensuite à la léproserie, ou maladrerie, au chant du *Libera*, pour lui apprendre que désormais il devait se regarder comme mort à la société.

Avant de le quitter, à la porte même de l'hospice, le prêtre, au nom de la religion et de la société, lui adressait les injonctions suivantes :

« Je te défends d'entrer dans les églises, aux marchés, aux moulins, fours et autres lieux dans lesquels il y a affluence de peuple. Je te défends de laver tes mains et les choses nécessaires pour ton usage, dans les fontaines et ruisseaux, et, si tu veux boire, tu dois puiser l'eau avec un vase convenable. Je te défends d'aller en autre habit que celui dont usent les lépreux. Je te défends de toucher aucune chose que tu veux acheter qu'avec une baguette propre, pour indiquer que tu la veux acheter. Je te défends d'entrer dans les tavernes et maisons, hors dans celle en laquelle est ton habitation, et, si tu veux avoir vin et viandes, qu'ils te soient apportés dans la rue. Je te commande si aucuns ont propos avec toi, ou toi avec eux, de te mettre au-dessous du vent, et ne faut que tu passes par chemin étroit pour les inconvénients qui en pourraient advenir. Je te commande que le cas advenant où tu sois contraint de passer par un passage étroit, où tu serais contraint de t'aider de tes mains, ce ne soit pas sans avoir des gants. Je te défends de toucher aucunement enfants, quels qu'ils soient, et de leur donner de ce que tu auras touché. Je te défends de manger et boire en autre compagnie que des lépreux, et sache que quand tu mourras et sera séparation de ton âme et de ton corps, tu seras enseveli en ta maison, à moins de grâce qui te serait accordée par le prélat ou ses vicaires. »

La lèpre disparut de nos contrées vers le XVIe siècle. Avec elle les léproseries, ou maladreries, disparurent également. On la regardait donc comme bien contagieuse pour prendre de semblables dispositions à l'égard des malheureux qui en étaient atteints.

Nous trouvons dans le journal : *Bulletin français*, du 1er octobre 1878, une note historique sur la lèpre, qui vient à l'appui de ce que nous venons de dire sur cette maladie :

« *La Lèpre*. — Voici, à propos de la lèpre, dont nous avons signalé l'existence dans la province d'Alicante, quelques renseignements historiques qu'on lira avec intérêt. Disons qu'il n'y a en France, depuis plus de trois cents ans, aucune trace sérieuse de cette maladie, qui, d'ailleurs, n'est nullement contagieuse. Il y a cependant, dans les Alpes, quelques localités où l'on prétend qu'il existe des lépreux. Cette croyance tient à la confusion que l'on fait des maladies de la peau qui règnent dans ces contrées ; on donne le nom de lèpre à toute affection cutanée un peu grave. Des cas sporadiques et spontanés de la lèpre, bien caractérisée, ont pu et peuvent se produire, mais la médication de cette maladie est aujourd'hui trop efficace pour qu'elle devienne épidémique. La thérapeutique a fourni des moyens énergiques auxquels elle ne résiste pas. On peut s'en assurer en consultant les registres de l'hôpital Saint-Louis de Paris.

« Au Moyen-Age, la lèpre était très répandue et très redoutée. Les conditions hygiéniques, la malpropreté, l'insalubrité des logements, la mauvaise qualité des aliments et de l'eau contribuaient au développement de cette maladie, que la science était impuissante à combattre.

« Il en était de la lèpre aux XIe et XIIe siècles comme au temps de Moïse. Le *Lévitique* contient des chapitres entiers sur les lépreux, qui étaient un objet d'horreur et d'épouvante. Lorsque la lèpre régna en Occident, vers l'époque du retour des Croisades, on prit en Italie, contre les malheureux lépreux, les mesures les plus excentriques : On les poursuivit comme des bêtes féroces.

« Les causes de la lèpre sont peu connues : elle se développait dans toutes les saisons, mais plus ordinairement en automne. Elle affectait plus particulièrement les hommes que les femmes, et rarement les enfants. On la remarquait spécialement sur des personnes soumises à l'influence d'une atmosphère humide, ou se nourrissant d'aliments trop salés.

« Il y a des professions qui y prédisposent : telles sont, par exemple, celles où l'on est en contact avec des substances pulvérulentes, où l'on manie des métaux. Comme cela a lieu pour une infinité de maladies de la peau, la lèpre a pour cause aussi les accès de colère, un violent chagrin, une frayeur ; enfin, elle peut être héréditaire.

« Dans la province d'Espagne, où elle paraît sévir, la lèpre est, sans doute, dans cette condition. C'est un héritage qui se transmet avec d'autant plus de facilité que les précautions hygiéniques font défaut et que les moyens thérapeutiques sont mal appliqués. »

Visite de la châsse de sainte Hélène.
(24 juillet 1644)

L'année qui suivit la visite si fatale à la chapelle de l'aumônerie, par laquelle sa démolition fut décidée, est marquée dans les annales du monastère par une autre visite, solennellement faite, des reliques de sainte Hélène. Désireux qu'il était de posséder une parcelle de ces restes précieux, l'archevêque de Reims avait délégué, pour procéder à l'ouverture de la châsse, François Duchemin, docteur en droit, notaire apostolique et curé de la paroisse d'Hautvillers. Cette cérémonie eut lieu, avec grand appareil, le 24 juillet 1644. Après le chant des complies, ouverture fut faite de la châsse, avec toute révérence : on y trouva le tronc bien conservé de la sainte Impératrice, précieusement embaumé et enveloppé de draperie de soie. La parcelle destinée à l'archevêque fut détachée d'un os du fémur ; cette opération se fit par les mains de Bernard de Bras, prieur du monastère. Outre le curé d'Hautvillers et le prieur déjà nommés, furent présents à cette cérémonie : Michel Tranche, Pierre Sorlet, Benoît Vinot, Épiphane Thomas, Dominique Barbier, prêtres religieux réformés, tous en habit de chœur, de plus, dom Nicolas Dudré, ancien religieux, et frère Maurice de France. Tous ces personnages ont signé l'acte ou procès-verbal dressé à l'occasion de cette visite. Cet acte, comme nous allons le voir, nous apprend encore que, lors de l'ouverture de la châsse, on y trouva plusieurs écrits qu'on eut soin de remettre dans la châsse avant d'y apposer les sceaux. Le premier de ces écrits portait ces mots : « Cy git le corps de la bienheureuse Hélène, impératrice, mère de l'empereur Constantin. » (La date de son insertion est incertaine.) Le second justifiait de la translation faite, en 1120, sous le gouvernement de l'abbé Hugues. On y lisait les noms suivants, qui étaient ceux des religieux de cette époque : Dom Hugues, abbé; Walter ou Vauthier, prieur; Lemard; Rodefride ; Richard ; Héribert ; Évrard; Gérard ; Bécaire ; Joé; Richard; Hugues; Roger; Rodolphe; Vicart; Wibert; Mainier; Odon; Hugo; Hugo; Hugo; Arnoult; Jean Henri; Rolan; Pierre Jean ; Jean Walter; Albric; Mathieu; Hugues; Héry; Nicolas Adam; Vaucler; Simon; Pierre; Hubert, orfèvre; Marc Gérard; Robert. Venait ensuite le millésime indiqué sur le revers du même billet; on lisait l'addition suivante, qui rappelle la translation de 1602 : Jean de Monspoix, prieur; Jean Geoffroy; Jean Moreau; Thomas Michelet; Égide; Fournier; Henri Bourgeois; Jean Lelarge; Charles Deu ; Debec, secrétaire de l'archevêque. La troisième contenait la prière adressée à sainte Hélène par le pieux abbé Rodefride. Nous en avons donné le texte. Le quatrième et dernier écrit contenait le procès-verbal de la première translation faite par l'abbé Notcher, en l'année 1095. Trois ans après cette translation dernière, c'est-à-dire celle de 1644, par conséquent en 1647, les religieux firent l'ouverture des autres châsses et vérifièrent ce qu'elles contenaient. Dom Baillet en donne le détail; nous n'avons pas son ouvrage. Les *Bollandistes* parlent de ce qui se trouvait dans celle de saint Nivard; nous en avons parlé dans sa biographie.

ACTE DE L'OUVERTURE ET VISITE

DE LA CHASSE DE SAINTE HÉLÈNE

(24 juillet 1644)

In nomine Domini, Amen.
Hujus præsentis publici instrumenti tenore cunctis páteat evidenter et sit notum quod anno ejusdem Domini millesimo sexentesimo quadragesimo quarto, die vero vigesima quarta mensis julii in mei Francisci *Duchemin*, presbyteri juris utriusque doctoris, publici authoritate apostolica venerabilisque curiæ archiepiscopalis Remensis notarii jurati in registris ejusdem curiæ ac sedis præsidialis Remensis debite immatriculati, ecclesiæ parochialis Sancti-Syndulphi de Altovillari diœcesis Remensis pastoris ibidem commorantis et in monasterio Sancti-Petri de Altovillari ordinis Sancti-Benedicti existentis, testiumque infra expressorum, mecumque subsignatorum præsentia venerabilis et religiosi viri domini *Bernardus de Bras,* prior, Michael Tranche, Petrus Sorlet, Benedictus Vinot, Épiphanius Thomas, et Dominicus presbyter ejusdem monasterii religiosi novissime reformati in prædicta ecclesia post completorium existentes, sacrisque vestibus induti cum et qua decet reverentia et cultu aperuerunt capsam supra majus altare dictæ ecclesiæ collocatam in qua repererunt truncum corporis sanctæ Helenæ matris Constantini imperatoris a collo usque ad crura aloë varüsque aromatibus condi-

Au nom du Seigneur, ainsi soit-il.
Par la teneur de cet acte public, qu'il soit évident pour tous, qu'il soit bien connu qu'en l'année du Seigneur 1644, le 24 juillet, en présence de moi François Duchemin, prêtre, docteur en droit, par l'autorité apostolique et du notaire juré de la vénérable curie archiépiscopale de Reims, par un acte dûment immatriculé dans les registres de ladite curie et siège présidial de Reims, pasteur de l'église paroissiale de Saint-Syndulphe-d'Hautvillers, au diocèse de Reims, demeurant audit endroit, dans le monastère de Saint-Pierre-d'Hautvillers, de l'ordre de Saint-Benoît, en présence aussi des témoins ci-dessous nommés et qui ont signé avec moi, et du vénérable religieux dom Bernard de Bras, prieur, Michel Tranche, Pierre Sorlet, Benoît Vinot, Épiphane Thomas, Dominique, prêtre du même monastère, nouvellement réformé, nous trouvant dans ladite église après complies, revêtus de nos ornements sacrés avec tout le respect et le culte convenables, on a ouvert une châsse placée sur le grand autel de ladite église, on y a trouvé le tronc du corps de sainte Hélène, mère de l'empereur Constantin, depuis le cou jusqu'aux jambes, embaumé d'aloès et différents parfums, enveloppé

tum et linteis ac pannis sericis involutum, et in medio os quod vacant femur, ut ex visu conjicere licuit ex quo partem dissecuit prædictus prior domno archiepiscopo Remensi pro singulari illius erga sanctam Helenam devotione dandam. In quorum fidem et testimonium dictus Dominicus Bernardus, prior, hoc instrumentum a me confici postulavit, simulque membrana larium aliquot diversis temporibus conscriptarum in eadem capsa reconditorum tenorem inseri petiit. In quarum prima scriptum est : *hic* jacet corpus beatæ Helenæ, reginæ, matris Constantini, imperatoris. In secunda vero : domnus Hugo, abbas; Walterius, prior; Lemarius, Rofridus, Richardus, Heribertus, Evrardus, Girardus, Benarius, Ivo, Ricardus, Hugo, Rogerus, Rodulphus, Wiardus, Wibertus, Mainerus, Odo, Hugo, Hugo, Hugo, Arnulphus, Joannes, Henricus, Rolaunus, Petrus, Johannes, Joannes Walterus, Albricus, Mathæus, Hugo, Hericus, Nicolaus Adam, Walcherus Simon, Petrus, Hubertus aurifex, Marcus Gerardus, Robertus matricularis, tempore, hoc reconditum ; actum anno incarnati verbi 1120 regnante Ludovico filio Philippi L. residente. Retro vero inscriptum est, Joannes de Mouspoix, prior, Joannes Geoffroy, Joannes Moreau, Thomas Michelet, Egidius Fournier, Henricus Bourgeois, Joannes

de linge et de bandelettes de soie, et au milieu l'os qu'on appelle fémur, comme on a pu le constater du regard. Ledit prieur fit couper une partie de cet os pour en faire présent au seigneur archevêque de Reims, à cause de la singulière dévotion de celui-ci envers sainte Hélène. En foi et le témoignage de quoi ledit prieur Dominique Bernard m'a demandé de rédiger cet acte et d'y insérer la teneur de quelques documents écrits à différentes époques et qui se trouvaient dans la même chasse. Sur le premier était écrit : ci-gît le corps de la bienheureuse Hélène, mère de l'empereur Constantin ; sur le deuxième : dom Hugues, abbé ; Wautier, prieur ; Lemard, Rodefride, Richard, Héribert, Evrard, Gérard, Bénard, Ivo, Richard, Hugo, Roger, Rodulphe, Wiard, Wibert, Mainer, Odo, Hugo, Hugo, Hugo, Arnould, Jean Henri, Roland, Pierre Jean, Jean Vauthier, Albric, Mathieu, Hugo, Héri, Nicolas Adam, Valcher Simon, Pierre, Hubert, orfèvre, Marc, Gérard, Robert, secrétaire. C'est à cette époque que cette relique a été déposée. Fait l'an de l'Incarnation du Verbe 1120, sous le règne de Louis, fils de Philippe. Au dos était écrit : Jean de Monspoix (1), prieur ; Jean Geoffroy, Jean Moreau, Thomas Michelet, Égide Fournier, Henri Bourgeois, Jean Lelarge, Charles Deu, 1602, par moi secrétaire du

---

(1) La famille des Monspois, seigneurs de Chouilly, s'allia à celle des Brunetot et devint ainsi la souche des Brunetot, aujourd'hui Bruneteau de Sainte-Suzanne.

Lelarge, Carolus Deu 1602, per me secretarium domini archiepiscopi, P. Debec... In tertia ego peccator Rodfridus clementiam tuam deprecor o gloriosa imperatrix Helena ut die magni judicii mihi adsis misero. Insuper repertæ sunt in eadem capsa litteræ translationis quarum tenor sequitur.

In nomine patris et filii etc.

Acta fuerunt hæc in prædicta ecclesia monasterii de Altovillari, anno die mense et hora prædictis præsentibus ibidem venerabili et religioso domino Nicolao *Dudré,* prædicti monasteri expresse professo et fratre Mauritio *de France,* ejusdem monasterii commisso testibus ad præmissa vocatis atque rogatis qui cum domnis priore et religioso supra nominatis una mecum notario hic subsignaverunt. D. Bernardus *de Bras,* prior, D. Antonius Millet, subprior, D. Michael Tranche, D. P. Sorlet, D. Vinot, D. Epiphanus Thomas, D. J. Beausire, D. Dominique Barbier, N. Dudré, frater Mauritius de France, testes, et Duchemin, notarius apostolicus.

seigneur archevêque P. Debec. Sur le troisième : moi, pécheur Rodefride, je supplie votre clémence, ô glorieuse Impératrice Hélène, pour qu'au jour du grand jugement vous me veniez en aide dans ma détresse. En outre, dans la même châsse, ont été trouvées des lettres de translation, dont la teneur suit :

Au nom du père et du fils, etc.

Ces choses se sont passées dans ladite église du monastère d'Hautvillers, les an, mois et jour que dessus, étant présent le vénérable et dom Nicolas Dudré, profès du monastère, frère Maurice de France, commis à ce, du même monastère, témoins appelés et convoqués pour ladite translation, qui ont signé avec les vénérables prieur et religieux susnommés et avec moi, notaire, ont aussi signé dom Bernard de Bras, prieur, dom Antoine Millet, sous-prieur, dom Michel Tranche, dom Pierre Sorlet, dom Vinot, dom Épiphane Thomas, dom Jean Beausire, dom Dominique Barbier, Nicolas Dudré, frère Maurice de France, témoins, et Duchemin, notaire apostolique.

Constructions diverses au monastère. Exemption de la dîme reconnue aux religieux pour leur mense. Nouveau procès avec les habitants d'Aigny. Fondation de Madeleine Hanetel.

Si l'on réfléchit que depuis longtemps nous n'avons eu à signaler aucune restauration importante dans l'édifice du monastère, il sera facile de se convaincre qu'il y avait nécessité urgente d'y pourvoir. Dès l'année 1635, le 24 mars, avait été rédigé un procès-verbal de visite et rapport d'experts nommés pour faire l'inspection de l'église et lieux claustraux de l'abbaye. Ce n'était ni plus ni moins qu'un devis détaillé des réparations les plus indispensables. Nous avons donné une copie exacte de cette pièce. Le total des réparations y était évalué à la somme de 3,147 livres 12 sols 6 deniers. On voit, par ce chiffre, qu'à cette époque, comme aujourd'hui, les architectes étaient d'une précision édifiante dans leurs évaluations. Toutefois, si le plus fait avait voix au chapitre, nous pensons qu'il y aurait d'accablantes révélations. Quoi qu'il en soit, ces réparations, toujours retardées, n'eurent lieu que neuf ans après, en 1644, et encore seulement en partie, ce que donne à conclure un mémoire conservé dans les liasses qui nous restent de l'abbaye. On y trouve que, sous cette date, un marché fut conclu pour la construction de plusieurs chambres et autres bâtiments, proche la cuisine du monastère.

Déjà nous avons vu qu'une sentence du baillage d'Hautvillers reconnaissait aux religieux le privilège de ne pas payer à l'abbé commendataire la dîme de leurs biens propres (20 décembre 1623). Mais cette sentence, comme bien on le pense, n'était pas du goût des admodiateurs de la mense abbatiale, et toujours ils tenaient de mettre les pauvres religieux sous leur joug. Pour mettre fin à toutes ces velléités litigieuses, une transaction eut lieu, aux termes de laquelle les susdits admodiateurs, se désistant de tout droit et poursuite par eux prétendus, accordent que les religieux seraient maintenus en leur droit et franchise de dîmes de biens à eux appartenants (8 juin 1645). Un traité, passé deux ans plus tard, 11 juin 1647, entre Barthélemy Delbène et les religieux, acheva d'assurer à ces derniers leur privilège d'exemption.

L'année suivante, 28 janvier 1646, l'on voit de nouveau paraître, sur l'arène judiciaire, les habitants d'Aigny. Faut-il dire le sujet de cette nouvelle procédure? C'est toujours la même redevance, signalée sous le nom de *Taille-Monsieur*.

Toutefois, hâtons-nous de le dire, ils ne furent pas plus heureux dans cette dernière agression que dans les précédentes ; un arrêt du parlement, signifié le 21 mai 1649 à la requête de Barthélemy Delbène, mit encore une fois leurs prétentions à néant.

Si, d'une part, les agents de la mense abbatiale ne faisaient quartier à personne et s'engageaient fort souvent dans des démêlés fâcheux et compromettants, toutes choses qui, en dernier ressort, tendaient à déconsidérer l'abbé commendataire et amassaient sur sa tête des rancunes historiques ; de l'autre, les religieux, fermes dans la pratique de toutes les vertus et spécialement de la charité, se maintenaient hauts dans l'esprit des populations voisines. C'étaient, entre eux et ces populations, des rapports consolants de bienveillance, de respect. Pleine confiance leur était accordée; on aimait à recourir à leurs prières. C'est ainsi que, le 9 octobre 1646, une pieuse dame, Magdeleine Hanetel, léguait au monastère une somme de 200 livres, pour être employée à faire faire un grand tableau de sainte Hélène, où ses armes seraient apposées pour la décoration de l'autel de Sainte-Hélène, à charge, pour les religieux, de dire et célébrer à perpétuité, par chacun an, le jour de son décès, une messe basse à son intention. La testatrice mourait deux jours après. Au bas du testament se trouvaient deux empreintes d'armoiries avec ces mots : « Pour les armes le champ est d'azure, le héréaume *(sic)* d'argent et les licornes et cignes au bas aussy blancs. »

Testament de Madeleine Hanetel.

(9 octobre 1646)

Je donne et lègue au couvent et monastère d'Autvillers de saincte Héleyne, la somme de deux cents livres pour une fois, pour être employée à faire faire un grand tableau de saincte Héleyne où ses armes seront apposées, pour la décoration de l'autel de Saincte-Héleyne (1), à condition que les religieux bénédictins dudit couvent s'obligeront à perpétuité de dire et célébrer, par chacun an, le jour de mon décès, une messe basse à mon intention..... (Extrait du testament de damoiselle Magdeleine Hanetel, le 9 octobre 1646.) Après les empreintes d'armoiries, on lit : « Adam Douen, advocat. » *(Inventaire du Cartulaire, 4e liasse, 1re layette, Fondations, page 129.)*

Nous nous demandons si le nom Adam Douen est celui du peintre, c'est probable.

---

(1) Nous ne savons pas ce qu'est devenu ce tableau.

A la fin de l'ancien *Coutumier d'Hautvillers* se trouve cette indication, sous le n° 10 des anniversaires que l'abbaye devait faire célébrer :

Pro domicella Magdalena Hanetel Catalaunensi, sorore domini Voucienne, quæ dedit nobis ducentos libros pro constructione capellæ sanctæ Helenæ, pro cujus animæ refrigerio quotannus dicitur missa privata.	Chaque année, nous disons une messe basse pour le repos de l'âme de demoiselle Madeleine Hanetel, de Châlons, sœur du seigneur de Voucienne, laquelle nous donna deux cents livres pour construire la chapelle de Sainte-Hélène.

(*Anniversaria ad quæ principaliter tenetur Altivillarense monasterium.*)

On remarque ici une petite contradiction. Celui qui a écrit l'ancien *Coutumier d'Hautvillers*, nous dit que le don de Madeleine Hanetel avait été fait pour la construction de l'autel de Sainte-Hélène, et le texte de son testament dit formellement que les deux cents livres qu'elle donne doivent être employées pour faire faire un *Tableau de saincte Héleyne, où ses armes seront apposées pour la décoration de l'autel de Saincte-Héleyne, à condition, etc.....* Peut-être ce tableau faisait-il partie du retable de l'autel, alors il n'y aurait plus contradiction dans les termes.

Extrait de diverses pièces de procédures.

Traité du 10 juin 1647, entre Barthélemy Delbène et les religieux, aux termes duquel ledit sieur abbé quitte pour toujours auxdits religieux, entre autres choses, la disme de toutes les terres qui leur appartiennent.

Sentence rendue au baillage d'Hautvillers au 17 janvier 1651, qui condamne Pierre Girardin et Pierre Petit, fermiers des dismes en grains et vins de la seigneurie de Dizy, à rapporter les dismes des grains qu'ils avaient enlevées sur les terres appartenantes aux sieurs religieux d'Hautvillers ou leur en payer la juste valeur à dire d'experts, à ce connaissants, avec deffense auxdits Petit et Girardin de ne plus troubler, à l'advenir, lesdits religieux dans leur franchise, les empêcher d'enlever leurs grains sans payer la disme, ny par lesdits religieux, ny par leurs fermiers, et condamner lesdits Petit et Girardin aux dépens, sauf leur recours contre qu'ils aviseront bon être.

Entre autres moyens de défense, lesdits religieux employaient le traité ou échange cité en l'article précédent.

Pareille sentence rendue au baillage dudit Hautvillers les mêmes jours et an que dessus (17 janvier 1651), qui condamne Gille Pierrot, Henry Poitevin et Syndulphe Pierrot, sous-fermiers des dismes en grains d'Hautvillers, à rapporter les dismes qu'ils avaient enlevées sur les terres desdits religieux ou la juste valeur, avec deffense de troubler lesdits religieux, à l'advenir, dans leurs droits et possessions, de franchise et de dismes.

Sentence rendue au baillage d'Épernay, le 12 février 1653, contre Hennequin Médard et consors, fermiers des dismes de grains, foins, vin, de la paroisse d'Ay, qui les condamne à restituer à Jean Barbonne, fermier des religieux, de la quantité de vingt-six gerbes d'avoine par eux prises pour leurs prétendus droits de dismes, sur une pièce de terre contenant environ trois arpents auxdits sieurs religieux, avec deffense audit Hennequin et consors de les troubler à l'avenir dans leur *droit d'exemption* et aux dépens.

Réponse à une consultation touchant la disme de dravière, du 19 juillet 1659, conçue en ces termes :

« Pour réponse à la question proposée, si les dravières, soit qu'elles soient semées seules, soit qu'elles soient mêlées avec avoine ou autres grains, coupées vertes ou en maturité, doivent disme; la pratique en est diverse. A Épernay, on dîme celles qui se coupent mûres et non pas les vertes. J'ay appris que le prieur de Loizy avait obtenu arrêt contre ses paroissiens, par lequel il est dit qu'il prendra la disme des vertes et des mûres, soit qu'elles soient semées seules, soit qu'elles soient semées avec autres grains. On ne peut faillir en se conformant aux arrêts.

« Je suis, Monsieur, votre.....

« Signé : PHILIPPONAT. »

A Épernay, le 19 juillet 1659.

Les abbés commendataires, d'après ces différentes sentences, n'avaient donc pas le droit de dîme sur les terres appartenant aux religieux. Ces sentences avaient été portées, pour les premières, sous le gouvernement d'Alphonse Delbène, et les autres sous celui de Barthélemy Delbène qui, lui aussi, a été loin d'être toujours d'accord avec les religieux de l'abbaye d'Hautvillers, dont il était le titulaire.

Procédure contre Pierre-Guillaume Marchand, vidame de Châlons.

(1648)

Procédure à la requête des religieux d'Hautvillers contre messire Pierre-Guillaume Marchand, vidame de Châlons, et contre dame Claire Lepagnole, sa veuve, pour cens dû aux religieux. Nous nous garderons bien de donner ici l'analyse, même succincte, de cette procédure sans intérêt. Le lecteur sera parfaitement de notre avis quand il saura que cette procédure, comprenant une trentaine de pièces, ne portait que sur 13 livres 15 sols d'arrérages de cens, et ne dura pas moins de 23 ans, depuis 1648 jusqu'à 1671, année en laquelle fut rendue, au baillage de Reims, une sentence définitive condamnant la veuve appelante à 75 sols d'amende envers le roy pour le fol appel, et aux trois quarts des dépens de la cause. La seule pièce de cette procédure qui semble avoir une ombre d'intérêt est la copie collationnée par un..... d'un acte d'échange, source de cette procédure.

Acte d'échange du 4 septembre 1612, fait entre dom Gille Fournier, prestre religieux profès de l'église et abbaye d'Hautvillers, trésorier d'icelle et chapelain de la chapelle de *Monsieur* saint Jean de Cumières, d'une part, et honnête homme Pierre-Guillaume Marchand, vidame de Châlons, demeurant à Châlons, d'autre part, passé pardevant Rigaut et Suisse, nottoires à Hautvillers, les jour et an que dessus, par lequel échange ledit Fournier audit nom de chapelain de Cumières baille et délaisse audit titre audit Guillaume, sçavoir : dix-neuf verges de vignes et deux verges de terre au bout d'icelles, sises au terroir d'Hautvillers et Cumières, en lieudit les Rolines, tenant, d'une part et d'autre, audit Guillaume, d'un bout au chemin, d'autre bout à Charles Arnout.

Item, huit verges de vigne au terroir de Damery, lieudit les

Clos, tenant, d'une part, à Jean Godard, d'autre part à Claude Poitevin, d'un bout audit Guillaume, d'autre à l'Espagnol de Reims, le tout à la mesure d'Hautvillers.

Et pour et à l'encontre de ce, ledit Guillaume a baillé et délaissé audit titre d'échange, audit Fournier audit nom, un arpent vingt et une verges de prés sis en la prairie d'Hautvillers, lieudit le Puit-Susaine, sous le pré du Torreau, tenant d'une part à Blaise Petit, d'autre part à.....

Item, un demi arpent cinq verges de pré, audit lieu, tenant, d'une part, audit Petit, d'autre part à plusieurs, d'un bout à la veuve du lieutenant Caillet, d'autre part aux hoirs Claude Chevalier.

Item, un demi arpent de pré audit lieu, tenant d'une part aux hoirs Menon Parchappe, d'autre part à Jean Marchant, d'un bout à Simon Cadet, d'autre bout à..... Lesdits échanges sans aucune soulte.

Déjà nous avons dit que l'objet de la procédure était 13 livres 15 sols d'arrérages de cens; voici le détail de cette redevance de cens. Elle consistait :

« 1° En 12 sols 6 deniers de cens annuel sur sept boisseaux de vignes, sises lieudit la Roline.

« 2° En 3 sols de cens annuel sur un demi-arpent de terre, lieudit aux Éclaches, appelé communément la Voie-du-Bracque.

« 3° En 2 sols 6 deniers de cens annuel sur un jardin, lieudit le Bois-de-Faux; ledit jardin faisant environ le derrière de la maison de la dame appelante.

« 4° En un denier tournois de cens annuel sur une masure et place au village de Cumières, venant du sieur Jean Guillaume, tenant au grand chemin. Ce Jean Guillaume était le père de Pierre-Guillaume Marchant, époux de la veuve Claire L'Espagnole. »

Vers cette époque (1648), et même quelques années auparavant, nous trouvons que Nicolas Racine et Jacques Mollet étaient fermiers admodiateurs de la seigneurie d'Hautvillers. En 1612, c'était Jean Frizon l'aîné, marchand, demeurant à Saint-Imoges, qui était admodiateur, fermier des revenus temporels de l'église et abbaye d'Hautvillers.

Contestation entre les religieux et le curé d'Hautvillers, à l'occasion des droits honorifiques.

(1648)

Héritiers des privilèges acquis à leurs devanciers dans le monastère d'Hautvillers, les religieux réformés leur succédèrent aussi dans leurs tribulations, que le maintien de ces privilèges ne pouvait manquer de leur susciter. C'est ainsi qu'à l'occasion de certains droits purement honorifiques nous voyons éclater une vive et longue discussion entre les religieux et le curé de la paroisse d'Hautvillers. Habitués que nous sommes à un ordre de choses tout nouveau, nous apprécions difficilement le degré d'importance qu'on attachait sous l'ancien régime à des distinction parfois fort légères. Pourtant, si l'on se le rappelle, il y avait, malheureusement presque partout, une rivalité assez mal définie entre les ordres religieux et le clergé séculier, et on finira par comprendre que si dans les rangs du dernier fermentaient de nobles sentiments d'indépendance et d'émancipation, de l'autre côté aussi devait se trouver une fermeté qu'on ne pouvait qu'injustement qualifier d'opiniâtre. C'est à peu près l'histoire de toutes ces discussions qui, aujourd'hui, nous paraissent puériles ; elles n'existent plus. De ce nombre est la contestation que nous allons esquisser. C'était en 1648 et alors, et de temps immémorial, la paroisse d'Hautvillers était administrée par un vicaire perpétuel, à raison de la prééminence que le leur donnait le titre de curés primitifs. (On appelait ainsi les curés des paroisses où de gros décimateurs, en qualité de curés primitifs ou autrement, étaient obligés de nommer un vicaire en titre irrévocable.)

Autrefois, tous les curés étaient en titre ; mais vint un temps d'ignorance profonde, où les moines durent se charger des paroisses. Obligés, dans la suite, de rentrer dans leurs cloîtres, ces mêmes religieux retinrent les dîmes et le droit de nommer un vicaire en qualité de curé primitif. Telle est l'origine de ce titre, que nous retrouvons à Hautvillers, au xviie siècle. Ce pasteur n'était, à l'égard des religieux, qu'un inférieur, objet, sans doute, de leur bienveillance et de leur estime, mais n'ayant qu'un rang subalterne; aussi n'avait-il le droit qu'à la dernière place dans le monastère. Cela, du reste, ne doit pas sembler étrange, puisque les religieux étaient tous prêtres comme lui, et de plus, à raison de leur profession, lui étaient supérieurs dans l'esprit de l'Église. Ainsi, d'ailleurs, le voulaient les règlements. Cela, sans doute, dut plus d'une fois paraître dur aux curés de la paroisse, mais cela était juste et rationel. Les mêmes règlements lui imposaient encore d'autres actes d'infériorité.

Aux termes d'un acte daté du 5 avril 1648, où sont déterminés l'ordre, le rang et la préséance relativement aux processions générales et autres cérémonies publiques, le curé d'Hautvillers devait, sur l'ordre et à l'heure indiquée par le prieur, venir, avec la croix de la paroisse et en cérémonie, chercher les religieux dans l'église conventuelle. Dans le cours des processions, l'honneur d'ouvrir la marche appartenait à la croix du monastère; celle de la paroisse ne venait qu'au second rang. Enfin, le curé de la paroisse ne pouvait porter l'étole pastorale qu'en dehors de l'église du monastère. Un article du cérémonial du nécrologe allait même plus loin, il interdisait complètement l'usage de l'étole à l'humble curé dans le cours des processions. Enfin, s'il lui plaisait d'assister au dîner payé par l'infirmier de l'abbaye, à l'issue de la procession de Saint-Marc, sa place, de droit, était le dernier de la table.

ACTE

PASSÉ PARDEVANT M. MAQUART, NOTAIRE A HAUTVILLERS,

LE 5 AVRIL 1648, TOUCHANT L'ORDRE, LE RANG ET PRÉSÉANCE

QUI DOIVENT S'OBSERVER DANS LES PROCESSIONS GÉNÉRALES

ET AUTRES CÉRÉMONIES PUBLIQUES, PAR LES

VICAIRES PERPÉTUELS D'HAUTVILLERS,

DÉLIVRÉ AU SIEUR CHARLES VILLERS,

ALORS VICAIRE D'ICELLE

PAROISSE

Cejourd'huy, cinquième jour d'avril 1648, nous, Jacques Maquart, notaire royal héréditaire au baillage de Vermandois, demeurant à Hautvillers, et Gille Pierrot, sergent en la justice dudit Hautvillers, y demeurants, soussignés, certifions à tous ceux qu'il appartiendra que étants au cloître de l'abbaye et couvent dudit Hautvillers, y mandés pour cet effet par le révérend père dom Nicolas Bouquart, prieur en laditte abbaye, du matin auparavant la grande messe, environ l'heure de sept à huit heures du matin, serait comparu M. Charles Villers, prêtre vicaire et desservant la cure dudit Hautvillers, lequel, en notre présence, aurait supplié ledit sieur Bouquart, prieur, de lui vouloir donner l'ordre et l'heure compétente de se trouver en leur église abbatiale, avec la croix de la paroisse dudit Hautvillers, suivie des paroissiens et clercs ordinaires, comme de la coutume ancienne, pour assister à la procession solennelle, qui se fait tous les ans, par lesdits prieur et religieux de laditte abbaye, lequel sieur prieur aurait donné l'ordre audit sieur vicaire de se trouver en leur église ledit jour, heure de huit heures un quart, et à luy permis, en cette qualité, de marcher en ordre souls leur croix, le dernier de tous les prêtres et religieux de laditte abbaye, même de porter l'étole, s'étant mis en marche, sans que lui ni ses paroissiens puissent prétendre aucune juridiction en leur église, et sans préjudice de leurs droits de curés primitifs, comme aussi ledit sieur prieur a permis audit sieur vicaire, assistant à laditte procession, avoir séance aux hautes chaises et stalles de leur chœur, le dernier de tous les religieux, et pour l'égard du clergé et choristes de laditte paroisse, a déclaré ne leur permettre ny donner autre séance qu'aux chaises basses dudit chœur, et de marcher immédiatement devant la croix de laditte église abbatiale. Lequel ordre nous attestons avoir été observé ledit jour, tant pour la séance au chœur que marche en laditte procession, et a été, le même ordre, gardé le lendemain de Pâques en suivant, le 13e jour du mois d'avril, auxquels jours lesdits sieurs prieur et religieux et paroissiens ont coutume, tous les ans, faire une solennelle procession, dont est ce que dessus, nous avons baillé acte audit sieur prieur et religieux, ce requérant, pour leur servir en cas de besoin et ce que de raison, en foi de quoy avons signé les présentes le 15e jour dudit mois d'avril, audit an 1648.

Signé : MAQUART et PIERROT,
avec paraphe.

Cet ordre, établi de temps immémorial et toujours strictement observé, se trouva enfin attaqué et méconnu. Vint un curé dont l'humeur, peut-être peu dépendante, ne s'accommoda nullement de ces règlements et de ce qu'il regardait comme un rôle humiliant. Il avait assurément tort, mais enfin. Il se nommait : Bournon ; tout d'abord, il se refusa obstinément à quitter l'étole dans l'église abbatiale ; il fit plus : dans un instant d'humeur, sans doute, il souleva les paroissiens et les engagea à se saisir de la châsse de saint Syndulphe. C'est, du moins, ce que semble établir une assignation et quelques autres procédures faites au grand conseil, en 1667, par les religieux d'Hautvillers, contre le susdit Bournon. On voit aussi que, par-là même, les religieux ne faillirent pas à leur devoir et surent vigoureusement répondre à ces actes d'insubordination. Quelles furent les conséquences de cette épineuse affaire? Aucune pièce ne nous l'apprend ; nous ne voyons même plus reparaître le nom de l'accusé. Toutefois, il est constant qu'il eut un digne successeur dans la personne d'un nommé Cresponnet ; car, lui aussi, ce vicaire perpétuel, livra un assaut terrible aux droits honorifiques des religieux. Nous en avons la preuve dans un grand nombre de procédures faites au grand conseil, à la requête des religieux, contre le susdit Cresponnet. Il y eut même plusieurs arrêts rendus par défaut, contre le curé, à cette occasion. Voici le précis des principaux chefs : Le premier chef est que lesdits religieux sont curés primitifs de ladite personne et ledit sieur Cresponnet est vicaire perpétuel et non curé. — Droits de processions publiques. Le deuxième chef est que lesdits religieux, ayant été autrefois propriétaires du fond du cimetière de ladite paroisse, ils ont seuls droit de donner permission d'ouvrir la terre dudit cimetière pour l'inhumation des corps. Le troisième chef, que le cas échéant de recevoir des mandements pour le jubilé, c'était à eux d'en faire la publication et d'indiquer les stations. Le quatrième chef est que lesdits religieux ont droit de prêcher ou faire prêcher dans leur église, le jour de Pâques, à l'heure de midi, avec défense au vicaire perpétuel de faire prêcher, à cette heure, dans l'église paroissiale. Après bien des procédures, faites audit grand conseil pour régler leur différend, les parties se sont mises en arbitrage. Les religieux désiraient ardemment la paix; ils durent faire plusieurs sacrifices pour l'obtenir; ils ouvrirent donc généreusement la voie d'une transaction par arbitrage, Cresponnet y consentit. Les arbitres choisis, de part et d'autres, furent : François Josseteau, prêtre docteur en théologie, curé de Saint-Michel de Reims, promoteur de la cour spirituelle ; Louis Dallier, Jean André et Claude-Joseph Doury, avocats au parlement. Leur sentence, rendue le 13 septembre 1673, réglait que, lors des processions des Rogations et autres accoutumées, faites par les religieux et le curé, l'ordre sera tel que la croix et la bannière de la paroisse seront portées à l'ordinaire, etc. Voici, du reste, l'acte de cette transaction qui rappelle ce que nous avons déjà dit plus haut sur ce point :

Sentence arbitrale qui termine le différend élevé entre les religieux d'Hautvillers et le curé de la paroisse, au sujet des droits honorifiques

(13 septembre 1673)

Veu par nous François Josseteau, prestre docteur en théologie, curé de Saint-Michel de Reims, promoteur de la cour spirituelle, Louis Dallier, Jean André et Claude-Joseph Doury, advocats au parlement, le compromis du deuxième jour du mois de juin 1673, passé entre le prieur de l'abbaye d'Hautvillers, tant en son nom que tout le chapitre couvent des religieux de laditte abbaye d'une part, et M. Cresponnet, prestre curé de l'église dudit Hautvillers d'autre part, sans que les qualités puissent nuire ni préjudicier, par lequel lesdittes parties sont convenues de nommer des personnes, pour terminer leur différend et un autre acte du 27ᵉ jour du mois d'août, par lequel lesdittes parties nous ont nommés pour terminer leur différend, les mémoires et réponses respectivement fournis par lesdittes parties, tout considéré : nous disons que ès processions des Rogations et autres accoutumées être faites par lesdits religieux et curé dudit Hautvillers, l'ordre sera tel que la croix et bannières de la paroisse seront portées à l'ordinaire, ensuite marcheront les enfans de chœur, les chantres de laditte paroisse s'y aucun y a, le maistre d'escole ou clerc d'église, et finalement ledit sieur curé avec l'étole lequel nous déclarons curé titulaire, après quoy suivra la croix desdits religieux et eux suivant leur ordre ; maintenons lesdits religieux en la possession de pouvoir prescher le jour de Pâques à midi, en leur église, auquel ledit curé pourra aussy prescher ou faire prescher en l'église paroissiale a telle autre heure du jour, qu'il trouvera à propos, et non pendant la prédication desdits religieux.

Ordonnons que ledit curé ayant reçu les mandements pour les jubilés les annoncera en sa paroisse, et *indira* les stations sans néanmoins pouvoir indire en l'église abbatiale dudit couvent, sinon du consentement desdits religieux. Maintenons, aussy les religieux comme ayant été autrefois propriétaires du cimetière au droit de donner les permissions d'ouvrir la terre dudit cimetière, pour l'inhumation des corps, sans préjudice à la permission qui doit être donnée par ledit curé à cause de sa juridiction spirituelle. Dépens compensés entre les parties.

Fait le 13ᵉ jour du mois de septembre 1673 et avons nommé pour greffier la personne de M. Nicolas Pierre, procureur au présidial de Reims.

Signé : JOSSETEAU, DALLIER, André DOURY,
advocats.

A part la reconnaissance du curé titulaire, légère gratification faite au sieur Cresponnet, on voit que les religieux eurent tous les honneurs de la sentence arbitrale. Aussi, ce curé élevat-il de nouvelles réclamations, il interjeta même appel de la sentence des arbitres par Messieurs du grand conseil, c'était une sottise ; avait-il donc oublié que déjà plusieurs fois ce haut tribunal avait condamné ses prétentions. Évidemment, il fallait que le dépit lui eût obscurci les idées, car c'était là proprement tomber de Carybde en Scylla. Sans doute, il ne tarda pas à comprendre toute la fausseté de sa position, car après quelques procédures il se désista de son appel. Par un nouvel accord fait avec les religieux, le 22 juin 1675, il accepta la chose jugée par les arbitres. Ce dernier accord porte la signature de Cresponnet et des religieux suivants : D. Colomban Mathelain, prieur; Antoine Joly, Havetel, Pierre Marchal, Alexis Braux, Pierre Pérignon, Pierre Faillot, Godefroy, Grégoire Suart, Louis de Bericourt, Maur Montignon, Paul Piedfort, Joseph Chastelain et Richard Verdelet.

Cette discussion du droit honorifique n'est pas, du reste, la seule qui ait manifesté le peu de sympathie ou de soumission qu'avait pour les religieux le clergé séculier d'Hautvillers. Ces conflits, toujours regrettables, dataient de plus haut. Déjà, en 1651, avait eu lieu une collision assez peu révérencieuse entre ces deux branches de la hiérarchie cléricale, et peut-être cette première collision fût-elle comme le prélude aux démêlés fâcheux dont nous venons de suivre les différentes phases. Voici, en deux mots, l'histoire de cette première tribulation suscitée aux religieux ; notre devoir est d'être impartial et nous le serons consciencieusement : Cumières, comme nous le dirons ailleurs, ne fut longtemps qu'un simple hameau dépendant de la paroisse d'Hautvillers, et, comme tel, compris dans la juridiction spirituelle du curé ou vicaire perpétuel de ce lieu. Toutefois, ce hameau avait une chapelle dédiée à saint Jean-Baptiste, et, chaque année, le jour de la Décollation de ce saint précurseur, le curé d'Hautvillers y allait célébrer avec pompe l'office divin, mais cette chapelle appartenait à l'abbaye d'Hautvillers qui en donnait le titre à un de ses religieux ; c'était son droit, sans doute, attendu que chacun est maître chez soi ; c'est pourquoi on peut croire que la célébration de l'office, faite au jour indiqué par le curé susdit, n'était, de la part du monastère, qu'un acte de simple condescendance et de bon vouloir qui restait sans obligation pour l'avenir. Le curé d'Hautvillers, paraît-il, en jugeait autrement, et voici ce qui advint : C'était, nous avons dit, en 1651, le jour de la fête indiquée, le curé d'Hautvillers, Thomas Gentillâtre, s'était rendu à Cumières pour chanter l'office de saint Jean-Baptiste. Dans le dessein de donner plus d'éclat à la solennité, il avait invoqué le concours du curé de Saint-Imoges et de Mardeuil ; à peine avait-il commencé le chant des premières antiennes, que se présente dom Philibert Boulanger, religieux du monastère, muni de l'autorisation expresse du chapelain pour prêcher à l'office ce jour-là ; soit que Gentillâtre n'eût pas foi aux talents oratoires du nouveau venu, soit plutôt qu'il se vît arracher avec peine une fonction d'apparat qu'il s'était dévolue à lui-même, notre curé d'Hautvillers s'opposa énergiquement à la mission du religieux. Nonobstant cette opposition, dom Philibert, qui avait le droit pour lui, se mit en mesure de remplir le ministère dont il était chargé. Repoussé de la tribune sainte par les flots d'un peuple en effervescence, déjà notre héroïque prédicateur tentait d'y arriver par voie d'escalade, quand, assisté de ses deux confrères, le curé vint irrévérencieusement l'éconduire à la porte. Facilement, on le pense, le religieux ainsi éconduit ne devait pas être des plus enchantés, et tous les membres de la communauté, le chapelain de Cumières spécialement, ne pouvaient manquer de demander justice d'une injure si flagrante. De là une requête foudroyante, où le curé d'Hautvillers était représenté comme un perturbateur de l'ordre public, comme un violateur des droits légitimes, comme un pasteur indigne, assez audacieux pour transformer le lieu saint en un champ de bataille. Aux termes de ce rapport, il faudrait même admettre qu'outre l'emploi de la force physique, nos curés auraient adressé au zélé religieux une longue série d'invectives. Quelles furent les conséquences de ce conflit déplorable? Aucun document positif ne nous en donne nouvelle. Mais si l'on doit juger de ce qu'il fut statué alors, par ce qui existait en 1697, chose qui paraît convenable, les religieux, comme ils le devaient, auraient été maintenus dans leurs droits. En effet, un acte de cette époque nous montre le religieux d'Hautvillers, chapelain de Cumières, comme jouissant du droit de célébrer ou faire célébrer, dans ladite chapelle de Cumières, une messe haute le jour de la Décollation de saint Jean-Baptiste et d'y recevoir à son profit les oblations des fidèles, et une messe haute de *Requiem* le premier jeudi de Carême, sans pouvoir être empêché d'être mis en possession de ladite chapelle en la manière accoutumée.

Extrait des ordonnances au sujet de la chapelle de Cumières. Contestation de droit. Réflexions trouvées à la suite de cette pièce. 25 octobre 1697 :

Prononcé.

N'entendons par notre présente ordonnance préjudicier aux droits ou à la possession dans laquelle est le *chapellain* de Saint-Jean-Baptiste de Cumières, de célébrer ou faire célébrer dans laditte église de Cumières, une messe haute le jour de la Décollation de saint Jean-Baptiste et d'y recevoir à son profit les oblations des fidèles et... une messe haute de *Requiem* le premier jeudy de Carême, n'y empêcher que ledit chapellain ne soit mis en possession de laditte chapelle, dans laditte église de Cumières en la manière accoutumée, et sera notre présente ordonnance lue et publiée, etc... Ce fragment de l'ordonnance est tout ce que nous avons retrouvé ; on lit ensuite ce qui suit : Le soussigné est d'avis que MM. les religieux d'Hautvillers, comme chapellains de la chapelle de Saint-Jean-Baptiste de Cumières, doivent exercer librement le droit de célébrer une messe haute le jour de la Décollation de saint Jean-Baptiste, etc.

Ce qui n'empêcha pas un curé de Cumières de donner, cinquante et des années plus tard, en 1753, une seconde édition du fameux démêlé raconté plus haut. Le motif, pourtant, était des plus légers ; mais on ne passait rien aux religieux, si, dans l'exercice de leurs droits, ils dépassaient quelque peu les limites strictes posées par l'usage. C'est ainsi que, le 29 août de l'année précitée, le chapelain s'étant présenté pour chanter la messe voulut y préluder par l'aspersion de l'eau bénite ; comme cette première cérémonie n'était pas dans le programme de ses attributions, le curé de Cumières y mit opposition formelle et brusqua l'office en reléguant dans le fond de sa poche le goupillon arraché des mains du religieux. A titre de scandale et d'insulte, le chapelain avait le droit d'en référer au ministère public, ainsi qu'on le lui conseilla, mais il se contenta d'avoir le mérite d'être plus charitable et plus prudent, c'était une noble leçon de bienveillance et de pardon.

Avis du 31 août 1753.

Suivant le procès-verbal du 29 août 1753, le curé de Cumières ne conteste pas à Messieurs d'Hautvillers le droit dont il s'agit. Il paraît même qu'il ne leur conteste pas le droit de célébrer à l'heure ordinaire où les messes solennelles se célèbrent dans le diocèse. La seule question est de savoir si le célébrant fera l'aspersion de l'eau bénite, si la fête arrive un jour de dimanche. Car les autres jours, si ce n'est veille de Pâques et de Pentecôte, cette cérémonie n'est pas d'usage dans le diocèse ; sur cela il est essentiel de savoir quel a été l'usage jusqu'aujourd'hui. Cessant l'usage, on interprétra le titre contre Messieurs d'Hautvillers : 1º Parce qu'ils étaient stipulants dans l'abandon de leur chapelle et doivent rendre la clause ou faire rendre la clause claire. 2º Parce que cette réserve en leur faveur n'est pas du droit commun. 3º Parce que la réserve n'est pas de célébrer la messe de paroisse, comme on aurait pu le dire, si c'eût été l'intention des parties, ils ont stipulé seulement le droit de célébrer une messe haute par opposition à une messe basse.

Toutefois, le curé d'Hautvillers ne peut se justifier d'avoir empêché le célébrant de continuer l'aspersion de l'eau bénite, quoique la cérémonie ne soit pas d'usage dans le diocèse le mercredi 29 août, et, quand même, Messieurs d'Hautvillers n'auraient pas ce droit.

La raison est que les voies de fait sont toujours répréhensibles, et bien plus dans l'Eglise, et encore plus dans l'exercice des cérémonies de l'Église ; mais l'action, pour réparation d'insulte et de scandale, regarde, l'une : la partie, l'autre : le ministère public ; on ne peut savoir comment le prendra le ministère public, et, quant à la partie, on a toujours des prétextes d'excuse quand on les désire.

Ce 31 août 1753.

VIELLAST.

Tout s'arrangea à l'amiable.

Dénombrement des droits et biens communaux d'Hautvillers. — Procès à l'occasion de dégradations commises dans les bois de l'abbaye, par le receveur général de la mense abbatiale. Belle conduite des religieux.

(1ᵉʳ Août 1648)

Entraînés un instant sur la matière de l'article précédent, nous revenons sur nos pas. Le 1ᵉʳ août 1648 est la date d'une pièce que nous avons retrouvée sous ce titre : *Droits et Biens communaux des habitants d'Hautvillers.* On y voit le détail et la délimitation des biens possédés en commun par les habitants. C'étaient : 1° Une pièce de prez, contenant environ vingt arpents et assise au terroir d'Hautvillers, au lieudit les Brouilles. 2° Une aisance tenant près le village dudit Hautvillers, appelée : Melder ou Melider, contenant environ deux arpents. On y trouve de plus la répétition de droits divers de pâturages et autres, accordés par les religieux dans la charte de 1274. (Charte que nous avons rapportée.) Cette pièce était tout simplement un extrait des articles des droits et privilèges appartenant aux manants et communauté d'Hautvillers, contenus aux dénombrement et pied terrier des droits appartenant aux seigneurs, abbé et religieux dudit Hautvillers. La voici telle que nous l'avons trouvée :

Droits et Biens communaux aux habitants d'Hautvillers
(1ᵉʳ Août 1648)

Extrait des articles des droits et privilèges *appartenants* aux manants et communautés d'Hautvillers, contenus aux dénombrement et pied terrier des droits *appartenants* aux seigneur abbé et religieux dudit Auvillers, ordre de Saint-Benoît, diocèse de Reims, reçu et passé pardevant et signé Dupont, demeurant à Reims, et Nicolas Biernois, demeurant à Hautvillers, nottoires royaux, au baillage de Vermandois, à requête et diligence de Reverend Père en Dieu messire Pierre Duchatel, évêque de Mâcon, conseiller du roy, grand aumônier de France et abbé commendataire de laditte abbaye d'Hautvillers, et en vertu des lettres patentes obtenues du roy yceluy dénombrement datté du dernier de novembre 1549 et 1548 d'yceluy est écrit :

Les manants et communauté dudit Hautvillers tiennent une pièce de prez contenant environ vingt arpents, assise au terroir dudit Auvillers, lieudit les Brouilles, tenant d'une part au chemin conduisant en Richemont, d'autre au prez usaine de Dizy à prendre droit au fossé appelé Roize.

Item, une autre aisance tenant près le village dudit Hautvillers, appelée Melider, contenant environ deux arpents rayées d'une part aux hoirs feu Jean Pierrot l'aisné, d'autre part aux hoirs feu Jean Husson l'aisné et autres, d'un bout aux hoirs feu Jean Legrand et Adam Prévot, et d'autre bout à Étienne Martinet.

Item, un autre droit que les habitans ont de mener ou faire mener leurs bestiaux tant chevalines que vaches et vachines pâturer, en et partout les bois et taillis dudit sieur, sçavoir : quant aux taillis, au-dessùs de sept ans et ycelles bêtes abreuver ès étangs de laditte seigneurie sans endommager lesdits étangs.

Item, un autre droit que lesdits habitans ont de faire conduire chacun habitant un porc ès bois dudit sieur durant le temps des poissons et glandées, par chacun an sans payer aucun tribut audit sieur, ni à autre et aussy de mener ou faire mener leurs autres porcs à charge de payer chacun an desdits porcs par chacun d'yceluy, quinze deniers audit seigneur son receveur ou commis, au jour de Noël par chacun an que lesdits porcs iront auxdittes glandées.

Item, aussy ont droit les habitans d'aller ou d'envoyer tant eux, leurs gens, serviteurs et servantes ès bois ès forets dudit sieur, prendre les branches sous la hache du bucheron ou bucherons faisant bois pour le chauffage dudit sieur abbé, les religieux et autres étant de laditte maison abbatiale à la charge toutefois de payer par chacun an à tous les ans à la Saint-Martin d'hiver, pour ce audit seigneur ou ses receveurs ou commis par chacun habitant audit Hautvillers fors et exceptés, les officiers dudit seigneur, une poule et icelle portée à icelle maison abbatiale audit jour. Et aussy ont droit de prendre ès dits bois et foret dudit seigneur, tout le bois sec qui y sera trouvé par lesdits habitants. Collation des présentes a été faite par moi nottoire royal héréditaire au baillage de Vermandois résidant à Hautvillers, ce requérant Pierre Frérot, Nicolas Anceau, Pierre Piéton, Jean et Simon Gaucher, paroissiens habitants dudit Hautvillers, se portant fort pour les autres habitants et se sont lesdits articles ainsy extraits trouvés conformes à l'original, ecript, et relié et couvert de maroquin violet qui a été remis ès mains de M. Nicolas Maquart, receveur de la seigneurie dudit Hautvillers, et ce pour servir à telle fin que de raison ce premier jour d'août mil six cent quarante-huit et ont été ces présentes scellées.

Ces extraits sont conformes à la déclaration que lesdits habitants ont faite au terrier de 1549, fol. 248.

(Voyez 1re liasse, 2e layette, n° 3, page 44. Nous avons donné une note sur les usages d'Hautvillers et qui a trait à ce qui précède. Voir aussi la charte de 1274.)

Déjà, plus d'une fois, nous avons pu remarquer tristement que les fermiers et autres agents de la mense abbatiale n'étaient rien moins que consciencieux dans l'exploitation des bois du monastère, et que souvent il leur arrivait d'y commettre des déprédations déplorables. C'était là, pour eux, une source de revenus productifs, et l'on sait que généralement les intendants de nos anciens seigneurs féodaux ne poussaient pas loin la délicatesse sur ce point; qu'il fût fort fâcheux, pour nos religieux, de résister à ce trafic illicite et d'y opposer des mesures répressives, personne ne peut en douter, pourtant il fallait bien en venir là. C'est ainsi que, le 5 juillet 1649, les religieux d'Hautvillers étaient obligés d'entamer une procédure contre Barthélemy Delbène, pour dégradations et déprédations commises dans leurs bois par le sieur Maquart, de Chaumartin, receveur général de la mense abbatiale et d'autres particuliers. Après bien des vicissitudes, dont le détail ne pourrait qu'ennuyer, un arrêt de la table de marbre fut rendu, qui condamnait le sieur abbé et Maquart à la moitié des dépens et ordonnait la visite des bois (24 novembre 1650). Cet arrêt eut son cours. Il fut suivi d'un autre portant règlement de la coupe du bois pour le chauffage de l'abbé et des religieux (10 décembre 1651). Nous avons consigné ailleurs les détails de ces pièces de procédure.

C'est aussi dans le cours de cette même année, dit l'*Inventaire du Cartulaire*, que les religieux faisaient faire dans le chœur de leur église des chaises ou stalles à leur usage. On trouve une quittance de ces mêmes chaises à la date de 1651. A cette quittance sont attachés plusieurs mémoires et marchés pour diverses constructions faites à l'abbaye, de 1644 à 1774. Nous rapportons ici la liste chronologique de ces marchés, telle que nous l'avons trouvée; mais les marchés, quittances, etc., n'y étaient pas annexés :

1644. — Marché pour la construction de plusieurs chambres et autres bâtiments proche la cuisine.

1651. — Quittance pour la construction des chaises du chœur.

1653. — Marché et quittance pour la construction de l'autel de Sainte-Hélène.

1656. — Marché pour la construction de différents bâtiments.

1661. — Reconstruction d'un grand corps de logis voûté, proche le cloître qui avait été brûlé, pour servir de celliers (1).

1662. — Marché pour conduire la fontaine de Saint-Nivard dans le regard de l'aumônerie.

1662. — Quittance pour l'image d'argent de sainte Hélène.

1662. — Marché pour vider le gué ou réservoir.

1663. — Marché pour la construction du maître-autel, moyennant la somme de 3,800 livres et trois pièces de vin.

1664. — Construction d'une cave proche la grande porte d'entrée du monastère.

1664. — Quittance pour six chandeliers et une croix d'argent.

1664. — Construction du clocher, là où il est actuellement.

1665. — Construction des chambres d'hôtes, infirmerie, bibliothèques, caves, chambres voûtées, escaliers, etc., à l'endroit vulgairement appelé le *Trou-Noir*.

1665. — Marché pour faire un tabernacle de laiton.

1667. — Quittance des bâtiments neufs.

---

(1) Ce bâtiment voûté est celui qu'on voit encore aujourd'hui, servant d'écuries.

1667. — Quittance pour un calice, bénitier d'argent et autres argenteries.

1669. — Plusieurs mémoires attachés ensemble des bois nécessaires pour faire deux pressoirs, un pour l'abbé et l'autre pour les religieux.

1669. — Marché et quittance pour *thuilles*, carreaux, etc.

1670. — Mémoires des bois nécessaires pour le cellier, des bans, la maison de la halle, moulin brûlé, etc.

1671. — Mémoire des bois nécessaires pour achever le dortoir.

1671. — Marché pour démolir et reconstruire le dortoir, qui regarde le cloître, moyennant la somme de 730 livres et six pièces de vin.

1672. — Devis et marché du nouveau cloître, tel qu'il est aujourd'hui, de la cuisine, etc., moyennant 6,900 livres et six pièces de vin, et pour plus fait, 3,369 livres 12 sols 6 deniers. Pour l'escalier du dortoir, 500 livres.

1672. — Devis et marché pour la charpente du dortoir.

1673. — Marché pour façonner toutes les portes des chambres du dortoir.

1673.— Marché pour la fourniture du plomb pour le cloître, à raison de 20 livres le cent façonné et 19 livres le non façonné.

1673. — Marché pour faire des caves, moyennant 325 livres.

1674. — Marché pour la charpente de la toiture du côté du cloître.

1674. — Mémoire et marché pour exhausser les murailles du cloître du côté de l'église.

1680. — Marché pour l'agrandissement du réfectoire et du chapitre.

1681. — Marché pour faire les murailles de la basse-cour.

1682. — Marché pour faire les sculptures des branches d'ogives du chapitre.

1684. — Marché pour la restauration de l'orgue.

1688. — Marché pour la boiserie de la bibliothèque, moyennant 1,400 livres.

1691. — Marché du balustre du grand autel en marbre, c'est-à-dire pavage du sanctuaire.

1692. — Marché pour la construction de la grande porte d'entrée du monastère.

1695. — Marché pour les trois timbres de l'horloge.

Vue d'une partie du Cloître et de l'Église.

1730. — Quittance générale des *Massons (sic)*, charpentiers, couvreurs, vitriers, serruriers, marchand de bois, pour les réparations faites à l'abbaye d'Hautvillers, montant à la somme de 7,758 livres 17 sols 6 deniers.

1756. — Marché et quittance pour refonte de six cloches.

1774. — Marché pour le pavé le long des murs du jardin et celliers de M. l'abbé et des religieux.

(Inventaire du Cartulaire, 1re layette, 11e liasse.)

Il est à regretter que nous n'ayons pu trouver le texte même de ces marchés et quittances, nous aurions pu avoir une idée plus juste de ces constructions dont il est question. Nous aurions aussi pu recueillir bien des détails qui, assurément, nous auraient mis sur la voie de données historiques infructueusement recherchées. L'inventaire, fait en 1788, a bien constaté la présence d'une multitude de pièces faisant partie des archives de l'abbaye, mais la Révolution a su les faire disparaître à jamais, au grand regret des conservateurs.

L'armée du duc de Lorraine met Hautvillers en alarme. Carabiniers cantonnés à Hautvillers. Malheurs de Villeneuve.

Nous arrivons maintenant à des événements qui auraient pu être très désastreux pour l'abbaye d'Hautvillers, et cela malgré les lettres de sauvegarde de Louis XIII, en son temps ; malgré les ordres du comte de Beaujeu, général des armées du roi, quelques années après. Nous sommes en 1652, et la présence du cardinal Mazarin ne cessait de révolutionner la cour et les frondeurs. Après s'être longtemps promené sur les frontières des Pays-Bas, comme un orage prêt à éclater, le duc de Lorraine Charles IV venait enfin d'entrer en France par la Champagne (1), et grâce aux *fricoteurs* de son armée, on peut dire qu'il parcou-

---

(1) Sous prétexte de venir seconder les troupes de Condé contre l'armée royale qui, à cette époque, n'avait pas de plus grand ennemi que celui qui avait pris le parti des Espagnols, après les avoir battus à Rocroy, le 19 mai 1643.

rut le pays en ami à qui tout appartient. Hautvillers, lui aussi, put voir au moins, dans le lointain, les soldats courir la campagne (l'armée du prince était campée à Plivot), et rançonner le pauvre villageois.

Par un de ces jours d'alarme, convoqués tout à coup par le procureur fiscal, les bourgeois d'Hautvillers s'assemblaient en tumulte; pourtant c'étaient la tranquillité et l'assurance qu'on leur portait. Il ne s'agissait que de fixer la solde d'un piquet de cavalerie obtenu par les prévoyants religieux, pour faire la garde et empêcher les soldats vagabonds de ravager les vignes. Un piquet de cavalerie pour garder Hautvillers ! Tranquillisez-vous, amis lecteurs; tant officiers que soldats, ce corps d'armée se composait d'un seul homme et de son seul cheval. Toutefois, paraît-il, ce simple cavalier de l'armée du prince, que les religieux avaient demandé pour la garde d'Hautvillers, suffit pour écarter du village les pillards de l'armée, campée alors à une distance de trois lieues. Ainsi, mis à même de vaquer à leurs travaux ordinaires et se disposer aux vendanges, qui alors étaient prochaines, les habitants d'Hautvillers soldèrent généreusement leur cavalier protecteur; la somme, convenue par l'assemblée, fut répartie au marc la livre sur lesdits habitants.

Nous ajoutons ici une note des *Mémoires* d'Oudart-Coquault, sur la présence de Charles IV, duc de Lorraine, avec son armée en Champagne : Cette armée se composait de huit mille hommes. (20 septembre 1652. — Oudart-Coquault, tome I, page 247.) Nos vendanges commencèrent le 20 septembre; chascun tache de haster, crainte du retour du Lorrain. Le demy tonneau coûte trois livres à ramener de la montagne, que debverait valoir que 25 sols; ces vendanges ont duré jusqu'au 20 octobre.

« Le 17, on dit que le Lorrain (Charles IV) ratourne et est ès aux environs de Soissons. Chascun, du côté de Fisme, se sauve en cette ville, dès le mesme matin, et moy sortant à cheval cedict jour, 17 octobre, allant à Auvillers voir les vins que j'y avais faict 15 jours auparavant, n'ayant faict venir les vendanges en cette ville pour évitter aux grands fraiz, je neuz appréhension desdicts Lorrains, n'estant de côté que j'allois, qu'ils venoient, joinct que j'étais bien monté. A mon retour, environ les dix heures du soir, revenant par le chemin de Chamery, je fus surpris d'un party, près du faubourg, qui étoit du régiment du marquis d'Arancourt-Lorrain. »

Hautvillers, paraît-il, fut donc épargné en ces jours-là des ravages que faisait l'armée de Charles IV dans la Champagne. Le prince de Condé l'avait fait venir; il arriva, en effet, jusque près de Paris, mais l'armée de Turenne l'en chassa et l'obligea à sortir de France. Cette armée du roi, toute protectrice qu'elle paraissait, n'en fut pas moins un fléau pour les campagnes où elle vint à passer. Voici encore ce qu'en dit Oudart-Coquault, dans ses *Mémoires* (tome I, page 251) :

« On se flatte toujours, cependant, que l'armée du maréchal Turenne, qui est celle du roy, viendra au secours; mais sy lentement que devant leur arrivée tout estait pris.

« Le dimanche 17 novembre 1652 ils campèrent à Hautvillers et lieux circonvoisins pour aller secourir, où ils ont fait tous les désordres qui se peuvent imaginer. Ils ont tant beu que dissipé dans ce lieu seul plus de six cents pièces de vin, et du mien, de ce vin fatal, six pièces; bruslé la cuve du logis de mon oncle Bachelier, couspé les arbres et bruslé les portes. Ce ne sont les chiens que le roy envoye pour garder son troupeau, mais des loupz. Ils vont si vite au secours, que quand ils arrivent les villes sont prises. »

Heureusement qu'en 1554, par l'ordre du comte de Beaujeu, Hautvillers n'eut plus à souffrir ni à supporter les mêmes ravages.

Deux ans plus tard, les habitants d'Hautvillers et de quelques localités voisines voyaient un détachement de l'armée venir partager leurs demeures; c'étaient les carabins ou carabiniers de France, qui avaient l'ordre du comte de Beaujeu, général des armées du roi, en quittant Montigny-sur-Vesle, le 18 mai 1654, d'aller prendre leur cantonnement à Hautvillers, Dizy et Saint-Imoges.

Ordre du comte de Beaujeu, lieutenant général des armées du roi, aux carabins, pour leur logement.

Il est ordonné aux carabins de France, aussitôt le présent ordre reçu, de partir de Montigny-sur-Vesle, aller loger à Saintimoges, Auvillers et Dizy, à la réserve de la maison abbatiale d'Hautvillers, et ce qui appartiendra à un nommé Maquart-Lejeune, pour y demeurer jusqu'à nouvel ordre.

Signé : De BEAUJEU,
et scellé.

Il est incontestable que le sieur Maquart fut ainsi privilégié, parce qu'il était attaché à l'abbaye comme receveur de la mense abbatiale.

Si pareille visite est toujours incommode aux habitants de la campagne, à raison de l'exiguité de leurs demeures, et, sous ce rapport, ce dut être un véritable fardeau pour les bourgeois d'Hautvillers; il n'en fut pas de même des religieux pour ce jour-là. D'abord, ils ne logeaient pas de soldats; ensuite, bien loin de leur être de quelque incommodité, le voisinage des troupes leur fut une occasion de réaliser quelques petits profits. Ainsi, en effet, ils eurent le moyen d'écouler quelques poinçons de vin en permanence dans les celliers du monastère. Les militaires, on le sait, ont la réputation méritée de n'être pas ennemis du jus de la treille ; volontiers ils hument le parfum d'une rasade, quand il y a pour eux temps et finances. Aussi, pour peu que les religieux se soient montrés généreux et faciles, il n'est pas douteux que les militaires n'aient durement poussé la consommation. Un récépissé du sieur De Roucy, leur commandant, nous apprend que les religieux d'Hautvillers fournirent jusqu'à la quantité de treize poinçons de vin, qui furent distribués aux cavaliers; il n'avait pas fallu quinze jours pour cette consommation.

« Nous, le sieur De Roucy, commandant les carabiniers de France, par ordre de M. le comte de Beaujeu, certifions que les religieux d'Hautvillers ont fourni jusqu'à la quantité de treize poinçons de vin, qui ont été distribués auxdits cavaliers, ce que nous attestons vray par notre signe, ce 8e jour de juin 1654.

« Signé : DE ROUCY. »

Ce récépissé devait servir aux religieux pour être présenté à l'officier-payeur et en recevoir le prix du vin fourni par eux.

Si l'abbaye d'Hautvillers sut trouver dans la présence des troupes une légère occasion de bénéfice, ce ne fut guère qu'une faible compensation des torts que lui avaient causés et lui causaient encore leurs désastreux passages en d'autres lieux et même chez eux. Villeneuve, près de Vertus, nous l'avons remarqué ailleurs, était, par ses dîmes et par quelques propriétés qu'y avaient les religieux, une des principales sources des revenus de leur pitance. Or, depuis 1651, et durant quatre années consécutives, le passage des armées avait anéanti les récoltes et ruiné les habitants. L'église de ce pauvre village n'avait même pas été épargnée.

En 1651, est-il dit, l'armée de la Fertez étant campée à Plivot, les soldats étant continuellement à Villeneuve, et les habitants exposés au pillage plus que tous les autres endroits, moins heureux encore les années suivantes, ils s'étaient vus contraints d'abandonner leurs maisons et leur village, n'y pouvant aucunement habiter à cause que leur bétail avait été pris par les gens de guerre, leurs personnes maltraitées, battues et dépouillées, les grains de toute l'année enlevés. En 1652, l'armée de Charles de Lorraine y avait campé deux fois, et commis de grands ravages, jusqu'à mettre le feu.

En 1653, l'armée de Turenne avait achevé de ruiner entièrement le village jusqu'à déchirer, enlever les ornements de l'église et y loger. Enfin, en 1654, un corps d'armée avait mis le feu aux habitations et réduit en cendres les deux tiers d'entre elles, brûlant, brisant les portes, les greniers, abattant les autres maisons, de sorte que les pauvres habitants furent obligés de laisser leurs terres incultes et en savarts. Et pourtant c'étaient des troupes amies, plus qu'amies, c'étaient des soldats français qui ainsi dévalisaient et pillaient leurs infortunés compatriotes. A coup sûr, une invasion étrangère n'aurait pas été, pour Villeneuve, un fléau plus redoutable.

Pleins de compassion pour une infortune qui n'était que trop réelle, les religieux d'Hautvillers ne consultèrent que leur générosité habituelle, et firent charitablement remise, aux habitants de Villeneuve, des dîmes accoutumées pendant plusieurs années. Il y a du bonheur à enregistrer de pareils faits.

L'année suivante, 1653, fut remarquée par la construction de l'autel de Sainte-Hélène, qui se voit encore de nos jours dans l'église conventuelle ; ainsi, du moins, le rapporte un mémoire que nous avons sous les yeux. Depuis la reconstruction de l'église, après l'incendie des Calvinistes, il y avait déjà, dans la chapelle de Sainte-Hélène, un autel provisoire ; il fut renouvelé, comme nous venons de le dire, et, de plus, cet autel fut privilégié par la bulle d'Innocent X, quatre ans après sa construction, 1657.

Procès coûteux soutenu par la paroisse de Dizy
(1656)

La paroisse de Dizy était loin d'être toujours heureuse dans ses démêlés avec les agents de la mense abbatiale ; c'est au point que les habitants de ce village, assemblés le 20 novembre 1656, se résignèrent à abandonner des portions notables de pré et de bois, à l'abbé commendataire, pour voir finir un procès malheureux.

Ce n'étaient pas, toutefois, les premières leçons qui leur ont été données ; déjà, en 1511, il avait fallu abandonner sept arpents de pré réservé, pour obtenir que l'abbé commendataire confirmât une déclaration qu'ils avaient faite de leurs biens communaux.

Nous verrons, à la fin de cet article, que leur éducation n'était pas facile sur cette matière.

Constructions diverses et incendie des pressoirs de l'abbaye.

La même année, 1656, est signalée par la construction de divers bâtiments pour les besoins du monastère et notamment pour l'extension du commerce des vins déjà si renommés de l'abbaye d'Hautvillers. C'est ainsi qu'en face de la maison abbatiale, s'élevaient de magnifiques bâtiments pour l'emplacement des pressoirs, et une partie devant servir de celliers qui, quelques années après, en 1661, devaient avoir un pendant par la reconstruction d'un grand et vaste cellier voûté près du cloître. Sur l'emplacement de ce cellier, qui servit aussi à la manutention des vins, existait un grand corps de logis qui avait été aussi la proie des flammes dans le malheureux incendie de 1562.

Nous admirons encore aujourd'hui ce beau bâtiment voûté ; il sert d'écurie aux chevaux de la ferme de M. Chandon de Briailles. En 1763, ce bâtiment était déjà affecté à des écuries, les religieux ne se servaient plus que des pressoirs et des celliers y attenant, en commun avec M. l'abbé.

Ces celliers et pressoirs qui, depuis leur construction, n'avaient cessé, pendant deux cent vingt-deux ans, d'avoir autour

Ancien Vendangeoir incendié le 18 Septembre 1878.

d'eux et dans leur intérieur un mouvement des plus admirables et des plus actifs, produit par de nombreux ouvriers, surtout au moment de la vendange, pour le pressurage, le dépotage et le classement des vins, vinrent d'avoir une fin malheureuse, le 28 septembre 1878. Vers quatre heures du soir, le feu prit par accident dans les greniers au-dessus, et, en quelques heures, il ne restait plus que les murs calcinés de ces magnifiques bâtiments.

Par cet incendie, les restes de l'antique abbaye royale d'Hautvillers devaient encore perdre une partie de leur prestige. Ces celliers, dévorés par les flammes, ne devaient plus reparaître à cet endroit même où ils avaient été construits. Pour des raisons en faveur du commerce si étendu de la maison Moët et Chandon, ils ont été transportés sur la route de Cumières à Dizy, lieudit : Les Voirivats. Là, construits sur un nouveau modèle, malgré le souvenir de la perte de leurs frères, ils ne laisseront pas d'attirer l'attention et l'admiration de ceux qui les visiteront. Ils portent le nom de celui qui sait si bien conserver à l'abbaye tout ce qui se rattache à son ancienne gloire. Ils s'appellent : *Les Pressoirs Chandon de Briailles*.

En l'année 1657, les religieux recevaient du Saint-Siège une nouvelle preuve de sa haute bienveillance. Si précieuses et si multipliées que fussent les indulgences, qui jamais ne manquaient d'attirer, à ces solennités du monastère, nombre de pieux et généreux fidèles, l'année 1657 devait voir lui venir une nouvelle faveur du souverain pontife. On trouve, en effet, que, par une bulle du 18 juillet, Innocent X accordait une indulgence plénière à tout fidèle qui, muni des sacrements de Pénitence et d'Eucharistie, visiterait dévotement, le jour de la fête de Sainte-Hélène, l'église du monastère, et là prierait Dieu pour l'union des princes chrétiens, pour l'extirpation des hérésies et l'exaltation de l'Église romaine. Toutefois, au terme de la bulle, cette faveur ne devait pas s'étendre au-delà de sept ans. Sur une ordonnance de l'archevêque de Reims, Léonore d'Estampe, donnée le 11 août de la même année, la bulle du pape fut livrée à l'impression et publiée partout le diocèse.

BULLE DE INNOCENT X,

QUI ACCORDE UNE INDULGENCE PLÉNIÈRE
POUR LA FÊTE DE SAINTE-HÉLÈNE

(18 JUILLET 1657)

INNOCENTIUS, P. P. X.

Universis Christi fidelibus præsentes litteras inspecturis salutem et apostolicam benedictionem ; ad augendam fidelium religionem et animarum salutem, cœlestibus ecclesiæ thesauris, pia charitate intenti omnibus utriusque sexus Christi fidelibus vere pœnitentibus et confessis ac sacra communione refectis qui ecclesiam monasteri S. Petri de Altovillari monachorum ordinis sancti Benedicti Remensis diœcesis die festo. Sanctæ Helenæ a primis vesperis usque ad occasum solis diei festi singulis annis devote visitaverint et ibi pro christianorum principum concordia hæresiumque extirpatione ac sanctæ matris ecclesiæ exaltatione pias ad Deum preces effuderit plenariam omnium peccatorum suorum indulgentiam et remissionem misericorditer in Domino concedimus præsentibus ad septennium valituris, volumus autem quod si alias Christi fidelibus dictam ecclesiam aut in ea capellam seu altare sita in alio anni die visitantibus aliqua indulgentia perpetuo vel ad tempus nondum elapsum duratura concessa fuerit aut si pro impetratione, præsentatione, admissione seu publicatione præsentium aliquid vel mi-

INNOCENT X, PAPE.

A tous les fidèles de Jésus-Christ, qui ces présentes lettres verront, salut et bénédiction apostolique ; pour augmenter la religion des fidèles et favoriser le salut des âmes, veillant avec une pieuse sollicitude sur les trésors célestes, à tous les fidèles des deux sexes vraiment pénitents, qui se seront confessés, auront reçu la sainte communion et visiteront dévotement chaque année l'église de Saint-Pierre-d'Hautvillers, de l'ordre de Saint-Benoît, au diocèse de Reims, au jour de la fête de Sainte-Hélène, à partir des premières vêpres jusqu'au coucher du soleil du jour de la fête, et là prieront Dieu pour la concorde des princes chrétiens, l'extirpation des hérésies et l'exaltation de notre mère la Sainte Église, par les présentes valables pour sept ans, nous leur accordons miséricordieusement dans le Seigneur l'indulgence et la rémission entière de tous leurs péchés, nous voulons que si, dans une autre circonstance, aux fidèles de Jésus-Christ qui visiteront ladite église ou une de ses chapelles ou autels, un autre jour de l'année, nous avons accordé quelque indulgence devant durer ou toujours ou pour un temps non en-

nimum detur aut etiam sponte oblatum recipiatur præsentes nullæ sint eo ipso.

Datum Romæ apud Sanctam Mariam majorem sub annulo piscatoris die XVIII julii MDCLVII. Pontificatus nostri anno tertio. Gratis pro Deo, etiam scriptura.

core écoulé, ou bien si par la présentation, l'impétration, l'admission ou la publication des présentes lettres, il nous a été fait un don, quelque petit qu'il soit, ou bien si nous avons accepté un don spontanément offert, nous voulons qu'à cause de cela les présentes lettres n'aient aucune valeur.

Donné à Rome, auprès de Sainte-Marie-Majeure sous l'anneau du pêcheur, le 18 juillet 1657, la troisième année de notre pontificat. Écrit *gratis pro Deo*.

Publication de la bulle précédente :

Visis per nos archiepiscopum ducem Remensem primum Franciæ parem, supra scriptis indulgentiarum litteris eas typis mandari et per diœcesim nostram publicari permittimus.

Datum Remis in palatio nostro archiepiscopali die XVII augusti 1657.

† D'ESTAMPES.

De mandato illustrissimi D.D. mei.

S. PINGUENET.

Étant vues par nous, archevêque, duc de Reims, premier pair de France, les présentes lettres d'indulgences, nous permettons de les faire imprimer et publier dans notre diocèse.

Donné à Reims, en notre palais archiépiscopal, le 17 août 1657.

† D'ESTAMPES.

Par mandement de mon illustrissime Seigneur.

S. PINGUENET.

Le 28 septembre de la même année 1657, avait lieu une fondation faite, en faveur de l'abbaye, par haute et puissante dame Catherine d'Étouf-Pradine, veuve de messire Claude De Rauldier, vivant chevalier, seigneur de La Chapelle, vicomte de Ville-en-Tardenois, gouverneur pour le roy en la ville de Rethel, seigneur en partie de Vaucienne et autres lieux. La fondatrice donnait au monastère la somme de sept livres de rente annuelle, à la charge, pour les religieux, de dire et célébrer annuellement et perpétuellement, au 23 juillet, une messe haute, avec vigiles et recommandises, en la chapelle de Sainte-Hélène, à l'intention dudit seigneur de La Chapelle, et arrivant le décès de la donatrice, célébrer à son intention un service solennel en laditte église, et au jour anniversaire une messe haute, laquelle ils remettront, conjointement avec le service dû audit seigneur son mary.

Fondation faite par dame Catherine d'Etouf-Pradine, veuve de messire Claude de Bauldière, vivant chevalier, seigneur de La Chapelle et autres lieux.

(28 septembre 1657)

Pardevant le notaire royal héréditaire en Vermandois, résidant à Hautvillers, soussigné, est comparu, en sa personne, haute et puissante dame Catherine d'Etouf-Pradine, veuve de messire Claude De Bauldière, vivant chevalier, seigneur de La Chapelle, vicomte de Ville-en-Tardenois, gouverneur, pour le roy, en la ville de Rethel, seigneur en partye de Vaucienne et autres lieuxdits, demeurant audit Ville-en-Tardenois, de présent à Hautvillers, laquelle, de sa bonne volonté, vraye libéralité, en continuant les pieux desseins que ledit seigneur son mary avait lors de son déced, qui arriva le 22 juillet de l'an présent 1657, ayant désir de faire don et yceluy dédié, au nom de sainte Hélène, pour les entretenements de l'église et édification du peuple, et que, par ce moyen, sa mémoire y soit éternisée, a donné et par ces présentes donne, par pur don et irrévocable, la somme de trois livres dix sols de rente par an, avec le principal, arrérages, frais et loyaux, cousts d'icelle due à laditte dame donatrice par Benoît Galland, demeurant à Damery, et encore la somme de trois livres dix sols de rente par an, avec le principal, arrérages, frais et loyaux, cousts d'ycelle, à elle pareillement due par Jacques Delacroix, bourgeois demeurant à Fleury, suivant le transport fait audit seigneur de La Chapelle, par Pierre Goyte et Nicolle Arnoult, sa femme, passé pardevant Lasnier et Guy Allain, nottoires royaux à Damery, le 26 décembre 1656, aux causes mentionnées audit transport, lequel don a été pris et accepté par les vénérables religieux, prieur et couvent de l'abbaye d'Autvillers, administrateurs et gardiens des biens et revenus de laditte église, comparants par révérend dom Nicolas Bocquart, prieur; dom Grégoire Bailly, sousprieur; dom Michel Tranche; dom Pierre Sorlet; dom Benoît

Vinot; dom Isidore Huguin; dom Odilon Viart; dom George Martin; dom Théodore Des Forges, tous prêtres religieux profès de laditte abbaye, étant pour ce assemblés à la sacristie de laditte église, et, à cet effet, leur a été mis ès mains, par laditte dame, ledit transport et pièces justificatives d'yceluy, pour faire telle diligence et poursuite que bon leur semblera, et à faire pour raison. Ce présent transport fait moyennant et à la charge par lesdits acceptants, leurs successeurs et ayant cause, de dire et célébrer annuellement et perpétuellement, au 23 juillet, une messe haulte avec vigiles et recommandises, en la chapelle de Sainte-Hélène, à l'intention dudit seigneur de La Chapelle, réputé fondateur en laditte église, à cause dudit don, à prendre et percevoir lesdittes rentes tous les ans, au jour et festes de Saint-Martin d'hyver, comme est plus amplement déclaré ès contrat de constitution, clauses, baux à titre de cens annuels et perpétuels, les héritages y mentionnés, affectés, hypothéqués ès dittes rentes, cours et continuation, comme en pareil cas tous autres hypothèques acquis en conséquence, et sans innover que pour ce, et à cause dudit don, lesdits acceptants ès dits noms, successeurs et ayant cause, vrays seigneurs et propriétaires d'yceluy, a été accordé, par lesdits sieurs acceptants, qu'arrivant le décèd de laditte dame donatrice et en estant adverty, dire, célébrer, à son intention, un service solennel en laditte église, comme il est accoustumé de dire à tous les bienfaiteurs et au jour anniversaire, une messe haulte, laquelle ils remettront conjointement avec le service deû audit seigneur son mary, à l'entretenement de ce que dessùs, les partys, chacune d'elles en son regard, ont obligé, sçavoir : laditte dame, ses biens à garantir, et lesdits sieurs, les biens et revenus temporels de laditte abbaye d'Hautvillers, à satisfaire ès charges cy-devant et au jour y nommé, sans y défaillir, à peine de tous dépens, dommages et intérests, renonçants, etc., et ont signé en la minutte.

Fait audit Autvillers, le 29ᵉ jour de septembre 1657. Présents : Barthélemy Malbeste et Jean Contan, demeurants audit Autvillers, témoings qui ont signé aussy en laditte minutte, et a esté, ces présentes, scellées et controllées ledit jour, suivant l'édit du roy.

Signé : HUSSON.

(*Archives nationales*, Q⁵, 675, folio 87.)

Trois mois s'étaient écoulés depuis la dernière bulle d'Innocent X, que l'abbaye d'Hautvillers en obtenait une autre plus précieuse encore. C'était l'érection d'un l'autel privilègié. Depuis longtemps, les religieux avaient en vain soupiré après une telle faveur, leur église en était encore dépourvue. On sait qu'autrefois c'était une règle en chancellerie romaine de n'accorder ces sortes d'autels ou indulgences que pour un ou deux jours de la semaine, selon le nombre des messes célébrées dans l'église où on les érigeait, savoir : pour un jour de la semaine, lorsqu'on disait sept messes par jour, et pour deux jours si l'on en disait quatorze, pourvu encore qu'il n'y eût point d'autres autels privilégiés dans la même église. A part une légère et favorable modification, cette règle fut observée dans la concession faite aux religieux d'Hautvillers. C'est ainsi que, moyennant la célébration quotidienne de sept messes dans l'église du monastère, Innocent X accordait l'usage de l'autel privilégié : 1° pour le jour de la Commémoration des fidèles défunts et chacun des jours de l'octave; 2° pour le lundi de chaque semaine. Ce fut l'autel de Sainte-Hélène, qui obtint cette faveur.

Toutefois, cette faveur du Saint-Siège était expressément restreinte aux seuls prêtres religieux du monastère d'Hautvillers, et même, pour eux, la concession faite ne s'étendait pas au-delà de sept années. Les autres prêtres religieux, plus nouvellement reçus dans l'abbaye, en jouissaient à leur tour, pendant la même période de temps.

BULLE DU PAPE INNOCENT X

POUR L'ÉRECTION D'UN AUTEL PRIVILÉGIÉ, EN L'ÉGLISE D'HAUTVILLERS

(3 OCTOBRE 1657)

Innocentius papa X, ad futuram rei memoriam, omnium saluti paterna charitate intenti sacra interdum loca spiritualibus indulgentiarum muneribus decoramus ut inde defunctorum fidelium animæ Domini nostri Jesu-Christi ejusque sanctorum suffragia meritorum consequi et illis adjutæ ex purgatorii pœnis ad æternam

Innocent X, pape, pour le futur souvenir de la chose, veillant avec une paternelle sollicitude sur le salut de tous, nous enrichissons parfois des lieux sacrés de dons spirituels, afin que les âmes des fidèles défunts de Notre-Seigneur Jésus-Christ, puissent obtenir le suffrage de ses saints et aidés de ce secours être conduits par la

salutem per Dei misericordiam perduci valeant. Volentes igitur ecclesiam monasterii Sancti-Petri de Altovillari, ordinis Sancti-Benedicti diœcesis Remensis in quo nullum altare privigeliatum concessum reperitur et in ea situm altare Sanctæ Helenæ hoc speciali dono illustare dummodo in ea septem missæ quotidie celebrentur; authoritate nobis a Domino tradita ac de omnipotentis Dei misericordia et beatorum Petri et Pauli apostolorum ejus authoritati confisi, ut quotiescumque sacerdos aliquis ejusdem ecclesiæ duntaxat missam defunctorum in Die commemorationis defunctorum et singulis diebus infra illius octavam necnon feria secunda cujuslibet hebdomadæ pro anima cujuscumque fidelis qui in charitate Dei conjuncta ab hac luce migraverit, ad prædictum altare celebrabit anima ipsa de thesauro ecclesiæ per modum suffragii indulgentiam consequatur, ita ut ejusdem Domini Jesu-Christi ac beatissimæ Viginis Mariæ, cæterorumque omnium sanctorum meritis sibi suffragantibus a purgatorii pœnis liberetur concedimus et indulgemus in contrarium facientibus nonobstantibus quibuscumque præsentibus ad septennium tantum valituris.

Datum Romæ apud Sanctam Mariam majorem sub annulo piscatoris. Die II octobris MDCLVII, Pontificatus nostri anno tertio, gratis pro Deo etiam scriptura.

M. A. Moraldus.

miséricorde divine à la gloire éternelle. Voulant donc que l'église du monastère de Saint-Pierre-d'Hautvillers, de l'ordre de Saint-Benoît, au diocèse de Reims, dans laquelle on ne trouve aucun autel privilégié, jouisse de cette faveur, nous l'attachons par un don spécial à l'autel de Sainte-Hélène, qui s'y trouve, pourvu que chaque jour on y célèbre sept messes, en vertu de l'autorité qui nous a été confiée par le Seigneur confiant en la miséricorde du Dieu Tout-Puissant, et à l'autorité de ses bienheureux apôtres Pierre et Paul, de telle sorte que chaque fois qu'un prêtre, mais toutefois attaché à cette église, célébrera audit autel la messe des défunts au jour de la Commémoration des Morts, et chaque jour de son octave et aussi le lundi de chaque semaine, pour l'âme d'un fidèle sorti de ce monde en union avec Dieu par la charité, cette âme reçoive du trésor de l'Église, par manière de suffrage, l'indulgence de ses fautes, de telle sorte que aidée des mérites du même Seigneur Jésus-Christ, de la bienheureuse Vierge Marie et de tous les autres saints, elle soit délivrée des peines du Purgatoire. Voilà ce que nous accordons par les présentes, valables pour sept ans, nonobstant toute autre déclaration contraire.

Donné à Rome, près Sainte-Marie-Majeure, sous l'anneau du pêcheur, le 2 octobre 1657, la troisième année de notre Pontificat.

Ecrit pour l'amour de Dieu.

M. A. MORAUD.

Déjà nous avons parlé de Cumières, mais nous devons, en ce moment, en parler d'une manière particulière : quelle que puisse être l'antiquité de ce village, dont l'origine est incontestablement antérieure au xie siècle, car il en est fait mention expresse, en 1095, parmi les villages cédés au monastère par l'archevêque Renauld, de même que dans la bulle de Paschal II, en 1102.

Il est certain que, jusqu'au xviiie siècle, ce village fit constamment partie de la paroisse d'Hautvillers. Il n'y avait là, malgré une population déjà nombreuse, qu'une modeste chapelle, placée sous le vocable de Saint-Jean-Baptiste, et dont le titre était donné à un religieux du monastère ; mais pas d'office public, si ce n'est à des époques rares et tout à la volonté du chapelain ; aussi, pénible et grandement difficile était, pour ces chrétiens délaissés, l'accomplissement entier des devoirs religieux, surtout aux jours de la mauvaise saison ; heureusement, l'année 1662 amena en leur faveur une innovation, appelée depuis longtemps par tous leurs vœux. Moyennant un traitement annuel de 250 livres tournois, fourni par les habitants, un prêtre, nommé Bourmont Michel, accepta le service précaire de la chapelle. Aux termes de l'acte conventionnel, dressé à ce sujet le 7 janvier 1662, les obligations de cet humble vicaire se résumaient comme nous le verrons : 1° à chanter et célébrer tous et chacun les dimanches et fêtes pendant et durant six années la sainte messe et assister tant aux matines qu'aux vêpres. 2° Outre, à dire deux messes d'ordinaire par chacune semaine, savoir : une de Saint-Sébastien et de l'autre des Trépassés ; néanmoins arrivant une ou deux fêtes pendant icelles semaines, ne sera tenu icelles messes célébrer si bon ne lui semble, cela étant délaissé à sa dévotion.

Traité de la communauté de Cumières pour un vicaire
(7 Janvier 1662)

Nous soussignés les habitans de Cumières étant audevant de la chapelle dudit lieu, la cloche sonnée à cet effet à la manière accoutumée, cejourd'huy 7e jour de janvier 1662 promettons payer à M. Michel Bourmont, prêtre desservant à présent en laditte chapelle, la somme de 200 livres tournois, par chacune des six années qu'il promet desservir en la susditte chapelle, sçavoir : de dire, chanter et célébrer tous et un chacun les dimanches et festes pendant et durant lesdittes six années la sainte messe, et assister tant aux matines que vêpres que l'on a accoutumé dire en icelle, outre, plus de dire deux messes d'ordinaire par chacune semaine, desdittes six années, sçavoir : une de Saint-Sébastien et l'autre des Trépassés, néanmoins arrivant une ou deux festes, pendant ycelles semaines ne sera tenu icelles messes célébrer si bon ne lui semble cela étant delaissé à la dévotion, lesdittes six années commençantes au deuxième jour du présent mois de janvier dernier passé et finissant à pareille époque jour ycelles finies et accomplies, laquelle somme de 250 livres, nous permettons lui payer par chacun desdittes six années par trois mois et par égale portion, et par advance, le tout ce que dessus, promettons tenir et entretenir comme aussy ledit sieur Bourmont en peine de tous dépens et dommages et intérêts.

La plus grande et saine partie de nous ont signez et les autres ont dit et declarez ne sçavoir signer, comme aussy ledit sieur Bourmont signé et a été le présent acte double pour nous servir, aussy audit sieur Bourmont ainsy que de raison, les jour, mois, et an que dessus.

   Signé : Michel de BOURMONT, prêtre, avec paraphe ;
     GEOFFROY ; Pierre GODARD ; Thomas
     GUELLIOT ; J. LELARGE ; PORTEVIN ;
     J. CHARLEMAGNE ; Joseph LEFEVRE ;
     J. HUSSON ; J. COUSIN ; J. ARNOUT ;
     J. SIGNOCOURT ; Aubry LELARGE ;
     J. PIETTREMONT ; Aubry LANGLOIS ;
     Pierre CAMUS, avec paraphe.

Éloge de Cumières.

On trouve, à la bibliothèque de Reims, les œuvres de Drogon, chanoine, écolâtre de Reims. Ce Drogon d'Hautvillers a fait sur Cumières une pièce de vers que nous nous plaisons à rapporter pour l'honneur de nos voisins qui habitent ce charmant pays.

VERSUS

DE VIRTUTIBUS ET BONIS OPERIBUS A MAGISTRO DROGONE DE ALTOVILLARI SCHOLASTICO REMENSI JURIS CIVILIS PROFESSORE COMPOSITI

De Cumeriis et de partibus adjacentibus.

Si quis in hoc mundo vult vivere corde jocundo
    Vadat Cumerias sumere delicias,
Est ibi cœlestis locus; affert gaudia mœstis,
    Tristitiam removet, ægrotos sanat, egenos
Ditat, ibique senes juvenescunt, ac alienos
    Advocat indigenas, proprio sibi quo bene viso
Recte dicetur terrestri par paradiso
    Cum patria materna vale mater regionum
Ex te perfecte nascitur omne bonum.
    Coram te sileant omnes aliæ regiones
Quod tibi præferri possint cessent rationes.
    Ecce Dei patria, Deus hic et virgo Maria
Cum sanctis habitant pro qua loca cetera vitant
    Bachus odoriferus, sapidusque, placens ibi merus
Undique potatur et ibidem vindemiatur
    Ecce meri cumulus merito meruere vocari
Cumerie, nec dic aliter, si vis benefari.

TRADUCTION DES VERS PRÉCÉDENTS

COMPOSÉS PAR DROGON, D'HAUTVILLERS, ÉCOLATRE DE REIMS, PROFESSEUR DE DROIT CIVIL, MORT EN 1272

Cumières et ses environs.

    Voulez-vous vivre ici-bas d'une manière agréable? Allez goûter les délices de Cumières. C'est un séjour céleste; là, la tristesse se change en joie, plus de chagrins, plus de maladies, plus de pauvreté; les vieillards y retrouvent l'ardeur de leurs jeunes ans, et les étrangers sont enfants du pays. C'est, à juste titre, qu'après l'avoir vu, on le dit semblable au Paradis terrestre.
    Salut! terre nourricière de tes enfants; c'est de toi que vient tout bien parfait! Devant toi, toutes les autres contrées se taisent, et

il n'est aucune raison qui puisse t'ôter la préférence. C'est la patrie du Seigneur.

C'est là qu'habitent Dieu, la Vierge Marie, tous les Saints ; c'est pour cette contrée que Bacchus, avec ses parfums et sa saveur, abandonne les autres pays ; c'est là que la vigne partout produit une boisson agréable. Et voici que tes vins sont renommés à juste titre pour leur abondance, ô Cumières, et ce n'est pas une simple parole, si l'on veut parler franchement.

Cumières, à l'époque de Drogon, d'Hautvillers, avait donc déjà des vignes, et on y faisait aussi du bon vin, mais qui n'avait pas la réputation de celui d'Hautvillers.

Du temps de Drogon, dont il vient d'être parlé, vivait à Reims, *Albericus de Alto Villari*, écolâtre, chanoine de Reims, en 1265. C'était encore une gloire d'Hautvillers.

Les religieux d'Hautvillers enrichissent l'abbaye des reliques de saint Berchaire, leur premier abbé.

En l'année 1662, on vit s'augmenter le trésor des saintes reliques honorées à Hautvillers. Bien que déjà dix siècles eussent passé sur cette abbaye, ses religieux n'en avaient pas moins en grande vénération la mémoire et les vertus de leur premier abbé, l'illustre et bienheureux Berchaire. Plus d'une fois, sans doute, le souvenir de sa vie si belle leur avait fait ambitionner la possession d'une partie, si faible qu'elle fût, de ses précieuses reliques. Ce bonheur devait leur arriver le 2 décembre 1662, ainsi que le constate l'acte authentique dressé alors en présence de tous les religieux de Montier-en-Der, abbaye dépositaire de ces restes vénérés ; le prieur Pierre Dubois et son sous-prieur François Castellant, ouvraient la châsse du bienheureux et en tiraient un ossement destiné au monastère d'Hautvillers. Cette relique y fut reçue avec une respectueuse dévotion et placée honorablement dans l'église. Voici l'acte destiné à faire foi de cette translation :

« Nous, dom Pierre Dubois, prieur de l'abbaye de Notre-Dame de Montier-en-Der, ordre de Saint-Benoît, et dom François Castellant, sous-prieur et official de ladite, certifions avoir pris, dans la châsse du glorieux martyr et confesseur saint Berchaire, où reposent les sacrées reliques, en présence de tous les religieux de laditte abbaye, cet ossement, en témoignage de quoy, nous, Dubois et Castellant, que dessus avons mis nos seings, manuels à cet instrument, pour servir de mémoire à la postérité, et apposé le scel de notre maison et officialité, le 2 décembre 1662.

« Signé : DUBOIS, prieur que dessus ; dom FRANÇOIS CASTELLANT, sous-prieur official. »

Quelques jours après, cette précieuse relique était reçue à Hautvillers, comme l'atteste l'acte suivant :

Hanc reliquam ex ossibus sancti Bercarii martyris et confessoris desumptam ut testantur prædicti patres allatam fuisse in monasterium sanctæ Helenæ Altivillarensis quam devote et reverenter susceperunt in sua ecclesia die sexto decembris anno 1662. In cujus rei fidem subscripsit prior monasterii Altivillarensis. Domni CL. GÉRAUDEL.	Cette relique, prise parmi les ossements de saint Berchaire, martyr et confesseur, comme l'attestent les susdits pères, fut apportée dans le monastère de Sainte-Hélène d'Hautvillers, où elle fut pieusement déposée dans l'église, le 6 décembre 1662. En foi de quoi le prieur du monastère d'Hautvillers a signé. Dom CLAUDE GÉRAUDEL.

(Dom Baillet, *Chronologie.*)

L'auteur inconnu de l'*Inventaire du Cartulaire de l'abbaye d'Hautvillers* (1759) dit, à propos de la translation des reliques de saint Berchaire : « On trouve dans une liasse : *Permission du chapitre général aux religieux d'Hautvillers, de recevoir des reliques de saint Berchaire.* Il est permis au révérend père prieur d'Hautvillers de recevoir des reliques de saint Berchaire, posant en l'église de Montier-en-Der, par ordonnance du chapitre, en 1660. Le révérend père conservateur du chapitre général ne trouve rien à redire que les religieux d'Hautvillers donnent réciproquement des reliques de saint Nivard aux religieux de Montier-en-Der, pourvu qu'il plaise aux révérends définiteurs de le leur permettre.

« Fait à Saint-Mihel, le 20 avril 1660.

« Agréé, par ordonnance du chapitre,

« Dom HENRI HENEZON, *secrétaire.* »

Lettre de Montier-en-Der, du 16 avril 1662, écrite par dom frère Duclot, qui promet de porter incessamment les précieuses reliques de saint Berchaire à Hautvillers.

Item, le certificat que la susditte relique de saint Berchaire a été apportée et déposée en l'église des religieux d'Hautvillers.

Les habitants de Dizy sont condamnés à payer une redevance contestée.

(1662)

Nous avons promis de ne pas terminer cet article sans dire encore un petit mot de Dizy. — Si légitime et si ancien que fût le droit de dîmes, il s'en faut de beaucoup qu'il fût du goût des populations sur lesquelles elles se prélevaient ; c'est là une vérité historique que personne ne peut révoquer en doute. Partageant les idées répulsives du plus grand nombre, mais plus osés que beaucoup d'autres, certains habitants de Dizy, propriétaires de vignes, se mirent un jour en tête de refuser ce droit à leur seigneur et maître, l'abbé d'Hautvillers. Évidemment leurs prétentions étaient insoutenables pour ne pas dire ridicules, on ne devance pas si rapidement son siècle, ses idées et ses usages ; aussi ce fut pour eux peine inutile. Une sentence, rendue par la justice d'Hautvillers, le 12 juin 1662, condamne les récalcitrants à payer la redevance contestée sur le pied de trente pintes par queue, on payait à volonté 10 livres par arpent. Cette somme fut abaissée à 8 livres en 1732.

Les choses allèrent plus loin ; soit que, fondés sur des raisons qui nous sont restées inconnues, les habitants de Dizy eussent réellement foi en la bonté de leur cause, soit qu'ils suspectassent de partialité les juges d'un tribunal mal placé sous la juridiction immédiate de leur adversaire, les condamnés tentèrent la chance d'un appel, ils en furent quittes pour des frais nouveaux et plus considérables, la dîme contestée rapportait de và 900 livres.

Acquisition d'une statue en argent massif.

(1662)

Dans le courant de la même année, les religieux faisaient l'achat d'une statue de sainte Hélène, en argent massif. C'est cette statue qui tomba au pouvoir des révolutionnaires et fu^t envoyée à la monnaie en 1793. Elle avait coûté 1,400 livres, d'après l'inventaire fait des objets mobiliers, en 1677, par dom Odilon Aubry, religieux d'Hautvillers *(Archives de Saint-Jean de Châlons.)*

Cette statue en argent fut remplacée par une autre de même dimension, en bois argenté ; c'est cette statue qu'on porte en procession dans les pèlerinages du lundi de la Pentecôte et du 18 août.

LXXXe ABBÉ

FRANÇOIS DE CHAUMEJEAN DE FOURILLE

(DE 1663 A 1668)

Le 4 mars 1663 mourait Barthélemy Delbène, et, quelque temps après, Louis XIV lui donnait pour successeur François de Chaumejean de Fourille, et l'on envoyait en cour de Rome les lettres de nomination en sa faveur. Soit à cause de l'extrême jeunesse de ce personnage, âgé seulement de dix-sept ans, soit pour toute autre cause inconnue, cette nomination trouva des difficultés auprès du souverain pontife. Impatient du retard mis à l'expédition de ses bulles, le jeune abbé provoqua un arrêt du grand conseil qui l'autorisa à prendre possession de son abbaye, à la charge toutefois d'obtenir les bulles de Rome dans six mois et de prendre nouvelle possession en vertu d'icelles.

Aux *Archives nationales* (V ^{s}, 1236, f° 127), se trouvent les lettres patentes par lesquelles le grand conseil pourvoit à l'administration des fruits et revenus de l'abbaye de Saint-Pierre-d'Hautvillers, ladite abbaye étant venue à vaquer par suite du décès de Mgr Delbène, évêque d'Agen, dernier possesseur de l'abbaye. Ces lettres sont datées du 30 avril 1663. François de Chaumejean de Fourille n'était pas encore nommé.

Arrêt du conseil du roy qui autorise François de Chaumejean de Fourille à prendre possession de l'abbaye d'Hautvillers, attendu les empêchements de la cour de Rome à l'expédition de ses bulles

(13 novembre 1663)

Louis, par la grâce de Dieu, roy de France et de Navarre, à tous ceux qui ces présentes lettres verront, salut; sçavoir faisons comme par arrêt cejourd'huy donné en notre grand conseil, sur la requête présentée en yceluy par notre bien aimé M. François de Chaumejean de Fourille, par nous nommé à l'abbaye d'Hautvillers, ordre de Saint-Benoît, diocèse de Reims, tendante qu'attendu les empêchemens de la cour de Rome à l'expédition des bulles de provision à laditte abbaye, il luy soit permis en vertu de notre brevet et du présent arrêt, d'en prendre possession à la charge d'obtenir les bulles lorsque lesdits empêchemens cesseront et prendre nouvelle possession en vertu d'icelles. Vu par notre dit grand conseil laditte requête du 12 novembre 1663, notre brevet et don, audit de Chaumejean, de laditte abbaye vacante par la mort de Mgr Delbène, évêque d'Agen, dernier possesseur d'icelle, à condition de 1,000 livres de pension à M. Henry de Chaumejean son frère, et de 2,000 livres en faveur de M. Isaac de Bauserade, outre 1,000 livres accordés cydevant à M. Delbène, chevalier de l'ordre de Saint-Jean-de-Jérusalem, du 31 avril audit an... Certificat de M. Auger de Massiac, portant que le 4 mai 1663, il a envoyé ès cour de Rome à son correspondant nos lettres de nomination pour en faire expédier les bulles au profit dudit François de Chaumejean, lesquelles lettres sont arrivées en laditte cour le 25 dudit mois et dudit an, de laquelle il n'a pu jusqu'à présent procurer l'expédition desdittes bulles, pour les empêchemens nottoires aux expéditions des bénéfices de notre nomination, du 12 novembre audit an 1663. — Lettres de tonsure dudit François de Chaumejean du 29 mars 1659. Conclusion de notre procureur general, yceluy notre grand conseil ayant égard à laditte requête, a permis et permet audit de Chaumejean de Fourille, en vertu dudit brevet et du présent arrêt, de prendre possession de laditte abbaye d'Hautvillers pour la conservation de ses droits, à la charge d'obtenir bulle de cour de Rome, dans six mois, et de prendre nouvelle possession en vertu d'ycelles. S'y mandons en mandement, etc.

Une deuxième pièce, qui vient à la suite de celle-ci, est une procuration donnée par le susdit François de Chaumejean à M. Gentillâtre Thomas, prêtre, curé d'Hautvillers, pour prendre en son nom possession de laditte abbaye, en vertu dudit arrêt, 28 novembre 1663.

(Extrait des *Archives d'Hautvillers,* Reims, 1re layette, 8e liasse, pages 197-198. *Inventaire du Cartulaire.*)

Il n'est pas hors de propos de remarquer que cet abbé n'avait obtenu ce bénéfice important, que moyennant des pensions assez élevées faites à d'autres grands personnages de l'époque ; il fallait que l'abbaye eût de grands revenus pour que, après avoir satisfait à toutes ses obligations, l'abbé eût encore pour lui une pension assez honnête. On voit aussi que les revenus des abbayes, contre lesquelles on s'est tant récrié, n'étaient pas toujours pour le bien-être des pauvres moines, qui supportaient le poids du jour et de la chaleur, mais bien pour des personnages qui, pour être grands, n'avaient pas besoin de fouiller dans les caisses du gouvernement.

Isaac de Benserade, auquel était accordée une pension de 2,000 livres, comme nous l'avons vu, n'était autre que le poète tant goûté sous Louis XIII et Louis XIV. Mazarin, on le sait communément, lui avait créé, sur divers bénéfices, des pensions dont le chiffre total montait bien à 12,000 livres. Malgré tout le respect dû aux volontés du grand roy et de son habile ministre, il faut convenir qu'il y avait abus étrange à rémunérer ainsi, avec le patrimoine de l'Église et des pauvres, la verve galante d'un poète.

Qu'eussent donc dit les premiers fondateurs et les bienfaiteurs des monastères, s'ils eussent prévu que leurs pieuses libéralités dussent servir à entretenir quelques fades prôneurs des misères, des faiblesses humaines ? Aussi, voyez où aboutissait ce désordre, qu'on peut qualifier de sacrilège : pendant qu'ainsi on gaspillait les revenus de l'abbaye d'Hautvillers, ses religieux étaient réduits à en arracher, comme de force, miette par miette, le morceau de pain que leur devait l'abbé commendataire.

Dans l'intervalle écoulé, entre l'arrêt que nous venons de rapporter ci-dessus et la mort du précédent abbé, l'abbaye avait été mise en économat, suivant l'usage pendant la vacance du siège d'un abbé ; les biens de l'abbaye étaient alors régis par un certain Jean Meunier, économe nommé par le roi. Ce Jean Meunier accorda à un nommé Vautrain Honoré, de Dizy, un bail des dîmes du vin de ce village, moyennant la somme de 860 livres annuellement.

Dans le même temps, un nommé Buisson, grand-vicaire de Mgr Delbène, abbé défunt, avait fait une déclaration de tous les biens, rentes et revenus dépendant de la mense abbatiale d'Hautvillers; cette déclaration porte la date de 1663. Se trouve : *Archives nationales*, Q, 675, avec des liasses de baux, cuiellerets et autres titres.

Partage des biens des religieux et de ceux de M. l'abbé.

Nous avons vu, en résumant les articles du concordat de la réforme, que l'abbé était obligé de fournir une certaine quantité de vin et de grain pour l'alimentation des religieux, mais cette clause était si mal observée, si mal exécutée, tant de la part dudit abbé que de ses agents fermiers et sous-fermiers, qu'il s'élevait souvent des difficultés qui occasionnaient des procès, soit pour la quantité ou la qualité desdits grain et vin, soit pour le temps et la manière de les fournir, ce qui dura jusqu'à 1663 ; heureusement, cette année 1663 vit mettre un terme à cet abus, à ce chaos administratif qui datait de 1609. Il fut fait un nouveau partage et séparation de *manse*, c'est-à-dire qu'à titre de frais alimentaires, certains fonds, expressément désignés, furent livrés aux religieux, avec pouvoir de les exploiter et administrer à leur guise et plus grand profit. Nous n'avons pas trouvé le texte de ce partage, mais une note, conservée dans les *Archives d'Hautvillers*, nous assure que, par la suite, il fut rigoureusement suivi et mis à exécution.

Le lecteur nous permettra de donner ici quelques explications sur le mot : manse ou mense.

On disait indifféremment : Manse ou Mense, de là vient que certains étymologistes ont trouvé l'origine de ce terme dans le *Mensa*, table des latins. C'était, en effet, sur les revenus de ces biens appelés mense, que se soldaient les frais alimentaires, les dépenses de la table. D'autres, plus érudits, qui écrivent : manse, tiennent que cette expression vient de *mansus*, mots employés dans les anciens *Capitulaires*, pour désigner une certaine mesure de terre exempte d'imposition et donnée à l'Église. Chaque Église, en effet, par la loi des Francs, avait une manse entière exempte, sinon du service ecclésiastique, au moins de toute autre charge. (Voyez le *Capitulaire* de l'an 853, *apud Sylvacum*, titre xiv. — Voyez aussi Durand de Maillane, *Dictionnaire de Droit canon*, article *Manse*.)

Longtemps les abbés, surtout dans l'ordre de Saint-Benoît, comme par exemple à Hautvillers, eurent tous les biens du monastère et les religieux leurs portions alimentaires ou simples pensions, soit en espèces, soit en argent ; mais les commendataires, ayant abusé de cette administration au préjudice des religieux, on introduisit, vers le milieu du xviie siècle, le partage des biens en trois lots, devenus depuis cette époque le droit commun. De ces trois lots ou parts, l'une était pour l'abbé et s'appelait : manse abbatiale ; la deuxième était pour les moines et s'appelait : manse conventuelle ; la troisième était pour l'entretien et les charges du couvent, et se disait : manse commune. Malheureusement, la distribution de cette troisième portion était laissée à l'arbitraire et à la conscience des commendataires qui, le plus souvent, appliquaient à leurs propres besoins la plus forte partie de cette manse commune. D'après les attributs de cette manse, franche d'impôt et servant à tous les besoins de la communauté en général, on pourrait l'écrire manse plutôt que mense, selon ce que nous avons dit plus haut, et mense, lorsqu'il s'agirait seulement de revenus devant pourvoir aux besoins alimentaires.

Construction du maître-autel.

Dans le cours de l'année 1663, les religieux utilisaient une somme assez ronde, prise sur leurs sages économies, et entraient en marché pour la construction du magnifique maître-autel de leur église ; c'est le même qu'on admire encore aujourd'hui pour la beauté de ses marbres et le grandiose de ses proportions ; le prix en fut fixé à 3,000 livres et trois pièces de vin. Combien ce chef-d'œuvre coûterait-il aujourd'hui ?

L'année suivante, les religieux complétèrent l'ornementation de cet autel par l'acquisition de six chandeliers et d'une croix en argent. Ces chandeliers sont les mêmes que ceux qui ornent encore actuellement cet autel ; seulement, l'argenture venant à disparaître à peu près par le temps, ils ont été vernissés il y a quelques années, en 1868. La croix a disparu à l'époque de la Révolution, avec bien d'autres ornementations. Cet achat important fut accompagné de celui d'un tabernacle en laiton, le même qui fut enlevé en 1793. Dans l'échange fait alors des deux églises, les commissaires du district en avaient fait réserve expresse, apparemment qu'ils le jugeaient trop riche pour une simple église de village ; qu'est-il devenu ? Peut-être fût-il fondu pour fabriquer des engins de guerre ? Oh ! malheur ! ! ! Un tabernacle ciselé avec tant d'art ! ! ! Diverses pièces d'argenterie, telles que : calice, bénitier, etc., furent encore acquises trois ans plus tard, en 1667 ; on voit que les religieux savaient dignement pourvoir à la décoration de leur église et à l'éclat de ses cérémonies.

Construction du clocher.
(1664)

Malgré les importantes réparations faites à l'église depuis l'incendie des Calvinistes, sur les devis dressés en 1635, elle manquait encore d'une tour et d'un clocher en harmonie avec le reste de l'église ; l'année 1664 vit combler cette lacune déplorable ; toutefois, au lieu d'occuper l'angle droit du portail, il fut reconstruit à côté du chœur, sur le prolongement de la nef latérale de droite ; c'est la même construction qui existe de nos jours ; l'on remarque facilement que ce clocher a été construit lorsque le mur latéral de l'église existait déjà. Ce clocher, qui, avons-nous dit, était placé du même côté, près du portail, avait été en partie détruit, ou au moins fortement endommagé, à l'époque du grand incendie du monastère, en 1562. Il avait été construit, en 1497, par Jean Royer, disent les *Chroniques*. Jean Royer alors n'était pas encore abbé, mais seulement prieur de l'abbaye. Si, après cet incendie, il fut rétabli à la place qu'il occupait d'abord, ce fut dans de petites proportions, car il est dit que les cloches n'étaient point entendues. Le clocher, que nous voyons encore aujourd'hui et qui date de 1664, était environné de constructions démolies à la Révolution ; les traces en sont très visibles; il fut lui-même exhaussé en 1770, comme nous le verrons.

Ce ne fut pas seulement leur église qui fut l'objet des soins empressés des religieux, ils surent encore aviser à d'autres dépenses considérables, exigées par les besoins journaliers du monastère. Outre l'établissement d'une cave proche la grande porte d'entrée du monastère, à gauche (1664), ils élevèrent à grands frais diverses constructions, telles que chambres d'hôtes, appelées aussi appartements des dames de France, et qui sont encore debout : infirmerie, bibliothèques, chambres voûtées, c'est-à-dire une partie du cloître, escalier ou autres. On voit qu'avec le partage des manses, et sous la main active des religieux, l'abbaye avait retrouvé des jours d'opulence et qu'elle savait dignement en faire usage.

Retrait de biens aliénés.

(1666)

Si, à certaines époques, l'abbaye malheureuse se voyait obligée à regret d'aliéner une partie quelquefois considérable de ses propriétés, elle ne manquait pas, quand revenaient des jours prospères, de profiter de son droit de rachapt (rachat) et de réintégrer dans son domaine les biens aliénés. Ainsi, on a vu qu'en 1569, pour faire face à sa quote-part des subventions ecclésiastiques, elle avait été forcée d'aliéner les mairies, justices et droits seigneuriaux des hameaux de Villers, Orquigny,

Camp, Heurtebise et Bailleux, moyennant la somme de 2,020 livres, adjugés alors à Henry Desfournaux ; par la suite ce dernier avait fait lui-même rétrocession à Benoît Le Dieu de Ville de la seigneurie de Villers, moyennant 1,600 livres ; c'étaient les petits-fils de Charles, Louis et Robert Le Dieu de Ville, qui, cent ans plus tard, en 1662, en étaient détenteurs (1). Voilà où en étaient les choses quand, par arrêt contradictoire du 24 juillet 1662, l'abbaye, sur sa demande, fut autorisée à rentrer dans la possession desdits biens. Il y eut, à la vérité, de la part des détenteurs, une opposition des plus violentes ; on trouve même qu'ils mirent en jeu certaines chicanes trop ordinaires devant les tribunaux, mais la loi était pour les religieux. Ils en furent quittes pour rembourser le prix d'achat. Nous allons voir, par la pièce qui suit et plus loin encore, combien il était difficile aux détenteurs de ces biens de s'en dessaisir envers les légitimes propriétaires de ces mêmes biens.

Pièce concernant le retrait de la seigneurie de Villers-Orquigny, intitulée : Sommaire de l'instance,

D'entre les abbé, religieux, prieur et couvent de l'abbaye de Saint-Pierre-d'Hautvillers, de l'ordre de Saint-Benoît, défendeurs, et les agents généraux du clergé de France, intervenans. Contre Charles, Louis et Robert Le Dieu, demandeurs en l'allocation des articles mentionnés dans l'état par eux présenté au conseil du 31 may et 5 juin 1666.

En l'année 1569, furent aliénés de l'abbaye d'Hautvillers, pour cause de subventions ecclésiastiques, les mairies, justices et droits seigneuriaux des hameaux de Villers, Orquigny, Camp, Heurtebise et Bailleux, moyennant la somme de 2,020 livres et adjugés à Henry Desfournaux qui rétrocède à Benoît Le Dieu, ayant des demandeurs, la seigneurie de Villers pour la somme de 1,600 livres. Par arrêt contradictoire du 24 juillet 1662, les

---

(1) La famille Le Dieu de Ville existe encore ; un de ses descendants habite le domaine de Raday, commune de Fleury-la-Rivière.

demandeurs sont condamnés à se désister, et départir de laditte
mairie et seigneurie de Villers pour être réunie au domaine de
l'abbaye, en les remboursant suivant les déclarations du roy.
Lesdits demandeurs, pour rendre cet arrêt sans exécution et le
retrait impossible aux défendeurs, ont prétendu les obliger au
remboursement de plusieurs bâtimens estimez à plus de trente
mille livres, qu'ils ont fait construire sur des fonds étrangers,
et ce avec d'autant plus de malice et d'opiniâtreté qu'il est de
notoriété que ces bâtimens sont entièrement inutiles aux défendeurs, qui n'ont aucun fond de terre dans toute l'étendue de
toute laditte seigneurie, et sont hors d'état d'y en pouvoir avoir
parce qu'ils appartiennent tous aux demandeurs et excèdent le
labourage de cinq à six charrues, pour lesquelles faire valoir,
ils leur sont absolument nécessaires. Mais les défendeurs ayant
justifié que le conseil avait toujours déchargé les ecclésiastiques de semblables demandes, et ne les a jamais obligés à
davantage qu'au remboursement des bâtimens construits sur
le fond de l'Église, les demandeurs, pour éviter la condamnation
qui leur estait présente et inévitable, ont soutenu que les bâtiments en question étaient construits sur le fond de laditte
abbaye, et les défendeurs au contraire qu'ils étaient bâtis sur
des rues publiques et sur des fonds étrangers. Sur quoy le
conseil auparavant que prononcer, voulant être pleinement
éclairé du fait, a ordonné par son arrêt du 21 mars dernier,
que sans préjudice du droit des parties au principal, il serait
respectivement informé si lesdits bâtiments sont construits sur
les fonds ou directe de seigneurie de laditte abbaye, mentionné
au contrat d'aliénation de l'année 1569. En exécution de cet
arrêt, les parties ont fait leur enqueste et de quinze témoins ouys
dans celle des demandeurs il n'y en a qu'un seul (valablement
reproché) qui dépose du fait porté par ledit arrêt, mais il
adjoute et repeste jusqu'à trois fois, que ce qu'il en sait n'est
que par ouy dire, et d'ailleurs dit des choses concernant les
fonds desquels les demandeurs sont tombez d'accord du contraire. Mais il est nettement prouvé par l'enqueste des défendeurs, et par des tiltres conformes par eux produits en conséquence, qu'il n'y a aucune portion des bâtiments contestez sur
le fond de l'Église, mais qu'ils sont construits sur l'étendue de
deux rues publiques enfermées, et sur des fonds acquis par
lesdits demandeurs de divers particuliers, desquels la plus
grande portion n'est pas même dans la directe seigneurie de

leur abbaye, mais sur celle de Messieurs de Barillon, seigneurs en partie dudit Villers, et que ceux construits dans leur directe seigneurie ont été faits depuis l'instance commencée.

Extrait d'un rapport imprimé et signé :

Monsieur DREUX-DUPLESSIS, rapporteur.

Lorsque les seigneuries de Villers, d'Orquigny, etc., furent engagées pour procurer aux religieux les moyens de payer la subvention ecclésiastique, imposée aux religieux d'Hautvillers par Charles IX, à cause des frais de guerre, une de leurs propriétés, appelée : le Pré-du-Grand-Breuil, située sur le terroir d'Ay, avait été aussi engagée par un bail emphytéotique en date du 11 mars 1569, mais un arrêt du grand conseil remit les religieux en possession de ce pré.

Arrêt du grand conseil qui remet en possession et jouissance du Grand-Breuil, (pré) les religieux d'Hautvillers dont suit coppie
(28 juillet 1671)

Louis, par la grâce de Dieu roy de France et de Navarre, à tous ceux qui ces présentes lettres verront, salut, sçavoir faisons, comme par arrêt cejourd'huy donné en notre grand conseil, entre nos bien aimez les religieux, prieur et couvent de l'abbaye de Saint-Pierre-d'Hautvillers, ordre de Saint-Benoît, congrégation de Saint-Vanne, demandeurs en requête et commission de notre conseil du 21 juillet 1670 suivant les exploits des 11, 14 et 20 août audit controllés lesdits jours à Reims, Espernay et Châlons, à ce que les deffendeurs ci-après nommés soient condamnés, se désister et départir de la possession et jouissance d'une pièce de pré contenant 17 arpents appelé le Pré-du-Grand-Breuil, situé au terroir d'Ay, baillé en emphitéose le 11 mars 1569 pour iceux demeurer réunis au domaine de la manse conventuelle de laditte abbaye, et d'en rendre et restituer les frais depuis l'expiration dudit bail et en tous les depens domages et interets desdits demandeurs, d'une part ; et demoiselle Françoise Lemire, veuve de feu Jean Mauclère, vivant commissaire-général de l'artillerie de France au département de Champagne et de Brie, demeurante à Châlons, au nom et comme tutrice de Louis Mauclère, fils mineur dudit deffunt et d'elle ; demoiselle Marie-Marguerite Boreil, veuve de feu Edme Mauclère vivant aussy commissaire-general de laditte artillerie, au nom et comme tutrice de Françoise Mauclère, fille mineure dudit deffunt et d'elle, et Augustin Oudart, bourgeois de Châlons, au nom et comme coadjuteur à la tutelle de laditte Françoise Mauclère ; Jean Mauclère sieur Du Plessis, fils dudit deffunt M° Jean Mauclère et de laditte Lemire ; demoiselle Agnès Mauclère, veuve de feu François Paget, bourgeois de Châlons ; demoiselle Claude de Brouslard, veuve de feu Georges de Patarts, écuyer du sieur de Reycourt, et en première nopce de Pierre Mauclère, au nom et comme mère et tutrice de leurs enfans ; Jean de Bataille, sieur de Charleau ; M° Jean Mauclère, avocat en parlement, demeurant à Reims, deffendeurs d'autre part.

Après que Jean Lefebvre pour lesdits demandeurs, dom Philibert Boulanger, prieur de laditte abbaye, présent, a été ouï ; Robelin pour lesdits deffendeurs en vertu des procurations à luy passées sçavoir par ledit M° Jean Mauclère le 3° de mars dernier pardevant Augier, notaire à Reims, etc.

Je luy notre dit grand conseil du consentement des parties a ordonné et ordonne que les demandeurs rentreront en la possession et jouissance de la pièce de pré dont est question pour en jouir la présente année, ensemble des fruits de l'année 1670 pour lesquels ils se pourvoyront contre les fermiers et autres qui en ont jouit et les ont perçus, deffenses au contraire sans restitution de fruits à l'égard desdits deffendeurs, dépens compensés, sy donnons en mandement, etc.

Donné en l'audience de notre dit grand conseil, à Paris, le 28 juillet, l'an de grâce 1671 et le onzième de notre règne, etc.

Nous avons vu qu'en 1569 un bail emphytéotique avait été fait pour ce pré du Grand-Breuil.

Ce bail emphytéotique, pour quatre-vingt-dix-neuf ans, avait été passé devant Charuel et Parent, notaires royaux à Epernay, le 11 mars 1569, dont la teneur suit :

Fut présent en sa personne M° Claude Aubry, licentié ès lois au nom et comme procureur de reverendissime et illustrissime seigneur Laurent cardinal de Strozzy et abbé commendataire d'Auvillers, fondé de lettres de procuration ou substitution cy-après transcrittes, disant que suivant le mandement et lettres patentes du roy en datte du 11ᵉ jour d'octobre 1568, veriffiées en la cour de parlement à Paris, des bulles de notre saint père le pape, pour subvenir aux urgentes affaires du roy, il ait été et soit permis aux abbez, évêques, archevêques du clergé de l'Église de Reims, constituer sur leur temporel et biens immeubles de leurs églises et bénéfices, rentes racheptables au denier douze, à vendre à faculté de rachapt perpetuel, faire baux à longues années ou emphytéose, jusqu'à la concurrence à la somme à quoy ils sont cottizés et imposés; et soit ainsy que ledit seigneur cardinal pour sa cotte est imposé de laditte subvention et ayde accordé au roy notre dit seigneur, ait et soit taxé à la somme de douze cents livres tournois sy comme il est a parut auxdits notaires... Sur ce reconnu yceluy Aubry, nom que dessus avoir vendû, cedé, quitté et transporté, vend, quitte et transporte à honnête homme Louis Cuissotte, demeurant à Châlons, pour luy ses oirs et ayant cause, les fruits, prouffits et émoluments d'une pièce de pré située et assise au terroir du lieu d'Ay en lieudit le Pré-du-Breuil contenant dix-sept arpens ou environ la pièce comme elle se comporte, tenant d'une part aux Brouilles d'Ay et de Dizy, d'autre part au Léon, d'un bout aux terres labourables, d'autre bout à François Fraguin et autres... Moyennant la somme de 1,050 livres que pour ce honoré seigneur Barthélemy Delbène, gentilhomme servant de Mᵐᵉ la duchesse de Savoye et de Berry, procureur dudit seigneur à ce présent du consentement duquel a été fait ce bail en a confessé avoir eu et reçu comptant dudit Cuissotte...

Bulle d'Alexandre VII, concernant les frères lais du monastère de la congrégation de Saint-Vannes et de celle d'Hautvillers

(30 Juillet 1666)

Ils étaient passés, pour ne plus revenir, ces temps de primitive simplicité où les bons moines, élevés à l'école de l'austérité, vaquaient aux travaux domestiques, et de leurs mains préparaient les aliments d'un frugal repas.

Vinrent des jours de pénitence moins rigoureuse, où l'on

commit à des frères lais les fonctions manuelles. *Fratres commissi vel laici*. On appelait frères commis, ou frères lais, les
frères convers des Bénédictins de la congrégation du Mont-
Cassin ; ces frères convers étaient inhabiles à posséder des
bénéfices ; on les a quelquefois appelés : frères barbus, *fratres
barbati*, apparemment parce qu'ils laissaient croître leur barbe;
ce qui avait lieu principalement chez les Chartreux. Selon
quelques-uns, l'introduction des frères lais, ou convers, dans
l'état monastique, introduction réalisée vers le milieu du XIe
siècle, eût été basée, dans le principe, uniquement sur la nécessité d'un temps d'ignorance épaisse. Les laïcs, qui alors entraient
dans les cloîtres, étaient d'une ignorance telle qu'ils ne savaient
pas même lire. Comme il était impossible de les faire chanter
au chœur, on les employait aux travaux de la campagne et au
service du monastère. Cette distinction, d'abord légitime, ne
laissa pas par la suite de devenir abusive. Les religieux du
chœur s'habituèrent à regarder les autres comme des hommes
ignorants et grossiers, s'élevèrent au-dessus d'eux et s'en servirent comme de domestiques. Les frères lais exemptés, comme
nous l'avons dit, de l'assistance aux offices du chœur, étaient
tenus de réciter un certain nombre de *Pater* à chacune des
heures canoniales, et, afin qu'ils s'en pussent acquitter, ils portaient des grains enfilés qui ont amené ou imité l'usage du
chapelet.

Comme tous les autres monastères, Hautvillers eut ses frères
lais ou commis; on les conserva même après l'introduction de
la réforme, conformément aux statuts de la congrégation
du Mont Cassin, statuts adoptés par la congrégation de Saint-
Vannes et de Saint-Hydulphe. Ces frères lais ne faisaient aucun
vœu, seulement, après deux ans d'épreuves, les supérieurs les
admettaient, sous l'obligation de conserver la chasteté, la pauvreté et l'obéissance à la règle, tant qu'ils séjourneraient dans le
monastère et demeureraient attachés à la congrégation. Tel
était encore l'usage établi en 1666 à Hautvillers, mais cette
année vit y apporter une importante modification.

A la sollicitation des supérieurs généraux de la congrégation de Saint-Vannes, Alexandre VII donna une bulle qui ordonnait : 1° Que les frères lais, admis à l'avenir d'une manière
permanente, seraient astreints à faire les trois vœux, mais
d'une manière simple et non solennelle. La bulle donnait même
la formule de profession qu'on devait prononcer en cette cir-

constance. 2° Que les religieux réformés jouiraient des privilèges de juridiction réclamés pour le bien-être de leur communauté ; la bulle allait même jusqu'à annuler à l'avance tout acte qui y serait attentatoire.

Cette bulle, comme on va le voir, est datée du 30 juillet 1666.

BREF D'ALEXANDRE VII

TOUCHANT LES VŒUX SIMPLES DES FRÈRES CONVERS

(30 juillet 1666)

Ad perpetuam rei memoriam, commissæ nobis cœlitus dispensationis ratio exigit, ut paternam Christi fidelium obsequiis sub suavi monasticæ jugo mancipatorum curam gerentes quæ ab ipsis prudenti salubrique decreta noscuntur esse conciliis quo firma semper atque inviolabilia persistant. Apostolici muniminis præsidio roboremus, exponi siquidem nobis nuper fecerunt dilecti filii præsideus et definitores capituli generalis congregationis S. S. Vitonæ et Hydulphi ordinis Sancti-Benedicti, quod circa receptionem fratrum laicorum seu commissorum, olim in capitulo generali dictæ congregationis edictum fuit decretum tenoris qui sequitur videlicet : Quod quamvis in congregatione Cassinensi ad cujus instar dictæ Sanctorum Vitoni et Hydulphi congregatis erecta est, fratres commissi seu laici nulla emittant vota sed tantum elapso biennio ad stabilitatem recipiantur a superioribus et senioribus teneanturque quam diù manent in congregatione servare castitatem paupertatem et obedientiam

Pour le perpétuel souvenir de la chose, à raison du mandat que le Ciel nous a confié, nous devons avoir un soin tout paternel des fidèles de Jésus-Christ, qui se soumettent au joug suave de la vie monastique et s'efforcent à rendre inviolables les sages et salutaires décisions qu'ils peuvent prendre, en leur donnant l'appui de notre autorité apostolique. Nos chers fils, le président et les membres du chapitre général de la congrégation de Saint-Vannes et de Saint-Hydulphe, de l'ordre de Saint-Benoît, nous ont exposé dernièrement ce qu'ils ont autrefois décrété par l'admission des frères lais ou convers, dans le chapitre général de ladite congrégation. Voici la teneur de leur décret :

« Bien que dans la congrégation du Mont-Cassin, à l'instar de laquelle a été érigée la congrégation de Saint-Vannes et de Saint-Hydulphe, les frères convers ou lais ne fassent aucun vœu, mais sont seulement définitivement admis, après deux ans, par les supérieurs et les anciens, et sont tenus, tant qu'ils demeurent dans la congré-

ex præcepto regulæ seu declarationis, ad majorem tamen fratrum nostrorum laicorum consolationem concedimus ut deinceps quando recipientur ad stabilitatem ipsam possent et debeant votis simplicibus firmari sub hac forma. In nomine domini nostri Jesu-Christi, amen. Anno die..... Ego nostri diœcesis N... promitto servare castitatem paupertatem, obedientiam et conversionem morum meorum secundum regulam Sancti-Benedicti et constitutionis congregationis sanctorum Victoni et Hydulphi coram Deo et omnibus sanctis quorum reliquiæ in monasterio N..... requiescant et in præsentia reverendi patris N..... abbatis seu prioris quam diù in dicta congregatione perseverabo, non intendens tamen quod mihi propitio vitio seu voluntate liceat ab illa discedere sed quod si contingent ut dictæ congregationis superiores, malis meis moribus seu vitiis coacti ab illa me expellerent, in illo tantum casu liber et absolutus ab omni votorum et religionis obligatione remanerem in quorum fidem subscripsi N.....

Cum autem sicut eadem expositio subjungebat, præfati exponentes decretum hujusmodi, longa experimenta comprobatum, pro firmiori illius substantia, apostolicæ confirmationis nostræ patrocinio communiri summopere desiderant; nos specialem ipsis exponentibus gratiam facere volentes et eorum singulares personas a quibusvis excommunicationis suspensionis et interdicti, aliisque ecclesiasticis sententiis censuris et pœnis a jure vel ab

gation, à observer la chasteté perpétuelle et l'obéissance à la règle et aux ordres qui leur sont enjoints; cependant, pour la consolation de nos frères lais, nous concédons que, dans la suite, lorsqu'ils seront définitivement admis, ils pourront et devront être confirmés dans leur admission par des vœux simples, sous cette forme : Au nom de Notre-Seigneur Jésus-Christ, ainsi soit-il. L'an, le jour, moi, X..., du diocèse de N..., je promets d'observer la chasteté, l'obéissance perpétuelle, la conversion de mes mœurs selon la règle de Saint-Benoît et la constitution de la congrégation de Saint-Vannes et de Saint-Hydulphe, en face de Dieu et de tous les saints, dont les reliques reposent dans le monastère de N..., et en présence du révérend père N..., abbé ou prieur, tant que je demeurerai dans ladite congrégation, non pas que je prétends, par une faute à dessein ou par ma propre volonté, me retirer de ladite congrégation, mais vu le cas où, par mes mauvaises mœurs ou par mes vices, mes supérieurs me renverraient, dans ce dernier cas seulement, je demeurerai libre de tous mes vœux et obligations de religieux. En foi de quoi j'ai signé : N...

Comme suivant la suite de ladite exposition, les précédents exposants désirent vivement que nous confirmions de notre autorité apostolique, pour lui donner plus de force, ce décret dont une longue expérience a prouvé l'utilité, voulant accorder aux exposants une faveur spéciale et absoudre cha-

BULLE D'ALEXANDRE VII

homine quavis occasione vel causa latis si quibus quomodocumque innovate existunt, ad effectum præsentium duntaxat consequendum, harum serie absolventes et absolutos fore censentes, supplicationibus eorum nomine nobis super hoc humiliter porrectis inclinati, de venerabilium fratrum nostrorum S. reverendorum episcoporum cardinalium negotiis et consultationibus episcoporum et regularium præpositorum consilio, attentis narratis, ac viso et mature per eosdem cardinales considerato decreto capituli generalis præ inserti benigne approbamus et confirmamus suumque effectum sortiri mandamus decernentes easdem præsentes litteras semper firmas validas et efficaces existere et fore ac illis ad quos spectat et pro tempore spectabit, plenissime suffragari; sicque in præmissis per quoscumque judices ordinarios et delegatos etiam causarum palatii apostolici auditores, judicari et definiri debere, ac initum et inane. Si secus super his a quoquam quavis authoritate scienter vel ignoranter contigerit attentari, non obstantibus præmissis et constitutionibus et ordinationibus apostolicis necnon quatenus opus sit dictæ congregationis etiam juramento confirmatione apostolica, vel alia quavis firmitate roboratis statutis et consuetudinibus, privigeliis quoque, indultis et litteris apostolicis in contrarium præmissorum, quomodolibet concessis' confirmatis et innovatis, quibus omnibus et singulis illorum tenores præsentibus pro plane et sufficienter

cune de leurs personnes de toute excommunication, suspense, interdit, et de toutes les autres sentences, censures et peines ecclésiastiques portées pour une raison ou pour une autre, par le droit ou par une autorité particulière. Si l'une ou l'autre de ces peines étaient portées contre quelqu'un d'entre eux, afin que ces présentes lettres obtiennent cet effet, écoutant favorablement les humbles supplications qu'ils nous ont faites à ce sujet; après en avoir conféré avec nos vénérables frères les cardinaux, les évêques réguliers préposés au conseil, et étant vu et mûrement considéré, le décret du chapitre général inséré dans ces lettres, nous l'approuvons favorablement, ordonnons qu'il soit exécuté en vertu des présentes lettres, qui auront pour toujours force et vigueur, et sur ces lettres, seront vains et annulés les jugements de nos juges ordinaires ou délégués, pour les causes du Saint-Siège apostolique.

Quiconque, ou avec autorité ou par ignorance, voudrait s'opposer à l'effet des présentes, nonobstant d'autres constitutions ou ordonnances apostoliques, sans qu'il soit besoin d'un serment de ladite congrégation, ou d'une confirmation apostolique, nonobstant toute coutume, constitution, privilège, indulte, lettres apostoliques contraires aux précédentes déclarations, de quelque manière qu'elles soient confirmées ou innovées, les présentes auront force et vigueur, suivant la teneur ci-dessus exprimée, en quoi nous révoquons toutes lettres contraires.

expressis et ad verbum insertis, habentes illis alias in suo robore permansuris, ad præmissorum effectum hac vice duntaxat specialiter et expresse derogamus, cæterisque contrariis quibuscumque.

Datum Romæ apud sanctam Mariam Majorem sub annulo piscatoris. Die 30 julii 1666, pontificatus nostri anno duodecimo.

Sumptum ex minuta originali brevium secret. Felra, Alexandrii P. P. VII, collatu concordat.
F. cardinalis OLIVARIUS.

Donné à Rome, près Sainte-Marie-Majeure, sous l'anneau du pêcheur, le 30 juillet 1666, la douzième année de notre pontificat.

Copiée sur l'original. Felra, secrétaire des brefs, concordant avec l'original d'Alexandre VII.
F. cardinal OLIVA.

(Extrait des *Archives de Reims*, 1re layette, 1re liasse, n° 16, page 24 ; *Inventaire du cartulaire*.)

Marché pour l'amenblement de la sacristie.

(1667)

Dans ces mêmes années, les religieux d'Hautvillers continuaient à relever de ses ruines le monastère d'Hautvillers, brûlé depuis un siècle. La sacristie était reconstruite, aussi bien que les trois croisées du fond de l'abside, mais il fallait donner, à la sacristie surtout, des ornements et un mobilier convenable ; nous avons sous les yeux un marché pour la boiserie de ladite sacristie, daté du 4 décembre 1667. *(Archives nationales, Q⁵, 675, f° 38.)*

Pardevant moy, nottoire royal, garde nottes au baillage de Vermandois résidant à Auvillers, sous nommé, comparurent messieurs les vénérables religieux de l'abbaye de Saint-Pierre-d'Auvillers, par révérend dom Joseph Vézelise, l'un d'iceux, et leur procureur, d'une part, et Charles Guellard, maistre menusier demourant audit Auvillers, d'autre part, et recongnurent avoir volontairement faict le marché et convention qui s'ensuit : C'est assçavoir que ledit Guellard a promis et promet faire et parfaire, pour le jour de la Saint-Jean prochaine, la menuserye de la sacristie de ladite abbaye d'Auvillers, qui respond sur le

cimetière dudit lieu (1), conformément au dessein que ledit
Guellard en a donné ausdits sieurs religieux, qui a esté paraphé
par nous et les partyes, ladite menuserye concistante à huict
pied de hauteur, sauf la corniche, qui regagnera tout alentour
au-dessus desdits huicts pied, comme aussy le cadre de l'autel
qui paraît dans ledit dessein, sera et exeddera ladite corniche
de deux pied ou environ, affin de pouvoir prendre au-dessoubs
dudit cadre d'autel des hormoires, de deux pieds ou environ,
pour mettre les calisses, et comme ledit dessein ne représente
que le costé qui regarde le bout de ladite sacristie, du costé du
bourg, c'est pourquoi ledit Guellard fera, du costé du jardin où
sont les fesnestres, deux oratoires entre lesdites fenestres, au
lieu et place qu'y luy ont esté monstrée, et de la mesme structure que le reste de la menuserye, avec hormoires et panneaulx,
a costé desquelles oratoires il fera deux sièges en forme de
confessionnaux, et le lambrys qui y régnera pardevant lesdittes
fenestres sera double, affin que celuy de dessus, qui doibt estre
en panneaulx, se puisse lever, pour servir de deux tables, et
qu'estant levée la muraille soit toujours revestue d'un lambrys
lisse de vollilles; au bout de laditte sacristie, du costé de la
porte, sera faict une grande hormoire qui régnera depuis la
fenestre jusque la porte, pour sa longueur, et pour sa profondeur, prendra depuis les coins ou de la fenestre jusqu'à la muraille, dans laquelle hormoire il y aura une séparation prise
d'un tiers de la longueur de ladite hormoire. Les ventelles de
laquelle hormoire du tiers seront brisées, de deux pieds de
hauteur, dans le haut de laquelle hormoire sera faict des rouleaulx pour les essuis à main, et dans celle d'en bas sera mis le
coffre de la sacristye, et du côté de la chapelle de Sainte-Hélène
la menuserye regnera partout de la même hauteur, et corniche
par-dessus, comme au reste de ladite sacristye, dans lequel costé
se prendra des hormoires avec leur séparation d'un pied ou
environ de profondeur, et continuera jusqu'à la porte de ladite
sacristie, et revestira le derrière de la porte de lambrys de vollilles, s'y faire se peut, en ne pouvant, ne pourront, lesdits
religieux, faire aucusne déduction. Fera aussy, ledit Guellard,
un marchepied de deux planches de large et de la largeur de

---

(1) Le presbytère actuel étant la continuation de la sacristie, le jardin attenant était déjà le cimetière de l'abbaye.

ladite sacristye, le costé qui regarde le bourg, et deux eschelles rompues pour monter au plancher qui est au-dessus de la sacristye, et aux deux costés de l'autel, que ledit Guellard doibt faire dans ladite sacrystie, sera faist une hormoire du costé du jardin, pour mettre les thuniques, de la profondeur nécessaire, et de l'autre costé de l'autel, une semblable hormoire pour mettre les chasubles, le tout conformément audit dessein, et dans le pied d'estalle de la croix qui sera sur ledit autel, seront miz les armes de la congrégation, ainsy qu'ils sont sur la porte du chaspitre de ladite abbaye. Pour ce faire, ledit Guellard employera tous les bois que lesdits sieurs religieux seront obligés de luy livrer pour faire ladite menuscrye, et lequel Guellard les desbitera comme ils se trouveront, en dessoubs d'une planche, la planche portera dix poulces, et les autres bois, qui seront de dix poulces et au-dessus, lesdits religieux les feront desbiter en cartelages et en planches seulement, lesquels bois luy seront deslivrés par lesdits sieurs religieux, à mesure qu'il travaillera et auttant que faire suffira, lequel Guellard a dit y avoir des bois suffisamment pour faire les cadres, et qu'il ne sera nécessaire que de planches et vollilles pour l'effet cy-dessus ; lambourdera aussy, ledit Guellard, tous les trays et demi trays de deux grandes salles du pavillon, les deux chambres d'hostes de bas, et les deux infirmeries au-dessus, et le tray qui est proche l'escallier, en luy livrant pareillement les bois, et sera tenu de se servir de planches seiches qui couvrent ladite sacristye, pour estre employées à ladite sacristye, et y remettre des vertes à la place, touttes rabottés ; fournira aussy celles nécessaires pour toute la menuscrye, moyennant quoy lesdits religieux luy fourviront la somme de cinq cents livres à fur et mesure de l'ouvrage et trois cacques de vin, qui luy seront dellivrés lorsqu'il en aura besoing, et en considération du présent marché, lesdits sieurs religieux luy ont accordé la jouissance de la maison communement appelée la Maison-du-Trésor, concistant en la chambre basse avec les deux cabinets, chambres haultes et grenier, qui sont au-dessus de ladite chambre basse et cabinets qu'occupaient cy-devant Jeanne et Élisabeth Tocus, le celier qui respond sur la rue du Bourg et celuy qui respond sur le jardin desdits religieux, avec la cave qui est au-dessoubs, iceux sieurs relligieux se réservant le cellier du milieu, auquel celier de bas lesdits religieux ont faict faire, pour la commodité dudit logement, une porte qui respond sur la rue et faict raccommoder les cheminées tout à neuf, les toitures de ladite maison et celier, lesdits sieurs religieux doibvent remettre en estat, pour une fois, lesquels toitures ledit Guellard sera tenu entretenir de meneues réparations, pendant le terme de quatre années, qui est le cours du présent bail, à commencer au premier janvier prochain venant 1668, auquel jour sortira de la maison qu'il occupe à présent, appartenant auxdits sieurs religieux, sans prétendre aulcun dommages ny intérest, et le louyé de ladite maison sera escheu aus jour, et pour ce qui regarde les planchers, escailliers et portes vitrées, et châssis de ladite maison et celier, ledit Guellard les fera à ses dépens, en luy fournissant les bois et vieilles vittres et verre qui se trouveront en leur maison, et quy leur sont inutile, moyennant la somme de 80 livres pour le louage desdites maisons et cellier cy-dessus, payable audict premier janvier de chaque année, en leur couvent. Le premier payement eschera audit jour de 1669, et ainsy en continuant jusqu'à fin dudit bail, laquelle somme de 80 livres par an est accordée audit Guellard pour louage de ce dessus, quoyque lesdits sieurs relligieux en pouvoient espérer plus grande somme, et pour indemniser ledit Guellard, du plus qu'il pouvait aussy espérer aux ouvrages de la sacristye et par considération et compensacion de l'un à l'aultre, lesdits, aussy ledit Guellard decharge de la façon des ventelles de cinq croisées, qu'il estoit obligé de faire par un marché précédent, et luy sera pareillement remis six livres gratis, sur le louage de la dernière demy année de la maison qu'il occupe présentement, laquelle demy année montant à vingt-deux livres dix sols, ledit Guellard n'en payera que seize livres dix sols, au premier janvier prochain, et en considération de ce qu'il quitte ladite maison deux mois avant l'eschéance dudit bail, a esté, en outre, accordé entre les partyes, que pour empescher difficultés que les locataires des trois autres petites maisons adjacentes celle-cy dessus, ne pourront prétendre faire passer aucun aultres bestiaux que ceulx à eulx appartenant par dedans la court et appartement audit Guellard, auquel appartement et pour plus grande commodité, au cas que ledit sieur Vézelise se trouve à propos de tirer une muraille prenant au coinsson de la porte, fera l'entrée dans ladite court à alligner au puit et fera séparation desdites courts, et fera, pour n'empescher les commodités et communauté du puit entre tous lesdits locataires, y sera faict une ouverture de l'autre costé que celle qui y est à présent, et au cas que ladite muraille se fasse, l'on fera aussi un four à chacun costé de ladite court, pour la commodité desdits locataires et s'empescher, par ce moyen, d'une communauté entre eux, et au cas qu'il se trouve à propos faire une cave sous la maison possédée par ledit Giltat et pour la communauté particulière de ladite maison, en ce cas ne sera faict aucune ouverture dans la muraille qui fera séparation des courts et jouira, ledit Guellard, pendant les quatre années de son bail, de la petite cave qui est au milieu de la court. C'est ce quy a esté accordé par les partyes à l'entretenement et entière satisfaction, elles ont obligé, sçavoir : lesdits sieurs Vézelise, biens et revenus de leur couvent, et ledit Guellard, aussy par biens, à payer, fournir et satisfaire, de sa part, sans y desfaillir, en peine de tous dépens, dommages et intérest, renonça.....

Faict et passé en ladicte abbaye, le vingt-quatriesme jour de décembre 1667, et ont signé en la minutte présent, Jean Giltat et Guy du Puid, demourant audict Auvillers, témoings quy ont aussy signés en ladicte minutte, adverty du scel.

HUSSON.

Toutes les petites maisons dont il vient d'être parlé sont les maisons de MM. Kortz, Stinlet, et une partie de la maison de la Croix-de-Fer, dont nous parlerons en son temps.

Les religieux obtiennent publication d'un monitoire, pour recouvrement de titres perdus.

(1668)

L'abbaye d'Hautvillers, nous l'avons bien des fois remarqué, n'avait pas toujours à se féliciter de ses abbés commendataires, et encore moins de leurs agents ou fermiers. Par une suite de leur déplorable incurie, et même quelquefois de leurs spéculations peu honorables, une grande partie des biens, domaines, maisons et héritages de l'abbaye, avaient été aliénés sans cause, nécessité et utilité, usurpés ou baillés par baux emphytéotiques. C'est ainsi qu'un sieur Nicolas de Bussy, d'Igny-le-Jard, retenait induement, au nom de ses enfants, la cense et seigneurie d'Heurtebise, baillée à leur aïeul par un bail emphytéotique expiré depuis quelques années. C'est ainsi que le sieur Le Dieu de Ville retenait injustement la cense et le moulin de Villers. C'est ainsi que plusieurs autres individus non désignés se trouvaient être détenteurs des biens dépendant de la terre et seigneurie d'Heurtebise, déjà nommée. Vainement, pour rentrer dans la possession de ces domaines aliénés, les religieux avaient intenté diverses instances pardevant le conseil royal, et obtenu divers arrêts qui condamnaient les détenteurs à se désister desdites cense, seigneurie et autres biens; ces arrêts demeuraient inutiles par les contradictions qu'on y opposait. Il paraît même que ces illégitimes propriétaires s'étaient saisis des titres propres à constater les droits du monastère, titres qu'ils retenaient induement ou qu'ils faisaient retenir par d'autres.

Dans leur impuissance d'arrêter un pareil désordre, les religieux se pourvurent pardevant le conseil du roi, aux fins de requérir commission pour la publication d'un monitoire. (On appelait monitoire un mandement de l'official adressé aux curés, pour avertir tous les fidèles de venir à la révélation sur les faits qui y étaient mentionnés, et cela sous peine d'excommunication. Les mandements se lisaient au prône de la messe paroissiale et étaient ensuite affichés à la porte des églises et sur les places publiques.) Ces commissions furent, en effet, accordées le 31 mars 1668. Elles portaient l'ordre à tous archevêques, évêques, prélats, leurs vicaires généraux, officiaux et vice-gérants, de délivrer monitoire et censures ecclésiastiques, avec injonction à tous curés, vicaires et autres ecclésiastiques, de les publier, fulminer aux prônes de leurs églises, en la manière accoutumée, les révélations desdits témoins, rédiger par écrit et icelles renvoyer pardevant le conseil du roi, pour être, lesdits témoings, réputés et résumés. La suite de cette affaire ne nous est qu'imparfaitement connue, mais tout porte à croire que la fulmination du monitoire fit son effet; du moins, est-il constant que longtemps après les religieux étaient rentrés en possession des domaines et droits réclamés; ainsi, nous avons retrouvé un acte de 1761, où les religieux s'intitulent seigneurs hauts, moyens et bas justiciers de la seigneurie d'Heurtebise, paroisse de Baslieux, acte par lequel ils y constituaient un garde-chasse et pêche.

Nous rapportons ici la commission du grand conseil touchant la publication des monitoires.

Commission du grand conseil pour la publication des monitoires aux fins de recouvrer les titres et papiers de l'abbaye d'Hautvillers.

(31 mars 1668)

Louis XIV, par la grâce de Dieu, roi de France et de Navarre, aux premiers de nos amés, féaux, conseillers de notre grand conseil, trouvés sur les lieux et en son absence, refus ou légitime empêchement, au premier juge royal desdits lieux, requis sur ce, salut. De la partie de nos bien amés les religieux, abbé, prieur et couvent de l'abbaye de Saint-Pierre-d'Hautvillers, ordre de Saint-Benoît, congrégation de Saint-Vannes, a été, à notre dit conseil, présenté requête contenant quinze grandes parties des biens, domaines, maisons et héritages de laditte abbaye, ayant été aliénés sans cause, nécessité ou utilité, usurpés ou baillés par baux emphitéotiques, les suppliants auraient été obligés, pour rentrer dans lesdits biens, d'intenter diverses instances en notre conseil, tant contre M. Nicolas de Bussy, seigneur d'Igny-le-Jard, et comme père et légitime administrateur des corps et biens de Henri et Nicolas de Bussy, ses enfants, héritiers de deffunt M. Luc Petit et demoiselle Barbé Carré, ayeul et *ayeulle*, et leurs curateurs, possesseurs de la cense et seigneurie d'Heutebise, baillée en emphitéose, expirée depuis quelques années. Le sieur Le Dieu de Ville, à cause de la cense et moulin de Villers, que contre plusieurs détenteurs des biens dépendant de la terre et seigneurie d'Heurtebise, et contre eux obtenus divers arrêts, par lesquels lesdits détenteurs ont été condamnés à se désister desdittes cense, seigneurie et autres biens aliénés, sans remboursement et restitution des fruits, même avec condamnation de rétablir les lieux en bon et suffisant état, en exécution desquels arrêts lesdits suppliants s'étant voulu mettre en possession d'aucuns desdits biens, la plus grande partie leur ont été contredits par divers particuliers, sous prétextes qu'ils sont saisis des principaux titres qu'ils retiennent induement ou qu'ils font retenir par d'autres, qu'ils empêchent de les rendre auxdits suppliants, au moyen de quoy lesdits arrêts qu'ils ont obtenus avec grands frais et depuis, leur deviennent presque inutiles et seraient frustrés du profit qu'ils espèrent tirer d'yceux, s'il ne leur est pourvu par notre conseil.

A ces causes, auraient, lesdits suppliants, requis commissions leur être délivrées à vous adressantes, aux fins cy-après, ce que notre dit conseil aurait ordonné, pour ce est-il que nous, en suivant l'ordonnance de notre dit conseil et à la requête desdits suppliants, vous mandons informer de la soustraction et rétention faite des titres, actes et papiers concernant lesdits biens, terres, héritages, rentes et autres dépendances de ladite abbaye d'Hautvillers, et, à cet effet, exhorter et faire exhorter, de par nous tous, archevêques, évêques, prélats, leurs vicaires généraux, officiaux et vice-gérant, de délivrer monitoire et censures ecclésiastiques, de les publier et fulminer au prône de leur église, en la manière accoutumée, les révélations des témoings, rédiger par écrit et icelles renvoyer pardevant vous, pour être, lesdits témoings, répétés et résumés sur leurs dépositions pour le tout fait, reporté en notre conseil et communiqué à notre procureur général, être ordonné ce que de raison, mandons, en outre, au premier des huissiers de notre grand conseil, ou autre huissier et sergent sur ce requis, assigner en notre dit conseil, sur tous ceux qui détiennent induement des biens, terres, héritages ou autres, faisant partie de ceux qu'ils ont retirés, qui leur ont été adjugés par lesdits arrêts de notre dit grand conseil, vendus à leur profit, pour eux voir condamner, les quitter et délaisser avec restitution des frais et dépens, dommages et intérêts, et cependant jusqu'à ce que autrement, par notre dit conseil, en ait été ordonné, fait deffense aux parties de faire poursuite pour raison de ce que dessus, circonstances et dépendances, ailleurs qu'en notre conseil, et à tous autres juges d'en connaître, à peine de nullité, cassation de procédure, 2,000 livres d'amende, domages et intérêts, de ce faire, te donnons pouvoir, sans pour ces demandes. *Placet visa ne pereatis.*

Donné à Paris, le dernier jour de mars de l'an de grâce 1668, et de notre règne le 26e.

Et plus bas : *Par le roy, à la relation des gens de son conseil,*

Signé : HERBIN,

avec paraphe.

Clément IX accorde une bulle relative à la confrérie de Sainte-Hélène.

(1668)

L'année même où les religieux d'Hautvillers se voyaient ainsi contraints à revendiquer une partie de leurs domaines, par la voie des censures ecclésiastiques, ils recevaient du souverain pontife une nouvelle marque de faveur. Toujours à la recherche de ce qui pouvait propager la dévotion à sainte Hélène et l'enraciner dans l'esprit des fidèles, les religieux d'Hautvillers, depuis longtemps déjà, avaient érigé en leur monastère une confrérie dite de Sainte-Hélène, et, paraît-il, les membres de cette pieuse association se faisaient remarquer par l'exercice d'une charité toujours vive et abondante. Instruits par les religieux des fruits de justice qu'opérait cette dévote institution, et désirant en stimuler efficacement le progrès, le pape Clément IX vint seconder l'œuvre sainte par une bulle qui déclarait la confrérie canoniquement établie, et la gratifiait de nombreuses indulgences. C'étaient : 1º une indulgence plénière accordée à chacun des membres de la confrérie, le jour de la réception, et une autre à l'article de la mort. Les conditions imposées étaient toujours la confession et la communion, mais exception était faite en faveur des moribonds qui seraient dans l'impossibilité de les remplir. En ce cas, il suffisait au malade, sinon verbalement, du moins du fond de son cœur, d'invoquer le saint nom de Jésus. 2º Une nouvelle indulgence plénière aux confrères qui, dévotement, visiteraient la chapelle de la confrérie le lendemain de la Pentecôte, et y prieraient avec les intentions vulgairement prescrites. 3º Une indulgence de sept ans et de sept quarantaines, aux mêmes confrères qui, avec les mêmes intentions, visiteraient la même chapelle, le 18 août, ainsi qu'aux fêtes de l'Annonciation, de la Nativité de la Très Sainte Vierge et le jour de Sainte-Hélène. 4º Une indulgence de soixante jours, à tous et chacun des confrères qui assisteraient aux messes et autres offices, soit publics, soit particuliers, célébrés dans la chapelle de la confrérie, qui recevraient les pauvres en hospitalité, qui procureraient ou ménageraient la réconciliation des ennemis, qui accompagneraient les confrères morts ou autres à leur dernière demeure, qui honoreraient de leur présence les processions faites avec autorisation de l'ordinaire, qui feraient cortège au Saint-Sacrement porté soit en procession, soit aux malades, soit à tout autre, ou du moins, en cas d'impossibilité et au signal donné par la cloche, réciteraient l'oraison dominicale et la salutation angélique, ou cinq fois ces mêmes prières pour les âmes des confrères défunts, qui ramèneraient une âme égarée au bercail du salut, qui enseigneraient aux ignorants les commandements de Dieu et les vérités nécessaires pour être sauvés, qui, enfin, accompliraient toute œuvre quelconque de piété ou de charité. Telle était, en substance, la somme des dispositions de cette bulle donnée à Rome, sous l'anneau du pêcheur, le 9 juillet 1668, du pontificat de Clément IX la seconde année.

Ce fut six mois seulement après l'expédition de cette bulle que, par l'organe de Jacques Thuret, un des vicaires généraux, le cardinal Barberin, archevêque de Reims, autorisa sa publication et permit de l'imprimer (20 novembre 1668).

Voici cette bulle en son texte :

BULLE DE CLÉMENT IX
POUR L'ÉRECTION DE LA CONFRÉRIE DE SAINTE-HÉLÈNE

(9 JUILLET 1668)

CLEMENS PAPA IX
Ad perpetuam rei memoriam, cum sicut accepimus in ecclesia monasterii sanctorum Petri et Pauli de Altovillari monachorum Sancti Benedicti congregationis sanctorum Vitoni et Hydulphi Remensis diæcesis una pia et devota utriusque sexus Christi fidelium confraternitas sub invocatione Sanctæ-Helenæ, matris Constantini, imperatoris (non tamen pro hominibus unius specialis artis) canonice erecta sive erigenda existat, cujus confratres et consorores quam plurima pietatis et charitatis opera exercere consueverunt, nos ut confraternitas hujusmodi majora

CLÉMENT IX, PAPE
Pour la perpétuelle mémoire de la chose, ayant appris que dans l'église du monastère d'Hautvillers, moines de Saint-Benoît, de la congrégation de Saint-Vannes et de Saint-Hydulphe, au diocèse de Reims, il existe, sous le vocable de sainte Hélène, mère de l'empereur Constantin, une confrérie canoniquement érigée ou à ériger, des fidèles des deux sexes (confrérie qui n'est point propre à des individus exerçant un art spécial), sachant que les confrères et les consœurs de ladite confrérie aiment à s'adonner aux œuvres de la charité et de la piété, pour leur

in dies suscipiat incrementa de omnipotentis Dei misericordia ac beatorum Petri et Pauli, apostolorum ejus authoritate confisi, omnibus utriusque sexus Christi fidelibus qui dictam confraternitatem in posterum ingredientur, die primo eorum ingressus, si vere pœnitentes et confessi sanctum Eucharistiæ sacramentum sumpserint plenariam actam jam descriptis quam pro tempore describendis in dicta confraternitate confratribus et consororibus, in cujuslibet eorum mortis articulo, si vere quoque pœnitentes et confessi ac sacra communione refecti vel quatenus id facere nequiverint saltem contriti nomen Jesu ore si potuerint, sin minus corde devote invocaverint etiam plenariam necnon eisdem nunc et pro tempore existentibus confratribus et consororibus vere etiam pœnitentibus et confessis ac sacra communione refectis qui prædictæ confraternitatis ecclesiam seu capellam vel oratorium secundo festo Pentecostes a primis vesperis usque ad occasum solis dici hujusmodi singulis annis devote visitaverint, et ibi pro Christianorum principum concordia, hæresium extirpatione ac sanctæ matris ecclesiæ exaltatione pias ad Deum preces effuderint plenariam similiter omnium peccatorum suorum indulgentiam et remissionem misericorditer in Domino concedimus. Insuper eisdem confratribus et consororibus vere pariter pœnitentibus et confessis ac sacra communione refectis dictam ecclesiam seu capellam vel oratorium in Annuntiationis et Nativitatis beatæ Mariæ Virgi-

donner de jour en jour plus d'accroissement, confiant en la miséricorde du Dieu Tout-Puissant, et au crédit dont jouissent près de lui ses bienheureux apôtres Pierre et Paul, à tous les fidèles des deux sexes qui s'agrégeront dans la suite à ladite confrérie, au jour de leur réception, s'ils sont véritablement repentants, s'ils se sont confessés et ont communié, à tous ceux, hommes et femmes, qui sont déjà agrégés à ladite congrégation, ou le seront dans la suite, à l'article de leur mort, s'ils sont repentants, s'ils se sont confessés, s'ils ont communié, ou bien s'ils n'ont pu le faire, s'ils ont prononcé le saint nom de Jésus, s'ils l'auront pensé ne pouvant le prononcer, nous accordons une indulgence plénière, maintenant et pour toujours, à tous les membres de la confrérie qui, repentants, se seront confessés et auront communié, visiteront l'église, la chapelle ou l'oratoire de ladite confrérie, le second jour de la fête de la Pentecôte, entre les premières vêpres et le coucher du soleil dudit jour, et là, prieront pour la concorde des princes chrétiens, l'extirpation des hérésies et l'exaltation de notre mère la sainte Église, nous accordons miséricordieusement, dans le Seigneur, l'indulgence plénière, la rémission entière de tous leurs péchés.

De plus, aux mêmes confrères et consœurs, également repentants, confessés et nourris de la sainte communion, qui visiteront ladite église, chapelle ou oratoire, aux fêtes de l'Annonciation et de la Nativité de la bienheureuse Vierge

nis immaculatæ et Sanctæ-Helenæ festis diebus, nenon die decima octava augusti, visitantibus et ut præfertur orantibus quo die præfatorum id egerint, septem annos et totidem quadragenas, quoties vero missis et aliis divinis officiis in dicta ecclesia seu capella vel oratorio pro tempore celebrandis et recitandis seu congregationibus publicis vel privatis ejusdem confraternitatis ubivis faciendis interfuerint, aut pauperes hospitio susciperint vel pacem inter inimicos composuerint seu componi fecerint vel procuraverint, necnon etiam qui corpora defunctorum tam confratrum et consororum prædictorum quam aliorum ad sepulturam associaverint aut quascumque processiones de licentia ordinarii faciendas, sanctumque Eucharistiæ sacramentum tam in processionibus quam cum ad infirmos aut alios ubicumque et quomodocumque pro tempore deferetur, comitati fuerint, aut si impediti campanæ ad id signo dato, semel orationem dominicam et salutationem angelicam dixerint, aut etiam quinquies orationem et salutationem eosdem pro animabus defunctorum confratrum et consororum prædictorum recitaverint, aut devium aliquem ad viam salutis reduxerint et ignorantes Dei præcepta et ea quæ ad salutem sunt docuerint aut quodcumque aliud pietatis vel charitatis opus exercuerint, toties pro quolibet prædictorum operum exercitio, sexgenta dies de injunctis eis seu aliis quodlibet debitis pœnitentiis in forma ecclesiæ consueta relaxa-

Marie et immaculée, et aux fêtes de sainte Hélène, et aussi le dix-huit du mois d'août, et là aussi pourront, comme il est ci-dessus indiqué, à chacun de ces jours et aux conditions marquées, nous accordons une indulgence de sept ans et sept quarantaines, chaque fois qu'une messe ou autre office divin sera célébré dans ladite église, chapelle ou oratoire, chaque fois qu'il se fera une réunion publique ou privée de ladite congrégation, à tous les membres qui y assisteront, nous accordons 60 jours d'indulgence à tous les membres de ladite confrérie qui donneront l'hospitalité aux pauvres, réconcilieront ou feront réconcilier des ennemis, accompagneront à leur sépulture le corps de leur confrère, consœur, ou de toute autre personne, ou feront partie d'une procession faite avec la permission de l'ordinaire, à tous ceux qui feront cortège au Saint-Sacrement de l'Eucharistie, soit qu'il s'agisse d'une procession, soit qu'il s'agisse de porter le viatique aux infirmes, en quelque lieu et en quelque temps que ce soit, ou bien si, n'ayant pu faire partie de la procession, au son de la cloche qui l'annonce, ils récitent une fois l'oraison dominicale et la salutation angélique, ou bien récitent cinq fois ces deux prières pour l'âme de leurs confrères ou consœurs défunts, à ceux qui ramèneront, dans la voie du salut, ceux qui s'en sont éloignés, auront enseigné, à ceux qui les ignorent, les choses du salut, ou auront exercé tout autre acte de piété ou de charité, à chacun de ces mem-

mus, præsentibus perpetuis futuris temporibus volituris, volumus autem aut si alias dictis confratribus et consororibus præmissis peragenda aliqua alia indulgentia perpetua vel tempus nondum elapsum duratura concessa fuerit ut quæ si dictæ confraternitas alicui archiconfraternitati aggregatæ jam sit vel in posterum aggregatur seu quamvis alia ratione uniatur, aut etiam quomodolibet instituatur præsentes et quamvis aliæ litteræ apostolicæ illis nulla tenus suffraguntur se dex tunc eo ipso nullæ sint.

Datum Romæ apud sanctam Mariam Majorem sub annulo piscatoris diei 9 julii MDCLXVIII, pontificatus nostri anno secundo.

Duplicata signat,
F. HUSIUS.

bres pour chacun de ces actes susdits, nous remettons dans la forme accoutumée de l'Église, soixante jours de pénitences qu'ils auraient encourues. Ces présentes lettres auront pour toujours force et vigueur. Nous voulons que si, précédemment, une autre indulgence a été accordée par nous auxdits confrères ou consœurs, pour un temps perpétuel ou pour un temps non encore écoulé, que si ladite confrérie est déjà agrégée à une autre archiconfrérie ou le sera dans la suite pour une raison ou pour une autre, et de quelque manière que ce soit, nous voulons que les présentes soient nulles et ne soient confirmées par aucunes autres lettres apostoliques.

Donné à Rome, près Sainte-Marie-Majeure, sous l'anneau du pêcheur, le 9 juillet 1668, de notre pontificat la deuxième année.

La copie signée,
F. HUSIUS.

Publication de la bulle précédente :

Jacobus Thurret, presbyter in utroque jure licentiatus insignis ac metropolitanæ ecclesiæ Remensis canonicus et scholasticus, necnon eminentissimi et reverendissimi domini cardinalis Antonii Barberini, archiepiscopi, ducis Remensis, vicarius generalis receptis ac visis ea quæ decuit reverentia hisce litteris apostolicis, permisimus et permittimus illas publicari, ac si opus est prelo mandari, ut fideles omnes illarum fructu spirituale gaudere possint.

Jacques Thurret, prêtre, licencié en droit, chanoine et scholastique de l'insigne Église métropolitaine de Reims, vicaire général de l'illustrissime et révérendissime seigneur cardinal Antoine Barberin, archevêque, duc de Reims, étant reçues et vues avec tout le respect convenable, les présentes lettres apostoliques, nous avons permis et permettons de les publier, et s'il est besoin, de les faire imprimer, afin que tous les fidèles en puissent recueillir tous les fruits spirituels.

Datum Remis in palatio archiepiscopali anno Domini millesimo sexagesimo nono, die vero mensis novembris vigesimo. Signatum : THURRET, et inferius : De mandato prædicti vicarii generalis, DE MARTIGNY.	Donné à Reims, au palais archiépiscopal, l'an du Seigneur 1669, le 20 du mois de novembre. Signé : THURRET, et plus bas : Par mandement dudit vicaire général, DE MARTIGNY.

(Archives de Reims.)

Confrérie de Sainte-Hélène.

Instruction de la confrérie, tirée d'un petit ouvrage qui a pour titre : *Instruction et Prières du pèlerinage, des neuvaines et de la confrérie, en l'honneur de la glorieuse sainte Hélène, mère de l'empereur Constantin, en l'abbaye d'Hautvillers, diocèse de Reims.* A Châlons, chez Jacques Seneuze, imprimeur, M.D.C.LXXXIII.

On appelle confrérie une société de plusieurs personnes de l'un et de l'autre sexe, qui se sont mises sous la protection spéciale de quelque saint auquel elles rendent un honneur particulier, afin de ressentir plus tôt les effets de son intercession et de ses mérites auprès du Seigneur.

Vu la bulle précédente du souverain pontife, qui accorde de si grandes faveurs à ceux qui feront partie de la confrérie de Sainte-Hélène, il est de notre devoir d'instruire le lecteur sur ce qui avait lieu à Hautvillers, à cette occasion, et de dire que la confrérie de Sainte-Hélène y existe encore.

De tout temps, est-il dit dans le petit ouvrage cité, la Sainte Vierge, Mère de Dieu, a été regardée comme la grande médiatrice entre le Ciel et la terre ; car elle s'est toujours montrée une Mère de miséricorde à l'égard des fidèles qui se sont enroollez dans la grande confrérie du Rosaire, c'est-à-dire qui l'ont choisie pour leur divine patronne, portant un chapelet et le récitant souvent à son honneur.

Le grand patriarche saint Benoît a donné commencement à cette piété singulière envers la Mère de Dieu, récitant tous les jours le psautier de la Sainte Vierge, composé de cent cinquante salutations angéliques, et comme dit le bienheureux Alain de la

Roche, un des plus savants et des plus illustres disciples de saint Dominique : La dévotion avec laquelle Benoît saluait tous les jours la Mère de Dieu, de cent cinquante *Ave Maria,* luy a mérité la grâce d'estre l'instituteur du plus grand ordre de l'Église. Il est vray que le même saint Dominique, patriarche des Révérends Pères Prescheur, plus de six cents ans après, a esté un glorieux réparateur et propagateur de la confrérie du Rosaire, car il l'a retably dans le point où nous la voyons aujourd'huy.

De plus, il y a dans l'Église beaucoup d'autres sociétés à l'honneur des saints, comme sont, par exemple : la confrérie de Sainte-Anne, celles de Saint-Joseph, de Saint-Sébastien, de Saint-Nicolas et autres. Et on voit que les souverains pontifes ont donné des indulgences plénières, principalement à l'article de la mort, à tous les fidèles qui se seront enroolez dans ces confréries, afin de rendre un honneur particulier aux saints qui en sont les patrons et les protecteurs. Ores, puisqu'après la Très Sainte Mère de Dieu, sainte Hélène a été une princesse des plus illustres sur la terre et des plus glorieuses dans le Ciel, il estoit juste, pour la consolation des fidèles, qu'elle devint encore l'objet de leur piété particulière, et qu'il y eût une confrérie érigée à son honneur, afin qu'ils pussent implorer avec plus de confiance le secours d'une sainte, que les anciens Pères de l'Église ont comparée à la Très Sainte Mère de Dieu, et pour sa charité sur la terre à l'égard des chrestiens, et pour son grand pouvoir dans le Ciel auprès du Sauveur.

Et comme c'est par la vertu de sa croix que cette grande sainte opère tant de miracles en faveur des personnes affligées qui réclament son assistance, c'est sur le bruit de ces mêmes miracles que le souverain pontife Clément IX, d'heureuse mémoire, a voulu augmenter de nos jours la piété des fidèles envers cette glorieuse Impératrice, en érigeant dans l'abbaye d'Hautvillers, en l'année 1668, une confrérie à son honneur ; animant ainsy les chrestiens à se mettre sous la protection d'une princesse, que les saints Pères du concile de Nicée ont appelée : *la Mère du Christianisme,* et leur accordant indulgence plénière de tous leurs péchez au jour de leur entrée en cette confrérie et à l'article de la mort ; sans parler des indulgences pour les autres jours, qu'on peut voir dans la bulle.

Esclaircissement sur cette Bulle.

Il paraît, premièrement, par cette bulle du souverain pontife, qu'il est nécessaire à tous ceux qui veulent entrer dans la confrérie de la glorieuse sainte Hélène, de s'y disposer par les approches des sacrements de Pénitence et d'Eucharistie et par un véritable repentir de leurs péchez, afin d'en mériter le pardon et indulgence plénière au jour de leur entrée.

Secondement, qu'il est avantageux de visiter tous les ans, la seconde fête de la Pentecôte, la chapelle de Sainte-Hélène, dans l'abbaye d'Hautvillers, pour y recevoir au même jour par les approches des sacrements, le pardon et l'indulgence plénière, que le souverain pontife accorde tous les ans à ceux de la confrérie qui s'y transporteront pour cet effet.

Mais il faut adjoûter icy, pour l'intelligence des plus simples, qu'il n'y a néantmoins aucune nécessité ny obligation à ceux de la confrérie, de venir tous les ans en ce lieu la seconde feste de Pentecoste pour y gagner les indulgences ; car cela est laissé à leur dévotion d'y venir, ou de n'y point venir ; s'ils y viennent ils pourront gagner les indulgences plénières, comme nous venons de dire, en s'approchant des sacremens de l'Église ; et, s'ils n'y viennent pas, il n'y aura pour eux en cela aucune offense. Et c'est ce qu'on doit dire de toutes les indulgences des autres confréries, qui sont laissées à la dévotion des fidèles, et qui peuvent les gagner avec mérite, s'ils ont de la piété, mais qui peuvent aussi sans offense se dispenser de les gagner.

Règlements pour ceux de la Confrérie.

Il est bon, néantmoins, que les personnes qui se seront enroolées dans la confrérie de la glorieuse sainte Hélène, mettent en pratique les petits règlemens qui s'ensuivent : Le premier, que toutes les semaines, s'il est possible, ou du moins tous les mois, ils entendent la sainte messe le jour du vendredy, en mémoire de la Passion du Sauveur et en l'honneur de sainte Hélène, qui a esté la chere amante de sa croix, et c'est pour ce sujet qu'on a imprimé dans ce livre l'office et les litanies de la Sainte Croix.

Le second, qu'ils se rendent fort exactes à ouyir la sainte messe, à se confesser, communier aux deux festes de sainte Hélène, qui arrivent le 7ᵉ jour de février et le 18ᵉ d'aoust : comme aussi aux jours de l'Invention et Exaltation de la Sainte-Croix, qui arrivent le 3 de may et le 14 de septembre : parce que ces deux festes retournent à la gloire de sainte Hélène, qui a, la première, exalté la croix du Sauveur après l'avoir recherchée avec soin, et posée avec honneur sur le Calvaire.

Le troisième règlement est que ceux de la confrérie s'étudient d'acquérir une dévotion singulière envers l'humanité adorable du Sauveur, à l'exemple de la glorieuse sainte Hélène, principalement envers les souffrances et les anéantissements de sa Passion. Le vendredy est consacré à ces entretiens très pieux et on a mis icy, pour cet effet, les litanies de la Passion.

Le dernier règlement dont la théorie, néantmoins, est plus facile que la pratique : c'est l'imitation des vertus de cette grande sainte, qu'ils ont choisie pour leur patronne, une résignation généreuse à son exemple ; au plus fort des afflictions, une patience exemplaire dans les adversitez, dans les maladies et, parmy les divers accidents de la vie présente, une charité comme la sienne, remplie de compassion envers les pauvres, un zèle très ardent pour la religion, et un amour très sensible envers l'humanité adorable du Sauveur, afin de mériter de sa divine miséricorde, par les suffrages et les intercessions de cette grande sainte, le pardon et l'indulgence plénière de tous leurs péchez que le souverain pontife leur accorde et durant la vie et à l'article de la mort.

Prière de la Confrérie. — Dévote oraison à sainte Hélène pour le jour de l'entrée dans la Confrérie.

O bienheureuse Impératrice, qui avez été en ce monde l'appui de la religion, une ferme colonne de l'Église, la protection des *fidels*, la mère de tous les chrestiens et la chere amante de la croix du Sauveur, toutes ces illustres qualités me donnent beaucoup de confiance en vos mérites et me font connoistre le grand pouvoir que vous avez dans le Ciel, pour secourir ceux qui vous honorent sur la terre et qui se mettent sous votre sainte protection, c'est à vous, grande sainte, que je m'adresse, c'est vous que je réclame afin d'obtenir du Seigneur le pardon de mes offences et les grâces dont j'ai besoin pour observer ses divins commandements : Et afin de mériter l'effet de mes demandes par vostre intercession, je vous choisis aujourd'huy pour ma divine patronne et advocate auprès de Nostre-Seigneur ; je vous prends pour ma glorieuse protectrice, m'enrollant dans la confrérie qui porte vostre nom afin de vous y rendre un honneur particulier tout le temps de ma vie ; c'est à quoy je m'engage aujourd'huy, promettant à Dieu de vivre jusqu'à la mort dans la crainte de son saint nom, d'imiter ma très illustre patronne, vos actions de vertus et de rendre à votre mémoire un respect tout singulier tandis que je vivray en ce monde afin de recevoir par vos mérites la récompense qui nous est préparée en l'autre. Ainsi soit-il.

Prière à sainte Hélène pour ceux qui sont de la Confrérie.

O très sainte Impératrice, qui avez tant aymé et honoré la croix adorable du divin Sauveur et qui avez mérité pour récompense d'en recevoir la vertu afin de confondre la puissance des démons, et d'arrester leur malice et leur rage contre les hommes, je me repose entièrement, glorieuse sainte, sur l'assurance de votre protection, j'espère obtenir de Nostre-Seigneur, par vos suffrages, et par la vertu de sa très Sainte Croix, les grâces qui me sont nécessaires pour résister aux tentations de l'Enfer et pour vaincre tous les efforts des ennemis de mon salut. C'est pour ce sujet que je vous ay choisie pour ma divine patronne et advocate, et que je me suis enroolé dans la confrérie érigée à vostre honneur, afin de conserver dedans mon cœur, tandis que je vivray, un amour et un respect singulier pour vostre mémoire. Assistez moy doncques, s'il vous plaît, dans les diverses agitations et accidents de la vie présente, soyez ma deffense et ma consolation, au plus fort des dangers qui peuvent m'arriver, mais surtout obtenez-moy de Notre-Seigneur le don de la persévérance en sa sainte grâce, afin qu'estant ainsy soutenu par votre puissansse, assisté par vos prières, appuyé sur vos mérites, enroolé sous vostre estendart et asseuré de vostre protection, je puisse finir heureusement le cours de ma vie et mériter de jouyr avec vous du repos éternel. Ainsi soit-il.

Instruction des neuvaines.

Le grand nombre de personnes affligées de diverses maladies, qui viennent et qui envoyent en ce lieu pour des neuvaines de prières et de sacrifices, afin d'implorer le secours du Ciel par les mérites de la grande sainte Hélène, mérite bien que nous disions un mot touchant les neuvaines pour l'instruction des simples.

On appelle neuvaine, une continuation de prières que l'on fait pendant neuf jours, afin de fléchir la divine miséricorde, par ce nombre sacré de neuf, que la sainte Église approuve et autorise en l'honneur de l'Incarnation du Fils de Dieu, c'est-à-dire en mémoire des neuf mois entiers qu'il a voulu estre renfermé dans les entrailles de la Vierge, où il commença à devenir luy-même la victime de son Père Éternel, le priant pour le salut des hommes et l'adorant durant ces neuf mois en qualité de Fils de l'homme.

Voilà l'esprit qui doit nous porter à faire des neuvaines dont la pratique ne peut être que très louable et très sainte : c'est pourquoy ceux qui demeurent en ce lieu pendant neuf jours, afin d'y faire une neuvaine ou pour eux-mêmes, ou pour les autres, doivent tous les jours demander au Seigneur, par les mérites de la gloire de sainte Hélène, la délivrance de leurs afflictions en mémoire des neuf mois que le Fils de Dieu voulut demeurer dans les entrailles de Marie, sa Très Sainte Mère, comme dans un temple sacré où il fut en prières et s'offrit à Dieu son Père pour sauver tout le monde.

Ce qu'il faut observer durant les neuvaines.

Ceux qui font icy une neuvaine, se disposeront à mériter l'assistance du Ciel par les approches des sacrements de Pénitence et d'Eucharistie, le premier et le dernier jour de leur neuvaine, et encore le quatrième ou cinquième jour par l'advis du confesseur.

Ils assisteront tous les jours au service divin, c'est-à-dire à la grande messe, à vêpres et à complies, comme aussi aux prières qui se disent après les vêpres pour les malades. Ils pourront visiter tous les jours la chapelle du glorieux saint Nivard, et aller au bas de la montagne adorer le Sauveur, au pied de la croix qui y est posée (1) ; il leur suffira néantmoins de prier dans l'église de l'abbaye devant la chapelle de la glorieuse sainte Hélène, ou devant le grand autel en la présence de ses sacrées reliques.

Ceux qui ne sçavent pas lire se contenteront de dire tous les jours neuf *Pater* et *Ave* en l'honneur du mystère adorable de l'Incarnation du Sauveur, et des neuf mois qu'il demeura dans le sein de la Vierge ; et ceux qui sçavent lire (outre ces neuf *Pater* et *Ave*), se serviront aussy des prières qui sont icy marquées, récitant tantost l'office et les litanies de sainte Hélène, avec les prières et oraisons des saints patrons de ce lieu, tantost l'office et les litanies de la Croix ou celles de la Passion, ou bien les autres prières du pèlerinage.

Durant les neuvaines, on ne prescrit rien touchant le jeûne et l'abstinence, laissant à la liberté des personnes l'usage des viandes selon leur condition. On les avertit seulement que le jeûne n'est pas moins puissant que la prière auprès de Dieu, pour fléchir sa divine miséricorde.

C'est aussi la coutume de bénir, dans la sacristie, le pain et l'eau des personnes qui font une neuvaine, principallement quand elles sont affligées de quelque maléfice ou de quelque possession ou obsession diabolique.

Prières durant les neuvaines. — Oraison pour les malades au Fils de Dieu incarné.

Verbe divin sans principe et sans commencement, coéternel et consubstantiel à votre Père, qui avez voulu vous incarner dans les entrailles de Marie, afin de nous faire reconnoistre et adorer vostre puissance dans la faiblesse, vostre sagesse dans l'enfance, et vostre majesté souveraine dans la bassesse et dans

---

(1) Croix de Sainte-Hélène, au bas de la montagne, sur la route d'Hautvillers à Épernay, croix dont nous rappelerons l'origine.

la pauvreté de votre naissance sur la terre, et qui, au bout de neuf mois, avez voulu sortir du sein de la Vierge et paroistre au monde comme un enfant d'un jour. Je vous supplie, Seigneur, en mémoire de ce mystère d'amour et en l'honneur des neuf mois de vostre demeure dans le sein de Marie, de vouloir effacer mes crimes qui ont attiré sur moy l'affliction que je souffre et de m'en accorder la délivrance, je vous en conjure, mon Dieu, par les mérites de votre Très Sainte Mère et par l'intercession de la glorieuse sainte Hélène dont je viens implorer en ce lieu le secours, et le grand pouvoir auprès de votre majesté adorable. Ainsi soit-il.

Autre oraison pour les malades au même Sauveur du monde.

Recevez, mon divin Rédempteur, les prières et les larmes que mon âme affligée vient présenter en ce lieu durant neuf jours à votre majesté souveraine. Agréez, s'il vous plaist, la neuvaine de mon sacrifice et de mes vœux que je vous offre, Seigneur, pour la délivrance de la maladie et des maux que je souffre, il est vray que la peine en est très justement deüe à mes péchez, mais parce que vous estes juste, mon Dieu, dans les afflictions que vous m'envoyez, soyez-moy aussi miséricordieux en y mettant fin, ou en me donnant la patience et les forces pour les endurer avec mérite, je vous en supplie, Seigneur, par l'entremise de la glorieuse sainte Hélène, la très chère amante de votre Croix, afin qu'après avoir porté ma croix à son exemple, et embrassé comme elle les disgrâces et les afflictions, je puisse aussi mériter de votre bonté infinie la société des saints dans le séjour de la gloire. Ainsi soit-il.

Dévote oraison à sainte Hélène pendant les neuvaines pour les malades.

O princesse charitable, qui faites connoistre à toute la France que vous estes en ce lieu la consolation des affligez, le refuge des misérables, la terreur des démons, la chère amante de Jésus-Christ Nostre-Seigneur et la Mère commune de toutes les personnes qui vous réclament dans leurs besoins, assistez-moi, glorieuse sainte, et me faites ressentir les effets de vostre grand pouvoir auprès de Dieu, je viens à vous pour obtenir par vos mérites la délivrance de mon affliction, j'honore en ce lieu vos sacrées reliques, et je viens y offrir au Seigneur une neuvaine de prières et de larmes entre vos mains, c'est à vous même, grande sainte, que je présente mes prières et mes vœux, afin que j'obtienne, par vostre intercession, l'effet de mes demandes ; soyez donc, s'il vous plaît, ma consolation et mon refuge dans l'extrémité de ma misère ; secourez-moi, grande sainte, dans le plus fort de mon affliction ; procurez-moy cette grâce du Ciel tandis que je révère vostre nom en ce lieu en la présence de vostre saint corps ; et si c'est la volonté du Seigneur, faites, s'il vous plaît, que je reçoive au bout de neuf jours la guérison de mon mal, ou du moins la patience nécessaire pour le souffrir, avec mérite devant Dieu et avec une entière résignation à son adorable volonté. Ainsi soit-il.

Ne voulant rien oublier, autant que possible du moins, de ce qui a rapport à Hautvillers et à ce qui en a fait la gloire, c'est-à-dire à sainte Hélène, nous rapportons ici une hymne en français, que nous avons trouvée à Reims, dans l'*Inventaire du Cartulaire* (page 30). Nous ne connaissons ni l'auteur de cette hymne, ni l'époque de sa composition.

> Chère amante du roi des rois,
> Vous régnez dans toute l'Église,
> C'est vous qui avez à ses lois
> *Rendue* la terre très soumise.
>
> Votre fils, le grand Constantin,
> N'étendit le christianisme,
> Dans le vaste empire Romain,
> Qu'en le tirant du paganisme.
>
> Vous régnez au plus haut des Cieux,
> Après avoir régné en terre,
> Et fait triompher en tous lieux,
> Jésus-Christ, sa Croix et sa Mère.

Par cette Croix du doux Sauveur,
Obtenez-nous pleine victoire
Sur le démon, sur notre cœur,
Et rendez-nous digne de gloire.

Sainte Hélène écoutez nos voix,
Faites-nous part de vos mérites,
Aidez-nous à porter nos croix,
Dont nous ne serons jamais quittes.

Gloire soit au Père Éternel,
Gloire à son Fils, Sauveur du monde,
Et à l'Esprit consubstantiel,
Du saint amour source féconde.
   Ainsi soit-il.

CANTIQUE EN L'HONNEUR DE SAINTE HÉLÈNE

Air : *Avec les jeux dans le village.*

Vous qui, placée au rang suprême,
Brillâtes par l'humilité,
Qui, par un frêle diadème,
Reçûtes l'immortalité,
Jouissez, princesse pieuse,
Au sein de la divinité,
Du prix d'une âme généreuse
Envers la triste humanité. *(Bis.)*

Jamais l'attrait de la parure
N'eut d'empire sur votre cœur,
L'or moins brillant d'une âme pure
Est l'offre qui plaît au Seigneur,
Pour vous, superbes basiliques
S'érigèrent en son honneur,
Et sur des autels magnifiques
S'éleva la Croix du Sauveur. *(Bis.)*

Par vous, la tendre bienfaisance,
Du pauvre éteignit les besoins.
Aucuns maux, aucune souffrance,
Ne résistèrent à vos soins.
De votre corps, dépositaire,
Hautvillers vous prie en ce jour,
Ne dédaignez point sa prière,
Et conservez-lui votre amour. *(Bis.)*

O sainte et chère Impératrice,
Ayez pitié de vos enfants !
Que de l'infernale malice,
Tous les efforts soient impuissants.
Que votre bénigne assistance
Donne à l'affligé guérison ;
Au pécheur, humble repentance ;
Aux malheureux, protection. *(Bis.)*

CANTIQUE SPIRITUEL DE SAINTE HÉLÈNE

(RÉIMPRIMÉ EN 1660)

Vermeille fleur en beauté non pareille,
 Des parterres des Cieux,
Oyez nos voix des reines la merveille,
 Nos prières et nos vœux,

O Hélène, dont la grandeur   REFRAIN.
Remplit cette basse rondeur.

O beau fleuron d'une tige royale,
 Des empires l'honneur,
En noblesse vous n'avez point d'égale,
 Ny en généreux cœur,

O Hélène, dont la grandeur, etc.

Mais vos vertus, qui passent l'excellence
　　De votre extraction,
Vous ont portée avec prééminence,
　　Dans la sainte Sion.

O Hélène, dont la grandeur, etc.

O beau soleil du monde catholique,
　　Des peuples le beau jour.
Fleur de l'Église, ô grande Britannique,
　　Et des Français l'amour.

O Hélène, dont la grandeur, etc.

Nous révérons vos gestes admirables,
　　Dedans ce bas séjour,
Qui vous ont fait en gloire incomparable,
　　Sur les astres du jour.

O Hélène, dont la grandeur, etc.

Vous avez fait éclater la lumière
　　De la divinité,
Où le soleil parcoure sa carrière,
　　De sa claire beauté.

O Hélène, dont la grandeur, etc.

Au saint sépulcre, une église admirable
　　Vous avez fait bâtir.
Une autre aussi en la chétive étable
　　Où Jésus-Christ naquit.

O Hélène, dont la grandeur, etc.

Au Mont-Thabor, où Jésus, roi de gloire,
　　S'était transfiguré,
Avez bâti un temple à la mémoire
　　De ce mystère caché.

O Hélène, dont la grandeur, etc.

En tous ces lieux vous étiez d'ordinaire
En contemplation,
Considérant tous ces saints mystères
Avec dévotion.

O Hélène, dont la grandeur, etc.

Et autres endroits par la sainte présence,
De Jésus honoré,
Avez bâti avec magnificence,
Des lieux de sainteté, etc.

O Hélène, dont la grandeur, etc.

La sainte Croix, avec diligence,
Vous nous avez trouvée,
Et excité le peuple à la révérence
Envers ce bois sacré.

O Hélène, dont la grandeur, etc.

Avez cherché autres saintes reliques,
Dont vous avez enrichi
Plusieurs églises et saintes basiliques
Que vous avez *bâti*.

O Hélène, dont la grandeur, etc.

Dieu par vous fait paraître sa puissance,
Pour chasser nos ennuis.
Par vous, il dompte la rage et l'arrogance
Du commun ennemi.

O Hélène, dont la grandeur, etc.

Vous triomphez de sorts et maladie
Avec autorité,
Jésus ayant donné ce bénéfice
A votre piété.

O Hélène, dont la grandeur, etc.

Car par la croix, cette sainte auriflamme,
Qu'entre vos bras portez,
Tous les assauts, l'artifice et la trame
D'enfer vous exentez.

O Hélène, dont la grandeur, etc.

Versez sur nous votre douce influence,
Les effets de nos vœux,
O doux soleil bienfaiteur de la France,
O astre de ces lieux.

O Hélène, dont la grandeur,
Remplit cette basse rondeur.

FIN.

(Extrait d'un petit opuscule qui a pour titre : *La vie et miracles de sainte Hélène, mère de l'empereur Constantin, dont le saint corps repose à l'église d'Hautvillers, diocèse de Reims, près Ay*. A Troyes, chez la veuve Jacques Oudot et Jean Oudot, fils, imprimeur et libraire, rue du Temple. Avec approbation des vicaires généraux Pierre Dozet et Robert Lelarge, 22 octobre 1660.)

Instruction du pèlerinage de Sainte-Hélène.

Un véritable chrestien est assez persuadé qu'il doit bannir de son cœur toute curiosité dans les voyages qu'il entreprend par dévotion. Et que ce n'est point par une simple récréation, n'y par manière de promenade que l'on fait des pèlerinages dans des sanctuaires de piété, mais par un pur motif d'honorer Dieu en ses saints et de se rendre digne de ses grâces par son intercession.

L'Église aussi, dès sa naissance, a regardé les visites des premiers chrestiens, aux sépulchres des martyrs, comme des voyages saints et très louables que les conciles ensuitte ont approuvez, les saints Pères ont autorisez, et les plus célèbres docteurs ont préconisez dans leurs écrits. Rome, depuis la mort du prince des apôtres, a veü dans son enceinte un concours de tous les peuples du christianisme qui venoient honorer le tombeau de ces deux colonnes inébranlables de nostre religion.

La ville de Séleucie devint illustre par l'affluence des chrestiens qui alloient visiter le sépulchre de sainte Thècle, vierge et martyre, la première de son sexe qui répandit son sang pour Jésus-Christ. En la ville d'Édesse, l'église de l'apôtre saint Thomas, et dans toute l'Afrique le tombeau du martyr saint Cyprien, furent deux pèlerinages très célèbres dans la primitive Église. L'Espagne est encore glorieuse en nos jours par la possession d'une partie du corps de l'apostre saint Jacques, qui est visité de toutes les nations de l'Europe.

Le Calvaire et tous les lieux consacrez par la vie et par la mort du Fils de Dieu devinrent autant de pèlerinages très glorieux, où l'impératrice sainte Hélène fit bastir des églises très magnifiques pour augmenter la piété des fidels envers la Passion de leur divin Sauveur.

Enfin, la France est encore aujourd'huy très recommandable par le grand nombre de ses sanctuaires de piété, et, sans parler des célèbres pèlerinages de Notre-Dame-de-Liesse, de Saint-Fiacre en Brie, de Sainte-Reyne en Bourgogne; celuy de la glorieuse Sainte-Hélène, dans l'archevêché de Reims, est un des plus grands et des plus renommez, depuis huit cents ans que son sacré corps repose dans l'abbaye d'Hautvillers (1). Et il semble que Dieu ait choisi le siècle où nous sommes pour rendre ce saint pèlerinage plus célèbre et afin de relever davantage la gloire de cette auguste princesse par le grand nombre de miracles que sa toute-puissance fait paroître en ce lieu.

Que ceux doncques qui s'y transportent, entreprennent ce voyage avec l'esprit des premiers chrétiens, qu'ils y viennent avec des sentiments de piété ; qu'ils entrent dans ce sanctuaire avec les respects qui lui sont deüs ; qu'ils y paroissent pour adorer la majesté d'un Dieu admirable en ses saints, et pour y reconnoître le grand pouvoir, honorer les mérites et implorer l'assistance de la glorieuse sainte Hélène, afin d'y recevoir, par son intercession, les grâces dont ils ont besoin et pour la santé du corps et pour le salut de leurs âmes.

Après la bulle d'Innocent IX, instituant une confrérie en l'honneur de sainte Hélène, et par suite des indulgences accordées à ceux qui visiteraient l'église où reposaient les reliques de la sainte Impératrice, les pèlerins vinrent en plus grand nombre à Hautvillers et c'est à l'occasion de ce pèlerinage qu'une médaille a été frappée. Cette médaille du XVIIe

---

(1) A l'époque où s'imprimaient ces lignes il y avait, en effet, environ huit cents ans que l'abbaye d'Hautvillers possédait les reliques de sainte Hélène ; aujourd'hui il y a plus de mille ans qu'elles y ont été apportées.

siècle est en laiton, elle a été recueillie à Châlons par M. le chanoine Lucot, archiprêtre de la cathédrale depuis la publication de son livre sur sainte Hélène.

Les lettres qui se trouvent au revers de cette médaille sont les mêmes que celles qui se trouvent sur la médaille de saint Benoît ; nous en avons donné l'explication dans l'introduction de notre ouvrage.

PRIÈRES DU PÈLERINAGE

Prières quand on est en chemin.

In viam pacis et prosperitatis dirigat nos omnipotens et misericors Dominus et angelus Raphaël comitetur nobiscum in via, ut cum pace, salute, et gaudio revertamur ad propria.

Que le Seigneur tout-puissant et miséricordieux nous dirige dans le chemin de la paix et de la prospérité, et que l'ange Raphaël nous accompagne dans le chemin, afin qu'avec la paix, la joie et le salut, nous revenions dans nos demeures.

OREMUS

Deus qui filios Israel per maris medium sicco vestigio ire fecisti, quique tribus magis iter ad te stella duce pandisti, tribue nobis quæsumus, iter prosperum tempusque tranquillum, ut angelo tuo sancto comitante, ad eum quo pergimus locum, ac demum ad æternæ salutis portum pervenire feliciter valeamus. Amen.

PRIONS

O Dieu qui avez fait marcher à pied sec les enfants d'Israël au milieu de la Mer Rouge, et qui avez ouvert aux mages un chemin pour aller jusqu'à vous, sous la conduite d'une étoile, accordez-nous, s'il vous plaît, un heureux voyage et un temps favorable, afin qu'accompagnés de votre saint ange, nous puissions arriver heureusement au lieu où nous allons et au port du salut éternel. Ainsi soit-il.

Adesto quæsumus, Domine, supplicationibus nostris, et viam famulorum tuorum intercedente beata Helena, in salutis tuæ prosperitate dispone : ut inter omnes viæ et vitæ hujus varietates, tuo semper protegamur auxilio. Per Christum Dominum nostrum, etc.

Daignez, Seigneur, écouter favorablement nos prières et conduisez les pas de vos serviteurs dans les voies du salut, et, par l'intercession de la glorieuse sainte Hélène, dont ils viennent implorer la protection, faites que dans les différents événements de leur voyage et de cette vie, ils soient toujours soutenus de votre secours. Par Notre-Seigneur Jésus-Christ, etc.

Præsta, quæsumus, omnipotens Deus, ut beatæ Helenæ imperatricis memoriam recensentis, meritis ipsius protegamur et precibus. Per Christum Dominum nostrum, etc.

Deus qui Abraham puerum de Ur Chaldœorum eductum, per omnes suæ peregrinationis vias illæsum custodisti, quæsumus ut nos famulos tuos custodire digneris, esto nobis Domine, in procinctu suffragium, in via solatium, in æstu umbraculum, in pluvia et frigore tegumentum, in lassitudine vehiculum, in adversitate præsidium, in lubrico baculus, in naufragio portus ; ut te duce, quo tendimus, prospere perveniamus et demum incolumes ad propria redeamus.

Præsta quæsumus, omnipotens Deus, ut familia tua per viam salutis incedat ; et beati Joannis præcursoris hortamenta sectando, ad eum quem prædixit, secura perveniat Dominum nostrum Jesum Christum filium tuum.

Faites, s'il vous plaît, Seigneur, qu'en nous rappelant la mémoire de la bienheureuse Impératrice Hélène nous soyons protégés par ses prières et par ses mérites. Par Notre-Seigneur Jésus-Christ.

O Dieu, qui après avoir fait sortir votre serviteur Abraham de la ville d'Ur en Chaldée, l'avez préservé d'accidents dans ses différents voyages, daignez nous conserver, nous vous en supplions, nous qui sommes vos serviteurs, accordez-nous, Seigneur, votre protection au moment de notre départ ; soyez notre rafraichissement contre la chaleur, notre abri contre la pluie et le froid, notre char dans la fatigue, notre aide dans l'adversité, notre soutien dans les lieux glissants et notre port dans le naufrage, afin que, sous votre conduite, nous arrivions heureusement où nous allons, et qu'enfin nous retournions chez nous pleins de santé.

Faites, s'il vous plaît, Seigneur, que vos serviteurs marchent dans la voie qui conduit au salut, et que, fidèles aux instructions du bienheureux précurseur Jean-Baptiste, ils puissent arriver sûrement jusqu'à celui qu'il a prophétisé, c'est-a-dire jusqu'à Notre-Seigneur Jésus-Christ, votre fils.

Prières devant les reliques du sanctuaire d'Hautvillers.

ANTIPHONA

Introibimus in tabernaculum ejus ; adorabimus in loco ubi steterunt pedes ejus. Imperatrix Helena ad hoc fuit,

ANTIENNE

Nous entrerons dans le temple du Seigneur et nous l'adorerons dans le lieu qu'il veut habiter.

Il était destiné à la bienheu-

ut per eam absconditum sanctæ crucis revelaretur lignum.

℣. Astitit regina a dextris tuis.

℟. In vestitu deaurato circumdata varietate.

OREMUS

Deus qui beatæ Helenæ imperatrici crucem tuam detegere dignatus es, da nobis, quæsumus, devotionis suæ exempla sectari, et assidua ejusdem crucis meditatione muniri.

ANTIPHONA

Corpora sanctorum in pace sepulta sunt et vivent nomina eorum in æternum.

℣. Mirabilis Deus.
℟. In sanctis suis.

OREMUS

Propitiare nobis, quæsumus, Domine famulis tuis per sanctorum tuorum Blasii, Bercharii, Policarpi, et sanctorum confessorum tuorum Nivardi, Sindulphi, Madelupi, beatæ virginis Petronillæ et aliorum sanctorum, quorum reliquiæ in præsenti requiescunt ecclesia, merita gloriosa : ut eorum pia intercessione ab omnibus semper protegamur adversis. Per Christum Dominum nostrum, etc.

reuse sainte Hélène de retrouver le bois de la vraie croix.

℣. La reine qui est l'épouse est à votre droite.

℟. Parée de ses riches habits où règne une admirable variété.

ORAISON

O Dieu qui avez daigné, par une grâce singulière, faire connaître à la bienheureuse Impératrice sainte Hélène, la croix sur laquelle vous avez voulu souffrir pour nous, daignez nous accorder la grâce d'imiter les exemples qu'elle nous a donnés de sa dévotion pour ce bois sacré, et d'être protégés par la méditation continuelle de cette même croix.

ANTIENNE

Les corps des saints ont été ensevelis en paix, et leurs noms vivront dans la succession de tous les siècles.

℣. Dieu est admirable.
℟. Dans ses saints.

ORAISON

Nous vous supplions, Seigneur, de vouloir accorder à vos serviteurs, par les mérites de vos saints Blaise, Berchaire, Polycarpe, de vos confesseurs Nivard, Sindulphe, Madeloup, de la bienheureuse vierge Pétronille et des autres saints dont les reliques reposent dans cette église, la protection et le bonheur en toute occasion. Par Jésus-Christ Notre-Seigneur, etc.

Prières à tous les Saints, Patrons et Tutélaires du sanctuaire d'Hautvillers et à la glorieuse sainte Hélène.

Ad te confugimus supplices in necessitatibus nostris. O beata Helena favorabili pietate nostris te vocibus libenter inclina, preces quas humiliter tibi fundimus ad Deum repræsenta, gratiam quam quærimus nobis efficaciter impetra, in augustiis constitutos clementer adjuva, et a cunctis malis et dæmonum insidiis, potenter libera, imperatrix christianissima, imperatrix piissima, imperatrix potentissima.

℣. Beata Helena imperatrix benedicta memento nostri.

℟. Adjuva nos apud altissimum filium Dei.

℣. Domine exaudi orationem meam.

℟. Et clamor meus ad te veniat.

OREMUS

Omnipotens sempiterne Deus, qui beatæ Helenæ imperatrici christianissimæ gratiam conferre voluisti ut per eam sacrosanctum crucis tuæ lignum salutis nostræ, pretium mundo revelares cuique inter cæteras dotes ejusdem crucis, quam invenire meruit, virtutem communicare, atque ut morborum languorem, pelleret, maleficiorum vim solveret, dæmonum que furorem comprimeret, singulari prærogativa decorare dignatus es, præsta nobis quæsumus, ut cujus virtutes et merita pia mente recolimus, et ad

Nous vous supplions, et nous nous réfugions vers vous dans nos nécessités. O heureuse Hélène, prêtez une oreille favorable à nos prières, offrez à Dieu pour nous d'humbles supplications, demandez pour nous les grâces que nous désirons, secourez dans votre bonté ceux qui sont dans le péril, et délivrez-nous de tous les maux et des embûches des démons, ô Impératrice très puissante, très chrétienne et très pieuse.

℣. Bienheureuse Hélène, sainte Impératrice, souvenez-vous de nous.

℟. Secourez-nous près du puissant Fils de Dieu.

℣. Seigneur, exaucez ma prière.

℟. Et que mes cris arrivent jusqu'à nous.

PRIONS

Dieu éternel et tout-puissant qui avez daigné accorder à la bienheureuse Hélène, Impératrice très chrétienne, la grâce de révéler au monde le bois sacré de votre croix, ce prix de notre rédemption, et qui, à tous les privilèges attachés à cette croix, avez daigné joindre la vertu de guérir les maladies, d'abattre les maléfices, de comprimer la fureur des démons, accordez-nous, nous vous en prions, la grâce d'honorer pieusement ses vertus et ses mérites, et d'obtenir par son intercession, et la puissance de votre

omnibus qui nos premunt dæmonum incursibus eripi et a cunctis mentis et corporis infirmitatibus liberari, ejus intercessione et crucis tuæ potentia mereamur. Qui vivis et regnas cum Deo Patre, in unitate spiritus, etc.

croix, d'être délivrés des embûches des démons, et de toutes les infirmités du corps et de l'esprit. Vous qui vivez et régnez avec Dieu le Père dans l'unité du Saint-Esprit, etc.

Prière à saint Nivard, confesseur et pontife, fondateur de l'abbaye.

ANTIPHONA

Confessor Domini post multa præclare gesta, virtutum meritis coruscans, plenusque dierum, corpore deposito, liber migravit in cœlum : ubi ipsum fortem omnium intuetur bonorum.

℣. Ecce sacerdos magnus.
℟. Qui in diebus suis placuit Deo et inventus est justus.

ANTIENNE

Ce confesseur du Seigneur, après un grand nombre de prodiges, rempli de mérites, et plein de jours, a quitté son corps, et, débarrassé de ces liens terrestres, s'est envolé au Ciel, où, riche de toutes sortes de bien, il jouit de la contemplation de Dieu.

℣. Voici un pontife illustre.
℟. Qui, pendant sa vie, a su plaire à Dieu, et a été trouvé juste.

OREMUS

Da quæsumus omnipotens Deus ut beati Nivardi confessoris tui atque pontificis veneranda solemnitas, et devotionem nobis augeat et salutem. Per Dominum nostrum Jesum Christum filium tuum, qui tecum, etc.

PRIONS

Faites, ô Dieu tout-puissant, que cette sainte solemnité du bienheureux Nivard, notre confesseur et pontife, augmente en nous l'esprit de piété et le désir de notre salut. Par Jésus-Christ Notre-Seigneur, votre Fils, qui vit avec nous, etc.

Prière à saint Berchaire, martyr, 1er abbé d'Hautvillers.

ANTIPHONA

Iste sanctus pro lege Dei sui certavit usque ad mortem : et a verbis impiorum non timuit, fundatus enim erat supra firmam petram.

ANTIENNE

Ce saint a combattu jusqu'à la mort pour la loi de son Dieu, et il n'a pas craint les paroles des impies ; car il était fondé sur la pierre ferme.

℣. Posuisti Domine super caput ejus.
℟. Coronam de lapide pretioso.

OREMUS

Præsta, quæsumus, omnipotens Deus, ut qui beati Bercharii martyris tui sanctitatem et merita hic veneramur, ejusdem etiam apud tuam clementiam patrocinia sentiamus. Per Dominum nostrum.

℣. Seigneur, vous avez mis sur sa tête,
℟. Une couronne de pierres précieuses.

PRIONS

Faites, nous vous en prions, Dieu tout-puissant, que nous, qui vénérons ici la sainteté et les mérites du bienheureux Berchaire, votre martyr, nous ressentions sa protection auprès de votre clémence. Par Jésus-Christ Notre-Seigneur.

Prière à saint Polycarpe, martyr.

ANTIPHONA

Cœlestis plantator et rigátor beatus Policarpus evangelisabat incredulis fidem, credentibus autem charitas patientiam usque ad mortem.
℣. Gloria et honore coronasti eum, Domine.
℟. Et constituisti eum super opera manuum tuarum.

ANTIENNE

Il plantait et arrosait, le bienheureux Polycarpe, qui annonçait la foi aux incrédules, et aux croyants la patience jusqu'à la mort.
℣. Seigneur, vous l'avez couronné de gloire et d'honneur.
℟. Et vous l'avez établi sur les œuvres de vos mains.

OREMUS

Præsta quæsumus omnipotens Deus, ut intercedente beato Polycarpo martyre tuo, et a cunctis adversitatibus liberemur in corpore et a pravis cogitationibus mundemur in mente. Per Dominum nostrum Jesum-Christum filium tuum. Qui tecum, etc.

PRIONS

Faites, nous vous en supplions, Dieu tout-puissant, que par l'intercession du bienheureux Polycarpe, votre martyr, nous soyons délivrés de toutes les adversités du corps et purifiés des mauvaises pensées de l'esprit. Par Jésus-Christ Notre-Seigneur, votre Fils, qui vit et règne avec vous.

Prière à saint Syndulghe, confesseur, et patron de la paroisse.

ANTIPHONA

Hic vir despiciens mundum et

ANTIENNE

Méprisant le monde et triom-

terrena triumphans, divitias cælo condidit ore, manu.

℣. Amavit eum Dominus et ornavit eum.

℟. Stolam gloriæ induit eum.

OREMUS

Deus qui nos beati Syndulphi confessoris tui annua solemintate lætificas, concede propitius, ut cujus natalitia colimus etiam actiones imitemur. Per Dominum, etc.

phant des pensées terrestres, ce saint a acquis, par ses paroles et par ses actions, un trésor dans le Ciel.

℣. Le Seigneur l'a aimé et l'a revêtu d'honneur.

℟. Il lui a donné un vêtement de gloire.

PRIONS

O Dieu, qui nous réjouissez chaque année par la solemnité du bienheureux Syndulphe, notre confesseur, accordez-nous d'imiter encore les actions de celui dont nous honorons l'entrée au Ciel. Par Jésus-Christ, etc.

Prière à saint Madeloup, confesseur.

ANTIPHONA

Euge serve bone et fidelis quia in pauca fuisti fidelis supra multa te constituam, intra in gaudium Domini tui.

℣. Lex Dei ejus in corde ipsius.

℟. Et non supplantabuntur gressus ejus.

OREMUS

Adesto, Domine, supplicationibus nostris, quas in beati Mdaelupi confessoris tui solemnitate deferimus ut qui nostræ justitiæ fiduciam non habemus, ejus qui tibi placuit precibus adjuvemur. Per Dominum nostrum, etc.

ANTIENNE

Courage, bon et fidèle serviteur, parce que tu as été fidèle en de petites choses, je t'établirai sur de plus grandes, entre dans la joie de ton Seigneur.

℣. La loi de Dieu est dans son cœur.

℟. Et il ne se détournera pas de sa route.

PRIONS

Seigneur, prêtez une oreille favorable aux prières que nous vous présentons dans la solennité du bienheureux Madeloup, votre confesseur, afin que, nous qui n'avons pas confiance en notre justice, nous soyons aidés par les prières de celui qui vous a été agréable. Par Jésus-Christ Notre-Seigneur.

Prière à saint Blaise, évêque et martyr.

Gloriosus pontifex Blasius conjectus in vincula multos sanabat ægrotos, qui ejus fama sanctitatis adducti ad ipsum deferebantur.

℣. Magna est gloria ejus in salutari tuo.

℟. Gloriam et magnum decorem impones super eum.

OREMUS

Omnipotens sempiterne Deus qui Beatum Blasium præsulem martyremque tuum in agone certaminis tuo amore roborasti adsis ecclesiæ tuæ precibus et da, ut cujus triumphum recolimus in terris ejus precibus adjuvemur in cælis. Per Dominum nostrum, etc.

Le glorieux pontife Blaise, jeté dans les fers, guérissait un grand nombre de malades qui lui étaient amenés, attirés par sa réputation de sainteté.

℣. Sa gloire est grande dans votre salut.

℟. Vous le couvrirez de gloire et d'honneur.

PRIONS

Dieu éternel et tout-puissant, qui avez secouru de votre amour le bienheureux pontife Blaise, votre martyr dans ses luttes, soyez propice aux prières de votre Église, et faites que nous soyons aidés dans les cieux par les prières de celui dont nous honorons le triomphe sur la terre. Par Jésus-Christ Notre-Seigneur.

Prière à saint Réole, évêque et confesseur.

ANTIPHONA

Sacerdos et pontifex et virtutum opifex, pastor bone in populo, ora pro nobis Dominum.

℣. Elegit eum Dominus sacerdotem sibi.

℟. Ad sacrificandum ei hostiam laudis.

OREMUS

Exaudi quæsumus Domine preces nostras, quas in beati Reoli confessoris tui atque pontificis solemnitate deferimus et qui tibi digne meruit famulari, ejus intercedentibus meritis, ab omnibus nos absolvere peccatis. Per Dominum, etc.

ANTIENNE

Saint prêtre et pontife, qui avez opéré tant de merveilles, bon pasteur de votre peuple, priez le Seigneur pour nous.

℣. Le Seigneur vous a choisi pour son prêtre.

℟. Afin que vous lui offriez une hostie de louange.

PRIONS

Nous vous supplions, Seigneur, d'exaucer les prières que nous vous adressons dans la fête de votre confesseur et pontife, le bienheureux Réole, afin que l'intercession et les mérites de celui qui vous a si dignement servi, puissent obtenir de vous le pardon de nos péchés. Par Notre-Seigneur Jésus-Christ.

Prière à sainte Pétronille, vierge.

Veni, sponsa Christi, accipe coronam quam tibi Dominus præparavit in æternum.

℣. Elegit eam Dominus et preelegit eam.

℟. In tabernaculo suo habitare fecit eam.

OREMUS

Exaudi nos Deus salutaris noster, ut sicut de beatæ Petronillæ virginis tuæ commemoratione gaudemus, ita piæ devotionis erudiamur affectu.

Per Dominum nostrum Jesum-Christum, etc.

Venez, épouse de Jésus-Christ, recevez la couronne que le Seigneur vous a préparée pour l'éternité.

℣. Le Seigneur l'a choisie par avance.

℟. Il l'a fait habiter dans son tabernacle.

PRIONS

Exaucez-nous, ô Dieu notre Sauveur, afin que, comme la fête de notre sainte vierge Pétronille nous donne de la joie, nous y recevions aussi la ferveur d'une sainte dévotion.

Par Jésus-Christ Notre-Seigneur, etc.

On possédait, dans l'église de l'abbaye, des reliques des saints auxquels on adressait les prières qu'on vient de lire. L'abbaye en possédait encore de plusieurs autres saints.

Prières du Pèlerinage de sainte Hélène à la Sainte Croix.

ANTIPHONA

Salve crux et lancea,
Quæ tanta post suspiria,
Per Helenæ suffragia,
Sunt christianis reddita.

℣. Adoramus te Christe et benedicimus tibi.

℟. Quia per sanctam crucem tuam redemisti mundum.

OREMUS

Hostium nostrorum, quœsumus Domine, elide superbiam : nosque perpetua pace custodi, quos per lignum sanctæ crucis redimere dignatus es. Qui vivis et regnas Deus. Per Christum Dominum nostrum, etc.

ANTIENNE

Salut, ô croix et lance qui, après tant de larmes, furent rendues aux chrétiens par les prières d'Hélène.

℣. Nous vous adorons, ô Christ, et nous vous bénissons.

℟. Parce que vous avez racheté le monde par votre sainte Croix.

PRIONS

Brisez, Seigneur, nous vous en supplions, l'orgueil qui accompagne nos offrandes, et conservez dans une paix perpétuelle ceux que vous avez daigné racheter par le bois de votre sainte Croix, ô Dieu qui vivez et régnez par Jésus-Christ Notre-Seigneur, etc.

Prière à sainte Hélène pour les malades.

Deus qui per beatam Helenam imperatricem christianissimam lignum sanctæ crucis detegere dignatus es, præsta, quæsumus, ut ab omnibus qui nos premunt dæmonum incursibus eripi, et a cunctis mentis et corporis infirmitatibus liberari, ipsa pro nobis intercedente, crucis tuæ potentia valeamus. Qui vivis et regnas cum Deo Patre, in unitate Spiritus Sancti Deus.
Per omnia sæcula sæculorum. Amen.

O Dieu, qui avez daigné révéler le bois de la sainte Croix par l'entremise de la bienheureuse Hélène, Impératrice très chrétienne, faites, nous vous en prions, par son intercession et par la puissance de votre croix, que nous puissions être arrachés aux embûches des démons, et délivrés de toutes les infirmités du corps et de l'esprit. Vous qui vivez avec Dieu le Père, dans l'unité du Saint-Esprit.
Pendant tous les siècles des siècles. Ainsi soit-il.

LITANIES DE SAINTE HÉLÈNE

Qui ont été composées par Norgandus, abbé d'Hautvillers, en 1048, lors de la translation des reliques de la sainte Impératrice, au lieudit les Brouilles.

Kyrie, eleison.
Christe, eleison.
Kyrie, eleison.
Christe, audi nos.
Christe, exaudi nos.
Pater de cœlis Deus, miserere nobis.
Fili redemptor mundi Deus miserere nobis.
Spiritus sancte Deus.

Sancta Trinitas unus Deus.

Sancta Maria, ora pro nobis.
Sancta Dei genitrix, ora pro nobis.

Seigneur, ayez pitié de nous.
Jésus-Christ, ayez pitié de nous.
Seigneur, ayez pitié de nous.
Jésus-Christ, écoutez-nous.
Jésus-Christ, exaucez-nous.
Dieu, le Père céleste, faites-nous miséricorde.
Dieu le Fils, rédempteur du monde, faites-nous miséricorde.
Dieu le Saint-Esprit, sanctificateur des hommes, faites-nous miséricorde.
Sainte Trinité, un seul Dieu, faites-nous miséricorde.
Sainte Marie, priez pour nous.
Sainte Mère de Dieu, priez pour nous.

Sancta virgo virginum. — Sainte Vierge des.Vierges.
Sancta Helena. — Sainte Hélène.
Sancta Helena, imperatrix potentissima. — Sainte Hélène, impératrice très puissante.
Sancta Helena, imperatrix sanctissima. — Sainte Hélène, impératrice très sainte.
Sancta Helena, imperatorum conjux et genitrix. — Sainte Hélène, épouse et mère des empereurs.
Sancta Helena, imperiorum gloria. — Sainte Hélène, la gloire des empires.
Sancta Helena, regum et magnarum virtutum omnium insigne speculum. — Sainte Hélène, miroir insigne de toutes les grandes vertus et de celles des rois.
Sancta Helena, inter regales delicias immaculata. — Sainte Hélène, qui vous êtes conservée pure au milieu des délices de la cour.
Sancta Helena mulier fortis. — Sainte Hélène, femme forte.
Sancta Helena mulier timens Dominum. — Sainte Hélène, femme craignant le Seigneur.
Sancta Helena imperatrix christianissima. — Sainte Hélène, impératrice très chrétienne.
Sancta Helena, inter honorum culmina spiritu humillima. — Sainte Hélène, toujours humble parmi les grandeurs.
Sancta Helena, inter humilia mente celsissima. — Sainte Hélène, très grande par l'humilité de l'esprit.
Sancta Helena, fidei nostræ fidus admirabile. — Sainte Hélène, signe admirable de notre foi.
Sancta Helena, hæresium expugnatrix. — Sainte Hélène, destructrice des hérésies.
Sancta Helena, idolorum ruina. — Sainte Hélène, la ruine des idoles.
Sancta Helena, templorum fundatrix magnifica. — Sainte Hélène, remarquable fondatrice des temples.
Sancta Helena, catholicæ fidei propagatrix. — Sainte Hélène, propagatrice de la foi catholique.
Sancta Helena, christianæ religionis mater et magistra. — Sainte Hélène, mère et maîtresse de la religion chrétienne.
Sancta Helena, sol oriens in ecclesia, inter nebulas persecutionum. — Sainte Hélène, soleil brillant dans l'Église au milieu des ténèbres de la persécution.
Sancta Helena, lampas lucidissima. — Sainte Hélène, flambeau très lucide.
Sancta Helena, ecclesiæ columna firmissima. — Sainte Hélène, colonne inébranlable de l'Église.
Sancta Helena, christianorum auxilium. — Sainte Hélène, secours des chrétiens.

ORA PRO NOBIS — PRIEZ POUR NOUS

LITANIES DE SAINTE HÉLÈNE

Sancta Helena, causa lætitiæ universi orbis.	Sainte Hélène, cause d'une joie universelle.
Sancta Helena, Constantini martii et Constantini filii in fide magistra.	Sainte Hélène, maîtresse dans la foi de Constantin guerrier et de Constantin fils.
Sancta Helena, ecclesiasticæ pacis et libertatis restauratrix.	Sainte Hélène, restauratrice de la paix et de la liberté de l'Église.
Sancta Helena, inventrix sanctæ crucis.	Sainte Hélène, qui avez trouvé la sainte Croix.
Sancta Helena, gloriæ crucis exaltatrix.	Sainte Hélène, qui avez exalté la gloire de la croix.
Sancta Helena, crucifixi sponsa charissima.	Sainte Hélène, très chère épouse de Jésus crucifié.
Sancta Helena, ardenti in Christum amore flagrans.	Sainte Hélène, animée d'un amour ardent pour Jésus-Christ.
Sancta Helena, pauperum levamen.	Sainte Hélène, soulagement des pauvres.
Sancta Helena, viduarum tutela.	Sainte Hélène, tutelle des veuves.
Sancta Helena, afflictorum certum confugium.	Sainte Hélène, refuge certain des malheureux.
Sancta Helena, senochiocorum restauratrix.	Sainte Hélène, fondatrice des hôpitaux.
Sancta Helena, misericordiarum fons jugiter caturiens.	Sainte Hélène, source intarissable de miséricorde.
Sancta Helena, pietatis typus.	Sainte Hélène, modèle de piété.
Sancta Helena, religionis norma.	Sainte Hélène, règle de la religion.
Sancta Helena, nativa virtutem imago.	Sainte Hélène, image née des vertus.
Sancta Helena, dæmonum terror.	Sainte Hélène, terreur des démons.
Sancta Helena, maleficiorum malleus.	Sainte Hélène, le marteau des maléfices.
Sancta Helena, ægrotantium omnium salus.	Sainte Hélène, salut de tous ceux qui souffrent.
Sancta Helena, prodigiorum operatrix.	Sainte Hélène, qui avez opéré des prodiges.
Sancta Helena, Galliæ nostræ thesaurus et tutela.	Sainte Hélène, le trésor et la défense de notre France.
Agnus Dei, qui tollis peccata mundi, parce nobis Domine.	Agneau de Dieu qui effacez les péchés du monde, pardonnez-nous Seigneur.
Agnus Dei, qui tollis peccata mundi, exaudi nos Domine.	Agneau de Dieu qui effacez les péchés du monde, exaucez-nous Seigneur.
Agnus Dei, qui tollis peccata mundi, miserere nobis.	Agneau de Dieu qui effacez les péchés du monde, faites-nous miséricorde.

(ORA PRO NOBIS / PRIEZ POUR NOUS)

ANTIPHONA

Tribus ornatam insignibus Helenam sanctam colimus; hæc namque est sacri splendor et decus imperii, hæc tuendæ et amplificandæ fidei studiosissima : hæc crucis inventione commendatissima, reddat nobis propitiam Dei clementiam, quæ tot signis eam reddidit gloriosam.

℣. Ora pro nobis beata Helena.

℟. Ut digni efficiamur promissionibus Christi.

OREMUS

Deus qui omnes sanctos et electos tuos pro suis quosque meritis honorare disponis, præsta, quæsumus, ut sanctæ Helenæ, imperatricis, cujus religionem et studium in sanctæ crucis manifestatione veneramur apud tuam misericordiam meritis et precibus adjuvemur. Per Christum Dominum nostrum. Amen.

ANTIENNE

Honorons sainte Hélène trois fois illustre ; car elle est la splendeur et l'ornement d'un saint empire, pleine de zèle pour défendre et propager la foi, et elle a eu l'honneur de découvrir la vraie croix ; qu'elle nous rende propice la bonté de Dieu qu'elle a glorifiée par tant de miracles.

℣. Priez pour nous, bienheureuse Hélène.

℟. Afin que nous devenions dignes des promesses du Christ.

PRIONS

O Dieu qui faites honorer tous vos saints et tous vos élus selon leur mérite, faites, nous vous en prions, que nous soyons aidés par les mérites et les prières de l'impératrice sainte Hélène, dont nous vénérons la religion et le zèle pour l'invention de la Sainte Croix. Par Jésus-Christ Notre-Seigneur. Ainsi soit-il.

ORAISONS APRÈS LES LITANIES

Deus qui beatam Helenam imperatricem in salutiferæ Crucis reperiendæ desiderio virtute constantiæ roborasti, et per ejusdem inventionem ecclesiæ tuæ fines mirabiliter dilatasti, ex ejus imitatione infunde cordibus nostris suæ Crucis affectum, ut te in omnibus et super omnia diligentes promissa crucem ferentibus præmia consequamur.

Qui vivis et regnas cum Deo patre.

O Dieu, qui avez soutenu et encouragé la bienheureuse sainte Hélène, impératrice, dans son désir de retrouver la Croix, instrument de notre salut, et qui avez merveilleusement réjoui l'Église par cette découverte, faites qu'à son intention nos cœurs soient brûlants de ce désir de la Croix, et que nous obtenions la récompense promise aux âmes ferventes qui vous aiment en tout et par-dessus tout.

Vous qui régnez avec Dieu le Père.

AUTRES PRIÈRES EN FRANÇAIS

Qui suivent les litanies de sainte Hélène.

C'est à vous que nous avons recours en toutes nos nécessitez, ô glorieuse sainte Hélène, qui avez reçu le pouvoir d'opérer tant de signes prodigieux par la vertu de la sainte Croix, que votre très aymable piété écoute nos voix et nos gémissements, représentés à Dieu les prières que nous vous adressons, faites qu'elles soient efficaces et qu'elles nous impètrent les grâces que nous luy demandons. Que votre clémence assiste ceux qui sont dans les angoisses, délivrez-nous des embûches des démons, ô impératrice très puissante.

v. Vous êtes toute belle et toute aimable.

r. Dans les délices de toutes les vertus, ô sainte épouse de Jésus.

ORAISON

Seigneur tout aimable qui, par le moyen de sainte Hélène, avez révélé à tout le monde le bois de votre sainte Croix, le prix de nostre salut, et qui, entre autres prérogatives dont vous l'avez honorée, luy avez communiqué les vertus de cette même Croix, afin que, par un privilège particulier, elle chassât la langueur des maladies, qu'elle dissipast la force des maléfices, et réprimast la fureur des démons; donnez-nous, s'il vous plaist, qu'en repassant par notre mémoire ses vertus et ses mérites, nous méritions d'être délivré, par son intercession et par la puissance de vostre Croix adorable, des insultes des démons et des infirmitez du corps et de l'esprit.

Qui vivez et régnez, etc.

L'OFFICE DE SAINTE HÉLÈNE

A MATINES

ỳ. Domine labia mea aperies.

ɾ̃. Et os meum annuntiabit laudem tuam.

ỳ. Deus in adjutorium meum intende.

ɾ̃. Domine ad adjuvandum me festina.

Gloria Patri, et Filio, etc.

HYMNE

Festivis Helenæ vocibus omnes,
Plantant, et lepidis cantibus astra,

ỳ. Seigneur, ouvrez mes lèvres.

ɾ̃. Et ma bouche annoncera vos louanges.

ỳ. O Dieu, venez à mon aide.

ɾ̃. Seigneur, hâtez-vous de me secourir.

Gloire au Père, et au Fils, etc.

HYMNE

Tous, faisons entendre nos chants en la fête d'Hélène, que

Pulsent, nam rutilo vertice celsi,
Sublimis residens gaudet Olympi.

Quondam Roma tuas dicere laudes,
Teque efferre polo carmine cœpit,

Sed nunc alma tuum Gallia nomen,
Cantat, et meritos pandit honores.

Sitque rerum Domino gloria Patri,
Et natum celebrent ora precantium,
Æternumque pari flamen honore,
Tollant fonte rigans pectora sacro.

ANTIPHONA

Imperatrix Helena ut primum cœlestem baptismatis gratiam recepit, Hierosolymam venit, fidem que cum pari pietatis ardore conjungens, sacra visitavit, et ornavit loca in quibus stupendam redemptionis nostræ opus Salvator impleverat.

℣. Diffusa est gratia in labiis tuis.

℟. Propterea benedixit te Deus in æternum.

OREMUS

Præsta quæsumus omnipotens Deus, ut beatæ Helenæ, imperatricis christianissimæ memoria recensentes, meritis ipsius protegamur et precibus. Per Christum Dominum nostrum, etc.

℣. Domine exaudi orationem meam.

℟. Et clamor meus ad te veniat.

nos joyeux cantiques s'élèvent jusqu'aux astres, car elle tressaille de joie, assise sur le sommet doré de l'Olympe.

Autrefois, c'était Rome qui commençait à chanter tes louanges, et à t'élever jusqu'aux Cieux ;

Mais maintenant c'est la Gaule reconnaissante qui célèbre ton nom et te comble d'honneurs bien mérités.

Gloire soit au Père, seigneur de toutes choses ; des voix suppliantes célèbrent le Fils et honorent d'un égal amour l'Esprit saint, qui arrose les cœurs d'une onde sacrée.

ANTIENNE

L'impératrice Hélène vint d'abord à Jérusalem pour y recevoir la grâce du saint baptême, et joignant une foi égale à son ardente piété, elle visita les lieux saints, et orna ceux dans lesquels le Sauveur avait accompli l'œuvre admirable de notre rédemption.

℣. La grâce est répandue sur vos lèvres.

℟. Parce que Dieu vous a bénis pour l'éternité.

PRIONS

Nous vous supplions, ô Dieu tout-puissant, de nous protéger par les mérites et les prières de la bienheureuse Hélène, impératrice très chrétienne dont nous faisons mémoire aujourd'hui. Par Jésus-Christ Notre-Seigneur, etc.

℣. Seigneur, exaucez ma prière.

℟. Et que mes cris s'élèvent jusqu'à vous.

OFFICE DE SAINTE HÉLÈNE

℣. Benedicamus Domino.
℟. Deo gratias.
Fidelium animæ per misericordiam, etc.

℣. Bénissons le Seigneur.
℟. Rendons grâce à Dieu.
Que les âmes des fidèles, par la miséricorde de Dieu, reposent en paix.

AUTRES PRIÈRES EN FRANÇAIS

Pour le même office de sainte Hélène.

A MATINES. *Seigneur*.....

HYMNE

Du Roy des Roys très chère Amante,
Vos grâces ont ravi les cœurs :
Ainsy la terre partout chante
Les prodiges de vos grandeurs.

Par la croix où le Roy de gloire
Jésus fut pour nous attaché,
Afin de nous donner victoire,
En effaçant nostre péché.

Fléchissez sa bonté suprême
Rendez-nous dignes de ses dons :
Faites que nos mérites mesmes
Nous en obtiennent le pardon.

Oyez nos voix, sainte Princesse,
Escoutez nos gémissements :
Donnez-nous joye et allégresse
Et à nos maux allègemens.

Gloire vous soit, divine essence,
Gloire, adorable Trinité,
Qui faites par votre présence
Le prix de l'immortalité. Ainsi soit-il.

ANTIENNE

La sainte impératrice Hélène, la lumière et la colonne de l'Église, très glorieuse par l'Invention et par l'Exaltation de la Croix, s'est rendüe recommandable par son zèle et par l'amour qu'elle avoit pour Jésus-Christ.

℣. La grâce est répandüe sur ses lèvres.

℟. C'est pourquoi Dieu l'a *bénite* dans l'éternité.

ORAISON

Donnez-nous, Seigneur, Dieu tout-puissant, de repasser par notre mémoire les admirables vertus de sainte Hélène, afin que nous soyons protégez par ses mérites et de ses oraisons. Par Nostre-Seigneur Jésus-Christ votre Fils. Qui vit et règne, etc.

A PRIME

Deus in adjutorium meum intende, etc.

O Dieu, venez à mon aide, etc.

HYMNE

Regalio solio splendida fulges,

Magnorum genitrix inclita regum :

Et sceptro renitens regia conjux,

Divinis recreas legibus orbem.

Non sic flammas vomens Delius ore,

Aut Germana coma aurea cœlis,
Fulgent, quam rutilo lucis honore,
Virtutem radias splendida mundo.

Sit rerum Domino gloria Patri,

Et natum celebrant ora, etc.
(Comme à matines)

HYMNE

Sur le trône royal la splendeur t'environne,

Mère illustre des plus grands monarques ;

Épouse des rois, avec ton sceptre brillant,

Tu réjouis le monde de lois divines.

Le dieu Apollon vomissant ses flammes,

Sa sœur inondant les cieux de rayons d'or, ne peuvent être comparés à toi qui, brillante de gloire et de vertus, éblouit le monde.

Gloire soit au Père, maître de toutes choses ;

Des voix suppliantes célèbrent le Fils.

OFFICE DE SAINTE HÉLÈNE

ANTIPHONA

Beata Helena Constantium et Constantinum ad fidem vocabat, romanum imperium ab omni errorum contagio expurgabat, omnes ad pietatis studium et divinum amorem incitabat; quia cor ejus igne cœlesti ardebat.

℣. Specie tua pulchritudine tua.

℟. Intende procede et regna.

OREMUS

Preces et vota supplicantis populi tui, quæsumus, Domine, placabilis dextera tua suscipiat, ut beatæ Helenæ suffragantibus meritis devotioni nostræ proficiant et saluti. Per Dominum nostrum Jesum Christum, etc.

Domine exaudi or..., etc.

(*Comme cy-devant.*)

ALTERA ORATIO

Deus in quem sperat omnis anima quæ adhuc in terris posita, se vere viduam sentit ac desolatam, tribue nobis, quæsumus, ut exemplo beatæ Helenæ, obsecrationibus et orationibus nocte ac die instantes, cœlestium consolationum mereamur esse participes. Per Dominum nostrum Jesum Christum, etc.

ANTIENNE

La bienheureuse Hélène appelait à la foi Constance et Constantin, purgeait l'empire romain de toute erreur, excitait tout le monde à la piété et au divin amour, car son cœur brûlait du feu céleste.

℣. Parée de votre gloire et de votre beauté.

℟. Apprêtez-nous à combattre, à vaincre et à régner.

PRIONS

Nous vous supplions, Seigneur, de recevoir favorablement les prières et les vœux suppliants de votre peuple, afin que, aidés des mérites de la bienheureuse Hélène, ils profitent à notre dévotion et à notre salut. Par Notre-Seigneur Jésus-Christ, etc.

Seigneur, exaucez-nous, etc.

AUTRE ORAISON

O Dieu, l'espoir de toute âme qui, encore sur cette terre, se sent véritablement veuve et désolée, accordez-nous, nous vous en prions, qu'à l'exemple de la bienheureuse Hélène, par nos prières et nos oraisons continuelles, nous méritions d'être participants des consolations célestes. Par Notre-Seigneur Jésus-Christ, etc.

AUTRES PRIÈRES EN FRANÇAIS

A PRIME

ANTIENNE

La bienheureuse sainte Hélène, impératrice très chrétienne, après avoir nettoyé l'empire romain de toutes les erreurs, et l'avoir soumis au joug du Sauveur, luy apprit à reconnoistre et adorer le vray Dieu.

℣. Dieu l'a choisie et prédestinée.
℟. Il l'a fait habiter dans son saint tabernacle.

ORAISON

Seigneur, qui avez fait venir tout le monde à la connaissance de vostre saint nom par le moyen de sainte Hélène, donnez-nous que par l'intercession de cette sainte nous demeurions constants en la foy et que nous persévérions en la pratique des bonnes œuvres. Par Nostre-Seigneur Jésus-Christ. Ainsi soit-il.

A TIERCE

Deus in adjutorium meum intende, etc.

O Dieu, venez à mon aide, etc.

HYMNE

Romani imperii tu jubar almum,

Anglorumque decus nobilis gentis,

Tu lux Christiadum, spelendor et orbis,

Qua versat roseos phœbus ocellos.

Quas toto stygias sparserat orbi,
Errorum tenebras impius orci,
Umbrarumque parens, omnia sacro,
Illustrans fidei lumine solvis.

Sit rerum Domino, etc.

HYMNE

Étoile brillante de l'empire Romain,

La gloire de l'illustre nation des Bretons,

Soleil des Chrétiens, splendeur du monde,

Sur lequel se reposent les tendres regards d'Apollon.

Tu as fait briller la lumière de la foi, et tu as dissipé les noires erreurs sorties de l'enfer, que le Dieu père de la nuit avait semées par toute la terre.

Gloire soit au Père, etc.

ANTIPHONA

O vere fortem ! O beatam mulierem quæ divino inspirante numine, eversis idolorum fanis uno vero ac summo Deo ubique templa construi procuravit.

℣. Adjuvabit eam Deus vulto suo.

℟. Deus in medio ejus non commovebitur.

ANTIENNE

O femme vraiment courageuse ! O heureuse Impératrice qui, sous l'inspiration divine, avez détruit les autels des idoles, et avez construit partout des temples au vrai et unique Dieu.

℣. Dieu jettera sur elle des regards favorables.

℟. Dieu est au milieu d'elle, elle ne sera point ébranlée.

OREMUS

Deus qui universum mundum per beatam Helenam ad agnitionem tui sancti nominis venire tribuisti : da nobis ut eadem pro nobis intercedente, et in fide semper maneamus stabiles et in opere efficaces. Per Dominum nostrum Jesum Christum, etc.

PRIONS

O Dieu qui avez employé la bienheureuse Hélène pour amener le monde entier à la connaissance de votre saint nom, faites en sorte que, par son intercession, nous demeurions toujours fermes dans la foi, et puissants dans les œuvres. Par Notre-Seigneur Jésus-Christ, etc.

ALTERA ORATIO

Omnipotens sempiterne Deus qui beatam Helenam cœlestibus decorasti muneribus, ejus quæsumus semper interventione nos refove cujus memoriam celebramus. Per Dominum nostrum Jesum Christum, etc.

AUTRE ORAISON

Dieu tout-puissant et éternel, qui avez comblé de dons célestes la bienheureuse Hélène, relevez-nous toujours, nous vous en supplions, par l'intercession de celle dont nous faisons mémoire. Par Notre-Seigneur Jésus-Christ, etc.

AUTRES PRIÈRES EN FRANÇAIS

A TIERCE

ANTIENNE

Incontinent que sainte Hélène eut apperçu le bois sacré, elle s'écria et dit : « O Croix bénite, qui seule avez esté digne de porter le Roy des Cieux et le Seigneur de tout le monde. »

ORAISON

Recevez, Seigneur, les prières et les vœux d'un peuple suppliant, et accordez-nous, s'il vous plaist, par les mérites et les suffrages de sainte Hélène, ce pourquoy nous vous requérons. Par Notre-Seigneur, etc.

A SEXTE

Deus in adjutorium meum intende, etc.

O Dieu, venez à mon aide, etc.

HYMNE

O regina potens mater egentum.

Christi pauperibus dulce levamen,

HYMNE

O puissante reine, mère des indigents.

Doux soulagement des pauvres du Christ,

Præbens atque manu munera larga,	Vous qui donnez et distribuez vos dons avec abondance,
Spargens, Cœlicolum præmia quæris.	Vous recherchez les récompenses des habitants des Cieux.
Per te marmoreis templa columnis,	Par vous, le marbre resplendit dans les temples,
Fulgent et lucidis clara lapillis,	Les pierres précieuses y scintillent,
Per te sacra nitet numinis alti	Par vous les choses sacrées étincellent,
Ædes conspicuis aurea donis.	Et vos dons généreux couvrent d'or les édifices.
Sit rerum Domino, etc.	Gloire soit au Père, etc.

(*Comme cy-devant.*)

ANTIPHONA — ANTIENNE

Ut ad locum ubi Crux sancta latebat pervenit beata Helena, oremus omnes ad Dominum Jesum-Christum, inquit, ut nobis venerabile Crucis suæ lignum aperiat.

℣. Elegit eam Deus et præclegit eam.

℟. In tabernaculo suo habitare facit eam.

Dès que la bienheureuse Hélène fut arrivée au lieu où la Croix sainte était cachée : « Prions tous Notre-Seigneur Jésus-Christ, dit-elle, afin qu'il nous découvre le bois vénérable de sa Croix. »

℣. Le Seigneur l'a choisie d'avance.

℟. Il l'a fait habiter dans son tabernacle.

OREMUS — PRIONS

Omnipotens sempiterne Deus, qui beatam Helenam cœlestibus decorasti muneribus, ejus quæsumus semper interventione nos refove cujus memoriam celebramus. Per Dominum Jesum-Christum, etc.

Dieu Tout-Puissant et éternel, qui avez orné de dons célestes la bienheureuse Hélène, relevez-nous toujours, nous vous en prions, par l'intervention de celle dont nous célébrons la mémoire. Par Notre-Seigneur Jésus-Christ, etc.

OREMUS — PRIONS

Preces et vota supplicantis populi tui, quesumus, Domine, placabilis dextera tua suscipiat, ut

Nous vous supplions, Seigneur, de recevoir favorablement les vœux et les humbles prières de

beatæ Helenæ suffragantibus meritis devotioni nostræ proficiat et saluti. Per Dominum Jesum-Christum, etc.

votre peuple, afin que, aidés des mérites de la bienheureuse Hélène, ils profitent à notre dévotion et à notre salut. Par Jésus-Christ Notre-Seigneur, etc.

AUTRES PRIÈRES EN FRANÇAIS

A SEXTE

ANTIENNE

Sainte Hélène trouve la Croix de Nostre Seigneur, et, l'ayant ornée de pierres précieuses, elle la propose aux fidèles pour estre adorée.

ẏ. C'est la bien-aimée de Dieu et des hommes.

℟. Dont la mémoire est en bénédiction.

ORAISON

Dieu tout-puissant et tout miséricordieux, qui avez enrichy sainte Hélène des célestes trésors de vos grâces, nous vous supplions très humblement que, par l'entremise de celle dont nous honorons la mémoire, vous nous combliez de vos divines faveurs. Par Nostre Seigneur, etc.

A NONE

Deus in adjutorium meum intende, etc.

O Dieu, venez à mon aide, etc.

HYMNE

Ut primum liquido fonte renata.

Et mundata sacri rore lavacri,

Candens aula fuit, quo lavat agnus,
Sordes, et veteris crimina patris.

Insignis Solymæ mænia grata,
Regi cœlicolum visere pergis,

Et sacrata Crucis quærere ligna,

Christi purpureo tincta cruore.

Sit rerum Domino, etc.

HYMNE

Elle vient de renaître à la source d'eau pure,

Elle vient d'être purifiée par la rosée céleste,

Et déjà apparaît un splendide palais, où l'agneau lave les souillures et les crimes de ses ancêtres.

Elle va visiter les remparts si désirés de la glorieuse Jérusalem, le roi des Cieux,

Elle va à la recherche du bois de la Croix,

Empourpré du sang de Jésus-Christ.

Gloire soit au Père, etc.

ANTIPHONA

Ubi sacrum pignus detectum conspexit beata Helena flexis genibus exclamavit et dixit : « O Crux benedicta, o Crux diu desiderata, te adoramus et in te gloriosam Christi recolimus passionem.

O Christe miserere nobis qui in Cruce passus es pro nobis.

℣. Dilecta Deo et hominibus.

℟. Cujus memoria in benedictione est.

ANTIENNE

Dès qu'elle eut découvert le sacré gage de notre salut, la bienheureuse Hélène se jeta à genoux et s'écria : « O Croix bénie, ô Croix longtemps désirée, nous t'adorons et nous honorons en toi la passion glorieuse de Jésus-Christ.

O Jésus, qui avez souffert pour nous sur la Croix, ayez pitié de nous.

℣. Elle est bénie de Dieu et des hommes.

℟. Celle dont la mémoire est en bénédiction.

OREMUS

Concede nobis Domine famulis tuis beatæ Helenæ imperatricis augustissimæ memoriam recolentibus, ut sicut illa lignum Crucis quod quæsierat invenire meruit : ita nos quæ tua sunt jugiter desiderantes gratiam tuam invenire mereamur. Per Dominum, etc.

PRIONS

Accordez, Seigneur, à vos serviteurs qui célèbrent la mémoire de la bienheureuse Hélène, impératrice très auguste, que, comme elle a mérité de trouver le bois de la Croix, objet de ses désirs, ainsi nous qui désirons continuellement ce qui vous plaît, nous méritions de trouver votre grâce. Par Notre-Seigneur Jésus-Christ.

AUTRES PRIÈRES EN FRANÇAIS

ANTIENNE

Embrazée d'un zèle et d'un désir très ardent d'amplifier la religion chrétienne, elle fit renverser les temples des idoles et fit bastir partout des églises en l'honneur du vray Dieu.

ORAISON

Donnez-nous, Seigneur, et à vos fidèles serviteurs qui honorent la mémoire de la très auguste impératrice sainte Hélène, que, comme elle a mérité de trouver le bois de la sainte Croix qu'elle avait cherchée avec tant de soin, ainsy que vous désirant et cherchant continuellement, nous méritions de trouver vostre grâce. Par Nostre-Seigneur Jésus-Christ, etc.

A VESPRES

Deus in adjutorium meum intende, etc.

O Dieu, venez à mon aide, etc.

HYMNE

Vexillum fidei jusque trophæi

Quo Christus moriens vicerat hostem,

Per te conspicuo lumine fulgens,

Effundit rutilos lucis honores.

Quondam supplicii Crux genus atrox,
Et ferale fuit : Crux ubi per te
Et inventa micat vertice summo,
Insignis capiti gloria regum.

Præsta supplicibus morte redemptis,

Per sublime Crucis Christi trophæum,

Diros diffugiant eminus hostes,

Et dignos capiant sidera cives.
sit rerum Domino, etc.

HYMNE

L'étendard de la foi, et le puissant trophée

Avec lequel le Christ mourant avait vaincu l'ennemi,

Brille par vous d'un éclat remarquable,

Et répand une lumière éblouissante.

Autrefois, le supplice de la Croix était un genre de supplice atroce et misérable ; à peine l'avez-vous retrouvée, qu'elle brille pleine de gloire sur la tête des rois.

Accordez aux âmes suppliantes rachetées par notre mort,

Par cet étendard sublime de la Croix du Christ,

Qu'elles fuient bien loin leurs cruels ennemis, et qu'elles habitent dignement le royaume des cieux.

Gloire soit au Père, etc.

ANTIPHONA

Ex quo sanctam Crucem ardenti studio requisitam et inventam thecis argenteis condidit beata Helena et gemmis ornatam fidelibus adorandam proposuit Christi fides ubique radiat et Crucis gloria rutilat.

ANTIENNE

Dès que la sainte Croix, recherchée avec tant de zèle, fut retrouvée, la bienheureuse Hélène la cacha dans un étui d'argent, l'orna de pierres précieuses et l'exposa à l'adoration des fidèles, et depuis ce temps la foi partout s'étend, et la gloire de cette Croix brille partout.

℣. Regnum mundi et omnem ornatum sæculi contempsi.

℟. Propter amorem Domini mei Jesu-Christi.

℣. J'ai méprisé le royaume du monde et toutes les vanités du siècle.

℟. Pour l'amour de mon Seigneur Jésus-Christ.

OREMUS

Deus qui inter cætera potentiæ tuæ miracula sexum etiam fragilem virtute rectæ intentionis corroboras, præsta, quæsumus : ut exemplo sanctæ Helenæ, imperatricis christianissimæ, cujus studio desideratam regis nostri lignum detegere dignatus es tectum : Ea quæ Christi sunt jugiter indagare, atque consequi te favente mereamur. Qui tecum.

℣. Domine exaudi orationem meam.

℟. Et clamor meus ad te veniat, etc.

PRIONS

O Dieu, qui, entre tous les miracles de votre puissance, avez doué un sexe aussi faible d'une intention forte et droite, faites, nous vous en prions, qu'à l'exemple de sainte Hélène, impératrice très chrétienne, qui mérita, par son zèle, de découvrir le bois de la Croix de notre Roi, nous méritions, par votre secours, de rechercher toujours Jésus-Christ et de le suivre.

Vous qui vivez, etc.

℣. Seigneur, exaucez ma prière.

℟. Et que mes cris s'élèvent jusqu'à vous.

AUTRES PRIÈRES EN FRANÇAIS

VESPRES

HYMNE

Pour affermir notre croyance
Hélène cherche avec ardeur,
Et par son soin et vigilance
Trouve la Croix du Rédempteur.

Où Jésus pour nous fait victime,
Attaché, brisa tous nos fers :
Et en effaçant nostre crime,
Moùrant triompha des Enfers.

Par son amour et diligence
A rechercher la sainte Croix ;
Elle a reçu par préférence
D'estre amante du Roy des Roys.

Dévote et sainte Impératrice
Par très puissante main
Que de tout sort et maléfice
Soit délivré le corps humain.

Gloire vous soit divine essence,
Gloire adorable Trinité
Qui faites par vostre présence
Le prix de l'immortalité.
    Ainsi soit-il.

ANTIENNE

O l'âme bien heureuse qui aymoit de tout son cœur Jésus-Christ Roy de tout le monde : O la très sainte Dame par le moyen de laquelle la foy est rayonnante de toute part et la gloire de la croix esclatante.

℣. J'ai méprisé le royaume du monde et les vains ornements du siècle.

℟. Pour l'amour de mon Seigneur Jésus-Christ.

ORAISON

Seigneur, qui entre autres faveurs, dont vous avez honoré sainte Hélène, luy avez fait la grâce de trouver le bois de la sainte Croix : Accordez-nous qu'à son exemple nous méritions de chercher continuellement un seul Jésus-Christ et d'obtenir la possession de la gloire. Par le mesme Jésus-Christ votre Fils. Qui vit et règne, etc.

A COMPLIES

Converte nos Deus salutaris, etc.	Convertissez-nous, ô Dieu, notre Sauveur, etc.

HYMNE	HYMNE
Has Regina potens protege terras,	Reine puissante, protégez ce pays,
Poscit supplicibus Gallia votis,	La Gaule vous le demande humblement,
Pacem Christiadum, finibus affer.	Faites régner la paix entre les peuples chrétiens,
Et belli strepitus, comprime sævos.	Et apaisez les horreurs de la guerre.
Sub Christi sociaus agmina regum,	Unissant les peuples sous l'étendard du Christ,

Vexillo, Solymas exime nexu
Diro, et innocui sanguinis ultrix,
Robur Teutonicum longius arce.
Sit rerum Domino, etc.

Délivrez Jérusalem de ses liens cruels,
Et vengeresse du sang innocent,
Détourne bien loin le bras des Teutons.
Gloire soit au Père, etc.

ANTIPHONA

Beata Helena immaculatum Deo spiritum reddens angelicis manibus cœlis infertur, hymnis cœlestibus honoratur.

℣. Ora pro nobis beata Helena.

℟. Ut digni efficiamur promissionibus Christi.

ANTIENNE

Après que la bienheureuse Hélène, pure de toute tache, eut rendu son âme à Dieu, elle fut transportée au Ciel par les mains des anges, et y fut honorée de chants célestes.

℣. Priez pour nous, bienheureuse Hélène.

℟. Afin que nous devenions dignes des promesses du Christ.

OREMUS

Da nobis quæsumus Domine Deus noster beatæ Helenæ virtutes incessabili devotione venerari ut quam celebramus officio, etiam piæ conversationis sequamur exemplo. Per Dominum nostrum Jesum Christum, etc.

PRIONS

Donnez-nous, Seigneur notre Dieu, d'honorer d'une dévotion continuelle les vertus de la bienheureuse Hélène, afin que celle que nous célébrons aujourd'hui, nous serve aussi d'exemple. Par Notre-Seigneur Jésus-Christ, etc.

ALTERA ANTIPHONA

Benedicta es a Domino, scit enim omnis populus qui habitat intra portas urbis meæ, mulierem te esse virtutibus.

℣. Perambulabam in innocentia cordis mei.

℟. In medio domus meæ.

AUTRE ANTIENNE

Vous êtes bénie du Seigneur, car il sait que vous êtes une femme remplie de vertus, tout ce peuple qui habite en dedans des portes de ma Cité.

℣. Je marchais dans l'innocence de mon cœur.

℟. Au milieu de ma demeure.

OREMUS

Tuorum corda fidelium, Deus miserator, illustra; et beatæ Helenæ precibus ac meritis fac nos

PRIONS

O Dieu miséricordieux, illuminez les cœurs de vos fidèles, et faites par les prières et les mé-

terrena despicere et amare cœlestia. Per Dominum nostrum Jesum Christum, etc.

rites de la bienheureuse Hélène, que nous méprisions les choses terrestres pour n'aimer que les biens célestes. Par Notre-Seigneur Jésus-Christ, etc.

AUTRES PRIÈRES EN FRANÇAIS

ANTIENNE

La bienheureuse sainte Hélène, tenant la main de son cher fils et offrant des vœux et des prières à Dieu pour son salut, rendit sa bénite âme à son Créateur, qui fut élevée dans le Ciel par les anges et receue amoureusement de Jésus-Christ pour estre repüe du torrent éternel de ses célestes délices.

ORAISON

Faites-nous la grâce, s'il vous plaît, Seigneur, d'honorer d'une dévotion continuelle les excellentes vertus de sainte Hélène et que, suivant ses exemples, nous méritions de joüyr avec elle de la gloire céleste. Par Nostre-Seigneur Jésus-Christ vostre Fils. Qui vit et règne, etc.

HYMNES A SAINTE HÉLÈNE

Nunc templa sacris laudibus insonent,

C'est maintenant que les temples retentissent de cantiques sacrés ;

Regina princeps, optima principum,

Une princesse reine, la plus illustre de toutes,

Crucis trophæo gloriosa,

Glorieuse par la découverte de la Croix,

Cum superis super astra regnat.

Règne dans le Ciel avec les dieux.

Blandas ut artes falleret hostium,

Pour tromper la ruse et l'artifice des ennemis,

Hanc fortitudo vestiit et decor :

Elle a été revêtue de force et de beauté,

Ut prosit orbi christiano,
Imperii diadema cinxit.

Et, pour être utile au monde chrétien, elle a ceint le diadème de l'empire.

Non luxus aulæ, vanaque
gaudia,
Superba regum purpura mol-
liunt,

Virile pectus, nec voluptas,
Illecebris animum fefellet.

Se sub modesto pectore charitas,
Immensa signat, splendidior fides,
Virtutis ornatus, refulget,
Religio, pietâtis ardor.

Zelo superni percita numinis,

Servire spurcis dæmoniis vetat,

Aras Deorum, fana, ritus
Sacrilegos, simulacra vertit.

Hinc templa Christo splendida
construit,

Ditatque passim munere regio,

Ejusque sanctum prædicatur
Principibus populisque nomen.

Regnator orbis summus et
arbiter,

Cui prona servit curia cœlitum,

Largire semper nos beatæ
Præsidiis Helenæ tueri.
Amen.

AUTRE HYMNE

Descende cælo, re tua gloria,
O Christe, celsis sedibus evocat,
Princeps triumphos nunc adorat,
Digna Deo tibi pompa surgit.

Son cœur virile ne se laisse
amollir ni par le luxe de la cour,
ni par les plaisirs frivoles, ni par
la pourpre superbe des rois,

Son âme ne se laisse pas tromper par les attraits de la volupté.

Sur son humble cœur est em-
preinte une immense charité ; une
foi vivace, l'ornement de la vertu,
y brille, ainsi que la religion, et
une piété ardente.

Mue par le zèle du Dieu du
Ciel,

Elle défend de servir des divi-
nités impures,

Elle renverse les autels des
dieux, leurs temples, leurs cérémonies sacrilèges, leurs statues.

Puis, elle élève des temples magnifiques à Jésus-Christ,

Les enrichit de tous côtés de
présents royaux,

Et prêche son saint nom aux
princes et aux peuples.

Souverain roi, arbitre suprême
du monde,

Que la cour céleste s'empresse
de servir,

Protégez-nous toujours par les
prières de la bienheureuse Hélène.
Ainsi soit-il.

AUTRE HYMNE

Descendez du Ciel, ô Christ,
quittez votre demeure, votre
gloire vous appelle ; maintenant
une princesse vénère vos triomphes ; il se prépare pour nous une
fête digne de Dieu.

Orbis redempti dulciora pignora
Terræ recondi non patitur sinu,
Judæa incredula quæ cælat ma-
　ligna,
Hæc Helenæ pietas requirit.

Afflante sacro numine Cœlitus,
Profunda montis viscera Golgothæ
Effodit, optatum laboris,
Et fidei pretium retexit.

Nunc Christiani pangite milites,
Vexilla Christi splendida pro-
　deunt,
In fronte regum nunc coruscant,
Et pupulis veneranda fulgent.

Tales triumphos maxima prin-
　cipum,
Asserta per te religio tulit;
Cœlo labores nunc coronat
Deliciis Deus ampla merces.

His de supernis sedibus aspice,
Regina clemens vota clientum,
Signo salutis nos redemptos,
Incolumes sine labe serva.

Rex summe regum, fortis et
　arbiter,
Te laudat omnis regis Cœlitum,
Tuumque sanctum nunc adorent,
Imperium populi per orbem.

　　　　Amen.

Il ne faut plus que le gage si doux de la rédemption du monde demeure caché dans le sein de la terre, ce gage que les Juifs incrédules cachaient malignement, la piété d'Hélène le cherche.

Un Dieu souffle du haut du Ciel et entr'ouvre les entrailles du Golgotha, et l'objet désiré, le prix de notre foi est retrouvé.

Maintenant, paix, soldats chrétiens, voici la Croix splendide de Jésus-Christ; elle brille sur le front des rois, les peuples la vénèrent.

Voilà les triomphes de la religion que vous avez défendue, illustre princesse, et maintenant une grande récompense dans le Ciel couronne vos travaux.

De ces demeures élevées, voyez, reine clémente, les prières de vos enfants; conservez sans tache ceux qui ont été rachetés par le signe du salut,

Roi suprême, Roi fort, arbitre des princes, toute la cour céleste vous loue, et tous les peuples de la terre adorent maintenant votre saint empire.

　　　　Ainsi soit-il.

C'est donc à la suite de la bulle du pape Clément IX, qui accordait des indulgences aux pèlerins qui venaient à Hautvillers pour honorer sainte Hélène, qu'un office et des prières ont été composés afin d'aider les fidèles dans leurs exercices pieux, en l'honneur de cette sainte Impératrice. Il y a quelques années, nous avons fait imprimer un petit opuscule contenant les prières du pèlerinage, les offices du lundi de la Pentecôte et du 18 août, à l'usage des pèlerins. On le trouve à la sacristie d'Hautvillers, au prix de 0 fr. 40 c.

Résumé des indulgences attachées à certains jours en faveur des pèlerins.

Nous avons dit qu'il existait autrefois, à Hautvillers, une confrérie en l'honneur de sainte Hélène, et qui comptait beaucoup d'associés ; depuis la Révolution, cette confrérie paraissait être tombée dans l'oubli, car aujourd'hui même le nombre de ceux qui en font partie, tout en s'augmentant de jour en jour, n'est pas encore très grand.

Nous n'avons pas trouvé le registre sur lequel pouvait être écrit le nom des associés à cette confrérie ; nous en avons formé un qui contient celui de ceux qui désirent profiter des avantages spirituels qui y sont attachés ; avantages tels, que tous ceux qui tiennent à jouir de la protection de sainte Hélène ne devraient pas négliger. Le souverain pontife Clément IX, voulant contribuer à la gloire de cette illustre Impératrice, érigea cette confrérie en son honneur dans l'abbaye d'Hautvillers, en l'an 1668, accordant tous les ans une indulgence plénière, en la seconde fête de la Pentecôte, à tous les fidèles de cette confrérie qui viendraient dans ce lieu, pour honorer cette sainte. Il accorda aussi sept ans et sept quarantaines le jour de la Nativité et de l'Annonciation de la Très Sainte Vierge et aux jours des deux fêtes de sainte Hélène, quand ils visiteraient son église et sa chapelle. Il leur donna encore une indulgence plénière le jour de leur entrée dans cette confrérie et à l'article de la mort. La bulle qui institue cette confrérie existe imprimée dans les *Archives de Reims*, nous l'avons rapportée. Il y a d'autres indulgences concernant l'église d'Hautvillers ; nous allons en faire un résumé.

Par la bulle de Clément IX, 9 juillet 1668 :

Une indulgence plénière accordée à chacun des membres de la confrérie, le jour de la réception.

Une indulgence plénière à l'article de la mort, aux mêmes associés.

Une indulgence plénière aux associés qui visiteraient la chapelle de Sainte-Hélène, le lendemain de la Pentecôte.

Une indulgence de sept ans et de sept quarantaines aux associés qui visiteraient la chapelle le 18 août, et la même indulgence aux fêtes de l'Annonciation, de la Nativité de la Sainte Vierge et de sainte Hélène, en février et août.

Une indulgence de soixante jours pour tout confrère qui assisterait aux offices soit publics, soit particuliers, célébrés dans la chapelle de la confrérie, qui recevrait les pauvres en hospitalité, qui réconcilierait les ennemis, qui accompagnerait les confrères morts à leur dernière demeure, qui assisterait aux processions ordinaires, qui accompagnerait le Saint-Sacrement, etc.

Une indulgence de 40 jours accordée, par le prélat qui a consacré l'église conventuelle (1518), à tout fidèle qui visiterait l'église le jour des fêtes consacrées à la Très Sainte Vierge, aux fêtes de Saint-Pierre et de Saint-Laurent, martyr, Saint-Barthélemy, le jour de la dédicace de ladite église. Plus 40 jours au nom de l'archevêque de Reims, qui avait député, en son nom, un autre prélat.

Une indulgence de 80 jours à tout fidèle qui visiterait l'église du monastère, le jour de la fête de Saint-Syndulphe et le jour de la translation de ses reliques. Cette indulgence a été accordée par le délégué de l'archevêque de Reims.

Une indulgence de 40 jours accordée par Simon, de Cramant, à tout fidèle qui visiterait l'église le jour de l'Invention de la Sainte-Croix et le jour de l'Exaltation, de même aux jours de fête de Sainte-Hélène, en février et en août.

Une indulgence de sept ans et sept quarantaines accordée par Nicolas V, pour toute personne qui viendrait en aide au monastère brûlé en 1449, et qui visiterait l'église le quatrième jour après la Pentecôte.

D'autres indulgences ont été accordées par plusieurs papes à l'occasion de la dévotion que les fidèles pouvaient avoir à sainte Hélène ; mais ces indulgences, d'après la bulle, ne devant durer que pour l'espace de sept années, elles ne peuvent plus être gagnées ; il est par conséquent inutile de les rapporter.

Calendrier des festes de l'abbaye d'Hautvillers, avec indulgences.

(1683)

(Le nombre de jours d'indulgences, qu'on pouvait gagner en certaines fêtes, n'a pas été relaté ici pour toutes.)

JANVIER

1. Saint-Remy, archevêque de Reims.
2. Saint-Fabien et Saint-Sébastien, martyrs.

FÉVRIER

1. Saint-Blaise, évesque et martyr.
2. Translation de Sainte-Hélène, impératrice, avec octave et indulgence de sept ans et autant de quarantaines pour ceux de la confrérie, et pour les autres qui n'en sont pas, quarante jours seulement d'indulgence.
13. Saint-Polycarpe, prestre et martyr.

MARS

25. Annonciation de Notre-Dame, sept ans d'indulgence et autant de quarantaines pour ceux de la confrérie de Sainte-Hélène.

AVRIL

2. Translation de Saint-Madeloup, confesseur.

MARS

3. Invention de la Sainte-Croix avec octave et indulgence de quarante jours à tous les fidèles.
25. Saint-Urbain, pape et martyr.
31. Sainte-Pétronille, vierge.

JUIN

La 3ᵉ feste de Pentecôte, la feste des reliques, et la veille, indulgence plénière pour ceux de la confrérie de Sainte-Hélène.
3. Translation de saint Syndulphe, confesseur.

JUILLET

4. Translation de saint Polycarpe, martyr, avec octave.

AOUT

8. Saint-Cyriaque, martyr.
18. Sainte-Hélène, impératrice, avec sept ans d'indulgence et autant de quarantaines, pour ceux de la confrérie, et 40 jours pour les autres fidèles.
23. Saint-Thimothé et Sainte-Apollinaire, martyrs.

SEPTEMBRE

1. Saint-Nivard, évesque et confesseur, avec octave.
8. Nativité de la Vierge, avec octave et sept ans, et autant de quarantaines d'indulgence pour ceux de la confrérie de Sainte-Hélène.
28. Translation de Saint-Nivard, évesque et confesseur.

OCTOBRE

10. La Dédicace de l'église d'Hautvillers.
16. Saint-Berchaire, abbé et martyr.
20. Saint-Syndulphe, confesseur, avec octave et indulgence pour tous les fidèles.

NOVEMBRE

25. Saint-Réole, évesque et confesseur.
26. Saint-Basle, abbé et confesseur.

DÉCEMBRE

14. Saint-Nicaise, évesque et martyr.
23. Saint-Madeloup, confesseur.

Reliques possédées par l'abbaye d'Hautvillers.

Dans le cours de cet ouvrage nous nous sommes souvent entretenus des reliques qu'on vénérait à Hautvillers ; nous n'en donnerons ici que la nomenclature :

Extrait d'un ancien manuscrit que l'on conservait à Hautvillers avant la Révolution.

Ce manuscrit disait qu'en l'abbaye et église d'Hautvillers sont gardées quatre belles capses (châsses), dans l'une desquelles est gardé le corps de saint Nivard, fondateur dudit lieu.

Dans la deuxième, est la plus grande partie du corps de sainte Hélène, mère du grand Constantin l'empereur. Son chef n'y est pas, *aussy* tient-on qu'il est à Trèves. Une lettre, écrite de Trèves par un frère Irénée, pour éclaircir ce point, eut pour réponse le 9 mars 1652 :

De reliquiis sanctæ Helenæ imperatricis nihil prorsus penes nos; officium duplex de ea servamus, cujus copiam mitto.	Nous n'avons absolument rien des reliques de sainte Hélène, impératrice. Nous en faisons un office double dont je vous envoie copie.

(1re layette, 1re liasse, n° 14, page 24, Reims) ; déjà nous avons mentionné ce fait.

Les jambes non plus, ni les bras, qu'on croit être à Venise, mais le reste du corps y est, lequel, pour avoir été aromatisé d'un baume superfin, la chair y est encore en son entier comme tous ceux qui l'ont vu le certifient. Dans la troisième est le corps de saint Syndulphe ; dans la quatrième le corps de saint Polycarpe, prêtre, qu'en la persécution de Dioclétien baptisa tous ceux que saint Sébastien avait convertis, puis, s'étant exilé volontairement en la campagne d'Italie, eut la tête tranchée par le commandement du même empereur. On tient aussi qu'en ce même lieu d'Hautvillers était le corps de saint Madeloup, confesseur ; mais on ne sait pas en laquelle des susdites capses il peut être, et ne trouve-t-on rien de sa vie.

Il y en a qui ont considéré saint Madeloup comme Bénédictin d'Hautvillers. Le traducteur des *Chroniques générales de l'ordre de Saint-Benoît* dit tout simplement que saint Madeloup était un moine d'Hautvillers. Le corps de saint Polycarpe fut conservé, pendant plus de deux cents ans, avec celui de sainte Hélène, dans une même châsse, jusqu'au temps où Notcher, abbé d'Hautvillers, les sépara par une translation solennelle. Autrefois l'autel, aujourd'hui celui de la Sainte Vierge, était dédié à saint Polycarpe, et sur cet autel se trouvait une châsse de cuivre doré, dans laquelle se trouvaient ses ossements et ceux de saint Madeloup, religieux d'Hautvillers, conservés avec révérence, est-il dit dans un petit ouvrage sur sainte Hélène. (Châlons, Seneuze, 1683.)

La même église et monastère d'Hautvillers est enrichie de plusieurs autres reliques, entre autres le chef de sainte Pétronille, fille de Saint-Pierre, enchâssé dans un reliquaire. Un bras de saint Blaise, enchâssé dans un bras de bois couvert d'argent à l'antique.

Des bras de saint Cyriac, diacre et martyr, et Smaragde, enchâssés de la même façon.

Une partie des ossements de saint Réole, second abbé d'Hautvillers.

Une partie des reliques de saint Berchaire, premier abbé du monastère.

Une partie du bois de la vraie Croix, enchâssée dans un reliquaire en forme de custode, au croisement des bras d'une croix. Cette relique a été conservée dans l'église, nous ne savons par quel moyen ; elle a toujours été religieusement vénérée par les fidèles, le jour du vendredi saint, en venant se prosterner devant elle et en la baisant respectueusement.

Une partie du bras de saint Blaise, évêque et martyr.

Des ossements de saint Sébastien, de saint Quirin, de saint Urbain, papes, apportés de Rome.

Deux ossements du corps de saint Avoul (Ayoul), abbé et martyr.

Un fragment du chef de sainte Cécile, vierge et martyre.

Voici comment une relique de sainte Cécile est parvenue au monastère d'Hautvillers. Dom Grossard, ayant emporté d'Hautvillers toutes les reliques qu'il a pu soustraire à la fureur des révolutionnaires, avait en sa possession, entre autres, une relique de sainte Cécile, avec les actes suivants ; c'est de là que nous avons pu connaître comment cette relique faisait partie de celles qu'on possédait autrefois au monastère :

Nous soussignés, prêtres religieux et prieur conventuel de Saint-Menge-les-Châlons, certifions à tous qu'il appartiendra que nous avons donné aux Pères Récollets de Châlons, une petite parcelle du chef de sainte Cécile, duquel chef nous avons bulle du pape Honorius, comment il nous a envoyé ledit chef, pour avoir celui de sainte Pomme, sœur de saint Menge, en foy de quoy nous avons scellé les présentes du scel du couvent dudit Saint-Menge.

Fait ce septième d'août 1620.

Signé : LESTRILLART,
Prieur de Saint-Menge.

Moy frère Denys Letellier, gardien du couvent des Récollets de la ville de Châlons, certifie le même que dessùs et est à Auger (Oger) (la relique).

En foy de quoy ai signé la présente et mis notre petit scel le septième d'août 1620.

Je soussigné certifie avoir mis la susdite relique de sainte Cécile en despôt au monastère d'Hautvillers, qui était mise indécemment au sacraire d'Oger à cause des gens de guerre.

Fait audit lieu le 2 april 1652.

PÉRONNE,
Vicaire d'Oger.

Depuis que cette relique fut mise en dépôt à Hautvillers, elle y a été conservée avec les autres, jusqu'à ce que dom Grossard l'eut enlevée. Nous ne savons pas ce qu'elle est devenue depuis la mort de ce religieux.

Il y a encore aujourd'hui, à Hautvillers (1880), des reliques en assez grande quantité, les unes sont authentiques, les autres ne le sont pas ; d'autres, confondues *in globo* dans une châsse, sont regardées comme authentiques, quoique le procès-verbal de leur authenticité ne se trouve pas.

Les reliques qui ne sont pas authentiques sont renfermées dans des petits sacs de toile placés dans un coffret et fermé à clef. Ces reliques consistent dans des ossements, des morceaux de linge, de la poussière et de la cendre ; ces reliques demeurent dans la sacristie et ne sont pas exposées par suite d'une réponse négative donnée par l'archevêché, en 1833, à M. de Parizot, curé d'Hautvillers, qui avait demandé s'il pouvait exposer ces reliques à la vénération des fidèles. On trouve, dans ces petits sacs, un os autour duquel on lit, sur un morceau de parchemin : *Sanctus Stephanus.* Nous supposons que toutes ces reliques ont été recueillies par les religieux après l'incendie des Calvinistes, et qu'elles faisaient partie de celles qu'ils n'avaient pu emporter.

Elles ont un caractère de vétusté tout particulier et il est certain qu'elles datent d'une époque déjà éloignée. Sont-ce des reliques recueillies après le sacrilège de la Révolution ? Nous ne le croyons pas. Ce seraient plutôt celles qui sont regardées comme authentiques et conservées dans une châsse particulière et exposée aux jours de pèlerinage. La châsse qui contient les reliques de sainte Hélène est aussi exposée dans ces jours de fêtes ; les procès de l'authenticité de ces reliques sont en notre possession, nous en donnerons copie.

On sait qu'à la Révolution, si féconde en dévastations sacrilèges, ces précieux restes des serviteurs de Dieu ne furent pas épargnés ; pouvait-elle, cette Révolution, respecter les morts, lorsqu'elle massacrait les vivants ? A l'exception des reliques de sainte Hélène et de quelques autres, heureusement soustraites par dom Grossard, toutes celles qui restaient à l'abbaye, enfermées dans quatorze châsses, furent profanées dans une fête civique.

Comme complément de ces saintes reliques, précieux trésor du monastère, il y avait en l'abbaye d'Hautvillers un fort ancien manuscrit en parchemin qui contenait le martyrologe d'Usuart, moine Bénédictin de Saint-Germain, qui vivait au ixe siècle ; ensuite le texte de la règle de Saint-Benoît ; de courtes réflexions latines sur les Évangiles des fêtes et dimanches de l'année, et enfin le nécrologe. Voici ce qui nous a paru le plus remarquable dans ce manuscrit. Dans le martyrologe, les fêtes propres de cette abbaye y sont annoncées de cette manière :

La Fête de Sainte-Hélène, au 18 août :

Via Lavicana sanctæ Helenæ matris Constantini, imperatoris quæ ab idolatria ad synagogam, a synagoga per Sylvestrum papam tauslata in ecclesiam, post apostolos plus omnibus laboravit.

Via Lavicana, sainte Hélène, mère de l'empereur Constantin, laquelle passa de l'idolâtrie à la synagogue, et de la synagogue fut introduite dans l'Église par le pape Sylvestre ; après les apôtres, c'est une de celles qui firent le plus pour la gloire de Dieu.

Saint-Polycarpe, au 23 février :

Ipso die Sancti-Polycarpi presbyteri et martyris qui cum beato Sebastiano plurimos ad Christi fidem convertit atque ad martyris gloriam exhortanda perduxit et post multum tempus corpus ejus multa devotione impetratum deportatum est ad Altivillare monasterium Remensis parochiæ a

Le même jour, saint Polycarpe, prêtre et martyr, lequel, avec le bienheureux Sébastien, en convertit un grand nombre à la foi de Jésus-Christ et les conduisit, par ses exhortations, à la gloire du martyre. Après beaucoup de temps, son corps fut demandé et transporté, avec beaucoup de dé-

fratribus ejusdem loci et magno debito honore locatum et ibi divina dispositione quiescit pie petentibus acquiescens suffragia.

votion, au monastère d'Hautvillers, paroisse de Reims, par les frères du même endroit, et là, par la permission divine, il repose en grand honneur, accordant son secours à ceux qui le demandent pieusement.

La translation du même saint, au 4 juillet :

In Altivillarensi monasterio, octavo millario Remensi adventus et exceptio sancti Polycarpi, presbyteri ac martyris atque reliquiarum, sociorum martyrum Sebastiani, Urbani et Quirini.

Au monastère d'Hautvillers, à huit milles de Reims, arrivée et réception de saint Polycarpe, prêtre et martyr, et des reliques de ses compagnons martyrs Sébastien, Urbain et Quirin.

Saint-Syndulphe, au 20 octobre.

Hac eadem die depositio sancti Syndulphi confessoris qui in gymnasio contentus mundi agonizans volubilem solem vertit in unum ac perfecte præsens eum despiciens ex toto corde secutus est Christum, cujus conversatio virtutibus et miraculis coruscans cælibem dederat cum vitam duxisset quique duplicem terram efficaciter fugiens, atque ab ea exiliens cum patriarchis in lacrymis seminans fructumque sanctæ conversationis relinquens cum apostolis scipsum pro Christo mactans cum martyribus, utrasque manus de solo hujus peregrinationis protendens adhibitus cum confessoribus digitos suos implens myrrha probatissima cum virginibus animæ suæ sponso respondit cantui novo quousque occurent super montes aromatum simili capta hinnuloque cervorum.

Le même jour, déposition de saint Syndulphe, confesseur, lequel, content de lutter dans l'arène du monde, dit adieu au soleil mobile de la terre, qu'il méprisait de tout son cœur, pour suivre Jésus-Christ.

Sa conversation, ses vertus et ses miracles, rendirent éclatante sa vie chaste, fuyant doublement la terre dont il s'exile avec les patriarches, semant dans les larmes et laissant les fruits d'une sainte conversation s'immolant avec les apôtres pour Jésus-Christ, avec les martyrs, levant, de cette terre d'exil, ses deux mains, comme celles des martyrs, pleines d'une myrrhe éprouvée, il répondit, de concert avec les vierges, à l'époux de son âme, chantant un cantique nouveau jusqu'à ce qu'il arrivât sur les montagnes des parfums semblables aux petits des cerfs.

Saint-Nivard, au 1er septembre.

Eodem die depositio sancti Nivardi episcopi qui cum esset Remensis urbis vicesimus quintus pontifex et secundum præsens sæculum apice nobilitatis clareret insignis quæsivit habere in hac vita hæredes ministros Christi, ut in futuras hæres, cohæres autem Christi effici mereretur, hac diuturna cogitatione volventi et meditanti ut monasterium construeret, quod foret congruum regularibus officinis apparuit ei visu merediano quod descenderet de cœlo una columba et mitissimo volatu lustraret spatium monasterii construendi et sic libratis aliis visa est consedisse supra unam altissimam fagum in medio giro sui volatus uterque lustrare expansis alis eumdem ambitum et similiter resedisse super eamdem fagum, tertio quoque idem fuisse visa est et sic revolasse in cœlum et hac quidem sancto Nivardo visus erat sed sancto Berchario tunc abbati nunc etiam martyri manifestus intuitus erat et quod unus spiritualibus oculis alter corporalibus vidit et uterque intelligens angelicam revelationem construxerunt monasterium dederunt ei vocabulum Altivillare, utique scientes sanctorum virorum in ipso monasterio progredi bonum certamen quod contenderunt placere Trinino Deo et uni quousque deposito carnis onere evolarent ad cœlestes patriæ habitationem ubi cum angelica societate perfrui valeant beatissimæ jucunditatis trinum lumen et unum. Unde et in

Le même jour, déposition de saint Nivard, évêque, vingt-cinquième pontife de Reims, suivant le siècle au sommet des honneurs et de la noblesse, il ne chercha, en cette vie, d'autres héritiers que des ministres à Jésus-Christ, afin qu'il méritât d'être héritier de la vie éternelle et cohéritier de Jésus-Christ. Après avoir longtemps médité en lui-même sur la fondation d'un monastère, où des moines pourraient mener une vie régulière, un jour, en plein midi, il vit une colombe descendre du Ciel, de son vol léger elle décrivit l'emplacement du monastère, puis se reposa sur un hêtre de grande hauteur, lequel se trouvait au milieu de l'espace par elle décrit dans son vol; une seconde fois, elle décrivit la même courbe puis vint se reposer de nouveau sur le même hêtre; une troisième fois elle recommença, puis reprit son vol vers le Ciel. Ce spectacle frappe non-seulement saint Nivard, mais aussi saint Berchaire, alors déjà abbé, et maintenant martyr; ils le virent l'un des yeux de la chair, l'autre d'un œil spirituel, mais tous deux virent en cela une révélation céleste et construisirent un monastère auquel ils donnèrent le nom d'Hautvillers. Dans ce monastère, ils surent combattre le combat des hommes de bien, pour plaire au Dieu un en trois personnes, jusqu'à ce que, déposant le fardeau de la chair, ils s'envolassent à la patrie céleste, pour jouir, en la

loco ubi erat fagus super quam sederat angelus satis probe illis visum fuit ædificare altare in honore beati Petri et omnium apostolorum de quo per manus angelorum ascendit fumus aromatum qui sunt orationes sanctorum Tali igitur modo fecit sanctus Nivardus Christum sibi debitorem in hoc sæculo quoniam construens Altivillare monasterium ad salutem suorum fidelium dedit illis res suæ proprietatis in regione mortuorum ut esset portio sua in terra viventium sicut est in æternum, monasterio prædicto exceptio reliquiarum beatissimorum martyrum Crispini et Crispiani, Ruffini et Valeri ac sanctissimi Medardi confessoris. In Altivillarense monasterio depositionis beati Madelupi, sacerdotis.

compagnie des anges, de la douce et heureuse lumière, triple et une. Il leur parut convenable aussi d'élever à l'endroit de ce hêtre, où un ange s'était reposé, un autel en l'honneur du bienheureux Pierre et de tous les apôtres, duquel, par la main des anges, s'élèverait un nuage de parfums qui sont les prières des saints. C'est ainsi que, sur cette terre, saint Nivard fit de Jésus-Christ son débiteur, parce qu'en fondant le monastère d'Hautvillers pour le salut de ses fidèles, il leur donna tout ce qu'il possédait en cette terre des morts, pour qu'il le retrouvât dans la terre des vivants dans la vie éternelle.

Audit monastère, réception des reliques des bienheureux martyrs Crispin et Crispinien, Rufin, Valérien et saint Médard, confesseur, de saint Madeloup, prêtre.

Dans l'inventaire fait à l'abbaye, en 1788, un seul manuscrit y est mentionné. Dom Grossard nous en désigne d'autres. Les voici :

1º Un manuscrit in-folio de la translation de sainte Hélène, de saint Pierre et de saint Marcellin, de Rome à Hautvillers. C'est l'histoire d'Almanne, mais non pas l'original.

2º Un manuscrit de 1048, des faits miraculeux et qui rapporte la translation des reliques de sainte Hélène faite à cette époque. Dom Grossard ne s'exprime pas bien quand il dit que ce manuscrit est de 1048 ; c'est-à-dire, qu'il rapporte une série de miracles à partir de 1048 ; mais, en réalité, ce manuscrit en français du temps, a été écrit et commencé en 1619.

3º Un cahier contenant une dissertation en latin sur la translation des reliques.

4º Un autre cahier en latin, de 1282, contenant le récit des miracles de ce temps-là. C'en est un autre que celui désigné ci-dessus.

5° Un gros manuscrit relié en veau, in-folio, toujours d'Almanne ou copie d'Almanne, c'est une vie de saints (latin).

6° Un manuscrit in-4°, en parchemin, de 1090, constatant la translation de sainte Hélène à Hautvillers, du temps de Notcherus ; il contient des choses très curieuses.

7° Un procès-verbal de 1410, constatant une nouvelle translation.

8° Un autre procès-verbal de 1644, constatant la visite de sainte Hélène.

9° Le nécrologe des abbés et religieux, morts depuis la fondation de l'abbaye.

10° Le martyrologe d'Usuard, du xe siècle, le seul, avons-nous dit, qui figure dans l'inventaire de 1788.

11° Plusieurs bulles des papes à l'appui de l'authenticité des reliques de sainte Hélène à Hautvillers.

12° Un manuscrit qui datait de plus de trois cents ans avant la Révolution, et dans lequel les religieux relataient les choses les plus curieuses du pays et de l'abbaye. Ce manuscrit a été brûlé par les Jacobins de Montier-en-Der.

13° Un extrait du terrier de la main de dom Grossard et donné par lui à M. Lallement ; ce manuscrit intéressant n'a jamais été rendu. Il est perdu.

14° Un manuscrit in-folio était chez les Ursulines d'Épernay. Ce manuscrit rapportait différents miracles arrivés à Hautvillers.

De tous ces manuscrits, perdus ou brûlés, tant à Montier-en-Der, à la Révolution, qu'à Paris pendant la Commune, il ne reste plus que le livre des miracles n° 2, dans les archives de Saint-Jean de Châlons-sur-Marne. Nous l'avons copié textuellement.

Fin du gouvernement de François de Chaumejean de Fourille, abbé commendataire de l'abbaye d'Hautvillers.

(1668)

Tous les auteurs que nous citons (v. g. le *Gallia christiana*, tome ix, col. 257 ; supplément de dom Marlot, tome ii, p. 295 ; M. Alphonse Soullié, etc.), sont unanimes à placer en 1669 la démission que fit de son titre abbatial François de Chaumejean, et pourtant c'est une erreur que nous sommes forcé de relever ici. Il est, en effet, incontestable que, dès la fin de 1668, cet abbé avait un successeur ; nous en verrons bientôt la preuve. Suivant toute apparence, la vie cléricale entrait peu dans les goûts de ce personnage, du reste appelé au titre d'abbé à l'âge de dix-sept ans, on conçoit facilement que sa vocation n'était pas bien affermie : nouvel abus des abbés commendataires ; aussi, l'humeur belliqueuse de François de Chaumejean de Fourille, le poussant vers un tout autre genre d'illustration, il embrassa la profession des armes et partit avec le corps d'armée destiné pour l'île de Candie (1). Il y trouva la mort. Tout guerrier que fût, par ses goûts et par son caractère, François de Chaumejean, son administration ne fut pas stérile, loin de là. Il sut procurer le bien du monastère et se faire aimer des religieux. Son abdication, disent les *Chroniques générales de l'ordre de Saint-Benoît* (tome II, page 395), n'eut lieu qu'au grand regret des religieux qu'il favorisait dans les occasions. Nul doute que l'humeur litigieuse et tracassière de son successeur ne rendît encore leurs regrets plus vifs.

LXXXIe Abbé
LOUIS DE CHAUMEJEAN DE FOURILLE
(DE 1668 A 1706)

Expédition des bulles de Louis de Chaumejean.

Louis de Chaumejean de Fourille, oncle ou cousin germain du précédent abbé, fut son successeur en l'abbaye d'Hautvillers. Rien ne nous indique au juste quel degré de parenté existait entre ces deux abbés ; le précédent n'avait administré que pendant cinq ans quand il prit le métier des armes ; le successeur, étant de la même famille, pouvait être son oncle aussi bien que son cousin germain ; nous lisons seulement ce mot : *Patruelis*, qui désigne plutôt le cousin germain.

---

(1) Candie, capitale de l'Ile, était assiégée par les Turcs qui la prirent en 1669, 16 septembre, sur les Vénitiens.

Un successeur fut donc donné à François de Chaumejean, dans la personne de Louis de Chaumejean, par Louis XIV. Ce fut pour nos religieux une acquisition des moins heureuses, car le gouvernement de cet abbé ne fut qu'une longue suite de procès, sans cesse renaissants, plus nombreux et plus iniques. Dès son début, cet abbé commendataire annonça ce qu'on devait attendre de lui et se mit à chicaner la cour de Rome sur le paiement des annates exigées pour ses provisions. Selon lui, on ne rougissait pas de lui demander à cette occasion des sommes excessives et non usitées. Il crut, dès lors, se poser en victime et refusa ; de là vint que les bulles ne furent pas expédiées. Le retard apporté à l'expédition de ces bulles, si toutefois elles le furent jamais, fut l'objet de deux requêtes adressées par le nouvel abbé au grand conseil.

Dans la première, avons-nous dit, il se posait en victime de ce que la cour de Rome réclamait de lui et tâchait de prouver que ce *délay* préjudiciait aux réparations de l'abbaye. Dans la seconde, il demandait prolongation du délai à lui accordé, pour l'obtention de ses bulles, à cause de la mort de Clément IX qui y apportait empêchement. Ces requêtes furent suivies d'un arrêt du grand conseil, 31 décembre 1668, qui permettait audit Louis de Fourille, de prendre possession de *laditte* abbaye, à condition qu'après avoir obtenu ses bulles en cour de Rome, dans le délai à lui octroyé, il en prendrait nouvelle possession en vertu d'icelles... qu'il serait procédé à la visite des lieux et bâtiments de *laditte* abbaye par experts et à ce *connaissants*, qu'il en serait dressé procès-verbal, devis et estimation des réparations qu'il en serait à faire, pour le tout être communiqué au procureur général et rapporté au grand conseil pour statuer ce que de raison. Le 20 janvier 1669, Louis de Fourille faisait signifier cet arrêt aux religieux d'Hautvillers et prenait possession de l'abbaye. Toutefois, cette installation provisoire ne paraît pas avoir accéléré l'expédition de ses bulles; c'est du moins ce qui résulte d'un certificat, en date du 21 février 1670, par lequel un sieur Duchesne, banquier expéditionnaire, en cour de Rome, atteste avoir fait de nouvelles démarches et poursuites pour obtenir les bulles de Louis de Fourille inutilement. Nous ignorons si, par la suite, ces bulles furent accordées, toujours est-il certain que ce personnage conserva son titre d'abbé d'Hautvillers jusqu'à sa mort, arrivée en 1706. L'abbé de Fourille adressait sa première requête au grand conseil, pour prendre possession de son abbaye, au mois de décembre 1668 ; donc il était déjà nommé à cette époque. Si les auteurs précités le placent comme abbé en 1669 seulement, c'est qu'ils s'appuient sur sa prise de possession qui, en effet, eut lieu cette même année.

Outre l'abbaye d'Hautvillers, Louis de Chaumejean de Fourille avait encore en commende celle des Champs-Bons *(Camporum Bonorum)*, au diocèse de Viviers. Aux jours de son administration provisoire, et sans donner une couleur de légitimité aux requêtes qu'il adressait au grand conseil du roi, Louis de Chaumejean n'avait pas manqué de faire aux religieux les plus belles promesses. Que d'importantes améliorations n'allaient pas se réaliser sous sa main active ! Mais une fois affermi dans la possession de son titre, notre commendataire fit volteface et crut pouvoir s'amuser aux dépens de ses dupes. Il se trompa, du moins en partie. Tout ce qui pouvait lui être avantageux trouvait toujours accès auprès de lui, c'est ainsi qu'en 1669 on construisit deux pressoirs : l'un à l'usage de l'abbé, l'autre pour les religieux.

1670. — Réparation de divers bâtiments dépendant du monastère, tels que le cellier des Bans, la maison de la Halle (1) et le Moulin-Brûlé à Épernay.

1671. — Démolition de l'ancien dortoir et construction d'un nouveau en face du cloître. D'après le marché conclu à ce sujet, la dépense atteignait la somme de 730 livres, plus un pourboire de six pièces de vin.

Procès relatif à la place de l'Aubroye
(1671)

La même année vit commencer une longue procédure, entre l'abbé et les religieux, au sujet d'une place dite de l'*Aubroye*, que le premier s'était engagé à céder en partie. C'était une place plantée d'arbres et par où l'on passait pour aller du logement abbatial à l'église du monastère, le public même en avait fait un chemin à son usage, mais il n'en avait pas toujours été ainsi : Autrefois, au dire des religieux, cette place était entourée

---

(1) Cette maison, située sur la place au commencement de la rue de Bacchus, appartenait aux religieux ; elle est une des plus anciennes du pays. On prétend que le bon roi Henri IV y logea, lorsque d'Ay, où il était, il vint visiter Hautvillers.

de murailles, et il n'y avait qu'un simple passage pour l'abbé; mais insensiblement les murs de clôture s'étaient écroulés, et le public, passant par la brèche, avait créé un chemin qui n'était tout simplement qu'un chemin de tolérance (1). Pourquoi n'avons-nous plus les plans de ces lieux pour mieux nous aider à comprendre les difficultés du moment ? Il est dit : On conservait, dans les archives d'Hautvillers, plusieurs plans figuratifs, tant de la maison abbatiale que conventuelle, faits par le sieur Collin, graveur, demeurant à Reims, à l'occasion de différentes difficultés qui se sont élevées entre les religieux d'Hautvillers et M. de Fourille, leur abbé commendataire, au sujet des murs que ledict sieur abbé avait fait construire dans la cour abbatiale, pour empêcher auxdits religieux l'usage de ladite cour dont ils étaient en possession, et leur ôter la vue de leur maison. A ces plans, était joint celui de l'ancien cimetière de la paroisse d'Hautvillers, qui était contigu à celui qui touchait à l'église abbatiale et qui s'étendait jusqu'à la maison du Trésor, en allant vers la maison de l'Aumône ou Hôpital, qui était située à l'entrée de la rue du Bourg ou chemin qui monte à celui du pavé. Le cimetière des religieux était autour de l'église, pour leur personnel d'abord et pour eux ensuite, après une ordonnance du roi qui leur défendait d'être enterrés dans l'intérieur de leur église. Le cimetière des habitants de Cumières, pour une partie qui dépendait du diocèse de Reims, était à quelque distance de celui de la paroisse d'Hautvillers, en revenant sur l'église abbatiale. Il y avait, de plus, le plan de la place de l'Aubroye. Tous ces plans ont disparu, à notre grand regret.

A en juger par les pièces que nous avons eues sous la main, cette affaire n'avait d'autre fondement que la mauvaise foi de l'abbé. Il voulait, tout simplement, éluder un engagement signé de sa main, engagement que nous verrons, et aux termes duquel il promettait donner aux religieux, dans la place vide de l'Aubroye, *telle partie de laditte place advisée être nécessaire aux religieux, par le révérend père dom Hiérome de Moulinet, procureur général de la congrégation de Saint-Vannes, et M. Gesnet, procureur en la cour, 4 août 1671.* Après visite faite des lieux, le 10 novembre de la même année, par les personnages désignés, il avait été estimé nécessaire, pour élargir la basse-cour des

---

(1) Ce chemin est celui qui part de la grande porte du monastère en suivant les écuries, les anciens celliers et tourne autour du parc de M. Chandon de Briailles.

religieux, de prendre, dans la place de l'Aubroye, dix toises de large sur vingt-quatre ou environ de long, à commencer du bout du pignon des religieux qui tient à la maison abbatiale, jusqu'au coin de la *porterie* du monastère, vis-à-vis de l'abreuvoir qui était en *laditte* place de l'Aubroye (1).

Loin de faire honneur à un engagement revêtu de sa signature et, en conscience, strictement obligatoire, Louis de Chaumejean de Fourille se mit en quête de tous les subterfuges propres à dégager sa parole ; de là, une procédure qui courut les tribunaux et ne fut terminée qu'en 1678, le 8 août, par un arrêt du parlement, en faveur des religieux.

Voici l'énoncé des principales pièces de cette procédure :

Exploit de signification faite au sieur abbé de Fourille, des deux pièces suivantes.

(1671)

1. Promesse dudit sieur abbé d'abandonner du terrain dans l'Aubroye auxdits religieux, en ces termes :

« Nous, soussigné, Louis de Chaumejean de Fourille, abbé de l'abbaye d'Hautvillers, promettons de donner aux religieux, prieur, couvent de laditte abbaye, dans la place vide de l'Aubroye, telle partie de laditte place advisée être nécessaire auxdits religieux par le révérend père dom Hiérosme Du Moulinet, procureur général de la congrégation de Saint-Vannes, et M. Gesnet, procureur en la cour, lesquels se transporteront à telle fin sur les lieux au mois d'octobre prochain. En foy de quoy j'ai signé la présente.

« Fait ce 4 août 1671.

« Signé : DE FOURILLE. »

2. L'arbitrage des susdits Du Moulinet et Gesnet, dont suit copie :

« Cejourd'huy, 10 novembre 1671, nous dom Hiérosme Du Moulinet, religieux, procureur général de la congrégation de Saint-Vannes, et Hiérosme Gesnet, procureur en la cour du parlement, nous estant transportés en l'abbaye d'Hautvillers, en conséquence de l'escrit cy-dessus fait et signé par messire Louis de Chaumejean de Fourille, abbé commendataire de

---

(1) Cet abreuvoir se voit encore sur le plan que nous avons du monastère, plan qui date de 1777 et dressé par dom Laurent Dumay, religieux de l'abbaye.

laditte abbaye, en date du 4 août dernier, avoir veü, visitté, considéré et examiné, en présence dudit M. l'abbé et du père prieur de laditte abbaye, tous les bâtiments tant de la maison abbatiale que de la maison des religieux, et la place appelée de l'Aubroye, qui est partie plantée d'arbres et l'autre vide, les portes d'entrée de la maison abbatiale, et reconnu que la basse-cour desdits religieux est très étroite et angustiée, avons estimé qu'il sera nécessaire, pour élargir laditte basse-cour, que lesdits religieux aient, dans laditte place de l'Aubroye, dix toises de largeur sur vingt-quatre toises de longueur, à commencer du bout du pignon de leur pressoir, qui tient à la maison abbatiale jusqu'au coin de la porterie dudit monastère, vis-à-vis de l'abreuvoir qui est en laditte place de l'Aubroye, à la charge et condition de faire, par lesdits religieux, un chemin commode et facile, pareil à celui qui est à présent capable de passer carosse, charette et harnais, aux frais desdits religieux, en foy de quoy nous avons signé.

« Dom HIÉROSME DU MOULINET,
H. GESNET. »

A la suite de cette pièce vient l'assignation donnée audit sieur de Fourille de comparoir devant Monsieur du siège royal et présidial de Reims, pour reconnaître sa signature et se voir condamner à satisfaire au jugement des susdits arbitres. (12 décembre 1671.)

1671, 16 décembre. — Jugement du présidial de Reims, qui ordonne visite des réparations à faire au monastère.

1672, 11 janvier. — Acte signifié aux religieux, à la requête dudit sieur abbé, par lequel il dit être fort surpris de la procédure que lui font les susdits religieux en deux instances, par-devant les gens tenant le siège royal et présidial de Reims; la première, pour l'obliger à des réparations auxquelles il n'est pas tenu, l'autre pour l'exécution d'un avis donné par le révérend père Du Moulinet, leur confrère, et M. Gesnet, procureur en la cour du parlement, lesquels ont surpassé leur pouvoir d'autant que lesdits religieux avaient une évocation au grand conseil.

1672. — Acte signifié aux religieux, à la requête du sieur abbé de Fourille, par lequel il offre de faire faire les réparations qui sont à sa charge, pourvu qu'elles soient déclarées *vilains fondoirs,* et que les religieux aient employé 209 livres au désir du traité de partage.

1672. — Acte signifié à procureur, à la requête du sieur De Fourille, de ses désirs et deffenses, pour ne pas acquiescer à la décision des arbitres, au sujet de la place de l'Aubroye; il reconnaît bien sa signification, mais il dit que les religieux abusent d'une gratification qu'il a voulu leur faire, de telle place qui serait jugée nécessaire dans les endroits libres de l'Aubroye; ors, ce qu'ils demandent n'est point une place libre, parce qu'ils veulent, suivant le procès-verbal du révérend père Du Moulinet, lui ôter le chemin qui, de tout temps, a servi à conduire de sa maison abbatiale à son église et dans Hautvillers, lequel chemin est la plus ancienne et la plus nécessaire commodité de sa maison, avec l'abreuvoir qui est encore dans ledit lieu de l'Aubroye, servant à abreuver les chevaux et autres animaux, et soutient que ledit chemin et abreuvoir ne peuvent passer pour place vuide.

1672, 6 janvier. — Réplique des religieux aux dires et deffenses cy-dessus, du sieur abbé, et disent qu'ils ne prétendent rien qui ne soit juste et raisonnable, et qui est de la connaissance dudit sieur abbé de Fourille, que sur les contestations entre les parties, au sujet de quelques bois en couppe dans ledit lieu de l'Aubroye, et sur la propriété par elles respectivement prétendue, lesdits religieux accordent audit sieur abbé, tout ce qu'il souhaite, au moyen qu'il demeurera d'accord que lesdits religieux prendront du terrain pour aggrandir leur basse-cour dans laditte place de l'Aubroye, et que pour désigner ce qui était à prendre, les parties s'en rapporteraient à ce qui serait dit par le révérend père Du Moulinet et le sieur Gesnet, procureur au parlement, desquels arbitres s'étant transportés sur les lieux ont désigné la place qui serait nécessaire pour ledit aggrandissement, en ont donné procès-verbal et offrent, lesdits religieux, de satisfaire aux conditions que ledit sieur abbé apporte pour deffense, disant qu'on lui ôte le chemin pour aller de sa maison à l'église et même l'usage de l'abreuvoir, qui sont en laditte place de l'Aubroye; cet abreuvoir a été fait au seul dépens des religieux, et ledit sieur abbé en a un en son particulier; ainsy, ils ne sont obligés de lui laisser. Lesdits religieux offrent de lui faire un chemin commode pour aller de sa maison à l'église, avec carosse, charette, harnais, et ainsy qu'il a été ordonné par les arbitres (1).

1672, 1ᵉʳ février. — Sommation faite à M. de Fourille, à la requête des religieux, de remettre en bon état la porte commune entre eux et luy, de la cour abbatiale, qu'il a fait démolir, y ayant droit de passage de temps immémorial.

1672, 22 février. — Autre sommation, à la requête des religieux, faite audit sieur de Fourille, qu'il ait, en vertu de l'arrêt du 31 août 1671, à faire faire les réparations énoncées aux procès-verbaux mentionnés audit arrêt, et par préférence faire celles de l'église et opposition de la part des mêmes religieux, à la démolition de la chapelle située en la cour de l'abbaye, attenant au logis abbatial, avec sommation audit sieur abbé de la rétablir; les deniers provenant de la vente des bois, au désir des arrêts et lettres patentes, devant être employés à réparer et non à démolir.

1672, 23 février. — Acte signifié aux religieux, à la requête dudit sieur abbé, par lequel il dit, pour deffense, que par la transaction ou traité de partage du 18 octobre 1663, il est laissé aux religieux une somme de 209 livres dont, dit-il, lesdits religieux profitent, et qui devaient être employés pour toutes les réparations ordinaires des lieux claustraux, seulement avec cette exception des *vilains fondoirs*, n'excédant pas 100 livres, et que, conformément à cette clause, il n'y a aucune réparation portée au procès-verbal de visite, qui sont à sa charge, que, au contraire, il en est déchargé par ledit traité au moyen de laditte somme de 209 livres, dont, a-t-il dit, les religieux profitent, n'ayant jusqu'à présent fait voir, ni rapporté aucune quittance de réparations, ni même appelé ledit sieur abbé pour les voir faire, et il prétend que ce mot fondy ou fondoirs ne doit s'entendre que de quelques murs ou partie qui serait tombée ou menacerait ruine, ou autre chose semblable, qui sert pour soutenir les bâtiments et couvertures, et non pas de *thuilles*, vitres

---

(1) Il est à remarquer que la grande porte du monastère, qui se voit encore aujourd'hui, n'existait pas alors, et qu'elle ne fut construite qu'en 1692. Toutefois, il y en avait une autre, et c'était vers cette porte que se dirigeait le chemin venant de la maison abbatiale, aujourd'hui pavillon de M. Chandon de Briailles. La place de l'Aubroye comprenait donc l'emplacement de l'écurie des vaches, et même en deçà, dans la cour où se trouvait l'abreuvoir, qui était à peu de distance de celui qui existe actuellement.

cassées, qui ne sont que réparations légères et à la charge des religieux, comme dit est.

1672, 16 mars. — Jugement du baillage au siège présidial de Reims, qui ordonne descente sur les lieux contentieux et nomme des experts à cet effet.

1672, 31 mars. — Acte de descente sur les lieux contentieux par M. le lieutenant général de Reims, en exécution de ses susdits jugements, assisté de M. Louis Dallier, avocat, et M. Adam Graillet, procureur des religieux; de M. Jean André, advocat, et M. Nicolas Lefebvre, procureur du sieur abbé, et le sieur greffier du siège, pardevant lesquelles les parties sont comparues, avec le nommé Nicolas Lejeune, bourgeois de Reims; Prudhomme et Liénard-Gentillâtre, maître *masson*, expert, nommé d'office par ledit sieur lieutenant général, et a été dit en substance, par les parties, ce qui suit, sçavoir :

« De la part des religieux, a été requis qu'il serait procédé à la visitte des lieux par lesdits expers, après serment prêté de faire fidèlement leurs remarques suivant les indications et cartes figuratives, etc. Et, de suite, tous ces messieurs, les parties et expers, se sont transportés sur la place de l'Aubroye, qui est derrière ladite abbaye, où étant, lesdits religieux ont requis qu'il leur fut délivré la quantité de terrain sur laditte place, conformément au billet du sieur abbé et procès-verbal des arbitres choisis à cet effet, aux offres qu'ils font de faire un chemin commode pour aller de l'abbatiale à l'église, et ont, lesdits religieux, fait remarquer que, anciennement, laditte place était entourée de murailles de toutes parts, et qu'il n'y avait, dans l'enclos, qu'un passage pour venir à l'église, mais aucun chemin qui aboutit en laditte place, et qu'insensiblement après que lesdittes murailles fussent tombées, le public, passant par les brèches, forma le chemin actuel qui n'est, par conséquent, qu'un chemin de souffrance. Requièrent, en outre, lesdits religieux, qu'il soit fait remarque de l'étendue, longueur et largeur de leur basse-cour et des bâtiments nouvellement faits et reçus par arrêt du 29 may 1666; faire remarque que laditte cour ne peut être aggrandie que du côté de laditte place de l'Aubroye, et qu'il paraît les vestiges de deux anciennes portes et une fenêtre qui avait veue et issue sur laditte place, etc. Et, de la part de l'abbé, a été dit qu'il requérait acte des offres des religieux de luy faire un chemin de pareille commodité, que celuy qui subsiste actuellement, et cependant persiste aux moyens qu'il a déduits au cours de l'instance, sçavoir, qu'il n'a pas prétendu abandonner son chemin ni en changer l'état, attendu qu'il ne peut être réputé et passer pour place vuide, que l'état des bâtiments, cloître, basse-cour, lieux claustraux, en ce qu'ils sont angustiés, ne le concerne point, qu'il dénie formellement que lesdits religieux aient eu des portes donnant sur laditte place de l'Aubroye, observant, en outre, qu'en changeant ledit chemin, il se trouverait privé d'un *abbrévoir*, qui lui appartient en laditte place de l'Aubroye, etc. Les religieux répondent que le chemin actuel pour aller du pavillon abbatial à l'église, n'a jamais servi pour y aller en voiture; cependant qu'ils offrent d'en laisser un commode, après les dix toises de terrain à eux accordées sur la place de l'Aubroye, et demandent acte de la déclaration du sieur abbé, qu'il reconnaît dès anciens vestiges de murailles autour de l'Aubroye, dénient que ledit abbrévoir, non plus que laditte place, lui appartiennent, ledit abbrévoir ayant été fait à leur dépens, et laditte place toujours possédée en communauté. Le sieur abbé a répliqué que le chemin a toujours été pour l'usage et nécessité de sa maison abbatiale, que les bâtiments que prétendent faire lesdits religieux empêcheront la veue de sa porte, que la place de l'Aubroye est une dépendance de sa maison abbatiale, etc. Les religieux répondent que ledit sieur abbé n'est pas en possession du total de la place à leur exclusion, non pas même de la place vuide, etc., et ledit sieur abbé a persisté en ses désirs, au contraire, etc. De tout quoy a été donné acte aux parties et on a procédé à la visite des lieux, et dressé procès-verbal qui entre dans un grand détail de la situation, contenant et désignation des bâtiments qui subsistaient de ce temps-là, dont carte topographique a été dressée par jugement du susdit lieutenant général. »

1672, 4 juin. — Sommation faite aux religieux, à la requête du sieur abbé, qu'ils aient à faire ôter incessamment les blocs de pierres et autres matériaux qu'ils ont fait décharger dans sa cour abbatiale.

1672, 19 juillet. — Exécutoire obtenu par lesdits religieux, de M. le lieutenant général de Reims, pour faire payer par ledit sieur abbé la moitié des frais de la descente sur les lieux contentieux faite par le lieutenant général.

1672, 8 novembre. — Écritures des religieux sur deux instances, qui n'ont point de rapport l'une à l'autre, mais qui se sont trouvées instruites en même temps. La première, tendant à faire condamner le sieur abbé à faire les réparations des ruines arrivées aux lieux réguliers par un orage du 21 au 22 du mois de septembre 1671. La deuxième, à ce que ledit sieur abbé soit tenu de reconnaître son billet du 4 août 1671, par lequel il promet de céder le terrain nécessaire pour aggrandir la basse-cour des religieux à prendre dans la place vuide de l'Aubroye. Sur la première instance, les religieux prétendent que les ruines dont est question étant arrivées par cas fortuits et forces majeures doivent être réputées *vilains fondoirs,* ayant coûté plus de 100 livres à réparer et par conséquent à la charge de l'abbé, au désir du traité de partage du 18 octobre 1663, et font voir qu'encore, qu'en cet endroit dudit traité, paraît obscur et mal énoncé, ce qu'on peut appeler *vilains fondoirs,* que l'intention des traitants n'a été autre chose que de charger les religieux des entretiens et réparations ordinaires, non excédantes 100 livres, et le sieur abbé des *vilains fondoirs* excédant 100 livres, cette intention se tire : 1° de la modicité de la somme de 209 livres, cédée aux religieux, tant pour lesdits entretiens et réparations, que pour toutes les autres charges qui absorbent presque toute cette ditte somme, il n'aurait donc pas été juste de charger les religieux des réparations considérables et excédantes 100 livres en une seule fois. D'ailleurs, sans rechercher ailleurs l'intention des contractants, que dans les propres termes du traité, on en concluera ce que nous venons d'avancer. Il y est dit qu'au moyen de la susditte somme le sieur abbé demeurera déchargé de tous entretiens, à l'exception des *vilains fondoirs,* qui n'excèdent pas 100 livres, d'où on conclut que toutes réparations et *vilains fondoirs,* excédant 100 livres pour une fois, sont à la charge du sieur abbé. Mais, par la suite des termes dudit traité, il est évident que ces mots : et qui n'excèdent 100 livres, ne se rapportent pas même à *vilains fondoirs,* qui doivent être à la charge seule de l'abbé, quand même ils ne coûteraient pas 100 livres. Autrement la particule conjonctive *et* serait inutile, superflue et de mauvaise construction, et, de plus, cela serait évident contre le sens du traité qui est que les religieux doivent être chargés des réparations et entretiens ordinaires, et le sieur abbé des gros ouvrages, en sorte que quand on charge les religieux desdittes réparations, on excepte les *vilains fondoirs; or*, si on excepte seulement les *vilains fondoirs* qui ne sont pas de valeur de 100 livres, il s'ensuivrait que les religieux seraient chargés de ceux qui excéderaient 100 livres, ce qui serait une prétention ridicule et absolument contraire à l'esprit dudit traité, il s'ensuit donc de là, que ces termes : et qui n'excèdent pas 100 livres, ont leur relation aux entretiens et réparations, et que c'est seulement une transposition qui a été faite, et sans rien changer aux termes : c'est que les religieux sont chargés des entretiens et réparations qui n'excèdent pas 100 livres, à l'exception des *vilains fondoirs,* desquels ils ne sont pas chargés de quelque somme qu'ils soient, même au-dessous de 100 livres, que si l'intention avait été de charger les religieux de toutes réparations, quelles qu'elles fussent, et des *vilains fondoirs,* au-dessous de 100 livres, la particule *et* et la négative auraient été *or* de *cens*, et aurait seulement fallu dire : à l'exception des *vilains fondoirs qui excèdent 100 livres.*

De ce raisonnement, on conclut pour ce dont il s'agit dans la présente instance, qu'on ne peut nier que la ruine, arrivée par l'orage du 21 au 22 septembre 1671, ne soit un *vilain fondoir,* ce qui s'entend ou d'un bâtiment qui périt tout d'un coup de vieillesse et de caducité, ou d'un accident et cas fortuit extraordinaire, qui fait une ruine qui n'arrive point par la nature de la chose ou par la vicissitude ordinaire des temps ; ors, celle qui est arrivée et dont il s'agit, est de cette qualité. Sur la deuxième instance, on répond aux objections ou plutôt aux pures chicanes du sieur abbé, qui sont les mêmes rapportées plus haut dans l'acte de descente sur les lieux.

1673, 27 avril. — Production du sieur abbé servant de réponses aux écritures des religieux d'autre part.

1675, 10 juillet. — Sentence du baillage de Reims, rendue sur les deux instances en question et conçue en ces termes : Nous disons que ledit deffendeur (l'abbé) est condamné, faute d'avoir fait faire les réparations survenues aux lieux claustraux des bâtiments des demandeurs (les religieux), la nuit du 21 au 22 septembre 1671, lesquelles réparations les demandeurs ont fait faire, de leur rendre et payer la somme de 293 livres 19 sols 6 deniers, à laquelle somme lesdittes réparations ont été estimées par expers, comme aussy ledit deffendeur est condamné suivant son billet du 4 août 1671, et acte au bas d'iceluy du 10 novembre audit an, du Père dom Hiérosme du Moulinet et de M. Hiérosme Gesnest, de souffrir que les demandeurs susdits prennent pour aggrandir leur basse-cour, et à eux permis de prendre dix toises en largeur dans la place vuide de l'Aubroye, sur seize toises de longueur, à laquelle quantité lesdits demandeurs se sont restreints du côté des bois de l'Aubroye, à commencer du bout du pignon de leur pressoir qui tient à la maison abbatiale jusqu'au coin de la porterie du monastère, vis-à-vis de l'abreuvoir, en telle sorte que ledit abreuvoir demeure libre à la charge de faire faire et entretenir par lesdits demandeurs, à leurs frais et dépens, un autre chemin, de l'aplanir et unir et le rendre aussy facile et commode que celuy qui y est à présent, et capable de passer carosse et charette, harnais, allant et venant de côté et d'autre et se rencontrant, et si est ledit deffendeur condamné aux dépens, à taxer par nous par notre sentence jugement et à droit qui sera exécuté par provision pour le principal seulement, nonobstant l'appel et sans préjudice en donnant caution.

Jugé en la chambre le 26 juin 1675 et est le *dictum* ainsy signé : Béguin, lieutenant général rapporteur, et Coquebert, lieutenant particulier.

1675, 28 juin. — Appel du sieur abbé de Fourille de la sentence précédente avec signification d'yceluy aux religieux.

1675, 6 juillet. — Lettres *d'enticipation* obtenues en chancellerie par les religieux pour plaider au parlement sur le susdit appel. — Ensemble assignation donnée en conséquence audit sieur de Fourille le 12 juillet.

1677. — Pièce d'écriture produite par les religieux pardevant Monseigneur l'évêque de Châlons, qui avait été choisi par les parties pour arbitre de tous leurs procès et différents, *concernants* les réparations, les bois, la place de l'Aubroye, la communauté de la cour abbatiale, la construction d'un pavillon et autres bâtiments par ledit abbé.

1677, 20 septembre. — Lettres de récission obtenues par ledit abbé de Fourille, en cassation du billet qu'il avait donné aux religieux touchant la place de l'Aubroye avec signification d'ycelles.

1678. — Réponses des religieux pardevant nosseigneurs du parlement, aux prétendus griefs d'appel du sieur abbé d'une sentence contradictoire rendue par le bailly de Reims le 28 juin 1675.

Le sieur abbé pour soutenir ses griefs d'appel employe sur le premier chef concernant les réparations, deux moyens : le premier est qu'il soutient que par la transaction en forme de partage qu'il a faite avec les religieux en l'année 1663, ils sont chargés de faire toutes les réparations des lieux claustraux, moyennant la somme de 209 livres, dont il est convenu entre eux. Le deuxième moyen est qu'il prétend que partie des réparations qui étaient à faire et pour lesquelles il a été condamné, n'étaient point pour les lieux claustraux, il s'agissait seulement de réparer une galerie et un pavillon qui ne sert que pour la promenade des religieux et qui ne peut pas être compris dans les lieux réguliers. Les religieux, après avoir exposé la manière ordinaire de faire les traités de partage en trois lots, dont l'un appartient à l'abbé, le second aux religieux et le troisième destiné pour toutes les charges, disent que y ayant procez pour le partage des biens de l'abbaye d'Hautvillers, il a été terminé par une transaction du 18 octobre 1663, mais qu'il faut demeurer d'accord, que le sieur abbé de Fourille y a trouvé son avantage, parce que encore que les lieux du petit couvent, c'est-à-dire les domaines qui sont chargés d'obits et de fondations, ne doivent pas entrer dans le partage qui se fait des autres biens, néantmoins pour faciles choses *ont* fut obligé d'accorder audit sieur abbé 500 livres de rentes sur les revenus du petit couvent, et il est vray que sur cette somme il a consenti que les religieux fissent compensation de la somme de 209 livres par chacun an, pour l'entretien et réparations des lieux claustraux, mais il voulut restreindre cette charge sous deux conditions : la première, qu'il ne serait point tenu des *vilains fondoirs*, et la deuxième que les réparations n'excéderaient point 100 livres, et en outre les religieux déchargèrent le sieur abbé des ornemens, linges, livres et autres choses nécessaires pour le service divin, de sorte qu'aux termes de cette transaction, ils ne sont point tenus de *vilains fondoirs*, le terme qui paraît un peu barbare est néantmoins fort usité en Champagne, et ne sert proprement qu'à marquer les réparations qui procèdent de cas purement fortuit, ou bien celles qui procèdent des ruines qui arrivent par vétusté ou autrement ; car il faut remarquer qu'il y a deux sortes de réparations, il y en a qu'on appelle ordinairement viagères, qui ne vont qu'à l'entretien des lieux qui composent un bâtiment, ce sont celles dont les usufruitiers, les douairières et les donataires mutuels sont tenus ordinairement. Il est parlé de ces réparations dans la loy *de usu fructu* et dans l'article 262 et 287 de la *Coutume de Paris*.

Il y a d'autres réparations plus considérables qui sont à la charge des propriétaires, comme sont les gros murs, les couvertures entières, les dégâts qui peuvent arriver par force majeure, comme dans des inondations, par la gresle, par le vent ou autrement ; il est certain qu'à suivre les termes de la transaction de 1663, on trouvera que l'intention de toutes les parties a été d'obliger seulement les religieux à faire les réparations ordinaires, qui ne sont qu'à l'entretien des lieux réguliers, on s'est même servi de ces termes : entretien et réparations, et à même temps on a excepté les *vilains fondoirs*, c'est-à-dire les grosses réparations et les autres qui arrivent par force majeure, il n'était pas juste d'obliger les religieux indéfiniment à toutes sortes de réparations, même de celles qu'on appelle viagères, et on a apporté un tempérament qui a été de dire qu'il fallait que la réparation qui était à faire, n'excède pas la somme de 100 livres, parce qu'autrement ils auraient été trop *lezés*, en un mot, la charge de réparation la plus importante et la plus considérable, est toujours demeurée avec raison à l'abbé qui avait le lot des charges et dont le revenu monte à plus de 6,000 livres, et on a jugé qu'il ne serait pas juste que des religieux, qui font le service de l'abbaye et qui n'ont qu'une légitime et très médiocre part, fussent encore surchargés d'acquitter des réparations dont le fond doit être toujours pris sur le lot des charges. Ensuite lesdits religieux font l'application de ce raisonnement au fait dont il s'agit, et concluent que cette clause dudit traité, bien entendue, il ne peut y avoir de difficulté à confirmer le premier chef de la sentence dont appel.

Pour le deuxième chef, qui regarde la place de l'Aubroye, on peut voir ce qui a été dit plus haut : 1672, 31 mars.

1678, 17 juin. — Requête du sieur abbé de Fourille à nosseigneurs du parlement servant de répliques aux précédentes réponses des religieux, concernant les réparations et la place de l'Aubroye, ledit sieur abbé répète et rabat toujours les mêmes moyens de *deffenses* déjà plusieurs fois combattues et détruites par les écritures des religieux.

1678, 30 juin. — Requête des religieux à nosseigneurs du parlement *tendante* à ce que le sieur abbé de Fourille soit déclaré non recevable à se servir de certaines lettres de récission, qu'il a obtenues subrepticement et sans aucun moyen valable, contre son propre écrit et promesse au sujet de la place de l'Aubroye.

Arrêt de la cour du parlement rendu sur l'appel en question.

(8 août 1678)

Louis, par la grâce de Dieu, roy de France et de Navarre, au premier des huissiers de notre cour de parlement ou autre, notre huissier sergent sur ce requis, salut, sçavoir faisons qu'en conséquence de la sentence donnée par notre bailly de Vermandois, ou son lieutenant général à Reims, le 26e jour de juin 1675, entre les vénérables religieux, prieur et couvent de l'abbaye de Saint-Pierre-d'Hautvillers, demandeurs, d'une part,

Et Louis de Chaumejean de Fourille, abbé dudit Hautvillers, deffendeur, d'autre part, et encore entre lesdits religieux, demandeurs, d'une part, et ledit de Chaumejean de Fourille, deffendeur, d'autre part, par laquelle ledit de Chaumejean aurait été condamné faute d'avoir fait faire les réparations survenues aux lieux claustraux des bâtiments desdits religieux, la nuit du 21 au 22 septembre 1671, lesquelles réparations lesdits religieux avaient fait faire, de leur rendre et de payer la somme de 293 livres 19 sols 6 deniers, à laquelle somme les différentes réparations avaient été estimées par expers, comme aussy ledit de Chaumejean aurait été condamné suivant son billet du 4e jour d'août 1671, et acte au bas d'yceluy, du 10 novembre, audit an, du père dom du Moulinet et de Hiérosme Gesnest, de souffrir que lesdits religieux prennent, pour aggrandir leur basse-cour et à eux permis de prendre dix toises en largeur dans la place vuide de l'Aubroye, sur seize toises en longueur, à laquelle quantité lesdits religieux s'étaient restreints du côté des bois de l'Aubroye, à commencer du bout du pignon de leur pressoir, qui tient à la maison abbatiale, jusqu'au coin de la porterie du monastère, vis-à-vis de l'abreuvoir, de telle sorte que ledit *abbrévoir* demeure libre, à la charge de faire faire et entretenir, par lesdits religieux, à leur frais et dépens, un autre chemin, de l'applanir et unir, et le rendre aussi facile et commode que celuy qui est à présent, et capable de passer carosse, charette et harnais, allants et venants de côté et d'autre et se rencontrants, et ledit de Chaumejean, condamné aux dépens, eut été appelé en notre ditte cour de parlement, à laquelle le procez par escrit, conclu et revu entre ledit de Chaumejean, appelant, d'une part, et lesdits religieux intimés, d'autre part, pour juger si bien ou mal aurait été appelé, les dépens respectivement requis par les parties et l'amende pour nous, et ycelles causes appointées à bailler griefs et réponses, veü yceluy procez, requête, dudit de Chaumejean, employée pour réplique auxdittes réponses, et requête desdits religieux employés pour réponse à ycelle requête dudit de Chaumejean, du 20 juin 1678, tendante à ce que nos lettres de recission, par lui obtenues, en notre chancellerie, du 4ᵉ jour de septembre 1677, fussent entérimées et acte à luy donné de ce que, pour écriture et production, il employe laditte requête, sur laquelle notre ditte cour luy aurait donné acte dudit employ, et ordonné que lesdits religieux fourniraient des deffenses, écriraient et produiraient nos dittes lettres dudit jour 4 septembre 1677, obtenues contre ledit par luy donné, par lequel il aurait accordé auxdits religieux de prendre de la place vuide de l'Aubroye ce qui serait jugé à propos par dom Hiérosme du Moulinet, procureur général de la congrégation de Saint-Vannes, et Hiérosme Gesnest, leur procureur, en cas que lesdits religieux voulussent appliquer ledit écrit, sur le chemin qui conduit de l'église au village d'Hautvillers. Requête desdits religieux, employée pour deffense, écritures, productions et contredits contre lesdittes lettres de récission, conclusions de notre procureur général à eux jointes, et diligemment examinées.

Notre ditte cour, par son jugement et arrêt, sans s'arrêter aux lettres, a mis et met l'appellation au néant, ordonne que la sentence, de laquelle est appel, sortira effet et, néantmoins, ordonne que la porte du logis abbatial demeurera et seront délaissées les toises dudit chemin pour sortir par laditte porte, carosse et charette, pour aller gagner le chemin désigné par laditte sentence, condamne ledit de Chaumejean en l'amende de 12 livres et ès dépens de causes d'appel et incident de lettres, s'y te mandons qu'à la requête desdits religieux, prieur et couvent de laditte abbaye d'Hautvillers, de mettre le présent arrêt en due et entière exécution, de point en point, selon sa forme et teneur, et faire, pour raison de ce tout, acte et exploit de justice requis et nécessaires, de ce faire te donnons pouvoir.

Donné à Paris, en notre ditte cour de parlement, en la chambre haute des enquêtes, le 8e jour d'août de l'an de grâce 1678, et de notre règne le 36e, scellé, collationné, etc.

1678, 29 août. — Signification du susdit arrêt, faite audit sieur de Fourille, à la requête des religieux.

1678, 30 décembre. — Exécution obtenue par les religieux contre ledit sieur abbé, pour le paiement des dépens auxquels il a été condamné par le susdit arrêt, qui montent à la somme de 791 livres dont la quittance signée de : Pierre Pérignon

Tous les documents que nous venons de donner sont extraits de l'*Inventaire du Cartulaire*, 3e layette, 9e liasse, *procédures*, depuis la page 152 à la page 172.

Les édifices du monastère, comme on l'a vu, étaient en besoin de réparations considérables, et naguère, pour obtenir sa mise en possession provisoire, Louis de Chaumejean n'avait pas oublié de peindre chaleureusement l'urgence de ces réparations ; mais, depuis, les choses étaient bien changées, et il ne fallut donc rien moins que les voies des tribunaux pour lui rendre une conviction qu'il semblait avoir perdue. Le Ciel lui-même parut prendre à tâche de prouver la caducité des bâtiments, car un premier orage, qui advint dans la nuit du 21 au 22 septembre 1671, renversa une aile des édifices réguliers, et, le 15 janvier de l'année suivante, une bourrasque nouvelle venait accroître le premier dégât laissé jusqu'alors sans réparation.

Ces ravages, si désolants qu'ils fussent, ne touchèrent nullement le cœur de l'insensible abbé, il n'en demeura pas moins fidèle au système de froid égoïsme qu'il avait adopté. Force fut donc aux religieux d'aviser au moins provisoirement, et de leurs propres deniers, au rétablissement des édifices dévastés. Mais vint enfin le jour de la justice : une sentence, rendue au baillage de Reims, 26 juin 1675, condamnait l'abbé à rembourser aux religieux tous les frais de réparations nécessités par les orages mentionnés. Notre abbé, il est vrai, ne se tint pas pour battu, il interjeta appel et usa de tous les moyens pour donner aux juges une conviction que peut-être il n'avait pas lui-même. Ce fut inutile; un arrêt du parlement, daté du 8 août 1678, mit son appel à néant et confirma la première sentence. Sur un autre article, Louis de Chaumejean de Fourille fut moins malheureux ou plutôt fit preuve d'un égoïsme peu religieux, nous n'oserions dire plus.

On n'a pas oublié que Jean Royer, ce pieux et dernier abbé régulier, avait construit une élégante chapelle qui tenait aux appartements de l'abbatiale, et dont il reste aujourd'hui encore quelques vestiges, sinon de la chapelle, au moins d'une partie d'un passage y attenant, pour entrer dans le cloître.

C'était la même qu'avait épargnée le Calvinisme, en 1562. Mais depuis l'introduction des abbés commendataires, cet édifice avait perdu ses jours de splendeur et réclamait d'urgentes réparations. C'est pourquoi les religieux ne cessaient d'élever leurs plaintes à ce sujet. Pour mettre fin à ces réclamations et s'économiser aussi bien des frais, le noble abbé se prit d'une résolution étrange : il fit démolir entièrement la chapelle. En vain les religieux, justement indignés, opposèrent à cet acte de vandalisme d'énergiques protestations, en vain ils sommèrent le démolisseur de suspendre les coups de son marteau dévastateur, 22 février 1672, l'œuvre de ruine continua et fut consommée. C'est ainsi que tomba, sous la main d'un abbé commendataire, un édifice qu'avait respecté la torche incendiaire des ennemis. Quel repos les pauvres moines pouvaient-ils espérer sous un tel supérieur, au milieu des nombreuses contestations qu'il leur suscitait chaque jour? La place de l'Aubroye n'était pas la seule en question; la chapelle n'était plus, et si un abîme appelle un autre abîme, une chicane avait appelé une autre chicane; M. De Chaumejean en avait dans son répertoire.

C'était en 1675, le 28 septembre, tout à coup, par quel caprice, nous ne savons, ne voilà-t-il pas que notre abbé se mit en tête de boucher l'entrée du monastère; quelle idée? Déjà même il faisait jeter les fondements du mur à élever; mais les religieux qui, apparemment et non sans raison, ne se croyaient pas obligés à une solitude assez étroite, pour se laisser ainsi claquemurer, s'empressèrent de porter plainte au bailliage de Vermandois, et, dès le 3 octobre, assignèrent l'abbé devant le parlement. Un arrêt du 18, rendu par la cour, statua que visite des lieux serait faite par le lieutenant général de Châlons; comme bien on pense, ce magistrat n'eut pas de peine à se

Emplacement de l'ancienne Chapelle de Dom Royer.

convaincre de l'iniquité du projet du commendataire. Justice fut faite, on abattit la muraille déjà terminée, avec ordre de laisser, à l'avenir, aux religieux, un passage de neuf pieds.

Toutefois, cette affaire fut poursuivie en instance par l'abbé et fut longtemps encore l'objet de débats vivement suivis; nous ne trouvons même pas les dernières pièces de cette procédure. Nous donnons ici l'analyse succincte des pièces qui sont venues à notre connaissance.

Requête des religieux adressée à M. le bailly de Vermandois ou son lieutenant à Reims
(1675)

Remontrent prieur et religieux et couvent de l'abbaye de Saint-Pierre-d'Hautvillers disant que l'entrée de leur monastère est tellement disposée, que pour y parvenir il faut passer par la grande porte abbatiale au-dessus de laquelle leurs greniers étaient ci-devant posés, et dont le passage a toujours été et est encore commun au sieur abbé et religieux dudit lieu, au préjudice de quoi le sieur Louis de Chaumejean de Fourille, présentement abbé dudit Hautvillers, ayant pris à tâche de vexer les suppliants, s'est avisé depuis quelques jours de faire jeter les fondements d'un *quarré* de murailles proche et vis-à-vis de laditte porte abbatiale, en telle sorte que laditte porte étant bouchée, ils n'auront plus la liberté d'y passer et se trouveront sans entrée à leur monastère.

Ce considéré, Monsieur, il vous plaise permettre aux suppliants faire assigner pardevant vous, ledit sieur abbé pour se voir tenir en deffense de les troubler dans leurs droits et possession, ès quels ils seront maintenus, formant à cette fin la complainte et cependant surséance à la fermeture de laditte entrée, jusqu'à ce qu'il en soit autrement ordonné et vous ferez justice déclarant que M. Graillet est leur procureur.

Signé : Dom P. PÉRIGNON et GRAILLET.

Permis d'assigner aux fins de la requête et cependant deffense de changer l'état des lieux au préjudice des droits des suppliants, ce 28 septembre 1675.

Signé : BEGUIN.

1675, 17 octobre. — Arrêt sur requête par lequel ledit sieur abbé est reçu appelant de l'ordonnance et décret cy-dessus, avec deffense aux parties de procéder ailleurs qu'au parlement et en conséquence des offres que ledit sieur abbé a fait dans sa requête de laisser neuf pieds pour le passage en question, en cas qu'il soit jugé que lesdits religieux ayant droit ; permis audit sieur de Fourille de continuer le bâtiment dont il s'agit sauf à démolir s'il y échoit, après que néanmoins que procès-verbal aura été fait de l'état des lieux, par le premier notoire ou sergent royal sur ce requis et en présence desdits religieux.

1675, 21 octobre. — Sommation faite à la requête dudit sieur abbé de Fourille auxdits religieux d'être présents à la visitte et procès-verbal ordonné par l'arrêt précédent.

1675, 22 octobre. — Opposition des religieux à l'exécution dudit arrêt obtenu par surprise par ledit sieur abbé le 17 octobre 1675, protestant de se pourvoir et de nullité de tout ce qui pourrait se faire au préjudice de leur présente opposition.

1675, 22 octobre. — Visitte et procès-verbal des lieux contentieux dont est question, et réitération de l'opposition desdits religieux à l'exécution du susdit arrêt faite verbalement et portée au procès-verbal.

1675. — Requête des religieux à nosseigneurs du parlement par laquelle ils demandent, qu'il plaise à la cour les recevoir opposants en tout que besoin est et serait à l'exécution de l'arrêt, que ledit sieur de Fourille a surpris sur simple requête le 17 octobre 1675, que sur l'opposition les parties auront audience le lendemain de la Saint-Martin, et cependant ordonne sur le mépris qu'a fait ledit sieur de Fourille, de satisfaire aux arrêts de la cour du 31 août 1671 et 10 juin 1675, en ne faisant les réparations de l'église abbatiale et autres ordonnées par lesdits arrêts, qu'en présence d'un des M^{rs} qui se transportera sur les lieux et par experts, dont les parties conviendront, sinon nommé d'office entre les mains desquels les arrêts et procès-verbaux seront mis, les réparations qui auront été faites contenues audit procès-verbal, fait de celles qui restaient à faire en présence des parties où elles sont duement appelées, et informer si la vérité n'est pas que de tout temps la porte que ledit sieur de Fourille fait abattre, et au lieu de laquelle il veut faire un bâtiment pour faire préjudice aux suppliants, et leur ôter l'entrée dans laditte abbaye par laquelle eux, leurs gens, chevaux, charettes ont droit d'entrer et passer. Pour les procès-verbaux faits et rapportés être ordonné ce que de raison, et jusqu'à ce sursis audit bâtiment que ledit sieur de Fourille prétend faire au lieu et place de laditte porte, et que ce qui sera fait et ordonné par ledit sieur commissaire sera exécuté, nonobstant opposition et appellations quelconques sans préjudice à ycelles, sous les offres que font les suppliants d'avancer les frais sauf à répéter, etc.

Signé : Dom Philibert BOULANGER et GENEST.

1676, 15 octobre. — Arrêt de la cour qui ordonne que les parties auront audience au premier jour, et cependant fait deffense de passer outre à la construction du bâtiment dont est question, sinon en laissant par ledit sieur de Fourille, suivant ses offres, neuf pieds pour servir de passage.

1676, 23 octobre. — Signification à la requête des religieux au sieur de Fourille de l'arrêt rendu à la chambre des vacations, rapporté ci-dessus, auquel il a contrevenu en faisant boucher laditte porte, ensemble la sommation à luy faite de se trouver à la visite et au procès-verbal qui sera dressé de son entreprise et contravention.

1676, 23 octobre. — Visite et procès-verbal tant de laditte porte bouchée que du pavillon, que ledit sieur de Fourille avait commencé à élever et qui bouchait les voies et jours desdits religieux.

1676, 27 octobre. — Arrêt de la chambre des vacations qui ordonne que sur les oppositions et appellation, les parties auront audience le lendemain de la Saint-Martin, et pour faire droit sur le surplus de la requête, renvoye les parties pardevant M. le lieutenant général de Châlons, qui se transportera sur les lieux et après qu'il aura entendu les parties, pourvoir sur la démolition prétendue dudit mur, ainsy que de raison et ce qui sera par luy jugé ordonne être exécuté nonobstant opposition ou appellations quelconques.

1676, 6 novembre. — Requête des religieux à M. le lieutenant général de Châlons en conséquence du susdit arrêt, pour qu'il leur soit permis d'assigner ledit sieur de Fourille pardevant luy pour se voir condamner à démolir la muraille qu'il a fait construire sur le passage et entrée que lesdits religieux ont droit et sont en possession dans la cour abbatiale.

1676, 7 novembre. — Signification faite à la requête desdits religieux audit sieur abbé de Fourille, du susdit arrêt du 27 octobre 1676, ensemble assignation à lui donnée en vertu dudit arrêt, de comparoir devant M. le lieutenant général de Châlons, en l'hôtel de Charles Gueslard, marchand *hotellain* à Hautvillers, pour répondre et procéder aux fins desdits arrêts et requête.

1676, 8 novembre. — Descente sur les lieux contentieux, faite par M. le lieutenant général de Châlons, visitte et procès-verbal de la porte bouchée et passage en laditte cour abbatiale, acte donné aux parties de leurs dires et répliques.

1678, 12 février. — Extrait des greffes des arbitrages de la ville de Châlons portant en substance que les abbé et religieux d'Hautvillers, en conséquence d'un résultat desdits religieux capitulairement assemblés, approuvé, ratifié par ledit sieur abbé, sont convenus de mettre tous leurs procès et différends en arbitrage et ont choisi pour cet effet Monseigneur l'évêque de Châlons, proposé par ledit sieur abbé et de l'advis de M. Deu, conseiller du roy et lieutenant particulier au baillage et siège présidial de la même ville de Châlons, pour juger en la rigueur du droit tant pour le fond que pour les dépens, à condition que le jugement qui interviendra sera incessamment homologué au parlement de Paris, aux frais communs des parties, et qu'en attendant et jusqu'à la décision desdits procès et différends, yceux religieux jouiront du passage en question à pied, à cheval ou autrement pour aller de leur porte conventuelle à la campagne par la grande porte nouvellement construite par ledit sieur abbé, sans qu'il puisse y apporter aucun trouble ni empêchement, demeureront en surséance tous les procèz et différends, les bâtiments, prétentions et généralement toutes les instances, etc.

Au dos de cet acte, on lit : Il y a un dédit de 2,000 livres, dont M. de Châlons a le billet.

1678, 1er avril. — Sentence de M. le lieutenant général de Châlons, par laquelle il est dit : qu'attendu le refus du sieur abbé de Fourille d'exécuter le projet de transaction et arbitrage cy-dessus, lesdits religieux reprendront instance entre les parties pour y procéder sur les derniers errements et en vertu de la requête présentée par lesdits religieux au lieutenant général commissaire en cette partie, a condamné et condamne ledit sieur de Fourille à faire démolir dans trois jours la muraille bâtie sur les neuf pieds de passage dont est question, sinon et à faute de ce faire dans ledit temps avons permis et permettons aux demandeurs de faire démolir laditte muraille aux frais et dépens dudit sieur abbé de Fourille, en présence du premier huissier royal sur ce requis qui en dressera son procès-verbal, et condamne ledit sieur de Fourille aux dépens.

1678, 2 avril. — Signification de la susditte sentence faite audit sieur de Fourille à la requête desdits religieux.

1678, 6 avril. — Procès-verbal de résistance et empêchement de la démolition de laditte muraille de la part du sieur abbé, ordonnée par la susditte sentence, ensemble l'affirmation dudit procès-verbal pardevant M. le lieutenant général de Châlons, commissaire en cette partie.

1678, 6 avril. — Acte signifié aux religieux, à la requête d'un nommé François Gilbert, concierge et agent dudit sieur abbé de Fourille, par lequel il demande huitaine pour faire démolir laditte muraille affin qu'il ait le temps de donner audit sieur abbé son maître la signification et contenu de la susditte sentence.

1678, 6 avril. — Requête desdits religieux à M. le lieutenant général de Châlons par laquelle il demande main forte pour mettre à exécution laditte sentence et démolir la muraille dont il s'agit.

1678, 7 avril. — Procès-verbal de la démolition de laditte muraille faite par Génot, huissier, accompagné de deux archers et trois *massons*, controllé à Hautvillers le 8 avril.

1678, 26 avril. — Procès-verbal des empêchements que ledit sieur de Fourille auxdits religieux de l'usage du passage dans laditte cour abbatiale, après la démolition de laditte muraille en faisant mettre une quantité de grosses pierres de taille pour boucher ledit passage.

1678, 17 juin. — Requête des religieux à nosseigneurs du

parlement par laquelle ils demandent permission de faire assigner ledit sieur abbé de Fourille, pour se voir condamner et tenir en deffense de continuer la construction d'une muraille qu'il a commencée dans la cour abbatiale à six pieds du mur du cloître des suppliants qui en ôte les jours tant dudit cloître que des autres lieux claustraux.

1678, 20 juin. — Arrêt en conséquence de la susditte requête par lequel la cour ordonne que sur l'appel et opposition les parties auront audience au premier jour; renvoi des suppliants de la requête pardevant le lieutenant général de Châlons pour y être fait droit et ce qui sera par l'un fait et ordonné, exécuté nonobstant oppositions ou appellations et ce pendant toutes choses demeureront en état, etc.

1678, 29 juillet. — Assignation donnée audit sieur de Fourille à la requête des religieux en vertu de l'arrêt d'autre part, à comparoir devant M. le lieutenant général de Châlons pour voir adjuger les frais de l'exposé du susdit arrêt et ce faisant faire deffense audit sieur abbé de Fourille, de passer outre à la construction des murailles par l'un commencée dans la cour abbatiale, à six pieds des fenêtres du dortoir et lieux claustraux et en cas que les ouvriers continuent d'y travailler au préjudice dudit arrêt permis de les emprisonner.

1678, 30 juin. — Jugement de M. le lieutenant général de Châlons qui accorde huitaine au sieur abbé pour répondre.

1678, 7 juillet. — Autre jugement du lieutenant général qui ordonne, sans préjudice aux droits des parties au principal, que les lieux dont est question sera veüs et visittés et à l'effet de quoy ce requérant les demandeurs qu'il se transportera sur iceux pour dresser procès-verbal de l'état desdits lieux, pourquoy lesdittes parties conviendront d'un *pintre* pour faire la description d'iceux et topographie dans la huitaine sinon en sera par nous nommé d'office.

1678, 22 juillet. — Descente sur les lieux contentieux par M. le lieutenant général de Châlons assisté de son greffier et procès-verbal de la situation des lieux... On voit par le procès-verbal que outre une grande porte qui répondait au cimetière devant l'église pour entrer dans la basse-cour des religieux avec chevaux et harnais et où étaient leurs écuries, pressoirs et autres lieux semblables, il y avait encore trois autres portes de communications sur la cour abbatiale à l'usage desdits religieux, savoir : une servant d'entrée dans le monastère, l'autre proche et attenant le bâtiment du sieur abbé, lieudit communément : le Trou-Noir, et la dernière qui était une porte cochère aux environs du pavillon des religieux.

1678, 26 juillet. — Sommation faite audit sieur de Fourille de se trouver à sept heures le samedy, devant le portail de l'église abbatiale, pour être présent à la prestation de serment du sieur Collin, *pintre,* demeurant à Reims, nommé d'office pour faire le plan des lieux contentieux.

1678, 4 août. — Acte de voyage pris par dom Colomban Mathelin, prieur d'Hautvillers, aux greffes de Châlons, allant à laditte ville pour faire taxer les dépens adjugés aux religieux d'Hautvillers par sentence du premier avril dernier.

1678, 6 août. — Exécutoire des dépens, donné par M. le lieutenant général de Châlons auxdits religieux contre le sieur de Fourille leur abbé.

1678, 9 août. — Autre exécutoire obtenu de M. le lieutenant général de Châlons, par le sieur Collin contre les religieux d'Hautvillers, pour se faire payer la somme de 45 livres pour ses vacations à faire les plans et description des lieux claustraux.

1678, 27 août. — Nouvel exécutoire des dépens montant à la somme de 225 livres 5 sols 6 deniers, accordés aux religieux contre le sieur abbé de Fourille.

1678, 27 août. — Inventaire de production aux religieux au sujet de la construction de la muraille que le sieur abbé de Fourille fait bâtir dans la cour abbatiale.

1678, 19 septembre. — Inventaire de production dudit sieur abbé de Fourille pour le même sujet que dessus.

1678. — Conclusion de M. le procureur du roy de Châlons, contre ledit sieur abbé de Fourille, et dit qu'il y a lieu de faire deffense audit sieur abbé de continuer la construction de la muraille, jusqu'à ce qu'autrement en soit ordonné par la cour, le tout sans préjudice aux droits des parties au principal, tant en ce qui regarde le droit de propriété, que celui des veües et passages sur la cour contentieuse entre les parties, lesquelles pour cet effet se pourvoyeront à la cour.

1678, 20 octobre. — Sentence de M. le lieutenant général de Châlons, juge commissaire en cette partie, par laquelle, conformément aux conclusions de M. le procureur du roy dans ladite ville de Châlons, cy-devant rapportées, fait deffense audit sieur abbé de continuer la construction de ladite muraille jusqu'à ce qu'autrement par la cour en soit ordonné le tout sans préjudice aux droits des parties, au principal tout en ce qui regarde la propriété, que celui des veües et passage sur la cour contentieuse entre les parties, condamne ledit sieur deffendeur aux dépens de la présente instance, ce qui sera exécuté nonobstant oppositions ou interpellations quelconques sans préjudices d'ycelles.

1678, 28 octobre. — Requête de M. l'abbé de Fourille, adressée à M. le lieutenant général de Châlons, tendante à faire fermer la porte démolie pendant la nuit, pour sûreté de sa maison jusqu'à décision des contestations entre luy et les religieux. Au bas de la requête on lit : Permis ainsy qu'il est requis à charge que les religieux auront la liberté de passer par ladite porte toutes et quantes fois ils en auront besoin.

1678, 31 octobre. — Requête des religieux à M. le lieutenant général de Châlons, *tendante* à avoir une clef de la porte que M. l'abbé de Fourille a fait construire et liberté aux suppliants d'y passer et autre personne, qui ont, ou peuvent avoir affaire à eux, en tous temps à pied, à cheval, char, charette, harnais et autrement. Le décret, au bas de cette requête, est conçu en ces termes : Veü la présente requête, permis aux suppliants d'avoir à leur égard une clef de la porte dont est question sans préjudice aux droits des parties au principal et de la communauté de la cour.

1679, 4 janvier. — Appointement au grand conseil qui reçoit ledit sieur de Fourille, appelant des sentences rendues par le lieutenant général de Châlons, et ordonne que les parties produiront et écriront.

1679, 4 janvier. — Requête des religieux à nosseigneurs du parlement, par laquelle ils demandent à la cour, que ledit sieur abbé de Fourille soit condamné aux frais qu'ils ont faits depuis la prononciation des sentences rendues par M. le lieutenant général de Châlons, les premier avril et deux octobre derniers, jusqu'au jour de l'appel qu'il a interjettée d'icelles, comme frais préjudicieux et aux dépens de l'instance.

Nous avons dit que les dernières pièces de cette procédure fastidieuse ne se trouvent point. On a pu reconnaître facilement de quel côté est le droit.

La postérité jugera, dans les litigieuses affaires qui précèdent, qui avait raison, ou de l'abbé qui tranchait ainsi du vandalisme et de l'envahisseur, ou des religieux qui prétendaient, avec raison, qu'au désir des arrêts et lettres patentes, les deniers provenant de la vente des bois devaient être employés à réparer et non à démolir, ou à ne pas bâtir au détriment des droits des religieux.

Nous avons rapporté qu'un devis, conservé dans les *Archives d'Hautvillers,* nous fait connaître, en l'année 1672, la construction du nouveau cloître et de quelques bâtiments qui existaient encore à l'époque de la Révolution. Le marché conclu alors portait le prix à 6,900 livres et six pièces de vin, il faut y ajouter 3,379 livres 12 sols 6 deniers, somme déboursée pour les plus faits. De tous temps, les devis pour constructions ont toujours été en-deçà de la somme qu'il a fallu débourser pour terminer les travaux commencés ; malheur à ceux qui faisaient bâtir et qui n'avaient pas de réserve en caisse.

A n'envisager que le côté litigieux sur ce qui se passait à l'abbaye d'Hautvillers, entre les religieux et leur abbé commendataire, nous pourrions avoir une assez triste idée de ce monastère. Les religieux opprimés, tout en défendant leurs droits, n'en suivaient pas moins la règle à laquelle ils étaient soumis ; ils défendront leurs intérêts, comme il est permis à tout particulier de le faire, et n'en rendront pas moins célèbre l'abbaye d'Hautvillers, dont bientôt, plus que jamais, les vins renommés iront prendre place à la table de nos rois.

Nous n'en avons donc pas fini avec les procédures de cette époque ; nous avons déjà parlé des difficultés qu'éprouvaient les religieux pour obtenir de leur abbé les fonds nécessaires pour les réparations des lieux réguliers, suivant ce qui en avait été convenu ; nous allons voir ci-après combien cet abbé aimait la chicane et combien il était difficile de vivre en bonne intelligence avec lui. Il était souvent mal renseigné, il est vrai, par son intendant, mais néanmoins toutes les procédures se faisaient en son nom et étaient approuvées par lui.

Procédure instruite tant en la maîtrise de Reims qu'au baillage d'Épernay et au parlement de Paris, entre l'abbé et les religieux d'Hautvillers, au sujet des réparations à faire à la maison et à l'église conventuelle.

1673-1674. — Certificats du greffier au baillage d'Épernay qui attestent qu'il n'y a aucune adjudication faite des réparations de l'abbaye d'Hautvillers et lieux dépendants, l'un est du 28 mars 1673, l'autre du 31 décembre 1674.

1675, 23 avril. — Arrêt sur requête du parlement qui ordonne que commission sera délivrée aux religieux d'Hautvillers, pour faire assigner qui bon leur semblera aux fins de leur requête et leur permet de faire publier au rabais les réparations à faire à leur église, lieux réguliers, fermes et autres bâtiments de ladite abbaye d'Hautvillers.

1675, 4 may. — Signification de l'arrêt précédent, à M. de Fourille, abbé d'Hautvillers.

1675, 20 may. — Opposition dudit abbé de Fourille, à l'exécution du susdit arrêt disant qu'il déduira les raisons de son opposition en temps et lieu.

1675, 22 may. — Signification du même abbé aux religieux qu'il est prêt à faire toutes les réparations nécessaires qu'ils luy seront par eux indiquées.

1675, 28 may. — Sommation et signification faites audit sieur de Fourille, à la requête des religieux, qu'ils entendent et prétendent continuer et poursuivre l'adjudication au rabais, des réparations commencées pardevant M. le lieutenant général d'Épernay.

1675, 28 may. — Adjudication au rabais des susdittes réparations, adjugées à Louis Godard, demeurant à Ville-en-Selve, moyennant la somme de 2,600 livres.

1675, 11 juin. — Arrêt rendu au parlement, qui ordonne que, sans avoir égard à l'opposition, le sieur de Chaumejean de Fourille, suivant ses offres, sera tenu de continuer, incessamment, les réparations des bâtiments, énoncées au procès-verbal du 25 avril 1671, restant à faire jusqu'à concurrence du fond, restant des prix des bois couppés en vertu des lettres patentes du roy, et préalablement celles de l'Église et sans préjudice des droits des parties au principal, luy fait main-levée des bois saisis à la caution du revenu de la manse abbatiale, yceux préalablement estimés par experts qui seront nommés d'office par le lieutenant général d'Épernay, lesquelles réparations il sera tenu de rendre parfaites dans trois mois suivant ses offres, pour après ycelles faites, être le procès de visitte mis entre les mains dudit lieutenant général, pour et en présence de par experts qui seront aussy par luy nommés d'office, être les réparations qui auront été faites, veües et visittées, prisées et estimées, en présence des parties ou elles ducment appelés, et avant faire droit sur le chef, pour le rétablissement prétendu de la chapelle Sainte-Croix (1) qui, par l'archidiacre de Reims, faisant la visitte sur les lieux, il sera dressé procès-verbal de l'état de laditte chapelle pour connaître depuis quel temps on y a fait et cessé de faire le service divin, pour tous les procez-verbaux faits et raportés être ordonné ce que de raison.

Fait en parlement, 10 juin 1675.

1675, 8 juin. — Sommation faite par les religieux audit sieur de Fourille, de se trouver à l'adjudication au rabais des réparations qui sont à faire conformément au procès-verbal qui en a été dressé et déposé au greffe du baillage d'Épernay.

1675, 28 juin. — Autre sommation audit sieur de Fourille, par laquelle lesdits religieux le somment de faire faire les réparations qui restent et qu'ils luy désignent en détail affin qu'il n'en *nignore*, et luy marquant les bois et les autres matériaux nécessaires pour ce faire.

1676, 12 février. — Requête en forme de production, présentée à la cour par les religieux, par laquelle ils demandent

(1) Chapelle attenant à l'abbatiale, démolie par l'abbé de Fourille en 1672.

acte de ce que pour réponse à la requête du sieur abbé de Fourille, du 27 janvier 1676, et deffenses aux conclusions portées en ycelle, ils employent pour moyens les procès-verbaux du 29 avril 1669 et 25 avril 1671, les lettres patentes en suivant, sommation du 23 février 1672 ; publication au rabais des réparations du 28 may 1675 ; l'arrêt du 10 juin en suivant, ce faisant débouter ledit sieur abbé de Fourille de sa requête, avec dépens et ordonner que les arrêts du 3 août 1671 et 10 juin 1675, seront exécutés et suivant iceux. Conformément aux lettres patentes du 5 mars 1671, ordonner que ledit sieur de Fourille sera tenu de faire parachever les réparations urgentes et nécessaires ès lieux de laditte abbaye portées aux procès-verbaux de visittes du 29 avril 1669 et 21 avril 1671, et par préférence celles de l'église de laditte abbaye, conformément aux lettres patentes et permission du 5 mars 1671.

1676, 21 février. — Requête dudit sieur de Fourille, présentée à la cour, servant de réponse à la précédente des religieux, par laquelle il demande être déchargé des réparations auxquelles il doit avoir employé les deniers *provenants* de la vente des bois, et que c'est par pure chicane que lesdits religieux luy suscitent des difficultés à ce sujet, et que s'il y a encore des réparations à faire, il offre de les faire, mais que cela ne doit pas empêcher de luy donner la décharge qu'il demande, etc.

1676, 6 mars. — Requête des religieux par laquelle ils demandent à la cour qu'il lui plaise sans s'arrêter à la requête du sieur abbé de Fourille, et le déboutant d'ycelle leur adjuger, les conclusions par eux prises par leur requête du 12 février et suivant ycelle, ordonner que les arrêts contradictoires du 31 août 1671 et 10 juin 1675 seront exécutés, et ledit sieur abbé tenu de faire faire les réparations de l'église énoncées dans le procès-verbal du 29 avril 1669, et celles depuis survenues, sinon et à faute de ce faire qu'il y sera contrainct par saisie de son revenu et ou la cour ferait difficulté d'y prononcer directement, donner auxdits religieux acte de l'acceptation qu'ils font des offres faites par ledit sieur abbé, par saditte requête du 21 février dernier et suivant icelle ordonner que préalablement descente sera faite par le lieutenant général d'Épernay, juge commis par les susdits arrêts en laditte église abbatiale, et procez-verbal dressé en la présence des parties intéressées, ou duement appelées par expers qui seront par l'un nommé d'office de l'état de laditte église et des réparations à y faire, et estimations être faites de celles que les suppliants y ont fait faire, pour ledit procez fait être rapporté en la cour, et ledit sieur abbé de Fourille être condamné de faire incessamment celles qui se trouveront à faire, et rembourser lesdits religieux des avances qu'ils auront faites, comme aussy pareillement leur donner acte des offres qu'ils font de leur part de rembourser audit sieur abbé, tous les frais qu'il justifiera avoir faits pour laditte descente, en cas que par évènement il ne se trouve aucune réparation à faire en laditte église par le procès-verbal de visitte, même pour assurance d'yceux d'y consigner telle somme qu'il plaira à la cour d'ordonner et le condamner à tous les dépens.

1676. — Appointé, ouy sur ce le procureur général du roy, que la cour ayant aucunement égard à l'opposition, a ordonné et ordonne que ledit sieur de Fourille, suivant ses offres, fera incessamment continuer les réparations ès bastiments, continuer au procès-verbal du 11 avril 1671, et probablement celles de l'église et sans préjudice des droits des parties au principal.

1676, 26 mars. — Saisie faite à la requête des religieux sur les fermiers de M. de Fourille, faute par lui d'avoir fait travailler aux réparations de l'église de l'abbaye suivant l'arrêt de la cour du parlement du 10 juin 1675.

1678, 2 may. — Devis des réparations qui sont à faire à l'église abbatiale en *massonnerie*, charpentes, couverture, vitres, etc.

1678, 4 may. — Requête du sieur abbé de Fourille à nosseigneurs du parlement par laquelle il prétend leur faire connaître qu'il a exécuté les arrêts *concernants* les réparations de son abbaye, et qu'il a employé auxdittes réparations beaucoup plus de deniers qu'il n'en a reçu de la vente des bois, et conclut en ce que mainlevée lui soit donnée des saisies faites à la requête des religieux sur les fermiers de sa mense abbatiale.

1678, 5 may. — Requête des religieux à nosdits seigneurs du parlement, par laquelle ils demandent qu'il plaise à la cour ordonner que les arrêts *concernants* les réparations seront exécutés, en faisant que les réparations de l'église abbatiale seront suffisamment faites, et qu'à cette fin les deniers saisis ès mains des fermiers dudit sieur abbé seront baillés et délivrés aux ouvriers qui travaillent auxdittes réparations jusqu'à la concurrence à laquelle elles pourront monter, etc.

1678, 12 may. — Jugement qui ordonne que dans trois mois le sieur abbé de Fourille, suivant ses offres, fera lesdittes réparations de l'église abbatiale, et, en conséquence, luy fait mainlevée des saisies faites sur les fermiers à la requête desdits religieux.

1678, 25 may. — Signification du jugement précédent, faite auxdits religieux à la requête du sieur abbé de Fourille.

1678, 2 juin. — Procès-verbal de visite faite par le lieutenant général d'Épernay, en vertu du susdit jugement du 12 may 1678, des réparations qui sont à faire à laditte église abbatiale.

1678, 21 juillet. — Requête dudit sieur abbé de Fourille à nosseigneurs du parlement, disant que les réparations sont faites et qu'il en demande la réception.

1678, 22 juillet. — Arrêt qui ordonne au juge commissaire en cette partie de se transporter à Hautvillers pour reconnaître si les réparations par luy marquées en son procez-verbal sont faites, pour ce fait et rapporté être prononcé à l'exemption et décharge dudit sieur abbé de Fourille. Ensemble l'arrêt qui, en conséquence du procès-verbal du lieutenant général d'Épernay, contenant que lesdittes réparations étaient faites en laditte église abbatiale, ordonnent qu'elles demeureront reçues ce faisant à décharge l'abbé purement et simplement de l'*employ* des deniers *provenants* de la vente des bois dont est question, condamne les religieux aux dépens faits depuis le 20 juillet dernier.

1678, 26 juillet. — Requête des religieux à nosseigneurs du parlement, par laquelle ils demandent que visite soit faite et procès-verbal dressé et à eux délivré des réparations qu'ils ont faites à leurs frais, comme urgentes et nécessaires pour leur servir et valoir ce que de raison.

1678, 29 juillet. — Arrêt qui ordonne que visite sera faite

par le lieutenant général d'Épernay, des réparations faites en l'église abbatiale d'Hautvillers.

1678, 15 septembre. — Arrêt et procès-verbal des réparations faites en l'église abbatiale pour parvenir à leur réception, à laquelle réception lesdits religieux se sont opposés, attendu qu'il y en avait encore à faire et ont demandé acte de leur opposition.

1678, 19 novembre. — Signification du procès-verbal de visitte cy-dessus faite, à la requête du sieur de Fourille à M. Gesnest, procureur des religieux au parlement de Paris.

1678, 19 novembre. — Requête dudit sieur abbé de Fourille à nosseigneurs du parlement, par laquelle il expose que toutes les réparations qui étaient à faire à l'église abbatiale sont faites, et conclut à ce qu'il luy en soit donné décharge avec dépens contre les religieux, etc.

1678, 1er décembre. — Arrêt d'appointé rendu en conséquence du procès-verbal du lieutenant général d'Épernay, juge commissaire en cette partie, qui atteste que les réparations de l'église sont faites, pour décharger ledit sieur abbé de Fourille d'icelles et de l'employ des deniers qu'il a faits provenants de la couppe des bois.

1678, 5 décembre. — Production des religieux par laquelle ils disent, pardevant nosseigneurs du parlement, qu'ils n'insisteront pas à ce que les réparations faites par ledit sieur abbé ne demeurent reçûes, et qu'il ne soit déchargé des deniers provenants de la couppe des bois dont est question, mais comme ils ont fait faire des réparations en l'église de laditte abbaye qui étaient urgentes et nécessaires, il est juste et raisonnable de leur en réserver le payement comme pareillement à se pourvoir en temps et lieux, au sujet de ce que, *lambris* et *poutres* de laditte église, sont en très mauvais état, et aussy pour les dépens qu'ils ont fait pour l'obtention de divers arrêts pour obliger ledit sieur abbé à faire lesdittes réparations.

1678, 16 décembre. — Arrêt de réception des réparations dont le prononcé est conçu en ces termes : La cour ouy sur ce, le procureur général du roy en conséquence du procès-verbal du lieutenant d'Épernay, du 15 septembre, contenant que toutes réparations qui étaient à faire par l'abbé en laditte église, et qui avaient été désignées par son procez-verbal du lieutenant d'Épernay, du 2 juin, étaient bien et duement faites, a ordonné, ordonne qu'elles demeureront receües, ce faisant déchargé l'abbé purement et simplement de l'employ des deniers *procédants* de la vente des bois, dont est question, le tout sans préjudice des droits et actions des parties.

Fait au parlement.

1678, 17 décembre. — Rapport passé pardevant notoire à Avenay, fait par Claude et François Les Duplessis, maîtres couvreurs et paveurs, demeurants audit Avenay, lesquels s'étant transportés à Hautvillers à la requête des religieux dudit lieu pour visiter et estimer certaines réparations faites au pavé de leur église estiment lesdittes monter à 300 livres. — Les pièces ultérieures de cette procédure ne se trouvent point.

Celles dont nous venons de parler sont extraites du *Cartulaire d'Hautvillers*, 3ᵉ layette, 9ᵉ liasse, *Procédures*, depuis la page 123 à 138.

Quand on réfléchit sur la manière dont se faisaient ces procédures, on serait tenté de croire que les religieux, aussi bien que l'abbé, en faisaient un jeu. On se demande même comment il pouvait se faire qu'un acte de ces démêlés, daté d'un jour quelconque, était suivi d'un autre contre, soit requête ou assignation, signification, etc., daté du même jour. Il n'y avait cependant pas à cette époque ni chemin de fer, ni télégraphe ; nous nous expliquons néanmoins le rapprochement de la date des pièces des procédures en question : l'abbé avait son procureur qui, probablement lui-même, s'entendait à la chicane ; l'abbé était rarement sur les lieux, son représentant avait plein pouvoir et agissait selon l'esprit de son maître et aussi sans doute d'après son caractère plus ou moins tracassier. Les religieux, de leur côté, avaient aussi leur procureur qui pouvait indubitablement rivaliser de toutes manières avec celui de l'abbé, pourtant, avec plus de bonne foi ; les religieux étaient toujours là pour l'aider à soutenir leurs droits, il est vrai, mais aussi avec autant de déférence et de charité que possible. L'un formait une plainte, ou faisait dresser un acte par un fonctionnaire de la justice, les religieux en étaient prévenus et immédiatement, quelquefois le même jour, répondaient à cet acte par un autre qui faisait valoir leur droit et réclamait contre le premier. On peut dire que, de tout temps, nos tribunaux ont été paperassiers et que des affaires, importantes ou non, languissent quelquefois au grand détriment des intéressés.

Encore un peu de patience et le jour se fera dans ces interminables démêlés. Il ne s'agissait pas seulement de plaider pour la fermeture d'une porte, d'une muraille à élever ou pour des réparations à faire aux bâtiments de l'abbaye, il y avait encore des plaintes à porter sur la manière dont l'abbé faisait abattre ses bois et les arbres qu'il s'appropriait. Aussi voyons-nous une liasse qui a pour titre :

Démêlés entre les religieux de l'abbaye de Saint-Pierre-d'Hautvillers et M. Louis Chaumejean de Fourille, abbé commendataire de ladite abbaye, au sujet de la couppe des bois de l'abbaye et pour dégradations commises par ce dernier dans lesdits bois.

Déjà nous avons vu que, sous le gouvernement de Barthélemy Delbène, les religieux avaient été obligés d'entamer un procès contre cet abbé, représenté par le sieur Macquart de Chaumartin, son receveur, pour dégradations faites dans les bois de l'abbaye (1649). Aujourd'hui, c'est un autre abbé qui ne leur cause pas moins de tracasseries sous ce rapport.

1675, 29 avril. — Arrêt qui *deffend* à M. l'abbé de Fourille de continuer à abattre des chênes et autres arbres, cet arrêt émanait de la table de marbre de Paris (1).

1675, 24 may. — Signification faite du précédent arrêt audit sieur abbé à la requête desdits religieux, ces derniers déclarant audit sieur abbé qu'il y a présentement 480 chênes marqués tant pour luy que pour eux dans la contrée du bois de Bœuf, desquels il peut prendre les deux tiers pour les employer à ce qu'il trouvera bon, offrant d'en faire le partage.

---

(1) Grande table, réellement de marbre, autour de laquelle se tenaient les trois tribunaux de la connétablie, de l'amirauté et des eaux et forêts. Quoique détruite par le grand incendie du palais de justice, en 1618, les tribunaux qui siégeaient à l'entour d'une autre table en bois n'en conservèrent pas moins, jusqu'en 1790, le nom de *table de marbre* : Arrêt de la table de marbre, sentence de la table de marbre; c'est ainsi qu'on intitulait les décisions qui en sortaient.

1675, 24 may. — Signification faite à la requête dudit messire Louis de Chaumejean de Fourille aux religieux d'Hautvillers, qu'il n'entend et ne veut continuer à faire *abbattre* des arbres dans les bois dépendants de laditte abbaye, en conséquence de la signification à luy faite du susdit arrêt auquel il veut obéir et qu'il a fait cesser l'*abbat* desdits arbres.

1675, 25 may. — Procès-verbal, saisie et établissement de commissaires sur des bois abattus, par ledit sieur abbé de Fourille, en vertu de l'arrêt cy-dessus, par Joffrin, sergent royal au baillage d'Épernay, lequel s'étant transporté à la requête desdits religieux dans les bois dépendants de laditte abbaye, situés au-dessus de Cormoyeux et de Romery, contrée des Lhuys, aurait trouvé en un endroit 18 chênes *abbatus*, et en un autre 29 chesnes aussy abbatus, de la longueur depuis vingt jusqu'à trente pieds ou environ. De là ledit Joffrin se serait transporté devant la porte de laditte abbaye où il aurait encore trouvé la quantité de huit arbres, chesnes ébranchés, le tout montant à 55 chesnes qu'il a saisis et auquel il a établi commissaire.

1675, 28 may. — Acte de plainte formée par Barthélemy Gaudron, commissaire établi à la garde des susdits chesnes abbatus, de ce que au préjudice de la susditte saisie et commission le sieur de Fourille les faisait exploiter et enlever.

1675, 26 juin. — Signification faite à la requête des religieux d'Hautvillers audit sieur de Fourille, par laquelle ils protestent que l'appréciation faite des susdits arbres, ne pourra leur préjudicier et que pour en faire voir la lésion, ils offrent consigner entre les mains d'un notable bourgeois de la ville de Reims ou d'Épernay, la somme de 400 livres en leur abandonnant un tiers desdits chesnes sauf à continuer l'instance contre ledit sieur abbé au sujet de ses entreprises.

1675, 3 juillet. — Acte d'emprisonnement de Remy Courtot l'aisné et Courtot son fils, bucherons, demeurants à Romery, pour avoir été trouvés *abbattants* des chesnes dans les bois de Lhuys par ordre de M. de Fourille, au préjudice de l'arrêt du 29 avril 1675.

1675, 2 septembre. — Requête des religieux d'Hautvillers adressée à nosseigneurs de la chambre des vacations, par laquelle ils demandent qu'il soit informé contre ledit sieur de

Fourille, pour dégradations faites par luy ou par son ordre dans les bois dépendants de l'abbaye d'Hautvillers. — Suit au bas de la requête le décret ainsy conçu :

« Veü l'arrêt du conseil privé du roy du 2 du présent mois de septembre 1675 et autres pièces cy attachées, je *réquiert* pour le roy être ordonné que les informations qui sont aux greffes de la table de marbre, seront rapportées au greffe de la cour à ce faire, le greffier contrainct par corps et que les informations commencées par le juge cy-devant commis, seront par luy continuées pour ce fait, et lesdittes informations rapportées, et à moy communiquées prendre sur icelles telles conclusions que de raison. Cependant deffenses être faites à toutes personnes de continuer la couppe desdits bois et en cas de contravention permis aux suppliants de faire emprisonner les contrevenants.

« Signé : PARMENTIER, *substitut.* »

1678, 18 mars. — Requête des religieux d'Hautvillers à nosseigneurs du parlement, se plaignant que le sieur abbé de Fourille au préjudice des arrêts, des règlements et ordonnances des eaux et forêts, des deffenses à luy faites par plusieurs arrêts même contradictoires avec luy et de son *authorithé* privée, il a fait et continue de faire *abbattre* une grande quantité de chesnes dans les bois dépendants de ladite abbaye d'Hautvillers, et concluent à ce qu'il luy soit fait de nouvelles deffenses et le condamner à 1,000 livres d'amendes suivant les ordonnances.

1678, 13 août. — Procès-verbal de visitte et de la quantité et qualité de chesnes *abbatus* par l'ordre de M. l'abbé de Fourille, contre les arrêts sans *permissions* et de son authorité privée.

1678, 25 octobre. — Commission de la table de marbre, accordée aux religieux d'Hautvillers, pour y faire assigner le sieur Louis de Chaumejean de Fourille, leur abbé, suivant leur requête, par laquelle ils disent et exposent à MM. les juges en dernier ressort de ladite table de marbre, que la forêt dépendante de l'abbaye d'Hautvillers était remplie, en 1639, de bois de haute futaie, en sorte qu'il ne se trouvait point de taillis propre à faire du bois de chauffage pour l'usage des abbés et religieux de laditte abbaye; il aurait ordonné, par arrêt des mêmes juges en dernier ressort de la table de marbre, que lesdits abbé et religieux prendraient annuellement, pour leur chauffage, quatre arbres rabougris et des moins valides, en chacun arpent de laditte forêt, dans le triage dit des Lhuys, proche laditte abbaye, et comme partie d'icelle a été mise en réserve par ordonnance du 3 novembre 1664, et que d'ailleurs ledit triage aurait été trop endommagé si la couppe desdits quatre arbres y eut été continuée, il aurait été ordonné, par le même règlement, que lesdits quatre arbres seraient pris dans la couppe ordinaire de 20 arpents, d'un autre triage dit le Bois-de-Bœuf, et parce que ledit bois est distant de deux lieues, il aurait été permis, auxdits abbé et religieux, de vendre lesdits arbres, à condition que les deniers en provenant seraient employés à l'achapt d'autres bois pour le chauffage desdits abbé et religieux, en conséquence desquels arrêts lesdits abbé et religieux auraient fait abbattre annuellement lesdits arbres dans ledit triage de Bœuf, et, comme ledit triage n'est que d'environ 160 arpents, il se trouve si dénué d'arbres de haute futaie qu'à peine y reste-t-il la quantité d'arbres de réserve requise par les ordonnances, en sorte que si la couppe desdits arbres y est continuée, il se trouverait entièrement *dégradé*, ce que les exposants ont intérêt de prévenir, ayant le tiers dans laditte forêt, pourquoi commission a été délibérée pour faire assigner ledit sieur abbé, pour voir être dit que deffenses lui seront faites de continuer laditte couppe de 240 chesnes, à raison de quatre par arpents pour son prétendu chauffage, au lieu desquels il prendra les bois provenants de la couppe des taillis ordinaires pour son chauffage, et se voir condamné à employer les sommes par luy touchées de la vente desdits 240 chesnes, en fond, au profit de laditte abbaye, par faute de les avoir employé à achepter d'autres bois pour le chauffage, au désir du règlement.

1678, 4 novembre. — Procès-verbal de la quantité de chesnes *abbatus*, par ledit sieur abbé dans les bois d'Hautvillers, sans permission.

Ces démêlés furent terminés, avons-nous dit ailleurs, par une transaction datée du 28 mars 1681 ; il en fut de même pour une autre affaire, suscitée en 1678 par les religieux d'Hautvillers contre un certain François Gilbert, forestier de l'abbé, pour délits commis dans les bois.

Il fallait, décidément, au sieur abbé de Fourille, un sujet de plaidoirie avec les religieux d'Hautvillers, pour satisfaire son humeur tracassière. Il s'agit, maintenant, d'une affaire toute autre que celles dont nous venons de nous occuper. A partir de 1672 jusqu'en 1680, Louis de Fourille suscita diverses tracasseries aux titulaires des offices et bénéfices claustraux dépendant de son abbaye. On a même conservé diverses notes écrites de sa main à ce sujet; il y prétend, entre autres choses, que ces bénéficiers soient obligés de se rendre dans l'abbaye pour y faire leur résidence, à faute de quoy lesdits offices déclarés vacants, que défense leur soit faite de résigner sans sa participation, qu'en cas de mort d'un des officiers et bénéficiers, lesdits religieux soient tenus de l'avertir du jour et heure de sa mort, et qu'ils ne puissent envoyer en cour de Rome avant luy en avoir donné advis, sous peine de nullité des provisions obtenues. On ne voit pas que ces prétentions aient abouti à quelque chose de positif.

Extrait des diverses pièces de procédure touchant les offices claustraux et leurs titulaires.

1672, 11 janvier. — Sommation faite à la requête du sieur abbé Louis de Chaumejean de Fourille, aux religieux d'Hautvillers, à ce qu'ils aient à lui déclarer par nom et surnom et résidence, tous et chacuns des titulaires pourvus et nommés aux offices et bénéfices claustraux de l'abbaye de Saint-Pierre-d'Hautvillers, comme l'aumônerie, trésorerie, pitancerie, prieuré de Saint-Nivard, chapelle de Saint-Jean de Cumières et tous autres.

1672, 15 janvier. — Continuation des sommations sur le même sujet faites auxdits religieux, avec menace de la part du sieur abbé de se pourvoir au grand conseil du même jour que dessus.

1672, 19 janvier. — Autre sommation auxdits religieux sur le même fait, faite à la requête du sieur abbé susdit, par Claude Cohan, sergent royal à Épernay, signé Macquart, pour ledit sieur abbé, comme porteur de sa procuration ; au bas de cette sommation est la réponse de dom Pierre Pérignon, procureur desdits religieux, qui dit avoir apparence de surprise dans la sommation présentée au nom de messire Louis de Chaumejean de Fourille, attendu qu'elle n'était pas signée de luy et qu'il n'y paraissait pas de procuration dont celuy qui a signé se vantait, et quand on luy ferait sommation au nom dudit sieur abbé, il verrait ce qu'il aurait à répondre.

1672, 31 octobre. — Acte reçu par Husson, nottoire royal à Hautvillers, et dont copie a été laissée à dom Philibert Boulanger, prieur d'Hautvillers, présent témoins, par lequel le sieur abbé Louis de Chaumejean de Fourille, le somme de faire venir dans un mois tous les religieux pourvus des offices et bénéfices claustraux dans son monastère, pour y faire leur résidence.

1672, 5 novembre. — Nouvel acte passé pardevant le même notaire, par lequel ledit sieur abbé renouvelle toutes ses sommations.

1679. — Projet de lettres de recision pour le sieur abbé de Fourille, contre une quantité d'articles finis et par luy signés, dans lequel, après en avoir fait comme il en a jugé à propos, se trouve un exposé de toutes les difficultés, procès et prétendues chicanes et entreprise des religieux sur ses droits. Il insiste à ce qu'il leur soit ordonné de luy déclarer, par nom et surnom, les officiers et bénéficiers claustraux dépendant de son abbaye, avec obligation de se rendre, dans deux mois, dans laditte abbaye, pour y faire leur résidence, à faute de quoy lesdits offices déclarés vacants, que deffense leur soit faite de résigner, sans sa participation, etc., comme déjà il avait fait en 1672, dans la première sommation..... En outre, il ajoute : à ce que lesdits religieux soient condamnés à rétablir une muraille d'un clos appartenant à l'office de l'aumônerie, qu'ils ont fait abattre pour se l'approprier, et rendre le chemin contigu à leur clôture, avec défense de faire aucun chemin dans ledit clos et aux dépens.

On ne voit pas que ce projet ait eu aucun effet, puisque toutes les choses susdites sont demeurées dans le même état qu'auparavant, cependant ledit sieur abbé a obtenu commission de faire assigner lesdits religieux à la cour, sur les différents objets mentionnés ci-dessus, notamment pour les offices claustraux, 20 octobre 1680.

1680, 29 novembre. — Assignation donnée aux religieux, à

la requête du sieur abbé, en vertu de la susditte commission, à comparoir devant nosseigneurs du parlement.

Sans date. — Mémoire écrit de la propre main de M. l'abbé de Fourille. Il y a dans l'abbaye d'Hautvillers quatre offices claustraux, sçavoir : l'office d'aumônier, thrésorier, pitancier et infirmier, sous le nom de maladrie ; il y a encore un prieuré de Saint-Nivard et la chapelle de Saint-Jean de Cumières ; ces bénéfices sont possédés par des religieux qui ne résident jamais dans laditte abbaye. Les religieux, par le procureur de laditte abbaye, jouissent des revenus desdits bénéfices ; si dans quelque temps l'abbé apprenait la vacance desdits bénéfices, il chargerait quelqu'un d'entamer plusieurs procez, et l'on ne pourrait pas sçavoir à qui appartiendroit de nommer audit bénéfice. Si M. l'abbé de Fourille qui a droit de nomination sur lesdits bénéfices, il a grand intérêt d'empêcher cet abus..... Les religieux, depuis quelques années, ont démoli une maison avec toutes ses commodités, qui appartenait à l'aumônerie, de laquelle maison il ne reste ni marque ni vestige, et, depuis quelques mois, ils ont abbattu une muraille qui fermait un beau et grand clos qui appartenait audit aumônier, dans lequel il y avait un verger et une vigne, et au lieu de la vigne et du verger ils y ont fait passer deux grands chemins (1). Le sieur abbé de Fourille, comme collateur, demande le rétablissement des choses démolies, à la conservation desquelles il doit veiller..... De plus, il y avait derrière la maison du thrésorier, qui tombe en ruine, un jardin que les religieux ont enfermé dans leur enclos. L'abbé de Fourille demande que les religieux, qui possèdent lesdits bénéfices, ayent à lui donner un dénombrement de tous les revenus desdits bénéficiers, pour être insinués aux greffes de l'officialité de Reims. Il rappelle que les religieux de la congrégation de Saint-Vannes font une espèce de quatrième vœu de ne posséder jamais aucun bénéfice sans le consentement de leurs supérieurs, de les résigner toutes les fois qu'ils leur

---

(1) Un de ces chemins est celui qui part de la porte du monastère allant droit à la route de Fismes. Autrefois, il allait de cette porte, en biais, vers le derrière du village, à la porte actuelle d'entrée du clos de M. Jules Simon, traversant le cimetière de la paroisse. La maison de l'aumône ou hôpital, démolie en 1653 par suite de vétusté, a été rebâtie avec le secours de dons généreux, pour l'hébergement des pèlerins et pour servir d'hôpital aux malades. Nous en ferons mention expresse.

commanderont et ne les peuvent résigner sans le consentement de leur supérieur. L'abbé de Fourille demande un règlement conforme à la demande qu'il a faite par l'exploit qu'il a fait donner auxdits religieux.

Nous ne savons ce qu'il est advenu de toutes ces difficultés, qui étaient loin d'amener une entente désirable entre l'abbé et les religieux, toujours en proie à toutes sortes de vexations.

Nous avons déjà dit un mot des offices claustraux, nous avons même donné des notions générales sur ces mêmes offices, et nous nous sommes particulièrement étendus sur la fondation de l'aumônerie, sur ses charges, ses revenus, ses droits qui, notamment, s'exerçaient à Champillon ; aujourd'hui, M. l'abbé de Fourille, par ses plaintes, nous amène à dire quelque chose sur la trésorerie, l'infirmerie, la pitancerie, le prieuré de Saint-Nivard, etc.

DE LA TRÉSORERIE

Origine, biens et revenus de la trésorerie.

On ne trouve rien de positif sur l'origine de cet office en l'abbaye d'Hautvillers et son érection en titre bénéficial. Nous ne pouvons donc que renvoyer aux réflexions générales que nous avons consignées en un article sur les offices claustraux. Les immeubles affectés à l'office du trésorier étaient, à Hautvillers :

1º Un local compris dans l'enceinte du monastère et vulgairement dit « maison du trésorier. » *(Inventaire du Cartulaire, 3º layette, pages 7, 8 à 39.)* (1)

2º Le moulin d'Écoute-s'il-Pleut, situé sur le terroir de Cormoyeux.

3º Sept arpents et neuf verges de vigne en cinq pièces ;

La maison du Trésorier était attenante à la maison dite de la Croix-de-Fer. Le trésorier l'habitait rarement ; nous trouvons parmi les différents baux de cette maison qu'en 1668 elle était louée à un nommé Giltat 55 livres avec la réserve d'une place pour faire une partie des lessives de l'abbaye (Notaire Husson). En 1740 elle fut louée à Jean François Delamotte de Sorbon, bourgeois ; il est dit : maison située près de la croix de fer. Aujourd'hui maison appartenant à MM. Simon, maire, et Michel. Le jardin se trouvait derrière.

cinq arpents et soixante et onze verges de pré en deux pièces.

4° Un jardin qui se trouvait derrière le logement du trésorier, joignant le cimetière, qui fut par la suite réuni à l'enclos des religieux, ce que nous avons vu précédemment.

Un état des revenus du monastère, dressé lors de l'introduction de la réforme, porte à la somme de 800 livres le total des revenus de la trésorerie. Ajoutons que le trésorier d'Hautvillers percevait toutes les grosses dîmes de la paroisse de Vuiry (Oiry) et la moitié des menues. Un autre état, contenant cueilleret, copie des baux des biens dépendant de la trésorerie, depuis 1650 jusqu'en 1659, se trouve aux *Archives nationales*, $Q_{\frac{1}{1}}$, 675.

Charges de la trésorerie.

En qualité de décimateur de Vuiry, le titulaire de la trésorerie devait au curé du lieu onze grands setiers de seigle et huit boisseaux de blé à la mesure d'Épernay, et dix livres tournois, en compensation des novales. De plus, il était tenu d'entretenir la toiture de la nef et de fournir le missel quand besoin était.

Nous avons seulement retrouvé quelques noms des titulaires de la trésorerie, et dont il a été souvent question dans cet ouvrage.

1503. — Dom Jean Royer, plus tard abbé du monastère.
1537. — Dom François Drouin.
1565. — Dom Nicolas Desabets.
1616. — Dom Gille Fournier, démissionnaire de la chapelle de Cumières.
1620. — Dom Nicolas Dudré.
1633. — Dom Georges Dolivet, précédemment chapelain de Cumières.
1634. — Dom Mathieu Sandofort, aussi prieur du monastère.
1656. — Dom Guillaume.
1680. — Dom Anselme Desborde.
1707. — Dom Placide Aubry.
1746. — Dom Champagne.

DE L'INFIRMERIE

L'existence de cet office dans l'abbaye d'Hautvillers ne nous est signalée que par un acte du nécrologe. Il imposait à ce titulaire l'obligation de payer à dîner à tous les frères, au curé d'Hautvillers et à son maître d'école, le jour de Saint-Marc.

La place du curé, au banquet, était la dernière, même après les novices. L'office de l'infirmerie, à Hautvillers, portait le titre de *Maladrerie*, parce que les terres de ce lieudit appartenaient à l'office de l'infirmerie.

On trouve, aux *Archives nationales*, Q — 675, deux extraits du terroir d'Hautvillers.

Item, une liasse de 1550, des biens appartenant à l'office de l'infirmerie d'Hautvillers.

Item, un registre général, Q ¼ — 676, de tous les biens et héritages, rentes et revenus, dépendant de l'office de l'infirmerie de l'abbaye d'Hautvillers, de 1651 à 1722. Dom Vincent Falou, infirmier. Nous n'y avons rien trouvé de remarquable, propre à être consigné dans notre histoire.

DE LA PITANCE

Cet office claustral fut établi, à Hautvillers, en 1076, sous le gouvernement de l'abbé Josselin, et certains revenus furent affectés alors à sa destination. Entre autres fonds assignés à la pitancerie, on peut notamment indiquer :

1° Les dîmes de Villeneuve-les-Vertus et d'autres immeubles situés sur la même paroisse.

2° Un vaste bâtiment situé à Hautvillers et vulgairement dit encore aujourd'hui la *Pitance*, avec les jardins qui y sont affectés.

3° Environ neuf arpents de vignes.

4° Treize arpents de terres arables.

5° Onze arpents et demi de prés. Parmi ces prés, il y en avait deux qu'on désignait sous le nom de *Pré-du-Souper* et *Pré-des-Pauvres*.

6° Une maison sise à Reims, en la rue du Tonnelet. La cense

d'Escry ou Asfeld, dont nous avons parlé, qui contenait 60 jours tant terres que prés, vignes, bois.

On trouve, aux *Archives nationales,* Q ₁¹, 676, le dénombrement des rentes de la manse conventuelle ou pitance de l'abbaye d'Hautvillers, depuis l'année 1641 à 1646. On y comprend les rentes des offices de trésorerie, d'ausmonerie et du prioré de Saint-Nivard.

A cause des guerres de 1650 et suivantes, et même un peu avant, on ne peut faire voir de comptes d'administration pour les biens, soit du petit couvent, soit des offices claustraux, et des trois que l'on a depuis 1647 jusqu'en 1659, il n'y a que celui de 1655 qui soit signé d'un seul. (D. P. 51 feuilles, note des *Archives nationales.)*

Puisque nous en sommes sur les offices claustraux, le lecteur nous permettra une petite digression, c'est-à-dire que nous nous écarterons de notre sujet principal, pour parler des prieurés ; ce sera une suite à la notion que nous avons donnée sur ces mêmes offices.

Notions générales sur les prieurés.

Généralement, on peut croire que tous les bénéfices, ayant titre de prieurés, durent leur origine, au moins quant à la dénomination, à la conventualité des moines. A cette époque de foi vive et agissante, où les pieuses libéralités des fidèles faisaient affluer les richesses au sein des monastères, ces derniers déléguaient, surtout dans leurs domaines éloignés, quelques religieux dont la mission était d'en régir le temporel et d'y célébrer l'office divin dans une chapelle domestique. C'étaient comme de petits monastères coloniaux, placés sous les auspices et dans la dépendance d'autres monastères plus grands. Ces monastères colonies, qu'on n'appela plus que prieurés, du nom des prieurs, *prior*, en latin, *prior quasi primus inter alios*, qui les gouvernaient, se convertirent par la suite en titre de bénéfices.

Dans l'origine, la collation des prieurés était, comme celle des offices claustraux, dans les attributions de l'abbé du monastère dont ils dépendaient. Les titulaires étaient donc primitivement révocables, *ad nutum ;* mais avec le titre de bénéfice vint aussi l'irrévocabilité ou nomination à vie. Disons, néanmoins, que la collation des prieurés n'était pas uniformément et partout dévolue aux abbés. Dans certains monastères, c'étaient les religieux qui nommaient aux prieurés, ce qui avait lieu quand ces bénéfices avaient été formés des biens de leur mense.

Nous diviserons sommairement les prieurés en réguliers et séculiers.

Les prieurés séculiers étaient ceux qui avaient des séculiers pour titulaires ; ces derniers n'étaient pas tenus à résidence, et on ne leur imposait d'autre condition que d'être tonsurés et de lire le bréviaire, à moins qu'il n'y eût charge d'âmes attachée au prieuré, qui dès lors était dit : *prioratus cum cura*, ou prieuré double, par opposition aux autres dits prieurés simples. Tel était, au XVIIe siècle, le prieuré de Semuy, dépendant de l'abbaye d'Hautvillers, et dont nous parlerons plus loin.

Les prieurés réguliers étaient ceux qui avaient des réguliers pour titulaires; tel était le prieuré de Saint-Nivard. Les prieurés réguliers se divisaient en prieurés conventuels ou doubles, ou en prieurés non conventuels, simples ou sociaux. Les premiers prieurés conventuels ou doubles étaient ceux qui donnaient au prieur la supériorité sur les religieux qui se trouvaient dans le monastère, soit abbaye, soit prieuré seulement. Les titulaires de ces prieurés devaient être prêtres, parce qu'ils étaient astreints à certains offices que de simples clercs n'auraient pu remplir. Parmi les prieurés réguliers, ceux qu'on appelait claustraux avaient l'autorité temporelle et spirituelle dans le cloître; ils ne dépendaient pas de l'abbé et ne différaient des abbés réguliers que de nom. Toutefois, ces prieurs claustraux rendaient compte tous les ans du revenu de l'abbaye, sur lequel revenu ils prélevaient les sommes nécessaires pour l'entretien tant du personnel que du matériel du monastère. Il n'en était pas de même des prieurs réguliers, dits strictement conventuels : ils étaient sous les ordres de l'abbé. Les prieurés réguliers, non conventuels ou simples, étaient ceux que des séculiers tenaient en commende, quand il y avait conventualité actuelle dans le lieu du prieuré, et sans commende quand depuis longtemps il n'y avait plus de conventualité, ce qu'on appelait prieuré conventuel *habitu*.

Nous pouvons faire ici mention de ces prieurs qui percevaient les dîmes d'une paroisse sans la desservir, et qu'on appelait prieurs décimateurs ; on doit la comprendre dans la classe des prieurs réguliers, non conventuels et simples, dont nous avons parlé, et qui, en établissant des vicaires dans les paroisses avec une portion congrue, jouissaient des revenus de la cure. L'origine de ces prieurs est la même que celle des prieurs curés. Après qu'on eut obligé les moines à rentrer dans leurs cloîtres, ces moines gardèrent le bien, c'est-à-dire la dîme des paroisses, avec titre de prieur, curé primitif. Tel était le prieur de Saint-Remi, dont nous allons parler. La collation de ce prieuré appartenait à l'abbé d'Hautvillers. C'est pourquoi il ne nous intéresse que davantage.

Prieuré de Saint-Remi-sous-Barbaise.

(Barbaise, village du département de l'Aube, à deux lieues nord-est de Nogent-sur-Seine, canton de Villenauxe.)

Le prieuré de Saint-Remi se trouvait dans le diocèse de Troyes, à quatre lieues et demie de cette ville, et à une lieue d'Arcis-sur-Aube, baillage de Troyes, généralité de Champagne. Ayant retrouvé, dans une des liasses qui nous restent de l'abbaye d'Hautvillers, les éléments d'une notice sur ce prieuré, bénéfice dont la collation, avons-nous dit, appartenait à l'abbé du monastère, nous avons cru devoir lui consacrer ici quelques lignes. Les curieux détails de sa fondation pourront intéresser le lecteur.

Fondation du prieuré de Saint-Remi.

Tout d'abord, nous dirons que, vu l'absence de documents positifs et authentiques, on ne sait à quelle époque fixer l'origine de Saint-Remi-sous-Barbaise. Quoi qu'il en soit des chroniqueurs, il aurait été fondé par une dame de la maison de Luxembourg, qui portait le titre de duchesse de Ramerup, chef-lieu de canton du département de l'Aube. Authentique ou non, voici comment on raconte le fait : « Par suite de certaines impressions violentes et pénibles qui avaient révolutionné son tempérament, la dame précitée était sujette à des attaques de frénésie qui la livraient en proie à d'effrayantes convulsions. Vainement essaya-t-elle de tous les remèdes humains pour s'arracher à une aussi affreuse maladie; tout fut inutile. Délaissée de la terre, elle s'adressa au Ciel ; ayant enfin obtenu sa guérison par l'intercession de sainte Berthe, fondatrice et première abbesse d'Avenay, elle vint à Saint-Remi, hameau dépendant de son duché de Ramerupt et y édifia une chapelle sous le vocable de la bienheureuse veuve de saint Gombert, c'est-à-dire sainte Berthe. Cette chapelle n'existe plus depuis longues années. D'après une note retrouvée dans les mêmes *Archives d'Hautvillers*, à Reims, cette chapelle avait environ six mètres de long, sur une largeur de trois. Sa couverture, au moins dans les derniers temps, était en chaume ; pour les quatre murailles, ce n'était que du bois et du mortier. La position de cette chapelle, au milieu d'un terrain marécageux et souvent couvert d'eau, dut sans doute altérer fréquemment une aussi chétive construction, et nécessiter des réparations onéreuses. Aussi, finit-on, dans la suite, par la laisser tomber en ruines. Dès le commencement du xviiie siècle, cette chapelle n'offrait plus que quelques débris informes envahis par les ronces et d'autres plantes parasites. Dès que l'abandon de cette chapelle fut résolu, la statue de sainte Berthe, qui s'y trouvait, a dû être transportée dans l'église paroissiale de Saint-Remi, et fut placée dans la nef. »

Nous avons maintenant à relater une cérémonie bizarre qui, en vertu d'une clause expresse de l'acte de fondation, se pratiquait annuellement à Ramerupt et à Saint-Remi. Elle avait pour but de perpétuer le souvenir de la maladie dont la fondatrice avait obtenu guérison. Voici comment s'exécutait cette scène burlesque :

« Chaque année, le premier jour du mois de mai, un groupe nombreux de jeunes gens, pourvus d'armes, se rendaient de Ramerupt à Saint-Remi, pour y planter un mai; c'était tout simplement un arbre vert coupé dans le voisinage et qu'on replantait après l'avoir orné de quelques rubans. Pendant cette opération, celui des jeunes gens qu'on savait être le plus habile pantomime montait sur un chariot en guise de théâtre, et là contrefaisait de son mieux les grimaces et contorsions d'un frénétique, jetant à droite, à gauche, des pierres, de la terre, en un mot tout ce qui tombait sous sa main. Il imitait le plus possible les contorsions de la duchesse. Parfois, bien que cet article ne fût pas dans le programme obligé de ses gesticulations, il arrivait à un acteur inexpérimenté de faire de trop réelles culbutes, mais cet incident ne faisait que rendre le spectacle plus piquant d'ironie et de bons mots. Au milieu de tous ces actes de pantomime, qui avaient pour témoins, comme on le pense, tous les habitants du village sans exception, le héros tenait à la main un vase de terre contre lequel chacun des jeunes gens lançait à l'envi des bâtons et autres projectiles de rencontre. La fracture du vase mettait fin à cette diabolique représentation. Ajoutons que, pour compléter le tableau, digne en tous points des imaginations du Moyen-Age, que les jeunes gens ainsi occupés devaient avoir en leur compagnie quatre-vingt-dix-neuf chiens recrutés où bon leur semblait. Ce ne devait pas être la partie la moins bruyante de la société, et facilement on conçoit que, pour peu que leur humeur les portât à se mêler au spectacle, chose très raisonnable, la bagarre ne pouvait manquer que d'être au grand complet. Après cet exercice, passablement stimulant, l'on passait à un second, naturellement appelé par les labeurs du premier, et encore mieux accueilli : c'était de se réconforter le mieux possible ; la fondatrice y avait généreusement pourvu. Chaque année, à pareil jour, le prieur de Saint-Remi, ou du moins, à sa place, son fermier, était tenu de fournir aux jeunes gens une très grosse miche de pain et un bélier de trois ans avec laine, cornes, et vivant. Aux termes du naïf chroniqueur, à qui nous devons ces détails, le bélier devait être avec sa laine et vivant ; par-là, on pouvait juger de sa qualité et le festin n'en était que plus joyeux.

« Laissons donc nos jeunes gens joyeusement occupés à dépecer leur bête pour songer aux compagnons de leur tumultueux divertissement ; je veux parler des chiens. La fondatrice ne les avait pas oubliés, et la fin de la cérémonie leur assurait un seau de lait caillé, par manière de rafraîchissement. Il est probable que ce seau de lait, quelque grand qu'il fût, n'était considéré que comme entremet. Que serait devenue une meute de quatre-vingt-dix-neuf chiens, si elle n'avait eu qu'un simple breuvage dans une fête semblable. »

Au récit du chroniqueur, un article de la fondation portait formellement que, le cas échéant, où les jeunes gens de Ramerupt passeraient une seule année sans accomplir la cérémonie, non-seulement il ne leur serait dû pour cette cérémonie ni miche, ni bélier, mais que par le fait même la cérémonie serait considérée comme abolie sans retour pour l'avenir. « Aussi, écrivait, en 1761, le curé de Ramerupt, dans une note que nous avons trouvée, les jeunes gens n'y manquent-ils jamais, qu'il pleuve, qu'il vente, qu'il tonne. »

Avant de faire aucune réflexion générale sur cette bizarre coutume, disons que la dernière condition expresse dans l'acte de fondation, par la dame fondatrice, quelque pieuse qu'ait été son intention pour le reste de sa donation, prouvait que la malade n'avait pas dû être parfaitement guérie; autrefois, et notamment à l'époque que nous venons de citer (1761), on pensait assez communément que cette burlesque cérémonie était un hommage dû au prieur de Saint-Remi, et que le gagnage de Magnil-la-Comtesse était un fief où jadis s'élevait un château seigneurial. Telle était, en particulier, l'opinion du curé de Ramerupt, déjà cité. Par le fait, plus d'un seigneur du Moyen-Age imposa, en forme d'hommage à ses vassaux, des pratiques encore plus burlesques; cependant nous ne croyons pouvoir adopter ce sentiment et en voici la raison toute simple : c'est que, si la cérémonie détaillée eût été, dans l'esprit de la fondatrice, établie comme un hommage de vassalité, elle en eût fait une obligation perpétuelle imprescriptible, bien loin d'en dispenser pour toujours par la raison qu'on y eût manqué une seule fois. *(Archives de Reims.)*

Du prieur de Saint-Remi.

Déjà nous avons vu que le prieuré de Saint-Remi était à la collation de l'abbé d'Hautvillers, c'est-à-dire que c'est lui qui y nommait; en 1763, le titulaire de ce prieuré était dom André Bourgeois, religieux du monastère d'Hautvillers; le document que nous avons sous les yeux nous apprend que son prédécesseur se nommait Ravinaux. Une fois pourvu de ce bénéfice, le prieur en prenait solennellement possession dans la chapelle de Sainte-Berthe; cet usage se continua autant que faire se put, même après que cette chapelle fut tombée en ruines et eut totalement disparu. Le prieur nommé se rendait en cérémonie sur la place qu'avait occupée la chapelle, et là écartait les herbages qu'en recouvraient les débris; il prenait possession en touchant de la main quelques-unes des pierres qui avaient servi de soutbassement à l'édifice. Cet usage devait avoir tout ensemble quelque chose de pittoresque et de saisissant; il exhalait comme le parfum de cette vénération que l'on devrait avoir pour l'antiquité. A vrai dire, néanmoins, on agissait envers cette chapelle comme bien des fois on agit à l'égard des grands hommes, après les avoir laissé périr sous le poids de la misère ou de la calomnie; on vénérait leurs tombeaux et leurs restes, c'était beaucoup moins onéreux. C'est-à-dire qu'il est regrettable que des anciens monuments, auxquels souvent s'attache une origine pieuse, ne soient pas conservés avec des sentiments de la même piété qui les a élevés.

Le prieur était curé primitif de Saint-Remi; les raisons qu'on peut en donner se tirent d'abord du simple titre de vicaire perpétuel que prenait le curé du lieu, et ensuite du casuel qui était rétribué par l'admodiateur du prieuré, pour célébrer en sa paroisse les quatre jours notaux, en la place du titulaire, rétribution dont l'admodiateur ne manquait jamais de tirer quittance dudit vicaire perpétuel.

Revenus du prieuré.

Parmi les revenus du prieuré figurait, en première ligne, la dîme du village de Saint-Remi; elle appartenait au prieur, en sa qualité de curé primitif. De plus, il avait les revenus :

1° D'un gagnage situé dans le terroir du même hameau, d'une contenance de trente arpents et rapportant, année commune, quarante livres.

2° D'un autre gagnage appelé le Grand-Champ-Malan, et situé sur le terroir de Magnil-la-Comtesse ou Mesnil-la-Comtesse; il était d'une contenance de trois cent soixante arpents, primitivement; mais, déjà en 1761, un prieur en avait aliéné trente.

3° De la dîme d'une certaine contrée, située partie sur le finage de Saint-Martin, partie sur celui de Saint-Remi; cette dîme s'appelait l'*Hautvillers;* elle rapportait quarante livres.

Charges du prieuré.

1° Le prieur était tenu de donner, au vicaire perpétuel de Saint-Remi, deux muids (1) moitié seigle et moitié avoine, à prendre sur les dîmes du village.

2° Il était tenu, primitivement, aux réparations de la chapelle de Sainte-Berthe, mais cette obligation devint nulle quand l'édifice fut abandonné à sa mauvaise fortune.

3° Le prieur était chargé des décimes ordinaires et extraordinaires, montant à une somme de vingt à vingt-cinq livres.

4° Le prieur devait pourvoir à l'entretien de l'église ou chapelle du prieuré et de celle de la paroisse de Saint-Remi.

5° Il devait fournir, chaque année, la miche et le bélier, et le lait caillé, rations dévolues, comme nous l'avons dit, aux jeunes gens de Ramerupt, le 1er mai.

6° Il était tenu de célébrer lui-même ou de faire célébrer, moyennant rétribution, plusieurs messes, tant à la paroisse qu'au prieuré.

On peut voir la substance de tout ce que nous venons d'énoncer, sur le prieuré de Saint-Remi-sous-Barbaise, dans trois feuilles éparses faisant partie de la 28e layette, 2e liasse des *Archives de Reims*. Un prieuré n'emportait donc pas toujours avec lui l'obligation d'avoir des religieux résidants, ni le prieur lui-même, revêtu du bénéfice de ce prieuré. Tels étaient les prieurés simples et les prieurés en commende.

DU PRIEURÉ DE SAINT-NIVARD

Origine et titre de ce prieuré.

Les documents que nous avons retrouvés sur ce prieuré ne dépassent pas le xvie siècle. Toutefois, il est certain que son origine date de bien plus haut. Le titre du prieuré de Saint-Nivard était une chapelle que l'on sait avoir été bâtie par cet

---

(1) Le muid de Paris valait 1,800 litres, et le muid de la Champagne n'en valait ordinairement que 1,000 environ.

archevêque, à quelques pas du monastère, sur l'emplacement occidental de la montagne qui le domine. C'était en ce même lieu que saint Nivard était mort, dans une chapelle qu'il avait élevée en l'honneur de la bienheureuse Vierge Marie. La vénération, qu'avaient pour leur saint fondateur les religieux d'Hautvillers, ne tarda pas, comme nous l'avons vu, à lui procurer les honneurs du culte public; par respect pour le lieu d'où son âme s'était envolée au Ciel, la chapelle fut placée sous son invocation. De là est venu le prieuré de Saint-Nivard. Une pièce de 1604 donne à ce prieuré le titre d'*hermitage*.

Biens et revenus du prieuré.

D'après une déclaration faite, en 1763, par le prieur de Saint-Nivard, dom Nicolas Cassebois, des biens et revenus de son bénéfice, il est constant que dépendaient de ce prieuré :

1° Une chapelle appelée Saint-Nivard, qui est le titre de ce prieuré.

2° Une maison, cour, jardin, four à thuiles et à chaux, écurie, halle, place-bois, broussailles contenant trois arpents quatre-vingt-sept verges, le tout loué à Philippe Sergent, par bail devant notaire, moyennant 20 poinçons de chaux estimés 3 livres l'un; 7,000 de thuiles à 6 livres 10 sols le mille ; 5,000 de briques à 15 livres le mille, ce qui faisait en total.. 180 # 10 ʃ

3° Cinq arpents de vignes qui pouvaient produire, année commune, quatre pièces par arpent, dont vingt pièces, à 34 livres l'une, fait........ 680 ” ”

4° Un arpent de terre rapportant........... 7 10

5° Un quartier de pré produisant........... 4 ” ”

6° Une petite dîme sur un canton des finages d'Hautvillers, Cumières et Damery, rapportant.. 45 ” ”

Total du revenu du prieuré............. 917 # ” ” ʃ

REPORT.......... 917 ₶ ₰₰ ˢ

Charges du prieuré.

(1763)

1° Entretien de la chapelle, de la maison, du four, etc..: .... 40 ₶ ₰₰ ˢ
2° Pour façon ordinaire et extraordinaire des vignes, des cinq arpents, frais de vendanges, poinçons, à 120 livres par arpent, 600 ₰₰
3° Pour les décimes ordinaires et extraordinaires..... .... 242 ₰₰

Total des charges .... 882 ₶ ₰₰ ˢ 882 ₶ ₰₰ ˢ

Reste donc au titulaire un revenu annuel de   35 ₶ ₰₰ ˢ

Oserions-nous bien ajouter encore que, d'après un article du nécrologe, ce pauvre bénéficier était tenu de donner à dîner, le premier jour des Rogations, aux religieux, au curé d'Hautvillers, à son maître d'école et aux officiers de la maison. (Ce jour-là on se rendait processionnellement à la chapelle de Saint-Nivard, où on chantait la messe; les litanies se récitaient en revenant.) Si maigre qu'on puisse supposer ce repas d'étiquette, il devait faire une effrayante brèche au revenu de 35 livres. Décidément, le prieur de Saint-Nivard ne pouvait être un opulent bénéficier.

Nomenclature des prieurs de Saint-Nivard.

Voici les noms des prieurs dont nous avons pu constater l'existence :

1575. — Prise de possession du prieuré, par dom Claude Coquelain, religieux de Saint-Pierre de Châlons.

Dom Jean Lhermite, religieux de Saint-Remi en France.

1629. — Dom Mathieu Sandofort, résignataire du précédent. Ce religieux était Anglais d'origine, mais naturalisé Français et devenu ainsi habile à posséder les bénéfices. On trouve un acte composant la communauté d'Hautvillers, par lequel les religieux reçoivent et adoptent le susdit Sandofort pour confrère, et aux fins de pouvoir jouir du prieuré de Saint-Nivard. Ce personnage joua un rôle important dans l'abbaye d'Hautvillers. Il fut, par la suite, pourvu du bénéfice de l'aumônerie, de par le grand-vicaire de M. Alphonse Delbène, comme nous l'avons vu, et devint prieur du monastère; il était en même temps trésorier.

1633. — Dom Nicolas Dudré, résignataire du précédent.

1635. — Dom Innocent Moreau, résignataire du précédent.

1650. — Dom Claude François, résignataire du précédent.

Dom Innocent Moreau étant venu à mourir avant que sa résignation ne fut validée, sa disposition n'eut aucun effet. Dom Claude François, qui devait lui succéder par choix, fut supplanté par dom Médard Gillet, qui obtint ses provisions en cour de Rome.

1673. — Dom Étienne Pétré, résignataire du précédent.

1691. — Dom Barthélemy Senocq, religieux d'Hautvillers, obtint ses provisions de Rome, ou plutôt de l'abbé Louis de Fourille, pour le prieuré vacant par la mort d'Étienne Pétré.

1695. — Dom Philippe Lhopital obtint, du même abbé de Fourille, des provisions pour ce bénéfice, le titulaire précédent étant mort.

1699. — Dom Pérignon lui succède.

1706. — Dom Rupert Raussin, résignataire du précédent; il se démet en faveur de.....

1719. — Dom Hyacinthe Robert; à sa mort il fut remplacé par.....

1738. — Dom Basile Bourgeois. Il obtint ses provisions du révérend père Pierre dom Bercaire Le Coisne, prieur d'Hautvillers et vicaire général de l'abbé Le Chevalier, d'Orléans.

1752. — Dom Benoît Roberti, résignataire du précédent.

1763. — Dom Nicolas Cassebois, résignataire du précédent.

Nous donnons cette nomenclature des prieurs de Saint-Nivard, telle que nous l'avons trouvée sur une feuille perdue dans les liasses d'Hautvillers. Combien il est à regretter qu'on n'ait rien de plus précis et de plus complet sur ce qui regarde les prieurés de cette célèbre abbaye d'Hautvillers.

Plus tard, nous consacrerons un article particulier au prieuré de Semuy. N'oublions pas, en terminant et en l'envisageant d'une manière plus conforme à l'esprit de l'Église, qu'un bénéfice, est un droit, établi par le pape ou par l'évêque, de percevoir certains biens consacrés à Dieu, conférés à un ecclésiastique pour quelque office spirituel, car les biens ecclésiastiques ne sont donnés que pour servir Dieu et son Église, en célébrant la sainte messe, en récitant les heures canoniales, en administrant les sacrements, ou en exerçant quelques autres fonctions semblables, comme dit le concile général de Constance, (session 43, *decreto de dispensat.....*)

Les revenus des bénéfices, donnés aux ecclésiastiques pour leur subsistance, sont des biens qui ont été consacrés à Dieu par la piété des fidèles. Ainsi, les bénéficiers ne sont pas les propriétaires des revenus de leurs bénéfices, mais seulement les économes et les administrateurs, obligés de faire un usage de ce qui leur reste après un honnête entretien.

(**1668**)

Vers ces temps-là arrivait à Hautvillers un personnage qui, par une suite d'industrieuses expériences et grâce à la finesse de son goût, fit la réputation des vins du monastère. Tout modeste cellérier qu'il était, il sut gratifier le monde d'une invention qui, depuis, volcanisa bien des cerveaux et sut donner à d'autres de magnifiques moyens de fortune; nous avons nommé : *le vin mousseux et dom Pérignon.*

DOM PÉRIGNON

MOINE D'HAUTVILLERS

Qui de nous n'a pas senti son cœur saisi d'une émotion secrète, mais des plus vives, quand, une première fois, il vit apparaître, sur la table d'un banquet, certaines amphores modernes coquettement parées d'une couronne d'argent et quelquefois d'or ? La liqueur limpide et brillante comme les reflets d'un or pur, n'est-il pas vrai qu'elle a bien vite captivé toutes nos sympathies ? N'est-il pas vrai encore que nos aïeux ont évidemment suivi toutes les phases de sa toilette, exécutée par une main habile?

Mais voici que règne un profond silence; un point, uniquement, attire tous les regards. Est-ce une fleur qui va éclore des riches nuances de sa corolle? Est-ce un joli papillon qui, rayonnant, va s'élancer de sa vilaine chrysalide? Non, loin d'ici les pensées de la terre; le tranchant du glaive a fendu la tête de Jupiter, c'est Minerve qui va sortir, et Minerve fulminante. Un coup part, je tressaille! Les convives accueillent mon ébahissement par un vif éclat de rire universel. Cependant, du cratère ouvert par la foudre s'élancent des torrents d'une lave blanche et écumeuse; c'est le nectar qui s'échappe de sa prison, pour tomber pétillant au fond du cristal et rejaillir en gerbe de gaz. Vite il court à la ronde, et délicieusement chacun le savoure et le vante. Un spectateur attentif, et surtout étranger à la fête, s'apercevrait bientôt qu'une allégresse nouvelle, qu'un entrain charmant est venu épanouir les convives, dérider même certains vieux fronts où régnaient la gravité et le sérieux du tempérament. Honneur, mes amis, honneur au vin mousseux! Honneur à dom Pérignon, car il en est l'auteur! Ah ! s'il eût été donné au chantre de Venouse, au sublime et joyeux Horace, de savourer ces nouvelles splendeurs du jus de la treille, le Falerne et le Chio, si chers à son cœur, eussent-ils été pour lui autre chose qu'une liqueur profane et nauséabonde? Volontiers sa muse n'eût-elle pas chassé Bacchus du Ciel, comme un dieu décidément ignorant et inexpérimenté, pour introniser, en sa place, l'heureux inventeur du vin de Champagne mousseux ?

Par un fâcheux destin, n'étant pas né poète et abdiquant toute prétention sur l'avenir, nous nous hâtons de redescendre à la méchante uniformité d'une notice toute prosaïque sur dom Pérignon. Dom Pierre Pérignon était originaire de Sainte-Ménehould, petite ville du département de la Marne ; l'année de sa naissance est 1638. On ne sait rien sur son origine; seulement, on sait qu'animé de sentiments vertueux, qu'il conserva toute sa vie, il vint, dès sa plus tendre jeunesse, prendre l'habit de religieux en l'abbaye d'Hautvillers. Son extrême sobriété, et plus encore la délicatesse de son goût, ne tarda pas à lui faire confier les fonctions de cellérier de la maison. Cet office vulgaire tel qu'on pourrait l'entendre, et sans intérêt partout ailleurs, avait, à Hautvillers, une importance considérable, car il comprenait, entre autres fonctions, l'administration des vins de l'abbaye, une des principales sources de ses revenus. Le choix qu'on fit de dom Pérignon pour cet emploi fut un bonheur inouï, et pour le monastère, et pour la localité, et même, pouvons-nous dire, pour le monde entier ; ce fut lui, en effet, qui donna aux vins d'*Hautvillers* la haute renommée que, plus tard, ils perdirent en quelque sorte avec les moines. Attentif à saisir et même à deviner toutes les ressources de cette branche d'industrie locale, dom Pérignon s'attacha spécialement à perfectionner le vignoble en faisant un choix judicieux des plants convenables à la nature du sol ; il donnait, sur la culture de la vigne, des leçons pratiques qu'une expérience ultérieure ne manquait jamais de corroborer. Venue l'époque de la vendange, dom Pérignon procédait scrupuleusement au choix des raisins et à la combinaison des crûs divers de la contrée. C'était là, précisément, le fort de la science ; aussi, l'on en raconte des choses merveilleuses ; nous anticipons un peu sur les dates, mais c'est la matière qui nous entraîne. Nous venons au fait : Devenu aveugle sur la fin de ses jours, dom Pérignon, cependant, était loin d'avoir perdu la finesse exquise de son goût ; il se faisait apporter des raisins des Prières, des Côtes-à-Bras, des Barillets, des Côtes-de-Lhéry, des Quartiers, du Clos-Sainte-Hélène, etc., ces lieuxdits sont autant d'expositions différentes du coteau d'Hautvillers, hé bien ! il lui suffisait de goûter de chacune des espèces de raisins apportés pour dire aussitôt : « Ces raisins viennent de tel endroit, ceux-là de tel autre ; il faut marier le raisin de telle vigne avec celui de telle autre, » et, chose incroyable, jamais son goût ne faisait erreur, dit dom Grossard, dans sa lettre à M. D'Herbès, d'Ay, 1821.

Là ne se bornait point la somme des connaissances pratiques de dom Pérignon ; il avait encore une méthode secrète et toute spéciale sur tout le gouvernement et la manutention des vins ; aussi, le vin élaboré sous sa direction et par ses conseils était avidement recherché sous le nom de vin de Pérignon, ce qui, au rapport d'un écrivain moderne, M. l'abbé Bandeville, plus d'une fois valut au bon religieux l'honneur d'être pris pour un des plus riches coteaux de la Champagne. (C'est la réflexion que donne ce spirituel abbé, dans son *Mémoire sur l'influence des Bénédictins dans la province de Champagne*, mémoire présenté et lu au congrès tenu à Reims, en 1845.) Dom Pérignon ne fit pas que perfectionner, quoiqu'il n'obtint ni brevet, ni médaille, pas même une mention honorable à l'Académie ; il

Dom Pérignon, cellérier de l'abbaye, quoique aveugle dans les dernières années de sa vie, savait, par la finesse de son goût, opérer un mélange de raisins de différents crûs, qui donnait à ses vins une délicatesse qu'on ne connaissait point avant lui.

n'inventa pas la poudre, cette poussière noire et meurtrière qui arrache chaque jour tant de pleurs quand on en fait un mauvais usage, mais il inventa le vin mousseux qui lui fit aussi plus d'une fois répandre des larmes, des larmes de jouissance. Il inventa même jusqu'à ce verre svelte et léger qui, tout en servant à le boire, nous permet d'admirer la danse gracieuse des atomes de son gaz : la flûte, en un mot.

Avant dom Pérignon, le vin mousseux était encore, pour le monde, lettre close; à peine savait-on obtenir un vin rosé ou même de couleur grise; le modeste, mais habile religieux trouva le moyen, non-seulement de rendre le vin blanc avec les raisins les plus noirs, mais encore de le faire mousseux ou non mousseux, à volonté. Il avait même le secret d'obtenir sa limpidité parfaite, sans être obligé de recourir aux nombreuses manipulations employées aujourd'hui par les négociants, pour en extraire le fatal dépôt. Nous lui sommes encore redevable d'une amélioration inappréciable dans la manière de boucher les bouteilles. Au lieu de chanvre imbibé d'huile, sorte de bouchon qui, bien des fois, a dû causer d'invincibles répugnances et devenir nauséabond, il employa le liège, qui a mille autres avantages incontestables, et joint le mérite de l'imperméabilité à celui de la propreté, ce qui, certes, entre gens bien élevés, n'est pas une petite chose.

Dom Pérignon, dès le début de ses expériences sur les vins de l'abbaye, avait compris que la cave fraîche ou plutôt froide, construite dans la craie, était ce qu'il pouvait y avoir de plus avantageux pour la conservation de ses vins; outre la cave Thomas, construite en 1506 sous le gouvernement de l'abbé Thomas Rogier, duquel elle a pris le nom, la seule de ce genre que possédait l'abbaye, notre intelligent cellérier fit creuser les caves des Biscornettes en 1673.

Que ne pourrions-nous pas solliciter maintenant pour prix de tant d'innovations utiles, qui ont semé l'or au sein de notre pays, qui ont porté nos relations jusqu'aux extrémités du monde ? On élève quelquefois des statues à des hommes qui ont mérité de la patrie, nous n'irions pas jusque-là, le modeste religieux rougirait trop de rester ainsi en public. Cependant, une statue en bronze, élevée sur la place d'Hautvillers, représentant le bon moine faisant choix de ses raisins, ne serait que justice à son mérite. Si dom Pérignon eût été de l'époque présente, pour le coup nous aurions élevé notre faible voix pour réclamer en sa faveur l'honneur du ruban, la croix que bien des fois on obtient sans l'avoir aussi bien méritée. Assurément, elle eût brillé avec gloire sur la poitrine de l'humble enfant de saint Benoît. Mais à quoi bon former des vœux dont la mort a rendu impossible la réalisation. Nous proposons donc un témoignage de reconnaissance actuellement et toujours facile, nous votons l'érection d'un monument qui doit rencontrer bien des sympathies, c'est de boire quelquefois à la mémoire du bon religieux à qui nous devons : les uns tant de réjouissances, les autres tant de prospérités.

En 1706, quand, sous l'administration de Jean-Baptiste-Louis-Gaston de Noailles, l'abbaye d'Hautvillers fit l'acquisition de huit cloches, dom Pérignon figura parmi les principaux religieux dont les noms se lisaient en l'inscription gravée sur la plus forte cloche. *(Archives d'Hautvillers.)*

Après une heureuse vieillesse, dom Pérignon mourut à Hautvillers, en 1715, à l'âge de soixante-dix-sept ans.

Nous croirions manquer à l'éloge que nous devons à dom Pérignon, si nous ne nous empressions pas de rapporter tout ce que nous trouvons d'écrit sur un aussi illustre personnage. Le journal *La Vigne*, dans son numéro du 3 septembre 1873, donne en feuilleton une notice bien intéressante sur l'inventeur du vin mousseux. On lit :

L'INVENTEUR DU VIN MOUSSEUX

Fêtés par les papes, les rois, les princes, nos vins blancs et rouges de Champagne régnaient sur les tables, lorsqu'un intrigant, un faux frère : le vin blanc mousseux, s'avisa, sur la fin du xviie siècle, d'usurper les droits séculaires et l'honnête réputation des anciens. Quelle était son origine, sa noblesse ? Nul ne le savait ; mais léger, agréable à l'œil, pétillant comme l'esprit français, galant comme un marquis à talons rouges, l'audacieux parvenu s'immisça rapidement dans les festins et parut sur toutes les tables. Vin des dames, charme et joie des convives, dont il captivait le palais délicat, le vin mousseux arrivait à son heure, juste assez à temps pour entendre sonner celle de la Régence au cadran de notre histoire commerciale. Quant à ses frères aînés, ces excellents vins blancs naturels, ces délicieux vins rouges, ils furent à jamais expulsés des desserts, trop heureux d'obtenir, de l'esprit révolutionnaire et tapageur du mousseux, l'autorisation d'être bus par les vieillards, les enfants débiles, les malades, et savourés par quelques gourmets, en déguisant sous une épaisse couche de poussière leurs généreuses qualités conservatrices.

Issu des terroirs d'Hautvillers, Cumières, Champillon et Dizy, le vin mousseux eut une abbaye pour berceau, un Bénédictin pour père. C'est dans la propriété actuelle de M. Chandon de Briailles qu'il prit naissance. Il fit son entrée dans le monde au milieu du silence des cloîtres et de l'étude ; silence à peine troublé par la détonation des esprits capiteux que dom Pérignon cherchait à introduire dans une fragile enveloppe, et qui, enfants terribles, réagissaient en jets dorés contre les efforts de l'humble moine et rompaient impétueusement leur brillante prison.

Né à Sainte-Ménehould en 1638, dom Pierre Pérignon entra fort jeune dans l'ordre de Saint-Benoît, congrégation de Saint-Vannes ; doué d'une heureuse intelligence, d'un caractère charitable, entendu dans la direction des affaires, il fut appelé au poste de cellérier de l'abbaye d'Hautvillers en 1668 ; il avait alors seulement trente ans.

D'après l'organisation bénédictine, le frère cellérier était, sous l'autorité de l'abbé, chargé de l'administration financière de l'abbaye. Il recevait et vérifiait les comptes des chefs d'exploitations agricoles, surveillait l'état des bâtiments et les réparations, réglait les achats des denrées alimentaires, la vente et la coupe des bois, autorisait les aumônes, les diminutions et les augmentations des baux ; enfin, homme de confiance de l'abbaye, il était aux choses temporelles ce que le sous-prieur était à la direction spirituelle. Dans les monastères importants, le cellérier avait sous ses ordres le moine chargé des soins du réfectoire, un grangier, un rentier (percepteur des dîmes), un boursier, un chambrier et un pitancier.

Mis en rapport quotidien, par les fonctions de sa charge, avec les sommeliers et les vignerons de l'abbaye, dom Pérignon analysa les prédispositions naturelles des vins champenois à la mousse, et fit de nombreux essais sur la qualité des sucres à introduire dans les tirages pour obtenir une mousse faible, un crémant, seul résultat possible devant l'imperfection et la friabilité des bouteilles, aggravée par l'ignorance où l'on se trouvait alors des conditions chimiques et préventives de la casse, fléau des caves particulières et du hardi spéculateur.

Il est avéré qu'avant dom Pérignon, le vin de Champagne

n'était pas blanc. On ne savait faire que du vin paillé ou gris. Les vins d'Ay, écrivait en 1658 l'auteur de la *Maison Rustique*, sont clairelets et fauvelets, subtils, délicats et d'un goût fort agréable au palais ; par ces causes, souhaités par la bouche des rois, princes et grands seigneurs, et cependant oligophores, c'est-à-dire si délicats qu'ils ne portent l'eau qu'en fort petite quantité.

Un rémois, l'abbé Godinot, précisait et 1718 et 1722, dans la *Manière de cultiver la vigne et de faire le vin en Champagne*, l'époque où l'on vit paraître le vin gris presque blanc. « Le vin est une liqueur si gracieuse, dit-il, et un aliment si propre pour donner de la force et pour entretenir la santé, quand on en use modérément, qu'il y a lieu de s'étonner que, dans la plupart des provinces du royaume, on le fasse avec tant de négligence, dans les lieux surtout où il pourrait être excellent.

« Les champenois sont à couvert de ce reproche ; et soit délicatesse de goût, soit envie de profiter davantage sur les vins, soit facilité à les rendre meilleurs, ils ont été dans tous les temps fort industrieux à les faire plus exquis que dans les autres provinces du royaume. Il est vrai qu'il n'y a guère que cinquante ans qu'ils se sont étudié à faire du vin gris et presque blanc ; mais auparavant leur vin, quoique rouge, était fait avec plus de soin et de propreté que tous les autres vins du royaume. »

Écrite en 1718 et réimprimée en 1722, cette phrase reporte la fabrication des vins blancs vers l'année 1668, époque où dom Pérignon devint cellérier de l'abbaye d'Hautvillers.

L'auteur du *Mémoire* ajoute : « Depuis plus de vingt ans, le goût des Français s'est déterminé au vin mousseux, et on l'a aimé pour ainsi dire jusqu'à la fureur. On a commencé seulement d'en revenir un peu depuis sept ou huit ans. Les sentiments ont été fort partagés sur les principes de cette espèce de vin : les uns ont cru que c'était la force des drogues qu'on y mettait qui le faisait mousser si fortement, d'autres ont attribué la mousse à la verdeur des vins, parce que la plupart de ceux qui moussent sont extrêmement verts ; d'autres enfin ont attribué cet effet à la lune, suivant les temps que l'on met les vins en flacons.

« Il est vrai qu'il y a eu des marchands de vins qui, voyant la fureur qu'on avait pour ces vins mousseux, y ont mis souvent de l'alun, de l'esprit de vin, de la fiente de pigeons, et bien d'autres drogues, pour le faire mousser extraordinairement ; mais on a une expérience certaine que le vin mousse lorsqu'il est mis en flacons depuis la récolte jusqu'au mois de mai. Il y en a qui prétendent que plus on est près de la récolte qui a produit le vin, quand on le met en flacons, plus il mousse ; plusieurs ne conviennent pas de ce principe..... »

A la fin de son travail, l'abbé Godinot déclare que les vins les plus renommés sont ceux d'Hautvillers, Ay, Épernay, Pierry, Cumières, Sillery, Verzenay, Taissy, Mailly et Saint-Thierry. Puis il donne un prétendu secret « du fameux Père Pérignon, religieux Bénédictin de Saint-Maur, de l'abbaye d'Hautvillers. » Contemporain du novateur, connaisseur et marchand, le vénérable chanoine de Reims rend hommage au Bénédictin en déclarant que « jamais homme n'a été plus habile à faire le vin : c'est lui qui a mis en si grande réputation le vin de cette abbaye. » Réputation dont s'est inspiré avec bonheur M. Gonzalle qui, dans son poème le *Vin de Champagne,* après avoir esquissé à grands traits l'histoire primitive de nos vins, s'écrie :

Mais, dix siècles plus tard, le moine Pérignon
Inventait le champagne et lui donnait son nom.
Du couvent d'Hautvillers ce vin fut la richesse :
C'est là que Pérignon a passé sa jeunesse.
Le voyez-vous pensif, haletant, l'œil hagard,
Penché sur un tonneau qu'il couve du regard,
Étudiant du vin les lois et les caprices,
Sources de tant de biens, causes de tant de vices,
Et, fou comme Archimède, en joyeux indiscret,
S'écrier tout à coup : J'ai trouvé le secret !
Le secret ? oui, bon moine, et ce fruit de tes veilles
Est mis par nos gourmets au nombre des merveilles,
Lorsque sur le bouchon de ce nectar divin
On peut lire le nom de Clicquot-Ponsardin...
De Moët, de Perrier, ses égaux en fortune.
Mais, pour ne point ici laisser une lacune,
Au vieux nom de Ruinart, si cher à nos ayeux,
Hâtons-nous d'ajouter d'autres noms glorieux,
Qui, pour mieux centupler nos richesses fécondes,
De notre vin mousseux inondent les deux mondes :

Rœderer au rapide et si brillant essor,
Hœidsieck, Mumm et Rivart, qui grandissent encor ;
D'autres aussi brillants et dont la renommée
En France comme au loin est déjà tant aimée :
Sutaine, Krug, Piper, Binet, Farre et Lanson.
Châlons..... avec orgueil peut citer Jacquesson ;
Ay, Mareuil, Avize, en gloires presque égales,
De la cité des Rhems émules et rivales.....
Dinet, Lambry, Folliet, Alisse, Villermont,
Montebello, Giesler, Billecart et Salmon.

La réglementation des agents mousseux conduisit dom Pérignon à la réforme du bouchage. Avant lui on bouchait les bouteilles avec du chanvre roulé, tordu, puis imbibé d'huile : il abandonna ce procédé lent et peu sûr pour l'emploi du liège.

La vulgarisation du secret de dom Pérignon, pour obtenir la mousse, modifia complètement le commerce des vins champenois. La mode, souveraine capricieuse du monde, décerna au vin nouveau ses grandes lettres de noblesse et lui permit d'occuper le premier rang des vins d'agrément : titre qu'une concurrence de deux siècles n'a pu lui ravir. Bertin du Rocheret père, et son fils, lieutenant de l'élection d'Épernay, ennemis-nés du vin mousseux, se trouvèrent eux-mêmes entraînés par la vogue du pétillant champagne. Le maréchal de Montesquieu, comte d'Artagnan, mort en 1725, interrogé sur le vin qu'il préférait, répondait le 27 décembre 1712 : « A l'égard de faire mousser mon vin, bien des gens aiment qu'il mousse ; je n'en serais pas fâché pourvu qu'il ne diminue rien de sa qualité. » Et maître Bertin de répondre aigrement : « Le mérite du mousseux est, selon moi, un mérite à petit vin *et le propre de la bière, du chocolat et de la crême fouettée...* »

Heureusement pour la Champagne et le pays natal de Bertin du Rocheret que l'avenir vit mieux que « de la crême fouettée » dans les vins mousseux de Champagne, et rendit les étrangers nos tributaires.

La famille d'Orléans appréciait les vins mousseux à leur juste valeur. Le Régent ne se grisait qu'avec du champagne mousseux, et l'un de ses bâtards, devenu abbé d'Hautvillers, donna un nouvel essor au commerce des vins.

D'après ce que nous avons dit à l'article Pérignon, concernant divers sentiments de plusieurs grands personnages sur le vin de Champagne, le lecteur ne sera pas fâché de connaître ce qu'en pensait un médecin qui l'avait sans doute expérimenté par lui-même. Voici la lettre écrite à ce sujet :

Lettre de M. Jacques de Reims (1), d'Épernay, médecin du roi, à M. Helvetius, conseiller d'État, médecin ordinaire du roi et premier médecin de la reine, sur la salubrité des vins de Champagne

(14 mars 1730)

Monseigneur,

Dans la question qui m'a été proposée par un de mes confrères de la faculté de Paris, au sujet des rhumes fréquents, longs et opiniâtres et presque universels dans tout le royaume, quoique le froid n'y ait pas été excessif cette année, je croirais trop présumer de mes faibles connaissances si je ne soumettais mes sentiments à la supériorité des vôtres. C'est une justice que je me rends et que je crois avec toute l'Europe devoir rendre à vos lumières, dont le roy n'a pas cru pouvoir mieux égaler la sublimité, qu'en honorant Votre Grandeur d'une dignité que personne de vos prédécesseurs n'avait encore pu obtenir. Une distinction si particulière et si éminente, justifie les suffrages publics, et l'applaudissement général les canonise.

Nous ne pouvons douter que la cause et l'origine de ces maladies n'aient été occasionnées par les pluies abondantes et les vents impétueux de l'automne, lesquels ont rendu l'air trop froid et trop humide. Par les débordements des rivières, des brouillards humides, pénétrants, ont empêché la libre circulation et la transpiration des corps et relâché les nerfs et les fibres des vaisseaux sanguins et lymphatiques, qui, ayant perdu une partie de leur force élastique, se sont gonflés et n'ont pu entretenir la libre circulation du sang et des humeurs. De là sont venus les cathares suffocants, les apoplexies, paralysies et

---

(1) M. Jacques de Reims prenait le titre de médecin du roi, il habitait Épernay. Sa lettre fut envoyée au journal le *Mercure*, le 14 mars 1730, et insérée dans cette gazette quelques jours après.

morts subites, ou au moins les enchifrenements, enrouements et rhumes de poitrine accompagnés de fièvres presque toujours violentes.

La Champagne, quoique d'un terrain assez sec, a ressenti également les mauvaises influences de l'intempérie de l'air, et presque tous ses habitants, et particulièrement ceux de la rivière de la Marne, ont été attaqués de ces différents rhumes sans qu'il en soit mort aucun, n'y qu'ils aient eu recours à d'autres remèdes que de se tenir chaudement, buvant à l'ordinaire leur vin blanc non mousseux, qui, par sa chaleur tempérée et sa grande légèreté, a rendu au sang et aux humeurs leur première fluidité en en diminuant le volume par la transpiration comme par les urines.

On a remarqué, dans la même province, que les particuliers qui ne boivent que du vin rouge ont été beaucoup plus maltraités et qu'il en est mort plusieurs, ce que je n'ai pas de peine à attribuer à ce que tout vin rouge, se trouvant chargé de sels acres et austères de la grappe et des pépins du raisin, desserre la poitrine et le bas ventre, épaissit la masse du sang, diminue la transpiration et empêche l'écoulement des urines, et, par conséquent, la libre circulation du sang et des humeurs, en quoy consiste la vie et la santé.

Ces principes posés et appuyés sur l'expérience, il est certain que le bon vin de Champagne blanc, et non mousseux, bu avec modération dans sa maturité et trempé avec plus ou moins d'eau, est la liqueur la plus propre pour conserver la santé, est le seul vin qui puisse être toléré ou même conseillé dans plusieurs maladies. Nous ne pouvons donc nous empêcher contre l'opinion de certains esprits, qui, à seul titre de prévention, affectent de le faire passer pour une liqueur dangereuse et capable de causer la pierre et la gravelle, la goutte et les rhumatismes. Ces sortes de maladies ne sont connues en Champagne que par le désordre qu'elles causent chez nos voisins. On n'y connaît de la goutte que le nom et à peine sait-on ce que c'est que la pierre. Cette espèce de paradoxe n'a rien qui doive surprendre Votre Grandeur, puisqu'il est de fait qu'on ne trouve pas, à dix lieues en remontant ou redescendant la rivière, dix personnes qui en soient même atteintes. J'ose même ajouter que la chaleur tempérée du vin blanc ou gris, non mousseux, et sa grande légèreté, sont les deux moyens les plus spécifiques pour conserver la fluidité des liqueurs, et la vertu motrice des fibres dont nos corps sont composés ; au lieu que le vin rouge ne peut faire qu'un effet tout contraire, puisque c'est une liqueur pesante, dépouillée et désarmée de ses parties les plus volatiles, et chargée d'une trop grande quantité de tartre et de soufre grossier, exalté seulement par la fermentation qui s'en fait dans la cuve avec les pépins et la grappe du raisin.

Un autre abus également dangereux, c'est que l'on s'efforce aujourd'hui de persuader le public que le vin est une boisson pernicieuse, et que l'eau seule est propre pour faciliter la digestion et conserver la santé. C'est ne vouloir pas faire attention qu'un fréquent usage d'eau pure refroidit et relâche trop les fibres de l'estomac et des parties nutritives, précipite la digestion et porte dans la masse du sang un chyle cru et glaireux, qui en ralentit le mouvement, d'où procèdent une infinité d'humeurs froides, de maladies soporeuses et de morts subites, qui ravagent les villes encore plus que les provinces, parce que l'air y est moins pur et que les habitants des villes y mènent une vie plus sédentaire que ceux de la campagne. Ce qu'on éviterait sûrement si on ne buvait que du vin clair et bien mûr, plus ou moins trempé d'eau, à l'exemple de nos ancêtres.

Je suis, avec une parfaite soumission à votre décision et un profond respect,

Monseigneur, de Votre Grandeur,
Le très humble et très obéissant serviteur,

J. DE REIMS.

(*Recueil 1er*, n° 55, Bertin du Rocheret. Bibliothèque d'Épernay.)

Monsieur le président Bertin du Rocheret, d'Épernay, neveu de l'auteur de la lettre que nous venons de rapporter, eut quelque temps après occasion de faire usage de cette lettre. Étant à table chez M. l'abbé Bignon (1), avec M. Camille Falconnet, docteur en médecine de la faculté de Paris ; la conversation étant tombée sur cette matière, parce que M. l'abbé faisait son ordinaire de vin blanc de Champagne, ce célèbre

---

(1) L'abbé Bignon, petit-fils de l'avocat général, bibliothécaire du roi, académicien. Il mourut à l'Islebelle en 1743, âgé de quatre-vingt-un ans. Il était ami de Bertin du Rocheret, d'Épernay.

médecin, alors octogénaire, dit que c'était par son conseil, qu'il ne lui avait donné que parce qu'il l'avait pris pour soi-même, et qu'il l'exhortait à ne jamais faire usage d'autre boisson ; parce que le vin blanc ou clairet de Champagne, fait avec un raisin bien noir et bien mûr, était véritablement, comme l'avait très bien remarqué M. Jacques, plus dégagé des parties nitreuses et grossières, et plus épuré de toute senteur de terroir, par conséquent plus propre à triturer, à broyer et délayer les nourritures, et à les charrier et voiturer, et qu'il décidait hardiment que ce vin ayant acquis une parfaite maturité dans le tonneau, et pris modérément, plus ou moins trempé d'eau, relativement au tempérament, à l'âge, était la boisson la plus salubre pour entretenir et perpétuer la santé de l'homme. Cet illustre abbé en a fait une longue et heureuse expérience.

Ces médecins pouvaient avoir certainement raison en ne dérogeant pas toutefois à leurs prescriptions, et si, aujourd'hui, nous avons tant de maladies, c'est la conséquence de l'abus des vins blancs non simples et clairets, mais de vins blancs mousseux, souvent mauvais : l'abus surtout des boissons alcooliques. Que diraient ces deux illustres médecins s'ils voyaient ce qui se passe de nos jours ? Nous nous demandons quelle formule ils prescriraient pour ramener à la sobriété nos grands consommateurs d'eau-de-vie de marc.

Ces messieurs, les médecins dont nous venons de parler, jugeaient autrement le vin de Champagne qu'un de leur confrère, médecin de Louis XIV.

Louis XIV était atteint d'une gastrite ; Fagon, son médecin, ne pouvant vaincre le mal, interdit au roi le vin de Reims et lui ordonna le bourgogne. Le roi guérit après avoir bu le vin de Nuits, que la docte faculté lui dit être le *plus pectoral* et le plus propre à réparer ses forces. La guérison du roi obligea les courtisans à délaisser le champagne et à prôner les vertus du bourgogne. Néanmoins, vers la fin du règne de Louis XIV, les gourmets se lassèrent de cette préférence officielle et la rendirent au champagne qui, d'abord, l'avait bien méritée. Une décision solennelle, consacrant cette évolution, fut adoptée chez le duc de Vendôme où étaient réunis Chaulieu, La Fare et Sillery.

La question des vins destinés aux rois occupait, du reste, une place assez sérieuse à la cour de Louis XIV. Au dire de Le Grand d'Aussy, un règlement de 1668 défendait de servir du vin d'Orléans sur la table des rois de France, et l'on faisait promettre, par serment, au fournisseur qui entrait en charge, de n'en jamais donner à Sa Majesté. Louis le jeune en avait décidé autrement ; le vin d'Orléans était en grande estime auprès de Sa Majesté.

Henri Ier en avait toujours à la guerre et en faisait une consommation remarquable en compagnie de ses officiers.

La mauvaise réputation que Fagon avait donnée aux vins de Champagne, et que la guérison de Louis XIV avait plus ou moins justifiée, arrêta un peu l'essor des vins mousseux de Champagne, et préoccupa longtemps les fabricants de Reims. Aussi, n'avaient-ils rien tant à cœur que de rendre à ce délicieux produit la réputation qu'il méritait véritablement.

Il y avait bien longtemps qu'on avait combattu cette opinion de quelques dénigreurs du vin de Champagne, qui voulaient que ce vin donnât la goutte à ceux qui en font usage. Un trouvère du XIIIe siècle, Henry d'Andely, ayant entendu dire que les habitants d'Argenteuil, près de Paris, voulaient donner de la renommée à leur vin et s'unissaient aux bourguignons en disant que le vin de Champagne occasionnait la goutte, répondit ainsi :

> Espernai dist Auviler
> Argenteuil trop veut aviler
> Trestos les vins de ceste table,
> Par Dieu, trop tes fait conestable ;
> Nous passons Chaalons et Rheims
> Nous ostons la goutte des reins
> Nous estaignons toutes les sois.

Un docteur de Reims, Jean-Claude Navier, régent de la faculté de médecine, partageant l'opinion de son confrère, M. Jacques de Reims, dont nous avons vu la lettre, vengea aussi l'honneur des vins de Champagne. Loin d'admettre leur fâcheuse influence, il soutenait au contraire, le 14 mai 1777, en présence de toute la faculté, une thèse dans laquelle il prouvait victorieusement que l'usage du vin de Champagne était très efficace contre les fièvres putrides et autres maladies de même nature.

Cette thèse est restée célèbre parmi celles si nombreuses que publièrent les écoles de Reims sur la bonté des vins de

Champagne. Bien qu'elle soit aujourd'hui presque introuvable, elle dut être tirée à un nombre considérable d'exemplaires. Ce qui le prouve, c'est qu'elle n'eut pas moins de quatre éditeurs : Méquignon, de Paris ; Didot le jeune, de Paris ; Paindavoine, de Châlons-sur-Marne, et enfin le célèbre Cazin qui, par amour pour son pays rémois, crut que cette thèse médicale ne serait pas déplacée dans sa riche collection d'ouvrages littéraires. La plaquette, éditée par Cazin, est datée de 1778.

Question agitée dans les écoles de la faculté de médecine de Reims, le 14 mai 1777, par J.-C. Navier fils, docteur-régent de la faculté de médecine de l'Université de Reims, de l'Académie des sciences, arts et belles-lettres de Châlons-sur-Marne, sur l'usage du vin de Champagne mousseux contre les fièvres putrides et autres maladies de même nature.

A Monseigneur Rouillé d'Orfeuil,
Chevalier, grand-croix, maître des cérémonies honoraire de l'ordre royal et militaire de Saint-Louis, conseiller du roi en ses conseils, maître des requêtes honoraire de son hôtel, intendant de justice, police et finances, en la province et frontières de Champagne.

Monseigneur,

C'est sous vos auspices que je publie aujourd'hui la traduction d'une thèse que je proposai l'année dernière aux écoles de la faculté de médecine de Reims. Vous avez jugé qu'en donnant, à cette thèse, une publicité plus étendue, elle pourrait contribuer à faire connaître davantage le mérite d'une des productions les plus précieuses, dont l'Auteur de la nature nous ait enrichis, et à étendre le commerce d'une province sur laquelle vous avez déjà répandu tant de bienfaits.

Les bontés dont vous me comblez, Monseigneur, et la confiance dont vous m'avez honoré pour le traitement des épidémies dans le département de Reims, ont été pour moi un motif de reconnaissance trop puissant, pour ne pas l'emporter sur la crainte où j'étais de ne donner au public qu'un ouvrage peu digne de ses regards.

La publication de cette thèse sera donc, tout à la fois, et un monument de votre zèle pour le bien de cette province, et une preuve de respect profond avec lequel je suis,
Monseigneur,
Votre très humble et très obéissant serviteur.

NAVIER Fils,
D.-M.

A Reims, le 1ᵉʳ mai 1778.

PRÉFACE

Il n'est pas surprenant que, dans un temps où la chymie étoit encore à son berceau, l'on ait regardé comme dangereux l'usage des vins de Champagne et, en particulier, celui du vin mousseux. Que les médecins eux-mêmes se soient accordés à les déclarer nuisibles à la santé ; que, sans en connoître la nature et les principes, ils aient publié, d'âge en âge, qu'ils étoient, de tous les vins, les moins salutaires, et qu'à force de l'entendre répéter, le public se le soit persuadé, l'on ne doit pas s'en étonner davantage. Tel est l'empire de l'habitude et de l'autorité, qu'elles subjuguent la plupart des esprits.

Maintenant que les chymistes ont étendu la sphère de leurs connoissances, que le flambeau de l'analyse a porté le plus grand jour sur une infinité de productions de la nature, autrefois inconnues, ce sentiment, enfanté par une ignorance alors invincible, accrédité par le préjugé, ne peut plus être qu'une pure chimère.

De tous les vins, il n'en est point qui contienne moins de parties tartareuses que les vins de Champagne ; il n'en est point, par conséquent, qui soit moins propre à porter avec lui les germes douloureux de la goutte et de la gravelle. Il est également démontré qu'il n'en est point de moins incendiaire, puisque la partie spiritueuse s'y trouve moins abondante.

Indépendamment de ces qualités précieuses, que le vin mousseux partage avec les autres vins de Champagne, il contient, de plus, un principe particulier que les chymistes appellent *gas* ou air fixe, principe qui le caractérise essentiellement ; principe reconnu aujourd'hui pour le plus puissant antiseptique qu'il y ait dans la nature, et pour un dissolvant efficace des pierres humaines ; principe qui doit communiquer, à la liqueur qui le renferme, les vertus dont il est lui-même en possession.

Le jus délicieux des coteaux champenois réunit donc le double avantage et de surpasser en agrément tous les autres vins, ce qu'on ne peut lui contester, et d'être le plus propre à maintenir les lois pleines de sagesse que l'Auteur de la nature a établies dans l'œconomie animale, pour la conservation de la santé et de la vie. L'objet de cette thèse a été de répandre un nouveau jour sur des vérités, aussi peu connues qu'elles sont importantes.

Sans m'astreindre à traduire servilement, je me suis fait un devoir de rendre le sens du texte latin, autant que la nature du sujet et le génie de la langue françoise l'ont pu permettre. Je m'estimerai trop heureux si mes lecteurs jugent que j'ai réussi, et si je puis, par cette foible production, contribuer en quelque chose au bien général de ma patrie.

QUESTION AGITÉE DANS LES ÉCOLES DE LA FACULTÉ DE MÉDECINE DE REIMS, LE 14 MAI 1777.

Si le vin de Champagne mousseux doit être mis en usage lorsqu'il règne des maladies putrides.

I

Élevé par la raison au-dessus des animaux, l'homme est, dans la nature, l'ouvrage de la Divinité le plus accompli. Mais, dans ce monde sublunaire, rien n'est absolument parfait. Que reste-t-il, maintenant, à ce roi de l'univers, de sa première dignité ? Dès le sein de sa mère, et respirant à peine, il est environné d'une foule de maladies qui le harcellent, le tourmentent et le menacent sans cesse d'une mort prochaine. Parmi ces maladies, celles que l'on nomme *Putrides* tiennent, sans doute, le premier rang. Il n'est point de fléau plus dangereux, il n'en est point qui moissonne plus de têtes. En effet, un levain septique s'est-il une fois fixé dans les premières voies, les aliments qu'on y introduit, le chyle et le sang, sont bientôt infectés de la même putréfaction. Ainsi se glisse sourdement le virus déguisé et, par son seul contact, flétrit tous les endroits où il se porte.

On demandera peut-être combien il y a de degrés dans les progrès de la putridité; nous dirons que l'on en doit distinguer trois principaux. Si la putridité a son siège dans l'estomac et dans le tube intestinal, elle produit les dyssenteries putrides et les fièvres intermittentes du même caractère. S'est-elle communiquée au chyle et au sang? Elle donne alors naissance au scorbut ainsi qu'aux fièvres putrides. Enfin, a-t-elle pénétré jusque dans la lymphe nervale? Dans ce dernier cas elle engendre les fièvres malignes.

Ces maladies dérivent de plusieurs sources : mais un air tout à la fois chaud et humide doit en être regardé comme la cause principale. Un air de cette nature perd son élasticité, et produit l'atonie de tous les solides du corps humain, particulièrement de l'estomac. Il en résulte une digestion difficile et vicieuse qui tend à la putridité. Le sang reçoit alors un chyle rapide et trop épais, incapable d'être assimilé à nos liqueurs à cause de sa viscosité et de l'affoiblissement des forces de la circulation. Enfin, ce fluide vital, privé de son mouvement ordinaire, s'arrête dans ses propres vaisseaux et prend bientôt un caractère putride. Qui ne sait, en effet, que le sang et toutes les liqueurs animales tendent d'elles-mêmes à la putréfaction, surtout lorsqu'il règne un vent du midi? L'humidité, compagne inséparable de cette température de l'air, désunit le tissu des végétaux et trouble la transpiration des animaux. Il ne faut pas s'étonner si la privation totale des liqueurs fermentées, l'usage immodéré des viandes, les vapeurs putrides des étangs et des marais, occasionnent les mêmes désordres.

Il est très important de ne pas confondre les fièvres de cette espèce avec les fièvres putrides inflammatoires. Les causes qui les produisent sont opposées; la méthode curative l'est également. Les fièvres inflammatoires prennent leur source dans la sécheresse de l'air et dans l'abus des liqueurs fermentées; les putrides, proprement dites, dans la privation de ces mêmes liqueurs et dans l'humidité de l'atmosphère. Celles-ci deviennent épidémiques lorsque le vent du midi fait sentir sa chaleur humide; les autres, lorsque l'aquilon, s'élevant à la grande Ourse, se déchaîne avec violence. Les premières sont accompagnées de l'épaisissement du sang et de la rigidité des solides ; les autres entraînent avec elles la dissolution du sang et l'atonie des fibres musculaires. Dans les fièvres putrides inflammatoires (chose essentielle à observer), la putridité est l'effet de l'inflammation ; dans les fièvres putrides simples, la fièvre est une suite de la putréfaction.

D'après cet exposé, une légère connoissance de la physique suffit pour faire comprendre combien il doit y avoir de différences dans le traitement de ces deux maladies. Les saignées amples et réitérées, les raffraîchissans, les relâchans, réussissent parfaitement dans les fièvres putrides inflammatoires. Si l'on emploie les purgatifs, on ne doit le faire que vers la fin de la maladie. Saigner avec profusion dans les fièvres vraiment putrides, c'est sacrifier le malade. Les remèdes les plus efficaces contre cette maladie sont : les émético-cathartiques, les antiseptiques unis aux aromates, les vésicatoires, enfin tout ce qui peut réveiller et soutenir l'action des solides.

Les symptômes qui accompagnent les maladies de ce genre démontrent que ce sont là les moyens qu'il faut employer pour les combattre.

Le malade, en effet, éprouve alors un engourdissement de tous les membres, ou plutôt un accablement universel et une pesanteur de tête insupportable ; son pouls est fréquent, foible et déréglé ; ses yeux languissans et immobiles ; son visage, défiguré par un teint plombé, le rend à peine reconnoissable ; un mucus épais couvre sa langue et la blanchit. Les maux de cœur, les anxiétés, les vomissements bilieux, l'assaillissent à chaque instant. Les sueurs, les urines, les excrémens, tout exhale des vapeurs méphytiques qui annoncent une grande corruption. La fièvre putride inflammatoire se cache, à la vérité, sous des symptômes à peu près semblables ; mais un pouls, le plus souvent dur et inégal, une chaleur sèche, un visage coloré, des yeux plus animés quoique fixes, la couenne inflammatoire qui reste sur le sang que l'on a tiré, la distinguent aisément de la première. Si ces signes n'établissent point un diagnostic certain, on peut s'en assurer en examinant les températures de l'air qui ont précédé la manière de vivre des malades et leur tempérament.

II

Des différentes causes des maladies putrides, la plus prochaine est, à n'en pas douter, la perte de l'air fixe. Principe constituant de tous les corps, dans lesquels il existe sous une forme solide, il procure aux uns la dureté, aux autres la pesanteur. Quelle quantité n'en tire-t-on pas d'une infinité de substances ? Il est aisé de s'en convaincre par les diverses expériences des plus célèbres physiciens. Ce fluide réside principalement dans les parties des végétaux les plus élaborées : telles sont les gommes simples et les gommes résines ; c'est une vérité que l'on ne peut révoquer en doute. Fixé dans la plupart des corps, trouve-t-il à rompre les chaînes qui l'y retiennent, avec quelle promptitude ne reprend-il pas son élasticité ! Mais il ne la recouvre qu'au grand détriment des subtances auxquelles il est uni. Qui ne sait, en effet, que la cohésion de leurs parties est due à l'esprit élastique ? Ce sentiment, enseigné d'abord par Vanhelmont, renouvellé depuis par le célèbre de Haller, se trouve démontré par les expériences de Macbride, de Haltz, et d'autres savans auteurs.

Quelle que soit la cause qui donne à l'air fixe le moyen de s'échapper des corps qui le contiennent, l'adhérence réciproque des parties qui les constituent est aussitôt détruite. Plusieurs des minéraux, réduits alors en poussière, deviennent le jouet du vent ; la plupart des végétaux et des animaux répandent une odeur putride. Mais, si l'évaporation de cet air détruit la liaison des corps, on a l'avantage de les rétablir facilement dans leur premier état, en le leur restituant. L'air fixe, en effet, après avoir recouvré son ressort, reprend bientôt sa première fixité, si on soumet à son action les substances qui en sont privées. La chaux vive, placée au-dessus de la vapeur d'une effervescence, redevient à l'instant pierre calcaire et en reprend toutes les propriétés. Un morceau de viande corrompue, plongé dans la vapeur d'une cuve de vin en fermentation, recouvre aussitôt son premier état de fraîcheur, au grand étonnement des spectateurs. Il n'est pas moins certain que le gas élastique s'échappe de toutes les substances alimentaires pour se mêler avec le chyle. Partie constitutive de ce fluide lacté, il stimule les vaisseaux chyleux, qui en deviennent plus propres à charier cette liqueur nutritive. Le suc nourricier acquiert, en même tems, une vertu antiseptique, car cet esprit vivifiant répare, dans toutes les parties du corps, la perte de l'air échappé par la transpiration, par les urines et par les autres excrétions, et éloigne ainsi la putréfaction, vers laquelle tend d'elle-même toute l'œconomie animale. Tout ce qui favorise la dissipation de cet esprit accélère la putréfaction, tout ce qui s'y oppose l'éloigne puissamment. Plus les alimens fournissent de cette substance aérée, plus ils repoussent avec avantage la putridité; moins ils en contiennent, plus ils la favorisent. L'on comprend aisément, d'après cet exposé, pourquoi la constitution humide de l'athmosphère, la privation des liqueurs fermentées, l'abus des viandes, amènent insensiblement une disposition putride. Arrêtez l'air fixe dans sa fuite, vous écarterez la putréfaction; rétablissez celui qui s'est échappé, et la putridité disparoît. C'est ainsi que le quinquina, doué d'une grande quantité de cet air spiritueux, s'emploie avec succès dans les fièvres intermittentes putrides et les dyssenteries du même caractère. C'est ainsi que l'on prévient tous les jours, et que l'on guérit, le scorbut, par l'usage des végétaux récens, qui fournissent le même air avec tant de profusion. C'est ainsi que, pour la même raison, le camphre, les tisanes farineuses, la crème de tartre, rendue soluble par le borax (1), combattent si heureusement toute espèce de putréfaction. Les vrais antiseptiques sont donc essentiellement les substances auxquelles la nature semble avoir prodigué ce fluide aéré. Si l'on en fait usage, soit comme aliment, soit comme remède, elles distribuent cet esprit vivifiant dans les vaisseaux et jusques dans leurs extrémités capillaires, pour y porter l'action et la vie.

Il est très important de distinguer l'air fixe de l'air de l'athmosphère. Que de qualités différentes dans le premier! Nouveau Protée, il est tantôt fixe et tantôt volatile; tantôt mortel et tantôt salutaire. Enchaîné par des liens puissans, l'air fixe est privé de son ressort, l'air ordinaire le conserve toujours. L'air gazeux, introduit dans les entrailles et dans les autres parties du corps, se glisse partout avec avantage; l'autre

---

(1) La crème de tartre, unie à un tiers de son poids de borax, devient soluble dans l'eau sans perdre ni son acidité, ni l'air fixe qu'elle contient. Elle devient également soluble par son union avec un sel alkali; mais l'effervescence qui arrive alors la prive entièrement de l'air fixe qui lui est propre et de son acidité, et, par conséquent, de la vertu antiputride qu'elle possède.

entraîne avec lui des inconvéniens sans nombre. Empêchez l'impression de l'air atmosphérique, et la respiration cesse à l'instant. Que l'air fixe s'insinue dans les bronches, semblable à un poison subtil, il suffoque dans le moment les animaux exposés à son action. L'air que nous respirons entretient le feu et la flamme et leur donne de l'activité; l'autre les éteint sur-le-champ. Celui-ci écarte la putridité, le premier en accélère les progrès. Le gas vineux rend au vin éventé l'énergie qu'il a perdue (1). En vain tenteriez-vous de produire le même effet avec l'air ordinaire.

III

Parmi les substances innombrables qui contiennent cet air antiputride, il n'en est point à qui la nature l'ait plus prodigué qu'au vin de Champagne mousseux. Avec quelle vivacité cette divine liqueur s'élance en bulles pétillantes! Quelle agréable sensation elle produit sur l'organe de l'odorat! Quelle délicieuse impression elle produit sur les fibres délicates du palais! Ne cherchez plus la cause de tant d'effets si merveilleux; nous la trouvons dans le fluide élastique de la fermentation vineuse. C'est l'air fixe, en effet, qui, par son mouvement impétueux, forme et élève cette mousse, dont la blancheur, rivale de celle du lait, offre bientôt aux regards étonnés l'éclat du crystal le plus transparent. C'est ce même air qui, par sa détente et l'effervescence qu'il produit, développe l'action de l'esprit vineux, dont il est le véhicule, pour que les popiles nerveuses en reçoivent plus promptement l'impression délicieuse, à laquelle elles sont disposées. Quant au piquant léger que l'on y remarque, il ne faut pas le confondre avec l'action du vin; il dépend, ainsi que celui que l'on remarque dans les eaux acidules, du principe aéré qui y est contenu. De cette ressemblance résulte une analogie du vin mousseux avec les eaux acidules, qui prouve de plus en plus notre assertion. Car il n'est personne qui ne convienne aujourd'hui que l'air s'y trouve avec abondance.

---

(1) Les recherches et les découvertes que l'on a faites sur l'air fixe, doivent répandre beaucoup de lumière sur la confection des vins, sur leur perfection et sur le rétablissement de ceux qui sont altérés. Cette importante matière pourra faire l'objet de quelques travaux académiques.

Les eaux acidules, en possession du fluide élastique, sont plus légères que lorsqu'elles en sont privées. Tant qu'elles en jouissent, on voit l'eau jaillir de côté et d'autre, et une chaîne non interrompue de bulles aérées s'élever du fond du vase qui les contient, surtout si on le secoue légèrement. Le vin mousseux, doué de la même saveur piquante que les eaux acidules, ne présente-t-il pas les mêmes phénomènes? Ajoutez un acide quelconque au vin mousseux et aux eaux acidules, aussitôt vous les verrez bouillonner, s'élever, s'élancer et faire éclater les bouteilles, si on les tient trop exactement bouchées. Privez le vin et l'eau acidule de l'air élastique qui leur est propre, tous ces effets s'évanouissent à l'instant. Saturez l'un et l'autre de la vapeur d'une effervescence, cet air leur est rendu, ainsi que leurs qualités primitives. En un mot, le vin non mousseux le devient bientôt si on le mêle avec les eaux acidules, et ces eaux minérales éventées recouvrent leurs propriétés naturelles par l'addition du vin mousseux. Une décoction de pommes vertes, mêlée avec du vin mousseux, imite parfaitement les eaux acidules, comme s'en est assuré un célèbre médecin (1) de la faculté de Paris. Comment, d'après ces faits, révoquer en doute l'existence de l'air fixe dans le vin mousseux ?

IV

Vouloir démontrer ici que le vin de Champagne a la propriété de diviser les humeurs épaisses, de lever les obstructions, de provoquer les urines, d'exciter l'expectoration, de remédier aux pâles couleurs, d'éloigner les assauts goutteux, de chasser les germes de la pierre et de la gravelle, ce seroit nous éloigner de notre objet. Nous passons sous silence toutes ces qualités, ainsi que beaucoup d'autres qui lui sont communes avec les vins de différentes contrées, pour nous arrêter à sa vertu antiseptique. Conclure qu'il est le véritable antidote des maladies putrides, est le seul but que nous nous sommes proposé.

En vain la calomnie répand de tous côtés que le pétillant de nos vins est pernicieux, en vain elle prétend qu'ils n'ont qu'une chaleur nuisible et une saveur sans vertu. Incapables de cacher,

---

(1) M. Missa.

sous des apparences insidieuses, un venin perfide, ils seront toujours une image fidèle de l'ingénuité champenoise. Ce qu'on y blâme le plus est le principe mousseux, mais c'est à ce principe même que nous devons des éloges. Nous osons l'avancer sur des preuves convaincantes. Laissons, dans les pharmacies, ces médicaments insipides; laissons-y ces préparations rebutantes. Une liqueur, qui sait autant flatter le palais que conserver et rétablir la santé, mérite sans doute nos suffrages de préférence.

Nous trouvons ce double avantage dans le vin mousseux; propre à prévenir les maladies putrides économiques, il peut également les combattre lorsqu'on en est attaqué. Si quelqu'un révoque en doute la première partie de notre proposition, qu'il nous soit permis de lui demander si la dissipation de l'air fixe n'est pas la cause prochaine des maladies dont il s'agit; nous l'avons prouvé. La putréfaction ne suit-elle pas immédiatement la perte de l'esprit aéré? Ne disparoît-elle pas aussitôt qu'on le rétablit? Éloignons donc la cause, et l'effet s'évanouira à l'instant. Qu'y a-t-il de plus propre à opérer ce changement d'une liqueur où l'air abonde si évidemment, qui ne peut nuire en aucune façon, *pourvu que l'on en use avec réserve*, et qui agit avec tant d'agrément? Or, telles sont les qualités essentielles du vin de Champagne mousseux.

Si nous remontons aux causes éloignées des fièvres putrides, nous verrons que ce vin ne les détruit pas moins efficacement. Car, à quoi se réduisent-elles? Au levain putride des premières voies, à la foiblesse de l'estomac, au dépérissement des forces de la circulation. On peut ajouter à ces causes le relâchement des solides, qui suit bientôt une transpiration interceptée, la dissolution du sang et, par conséquent, l'évaporation du fluide aéré.

Or, quel médicament peut, avec plus d'efficacité que le piquant agréable du vin mousseux, ranimer les forces de l'estomac, exciter la transpiration, réveiller l'action tonique des solides entretenus dans l'inertie par une chaleur humide? Je n'entreprendrai pas de démontrer que ce vin est également propre à corriger la putridité des premières voies. Lui refuser une qualité qu'on accorde à tous les vins, ce seroit une injustice manifeste. Qu'on ne craigne donc plus d'employer le vin mousseux, lorsqu'on aura lieu de redouter l'impression des causes dont nous avons fait l'énumération. On se garantira par son usage des maladies épidémiques dont on seroit menacé (1). Ce que nous avons dit prouve suffisamment de quelle utilité il peut être dans la cure de ces maladies. En effet, il s'agit de ranimer les forces abattues, de réparer la perte du fluide aéré et de chasser le venin septique. Le vin de Champagne mousseux n'a-t-il pas toutes ces propriétés ? Je crois l'avoir démontré ; il seroit, par conséquent, inutile de nous y arrêter plus longtemps.

V

L'on nous objectera, sans doute, que l'usage du vin est pernicieux dans les fièvres, puisque son action détermine l'éréthisme, ensuite la chaleur, et occasionne le trouble dans toutes les liqueurs ; qu'ainsi c'est à tort qu'on le propose comme un remède très avantageux dans ces maladies. L'objection n'est pas difficile à résoudre, car cette action du vin, presque toujours nuisible dans les fièvres inflammatoires, ne l'est nullement dans les fièvres putrides proprement dites ; il y a plus, elle devient alors très avantageuse. Comment, en effet, ranimer des forces abattues par une chaleur excessive, comment remédier à un accablement universel *(sous lequel un malade va succomber)*, si l'on n'emploie un aiguillon puissant ? Je le demande à nos adversaires, rejettent-ils l'usage des vésicatoires, dont le *stimulus* est beaucoup plus vif que celui du vin ? Inutilement diroient-ils que leur action n'est qu'extérieure, et qu'ils ne les emploient que pour attirer, sur l'endroit irrité, le poison qui circule alors dans les veines. On sait que la partie volatile des cantharides, que l'on prescrit en topique dans ces circonstances, s'incorpore avec les liqueurs animales, et se glisse partout avec succès, pour tirer les solides de l'inertie où ils se trouvent. Ainsi l'action interne de ces mouches azurées réussit pour cette raison au moins autant dans les maladies putrides que leur effet extérieur. D'ailleurs, le vin de Champagne non-seulement n'excite point la

---

(1) D'après ces principes, il est de la dernière évidence que le vin mousseux convient parfaitement aux Parisiens, aux Hollandois, ainsi qu'à tous les peuples qui habitent des contrées basses et humides. Son usage familier et modéré éloigneroit sans doute nombre de maladies putrides, compagnes trop fidèles du relâchement des solides, de l'évaporation continuelle de l'air fixe, de la délicatesse du tempérament. On sait que ces maladies règnent presque habituellement dans ces pays exposés à une température aussi malsaine.

chaleur, pourvu que l'on en boive modérément, mais si on l'étend dans l'eau, il procure un rafraîchissement beaucoup plus agréable et plus certain que l'eau pure. Aussi les médecins les plus célèbres n'ont-ils pas craint de recommander l'usage du vin dans le traitement de beaucoup de fièvres.

Hippocrate lui-même, cet oracle de la médecine, « veut que l'on donne du vin blanc aux personnes attaquées d'une fièvre violente, accompagnée de chaleur sèche, d'accablement des forces, et lorsque les malades éprouvent des foiblesses et des pesanteurs de tout le corps, et un tel engourdissement des mains et des jambes, qu'ils ne peuvent en faire aucun mouvement. » Pourquoi donc hésiteroit-on d'embrasser un sentiment appuyé sur une autorité aussi respectable ? Nous vantera-t-on la supériorité des acides dans les maladies de cette nature ? Mais, s'ils sont propres à écarter la putréfaction de l'estomac et des intestins, leur action ne s'étend pas plus loin.

Le champagne mousseux, au contraire, remédie à la putréfaction des premières voies aussi bien que les acides, remplace l'action des cantharides par l'aiguillon dont il est doué, et ce que vous chercherez en vain dans ces deux médicaments, le vin mousseux, cette source de vie si riche en principe aéré, distritribue avec profusion, dans toute l'œconomie animale, le véritable antidote de la dissolution putride, en y restituant l'esprit élastique et vivifiant qui s'en est évaporé insensiblement.

Ergo morbis putridis epidemice grassantibus, vinum spumans campanum.

« Donc, le vin de Champagne mousseux doit être mis en usage lorsqu'il règne des maladies putrides. »

Déjà, dans une lettre adressée à un auteur qui conclut que le vin de Champagne est plus sain et plus agréable que le vin de Bourgogne (Paris, 1er février 1706), l'auteur de cette lettre dit : Il n'y a point de province qui fournisse de plus excellents vins, pour toutes les saisons, que la Champagne ; elle nous fournit les vins d'Ay, d'Avenay, d'Hautvillers jusqu'au printemps ; de Sillery et de Taissy pour le reste de l'année. Il ajoute : En buvant du vin de Bourgogne, un peu avec excès, il faut de l'émétique pour prévenir l'apoplexie, au lieu qu'en buvant du vin de Champagne, même avec excès, on s'aperçoit peu à peu qu'il monte à la tête tant il est bienfaisant, tel que celui qu'avait bu le jeune Chrémès, dans *Térence :*

..... *Vicit vinum quod bibi.*
1° *At dum accubabam quam videbar mihi esse pulchre sobrius ?*
2° *Postquam surrexi neque pes, neque mens, satis suum officium facit.* (1)

« Pour sortir de cette ivresse, il ne faut ni émétique, ni purgatif, un léger sommeil suffit. »

Vinceslas, roi de Bohême, étant venu en France pour traiter avec Charles VI, se rendit à Reims au mois de mars 1397, où il trouva le vin si bon qu'il s'en enivra plus d'une fois et se trouvait hors d'état d'entrer en négociations ; il aima mieux accorder ce qu'on lui demandait que de cesser un moment de boire du vin de Reims.

François Ier, Henri III, Léon X, Henri IV, qui prenait le nom de sire d'Ay, contribuèrent à donner aux vins de Champagne, et notamment aux vins d'Hautvillers, la haute réputation qu'ils ont justement acquise.

D'après M. Lacatte, docte de Reims, la maréchale d'Estrée, dame de Sillery, coupait ses vins avec des vins d'Hautvillers, et les dégustait, ainsi mélangés, avec un rare bonheur.

Les vers cités par M. Heuzé, inspecteur général de l'agriculture, dans une intéressante communication qu'il fit, sur la fabrication du vin de Champagne, à la Société centrale d'agriculture de France, ne sont pas les seules citations que l'on pourrait emprunter aux poètes et aux prosateurs du xviiie siècle.

Les vins mousseux de la Champagne ont été loués, à leur brillante apparition, par La Fontaine, Chaulieu, La Fare, que nous avons déjà nommés, Regnard, Mme de Sévigné, etc. Citons, en passant, quatre vers de Regnard, d'autant plus intéressants qu'ils sont plus anciens, datant du 15 janvier 1704, jour où fut représentée la pièce : *Les Folies amoureuses,* dont ils sont extraits :

AGATHE

Je sirote mon vin, quel qu'il soit, vieux, nouveau.
Je fais rubis sur l'ongle, et n'y mets jamais d'eau.
Je vide gentiment mes deux bouteilles.

---

(1) Le vin m'a dompté. A table, je me croyais de la plus belle sobriété ; depuis que je suis levé, la tête et les pieds font mal leur office.

LISETTE

Peste !
Oui, vraiment, du champagne encore, sans qu'il en reste.

Dans son *Siècle de Louis XIV*, Voltaire a écrit :

« *On a fait de nouveaux vins qu'on ne connaissait pas auparavant, tels que ceux de Champagne.* »

Ces vins, nouveaux sous Louis XIV, ont fait depuis le chemin que l'on connaît. Ils vont, maintenant, dans toutes les parties du monde, et il n'est pas téméraire d'affirmer que les produits de nos grands fabricants actuels égalent, s'ils ne les surpassent, les vins de dom Pérignon, au moins pour plusieurs maisons dites de premier ordre. Voilà le vrai progrès.

Les vins de Champagne sont une grande richesse pour la France. En 1874, les fabricants en gros de la Marne ont livré à la consommation 20,298,069 bouteilles, dont 18,106,310 ont été expédiées à l'étranger et 2,191,759 bouteilles ont été la part de la consommation française.

D'un commun accord, encore une fois, votons donc des remerciements et accordons un tribut d'hommages à dom Pérignon, duquel une statue, selon le vœu déjà formulé, devrait orner la place publique d'Hautvillers, pour rappeler à la postérité que c'est à ce grand homme, religieux Bénédictin, que l'on doit la découverte du vin mousseux, ce nectar si délicieux, produit incomparable de notre Champagne.

Bertin du Rocheret fils n'était pas trop partisan de la mousse dans le champagne, tout heureux qu'il était d'avoir eu chez lui pour hôtes, le 11 mai 1735, Voltaire et Richelieu, qui l'aimaient bien. Il était loin de partager l'avis de son illustre confrère en poésie, M. de Ferney.

S'animant contre le goût qu'il combattait vainement, en 1741, sa plume traçait une boutade qu'il appelait bachique et qu'il dirigeait contre les amateurs du vin mousseux :

> Non de telles gens ne boivent pas
> De cette sève délectable,
> L'âme et l'amour de nos repas,
> Aussi bienfaisante qu'aimable.

Leur palais corrompu, gâté,
Ne veut que du vin frélaté,
De ce poison vert, apprêté
Pour des cervelles frénétiques,
Si, tenons-nous pour hérétiques,
Ceux qui rejettent la bonté,
De ces *corpuscules balsamiques,*
Que jadis Horace a chantés.

Non de telles gens ne boivent pas
De cette sève délectable,
L'âme et l'amour de nos repas,
Aussi bienfaisante qu'aimable.

De ce vin blanc délicieux,
Qui désarme la plus sévère ;
Qui pétille dans vos beaux yeux
Mieux qu'il ne brille dans mon verre.
Buvons, buvons, à qui mieux mieux,
De ce nectar délicieux,
Qui pétille dans vos beaux yeux,
Mieux qu'il ne brille dans mon verre.

Cette chanson était mise en musique pour de *belles dames,* par M. Dormel, organiste de Sainte-Geneviève.

Dans le manuscrit de la bibliothèque de Châlons, page 324, la musique se trouve avec les paroles.

Envoyée, le 27 février de la même année, à l'abbé Bignon, celui-ci fit *chorus* à son ami dans une assez méchante parodie sur l'air :

Que je chéris, mon cher voisin, l'honneur de te connaître.

M. Bignon était alors âgé de soixante-dix-neuf ans.

Se peut-il que vous n'aimiez pas,
La sève délectable,
L'âme et l'amour de nos repas,
Aussi saine qu'aimable ?
Votre palais, usé, perclus,
Par liqueur inflammable,
Préfère de mousseux verjus
Au nectar véritable.

QUESTION SUR L'USAGE DU VIN DE CHAMPAGNE 545

    Horace a si souvent chanté
    Son parfum balsamique,
    Si vous rejetez sa bonté,
    Je vous tiens pour hérétique.
    Sentez le prix de ce vin vieux,
    Qu'un vrai gourmet révère,
    Il pétille dans vos beaux yeux
    Bien mieux que dans mon verre.

Contrairement à l'avis de ces Messieurs, le vin de Champagne a gagné du terrain dans la lutte, et qui ne sait qu'il en est sorti victorieux ?

Nous accepterons certainement, et sans arrière-pensée, la découverte inappréciable de dom Pérignon, et si ce bon moine a illustré Hautvillers, ses environs, la Champagne en un mot, c'est que des palais, plus illustres que celui de Bertin du Rocheret, ont trouvé que le vin mousseux était de beaucoup préférable au meilleur œil-de-perdrix si vanté par notre sparnacien, plus économe que connaisseur.

Bertin du Rocheret, qui joignait à plusieurs titres celui de lieutenant criminel du baillage d'Épernay et propriétaire à Ay, avait quelques raisons de dénigrer tant soit peu le vin mousseux. De vin gris, ou paillet, ou enfin œil-de-perdrix, comme il le faisait d'abord, il s'avisa d'en faire du rosé qui eut un grand succès, si bien que le 9 janvier 1739 il envoya deux pièces de vin de cette couleur rosée à M. de Subécourt, au prix de 150 à 200 livres la pièce. Ce vin rosé était, en effet, une grande nouveauté. En 1747, on le vendit, à Ay, 300 livres, et en 1749, 500 livres la queue de deux pièces de 190 litres chacune ou environ. Mais alors qu'on recherchait ce vin blanc spécial, on parlait déjà avec avantage du vin de Champagne mousseux, inventé par dom Pérignon déjà depuis une vingtaine d'années. Ce vin donc, qui sortait avec impétuosité du flacon, commença à paraître vers 1698, il fit fureur en 1714 et 1715 ; on en revint un peu que pour ne mieux l'apprécier plus tard.

Il fut, en effet, toujours bon, le vin d'Hautvillers et de Champagne en général ? Sa renommée remonte au xie siècle ; on sait que sous le pape Urbain II, élu en 1088, ce vin a commencé à se faire connaître. Toutefois, le vin d'Ay, que le pape Urbain préférait à tous les vins du monde, était alors un vin rouge semblable au vin de Bouzy qui a joui pendant longtemps d'une réputation universelle. Saint Remi légua par testament deux pièces de vignes à son neveu, à des prêtres et à des diacres de l'Église de Reims. Ce grand saint lui-même n'était pas sans connaître la valeur du vin de Champagne.

On trouve dans les œuvres d'Hincmar une lettre de Pardule, évêque de Laon (860), où il indique le vin de la rivière de Marne, comme le plus convenable à la santé.

Pline n'avait-il pas dit, en faveur du vin de notre province (lib. XIV, cap. VI) : *Cœtera Galliæ vina sunt regalibus mensis expetita e campania Remense et quod vin d'Ai vocant.* « Les autres vins de la Gaule, recommandés pour la table des rois, ne sont-ils pas ceux de la campagne de Reims qu'on appelle vin d'Ay. »

Au sacre de Philippe de Valois, en 1328, le vin valait six livres la pièce. A l'époque du sacre de Charles IX, la queue se vendait jusqu'à 34 livres. Pendant longtemps, les vins du marquis de Puisieux, seigneur de Sillery et de Verzenay, étaient les plus estimés à la cour de France.

Bertin du Rocheret fils, dans la suite, put comprendre que plusieurs gourmets donnaient au vin de Champagne un autre mérite que celui de la bière ou de la crême fouettée ; le 10 décembre 1735, le commandeur Descartes lui écrivait : Je voudrais :

> De ce vin blanc délicieux
> Qui mousse et brille dans le verre,
> Et qu'on ne sert jamais qu'à la table des dieux,
> Ou des grands, pour en parler mieux,
> Qui sont les seuls dieux de la terre.

Nous l'avons dit, Voltaire aimait aussi ce vin mousseux. En 1736, en parlant de Chloris et d'Énée, dans le *Mondain*, il ajoute :

> ..... Me versent de leurs mains
> D'un vin d'Ay dont la mousse pressée
> De la bouteille avec force élancée
> Comme un éclair fait voler son bouchon,
> Il part, on rit, il frappe le plafond ;
> De ce vin frais, l'écume pétillante
> De nos Français est l'image brillante.

Les flacons ou bouteilles, à cette époque, étaient en forme de poire, et leur capacité variait beaucoup. Une déclaration du roi, en date du 8 mars 1755, régla le poids et la contenance des bouteilles. D'après cet édit, les bouteilles devaient peser vingt-cinq onces, contenir une pinte de Paris et être ficelées avec une ficelle à trois fils, bien tordue et nouée en croix sur le bouchon.

Cette couleur, dite œil-de-perdrix, n'était pas nouvelle, elle était prisée depuis longtemps.

Un trouvère du XIIIe siècle recommandait déjà cette couleur dans le vin autrefois si célèbre de Saint-Pourçain :

> Car je suis né de bonne branche
> Qui n'est trop rouge, ne trop blanche.
> J'ai la bouche, j'ai la couleur,
> Nus homs ne peut trover meilleur.
> OEil de perdris, c'est mon viaire,
> A meilleur couleur ne puis traire.

(*Mémoire sur le vin de Champagne*, auteur inconnu ; à Paris, pour la société des bibliophiles, 1845. Imprimerie de Ch. Lahure, rue de Fleurus, 9.)

Vers le même temps, le prince royal de Prusse, devenu roi sous le nom de Frédéric Guillaume Ier, aimait tant les vins, qu'il s'enivrait, dit-on, dans ses caves. Ce fut ce même roi qui demanda, dans un repas où l'on servait du vin de Champagne, si on pourrait lui expliquer pourquoi ce vin était mousseux ; on lui répondit qu'il n'y avait que l'Académie qui soit capable de le satisfaire sur cette question. Il ordonna à l'instant, à un de ses ministres, d'écrire à l'Académie ; les académiciens s'assemblèrent et voulurent, avant de répondre, faire des expériences ; à cet effet, ils demandèrent au roi un panier de quarante à soixante bouteilles de vin de Champagne mousseux. « Qu'ils aillent promener, dit le roi, lorsqu'on lui lut cette réponse ; je n'ai pas besoin d'eux pour boire mon vin, et j'aime mieux ignorer toute ma vie pourquoi il est mousseux, que de m'en priver d'une goutte. »

Dignes héritiers du monarque, les soldats allemands, qui traversèrent nos contrées pendant la guerre, se précipitèrent dans les caves, non pas pour admirer seulement. C'est en lacérant les bouchons, en cassant les goulots des bouteilles, qu'ils burent, avec une avidité remarquable, le vin mousseux réquisitionné par leurs chefs et centralisé dans la cour de l'Hôtel-de-Ville d'Épernay, le 7 septembre 1870. Les états-majors allemands, déjà pris de vin, assistèrent impassibles à l'hommage inconscient et brutal rendu par la soldatesque au produit des coteaux champenois. Il faut pourtant dire que, si les Prussiens ont gaspillé et volé du vin de Champagne, ils en ont aussi payé au profit de plusieurs maisons de commerce et de débitants de cette douce et agréable liqueur.

Dom Pérignon mourut sans pressentir, peut-être, la grandeur et l'importance commerciale de son œuvre. Si quelquefois il fut obligé de se mêler aux affaires litigieuses suscitées par l'abbé commendataire, il ne perdait pas de vue pour cela que les vins de l'abbaye pouvaient, étant disposés comme il l'étaient par ses soins intelligents, devenir une source féconde de revenus importants pour le monastère.

Mort à Hautvillers, le 14 septembre 1715, il fut inhumé dans l'église abbatiale, sous une dalle noire, où se lit encore cette inscription :

D. O. M.
HIC JACET DOM
PETRUS PERIGNON
HUIUS MNRII PER
ANNOS QUADRAGIN-
TA SEPTEM CELLE-
RARIUS QUI REFA-
MILIARI SUMMA CUM
LAUDE ADMINIS-
TRATA VIRTUTIBUS
PLENUS PATERNO
QUE IMPRIMIS IN
PAUPERES AMORE
OBIIT ÆTATIS 77º
ANNO 1715
REQUIESCAT IN PACE
AMEN.

« Ci-gît dom Pérignon, pendant quarante ans cellérier de ce monastère ; son administration lui mérita les plus grands éloges, recommandable par ses vertus et surtout par son amour paternel pour les pauvres. Il mourut dans la soixante-dix-septième année de son âge, en 1715. »

On avait tant parlé de ce religieux modeste, que sa mort fut regrettée par tous les gourmets. Son nom, sous la plume des philosophes, qui ne se piquaient pas d'être de première force en géographie, devint celui d'un terroir ou d'un lieudit. « Les plus fameux coteaux qui produisent les vins de Champagne, écrivait, en 1716, un commentateur de Boileau, sont : Reims, *Pérignon*, Sillery, Hautvillers, Ay, Verzy, Verzenay et Saint-Thierry. On croit que le vin de Champagne doit sa première réputation à MM. Colbert et Le Tellier, ministres d'État, qui possédaient de grands vignobles dans la province de Champagne. »

« Une dalle funéraire, une mention incidente dans les ouvrages relatifs à la manutention des vins, quelques lignes insérées dans la *Biographie universelle*, par dom Lecuy, dernier abbé général de l'ordre des Prémontrés ; voilà ce qui reste pour conserver le souvenir de dom Pérignon, auquel, à notre connaissance, pas un des représentants de l'industrie des vins mousseux n'a même consacré une étiquette.

« *Cramant, 20 août 1873.* »

Nous ne sommes pas de l'avis de l'auteur inconnu de cette note, qui se plaint de ne pas connaître un des représentants de l'industrie des vins mousseux, qui ait consacré une étiquette à dom Pérignon. Ce serait une erreur; dom Pérignon a trouvé le moyen de donner la mousse au vin de Champagne, il a eu, en effet, de bons vins mousseux à offrir aux plus fins gourmets, et, en donnant essor aux vins de nos contrées, on peut dire qu'il a fait la fortune du pays. Aujourd'hui, il y a encore la mousse, et c'est elle qui toujours tient le pas dans cette industrie. Chaque industriel fait son vin, lui donne une qualité plus ou moins supérieure, selon le crû d'où il l'a tiré, et aussi selon le goût des consommateurs auxquels il l'expédie ; mais, pour du vin proprement dit, comme le faisait dom Pérignon, avec une étiquette qui porterait son nom, il ne peut y en avoir, ce ne serait pas exact ; ou bien il ne devrait y avoir qu'une seule marque pour tous les commerçants en général ; ce n'est pas possible, il n'y aurait plus de réputation pour les grandes maisons de commerce qui tiennent, non-seulement à faire le vin mousseux, mais encore à lui donner une qualité justement appréciée.

En terminant l'éloge de dom Pérignon, et par-là même celui du vin de Champagne, le lecteur nous permettra de citer le rapport au comice agricole (20 septembre 1873), sur l'état de la viticulture dans l'arrondissement de Reims et, en *particulier*, dans le canton d'Ay, en 1873, par Jean-Louis Plonquet, lauréat et membre du comice de Reims, etc. :

« Cette année, qui s'annonçait si belle pour nos champs et pour nos vignobles, a vu ces derniers atteints d'un des plus rudes coups qui les ait depuis longtemps frappés.

« Aux maux qu'amène la rigueur des saisons, nous n'avons qu'à opposer la résignation et un redoublement d'énergie. » *(Allocution* de M. Casimir Périer, ministre de l'intérieur, *au comice de Bar-sur-Seine,* mai 1873).

De quelque point élevé qu'on envisage actuellement un concours viticole, il me semble presque impossible de séparer la viticulture de l'œnologie. De l'importance commerciale d'une maison résulte la nécessité d'y annexer des vignobles d'une étendue relative au chiffre des expéditions, à moins que le négociant, qui n'est pas toujours viticulteur, tel que M. Rœderer, par exemple, ne consente à payer un droit de commission sur les vins qui ne sont pas récoltés par lui.

A Ay, la viticulture est inséparable de l'œnologie. Dans les bonnes années, la plupart des propriétaires font leurs vins de production. A Bouzy, le contraire a lieu : les vignerons vendent leurs raisins au panier et ne s'inquiètent nullement de la fabrication.

Après ces considérations, plutôt pratiques que scientifiques, à quelque point de vue, je le répète, que nous placions les candidats du concours, qui sont : MM. Moët et Chandon, Verlé, Rœderer, Ch. Perrier, G. Moreau, comte de Mareuil, duc de Montebello, Dueil et E. Irroy, pour la grande viticulture; nous les retrouverons presque invariablement dans le même ordre, à l'exception de MM. G. Moreau et Dueil, qui ne sont pas négociants, et de la maison Rœderer, qui ne possède pas de vignes dans notre canton.

MM. MOËT ET CHANDON

D'ÉPERNAY (1)

C'est à Jean-Remy Moët que nous devons ce prodigieux commerce qui s'étend jusqu'aux extrémités du monde et qui fait éclater partout le nom de la France dans les joyeuses et pacifiques détonations du champagne.

M. de Talleyrand a dit que c'était le *vin civilisateur* par excellence. Cettte qualification glorieuse lui fut donnée un jour que M. Moët dinait à Paris, à l'hôtel du prince.

« Mon cher monsieur, dit de Talleyrand à la fin du repas en élevant sa flûte pétillante, vous êtes un prédestiné de l'avenir. Je déclare que, grâce à cette coupe et à son contenu, votre nom moussera beaucoup mieux et plus longtemps que le nôtre ! (2) »

Le père de M. J.-R. Moët, viticulteur distingué, possédait un vendangeoir à Cumières. Les meilleurs crûs de Champagne appartenaient alors aux abbayes d'Hautvillers et d'Avenay. Les moines en dirigeaient eux-mêmes l'exploitation.

Quant aux vendangeoirs exceptionnels d'Ay, Sillery, etc., ils étaient la propriété de hauts et puissants seigneurs qui n'en tiraient qu'un produit médiocre et ne savaient pas en développer l'accroissement. Ils se bornaient à vendre le raisin sur pied à des industriels de Reims, déshéritant ainsi la localité même d'une richesse inhérente au territoire.

Jusqu'en 1792, il n'y eut à Épernay, ni aux environs, aucune maison importante affectée au commerce du vin de Champagne.

Ce fut alors que M. Moët, âgé de 34 ans, fit comprendre à ses compatriotes leurs véritables intérêts. Il leur prouva qu'au lieu d'expédier leurs vendanges aux négociants de Reims, il était bien plus rationnel et plus logique de centraliser dans le pays de production ce grand commerce.

Prêchant l'exemple, il jeta les bases d'un établissement qui prit, en quelques années, des proportions immenses.

---

(1) *Monographie des vins de Champagne, J.-R. Moët et ses successeurs*, par V. Fiévet.

(2) Armes et blason : De gueules à deux lions adossés d'or, les têtes contournées.

Ses caves et ses celliers étaient et sont encore situés rue du Commerce, à Épernay. La maison Moët a toujours, depuis cette époque, été en grandissant. Sa renommée est européenne et fait le tour du monde.

Tour à tour, M. Moët reçut dans ses salons les têtes couronnées de l'Europe et les mena visiter ses vastes et magnifiques caves.

Le 26 juillet 1807 eut lieu la première visite impériale. Une inscription en lettres d'or, gravée sur une table de marbre, à l'entrée des caves, mentionne cette visite où des vins d'honneur furent présentés à S. M. Napoléon Ier.

Jérôme Bonaparte, roi de Westphalie, allant au baptême du roi de Rome, rendit visite au riche négociant et lui laissa une commande de 6,000 bouteilles de premier crû.

— Si les circonstances étaient moins tristes, lui dit-il, j'en prendrais le double ; mais je crains que les Russes ne viennent me le boire.

— Les Russes !... Je ne vous comprends pas, sire, dit M. Moët, stupéfait.

— Eh bien ! vous allez me comprendre, et je vous révèle un secret d'État. La guerre de Russie vient d'être décidée dans le conseil de mon frère. C'est un malheur, un grand malheur ! Je ne crois pas le succès possible de ce côté-là.

— Mais, sire....

— Oui, je sais ce que vous allez me répondre : « Le génie de l'Empereur ne connaît point d'obstacles ! » Voilà ce qu'ils disent tous... Je désire que mes pressentiments me trompent. « Attendons la fin ! »

Le désastre de la Bérésina, qui eut lieu l'année suivante, ne confirma que trop les sombres prévisions de Jérôme.

Le 7 février 1814, Épernay fut envahi par les troupes étrangères. La ferme contenance et le dévouement énergique de M. Moët réussirent à empêcher le désordre et les collisions.

Le 17 mars, au soir, l'Empereur, après la reprise de Reims, vint délivrer Épernay, suivi de son état-major, et descendit chez M. Moët, où il passa la nuit.

— Eh bien ! tout n'est pas perdu ; la France n'est pas encore aux Russes, mon cher monsieur Moët, lui cria le héros dès qu'il l'aperçut.

— Non, sire, Dieu vous aidera jusqu'au bout, j'en ai la ferme confiance, répondit le négociant.

— Et moi aussi, dit l'Empereur. Mais si le sort trompe mes espérances, je veux dès aujourd'hui récompenser ce développement admirable que vous avez su donner, en France comme à l'étranger, au commerce de nos vins.

Tout en parlant, Napoléon détachait de sa poitrine une croix de la Légion d'honneur et l'attachait à l'habit de M. Moët.

Après une carrière commerciale de plus de cinquante ans, le riche négociant transmit la suite de ses opérations à M. Victor Moët, son fils, aujourd'hui âgé de 77 ans, et à M. Pierre-Gabriel Chandon, son gendre.

Cette cession fut consentie le 31 décembre 1832 et, depuis lors, la raison sociale de la maison de commerce est restée Moët et Chandon.

C'est avec cette marque que les vins les plus renommés de notre crû s'exportent jusqu'aux dernières limites du globe et sont dégustés par tous les peuples.

Au milieu de son existence remplie, M. Moët père, accablé de tant de travaux, trouvait encore le moyen de fertiliser et d'enrichir une des campagnes les plus stériles du voisinage.

Nous parlons de sa terre de Romont, près de Mailly, dans laquelle il s'empressa d'aller occuper les loisirs que lui laissait la retraite.

C'est là que M. Moët fit bâtir un joli château dans le style moderne. Cette charmante habitation est aujourd'hui la propriété de M. Jean-Remi-Gabriel Chandon, son petit-fils (1).

M. Moët mourut, le 31 août 1841, dans sa terre de Romont, à l'âge de 83 ans. Les populations des villages de Mailly et Ludes voulurent accompagner jusqu'à Épernay les cendres de leur bienfaiteur.

La maison Moët et Chandon prend, d'année en année, un accroissement plus considérable. Son commerce embrasse les deux hémisphères. En 1849, le Président de la République, passant à Épernay, voulut descendre dans les caves célèbres que son oncle avait parcourues un demi-siècle avant lui.

Il y a soixante ans, on n'expédiait, année commune, que 50,000 bouteilles environ.

Aujourd'hui le chiffre de ces expéditions s'élève à plus de deux millions.

---

(1) Décédé à Paris, le 1er de ce mois.

Le personnel attaché à l'exploitation et à la culture des vignes est immense. Nous y reviendrons.

Laissons maintenant parler l'*Illustration* (1) : C'est Hautvillers qui est le berceau du champagne. L'abbaye d'Hautvillers, brûlée au xvie siècle, pendant une guerre de religion, eut encore deux siècles de repos et de prospérité. La Révolution en a chassé les moines. Aujourd'hui, le terrain et les vignes de l'abbaye sont la propriété de M. Chandon de Briailles, le neveu et l'associé de M. Moët. Si les Bénédictins ne sont plus là pour faire valoir les crûs qu'on nommait Trésor des moines, aujourd'hui une grande maison industrielle, à réputation européenne, conserve religieusement la tradition des anciens cénobites.

La maison Moët et Chandon a suivi toutes les péripéties des événements politiques du commencement de ce siècle. Napoléon Ier aimait beaucoup M. Moët père. Tant que dura le règne du grand Empereur, la prospérité de la maison de M. Moët allait toujours en croissant ; mais elle suivit bientôt les vicissitudes du géant des batailles.

Les souverains étrangers, princes, rois et empereurs alliés contre la France, affectèrent de loger dans les mêmes endroits où avait séjourné le conquérant. Les états-majors goûtèrent les vins mousseux de M. Moët ; cela leur parut nouveau et bon. Ils vidèrent littéralement les caves de l'ancien ami de Napoléon. Tout autre se fut plaint ; M. Moët, au contraire, sembla sourire gaiement à sa ruine. Un ami lui en fit la remarque ; il lui répondit spirituellement :

« Que voulez-vous, mon cher, quand le mal est inévitable, le plus grand talent consiste à trouver une source de bien dans ce mal même. Tous ces officiers qui me ruinent aujourd'hui feront peut-être ma fortune demain. Je souris à la spoliation dont je suis l'objet, et je me fais de tous ceux qui boivent mon vin autant de commis-voyageurs qui, en rentrant dans leurs lointaines patries, feront de la propagande en faveur de ma maison. »

Les officiers alliés débouchèrent *plusieurs centaines de mille de bouteilles ;* mais M. Moët eut une clientèle européenne sans mettre un seul voyageur de commerce sur les grandes routes.

Aujourd'hui, nous le répétons, la maison Moët et Chandon expédie par millions de bouteilles son vin mousseux aux quatre

(1) Août 1862.

Ancienne Cour du Cloître actuellement Ferme.

coins du globe ; et ce qui la distingue par-dessus tout, c'est la possession des plus fins crûs de la rivière et même de la montagne. La fortune et la prospérité ont fait de la propriété de chacun de ces crûs un domaine, un château. La ferme d'Hautvillers, que le Comice de Reims a signalée dans son concours de 1861, à Ay, pour la grande médaille d'or, possède des terrains qui ont toujours été inférieurs, non comme étendue, mais comme valeur, à ceux qui constituent l'exploitation viticole appartenant au même domaine (60 arpents, Hautvillers et Cumières). Si nous y ajoutons les vignes de Dizy, de Cumières, d'Ay et d'Avenay (135 arpents), de Bouzy (26 arpents), où existe un vendangeoir particulier pour chacun de ces importants vignobles, avec un personnel complet de vignerons, nous ne soumettons qu'à peine la moitié de la superficie cultivée en vignes par la maison Moët et Chandon à l'examen de votre commission de viticulture.

Un rappel de la grande médaille d'or ne serait pas, à mon avis, l'expression vraie des droits acquis par MM. Moët et Chandon à la munificence de notre Société agricole. Nos populations environnantes, qui ont vu la croix d'officier de la Légion d'honneur attachée à la boutonnière du père et qui voient briller celle de chevalier sur la poitrine du fils, applaudiront de tout leur cœur à la décision prise au sein de votre commission, décision dont vous ne pouvez manquer de vous faire l'écho en l'approuvant à l'unanimité, Messieurs les membres du Comice, et qui consiste à mettre — en raison de l'immense étendue des propriétés cultivées en vignes, ce qui dénote une supériorité incontestable sur nos plus grandes cultures viticoles — MM. Moët et Chandon.

avec *Hors concours,*

Rappel de la grande médaille d'or

obtenue au concours d'Ay, en 1860.

La suite de ce rapport ayant trait aux propriétés cultivées par MM. Verlé, Rœderer, Perrier, etc., dans différentes localités en dehors d'Hautvillers, nous omettrons de rapporter ce qui en a été dit.

Nous ajouterons quelques détails supplémentaires pour ce qui concerne la maison Moët et Chandon, la première de la Champagne. La maison Moët et Chandon, dont le siège est à

Épernay, est dirigée actuellement (1880) par ses principaux propriétaires : M. Victor Moët, M. Paul Chandon de Briailles, M. Auban-Moët-Romont, et les fils aînés de M. Paul Chandon de Briailles : M. Raoul Chandon de Briailles de Clermont-Tonnerre est spécialement chargé des constructions qui se font chaque année dans cette colossale maison ; M. Gaston Chandon de Briailles est chargé du matériel en général ; tout en s'occupant tous deux, d'ailleurs, de ce qui peut avoir rapport au commerce de vin de leur maison.

La haute administration des caves est confiée à M. Ernest Goubault, un autre Pérignon pour ses capacités dans la composition des cuvées ! Le chef du matériel de cette maison, sans rivale dans nos contrées, est M. F. Lebègue, dont l'intelligence et l'activité sont à la hauteur de ses sérieuses et laborieuses fonctions.

Cette maison possède, pour son commerce, au moins quatre cents hectares de vignes, toutes cultivées par des ouvriers, pour la plupart, attachés à la maison. Trois à quatre cents ouvriers sont employés dans les caves pour la manutention des vins, et, dans le moment des tirages, ce nombre est augmenté à peu près d'autant.

Elle a vingt-huit chefs vignerons, sous les ordres desquels travaillent huit cents autres vignerons. Ces chefs eux-mêmes reçoivent des ordres d'autres chefs, qui ordonnent et contrôlent tous les travaux. Elle a toujours en activité, chez elle, plus de quarante artisans : maçons, charpentiers, ferblantiers, zingueurs, charrons, bourreliers, etc. Si, en 1865, le personnel était de mille individus, aujourd'hui ce nombre peut être porté à treize ou quatorze cents.

Sans compter les chevaux de luxe, les chevaux de selle des chefs qui ont à surveiller au loin les travaux des champs, quarante-huit autres chevaux, avec un nombre suffisant de conducteurs, sont constamment occupés pour le camionnage des vins et les transports de toutes sortes. Elle a, dans divers endroits où elle possède des vignes, neuf cités ouvrières pour loger un bon nombre de vignerons spécialement attachés à son service. D'autres nouvelles maisons sont en construction pour le même usage.

Elle expédie chaque année, dans toutes ou à peu près toutes les parties du monde, notamment en Europe et en Amérique, où elle a des représentants, de trois à quatre millions de bouteilles de champagne.

A un aussi beau commerce, n'oublions pas que les bons moines d'Hautvillers y attachent honorablement leur nom, et que c'est à eux, en partie, qu'on doit cette prospérité toujours croissante du commerce du vin mousseux dans notre Champagne.

La maison Moët et Chandon sait s'en souvenir ; aussi s'en montre-t-elle toujours digne, en conservant scrupuleusement les traditions et tout ce qui tient à l'ancienne abbaye pour ce commerce, qui, d'ailleurs, fait le bien-être de tant d'ouvriers qui y sont employés. Les anciens bâtiments de l'abbaye, les jardins et presque toutes les vignes de cet ancien monastère appartiennent à M. Paul Chandon de Briailles, qui s'en est rendu acquéreur à diverses époques. La direction de ce beau domaine est confiée aujourd'hui à M. Raoul Chandon de Briailles de Clermont-Tonnerre, qui a pour régisseur M. F. Lebègue, déjà attaché au matériel de la maison de commerce d'Épernay.

Ce ne sont donc plus les moines qui aujourd'hui régissent un monastère fondé par le glorieux saint Nivard ; on n'y voit plus ni les Royer, ni les Dudré, ni les Pérignon, mais on peut dire qu'ils sont noblement représentés par la famille Chandon de Briailles, qui, comme nous venons de le dire, possède en grande partie les propriétés de cette antique abbaye dont nous avons entrepris de retracer l'histoire, en donnant, sur ses abbés et quelques-uns de ses moines, tous les détails biographiques que nous avons pu recueillir. Pourquoi n'en ferions-nous pas autant pour ce qui concerne la famille Chandon de Briailles, dont les membres sont appelés à perpétuer dignement l'histoire d'Hautvillers et à conserver à cet endroit une gloire enviée par d'autres localités moins favorisées de la nature. Appuyé sur de tels représentants, Hautvillers personnifié, parlant de lui-même, pourra toujours redire :

> Dans quel palais superbe, et plein de ma grandeur,
> Puis-je jamais paraître avec plus de splendeur.
> RACINE.

La maison Chandon est très ancienne, et si elle n'a des titres de son origine qu'à partir des Croisades, on pourrait peut-être, sans témérité, la faire remonter jusqu'au règne de Gontran, roi de Bourgogne ; nous lisons, en effet, dans saint Grégoire de Tours, *Histoire des Francs* (tome II, livre X, n° 10) :

Anno igitur decimo quinto (1) Childeberti regis, qui est Guntchramni nonus atque vicesimus, dum ipse Guntchramnus rex per Vosagum silvam venationem exerceret, vestigia occisi bubali deprehendit. Cumque custodem silvæ arctius distringeret, qui hæc in regali silva gerere præsumpsisset, Chandonem cubicularium regis prodidit. Quo hæc loquente jussit eum apprehendi et Cabillonum compactum in vinculis duci. Cumque uterque in præsentia regis intenderent (2), et Chando diceret, nunquam a se hæc præsumpta quæ objiciebantur, rex campum dijudicat.

Tunc cubicularius ille, dato nepote pro se, qui hoc certamen adiret, in campo uterque steterunt, jactaque puer ille lancea super custodem silvæ, pedem ejus transfigit, moxque resupinus ruit. Puer vero extracto cultro qui de cingulo dependebat, dum collum ruentis incidere tentat, cultro sauciati ventre transfoditur : cecideruntque ambo et mortui sunt. Quod videns Chando, ad Basilicam sancti Marcelli fugam iniit.

Acclamante vero rege ut comprehenderetur, priusquam limen sanctum attingeret comprehensus est, vinctusque ad stipitem, lapidibus est obrutus.

Multum se ex hoc deinceps rex pœnitens, ut sic eum ira præcipi-

La quinzième année du règne de Childebert, 29° de Gontran, ce dernier roi chassait dans la forêt des Vosges, lorsqu'il trouva les traces d'un bufle tué. Il pressa le garde de la forêt, lui demandant qui avait osé chasser dans la forêt royale. Le garde trahit Chandon, chambellan du roi. A cette nouvelle, Gontran fit saisir Chandon et ordonna de le conduire chargé de chaînes à Chalon-sur-Saône (sa résidence). L'accusateur et l'accusé parurent devant le roi; dans le débat, Chandon assura qu'il n'avait jamais osé faire ce dont on l'accusait. Le roi décide alors qu'il y aura combat singulier. Le chambellan s'y fait remplacer par son petit-fils. Quand les deux combattants sont en présence, l'enfant porte sa lance sur le garde forestier qui, blessé au pied, tombe à la renverse. L'enfant, tirant le couteau qui pendait à sa ceinture, essaie de lui couper le cou, mais en même temps, le couteau du blessé lui perce le ventre; tous deux tombèrent et moururent. A cette vue, Chandon voulut se réfugier dans la basilique de Saint-Marcel (1). Le roi cria qu'il fallait s'emparer de lui; on le saisit donc avant qu'il eût atteint le seuil sacré; on le lia à un tronc d'arbre et on le lapida.

Le roi regretta beaucoup, dans la suite, d'avoir été ainsi poussé par la colère à mettre à mort si

---

(1) Id est 590.
(2) Id est contenderent.

(1) Saint Marcel a été le premier apôtre de Chalon-sur-Saône.

CHANDON DE BRIAILLES

CHAMPAGNE ET BOURGOGNE

Comtes de Briailles, Barons de Lanques,
Seigneurs de la Tour de Chandon, du Chanceau, de Charlieu, de Davayé,
de Dinechin, et autres Lieux.

tem reddidisset, ut pro parvulæ causæ noxa, fidelem sibique necessarium virum tam celeriter interemisset.

promptement, et pour une faute légère, un homme qui lui était fidèle et très attaché.

En supposant que ce chambellan de Gontran, qui avait nom Chandon, pouvait bien être une souche de la famille qui nous occupe, les documents nous manquent jusqu'au XIIIe siècle, où nous voyons apparaître sûrement les premiers des Chandon de Briailles, avec titre de noblesse.

CHANDON DE BRIAILLES

La maison CHANDON DE BRIAILLES est fort ancienne, puisqu'elle remonte par titres à l'époque des Croisades, et elle tire son nom d'une seigneurie ou maison forte du nom de Chandon, située dans le Lionnais.

Elle a été confirmée dans les prérogatives de sa noblesse d'extraction par trois jugements de maintenue, rendus le premier en 1478, le second en 1600, et le troisième en 1667. Ses armoiries sont enregistrées à l'*Armorial général* créé en vertu de l'édit royal du 20 novembre 1696. Enfin, à une époque toute récente, elle a fourni de nouveau et surabondamment les preuves de son ancienne origine à l'occasion de la réception de deux de ses membres dans l'ordre de Saint-Jean-de-Jérusalem (Malte), en 1843.

Parmi les seigneuries nombreuses et considérables que la famille CHANDON a possédées, nous nous bornerons à citer celles de Briailles, de Lanques, de la Tour de Chandon, du Chanceau, de Charlieu, de Davayé, de Dinechin, etc.

En faisant une énumération rapide des personnages distingués qui sont sortis de cette noble maison, on trouve qu'elle a produit : un chevalier de Rhodes; un maréchal de camp; un gentilhomme ordinaire de la maison du roi; deux chevaliers de Malte; un maître des requêtes, qui fut successivement président du grand conseil sous Henri III et premier président de la cour des aides sous Henri IV; un lieutenant criminel à Mâcon ; des conseillers au parlement de Dijon ; des avocats du roi et un élu aux États généraux de Bourgogne; plusieurs abbés et un prieur d'abbaye, etc.

Au xve siècle, la maison DE CHANDON s'est divisée en deux branches : l'AÎNÉE, qui a possédé et porté les titres de COMTES et de VICOMTES DE BRIAILLES, s'est éteinte dans la ligne masculine à l'époque de la Révolution de 1789, en la personne de François-Philibert DE CHANDON, comte de Briailles, colonel d'un régiment de hussards hongrois.

La CADETTE, qui s'est continuée jusqu'à nos jours, a, par suite de l'extinction de la branche aînée, hérité des titres et prérogatives nobiliaires dont elle jouissait, et de plus elle a été élevée à la dignité de COMTE, par lettres patentes de S. S. le pape Pie IX, en date du 4 août 1876.

La généalogie de la maison DE CHANDON a été donnée par plusieurs auteurs héraldiques estimés, et entre autres par Guichenon, dans son *Histoire de Bresse et Bugey* ; par Palliot, dans son *Parlement de Bourgogne* ; par La Chesnaye des Bois, dans son *Dictionnaire de la Noblesse* ; et aussi dans la *Recherche de la Noblesse de Champagne*, de M. de Caumartin.

Toutes ces autorités, d'accord avec les documents historiques, établissent la filiation non interrompue de cette maison comme suit :

I. — René DE CHANDON, chevalier qui mourut à Avignon, vers 1280, des suites de blessures reçues au siège de Tunis. Il n'eut qu'une fille unique nommée Sybille, dame de Chandon, de Fleurie et autres lieux, qui, étant veuve et sans enfants, laissa ses biens à Guillaume qui suit, son neveu, fils de N. CHANDON, frère de René.

II. — Guillaume DE CHANDON, chevalier, était marié, avant la mort de Sybille, sa tante, avec noble Béatrix DE L'AUBESPIN, de laquelle il eut trois fils :

1º Bernard DE CHANDON, écuyer, qui n'eut que des filles ;
2º Hugues, qui suit ;
3º Guy DE CHANDON, écuyer, mort en Flandres.

III. — Hugues DE CHANDON, chevalier, épousa noble Isabeau DE BRENIEU, dont il eut trois enfants, savoir :

1º Charles, qui suit ;
2º Louis DE CHANDON, tué à la bataille de Poitiers, en 1356 ;
3º Angèle DE CHANDON, religieuse, à Beaulieu.

IV. — Charles DE CHANDON, chevalier, épousa en premières noces Catherine DE GLETTINES ; et en deuxième noces, l'an 1349, Laurence DE FRANCHELINS. Il est mort en 1372, laissant de son second mariage six enfants, entre autres :

> 1º Philippe, qui suit ;
> 2º Roger DE CHANDON, chevalier de Rhodes, mort en 1374.
> 3º Edmond DE CHANDON, écuyer, qui accompagna Bertrand Duguesclin, dans toutes ses guerres en Espagne.

V. — Philippe DE CHANDON épousa : 1º l'an 1372, Jeanne DE BER, morte l'année suivante ; 2º l'an 1374, noble Charlotte DU LYS, dont il eut le fils unique qui suit :

VI. — Raymond DE CHANDON, chevalier, épousa noble Vincelette DE VERGY, de l'illustre maison de ce nom qui a donné des évêques et des archevêques à la France ; il acquit la terre du Chanceau en Bourgogne, et mourut en 1426, laissant cinq enfants, entre autres :

> 1º et 2º Philippe et Albert DE CHANDON, écuyers, qui firent les guerres contre les Anglais ;
> 3º Michel, qui suit.

VII. — Michel DE CHANDON, chevalier, épousa : 1º l'an 1425, noble Madeleine SEYS DE CHANCEAU DE SALORNAY ; 2º noble Éléonore DE LA PALU, le 10 juin 1427.

Il eut le fils qui suit :

VIII. — Jean DE CHANDON, chevalier, seigneur du Chanceau et de Briailles, fut marié : 1º avec noble Agathe DE VOUZANCES ; 2º avec noble Jeanne RUETTE, dame de Dinechin.

Il a laissé quatre enfants, savoir :

> 1º Jean, qui suit ;
> 2º Charles DE CHANDON, écuyer, seigneur de Dinechin et de Fleurie, qui épousa Catherine DE FRANCHELINS, et fut père de :
>> Antoine DE CHANDON, écuyer, seigneur de Dinechin et de Fleurie, marié à noble Claudine DE GENOUILLY ;

3° Thomas DE CHANDON, qui a formé la BRANCHE CADETTE, dont l'article viendra ci-après;
4° Guy DE CHANDON, mort sans postérité.

IX. — Jean DE CHANDON, chevalier, seigneur du Chanceau et de Briailles, épousa, le 12 novembre 1478, noble Marguerite DE MOULINS, fille de Philippe, seigneur de Moulins et de Marcilly, et de Perronette de la Bastie.

Il testa le 2 juillet 1502 et laissa plusieurs enfants, savoir :

1° Jean, dont l'article suit ;
2° Jean DE CHANDON, prieur de Rorgues ;
3° et 4° Louis-Guillaume et Charles DE CHANDON, morts célibataires.

X. — Jean DE CHANDON, écuyer, seigneur du Chanceau et de Briailles, homme d'armes des ordonnances du seigneur de la Palu, obtint des lettres du roi, données à Blois, le 21 juin 1512, à l'effet de renouveler ses papiers terriers, afin de conserver ses droits. Il épousa, le 6 janvier 1522, noble damoiselle Marguerite DE DAMAS, de l'illustre maison des ducs de Damas, et laissa de ce mariage cinq enfants :

1° Jean, qui suit;
2° Pierre DE CHANDON, prieur de Perrigny ;
3° Philippe DE CHANDON, commandeur de Saint-Antoine ;
4° et 5° et deux filles.

XI. — Jean DE CHANDON, chevalier, seigneur de Briailles et du Chanceau, épousa noble Pernette D'OYE, ainsi qu'il appert de son testament du 27 octobre 1586.

Il eut d'elle quatre enfants, savoir :

1° Claude DE CHANDON, écuyer, co-seigneur de Briailles, confirmé dans sa noblesse par la cour des aides, le 2 août 1600, et marié avec Marguerite MIGNOT, dont postérité;
2° Jean, qui a continué la descendance ;
3° François DE CHANDON, chevalier, mort en Hongrie ;
4° Gabriel DE CHANDON, chevalier, capitaine de cavalerie.

XII. — Jean DE CHANDON, chevalier, seigneur de Briailles, fut maintenu dans sa noblesse, conjointement avec ses frères, par arrêt de la cour des aides du 2 août 1600. Il a épousé, le 25 juin 1601, noble Suzanne DE VENY, dont il a eu quatre enfants :

> 1° Claude-Geoffroy, qui suit ;
> 2° Jean DE CHANDON, prieur de Saint-Agnan de Jars en Berry, en 1653 ;
> 3° Suzanne DE CHANDON, femme d'Antoine DE VICHY, seigneur de Saint-Amant ;
> 4° Claude DE CHANDON, femme d'Antoine DE VILLIERS, gentilhomme de la maison du roi.

XIII. — Messire Claude-Geoffroy DE CHANDON, chevalier, seigneur de Briailles, baron de Lanques, fut successivement commandant et major du régiment de Créquy, en 1632 et 1647 ; maréchal-général-des-logis de la cavalerie légère, de 1644 à 1648 ; puis gentilhomme ordinaire de chambre du roi, en 1662.

Il a épousé, le 1er juillet 1653, noble Gabrielle DE BERMAND, fille de feu messire Claude-Louis de Bermand, baron de Lanques, et d'Élisabeth de Seraucourt, de laquelle il eut :

> 1° François DE CHANDON, maréchal des camps et armées du roi. *(État de la France de 1660.)*
> 2° Henry, qui a continué la descendance ;
> 3° Claude DE CHANDON, chevalier comte DE BRIAILLES, baron de Lanques, colonel de dragons, chevalier de Saint-Louis. (WAROQUIER, *État de la Noblesse.)*

XIV. — Henry DE CHANDON DE BRIAILLES, chevalier, baron de Lanques, épousa, par contrat du 5 novembre 1708, noble demoiselle Lazarée-Élisabeth DE CROIZIER DE SAINT-SEGRAUX, fille de Philibert de Croizier, chevalier, seigneur de Saint-Segraux, de Saussy, et de dame Marie-Anne Desbelin, dame de Palmaroux.

De ce mariage sont nés deux enfants :

1º Philibert-François, qui suit ;
2º Claude - Charles DE CHANDON, chevalier, vicomte DE BRIAILLES, marié, le 25 septembre 1772, avec dame Élisabeth-Catherine DE FRAIGNE, reçue dame de la Croix étoilée de la reine Marie-Thérèse, en 1781, dont il n'a pas eu d'enfants.

XV. — Philibert-François DE CHANDON, comte de Briailles, baron de Lanques, de Feuillan, etc., né en 1710, fut commandant du corps royal de la cavalerie hongroise au service de la France.

Il est mort en 1789, ne laissant qu'une fille unique :

Victorine-Edmée-Adélaïde CHANDON DE BRIAILLES, qui fut mariée au comte Eugène-Victor DE PERCY, et qui mourut en 1833. Celui-ci, voulant reconnaître les droits de son cousin, M. Paul CHANDON, aux noms et titres DE BRIAILLES, fit, sous seing-privé, le 2 septembre 1854, la déclaration dont la teneur suit :

« Je, soussigné, Eugène-Victor, comte DE PERCY, receveur des finances à Semur, département de la Côte-d'Or, dernier descendant, par ma mère, de la famille CHANDON DE BRIAILLES, désire et déclare vouloir formellement que Monsieur Paul CHANDON (de Mordant), mon cousin, établi en Champagne, et descendant de la branche cadette, dite du Mâconnais, qui a eu pour auteurs communs avec la mienne, Jean Chandon, seigneur de Briailles et du Chanceau, et Jeanne Ruette, dame de Dinechin *(Recherches de la Noblesse en Champagne,* par M. de Caumartin, en 1668, deux volumes in-folio, bibliothèque de Paris), reprenne et lègue à sa postérité le nom de famille de DE BRIAILLES, qui se trouve éteint par suite de la mort de Madame Victorine-Edmée-Adélaïde DE CHANDON DE BRIAILLES, comtesse de Percy, de mon aïeul Philibert-François, comte DE CHANDON DE BRIAILLES, baron de Lanques, et de mon grand-oncle le vicomte DE BRIAILLES ;

qu'en conséquence, mon dit cousin Paul CHANDON s'appelle désormais CHANDON DE BRIAILLES.

« Fait à Semur, sous ma signature et le sceau de mes armes, le deux septembre mil huit cent cinquante quatre.
« Vu et approuvé, *Signé :* Comte DE PERCY. »

Ensuite est écrit : « Vu par nous, maire de la ville de Semur (Côte-d'Or), pour légalisation de la signature de M. Eugène-Victor, comte DE PERCY, receveur des finances dans ladite ville.

« A l'Hôtel-de-Ville, le vingt et un septembre mil huit cent cinquante-quatre.

• *Signé :* JOLYOT-FLORENT. »

Le sous seing-privé ci-dessus a été déposé dans l'étude de Me Jémot, notaire à Épernay, le 11 novembre 1854, pour être mis au rang de ses minutes.

Cette déclaration de M. le comte DE PERCY fut renouvelée le 7 août 1859, pardevant Mes Rocherand et son collègue, notaires à Semur.

Il résulte, de ce qui précède, que la BRANCHE AÎNÉE de la maison DE CHANDON, connue sous les noms et titres de comtes et vicomtes DE CHANDON DE BRIAILLES, étant éteinte, ses noms et titres reviennent de droit et de fait à la BRANCHE CADETTE, seule actuellement existante, dont il va être question.

BRANCHE CADETTE

DES

COMTES CHANDON DE BRIAILLES

IX. — Thomas CHANDON, troisième fils de Jean de Chandon, seigneur du Chanceau et de Briailles, et de noble dame Jeanne-Ruette, dame de Dinechin, fut avocat du roi au bailliage de Mâcon. Il a épousé noble Thomasse FUSTALLIER, qui l'a rendu père de :

X. — Robert CHANDON, écuyer, avocat du roi au bailliage de Mâcon qui, de son second mariage avec noble Georgette DE CHINTRÉ, a laissé quatre enfants, savoir :

> 1° Jean CHANDON, écuyer, seigneur de la Montagne, conseiller en la sénéchaussée et présidial de Lyon, qui vint se fixer à Paris, où il exerça longtemps la profession d'avocat. Il obtint, par son mérite et ses talents, une charge de maître des requêtes, le 11 mars 1578; il devint ensuite président au grand conseil, le 29 août 1585; puis maître des requêtes honoraire, le 3 juin 1587, et enfin premier président à la cour des aides de Paris, en 1592, charge éminente dont il se démit en faveur de son gendre, au mois d'octobre 1597. *(Mémoires de l'Étoile,* tome II).
> Il a épousé noble Madeleine FILLEUL, morte le 12 juin 1596, de laquelle il n'a eu que trois filles. *(La Chesnaye des Bois,* tome IV).
> 2° Gratien, qui a continué la descendance;
> 3° François CHANDON, chanoine de l'église de Mâcon;
> 4° Chrétienne CHANDON, mariée à Guillaume CHENARD, conseiller du roi au présidial de Mâcon.

XI. — Gratien CHANDON, écuyer, seigneur d'Avayé, et lieutenant particulier au présidial de Mâcon, épousa, vers 1596, noble Philiberte BERNARD, et eut d'elle :

1º Thomas CHANDON, seigneur de Davayé et lieutenant civil et particulier à Mâcon, qui se maria avec Gabrielle ROGER DE CHANLECY;

2º Pierre, dont l'article suit;

3º Nicolas CHANDON, doyen de Mâcon, agent du clergé de France, prieur de Ratenel, de Commagny et de Saint-Honoré, et abbé de Saint-Pierre de Lestrie.

XII. — Pierre CHANDON, écuyer, conseiller au parlement de Dijon, se maria deux fois dans cette ville : 1º l'an 1604, avec noble Maguerite D'ESCRIVIEUX; 2º l'an 1630, avec noble Hélène DE RIGNEY, de laquelle il eut :

1º Nicolas-Claude CHANDON, écuyer, né en 1632, avocat, puis conseiller du roi au bailliage de Dijon;

2º Jean, dont l'article suit;

3º Anne-Philiberte CHANDON.

XIII. — Jean CHANDON, écuyer, vivant à Cluny, épousa noble BARBE DU CHESNE, et eut d'elle :

1º Jean-Gratien CHANDON, qui fut avocat du roi au bailliage de Mâcon, et dont le fils aîné fut gentilhomme de la chambre du roi;

2º Catherin, qui suit.

XIV. — Catherin CHANDON, écuyer, épousa en premières noces, le 17 avril 1686, noble Jeanne PERRIER, qui est décédée en 1701 ; et en secondes noces, le 20 mai 1703, noble Claudine BUYAT, de Mâcon. Du premier lit est issu entre autres enfants :

XV. — Hubert CHANDON, écuyer, qui épousa noble Marie FOCART, et eut d'elle :

1º Léonard CHANDON, conseiller, élu aux États de Bourgogne, mort sans alliance;

2º Claude, qui suit.

XVI. — Claude CHANDON, écuyer, né le 28 juillet 1731, fut conseiller et avocat du roi au bailliage de Mâcon pendant plus de vingt années. Il mourut en 1799. Il avait épousé, en 1768, noble Marie-Catherine-Magdeleine DE MONLONG, dont il eut entre autres enfants :

XVII. — Pierre-Gabriel CHANDON, né à Mâcon, le 14 novembre 1778, a épousé, le 31 août 1816, noble demoiselle Adélaïde MOËT DE ROMONT, issue d'une très ancienne famille noble de Champagne, originaire de Hollande, annoblie par le roi Charles VII, et maintenue dans sa noblesse en 1667. *(Recherche de la noblesse de Champagne.)*

Il est décédé le 23 juillet 1850, laissant deux fils, savoir :

1º Jean-Remy-Gabriel, comte CHANDON DE BRIAILLES, né le 13 mars 1819, reçu chevalier de Saint-Jean-de-Jérusalem (Malte), par bulles du 22 novembre 1843, décédé en 1868 ; a épousé, le 30 décembre 1852, Aurélie-Louise MICHEAU DE CHASSY, dont il a eu deux fils :
    A. Réné-François-Philibert CHANDON DE BRIAILLES, né en 1854 ;
    B. Frédéric-Louis-Gabriel CHANDON DE BRIAILLES, né en 1858.

2º Paul qui suit.

XVIII. — Paul, comte CHANDON DE BRIAILLES, né le 20 avril 1821, fut reçu, comme son frère, chevalier de Saint-Jean-de-Jérusalem (Malte), par bulles du 22 novembre 1843, et par lettres patentes de S. S. le pape Pie IX, en date du 4 août 1876, il a été honoré du titre de COMTE, transmissible à ses descendants mâles, par ordre de primogéniture. Il a épousé, le 24 janvier 1849, Marie DE MORDANT DE MASSIAC, fille de Alexandre-Barbe-Adélaïde-Louis, marquis de Massiac, et d'Antoinette-Agathe Lallemant de L'Estrée.

De ce mariage sont nés :

1º Raoul, vicomte CHANDON DE BRIAILLES, né le 23 février 1850, marié le 27 novembre 1878, à Marie-Louise-Blanche DE CLERMONT-TONNERRE (1) ;

---

(1) La famille de Clermont-Tonnerre est une des plus anciennes et des plus nobles familles de France.

2° Christian CHANDON DE BRIAILLES, né le 18 mars 1851, mort le 27 décembre 1868;

3° Gaston CHANDON DE BRIAILLES, né le 4 août 1852;

4° Alice CHANDON DE BRIAILLES, née le 9 décembre 1853, morte le 4 décembre 1864;

5° Edmée CHANDON DE BRIAILLES, née le 25 novembre 1854, morte le 14 août 1867;

6° Marie CHANDON DE BRIAILLES, mariée, le 27 octobre 1875, à Arthur-Amédée, vicomte DE MAIGRET, comte du Saint-Empire;

7° Jehanne CHANDON DE BRIAILLES, mariée, le 1er mai 1876, à Joseph-Octave-Gaston, baron DE MAIGRET, comte du Saint-Empire;

8° Hélène CHANDON DE BRIAILLES;

9° Jean - Remy CHANDON DE BRIAILLES, né le 30 octobre 1869.

Les armes de M. Paul Chandon de Briailles, dont nous nous intéressons plus particulièrement, sont :

ARMES : D'argent, à la fasce de gueules, accompagnée de trois trèfles de sable. — COURONNE : de comte. — SUPPORTS : deux lévriers d'argent colletés de gueules. — CIMIER : un lévrier d'argent issant, tenant dans sa gueule une branche de trois feuilles de trèfle de sinople. — DEVISE : *Fais ce que dois, advienne que pourra.*

Cette noble devise fait reconnaître l'homme vraiment chrétien, et retrace en peu de mots la doctrine du Fils de Dieu.

DOM PHILIPPE

MOINE D'HAUTVILLERS

L'héritier des secrets de dom Pérignon fut un frère Philippe du même monastère. Il le forma sur la fin de ses jours lorsque, devenu aveugle, il vit approcher le temps où l'administration des vins lui devenait impossible ; il ne manqua pas surtout de lui communiquer le procédé qu'il employait pour le collage. Si ce frère Philippe n'eût pas le talent de son maître, il sut du moins profiter de la réputation qui lui en revint.

Mgr Letellier, archevêque de Reims, l'avait tellement pris en estime que, lorsque le bon frère allait en cette ville, le prélat le faisait venir près de lui et l'admettait à sa table. Ce religieux remplit pendant cinquante ans les fonctions de cellérier à Hautvillers, ce qui nous autorise à placer sa mort vers 1765, c'est-à-dire cinquante ans après la mort de dom Pérignon, dont il fut le successeur immédiat dans la charge précitée.

A ce religieux dom Philippe était adjoint un frère convers, du nom de Pierre, qui, lui aussi, était un élève de dom Pérignon ; quoique opérant sous les ordres de dom Philippe, il n'en était pas moins habile dans l'art de faire le vin et de donner à la vigne les soins qu'elle réclame. On a eu de lui un petit ouvrage manuscrit sur la manière de cultiver la vigne en Champagne. Un religieux l'a copié et donne à cet ouvrage le titre qui suit :

« *Traité de la culture des vignes en Champagne,* situées à Hautvillers, Cumières, Ay, Épernay, Pierry et Vinay. Rédigé en principe par le frère Pierre, élève et successeur de dom Pérignon, religieux de l'abbaye d'Hautvillers, à qui est due la réputation des vins de cette abbaye. »

Ce traité est un manuscrit sur papier vélin, parfaitement écrit, comprenant trente-cinq chapitres. Il a été trouvé dans les papiers du marquis de Créqui et fait partie aujourd'hui de la bibliothèque de M. Chandon de Briailles, à Épernay.

Nous n'avons rien remarqué dans ce traité qui puisse intéresser ceux qui cultivent la vigne. Ce sont des instructions toutes mises en pratique et même améliorées, suivant les pro-

Vue d'Hautvillers et du nouveau vendangeoir Chandon de Briailles prise des terres dites « Corps Saints ».

grès qu'on a faits dans cette culture depuis un demi-siècle. Il entre dans de minutieux détails qui prouvent combien les religieux tenaient à donner à leurs vins toute la qualité dont ils étaient susceptibles.

DOM ANDRÉ LEMAIRE

Le frère Philippe, successeur de dom Pérignon, fut lui-même remplacé par un autre frère nommé André Lemaire. Pendant quarante ans, c'est-à-dire jusqu'à l'époque de la Révolution, il fut préposé au gouvernement des vins de l'abbaye. Postérieurement à cette époque désastreuse, il fut attaqué d'une maladie qui le mit aux portes du tombeau ; convaincu de sa mort prochaine, et se faisant scrupule d'emporter avec lui le secret de dom Pérignon, il fit venir l'abbé Grossard, alors retiré à Montier-en-Der, et lui en fit la révélation ; c'est de cet abbé lui-même que nous tenons ce détail dans une lettre que nous avons de lui.

Aux termes de son récit, ni prieur, ni procureur, ni religieux, personne à Hautvillers n'était initié à la connaissance du merveilleux procédé ; c'était un secret toujours livré confidentiellement et uniquement à celui qui devait succéder dans la place de cellérier. Une chose que nous avons admirée dans la lettre de cet abbé, c'est l'énergique protestation par laquelle il repousse une odieuse calomnie lancée contre les religieux d'Hautvillers. Il ne s'agissait de rien moins, pour ces derniers, que d'être accusés de mettre du sucre dans leurs vins afin de leur donner une qualité supérieure. Pour établir leur innocence, l'excellent abbé invoque le témoignage de M. Moët, qu'il désigne métaphysiquement comme un des gros bonnets de la Champagne, et avec raison il apporte même l'autorité de son expérience personnelle. C'est bien assez pour que tous, tant que nous sommes, nous prenions décidément le parti d'être convaincus. Cette innocentation, cependant, paraît n'avoir pas suffi au bonheur de l'excellent abbé, une chose lui pesait sur le cœur ; était-il possible d'emporter dans la tombe l'unique héritage que lui eût légué son monastère : le secret de dom Pérignon, son plus beau titre à l'immortalité ? Il en fut pourtant ainsi. Surpris par la mort, ou autrement, dom Grossard n'a laissé ce secret à personne. L'intelligence de nos industriels l'a remplacé, et aujourd'hui tous savent donner à leur vin une limpidité parfaite. Oui, la science des vins a fait de grands progrès ; cependant, qui sait si, dans ce secret, on ne trouverait pas quelque chose de supérieur aux moyens qu'on a pour clarifier les vins ?

L'abbaye d'Hautvillers a été trop bien connue par le produit de ses vins pour que nous négligions de faire connaître tout ce que nous avons recueilli qui peut y avoir rapport.

Le dernier prieur de Saint-Nivard, que nous connaissions, dom Nicolas Cassebois (ou Casbois), s'occupait aussi, avec ses frères les religieux, de l'amélioration des vins qu'ils récoltaient dans leurs vignes. En voici une preuve dans la pièce suivante que nous trouvons dans un ouvrage qui a pour titre :

Bibliothèque physico-économique, instructive et amusante, recueillie en 1782, avec des planches en taille-douce, 2ᵉ édition. Paris, 1782, rue et hôtel Serpente.

Page 234. *Soupape hydraulique,* propre à faire fermenter, sans danger, le raisin et le moût dans des vaisseaux parfaitement clos, par dom Casbois, religieux d'Hautvillers.

« On conçoit que moins le vin en fermentation communique avec l'air extérieur, moins il doit perdre de cette partie volatille qui fait sa force, que l'on nomme esprit ; donc pour avoir le vin plus généreux il faut le faire fermenter dans des vaisseaux parfaitement clos.

« Mais la fermentation produit du *gas* et ce gas élastique romprait les vaisseaux ou produirait du vin enragé. Il faut donc, en fermant les vaisseaux, faire en sorte que le gas puisse en sortir, sans que l'air extérieur puisse y entrer : il n'y a qu'une soupape qui puisse faire cet office. Voici ce que je propose : c'est un tuyau de ferblanc, d'environ un pouce et demi de diamètre, courbé en forme de syphon, et communiquant par la branche la plus courte à un vase qui lui est attaché. La branche montante peut avoir neuf pouces de longueur et la branche descendante sept pouces et demi. Celle-ci communique de haut en bas à un vase montant, qui doit être d'un pouce et demi moins haut que le syphon, il peut avoir trois ou quatre pouces de diamètre.

« Ces dimensions ne sont point essentielles, on peut les changer en d'autres quelconques, pourvu que la première branche de sonde descende au-dessous du vase pour être introduite dans le tonneau sans toucher le vin et que la partie droite du syphon s'élève assez au-dessus pour que l'eau dont on doit remplir le vase ne puisse descendre dans le tonneau.

« Voici comment cette machine s'adapte aux tonneaux : Je les suppose remplis de moût à trois ou quatre pouces près du bondon, comme il se pratique lorsqu'on ne veut pas que le vin en fermentation jette la mousse au-dehors ; on enveloppe de chanvre la partie supérieure de la première branche, de manière qu'elle puisse être ajustée au trou du bondon, on l'y fait entrer avec force, et pour ne laisser au gas d'autre issue que celle *du tyau*, on enduit cette partie avec du mastic ou de la terre glaise, puis on remplit d'eau le vase dont il s'agit.

« Pendant la fermentation, ce gas est forcé de monter par la branche supérieure, de descendre par l'autre branche et de remonter en traversant l'eau par le vase dont il s'échappe et se dissipe dans l'air ; l'eau, qui lui laisse un passage libre, le refuse à l'air extérieur, de sorte que le vin ne peut rien perdre de son esprit.

« Cette soupape hydraulique s'applique aux cuves avec le même avantage, mais il faut : 1° Que le raisin soit bien foulé. 2° Que la cuve ne soit remplie qu'à un pied au plus près du bord. 3° Qu'elle soit fermée d'un couvercle assemblé et joint comme le fond d'un tonneau. 4° Que les joints de ce couvercle soient empâtés et recouverts de terre glaise ou du meilleur *lut*, comme si on voulait conserver le vin. 5° Qu'il soit assujéti par le moyen de plusieurs étais, de manière qu'il résiste à l'effort que fait le marc pour s'élever pendant la fermentation. 6° Qu'il soit percé d'un trou convenable auquel puisse être adaptée la soupape hydraulique comme sur les tonneaux ; on jugera de la fermentation du vin par le bouillonnement de l'eau contenue dans le vase. La cessation de ce bouillonnement fera connaître que la fermentation est complète.

« Un moyen sûr et simple de connaître le progrès de la fermentation et le degré où il convient de faire le vin, c'est l'*aréomètre* ; tirez, de temps en temps, du vin de votre cuve par l'anche, plongez-y l'aréomètre ; lorsque le vin se trouvera à peu près à dix degrés vous pourrez faire votre vin sans craindre les suites d'une fermentation excessive ; des expériences, répétées depuis trois ans, m'ont prouvé que ce degré convenait le mieux à nos vins de Metz.

« Aréomètre ou instrument propre à fixer le terme de la fermentation des vins :

« Cet instrument est composé de deux parties principales : l'une, appelée le *puits*, est un cylindre de tôle ou ferblanc qu'on accroche au bord supérieur de la cuve qui plonge dedans et est percé dans la partie inférieure de plusieurs petits trous, afin que le vin puisse y entrer librement sans que les pépins et les pellicules y pénètrent. Dans ce puits, ou cylindre, on place ensuite une tige de bois dont la surface est divisée en pouces et lignes, et qui, par son extrémité intérieure, est miplantée dans une rondelle de liège ; lorsque le vin s'élèvera dans la cuve, il sera à la même hauteur dans le puits, et la règle graduée s'élevant dans la même proportion, étant ensuite stationnaire ou rétrograde, indiquera avec précision la marche du vin dans la cuve, et, conséquemment, le temps où il faudra l'en tirer, temps où, selon les uns, est le maximum de l'ascendant et, selon les autres, celui de la station. »

(Extrait du même ouvrage, f° 237.)

Si nous voulions nous étendre sur tout ce qui a rapport à la fabrication des vins de Champagne, ce serait une tâche au-dessus de nos forces, ce serait aussi sortir du cadre de notre histoire ; seulement, nous dirons que nous savons, *de visu*, que c'est un travail qui demande les plus grands soins. Beaucoup font le vin de Champagne mousseux avec succès, mais aussi beaucoup le font mal. Il est vrai que la matière première, c'est-à-dire les raisins de bons crûs, est d'une très grande importance pour donner au vin une qualité supérieure, mais la manière de le faire n'en exige pas moins une connaissance toute spéciale de fabrication; sans elle, on ne pourrait offrir aux consommateurs qu'un vin médiocre, fût-il d'Ay, d'Hautvillers, de Cramant et d'autres lieux renommés. La nature des raisins, leur maturité, même le temps convenable pour les cueillir, le pressurage, la préparation des tonneaux, le dépotage, et une multitude d'autres soins qui ne sont que les premiers, assurent déjà, étant donnés, un vin digne de celui que faisaient dom Pérignon et ses successeurs à l'abbaye d'Hautvillers.

Qu'aurions-nous à dire s'il s'agissait de parler de la manutention de ces vins à partir du tirage, c'est-à-dire du moment où il est mis en bouteilles pour obtenir la mousse, jusqu'au temps où une étiquette, un nom, en un mot, collé sur l'amphore d'où doit jaillir le nectar, fait connaître de quelle maison il est sorti ? Allez donc, amis, amateurs du vin de Champagne, allez visiter les caves de cette maison dont nous avons parlé ; un conducteur complaisant vous fera voir toutes les merveilles renfermées dans ces immenses souterrains, et quand, revenus à la lumière, vous entrerez dans ces ateliers de bouchage et d'emballage des bouteilles prêtes à être expédiées par terre et par mer, et si, surtout, vous avez goûté de ce produit sans pareil de nos coteaux, vous vous écrirez de nouveau, dans votre enthousiasme : « Honneur à jamais à dom Pérignon, moine d'Hautvillers, et à ses successeurs, dans la fabrication de cette inimitable liqueur. »

Si le vin de Champagne a tenu une grande place dans notre histoire, nous ne le regrettons pas ; rarement on trouvera un produit et une industrie, tout à la fois, qui mériteront, comme notre délicieux vin, de faire ainsi époque dans nos annales.

Nous reprendrons, dans le volume suivant, par ordre de dates, les faits relatifs à notre abbaye.

FIN DU DEUXIÈME VOLUME

ERRATA

PAGE	LIGNE	AU LIEU DE	LISEZ
77	26	baillif	baillifs
87		Bernard Duchâtel 1551	1548 à 1554
145	13	Henr	Henri
219	titre	sentence 1628	1623
226		1660	1630
227	7	1767	1769
302	7	saint Syndulphe	saint Hydulphe
361	4	vinrent	viennent

TABLE DES MATIÈRES

CONTENUES DANS LE SECOND VOLUME

	Pages
Jean Royer, LXVIIIe abbé. Il fait rentrer au monastère des biens aliénés et le restaure	5
Dédicace de l'église de l'abbaye	8
Requête à Monseigneur l'archevêque de Reims pour obtenir la translation de la fête de la Dédicace de l'Église	11
Translation des reliques de saint Syndulphe	13
Acquisition d'une cense à Escry et déclaration des revenus de l'abbaye	16
Série de baux de la ferme d'Escry	21
Titre des biens et revenus de la fabrique et de l'église d'Hautvillers	24
Donation de Jean Royer, dernier abbé régulier d'Hautvillers	27
Donation des dîmes et de la cense de Villeneuve-les-Vertus aux religieux d'Hautvillers	38
Réflexions sur le concordat de Léon X et de François Ier	43
Gauthier V et Antoine Sanguin, LXIXe abbé. Introduction des commendes	44
Rixe dans l'abbaye entre deux individus étrangers	47
Accord entre Gaucher Petit, Jean Royer et les religieux d'Hautvillers	51
Rapports entre le village de Cormoyeux et l'abbaye d'Hautvillers	55
Incendie de la métairie de Champillon	58
Fondation de Thierry Oger et sa femme	60
François de Faucon, LXXe abbé	62
Pierre Duchâtel, LXXIe abbé	65
L'abbaye d'Hautvillers est rançonnée par les ennemis	65
Duchâtel près de François Ier	69
Lettres royaux qui obligent les détenteurs à déclarer si leurs biens sont chargés de censives	77
Terrier de 1549 dressé par les commissaires du bailli de Vermandois	80
Bernard Duchâtel, LXXIIe abbé	87
Jean de Caravac, LXXIIIe abbé	88
Procession faite en l'honneur de saint Remi	89

	Pages
Charles Delbène, LXXIVe abbé	90
Incendie du monastère par les Calvinistes	92
Catherine de Médicis fait un don à l'abbaye	96
Laurent Strozzy, LXXVe abbé	97
Aliénation du pré du Breuil à Ay	100
Louis d'Este, LXXVIe abbé. Il rétablit la charge de Gruyer	102
Julien Delbène, LXXVIIe abbé	108
Vente de terrains vagues à Aigny. Retrait du pré de Mars	110
Fondation de dom Nivard Lamblet	113
Alphonse Delbène, LXXVIIIe abbé	114
Notions générales sur les offices claustraux	116
Aumônerie d'Hautvillers et de Champillon	120
Revenus de l'aumônerie, ses charges, ses droits	123
Nomenclature des aumôniers d'Hautvillers, seigneurs de Champillon	133
Bail que fait dom Philippe Brodeau de la terre de Champillon	134
Dom Guillaume de Saint-Quentin et dom Henry Bourgeois, aumôniers de Champillon	137
Pension créée en cour de Rome en faveur de Guillaume de Saint-Quentin	138
Bail de trois années du jardin de l'aumône	140
Requête des habitants de Champillon à leur seigneur aumônier	142
Bail de deux boisseaux de terre, lieudit : le Pré-de-l'Aumône	143
Tracasseries suscitées à l'aumônier par Vaultrain, de Champillon	153
Requête de Vaultrain adressée à l'aumônier	165
Convention entre les religieux d'Hautvillers et les habitants de Champillon, pour avoir une messe le dimanche	166
Série de pièces de procédures	168
Ordonnance des vicaires généraux pour qu'un vicaire soit nommé à Champillon	175
Acte de défense faite aux habitants de Champillon de pressurer leurs raisins ailleurs qu'aux pressoirs banaux	179
Requête des habitants de Champillon pour avoir un cimetière	181
Traité pour la subsistance du desservant de Champillon	182
Divers testaments	183
Nouveaux démêlés entre l'aumônier et les habitants de Champillon	187
Projet de réunion de Champillon à Saint-Imoges	190
Chapelle de Champillon	193
Vol des cloches de Champillon	195
Hautvillers au XVIIe siècle. Translation des reliques de sainte Hélène. Une partie de ces reliques sont données à Orléans	196
État des paroisses du doyenné d'Épernay	199
Acte d'union de la cure de Saint-Quentin de Plivot avec celle de	

TABLE DES MATIÈRES

	Pages
Saint-Remi du même lieu	207
Testament de François Richard, curé d'Hautvillers	211
Note sur Gabriel de Sainte-Marie, archevêque de Reims	218
Sentence du bailliage d'Hautvillers qui met arrêt aux prétentions des fermiers de la mense abbatiale	219
Fondation de Henry Bourgeois	220
Dom Nicolas Dudré fait présent d'un orgue à l'abbaye d'Hautvillers. Cet orgue est plus tard réparé aux frais de M. Chandon de Briailles	227
Barthélemy Delbène, LXXIXe abbé	228
Bulle d'Urbain VIII qui accorde des indulgences	230
Introduction à Hautvillers des religieux réformés de la congrégation de Saint-Vannes	232
Traité conclu pour l'introduction de la Réforme	235
Lettres patentes du roi qui confirme ce traité	247
Acte de prise de possession de l'abbaye d'Hautvillers par les religieux réformés	249
État des revenus des religieux d'Hautvillers en dehors de ce que possède M. l'abbé	252
Mémoire des bénéfices dépendant de l'abbaye d'Hautvillers	254
Droits honorifiques du chapelain de Cumières. Ses charges	257
Provisions de la chapelle de Cumières à dom Watrinel	258
Paroisses à la collation de l'abbé d'Hautvillers	262
Droits honorifiques de l'abbé. Ses charges gastronomiques	290
Acte de visite et rapport des experts nommés pour l'inspection des lieux claustraux	296
Dom Robert Desgabets, moine d'Hautvillers	302
Les religieux fuient à l'approche des Espagnols	306
Procédure au sujet des prés, près le Moulin-de-Bras	307
Procès entre les religieux et l'abbé commendataire	309
Procédure à l'occasion des coupes de bois	311
Traité entre Barthélemy Delbène et les religieux, concernant les bois de l'abbaye	314
Arrêt d'enregistrement des lettres patentes pour la coupe de quatre cents arpents de bois	317
Démolition de la chapelle de l'aumônerie	320
Procès-verbal de visite d'une ancienne chapelle dite de l'Aumônerie	321
Maison de l'Aumône ou Hôpital	323
Un mot sur la lèpre	327
Visite de la châsse de sainte Hélène	330
Constructions diverses au monastère. Exemption de la dîme reconnue aux religieux pour leur mense. Nouveau procès avec Aigny. Fondation de Madeleine Hanetel	334

	Pages
Diverses pièces de procédures.	337
Procédure contre Guillaume Marchand, vidame de Châlons.	339
Contestation entre les religieux et le curé d'Hautvillers, à l'occasion des droits honorifiques.	341
Dénombrement des droits et biens communaux d'Hautvillers. Procès à l'occasion des dégradations commises dans les bois de l'abbaye.	350
Liste de marchés pour constructions diverses faites à l'abbaye.	353
L'armée du duc de Lorraine met Hautvillers en alarme. Carabiniers cantonnés à Hautvillers. Malheurs de Villeneuve.	355
Procès soutenu par la paroisse de Dizy.	360
Incendie des pressoirs de l'abbaye.	360
Bulle d'Innocent X, qui accorde une indulgence pour la fête de Sainte-Hélène.	362
Fondation de Catherine d'Étouf-Pradine.	364
Bulle d'Innocent X, pour l'érection d'un autel privilégié.	366
Traité de la communauté de Cumières pour avoir un vicaire.	368
Éloge de Cumières.	369
L'abbaye obtient des reliques de saint Berchaire.	371
Les habitants de Dizy sont condamnés à payer une redevance contestée.	373
François de Chaumejean de Fourille, LXXXe abbé.	374
Partage des biens des religieux et de ceux de M. l'abbé.	377
Construction du maître-autel et du clocher.	379
Retrait de biens aliénés.	380
Arrêt du grand conseil touchant le pré du Grand-Breuil.	383
Bulle d'Alexandre VII concernant les frères lais.	385
Marché pour l'ameublement de la sacristie.	390
Publication d'un monitoire pour recouvrer les titres perdus.	394
Clément IX accorde une bulle relative à la confrérie de Sainte-Hélène.	398
Confrérie de Sainte-Hélène. Prières pour la confrérie.	403
Instructions sur le pèlerinage de Sainte-Hélène.	416
Résumé des indulgences attachées à certains jours en faveur des pèlerins.	448
Reliques possédées par l'abbaye d'Hautvillers.	451
Martyrologe d'Hautvillers.	455
Manuscrits de l'abbaye relatés par dom Grossard.	458
Louis de Chaumejean de Fourille, LXXXIe abbé.	460
Procès relatif à la place de l'Aubroye.	462
Arrêt de la cour concernant ce procès.	475
L'abbé tente à boucher l'entrée du monastère.	479
Procédure à l'occasion d'une porte et d'une muraille.	481
Procédure au sujet des réparations à faire à l'abbaye.	488

	Pages
Démêlé au sujet de la coupe des bois et d'arbres abattus	495
Extraits de diverses procédures concernant les offices claustraux	499
De la trésorerie. Origine, biens et revenus	502
Charges de la trésorerie	503
De l'infirmerie. De la pitance	504
Notions générales sur les prieurés	505
Fondation du prieuré de Saint-Remi-sous-Barbaise	507
Revenus du prieuré et ses charges	511
Prieuré de Saint-Nivard	512
Nomenclature des prieurs de Saint-Nivard	514
Dom Pérignon, moine d'Hautvillers, inventeur du vin mousseux.	516
Divers écrits sur dom Pérignon	520
Lettre d'un médecin sur le vin de Champagne	525
Fagon, médecin de Louis XIV, lui défend l'usage du vin de Champagne	528
Thèse du docteur Navier en faveur du vin de Champagne	530
Chanson de Bertin du Rocheret contre le vin de Champagne	543
Guillaume de Prusse fait usage du vin de Champagne	547
Épitaphe de dom Pérignon	548
Maison Moët et Chandon	551
Napoléon Ier et autres têtes couronnées visitent cette maison	552
Maison Chandon de Briailles	559
Généalogie de cette famille	560
Branche cadette des comtes Chandon de Briailles	566
Famille de M. Paul Chandon de Briailles	568
Dom Philippe et dom André Lemaire, celleriers de l'abbaye	570
Soupape hydraulique de Nicolas Cassebois	572
Errata	577

FIN DE LA TABLE DES MATIÈRES

TABLE PAR ORDRE DE DATES

DU SECOND VOLUME

	Pages
590. Chandon, chambellan de Gontran	558
802. Carloman bat les Normands à Escry	286
860. Pardule, évêque de Laon, a en faveur le vin de Champagne	546
1088. Le vin de Champagne a déjà de la renommée auprès d'Urbain II	545
1095. Renaud, archevêque de Reims, gratifie Hautvillers de l'autel de Cumières	255
1210. Thibaut, comte de Champagne, possède un château à Escry	17
1231. Donation des dîmes d'Avize	308
1259. Prise d'Escry par les Anglais	286
1270. Philippe le Hardi a pour barbier un nommé Labrosse	239
1272. Éloge de Cumières par Drogon	370
1278. Guillaume d'Issy obtient des reliques de sainte Hélène pour l'Église d'Orléans	197
1342. Jean Coule, aumônier d'Hautvillers	120, 133
1356. Le roi Jean fait prisonnier à la bataille de Poitiers	127
1360. Établissement d'un impôt pour la délivrance du roi Jean	127
1384. L'aumônier d'Hautvillers perçoit des droits à Champillon	59
1384. Il a déjà sa maison à l'Hôpital	323
1397. Vinceslas, roi de Bohême, savoure le vin de Champagne	542
1438. Pragmatique. Sanction de Bourges	43
1461. Olivier le Daim, barbier de Louis XI	239
1478. Jugement qui maintient la noblesse de la famille Chandon de Briailles	559
1497. Construction d'un clocher	380
1505. Nicolas Delbène, maître d'hôtel de Louis XII	91
1506. Construction de la cave Thomas	519
1507. JEAN ROYER, LXVIIIe abbé	1

	Pages
1511. Jean Royer confirme la déclaration faite des biens de Dizy.	17
1515. Réflexions sur le concordat de Léon X et de François Ier.	43
1515. Introduction de la fête de sainte Hélène sur le calendrier de Reims	7
1516. Concile de Latran	43
1517. Charte qui exempte les habitants de Romery du droit de vente	83
1518. Dédicace de l'église d'Hautvillers	7, 8
1518. Translation des reliques de saint Syndulphe	13
1519. Acquisition d'une cense à Escry (Asfeld)	16, 17, 18
1521. Titres et revenus de la fabrique d'Hautvillers	24
1521. Amortissement des biens de la fabrique	26
1521. Jean Royer loue une vigne à Pierrot, boucher	133
1522. Donation de Jean Royer aux religieux d'Hautvillers	27
1522. Confirmation de cette donation par l'archevêque de Reims	35
1527. Rixe à l'abbaye entre deux étrangers	47
1527. Donation de Jean Royer, aux religieux, de la cense de Villeneuve	38
1527. Mort de Jean Royer. Son épitaphe	42
1527. GAUTHIER et ANTOINE SANGUIN, LXIXe abbé	44
1528. Acquisition d'une cense à Cormoyeux	55
1529. Guy de Flamignon est vicaire d'Antoine Sanguin	51
1529. Les héritiers du curé de Vraux refusent de payer une rente à l'abbaye	51
1530. Incendie de la métairie de Champillon	58, 116, 121
1530. Procès à l'occasion d'un bail de 99 ans	120
1535. Institution du ban de mai	57
1536. Bail fait au fermier de Champillon	58
1537. Fondation de Thierry Oger	60
1539. Antoine Sanguin est créé cardinal	51
1540. Série de baux de la ferme d'Escry	21
1542. FRANÇOIS DE FAUCON, LXXe abbé	62
1543. L'aumônier a l'exercice de la justice à Champillon	124
1543. PIERRE DUCHATEL, LXXIe abbé	65, 73
1544. François de Faucon, évêque de Tulle	63
1544. Date de la cloche de Cormoyeux	277
1544. L'abbaye est rançonnée par les ennemis	65
1545. Assemblée de Melun pour le concile de Trente	72
1545. Dom Godefroy obtient le bénéfice de l'aumônerie	121
1547. Mort de François Ier	73
1548. BERNARD DUCHATEL, LXXIIe abbé	76
1548. Bernard Duchâtel obtint du roi des lettres patentes par lesquelles il force les habitants de Dizy, Romery, Cor-	

TABLE PAR ORDRE DE DATES 587

                        Pages

moyeux, à déclarer si leurs biens sont chargés de censives 77
1548. Inventaire des propriétés de l'abbaye 92
1549. On dresse un terrier à Hautvillers 66, 79, 80
1549. Signification de lettres royaux aux habitants d'Hautvillers. 77
1549. Copie des droits accordés à Romery, Cormoyeux 85
1549. Droits constatés comme ayant rapport à la charte de 1274. 86
1550. Antoine Sanguin, archevêque de Toulouse 50
1550. Naissance de Didier de Lacour 233
1552. Mort de Pierre Duchâtel 73
1553. François de Faucon, évêque de Carcassonne 64
1554. JEAN DE CARAVAC, LXXIIIe abbé 88
1557. Centenaire de saint Remi 90
1557. Paul V gratifie Laurent Strozzy de la pourpre romaine... 98
1559. Jean de Caravac meurt à Raguse 89
1559. CHARLES DELBÈNE, LXXIVe abbé 90
1561. Louis d'Este est nommé cardinal 102
1562. Incendie du monastère 92
1563. Charles Delbène ne gouverne plus. Sa mort 97
1563. LAURENT STROZZY, LXXVe abbé 97
1564. Les Calvinistes emportent de l'Église d'Orléans une relique de sainte Hélène 197
1565. Mort de François de Faucon 64
1567. Les Huguenots pillent les églises 93
1567. Laurent Strozzy se démet de son siège d'Albi en faveur de Rodulphe 99
1568. Le gouvernement fait appel au clergé pour en obtenir du secours 100
1568 Guillaume de Saint-Quentin obtient l'aumônerie d'Hautvillers 116, 137
1568. Bail de la seigneurie de Champillon 134
1569. Aliénation des biens de l'abbaye pour subvenir aux besoins de l'État 100, 287, 381
1570. Catherine de Médicis aide les religieux à rebâtir leur église. 96
1571. Mort de Laurent Strozzy 99
1574. LOUIS D'ESTE, LXXVIe abbé 102
1578. Assemblée du clergé à Blois 103
1578. Louis d'Este rétablit la charge de Gruyer 104
1579. Élection de Jean de Montpoix 196
1584. Acquisition du clos Sainte-Hélène 106
1585. Arpentage des biens d'Escry 20
1586. Louis d'Este meurt à Rome 103, 109
1586. JULIEN DELBÈNE, LXXVIIe abbé 108
1587. Vente de terrains vagues, à Aiguy, au profit du roi ... 111

	Pages
1588. Les religieux aliènent le pré de Mars..................	111
1593. Fondation de dom Nivard Lamblet....................	113
1594. Bail de la seigneurie de Champillon..................	137
1595. ALPHONSE DELBÈNE, lxxviiie abbé.............	109, 114
1598. Guillaume de Saint-Quentin résigne l'aumônerie...	116, 137
1598. Dom Henry Bourgeois reçoit ses provisions de Rome.....	137
1599. Pension créée en cour de Rome en faveur de Guillaume de Saint-Quentin......................................	138
1600. Les habitants de Champillon reconnaissent aux religieux le droit de banalité................................	132
1601. Henry Bourgeois rétablit la justice à Champillon........	124
1602. Bail de trois années du jardin de l'Aumône.............	140
1602. Translation des reliques de sainte Hélène...........	196, 199
1603. Réinstallation des religieux après l'incendie du monastère.	95
1603. Adjudication de la terre de Champillon.................	141
1604. La congrégation de Saint-Vannes est approuvée..........	233
1605. Procédure entre l'aumônier et les habitants de Champillon.	141
1606. Requête des habitants de Champillon au sujet de leur chapelle...	142
1606. Le moulin de Champillon tombe en ruine....	145
1607. Alphonse Delbène, évêque d'Alby.....................	114
1607. Détails sur les charges de l'aumônerie................	123
1609. Bail de la seigneurie de Champillon...................	143
1612. Bail du pré de l'Aumône.............................	143
1612. État des paroisses du doyenné d'Épernay...........	199, 262
1612. Échange entre Gille Fournier et Guillaume de Châlons....	339
1612. Husson Nicolas, curé de Pierry.......................	269
1615. Location du jardin de l'Aumône.......................	145
1616. Acte d'union de la cure de Saint-Quentin de Plivot avec celle de Saint-Remy....	207
1619. Commencement d'une relation de plusieurs miracles......	458
1619. Testament de François Richart, curé d'Hautvillers.......	211
1620. Les habitants de Champillon abattent un noyer.........	125
1621. Le moulin de Champillon s'écroule....................	146
1623. Sentence rendue qui exempte les religieux de payer la dîme à leur abbé................................	219
1623. Mort de Didier de Lacour, réformateur de Saint-Vannes..	233
1624. Règlement de police pour empêcher de passer dans les vignes..	148
1625. Naissance du célèbre Vaultrain, de Champillon..........	153
1627. Adjudication de la terre de Champillon................	149
1628. Traité pour la réparation des pressoirs à Champillon.....	149
1629. Nicolas Dudré, prieur de Saint-Nivard.................	222
1629. Nicolas Dudré fait don de 200 livres aux Carmes de Reims.	225

	Pages
1630. Fondation de Henry Bourgeois.....................	220, 295
1630. Nicolas Dudré achète un orgue........................	226
1634. BARTHÉLEMY DELBÈNE, LXXIXe abbé................	228
1634. Proposition de la réforme à Hautvillers..................	232
1634. Traité pour l'introduction de la réforme à Hautvillers.....	235
1634. État des revenus de l'abbaye...........................	252
1634. Urbain VIII accorde des indulgences...................	230
1635. Barthélemy Delbène admet la réforme..................	242
1635. Lettres patentes du roi qui admet la réforme.............	247
1635. Installation des nouveaux religieux.....................	249
1635. Inspection des lieux claustraux........................	296
1636. Translation de la fête de la Dédicace de l'église de l'abbaye.....	7, 11
1636. Dom Desgabets, profès à Hautvillers....................	302
1636. Les religieux fuient à l'approche de l'armée espagnole...	306
1638. Naissance de dom Pérignon.......................	517, 528
1639. Barthélemy Delbène obtient de couper quatre vieux arbres.....	309
1642. Sentence de la table de marbre au sujet de la coupe des bois.....	311
1642. Mort de Richelieu.......................................	115
1643. L'archevêque de Reims fait visiter la chapelle de l'Aumône. Sa démolition........................	153, 320
1644. Nicolas Dudré assiste à la translation des reliques de sainte Hélène.....	228
1644. Sentence qui défend de passer avec des bestiaux dans les vignes.....	148
1644. Visite et translation des reliques de sainte Hélène........	330
1644. Location d'une maison lieudit : la Halle................	150
1644. Constructions diverses au monastère..............	335, 353
1645. Transaction entre les religieux et les admodiateurs de l'abbé.....	335
1646. Les habitants de Champillon veulent se soustraire au droit de banalité.....	132
1646. Défense de bâtir des pressoirs à Champillon.............	150
1646. Madeleine Hanetel fait faire un tableau de sainte Hélène.....	336
1647. Ouverture des châsses de l'abbaye.....................	331
1647. Traité entre l'abbé et les religieux, par lequel ces derniers sont exempts de payer la dîme.................	335, 337
1648. Procédure contre messire Pierre de Châlons et Claire Lepagnole.....	339
1648. Contestation concernant les droits honorifiques..........	341
1648. Dénombrement des biens des habitants d'Hautvillers......	350

Pages

1649. Les religieux consultent des avocats au sujet des réparations à faire à l'abbaye........................... 310
1649. Location du clos de l'Aumône....................... 152
1649. Procès au sujet des dégradations faites dans les bois...... 311
1649. Ravages faits par les Allemands...................... 316
1649. Arrêt du parlement qui met fin aux prétentions des habitants d'Aigny................................. 335
1650. Arrêt de la table de marbre qui fait droit à la procédure de 1649... 312
1650. Assemblée du clergé de France..................... 229
1651. Mort d'Alphonse Delbène........................... 115
1651. Quittance des stalles........................... 96, 353
1651. Contestation entre l'aumônier et le curé d'Hautvillers..... 347
1651. Nouvel arrêt de la table de marbre.................. 313
1651. Registre du revenu de l'aumônerie pour 1651........... 123
1651. Diverses sentences concernant les dîmes............... 337
1651. Arrêt qui règle la coupe des bois pour le chauffage....... 313
1651. Le passage des armées anéantit les récoltes de Villeneuve. 359
1652. Le duc de Lorraine Charles IV entre en France, campe à Plivot...................................... 359
1652. L'armée de Charles IV en Champagne................ 355
1652. Arrivée de la relique de sainte Cécile à Hautvillers...... 454
1653. Requête des habitants d'Hautvillers pour démolir la maison de l'Aumône................................ 152, 323
1653. Procès-verbal du martelage des bois à abattre........... 313
1653. L'armée de Turenne achève de ruiner Villeneuve........ 359
1653. Construction de l'autel actuel de Sainte-Hélène...... 353, 359
1654. Le comte de Beaujeu vient camper à Hautvillers......... 358
1654. Le commandant de Roucy donne un récépissé du vin bu par ses soldats................................. 358
1656. Procès coûteux à la paroisse de Dizy............... 360
1656. Diverses constructions à l'abbaye............... 353, 360
1657. Traité entre l'abbé Delbène et les religieux au sujet des bois....................................... 309, 314
1657. Bulle d'Innocent X accordant des indulgences....... 359, 362
1657. Fondation de Catherine d'Étouf-Pradine................ 364
1657. L'autel de Sainte-Hélène est privilégié............... 366
1659. Arrêt pour la coupe de 400 arpents de bois............. 317
1660. Retrait des biens aliénés........................... 101
1661. Sentence qui condamne l'abbé Delbène à refaire un mur.. 319
1661. Vente de la maison de l'aumônier de Cumières.......... 256
1661. Reconstruction des écuries voûtées.................. 353
1662. Accord entre les religieux et le grand-vicaire de l'abbé Delbène...................................... 319

TABLE PAR ORDRE DE DATES

Pages

1662. L'abbaye rentre dans les biens aliénés............ .... 287, 381
1662. Cumières a un vicaire au lieu d'un chapelain............ 368
1662. Translation des reliques de saint Berchaire.............. 371
1662. Marché pour conduire les eaux de la fontaine Saint-Nivard dans un regard........................... 353
1662. Les habitants de Dizy sont condamnés à payer une redevance....................................... 373
1662. Achat d'une statue de Sainte-Hélène............... 353, 374
1663. Mort de l'abbé Barthélemy Delbène.... .... 110, 229
1663. L'aumônier demande l'exécution d'un arrêt rendu en faveur de l'abbé................................. 161
1663. FRANÇOIS DE CHAUMEJEAN DE FOURILLE, LXXXe abbé.................. 374
1663. Certificat de M. Auger de Massiac sur la nomination de l'abbé................................ 375
1663. Procuration donnée à M. Gentillâtre, curé d'Hautvillers... 376
1663. Séparation nouvelle des biens des religieux de ceux de la mense abbatiale............................ 377
1663. Construction du maître-autel..................... 353, 379
1664. Construction du clocher actuel............... 297, 353, 379
1644. Achat de six chandeliers de l'autel..................... 353
1664. Construction de caves près de la porte d'entrée.......... 353
1664. Acquisition de la ferme de la Briqueterie............... 118
1665. Achat du tabernacle en laiton...................... 353
1665. Transaction entre Vaultrain et Pierre Raingot....... 155, 162
1665. Devis d'ouvrage à faire à la chapelle de Champillon...... 166
1665. Requête de Vaultrain adressée à l'aumônier............. 165
1665. Saisie des bois et des chevaux, etc.................... 313
1666. Les religieux rentrent en possession du pré de Mars à Ay. 112
1666. Pièce concernant le retrait de la seigneurie de Villers.... 380
1666. Bulle d'Alexandre VII au sujet des frères lais.......... 385
1667. Le curé Bournon est en désaccord avec le traité sur les droits honorifiques............................ 344
1667. Marché pour l'ameublement de la sacristie.............. 390
1667. Achat d'un bénitier en argent, calice, etc............... 353
1667. Convention entre les religieux et les champillonnais, pour une messe le dimanche........................ 166
1668. Commencement du vin mousseux..................... 522
1668. Publication d'un monitoire pour recouvrer les titres perdus.. 394
1668. Bulle de Clément IX accordant des indulgences..... 398, 448
1668. LOUIS DE CHAUMEJEAN DE FOURILLE, LXXXIe abbé. 460
1669. Construction de deux pressoirs...................... 354
1669. Fonctions du Gruyer 105

	Pages
1669. Les habitants de Champillon désirent voir ériger leur village en cure............	169
1670. Claire Ognon s'associe Marie Brisset pour fonder un hôpital............	324
1670. Ordonnance pour qu'un vicaire soit nommé à Champillon............	175
1670. Escry est acheté par M. de Mesme, président du parlement............	17
1670. Réparations à divers bâtiments............	354, 462
1671. Marie Brisset s'associe Jean de la Barre pour diriger l'hôpital............	324
1671. Arrêt du grand conseil qui rend aux religieux le pré du Grand-Breuil............	383
1671. Promesse de l'abbé de donner du terrain dans la place de l'Aubroye............	464
1671. Visite des lieux par le P. général de l'ordre............	463
1671. Procédure à l'occasion de la place de l'Aubroye............	462
1672. Jugement du présidial de Reims qui ordonne visite des réparations............	468
1672. Le vicaire général ordonne qu'il y aura un vicaire à Champillon............	178
1672. Acte de descente snr les lieux par des experts............	468
1672. Démolition de la chapelle de dom Royer............	478, 489
1672. Construction du cloître............	354, 487
1672. L'abbé de Fourille veut connaitre les noms des bénéficiers............	499
1672. Ouragan de janvier qui détruit une partie de l'abbaye....	477
1673. Déclaration des biens d'Escry............	21
1673. Sentence des arbitres au sujet des droits honorifiques.....	345
1673. Dom Colomban Mathelin est nommé aumônier............	180
1673. Les habitants ont la permission d'abattre des arbres......	194
1673. Construction de nouvelles caves............	354, 519
1674. Les perruquiers doivent avoir une enseigne............	239
1675. Charles-Maurice Le Tellier, archevêque, visite son diocèse.	200
1675. Requête des habitants de Champillon pour avoir un cimetière............	181
1675. L'abbé fait boucher l'entrée du monastère............	478
1675. Adjudication de travaux à Louis Godard, de Ville-en-Selve............	488
1675. Démêlé entre l'abbé et les religieux............	495
1678. Traité pour la subsistance d'un desservant à Champillon..	182
1678. Dom Desgabets émet l'idée de la transmission du sang....	303
1678. Arrêt qui condamne l'abbé pour n'avoir pas fait les réparations............	475

	Pages
1678. François Gilbert, concierge de l'abbé.................	483
1679. Divers testaments............................	183
1680. Arrêt du parlement qui condamne les habitants d'Igny-le-Jard à payer la dîme............................	289
1681. Élévation d'un mur pour fermer la basse-cour...........	354
1683. Construction de l'église d'Asfeld.....................	286
1683. Impression d'un petit ouvrage sur les pèlerinages	403
1683. Calendrier des fêtes avec indulgence..................	450
1684. Restauration de l'orgue............................	354
1684. Les habitants de Champillon demandent du bois pour restaurer leur église................................	184
1688. Construction des boiseries de la bibliothèque............	354
1689. Projet de réunir Champillon à Saint-Imoges......... 190,	275
1690. Saint-Vannes autorise les religieux à abandonner Champillon.. 185,	190
1691. Acquisition du balustre et pavé du grand autel en marbre.	354
1692. Construction de la porte d'entrée du monastère..........	354
1694. Revenus du curé de Pierry annexés à Soissons..........	269
1695. Achat de trois timbres pour l'horloge du couvent........	354
1697. Les religieux sont maintenus dans leurs droits à Cumières.	348
1697. Érection de Cumières en cure indépendante.............	257
1698. Mention d'un surcens sur certaines terres..............	187
1698. On commence à mettre le vin mousseux en bouteilles.....	545
1704. Le poète Regnard fait des vers en faveur du Champagne.	542
1706. La fonction de Gruyer est reconnue...................	105
1706. Mort de Chaumejean de Fourille......................	461
1706. Acquisition de huit cloches.........................	520
1712. Opinion du maréchal de Montesquieu sur le Champagne..	524
1715. Mort de dom Pérignon........................ 520,	548
1718. L'abbé Godinot écrivait sur le vin de Champagne........	522
1724. Procès avec le seigneur d'Escry......................	23
1725. Bail du pré de Mars à Ay............................	112
1728. Escry ou Avaux-la-Ville est vendue à François Bidal.....	17
1730. Avaux-la-Ville prend le nom d'Asfeld..................	17
1730. Réparations notables à l'abbaye......................	355
1730. Lettre d'un médecin sur le vin de Champagne...........	525
1735. Voltaire et Richelieu...............................	543
1736. Arpentage des biens de l'abbaye, par Thomas Le Cacheur.	186
1736. Les religieux exempts de payer la dîme................	127
1737. Provision de la chapelle de Cumières en faveur de dom Watrinel..	258
1738. Acte de reconnaissance des biens chargés de surcens.....	186
1741. Boutade bachique contre le vin de Champagne, par Bertin du Rocheret....................................	543

HIST. DE L'ABBAYE D'HAUTVILLERS. — Tome II.

	Pages
1745. Un fermier arrache une borne..	262
1749. Le vin d'Ay se vendait 500 livres la queue	545
1751. Défense aux habitants de Champillon de pressurer ailleurs qu'aux pressoirs banaux	179
1753. Différend entre le curé de Cumières et le chapelain	349
1756. Marché pour la refonte de six cloches	355
1758. Dom Nicolas Conscience est aumônier de l'abbaye	181
1765. Dom Philippe et André Lemaire succèdent à dom Pérignon	570
1769. Réparation de l'orgue	227
1769. Pierre Chayoux loue le droit de rouage	126
1774. Marché pour paver le long des murs du jardin et des celliers	355
1776. Mme Adélaïde de France écrit à l'intendant de Champagne	111
1776. Biens et revenus de la chapelle de Cumières	256
1776. Procès aux habitants d'Ay par un fermier d'Hautvillers	271
1777. Sentence qui condamne les habitants de Dizy à restituer une pièce de pré	17
1777. Le docteur Navier soutient une thèse en faveur du vin de Champagne	529
1782. Dom Nicolas Cassebois invente une soupape hydraulique..	572
1807. Sa Majesté l'Empereur visite les caves de M. Moët, à Épernay	552
1811. Un arrêt confirme les usages de Cormoyeux	56
1814. Sa Majesté l'Empereur passe la nuit chez M. Moët, à Épernay	552
1820. Dom Grossard possédait encore le couteau qui avait servi à détacher une relique du corps de sainte Hélène	197
1821. Lettre de dom Grossard à M. d'Herbès, d'Ay	548
1826. Bœuf est réuni à Germaine	289
1832. La maison Moët s'associe M. Chandon	553
1841. Mort de M. Moët, à Épernay	553
1843. M. Chandon est reçu chevalier de Saint-Jean-de-Jérusalem	559
1845. Mémoire sur le vin de Champagne	547
1855. Démolition de l'orgue de Saint-Imoges	274
1860. Acquisition de la ferme de la Briqueterie, par M. Chandon de Briailles	118
1861. La maison Moët et Chandon est mise hors concours au comice agricole de Reims	555
1868. On découvre à Hautvillers l'emplacement d'un four banal	129
1870. Les Prussiens font honneur au Champagne	548

	Pages
1873. Rapport au comice agricole sur le vin de Champagne	550
1876. M. Chandon de Briailles est élevé à la dignité de comte, par Pie IX	568
1878. Note du journal le *Bulletin Français*, sur la lèpre	329
1878. Incendie des pressoirs de l'ancienne abbaye	361
1880. Reconstruction du clocher de Champillon	193

FIN DE LA TABLE PAR ORDRE DE DATES

NOMS DE QUELQUES PERSONNES

CITÉES DANS LE SECOND VOLUME

Alaincourt (d'), 274.
Alexandre VII, pape, 387.
Arnoult de Fleury-la-Rivière, 277.
Auban-Moët-Romont, 556.
Aubilly Leleu (d'), 287.
Barberin, archevêque de Reims, 175.
Baron, curé de Dizy, 157.
Barre (de la), abbé de Notre-Dame de Vraux, 321.
Beaujeu (comte de), 355.
Bernard de Bras, prieur, 330.
Berthaud, curé de Dizy, 171.
Bertin du Rocheret. (Voir aux auteurs.)
Bidal (Pierre), 17, 286.
Biernois, notaire, 80.
Bignon (l'abbé), 527, 544.
Billecart, 524.
Bonaparte (Jérôme), 552.
Bourgeois (dom Henry), 137, 142, 151, 221.
Bourmont (Michel), 368.
Bridanne (Anselme), 308.
Brisset (Marie), 324.
Buisson, grand vicaire, 377.
Bussy (Nicolas de), 394.
Cassebois (dom Nicolas), 572.
Catherine de Médicis, 98.
Chandon de Briailles, 118, 129, 227, 278, 360, 467, 554, 556, 559.
Charles IV de Lorraine, 355.
Charles-Quint, 65.
Charles VI, 542.
Clément IX, 399, 448.
Cliquot-Ponsardin, 523.
Colbert, ministre d'État, 549.
Cuissotte (Louis), 385.
Delbène (Alphonse), abbé d'Hautvillers, 114, 228.
Delbène (Barthélemy), abbé d'Hautvillers, 150, 228.
Delbène (Barthélemy), abbé d'Hautvillers, 309, 311, 314, 317, 352.
Delbène (Charles), abbé d'Hautvillers, 90, 114.
Delbène (Julien), abbé d'Hautvillers, 108.
Desfourneaux, 381.
D'Étouf-Pradine, 363.
Desgabets (dom Robert), 302.
Didier de Lacour (dom), 233.
Dorigny (Jean), curé de Dizy, 175.
Drogon, écolâtre, 369.
Duchâtel (Bernard), abbé d'Hautvillers, 87.
Duchâtel (Pierre), abbé d'Hautvillers, 65.
Dudré (dom Nicolas), 222, 227.
Erlach, chef de l'armée allemande, 316.
Fagon, médecin, 528, 529.
Falconnet, médecin, 527.

Faucon (François de), abbé d'Hautvillers, 62.
Fourille (François de Chaumejean de), abbé d'Hautvillers, 374, 459.
Fourille (Louis de Chaumejean de), abbé d'Hautvillers, 460, 464, 497, 501.
François Ier, 43, 65, 542.
Gentillâtre (Thomas), curé d'Hautvillers, 347.
Géraudel (Claude), 372.
Girardot, 245.
Godinot, chanoine, 522.
Goubault (Ernest), 556.
Guillaume Ier, roi de Prusse, 547.
Guillaume de Saint-Quentin (dom), 137.
Guise (Louis de Lorraine), archevêque de Reims, 207.
Hanetel (Madeleine), 336.
Henri Ier, 529.
Henri III, 542.
Henri IV, 197, 199, 462, 542.
Hœidsieck, 524.
Husson (Nicolas), curé de Pierry, 269.
Husson, notaire, 168, 314, 365, 500.
Innocent X, 361, 362.
Jacques, médecin, 525, 529.
Jean Coule, 133.
Josselin, abbé d'Hautvillers, 504.
La Brosse, barbier de Philippe le Hardi, 239.
La Fontaine, 542.
Lanisson (Pierre), abbé de Châlons, 7.
Lanoue, chef des Calvinistes, 93.
Lebègue (Ferdinand), 556.
Lefèvre (Nicolas), 468.
Le Dieu de Ville, 287, 381.
Lemaire (dom André), 571.
Léon X, pape, 43, 542.
Letellier (Charles-Maurice), archevêque de Reims, 200.

Louis XIII, 355.
Louis XIV, 326, 396, 460, 528, 529.
Maquart (de Chaumartin), 312.
Maquart, notaire, 301, 308, 311, 342.
Marchand, vidame de Châlons, 339.
Mareuil (comte de), 550.
Marie de Médicis, 114.
Martigny (de), 403.
Mauclère (Jean), 383.
Massiac (Auger de), 375.
Massiac (de), 568.
Mazarin, cardinal, 376.
Michel de Lhôpital, 46.
Moët (Jean-Remi), 551.
Moët (Victor), 523, 553.
Monspoix, seigneur de Chouilly, 333.
Montebello (duc de), 550.
Montesquieu, 524.
Mumm, 524.
Napoléon Ier, 552.
Navier (Jean-Claude), médecin, 529.
Noël (dom Albert), 233, 234.
Olivier le Daim, barbier de Louis XI, 239.
Oudart-Coquault, 356.
Pellevé (Nicolas de), archevêque de Reims, 197, 199.
Pérignon (dom), 479, 516, 548.
Perrier, 523, 555.
Petit (Pierre), fermier, 337.
Philippe (dom), 570.
Philipponat, 338.
Pierrot (Gille), sergent de la justice, 342.
Piper, 524.
Plonquet (Jean-Louis), médecin, 550.
Raflin, fermier général, 219.
Raingot (dom Pierre), 162.
Raoul d'Escry, 286.
Reguard, poète, 542.

Richart, curé d'Hautvillers, 199, 211.
Richelieu, 115, 306.
Robert de Lenoncourt, archevêque de Reims, 8.
Roederer, 524, 555.
Rogier (Thomas), abbé d'Hautvillers, 519.
Roucy (de), commandant des carabiniers, 358.
Royer (Jean), abbé d'Hautvillers, 4, 16, 291, 133, 478.
Ruinart de Brimont, 523.
Sandofort (Mathieu), 221.
Sévigné (Mme de), 542.
Simon (Jules), 320, 501.
Simon, maire, 502.
Strozzy (Laurent), abbé d'Hautvillers, 97, 384.
Turenne, 357.
Urbain II, pape, 545.
Urbain VIII, pape, 229, 230.
Vaultrain, 153, 155, 171.
Vaultrain, secrétaire, 220.
Verlé, 555.
Vinceslas, roi de Bohême, 542.
Voltaire, 543, 546.
Watrinel (dom), 259.

FIN DE LA TABLE DES NOMS DE PERSONNES CITÉES

Epernay. — Imprimerie L. DOUBLAT